行政判例研究 XVII-2

社團法人 韓國行政判例研究會 編

2012

博英社

Studies on Public Administration Cases

Korea Public Administration Case Study Association

Vol. XVII-2

2012

Parkyoung Publishing & Company

간 행 사

매서운 추위도 흩날리는 눈발도 학문에 대한 열정을 꺾지는 못하였습니다. 2012년 마지막 월례발표회도 성황리에 마무리되고, 이제 그간의 성과를 종합하여 『행정판례연구』 제XVII집 제2호를 발간하게 되었습니다. 이번 논문집에는 월례발표회의 발표와 토론을 거친 논문들과 그밖의 행정판례연구 논문 14편이 포함되어 있습니다. 신고수리거부의 법적 성격이나 정보공개법상 비공개 사유 등 학계와 실무계의 주된 관심이 반영된 위 논문들이 행정법학의 깊이를 더할 수 있기를 기대합니다. 또한 2009년부터 정기적으로 게재해 온 외국 행정판례의 분석 연구들이 세계 각국의 행정법에 대한 이해를 돕고 새로운 아이디어를 얻을 수 있는 기회를 제공하기를 기대합니다.

옥고를 보내 주신 필자, 심사를 맡아 주신 심사위원 여러분, 그리고 제XVII집 제2호를 간행하기 위하여 수고하여 주신 분들에게 감사를 드립니다. 안철상 간행편집위원장님을 비롯하여 경건, 김용섭, 김의환, 김창조, 김현준, 김희철, 박해식, 이기한, 임영호, 정태용, 하종대 편집위원님, 출판이사 김종보 교수님과 간행편집의 마무리를 위하여 애쓰

신 출판간사 박현정 교수님께 감사드립니다. 끝으로 출판을 맡아주신 박영사 관계자 여러분께도 깊은 감사의 말씀을 드립니다.

2012년 12월 31일

사단법인 한국행정판례연구회 회장

이 홍 훈

차 례

Table of Contents

行政行爲의 概念과 種類

行爲開始統制手段으로서의 建築申告에 대한 考察 / 康鉉浩

遠隔平生教育施設 申告 및 그 受理拒否 / 金容燮

行爲開始統制手段으로서의 建築申告에 대한 考察

康 鉉 浩*

Ⅰ. 사안의 개요

A. 사실관계

용인시 기흥구 마북동 180-9 대 110㎡는 원래 소외 1(대법원 판결의 소외인) 소유의 토지였다. 이 사건 토지를 원고와 소외 2가 2006. 3. 7. 공동으로 낙찰받았다. 그 후 원고가 2007. 6. 25. 소외 2 소유 지분을 매수하여 원고 단독 소유가 되었다. 원고는 2009. 3. 3.경 피고에게 이 사건 토지 위에 연면적 합계 29.15㎡인 건물 2동을 건축한다는 내

* 성균관대학교 법학전문대학원

용의 건축신고를 하였다. 이에 피고는 2009. 3. 6. “이 사건 토지는 1991. 7. 24. 인접토지인 마북동 180-8 건축물 신축허가시 당시 소유자 소외 1로부터 토지의 사용승낙을 득하여 현재까지 현황도로로 사용하고 있는 토지이며, 타 부지로 진입이 불가한 상태로서 건축법 제2조 제1항 제12호 규정에 의한 현황도로로 인정된 부지에 건축물이 건축될 경우 기존 건축물로의 진출입이 차단되므로 건축신고 불가함”이라는 이유로 위 건축신고 수리가 불가하다고 통보하였다. 원고는 이러한 건축신고수리불가를 취소하기 위하여 취소소송을 제기하였다. 원고의 주장사유는 다음과 같다: 첫째, 이 사건 토지의 지목은 대지이고, 원고는 이 사건 토지에 대한 1/2 지분을 낙찰받은 것이어서 전 소유자의 토지사용승낙문제를 알지 못하므로, 위와 같은 토지사용 승낙문제를 들어 원고의 건축신고를 불허하는 것은 허용되지 아니한다. 둘째, 인근주민들은 이 사건 토지를 사용하려면 이를 매수하거나 그 사용에 따른 사용료를 지급하는 등의 방법으로 적법하게 사용하여야 할 것이고, 인근주민들이 이를 통행로로 사용하도록 하기 위하여 원고의 건축신고를 불허해서는 아니된다.

<table>
<tr><th colspan="3">사안의 흐름도</th></tr>
<tr><td>이전까지</td><td>소외 1 소유토지</td><td rowspan="3">용인시 기흥구 마북동 167 인근 대 110㎡</td></tr>
<tr><td>2006. 3. 7.</td><td>원고 + 소외2
공동낙찰</td></tr>
<tr><td>2007. 6. 25.</td><td>원고단독 소유
(소외2 지분 매수)</td></tr>
<tr><td>2009. 3. 3.</td><td>원고</td><td>피고에게 연면적 합계 29.15㎡인 건물 2동을 건축하기 위한 건축신고</td></tr>
</table>

사안의 흐름도		
2009. 3. 6.	피고	이 사건 토지는 1991. 7. 24. 인접토지인 마북동 (지번 2 생략: 167-6) 건축물 신축허가시 당시 소유자 소외 1로부터 토지의 사용승낙을 득하여 현재까지 현황도로로 사용하고 있는 토지이며, 타 부지로 진입이 불가한 상태로서 건축법 제2조 제1항 제12호 규정에 의한 현황도로로 인정된 부지에 건축물이 건축될 경우 기존 건축물로의 진출입이 차단되므로 건축신고 불가함
2009. 7. 28.	원고	소제기 - 건축신고수리불가처분 취소소송

B. 소송의 경과

1. 수원지방법원

건축법 제2조 제1항 제11호, 제44조, 제45조 등 관계법령의 규정은 건축물의 대지는 원칙적으로 2m 이상의 도로에 접하여야 하고, 건축법상 도로에는 건축허가 또는 신고 시에 관할 행정청이 위치를 지정하여 공고한 도로도 포함되고, 관할 행정청이 위와 같은 도로의 위치를 지정·공고하려면 원칙적으로 그 도로에 대한 이해관계인의 동의를 받도록 하고 있으며, 이러한 도로를 폐지하거나 변경하려면 그 도로에 편입된 토지의 소유자 등의 경우에도 그 도로에 대한 이해관계인의 동의를 받도록 하고 있는바, 이러한 여러 규정의 취지에 비추어 보면, 인접토지의 건축허가 또는 건축신고 당시 토지소유자 등의 사용승낙을 받아 인접토지의 진입도로로 사용승낙되어 그 주민들의 통행로로 사용되고 있는 토지는, 이해관계인의 동의를 얻어 이를 통행로에서 제외하는 등의 조치를 취하기 전까지는 그 지상에 건축물을 건축하는 등 진입도로로 이용하는데 방해가 되는 다른 용도로 이용할 수 없다고 할 것이고, 당해 토지의 소유자가 이를 낙찰로 취득하여 그러한 사정을 자세히 몰랐다고 하여 달리 볼 것은 아니다. 따라서, 인접토지에 대한 건축허가 당시 토지소유자의 사용승낙 하에 진입도로로 제공되어 현재까지 인근주민들의 통행로로 제공되고 있는 이 사건 토지의 지상에 건물을 건축한다는 내용의 건축신고수리가 불가하다는 취지의 이 사건 불가처분에 무슨 잘못이 있다고 할 수 없다. 그렇다면, 이 사건 불가처분의 취소를 구하는 원고의 이 사건 청구는 이유 없어 이를 기각하기로 하여 주문과 같이 판결한다(수원지방법원 2009. 12. 17. 선고 2009구합8091 판결).

2. 서울고등법원

서울고등법원에서 원고의 주된 주장의 하나로서, 원고는 이 사건 건축신고를 당연히 수리하여야 한다고 주장하였다.

원고가 신축하고자 하는 건축물은 '연면적의 합계가 100㎡ 이하의 건축물'로서 건축법상 건축허가를 받을 필요 없이 단순한 건축신고의 대상에 불과한바, 피고는 건축신고가 있는 경우에는 그 실체적인 요건을 심사함이 없이 이를 당연히 수리하여야 함에도 이 사건 토지가 인근 주민의 통행로로 사용되는 사실상의 도로라는 이유로 건축신고의 수리가 불가하다는 이 사건 처분을 한 것은 위법하다.

이러한 주장에 대한 서울고등법원의 판단은 다음과 같다: 이 사건 건축신고를 당연히 수리해야 하는지에 관한 판단과 관련하여 먼저 행정청의 수리를 요하는 신고인지 여부를 따져본 후, 수리를 요하는 신고에 대해서 행정청이 건축신고를 당연히 수리하여야 하는지에 대해서 판단하였다.

(가) 행정청의 수리를 요하는 신고인지

일반적으로 건축법상의 건축신고는 행정청의 수리를 요하지 아니하여 그 신고가 행정청에 도달된 때에 효력을 발생하는 것이나, 건축신고로 인하여 건축법 제14조 제1항, 제11조 제5항 각 호 소정의 허가 또는 인가 등을 받은 것으로 의제하는 효력(집중효)이 발생하는 경우에는 그 건축신고는 행정청의 수리를 요하는 신고로 봄이 타당하다. 돌이켜 이 사건에 관하여 보건대, 이 사건 건축신고는 제2종 일반주거지역 내에 위치한 폭 3m 정도의 아스팔트 및 콘크리트로 포장된 통행로 위에 건축물을 신축하는 것이어서 건축법 제14조 제1항, 제11조 제5항 제3호, 국토의 계획 및 이용에 관한 법률 제56조 제1항에 따른 개발행위의 허가를 받은 것으로 보는 효력이 생기는 경우에 해당하므로, 그 건축신고는 행정청의 수리를 요하는 신고로 볼 것이다.

(나) 피고가 건축신고를 당연히 수리해야 하는지

건축허가권자는 행정청의 수리를 요하는 건축신고에 있어서 무조건 그 건축신고를 수리해야 할 의무가 있다고 볼 수 없고, 건축법 등 관계법령이 정한 제한사유에 해당하지 아니하고 주변지역의 토지이용 실태 등 주변환경과 조화를 이루는 경우에 한하여 건축신고수리를 하여야 할 것이다.

원심인 서울고등법원은 제1심 판결을 정당하다고 보고 원고의 항소를 기각하였다.

3. 대법원 판결 요지

대법원에서는 수리의 종류 즉 건축법 제14조 제2항에 의한 인·허가의제 효과를 수반하는 건축신고가, 행정청이 그 실체적 요건에 관한 심사를 한 후 수리하여야 하는 이른바 '수리를 요하는 신고'인지 여부 및 국토의 계획 및 이용에 관한 법률상의 개발행위허가로 의제되는 건축신고가 개발행위허가의 기준을 갖추지 못한 경우, 행정청이 수리를 거부할 수 있는지 여부에 대해서 다투어졌다.[1)]

1) 대법원 2011.1.20. 선고 2010두14954 전원합의체 판결【건축(신축)신고불가취소】.

a) 수리의 종류

(1) 다수의견

건축법에서 인·허가의제 제도를 둔 취지는, 인·허가의제사항과 관련하여 건축허가 또는 건축신고의 관할 행정청으로 그 창구를 단일화하고 절차를 간소화하며 비용과 시간을 절감함으로써 국민의 권익을 보호하려는 것이지, 인·허가의제사항 관련 법률에 따른 각각의 인·허가 요건에 관한 일체의 심사를 배제하려는 것으로 보기는 어렵다. 왜냐하면, 건축법과 인·허가의제사항 관련 법률은 각기 고유한 목적이 있고, 건축신고와 인·허가의제사항도 각각 별개의 제도적 취지가 있으며 그 요건 또한 달리하기 때문이다.

나아가 인·허가의제사항 관련 법률에 규정된 요건 중 상당수는 공익에 관한 것으로서 행정청의 전문적이고 종합적인 심사가 요구되는데, 만약 건축신고만으로 인·허가의제사항에 관한 일체의 요건 심사가 배제된다고 한다면, 중대한 공익상의 침해나 이해관계인의 피해를 야기하고 관련 법률에서 인·허가 제도를 통하여 사인의 행위를 사전에 감독하고자 하는 규율체계 전반을 무너뜨릴 우려가 있다. 또한 무엇보다도 건축신고를 하려는 자는 인·허가의제사항 관련 법령에서 제출하도록 의무화하고 있는 신청서와 구비서류를 제출하여야 하는데, 이는 건축신고를 수리하는 행정청으로 하여금 인·허가의제사항 관련 법률에 규정된 요건에 관하여도 심사를 하도록 하기 위한 것으로 볼 수밖에 없다. 따라서 인·허가의제 효과를 수반하는 건축신고는 일반적인 건축신고와는 달리, 특별한 사정이 없는 한 행정청이 그 실체적 요건에 관한 심사를 한 후 수리하여야 하는 이른바 '수리를 요하는 신고'로 보는 것이 옳다.

(2) 반대의견

다수의견과 같은 해석론을 택할 경우 헌법상 기본권 중 하나인 국민의 자유권 보장에 문제는 없는지, 구체적으로 어떠한 경우에 수리가 있어야만 적법한 신고가 되는지 여부에 관한 예측 가능성 등이 충분히 담보될 수 있는지, 형사처벌의 대상이 불필요하게 확대됨에 따른 죄형법정주의 등의 훼손 가능성은 없는지, 국민의 자유와 권리를 제한하거나 의무를 부과하려고 하는 때에는 법률에 의하여야 한다는 법치행정의 원칙에 비추어 그 원칙이 손상되는 문제는 없는지, 신고제의 본질과 취지에 어긋나는 해석론을 통하여 여러 개별법에 산재한 각종 신고 제도에 관한 행정법 이론 구성에 난맥상을 초래할 우려는 없는지의 측면 등에서 심도 있는 검토가 필요한 문제로 보인다. 그런데 다수의견의 입장을 따르기에는 그와 관련하여 해소하기 어려운 여러 근본적인 의문이 제기된다. 여러 기본적인 법원칙의 근간 및 신고제의 본질과 취지를 훼손하지 아니하는 한도 내에서 건축법 제14조 제2항에 의하여 인·허가가 의제되는 건축신고의 범위 등을 합리적인 내용으로 개정하는 입법적 해결책을 통하여 현행 건축법에 규정된 건축신고 제도의 문제점 및 부작용을 해소하는 것은 별론으로 하더라도, '건축법상 신고사항에 관하여 건축을 하고자 하는 자가 적법한 요건을 갖춘 신고만 하면 건축을 할 수 있고, 행정청의 수리 등 별단의 조처를 기다릴 필요는 없다'는 대법원의 종래 견해(대법원 1968. 4. 30. 선고 68누12 판결, 대법원 1990. 6. 12. 선고 90누2468 판결, 대법원 1999. 4. 27. 선고 97누6780 판결, 대법원 2004. 9. 3. 선고 2004도3908 판결 등 참조)를 인·허가가 의제되는 건축신고의 경우에도 그대로 유지하는 편이 보다 합리적인 선택이라고 여겨진다.

b) 건축신고의 수리거부

(1) 다수의견

일정한 건축물에 관한 건축신고는 건축법 제14조 제2항, 제11조 제5항 제3호에 의하여 국토의 계획 및 이용에 관한 법률 제56조에 따른 개발행위허가를 받은 것으로 의제되는데, 국토의 계획 및 이용에 관한 법률 제58조 제1항 제4호에서는 개발행위허가의 기준으로 주변

지역의 토지이용실태 또는 토지이용계획, 건축물의 높이, 토지의 경사도, 수목의 상태, 물의 배수, 하천 · 호소 · 습지의 배수 등 주변 환경이나 경관과 조화를 이룰 것을 규정하고 있으므로, 국토의 계획 및 이용에 관한 법률상의 개발행위허가로 의제되는 건축신고가 위와 같은 기준을 갖추지 못한 경우 행정청으로서는 이를 이유로 그 수리를 거부할 수 있다고 보아야 한다.

(2) 반대의견

수리란 타인의 행위를 유효한 행위로 받아들이는 수동적 의사행위를 말하는 것이고, 이는 허가와 명확히 구별되는 것이다. 그런데 다수의견에 의하면, 행정청이 인 · 허가의제조항에 따른 국토의 계획 및 이용에 관한 법률상 개발행위허가 요건 등을 갖추었는지 여부에 관하여 심사를 한 다음, 그 허가 요건을 갖추지 못하였음을 이유로 들어 형식상으로만 수리거부를 하는 것이 되고, 사실상으로는 허가와 아무런 차이가 없게 된다는 비판을 피할 수 없다. 이러한 결과에 따르면 인 · 허가의제조항을 특별히 규정하고 있는 입법 취지가 몰각됨은 물론, 신고와 허가의 본질에 기초하여 건축신고와 건축허가 제도를 따로 규정하고 있는 제도적 의미 및 신고제와 허가제 전반에 관한 이론적 틀이 형해화 될 가능성이 있다.

판례의 의견 비교표			
쟁점	다수의견	반대의견	다수의견에 대한 보충의견
신고 의의	사인이 행정청에 대하여 일정한 사항을 통지함으로써 공법적 효과가 발생하는 사인의 공법행위		
신고제 의미	규제완화 자기완결적 신고(원칙)	규제완화, 최소규제 자기완결적 신고(원칙): 행정절차법 제40조: 법령	수리를 요하는 신고(원칙) 자기완결적 신고(예외) - 인 · 허가의제 없고,

판례의 의견 비교표			
쟁점	다수의견	반대의견	다수의견에 대한 보충의견
		등에서 행정청에 대하여 일정한 사항을 통지함으로써 의무가 끝나는 신고를 규정하고 있는 경우 수리를 요하는 신고 (예외)	관련법령이 없는 경우 - 관련법령이 있어도 형식적·절차적 요건만 규정하는 경우
수리를 요하는 신고	인·허가의 제효신고: 관련법령의 요건에서 제출토록 의무화하고 있는 신청서와 구비서류를 제출토록 규정	수리를 요하는 명문규정 해석상 신고에 대한 실질적 심사가 허용되는 경우 * 건축법상 건축신고를 수리를 요하는 신고로 인정하는 근거 미약 - 건축법 개정으로 건축신고 준용규정에 관련 기관협의규정이 빠짐 - 건축신고를 수리요신고로 보면 건축허가와 차이가 없게 됨 - 자체완결적 신고의 범위가 대폭 축소됨	건축법시행령 및 시행규칙 - 해당법령에서 제출하도록 의무화하고 있는 신청서 및 구비서류를 제출토록 함 - 자체완결적 신고와 구별하여 인정할 필요가 있음
심사 정도	인·허가의 제효 건축신고: 실질적심사	모든 건축신고: 형식적심사	인·허가의제효 건축신고: 실질적심사
인허가 의제	절차집중설	입법적 해결 선행 실체집중설	절차집중설
권리		의제된 건축허가에 대한	건축개시전 건축신고

판례의 의견 비교표			
쟁점	다수의견	반대의견	다수의견에 대한 보충의견
구제		취소소송 민사상 상린관계에 관한 규정원용	단계에서 심사가 보다 타당, 분쟁사전 예방
허가와 구별		허가와 차이가 없게 됨 신고제와 허가제 전반에 관한 이론적 틀의 형해화 가능성	건축법상 실체적 요건에 대한 심사배제로 차이가 있음 신청요건 다소 완화, 건축사에 의한 설계 및 공사감리 면제 등

Ⅱ. 쟁점의 도출

원고는 건축신고는 건축법상 신고사항에 관하여 건축을 하고자 하는 자가 적법한 요건을 갖춘 신고만 하면 건축을 할 수 있고, 행정청의 수리 등 별단의 조처를 기다릴 필요는 없다는 대법원의 종래 견해에 기초하여 건축신고는 소위 "자체완결적 신고"이므로 실체적 요건에 대해서 심사를 하여서는 아니되므로 수리를 요하지 아니한다고 보고 있고, 피고는 건축신고를 자체완결적으로 보는 경우에는 타주민의 진출입로로 사용되는 토지상에 건축물이 건축되어서 불합리한 결과를 가져오므로 건축신고는 수리를 요한다는 입장이다. 서울고등법원에서는 일반적으로 건축법상의 건축신고는 자체완결적 신고로 볼 수 있으나, 인·허가의제효를 발생시키는 건축신고는 수리를 요하는 신고로 보아야 하며, 수리를 요하는 신고에 대해서는 심사가 가능하다는 입장이다. 대법원 다수의견에서도 인·허가의제효를 수반하는 건축신고는 수리를 요하는 신고로 보아야 하며, 이 경우 수리 함에 있어서 인·허가의제의 대상이 되는 관련법령의 요건에 의하여 심사를 할 수 있다고 판시하였다.

신고를 둘러싸고서 이미 많은 연구논문들이 발표되어서 이제는 어느 듯 신고에 대해서는 상당히 많은 법적 쟁점들이 정리되었어야 함에도 불구하고, 본 대법원 판례를 통해서 보듯이 다수의견과 반대의견 그리고 다수의견에 대한 보충의견에 이르기까지 다양한 쟁점들이 새로이 솟아나고 있음을 알 수 있다. 기왕에 발표된 논문들을 고찰해 보아도 상호간에 동일한 평면 내지 차원에서 접근하는 것이 아니고 '申告'라는 행위에 대해서 서로 다른 차원에서 접근을 하고 있으므로 '新苦'로 전환되면서 논의가 미궁속으로 빠져들어가는 느낌을 받는다.[2)] 그러므로 본 사안에 대해서 다양한 쟁점들을 추출할 수 있으나, 본 고찰에서는 가장 기초가 되는 쟁점으로는 다음과 같은 점들을 제시해 보았다:

첫째, 행위개시통제적 신고라는 제도의 본래적 의미

둘째, 행위개시통제적 신고에 있어서 심사의 의미

셋째, 건축신고와 심사

넷째, 신고와 등록 그리고 허가의 관계

다섯째, 행정절차법 제40조가 규정하는 신고

여섯째, 신고의 공법상 효력

일곱째, 판결에 대한 바램 - 법정책적 고려 등에 대해서 고찰하기로 한다.

2) 참조: 본고의 참고논문들을 볼 것.

Ⅲ. 검　　토

A. 행위개시통제적 신고의 '본래적 의미'

'신고(申告)'라는 제도는 과연 무엇인가에 대해서 먼저 살펴볼 필요가 있다. 신고란 말 그대로 알릴 신(申) 말할 고(告)로서 사인이 공법상의 효과를 발생시키기 위하여 행정청에게 일정한 사실을 알리는 행위이다. 이는 다른 학자 내지 판례도 '신고'는 "사인이 공법적 효과의 발생을 목적으로 행정주체에 대하여 일정한 사실을 알리는 행위[3]" 또는 "사인이 행정청에 대하여 일정한 사항을 통지함으로써 공법적 효과가 발생하는 사인의 공법행위[4]"라고 그 정의를 내리고 있다. 그리고 이러한 정의에 대해서는 크게 다툼이 없는 것으로 사료된다.

이러한 신고는 알리는 목적에 따라서 다시금 크게 '정보제공적 신고'와 '행위개시통제적 신고'로 구분할 수 있는데, 정보제공적 신고는 행정청이 행정목적 달성을 위하여 다양한 정보의 수집이 요청되는데, 이러한 정보수집을 위하여 국민에게 신고의무를 부과하는 경우에 국민이 의무이행을 위하여 행하는 신고라고 할 수 있을 것이다. 이러한 정보획득을 위하여 국민에게 부과하는 신고의무도 헌법적 테두리 내에서 인정되어야 할 것이며, 특히 기본권과의 관련성 하에서 그 범위는 적절하게 제한되어야 할 것이다.[5] 행위개시통제적 신고는 국민의 기본권 행사를 통제하는 신고로서 직업을 수행하거나 영업을 영위하거나 또는 사인이 행동의 자유를 누리기 위하여는 신고라는 행위를 하도록 하는 것이라고 할 것이다.[6]

3) 정하중, 행정법개론, 법문사, 2012, 107면.

4) 대법원 2011.1.20. 선고 2010두14954 전원합의체 판결 【건축(신축)신고불가취소】 : 반대의견.

5) 김중권, 행정법기본연구 I, 법문사, 2008, 124면.

6) Ehlers in Erichsen/Ehlers (Hg.), Allgemeines Verwaltungsrecht, 12. Aufl., 2002, S. 36.

본고에서는 전자 즉 정보제공적인 신고는 고찰의 대상에서 제외하는데, 왜냐하면 이러한 정보제공적 신고가 소위 '자체완결적 신고'라고 보는데는 다툼이 없기 때문이기도 하고 또한 본 사안에서 문제되는 건축신고 역시 '행위개시통제적 신고'로 분류될 수 있기 때문이다.[7]

신고라는 제도를 행위개시통제의 측면에서 활용하는 경우에는 행정주체의 측면에서는 일단 밀려드는 수많은 사안에 대해서 일일이 심사를 하지 아니하여도 되는 행정부담의 경감이라는 측면에서 활용되고, 특히 행정절차법제의 활성화와 더불어 일정한 기간까지 사안에 대하여 처리의무를 부과하고 있는 경우[8]를 생각하면 쉽게 이해가 될 수 있을 것이다. 또한, 행정객체의 측면에서는 행정절차의 간소화 내지 신속화, 규제의 완화 등의 측면에서 접근하게 된다. 건축신고 역시 행위개시통제적 측면에서 바라볼 때, 건축허가에 비하여 규제를 완화하고자 하는 의도에서 출발하였음은 전제할 수 있을 것이다. 즉 사인이 의도하는 건축이라는 행위로 나아가고자 할 때, 사전적으로 심사를 받는 건축허가 없이도, 다만 행정주체에게 일정한 사항들을 통지만 하고 건축행위로 나아갈 수 있다는 것이다.[9]

박균성, 행정법강의, 박영사, 2011, 120면: 박균성 교수는 신고를 "사인이 행정기관에게 일정한 사항에 대하여 알려야 하는 의무가 있는 경우에 그것을 알리는 것"이라고 정의하고 있는바, 이러한 정의는 신고에 대해서 일부분만 정의하는 것으로 사료된다. 왜냐하면 신고라는 행위가 사인이 행정기관에게 일정한 사항을 알려야 하는 의무가 있는 경우도 있지만, 그렇지 아니한 경우 즉 사인이 자신의 자유와 권리영역을 확장하기 위하여 스스로 신고에 나아가기도 하기 때문이다.

7) 물론 행위개시통제적 신고 역시 그 내용에는 정보제공적 신고를 포함하고 있는 경우가 많을 것이라고 사료된다. 그러므로 정보제공적 신고는 행위개시통제적 신고와 양분되는 개념이라고 보기보다는 전자가 후자를 포함하고 있다고 보아야 할 것이다.

8) 행정절차법 제19조 제1항: 행정청은 신청인의 편의를 위하여 처분의 처리기간을 종류별로 미리 정하여 공표하여야 한다.

9) 오준근, 행정절차법, 삼지원, 1998, 442면.
건축과 관련하여 이러한 신고라는 제도를 활용하는 경우에는 비교적 소규모의 건축으로서 공공의 안녕이나 질서에 미치는 영향이 작거나 없고, 제3자의 이해관계에도 미치는 영향이 없거나 극히 미소하여 건축행위의 개시에 대해서 행정청이 여기서 먼저 행정청이 수행하는 행위개시의 통제유형에 대해서 고찰할 필요가 있는데, 이러한 관점에서 행위개시통제에 대해서 기본적 도식은 다음과 같다:

행정청의 행위개시통제수단			
종 류	신 고	등 록	허 가
사전심사	무심사	형식적 요건심사	실체적 요건심사
사후통제	신고효력의 취소 · 철회 건축금지명령 시정명령/철거명령 과태료/행정벌	등록의 취소 · 철회 시정명령 과태료/행정벌	허가의 취소 · 철회 시정명령 과태료/행정벌

여기서 신고에 대해서는 사전적으로 아무런 심사가 행하여지지 아니한다는데 그 의의가 있다. 일단 사인이 공법상의 효과를 향유하기 위하여 관할행정청에 신고서를 제출한 경우 즉시 그 공법상의 효과를 향유할 수 있으며, 그 이후에 전개되는 행정청의 모든 심사 내지 통제

사전적으로 통제할 필요가 없는 경우라야 할 것이다. 이러한 관점에서 건축신고는 그 규율에 있어서 공익 및 제3자 관련성을 면밀히 검토하여 매우 명확하고 상세하게 규율하여야 할 것이다. 건축신고는 당초 건축물의 증축이나 개축에 한정하여 인정되었으나, 1986년 건축법 개정에 즈음하여 신축의 경우도 포함시키게 되었다. 신축을 포함시키는 경우에는 공익 및 제3자의 관련성에 있어서 중대한 문제를 야기할 수 있으므로 보다 신중을 기하여야 하였으며, 특히 1982년 및 1991년 건축법 개정으로 건축신고에 대해서 인 · 허가의제효력까지 결부시키는 우를 범하였다.
그렇다면 신고를 통해서 특정한 행위를 영위토록 하는 경우에 그러한 신고의 범위를 매우 명확하고도 정교하게 구성하는 것이 중요하다고 사료된다. 특히 건축신고와 관련하여서는 건축의 규모의 측면에서도 접근하여 소규모로 한정함과 동시에, 그 입지와 관련된 행위에 대해서는 신고대상에서 제외토록 하거나 신고효력발생에 있어서 탄력성을 구비하는 것이 요청된다. 본 사안에서도 문제가 되는 것이 건축행위 중에서도 신축과 관련되는 것인바, 신축을 위해서는 무엇보다도 토지형질변경을 포함하는 개발행위허가 등이 요청되는바, 이러한 행위는 공익관련성이나 제3자와의 이해관계성에 의거할 때 무엇보다도 행정청의 사전적 규제가 요청되는 것이므로 당연히 건축신고의 대상에서 제외하였어야 마땅한 것이다.

는 전적으로 '사후심사'라는 점에서 신고라는 행위의 존재의의가 있다. 이는 '수리' 내지 '수리거부'라는 용어를 사용하더라고 마찬가지이고, 이러한 수리 또는 수리거부 역시 사후심사에 해당된다는 것이 바로 행위개시통제적 '신고' 제도의 본래적 의의이다.[10] 오준근 교수 역시 신고에 대해서 "본래적 의미의 신고절차는 일정한 요건의 성취를 행정청에 통지하기만 하면 심사절차 뿐만 아니라 공적 장부에의 등록절차도 거칠 필요없이 통지행위로써 바로 일반적 금지의 해제 또는 법률효과의 완성의 법적 효과를 발생하는 행정절차를 의미한다"고 기술하고 있고, 이원우 교수 역시 "영업허가제를 신고제로 변경한다는 것은 사전규제 중심에서 사후규제 중심으로 전환한다는 것을 의미하는 것이다. 즉 신고만으로 영업을 자유로이 수행하게 하되, 일정한 기준에 반하는 행위를 하는 경우에는 사후적인 규제수단을 사용하여 공공성을 담보한다는 것이다."라고 서술하여, 본래적 의미의 신고란 무엇인가를 잘 설명하고 있다.[11]

---

10) Maurer, Hartmut, Allgemeines Verwaltungsrecht, 18. Aufl. 2011, S. 227 f.: 3. Kontrollerlaubnis und Ausnahmebewilligung: Danach ist eine geplante Betätigung nur zulässig, wenn sie der Behörde vorher angezeigt wird, die dadurch die Möglichkeit erhält, das Vorhaben auf seine Rechtmäβigkeit zu prüfen und ggf. ein Verbot zu erlassen(§9 Rn. 54).
Badura in Schmidt-Aβmann , Eberhard (Hg.), Besonderes Verwaltungsrecht, 12. Aufl., 2003, S. 352: Wo das Gesetz eine derartige präventive Kontrolle für unverhältnismäβig hält, begnügt es sich mit einer besonderen Anzeigepflicht.

11) 오준근, 행정절차법, 삼지원, 1998, 440면 이하: 오준근 교수는 신고제도의 도입이유로 허가제한 등으로 프리미엄이 크거나 과보호 되고 있는 분야에 대한 신규진입의 확대를 통하여 국민의 참여와 창의가 유발될 수 있도록 대내외 규제가 완화되어야 하며, 이를 위하여 진입규제절차로서의 허가절차는 등록절차 또는 신고절차로 완화될 것이 요구되어 왔다고 기술하고 있다.
이원우, 변화하는 금융환경 하에서 금융감독체계 개선을 위한 법적 과제, 공법연구 제33집 제2호, 2005.02. 51면.

B. 행위개시통제적 신고에 있어서 심사의 의미

1. 사전심사의 배제

a) 신고후 통제는 사후심사

행위개시통제수단으로서 신고는 소위 '자체완결적 신고'만이 존재하지, 다른 신고 즉 '행정요건적 신고' 내지 '수리를 요하는 신고'는 존재할 여지가 없다. 왜냐하면 여기서 신고로 인하여 이미 공법상 효력이 발생하였기 때문이다. 그러므로 신고를 한 후 사인은 의도하는 행위를 적법하게 개시할 수 있는 것이다. 신고의 효력이 신고를 통하여 이미 발생하였는데, 사전적으로 행정청의 확인적 행위가 요청되거나 이와 관련하여 무슨 수리행위를 요하는 것도 아닐뿐더러 수리를 할 수 있는 것도 아니다. 행위개시통제적 신고의 경우 사인이 법령에서 요구되는 신고의 요건을 구비하여 이를 관할행정청에 통보만 하면 그 의도하는 행위로 나아갈 수 있다.

여기서 신고의 요건의 구비여부는 원칙적으로 중요하지 아니한데, 왜냐하면 이에 대해서는 행정청이 사후적으로 통제를 하기 때문이다. 행위개시통제적 신고에 있어서 행정청의 수리 여부의 문제는 사후적 통제의 문제로 바라보아야 하는바, 이러한 점에서 김중권 교수와 최계영 교수가 수리 거부를 '앞당겨진 사후규제'로 보는 것은 타당한 점이 있기도 하지만, 다만, 앞당겨진의 의미를 신고의 효력이 발생하기 이전이라는 의미로 보아서는 아니될 것이다.[12)]

김중권 교수가 신고에 대한 심사와 관련하여 "사실 신고(제)에 대한 오해의 출발은 행정청의 심사를 완전히 배제시킨데서 비롯되었다. 신고유보부 예방적 금지의 경우, 개시통제(심사)를 허가를 통해서 행정청이 행한다는 것이 아니라 사인 스스로가 행한다는 것이지, 결코 행

12) 김중권, 행정법기본연구 I, 법문사, 2008, 120면 이하; 최계영, 건축신고와 인·허가의제, 행정법연구 제25호, 2009/12, 180면.

정청의 심사를 배제하는 취지가 아니다"라는 주장은 신고를 한 이후에는 신고를 하고서 행한 행위의 효력에 대해서 심사를 할 수 없다는 취지의 판결[13]이나 주장의 잘못을 지적하는 점에서는 타당하지만, 신고에 대해서 사전심사를 할 수 있다고 본다면 이는 신고에 있어서의 심사는 언제나 사후심사라는 점을 간과한 것이라고 할 수 있다.[14] 정남철 교수도 "독일에서는 건축신고의 경우에 건축행정청은 예방적 금지와 결별하였다고 하여도, 여전히 억제적 통제를 할 수 있다.[15]"고 하는바, 신고에 대해서는 사전적·예방적으로 심사를 할 수 있는 것이 아니라는 점과 사후심사에 대해서 지적한 점에서 타당하다고 할 것이다. 독일에 있어서도 건축신고를 한 사인에 대해서 행정청이 "공사금지처분" 내지 "건축개시거부권(Unterlassungsgebot des Baubeginns)"을 발할 수 있는 점이나 신고의 효력발생을 위해서 "대기기간"을 둔 것은 이미 그 자체로 신고의 효력이 신고로 인하여 즉시 발생한다는 점을 전제로 하고 있는바, 신고 후에 이루어지는 행정청의 모든 통제는 사후심사로 보아야 할 것이다.

대법원의 판례를 보면 "원고의 이 사건 대문설치행위가 구 건축법(1995. 1. 5. 법률 제4919호로 개정되기 전의 것, 이하 건축법이라 한다) 제26조에 위배된 것이어서 피고가 이 사건 대문의 소유자인 원고에 대하여 건축법 제69조 제1항에 의하여 원상복구를 명한 것은 정당한 권한 있는 처분이므로 이 사건 계고처분이 적법하다는 상고이유의 논지는, 피고가 원심에서 주장하지 아니하고 당심에 이르러 새로이 주장하는 사유로서 원심의 부가적 판단에 대한 것일 뿐만 아니라, 원고의 이 사건 대문설치신고가 적법한 이상 이 사건 대문이 건축법 제26조 제1항의

13) 대법원 2010.11.18. 선고 2008두167 전원합의체 판결【건축신고불허(또는반려)처분취소】.

14) 김중권, 행정법기본연구 I, 법문사, 2008, 120면, 129면.

15) 정남철, 건축신고와 인인보호 : 독일 건축법제와의 비교법적 고찰을 겸하여, 법조 통권645호 (2010. 6), 250면.

규정에 위반한 불법건축물이라고도 볼 수 없으므로 더 나아가 살필 필요 없이 이유가 없다.[16)]"는 판결에서 만약 신고가 적법한 이상 그 후에는 더 이상 신고의 효력에 포함되는 행위에 대해서 사후심사를 할 수 없다는 취지라면 신고의 의미를 정확하게 이해한 것이라고 보기는 어렵다고 할 것이다.[17)]

b) 신고요건의 미비의 법적 의의

신고는 사인이 (요건을 구비하였다고 생각하고) 관할행정청에게 통보하는 순간 의도하는 행위로 적법하게 나아가도록 하는 효력을 발하는 것이다. 이 경우에 사인이 (의도적이든 비의도적이든) 신고요건에 미비가 있다손 치더라도 신고의 효력에는 영향을 미치지 못한다. 신고요건의 미비가 심한 경우 행정청은 이를 인지하고 즉각적으로 사후통제를 가할 수 있는 것이고, 요건이 대강 갖추어졌다고 생각하여 행정청이 즉각적으로 사후통제로 나아가지는 아니하였으나, 추후에 위법사항이 발견된 경우에는 이를 취소하거나 시정할 수 있는 것이다.[18)] 그러므로 신고를 한 후 사인이 아직까지 건축행위로 나아가지 아니한 경우에는 건축개시금지를 명할 수도 있으며, 건축행위로 나아갔으나 이를 시정할 필요가 있는 경우에는 시정명령을 발할 수도 있으며, 나아가 철거를 명할 수도 있다. 나아가 신고가 적법하였다손 치더라고 중대한 공익적 이유로 인하여 철회를 할 수도 있는 것이다.[19)]

---

16) 대법원 1999. 4. 27. 선고 97누6780 판결【건축물철거대집행계고처분취소】.

17) 김중권, 행정법기본연구 I, 법문사, 2008, 120면, 146면.

18) Maurer, Hartmut, Allgemeines Verwaltungsrecht, 18. Aufl. 2011, S. 603: Anzeigevorbehalt: Bestimmte Beschlüsse oder Vorhaben müssen der Aufsichtsbehörde angezeigt werden, die dann, wenn sie eine Rechtsverletzung feststellt, mit den repressiven Aufsichtsmitteln einschreiten kann(§23 Rn. 20a).

19) 대법원 2012.3.15. 선고 2011두27322 판결【건축신고철회처분취소】: 1975. 12. 31. 법률 제2852호로 개정된 건축법 시행 이전부터 사실상 도로로 사용되는 토지 위에 제1종 근린생활시설 건물을 신축하는 내용으로 토지소유자 갑이 건축신고를 하였는데 행정청이 이를 수리하였다가 위 토지가 건축법상 도로이어서 건축법에 저촉된다는 이유 등으로 건축신고수리 철회통보를 한 사안에서, 위 토지는 개정

최계영 교수는 "일단 신고제는 행정청의 수리 없이도 당해 행위를 적법하게 할 수 있다는 점에서 허가제와 다른 것이지, 위법한 사항이 발견되었을 때에도 이를 미리 막을 수 있는 권한이 없다고까지 반드시 보아야 할 것은 아닐 것이다. 그리고 앞서 사례에서 보았듯이 시민이 행위를 개시한 이후에 사후적으로 통제를 하는 것이 시민에게 반드시 유리하다고 볼 수는 없다.[20]"고 주장하고 있는데, 여기서 '미리 막을 수 있는'이라는 의미는 '사후적 즉 신고의 효력발생후 그러한 행위로 나아가기 전 미리 막을 수 있는'이라는 뜻으로 보아야 할 것이지 신고에 대해서 사전적인 심사를 할 수 있다는 의미는 아니라는 점이다. 신고에 대해서는 사전적 심사를 하지 아니하는 것이지만 그렇다고 사후적 심사를 하지 않는다는 의미는 아닌 것이다. 또한 신고는 사인에게 행위개시여부에 대하여 선택권을 부여한다는 점에서 유리한 것인데, 즉 신고요건에 부합된다고 생각한다면 신고 후 '즉시로(sofort)' 의도하는 행위로 나아갈 수 있다는 점에서 사인에게 자유의 확대를 의미하는 것이고, 그러한 사인의 행위개시시점의 선택가능성(Wahlmöglichkeit) 및 행위개시의 자기주도성(Eigeninitiative)에 있어서 유리하다는 뜻이라고 할 것이다. 이러한 신고가 그러한 행위로 나아간 후에는 아무런 책임도 지지 않게 된다는 의미의 책임면제를 의미하는 것은 아니라는 점에서 최계영 교수가 주장하듯이 반드시 '유리'한 것은 아닐 수도 있다는 주장은 일리가 있다.

신고요건의 미비와 관련하여 "당구장업과 같은 신고체육시설업을 하고자 하는 자는 체육시설업의 종류별로 같은법시행규칙이 정하는 해

건축법 시행 전부터 이미 주민의 통행로로 이용되던 폭 4m 이상의 사실상 도로로서 건축법상 도로에 해당하여 건축할 수 없고, 건물 신축으로 통행을 막지 않도록 해야 할 공익상 요청이 갑의 기득권, 신뢰, 법적 안정성의 보호보다 훨씬 중요하다고 보아 건축신고수리를 철회한 처분이 적법하다고 본 원심판단을 정당하다고 한 사례.

20) 최계영, 건축신고와 인·허가의제, 행정법연구 제25호, 2009/12, 183면.

당 시설을 갖추어 소정의 양식에 따라 신고서를 제출하는 방식으로 시·도지사에 신고하도록 규정하고 있으므로, 소정의 시설을 갖추지 못한 체육시설업의 신고는 부적법한 것으로 그 수리가 거부될 수밖에 없고 그러한 상태에서 신고체육시설업의 영업행위를 계속하는 것은 무신고 영업행위에 해당할 것이지만"이라는 판례는 소정의 시설을 갖추지 못한 체육시설업의 신고를 부적법한 것으로 보고 그 후 이루어지는 영업행위를 무신고영업행위로 판단하고 있는바, 이는 신고의 법리에 비추어 볼 때 문제가 있다고 할 것이다. 신고의 요건의 미비가 있는 경우에 행정청은 사후적으로 필요한 조치를 할 수 있는 것이지 무신고 영업행위에 해당하는 것은 아니라고 볼 것이다. 만약에 신고 후 행정청이 '신고의 효력을 제거하는 조치'를 사후심사의 일환으로서 수행한 경우에도 사인이 계속 영업을 계속한다면 신고가 그 효력을 잃었으므로 무신고 영업행위가 될 것이다.[21] 이러한 점에 대해서는 김중권 교수도 "'무신고'는 말 그대로 단지 신고가 없음을 의미하지, '적법한' 신고가 없음을 의미하진 않는다."고 적절하게 지적하고 있다.[22] 그리고 이러한 신고요건의 구비 내지 미비여부는 결국 행정청의 사후통제에 있어서 중요한 고려요소로서 작용하게 된다.

2. 신고에 있어서 '수리거부'의 의미

행위개시통제적 신고에 있어서 '수리를 거부한다'는 말의 진정한 의미는 이미 신고의 효력은 신고서의 도달로 발생하였으므로 사후적 심사를 수행하였으며, 사후적 심사의 결과 신고에 있어서 위법한 점이 발견되었거나 신고의 효력을 존치시키기 어려운 사정이 발생하였으므로 이미 발생한 신고의 효력을 사후적으로 취소 내지 철회한다는 의미이다. 즉 신고 후에 행정청이 '수리를 거부한다'는 것은 행정청이 그만

21) 대법원 1998. 4. 24. 선고 97도3121 판결【체육시설의설치·이용에관한법률위반】.
22) 김중권, 행정법기본연구 I, 법문사(2008), 141면.

큼 기만하게 신고에 대해서 사후적으로 심사를 수행하였다는 의미로 보아야지 사전적으로 신고의 효력발생을 저지하는 것은 아니다. 이러한 점에서 '수리거부'는 행정청이 사인에게 부여된 신고의 효력을 취소 내지 철회하는 행정행위이므로 이에 대해서는 처분성이 긍정되므로 취소소송이 가능하다. 이러한 점과 관련하여 김중권 교수도 "신고유보부 예방적 금지에서의 신고의 수리거부 또한 예방적·잠정적 금지를 종국화시킨다는 의미에서 일종의 금지하명에 해당한다.[23]"고 하여 수리거부를 금지하명으로 보고 있는 점에서는 적절한 지적이라고 사료된다. 다만, 여기서 신고에 대하여 사전적으로 신고의 효력이 발하기 전에 금지를 명하는 하명으로 보기는 어렵고 사후적으로 행정청이 심사를 한 연후에 금지명령을 발한 것으로 보아야 할 것이다. 여기서 심사가능성은 사후심사 가능성으로 보아야 하지 사전심사 가능성은 존재할 수 없다. 왜냐하면 행위개시통제적 신고에 있어서 심사는 언제나 사후적 심사가 되기 때문이다.

인·허가의제효를 지니는 건축신고를 수리를 요하는 신고로 보는 견해를 이해하자면, 건축행위라는 것이 현행 건축법상으로는 공익 및 제3자 관련성에 있어서 상당히 중대한 영향을 미치고 있으므로 건축신고를 일단 수리를 요하는 신고로 보고서 마치 신고의 효력이 발생하지 아니하도록 '사전적 통제(präventive Kontrolle)'를 수행하는 것처럼 이해하고자 하는 것인바, 그러나 이는 행위개시통제적 신고에 대한 근본적인 이해부족에서 오는 것으로 사료된다. 즉, 신고의 효력은 이미 신고 즉 신고서의 관할행정청에 도달로서 발생하였고 이제부터 수행하는 행정청의 조치들은 모두 사후적인 조치에 해당되는 것이라는 점을 간과한 것이다. 신고에 대한 사후적 통제로서 '수리거부'는 신고에 의하여 발생한 법적 효과를 차단하는 의미가 있으므로, 이에 대해서는 처분성을 긍정하여 다투도록 할 필요성이 있다. 판례는 건축신고에 대한 '수리거

---

23) 김중권, 행정법기본연구 I, 법문사(2008), 148면.

부'에 대해서 그 처분성을 부정하여 왔으나, 최근 판례에서 건축신고의 반려행위에 대해서 항고송의 대상이 된다고 보았다.[24] 그렇지만 건축신고의 반려행위는 사실상 건축신고의 효력을 차단하는 새로운 행정행위로서 즉, 사인이 향유하는 자유권에 대한 제재 내지 건축개시금지를 명하는 행위라는 점에서 처분성을 긍정하여야 할 것이다.[25]

3. 실체적 이유로 수리거부의 의미

"요건을 구비한 신고에 대해서 실체적 이유를 들어 거부한 것이 위법하다"는 판결[26]은 행정청이 신고에 대해서 사후심사를 할 수 없다는 뜻이라면 시정되어야 할 것이다. 동 판결에서 사인이 신고를 한 후 법상 허용된 행위를 수행하고 있는데, 사후적으로 행정청이 법령 또는 공익상의 이유로 심사를 할 수 없다는 취지에서 실체적 이유를 들어서 거부할 수 없다는 뜻이라면 신고의 의미에 대해서 잘못 파악하고 있는

---

24) 대법원 2010.11.18. 선고 2008두167 전원합의체 판결【건축신고불허(또는반려)처분취소】: 이와 같이 건축주 등은 신고제하에서도 건축신고가 반려될 경우 당해 건축물의 건축을 개시하면 시정명령, 이행강제금, 벌금의 대상이 되거나 당해 건축물을 사용하여 행할 행위의 허가가 거부될 우려가 있어 불안정한 지위에 놓이게 된다. 따라서 건축신고 반려행위가 이루어진 단계에서 당사자로 하여금 반려행위의 적법성을 다투어 그 법적 불안을 해소한 다음 건축행위에 나아가도록 함으로써 장차 있을지도 모르는 위험에서 미리 벗어날 수 있도록 길을 열어 주고, 위법한 건축물의 양산과 그 철거를 둘러싼 분쟁을 조기에 근본적으로 해결할 수 있게 하는 것이 법치행정의 원리에 부합한다. 그러므로 건축신고 반려행위는 항고소송의 대상이 된다고 보는 것이 옳다.

25) 김남진, 건축신고반련행위의 법적 성질, 법률신문 제3910호.

26) 대법원 1997. 8. 29 선고 96누6646: 토지거래신고가 법 제21조의7, 법시행령 제28조, 법시행규칙 제11조 소정의 형식적 요건을 모두 갖춘 것이라면 시장·군수·구청장은 일단 이를 수리하여야 하는 것이고, 만일 신고된 토지의 이용목적이 국토이용계획이나 자연환경보전 등의 공익적 기준에 적합하지 아니하다고 판단되거나 신고된 토지가 공익사업용 토지에 해당하여 국가 등이 매수를 원하는 경우이면 법 제21조의8, 제21조의14의 규정이 정하는 바에 따라 토지거래계약체결의 중지 등을 권고하거나 선매자를 지정하여 당해 토지를 협의매수하도록 알선을 할 수 있을 뿐이지, 위와 같이 공익적 기준에 적합하지 않는다는 등의 실체적 사유를 들어 토지거래신고의 수리 자체를 거부할 수는 없다.

것은 아닌가 사료된다. 왜냐하면 요건을 구비한 신고라 하더라도 사후적으로 심사를 하여 공익적 필요가 있거나 실체적 위법성이 발견된 경우라면 그 효력을 저지할 필요가 있기 때문이다.[27]

여기서 행정청이 실체적 이유를 들어 거부한 것의 의미는 행정청이 신고에 대해서 사후심사를 수행하였고, 그 결과 공익상의 이유 내지 법령상의 이유로 신고의 효력을 유지시키기 어렵다는 것으로 이해하여야 할 것이다. 그러므로 행정청이 행하는 수리거부의 의미는 신고효력의 취소 또는 철회를 의미하는 것이다. 신고에 있어서 최계영 교수는 "실체적 요건을 갖추지 못하였으나 행정청이 수리한 경우"를 상정하면서, 이에 대해서는 신고의 효력이 발생하는 지에 관해서 명시적 판단이 내려진 바가 없다고 하면서, 행정청이 수리한 이상 시민으로서는 적법한 신고를 한 것이라고 신뢰를 할 수 밖에 없을 것이므로, 신고의 효력이 발생한다고 보는바, 이는 '행정청이 수리 한 경우'가 무엇을 의미하는지에 따라서 그 법적 평가를 달리하여야 할 것이다.[28]

신고는 신고서의 도달로 완전한 효력을 발하게 되는 것이고, 그 다음의 문제는 사후심사의 문제만이 잔존한다. 이에 대해서는 '수리한 경우'의 의미가 사후심사를 어느 정도로 하였는가에 따라서 구분될 수 있을 것이다. 수리를 하였다는 것이 첫째로는 행정청이 사인의 신고에 대해서 아무런 의사를 표현하지 아니한 경우 그냥 신고서를 접수한 경우라면, 사후심사를 하여서 실체적 요건이 구비되지 못하였음을 이유로 신고의 효력을 취소할 수 있을 것이고, 만약 사인이 행위로 나아간 경우라면 그 시정을 명할 수 있을 것이다. 둘째로는 사후심사를 하였고 그럼에도 불구하고 요건에 대해서 적절한 심사를 수행하지 못한 경

27) Arndt, Hans-Wolfgang, in Steiner, Udo (Hg.), Besonderes Verwaltungsrecht, 5. Aufl., 1995, S. 824: Die erlaubnisfreie, nur anzeigepflichtige gewerbliche Tätigkeit steht allerdings unter dem Verbotsvorbehalt des §35 GewO, der der Behörde eine nachträgliche Korrekturmöglichkeit gibt.

28) 최계영, 건축신고와 인·허가의제, 행정법연구 제25호, 2009/12, 182면.

우라면 행정청이 사후에 다시 심사하여 그 위법을 시정할 수 있을 것이다. 물론 이 경우에는 시간의 경과와 행위의 진척으로 인하여 사인이 가지는 신뢰의 이익과 실체적 요건의 미비로 인하여 신고의 효력을 취소하여야 할 이익 사이에 비교형량이 이루어져서 그에 따라 신고의 효력을 존치시킬 것인가를 판단하여야 할 것이다. 셋째로는 사후심사 결과 신고요건에 있어서 아무런 하자를 발견하지 못하였음을 확인하였거나 특히 이에 대해서 신고필증을 교부한 경우라면 이러한 행위는 행정청의 새로운 확인적 행정행위로 보아서 행정행위의 효력을 향유하도록 하여야 할 것이다.

4. 사후심사와 규제완화

신고에 대해서 사후심사를 하는 경우에는 규제완화의 효과가 없지 않은가 의문이 제기될 수 있으나, 이는 행위개시여부를 사인에게 부여한다는 점, 신고 즉시 의욕하는 법적 행위로 나아갈 수 있다는 점 그리고 행위개시시점을 사인이 선택할 수 있는 점 등에서 사인에 대한 규제완화 내지 자유의 확대라고 할 수 있을 것이다.

또한 신고의 효력이 '수리'라는 행정청의 어떤 사전적 행위를 거쳐서 발생하는 것과 그 즉시로 발생하는 것과 무슨 차이가 있는가 라는 의문을 제기할 수도 있을 것인바, 여기에는 첫째, 적법하게 행위개시를 하는 것이 언제 가능하게 되는가 하는 시점의 차이가 있고, 둘째, 효력의 시기가 다름으로 인하여 그로 인하여 발생하는 기성사실의 형성으로 인한 이익의 무게에 차이가 있으며, 셋째, 규제완화로 인한 행위개시의 주도권에 있어서 차이가 있으며, 넷째, 추후에 효력의 취소나 철회에 있어서 고려되는 이익들에 있어서 차이가 있을 수 있고, 다섯째, 즉시 효력이 발생하는 경우에는 효력발생을 저지하기 위해서는 별도의 효력규정을 두어야 한다는 점 등을 들 수 있을 것이다.

독일에서는 건축의 자유를 영위함에 있어서 건축신고를 한 후 건축을 할 것인가 아니면 건축허가를 득한 연후에 건축을 할 것인가에 대해서 사인에게 선택권이 주어진다. 사인은 건축신고를 한 후에 건축을 할 수도 있지만, 그러나 신고요건의 사후미비 내지 위법으로 인하여 받는 불이익은 스스로 부담하여야 하는 것이다. 김중권 교수도 "건축주의 관점에서 보아서 건축허가(절차)는 많은 유리한 점을 제공한다. 무엇보다도 존속보호를 통한 안정성(확실성)을 제공한다. 그런데 신고와 허가면제 등을 통한 건축법의 규제완화의 경우, 건축주로선 자신을 그나마 보호해주던 건축허가가 부재하여 존속보호를 더 이상 누리지 못한다. 반면에 건축주가 실체적 규정을 준수해야 하는 데는 변함이 없다."고 하여 건축신고 후에도 실체적 규정을 준수하여야 함을 지적하고 있다.[29]

C. 건축신고 및 그 효력

1. 건축신고

건축신고란 사인이 건축신고대상에 해당하는 행위에 나아가기 위하여 신고하는 것이다. 1962년 제정된 건축법에 의하면 처음에는 현행과 같이 건축물의 건축을 허가유보부금지로 구성하지 아니하였고 건축허가를 받아야 하는 대상을 포지티브방식으로 규정하고 있었다. 허가대상건축물보다 소규모 건축물에 대해서는 아무런 규정을 두지 않았으며, 대단히 예외적으로 방화지구외에서 10평방미터 이내의 소규모로서 증축이나 개축을 하는 경우 신고할 수 있도록 규정하였다.[30] 1980년

---

29) 김중권, 행정법기본연구 I, 법문사, 2008, 126면.

30) 건축법 [시행 1962.1.20] [법률 제984호, 1962.1.20, 제정] 제5조(건축허가)는 다음과 같다: 다음 각호에 게기하는 건축물의 건축, 대수선 또는 주요변경을 하고자 하는 자는 서울특별시장 또는 시장, 군수(이하 시장, 군수라 한다)의 허가를 얻어야 한다. 단, 도시계획법 제22조제1항의 규정에 의한 방화지구외에서 건축물을 증축 또는 개축하고자 할 때에 증축 또는 개축하는 부분의 연면적이 10평방미터 이내의

건축법 개정을 통하여 건축신고는 증축이나 개축에 한정되어 도입되었으며[31], 1982년 건축법 개정시 제5조에서 건축허가와 건축신고 규정을 항을 달리하여 규정하게 되었으며, 동조 제6항에 인허가 의제조항을 신설하였다: ⑥건축물을 건축 또는 대수선하고자 하는 자가 제1항 또는 제2항의 규정에 의한 허가를 받거나 신고를 한 때에는 다음 각호의 허가를 받거나 신고등을 한 것으로 본다. 〈신설 1982·4·3〉 1. 제47조제2항에 의한 공사용 가설건축물의 축조신고 2. 도로법 제40조에 의한 도로의 점용허가 3. 하수도법 제24조에 의한 배수시설의 설치신고 4. 오물청소법 제15조에 의한 오수정화시설 및 동법 제16조에 의한 분뇨정화조의 설치신고.[32]

것인 경우에는 이를 사전에 신고하여야 한다. 1. 학교, 병원, 진료소, 극장, 영화관, 연예장, 관람장, 집회장, 백화점, 시장, 공중의 용에 공하는 욕장, 여관, 공동주택, 기숙사 또는 차고의 용도에 공하는 연면적 100평방미터 이상의 것 2. 연면적이 500평방미터 이상이거나 3층 이상인 목조의 건축물 3. 연면적이 200평방미터 이상이거나 2층 이상인 목조이외의 건축물 4. 기타 도시구역내에 있어서의 건축물.

건축법 [시행 2009.3.1] [법률 제9384호, 2009.1.30, 일부개정] 제11조 (건축허가) ① 건축물을 건축하거나 대수선하려는 자는 특별자치도지사 또는 시장·군수·구청장의 허가를 받아야 한다.

31) 건축법 [시행 1980.4.5] [법률 제3251호, 1980.1.4, 일부개정] 제5조(건축허가) 제1항: ① 도시계획구역, 국토이용관리법에 의하여 지정된 공업지역 및 취락지구와 대통령령이 정하는 구역안에 있어서의 건축물과 기타 구역안에 있어서의 연면적 200평방미터 이상이거나 3층 이상인 건축물을 건축(증축의 경우에는 그 증축으로 인하여 당해 건축물의 연면적이 200평방미터이상이 되거나 3층이상이 되는 경우를 포함한다)하거나 대수선하고자 하는 자는 미리 시장 또는 군수의 허가를 받아야 한다. 다만, 다음 각호의 1에 해당하는 경우에는 이를 미리 시장 또는 군수에게 신고하여야 한다. 〈개정 1980·1·4〉

1. 바닥면적의 합계가 30평방미터이내의 증축·개축·재축 또는 대수선
2. 이미 건축허가를 받은 건축물로서 바닥면적의 합계가 30평방미터 이내 또는 연면적의 10분의 1 이내의 바닥면적의 증감을 위한 설계변경이나 대수선에 해당하는 설계변경

32) 건축법 [시행 1982.7.1] [법률 제3558호, 1982.4.3, 일부개정] 제5조 (건축허가) ① 도시계획구역·국토이용관리법에 의하여 지정된 공업지역 및 취락지구와 대통령령이 정하는 구역안에 있어서의 건축물과 기타 구역안에 있어서의 연면적 200평방미터 이상이거나 3층 이상인 건축물을 건축(증축의 경우에는 그 증축으로 인하여 당해 건축물의 연면적이 200평방미터 이상이 되거나 3층 이상이 되는 경우를 포

1986년 건축법 개정을 통하여 소규모 건축물의 경우에는 건축신고를 하고서 건축물을 신축할 수 있도록 하였으며[33], 그 후 규제완화의 물결을 타고서 건축신고의 대상을 확장하였다.[34]

판례에서는 줄곧 건축신고를 '자체완결적 신고'로 보아서 "구 건축

함한다)하거나 대수선하고자 하는 자는 미리 시장 또는 군수의 허가를 받아야 한다. 이 경우 시장 또는 군수는 건축사법 제23조의2의 규정에 의하여 미리 건축사의 조사 및 검사를 받아 허가를 신청한 것에 대하여는 건설부령이 정하는 바에 따라 그 조사 및 검사조서에 의하여 이를 허가할 수 있다. 〈개정 1982 · 4 · 3〉 ② 제1항의 규정에 불구하고 다음 각호의 1에 해당하는 경우에는 이를 미리 시장 또는 군수에게 신고함으로써 허가에 갈음한다. 〈신설 1982 · 4 · 3〉 1. 바닥면적의 합계가 30평방미터 이내의 증축 · 개축 · 재축 또는 대수선 2. 이미 건축허가를 받은 건축물로서 바닥면적의 합계가 30평방미터 이내 또는 연면적의 10분의 1 이내의 바닥면적의 증감을 위한 설계변경이나 대수선에 해당하는 설계변경.

33) 건축법 [시행 1986.12.31] [법률 제3899호, 1986.12.31, 일부개정] 제5조(건축허가) ②제1항의 규정에 의한 허가대상건축물이라 하더라도 다음 각호의 1에 해당하는 경우에는 이를 미리 시장 또는 군수에게 신고함으로써 허가에 갈음한다. 이 경우 신고절차에 관하여 필요한 사항은 건설부령으로 정한다.〈신설 1982 · 4 · 3, 1984 · 12 · 31, 1986 · 12 · 31〉 1. 바닥면적의 합계가 50제곱미터 이내의 증축 · 개축 · 재축 또는 대수선 2. 이미 건축허가를 받은 건축물로서 바닥면적의 합계가 50제곱미터 이내의 바닥면적의 증감을 위한 설계변경이나 대수선에 해당하는 설계변경 3. 농 · 어업을 영위하기 위하여 필요한 소규모주택 · 축사 또는 창고로서 대통령령이 정하는 지역 및 규모의 건축물의 건축 또는 대수선 4. 제48조의 규정에 의한 용도변경에 있어서 건축물의 대지 · 구조 및 설비를 크게 달리하지 아니하는 범위안에서 용도를 변경하는 경우로서 건설부령이 정하는 용도변경.

34) 당시 건축법중개정법률안에 대한 국회 건설위원회의 심사보고서를 보면 "건축허가를 받게 되어 있는 일부 농어업용 주택 · 축사 및 창고를 신고대상으로 완화하고" 라고 설명하고 있다. 그러면서 "다. 신고로서 허가에 갈음할 수 있는 건축대상의 확대"라는 항목에서 다음과 같이 설명하고 있다: 현행규정은 증축 개축 재축 대수선 또는 건설변경의 경우 바닥면적의 합계가 30제곱미터 이내인 경우에 한하여 신고로써 허가에 갈음하도록 하고 있으나 개정안에서는 그 규모를 50제곱미터 이내인 경우로 확대하고 특히 소규모 농업업용 주택 축사 창고등에 대해서는 신축의 경우까지도 대통령령으로 정하는 규모 이하는 신고로써 허가에 갈음할 수 있도록 함으로써 국민의 편의를 도모케 하려는 규정이라고 사료됨. 또한 1986년 12월 11일(목)의 제131회 국회 건설위원회 회의록 제12호를 살펴보면, 검토의견으로 '신고만으로 허가에 갈음케 하여 국민편의를 도모하고'라는 표현이 나타나 있다. 이러한 국회의 입법이나 개정 그리고 국회속기록에 의하면 신고라는 제도는 허가라는 제도에 갈음하여 국민의 편의를 도모하는 측면에서 도입되고 운영되도록 도입된 것을 알 수 있다.

법(1996. 12. 30. 법률 제5230호로 개정되기 전의 것) 제9조 제1항에 의하여 신고를 함으로써 건축허가를 받은 것으로 간주되는 경우에는 건축을 하고자 하는 자가 적법한 요건을 갖춘 신고만 하면 행정청의 수리행위 등 별다른 조치를 기다릴 필요 없이 건축을 할 수 있는 것이므로"라고 판시하여 왔다.[35] 그러다가 인·허가 의제효를 수반하는 건축신고에 이르러서는 "인·허가의제 효과를 수반하는 건축신고는 일반적인 건축신고와는 달리, 특별한 사정이 없는 한 행정청이 그 실체적 요건에 관한 심사를 한 후 수리하여야 하는 이른바 '수리를 요하는 신고'로 보는 것이 옳다."라고 판시하기에 이르렀다.[36]

건축신고는 일반적으로 '수리를 요하는 신고'로 보아야 한다는 견해[37]는 건축신고 후 사인이 건축행위로 나아감으로 인하여 발생할 수 있는 공공의 이익 및 제3자의 이익과의 갈등관계를 미연에 방지할 필요성이 있다는 점에서 수긍이 가기는 하지만, 그러나 '수리를 요하는 신고'는 논리적으로는 존재할 수 없다는 점을 간과한 주장이라고 사료된다. 건축신고에 대해서 수리를 거부한다는 것은 건축법 제79조(위반건축물 등에 대한 조치 등) 제1항 등 "① 허가권자는 대지나 건축물이 이 법 또는 이 법에 따른 명령이나 처분에 위반되면 이 법에 따른 허가 또는 승인을 취소하거나 그 건축물의 건축주·공사시공자·현장관리인·소유자·관리자 또는 점유자(이하 "건축주등"이라 한다)에게 공사의 중지를 명하거나 상당한 기간을 정하여 그 건축물의 철거·개축·증축·수선·용도변경·사용금지·사용제한, 그 밖에 필요한 조치를 명할 수 있다." 그리고 "기타 건축과 관련된 법령"에 기초하여 사후적으로 심사하여 건축의 개시를 금지하거나 개시된 건축을 중지하도록 하거나 나아가 철거를 명하는 등을 포함하는 의미로 볼 수 있다.

35) 대법원 1999. 10. 22. 선고 98두18435 판결【증축신고수리처분취소】.
36) 대법원 2011.1.20. 선고 2010두14954 전원합의체 판결【건축(신축)신고불가취소】.
37) 김종보, 건설법의 이해, 박영사, 2008, 129면.

아무튼 건축신고는 공익성 및 제3자 관련성에 있어서 커다란 영향을 미치므로 그 범위를 설정함에 있어서 세심한 고려가 필요하다. 독일의 경우는 건축신고(Bauanzeige)와 관련하여 행위개시통제적 신고의 대상을 축소하고 대신 허가면제(Genehmigungsfreistellung)로 나아가고 있는 것이 현실이다. 이는 아마도 신고로 인해서 그 효력이 발생하고 있는 행위에 대해서 사후적 통제를 하는 것에 대한 부담이라고 사료된다. 대신 허가면제의 경우에는 사후통제를 통해서 다시금 허가를 받도록 하기가 쉽기 때문으로 보인다. 사실상 건축과 신고는 상호간에 잘 어울리는 관계는 아닌 것이다. 건축행위를 신고로 개시할 수 있도록 하기 위해서는 공익성과 제3자 관련성을 면밀히 검토하여 사전적으로 일정한 틀을 형성하고 그것을 준수하는 한도 내에서 신고제도를 활용하여야 할 것이다.[38)]

판례는 지금까지 건축신고에 대해서 수리를 거부할 수 없고, 거부하였더라도 신고의 효력이 발생한다는 취지의 판결을 하여 왔으나, 이러한 판례는 행위개시통제수단으로서의 신고에 대하여 보다 자세한 고찰이 요청된다. 건축신고에 대해서 '수리를 거부할 수 없고'에서 그 의미는 건축신고의 효력이 이미 발생하였다는 것을 뜻하는바, 이제는 건축신고는 신고서의 도달로 이미 효력을 발생한다고 표현하는 것이 타당하며, '거부하였더라도 신고의 효력이 발생한다'는 것 역시 신고서가 도달한 이후 거부를 하였더라도 신고의 효력이 이미 발생하였다는 의미인데, 문제는 신고에 대해서 사전적 심사가능성에만 초점을 두고 사후적 심사의 가능성에 대해서 도외시하는 것이라고 할 수 있는바, '수리거부'의 의미를 '사후적으로 심사를 하는 경우'로 풀이하여야 할 것이

---

38) http://www.maerkischer-kreis.de/buergerservice/infosystem/produkte/fd_60/bauanzeige.php: Das Gleiche gilt für die Errichtung von Kleingaragen. Ein Genehmigungsverfahren ist hier jedoch zwingend durchzuführen, wenn im Falle einer Grenzbebauung oder der grenznahen Bebauung keine Einverständniserklärung des Grenznachbarn vorliegt.

다.[39)]

2. 건축신고의 효력과 인 · 허가 의제

현행 건축법 제14조 제1항에 의하면 건축신고를 하는 경우에 '건축허가를 받은 것으로 본다.'는 규정에 의거하여 건축허가를 받은 것과 동일한 법적 효과를 향유하게 된다. 따라서 사인은 건축신고를 한 후 원하는 건축행위를 적법하게 수행할 수 있다. 건축신고에 대해서는 이처럼 건축허가를 의제하는 효력을 명문규정으로 부여하고 있는 점이 다른 신고와는 다른 점이라고 할 것이다. 그러나 건축신고의 경우 이러한 규정이 없더라도 당연히 신고대상인 건축행위를 적법하게 수행할 수 있는 효력을 발하기 때문에 동 규정은 하나의 확인적 규정에 불과하다고 할 것이다.

건축신고에 있어서 인 · 허가 의제를 하는 경우는 대단히 신중을 기하여야 할 것이다. 왜냐하면 신고 즉시 신고대상행위로 나아갈 수 있기 때문이다. 건축신고에 있어서 인 · 허가의제의 효력을 부여하는 경우에는 공익관련성이나 제3자의 보호를 고려하여야 할 것이고, 신고에 대하여 인 · 허가의제를 하는 경우에는 타법상의 '신고'만을 대체할 수 있도록 규정을 두어야 할 것이며, 나아가 각종 인 · 허가 내지 신고를 대체할 수 있도록 하더라도 법령의 해석상 타법상의 '신고'만 대체할 수 있지, 등록이나 허가는 대체할 수 없다고 해석하여야 할 것으로 보인다.[40)] 왜냐하면 신고는 행위개시여부에 대해서 사인에게 주도권을

39) http://www.soltau.de/desktopdefault.aspx/tabid-3494/6696_read-26389: Der/die Entwurfsverfasser/in trägt Sorge dafür, dass das Vorhaben den baurechtlichen Vorschriften entspricht. Eine Prüfung findet weder durch die Stadt, noch durch die Bauaufsichtsbehörde statt! Deshalb sollte es in Ihrem eigenen Interesse sichergestellt sein, dass der Entwurfsverfasser ausreichend gegen Haftpflichtgefahren versichert ist. Sollte z. B. die Bauaufsicht einen Rückbau anordnen, weil sich herausstellt, dass das Vorhaben rechtswidrig ist, wäre Ihr Schaden dadurch gemildert.

40) 참고: 최계영, 건축신고와 인 · 허가의제, 행정법연구 제25호, 2009/12, 165면: 형질

주면서 사전적으로 심사함이 없이 신고만 하고서 행위로 나아가도록 하는 것임에 반하여, 등록이나 허가는 행정청의 심사를 거쳐서 행위로 나아가도록 하는 제도이므로 신고로 인하여 타법상의 인·허가 및 신고를 대체할 수 있는 규정이 있다손치더라도 혹은 그렇게 해석할 여지가 있다고 하더라도 이는 사물의 본질상(nach Lage der Sache) 타법상의 신고만 대체할 수 있다고 할 것이다.[41)]

D. 신고와 등록 그리고 허가와의 관계

신고의 문제를 다룸에 있어서 기왕의 행위통제수단으로 자리잡고 있는 등록과 허가와의 관계 내지 구별을 살펴보지 않을 수 없다. 사인의 자연적 자유에 해당하는 행위를 통제하는 이유는 공익을 담보하기 위함에 있다. 공익으로 중요한 것으로는 헌법 제37조 제2항에서 "국민의 모든 자유와 권리는 국가안전보장·질서유지 또는 공공복리를 위하여 필요한 경우에 한하여 법률로써 제한할 수 있으며"라고 하여 중요한 공익을 예시하고 있다. 사인의 기본권 내지 권리에 속하는 행위는 자유가 원칙이고 규제가 나중이라고 할 때, 원칙적으로 자유롭게 기본권 내지 권리를 발현하도록 하여야 할 것이다. 그렇지만 공익을 담보하기 위하여 일단은 금지를 시킨 연후에 공익에 해를 끼치지 아니하거나 그 정도가 미약한 경우에는 기본권을 행사하도록 하여야 한다. 여기서 국민의 자유와 권리에 대하여 규제를 하고자 하는 경우에, 이론적으로 허가를 득하고 행위를 하도록 하는 경우와 허가까지 엄격한 심사는 필요없고 등록을 하도록 하는 경우와 등록조차 필요없고 신고만 하고 기본권을 영위하도록 할 수 있을 것이다. 이러한 규제의 정도는

변경허가를 대체하는 효력을 긍정하는 경우의 문제에 대해서 언급하고 있다.

41) 참고: 정태용, 인·허가의제제도에 관한 고찰, 법제 530호, 2002/2, 11면 이하: 건축신고에 대해서 타법상의 인·허가 즉 실체적 요건심사를 하는 제도까지 대체할 수 있도록 하는 것은 문제라고 할 것이다.

공익과의 관련성 내지 제3자의 보호라는 차원에서 그 정도에 따라서 허가, 등록, 신고 등으로 다원화 할 수 있을 것이다. 이렇게 볼 때 행위의 개시통제와 관련하여서는 강한 것부터 나열하자면 허가이고 다음으로 등록, 그리고 가장 약한 통제가 신고라고 할 수 있다.[42]

허가는 허가요건에 대해서 형식적인 것은 물론이고 실체적인 요건심사가 이루어지게 되는바, 이러한 실체적 요건심사에 대해서는 행정청의 전문적 판단 내지 공익적 차원에서의 평가 등이 개입될 가능성이 크다.

등록과 관련하여서도 이를 일정한 사실이나 법률관계의 존부를 공적으로 증명하는 행위로서의 등록과는 달리 행위개시의 통제의 의미에서 등록이라는 수단을 활용할 수 있다. 등록은 그 요건에 대해서 형식적 심사만 이루어지는 것으로서 이는 비교적 객관적인 요건들로 이루어져 있어서 행정청의 판단에 있어서 판단의 여지가 거의 허용되지 아니하는 경우라고 할 수 있다. 이에 대해서는 윤장근 법제처차장이 적절하게 지적하고 있다: "현행법에서는 '등록'을 허가와 신고의 중간에 속하는 인허가 제도로 운영하고 있는 경우가 많다. … 등록이라는 행

42) 오준근, 행정절차법, 삼지원, 1998, 442면.
이상천, 요건으로서의 신고 · 신청에 따른 효과로서의 수리 · 등록 · 허가의 개념적 구분 재론, 공법학연구 제11권 제3호, 293면 이하: 이상천 교수는 신고와 등록 내지 허가는 차원이 다르다고 하면서, 그 논거로서 "受理를 요하는 申告는 의무이행이라는 신고의 한계를 가진 개념으로 受理를 요하지 않는 申告와의 구별적 개념인 것이다. 이에 반해 등록은 허가와의 개념적 차별화로 인해 정립된 개념으로, 허가보다 덜 규제적 성격의 개념이라 할 정도의 것으로 신청을 전제로 하는 수익적 개념의 성질의 것이다. 그러므로 수리를 요하는 신고에서의 申告受理와 登錄은 그 개념의 연원이 서로 달라 두 개념을 동일 평면에서 비교한다는 것은 적절한 논의가 아니라 할 것이다."라고 결론을 맺고 있으나, 이러한 결론은 그 전제에 있어서 다음과 같은 오류가 있다고 사료된다. 즉, 신고라는 행위를 행정정보수집형 신고 내지 의무부과형 신고로 상당히 한정하는 점, 나아가 신고 역시 사인이 어떠한 행위로 나아가고자 하지 아니하면 신고하지 아니할 자유가 있는 점, 신고 역시 경우에 따라서는 신청과 동일한 의미를 지니는 경우가 있다는 점 그리고 신고, 등록, 허가 등의 행위개시통제수단들에 대한 일관성 있는 접근을 간과하고서 논리를 전개하고 있는 듯 하다.

위개시통제유형의 존재의의는 기왕의 허가제도가 운영됨에 있어서 실질적 심사를 수행함으로 인하여 행위개시여부가 행정청의 재량에 속함에 반하여, 이러한 허가제도보다는 행위개시여부에 대해서 보다 간명하고도 예측가능성이 높으며 요건에 부합하는 경우에 보다 기속적으로 운영할 필요가 나타나게 되었다는데 있다."[43]

허가와 등록과는 달리 행정청의 행위가 개입됨이 없이도 사인이 행위를 개시할 수 있도록 하는 것이 신고의 취지이다. 신고는 그 요건에 대해서 일단은 어떠한 심사도 이루어지지 아니하고 오직 신고를 통해서 행위개시를 허용하는 것이라고 할 수 있다. 즉 신고에 대해서는 행정청이 사전적으로 차단하여 놓은 금지를 해제하여 사인의 자유를 발현할 수 있도록 하는 것이다. 다만 사후적으로 행정청은 행정목적달성에 위해를 가져오게 되는 경우에 사후적 · 교정적 제재를 가할 수 있는 것이다.

신고는 행위의 개시통제와 관련하여 규제완화적인 차원에서 허가 내지 등록보다 그 규제가 완화되어야 하는데, 그러한 완화된 형태를 상정하자면 일정한 요건만 충족하여(또는 충족한다고 생각하고) 행정청에 통보하면 자동적으로 법적 효과를 향유토록 하여야 할 것이라는 점에서 신고는 소위 '사전적 심사가 없는 자체완결적 신고'로서 자리매김하여야 할 것이라고 사료된다. 행정청이 행하는 행위통제적 차원에서 가장 강한 것이 (특허를 포함하여) 허가, 그 다음으로 등록 그리고 마지막

43) 윤장근, 인 · 허가 법제의 입안심사 요령, 법제 638호 (2011/2), 68면 이하: 해양심층수의 개발 및 관리에 관한 법률 제27조 제1항에서는 먹는해양심층수 제조업은 허가 대상으로 하면서 같은 조 제2항에서 수입업은 등록 대상으로 하고 있다. 성격상으로는 동일한 '금지-해제'의 구조를 갖지만, 단지 규제의 정도를 완화하기 위하여 수입업은 등록 대상으로 한 것이다. 이와 같이 허가를 완화하여 등록 제도로 한 경우에는 인허가 제도의 하나라고 하겠다.
참고: 김중권, 행정법기본연구 I, 법문사(2008), 137면: 김중권 교수는 "요건대 '등록제'란 본질적으로 '허가제'와 다르지 않다. 다시 말해, 그것은 '변태적 허가제'일 뿐이다."라고 등록제에 대해서 다소간 부정적 평가를 내리고 있는 듯 하다.

으로 신고라는 것을 상정할 수 있고, 이런 상정하에서 신고의 위치를 정착시키기 위해서는 자체완결적 신고로서 자리매김하는 것이 타당하다고 사료된다.[44] '수리를 요하는 신고'는 명칭만 신고이지 운용은 허가와 같으므로 위장된 규제완화라는 비판 역시 신고의 의미를 어떻게 이해하여야 하는지 가르침을 주고 있다.[45] 채우석 교수도 신고에 있어서의 수리는 "소위 준법률행위적 행정행위의 일종으로서 상대방의 행위를 유효한 행위로 판단하고 법령에 의하여 처리할 의사로서 이를 수령하는 수동적 행위로서의 '수리'라는 관념은 적용되지 않는다"라고 하여, 준법률행위적 행정행위로서의 수리가 아니라는 점을 분명하게 하면서 '수리를 요하는 신고'라는 제도에 있어서 '수리'의 의미가 불분명한 점을 적시하고 있다.[46] 신고에 대해서 이러한 체계정합적인 이해를 하지 아니하는 한, 최계영 교수가 지적하듯이 사안에 따라서 판례가 오락가락할 수 밖에 없을 것으로 사료된다.[47]

---

44) 홍준형, 사인의 공법행위로서 신고에 대한 고찰 - 자기완결적 신고와 수리를 요하는 시고에 관한 대법원판례를 중심으로 -, 공법연구 제40집 제4호, 2012/6, 338면 이하: 이에 대해서는 이미 선행연구가 상당히 되어 있는바, 수리를 요하지 않는 신고와 수리를 요하는 신고를 구별할 수 있게 해 주는 통일적이고 단일한 절대적 기준은 존재하지 않는다. 다만, 먼저는 법규정에 행정청에게 수리를 하는 권한을 부여하고 있는지 내지 신고사항에 대해서 실질적인 심사를 가능하게 하는 지 여부, 일정한 요건을 통보하는 것 만으로는 그 법적 효과가 발생하는 것이 아니라는 것을 나타내는 내용이 있는지 여부 등이 구별기준이 될 것이고, 법규정으로부터 그 구별기준을 도출하기 어려운 경우에는 결국 여러 가지 사정들을 종합하여 결정할 수 밖에 없을 것이다.

45) 박균성, 행정법상 신고, 고시연구 26권 11호(308호), 1999/10, 43면.

46) 채우석, 행정절차법에 있어서의 신고, 고시계, 1997/7, 70면.
참고: 정형근, 집중효가 발생하는 건축신고에 관한 법률적 검토, 외법논집 34권 제1호 (2010.02), 281면 이하: **등록은 신고를 수리한 행정청의 사후행위에 불과한 것이므로 수리를 요하는 신고와 같은 개념으로 보더라도 무방할 것이다.**
조만형, 행정법상 신고의 유형과 해석기준에 관한 소고, 공법연구 제39집 제2호 (2010.12), 611면: 등록제를 수리를 요하는 신고와 동일하게 볼 수 밖에 없는 또 하나의 이유는 현실적으로 허가와 수리를 요하는 신고 사이의 규제형식을 찾을 수 없기 때문이기도 하다. 즉, 허가 보다는 완화되고 수리를 요하는 신고보다 강화된 규제형식은 현실적으로 상정하기 불가능하기 때문이기도 하다.

47) 최계영, 건축신고와 인·허가의제, 행정법연구 제25호, 2009/12, 170면과 180면 이

E. 행정절차법 제40조가 규율하는 신고

행정절차법 제40조 제1항의 "법령등에서 행정청에 대하여 일정한 사항을 통지함으로써 의무가 끝나는 신고를 규정하고 있는 경우"라는 조항은 그 자체가 행위개시통제적 신고의 유형이라고 할 수 없고, 오히려 이는 정보제공적 신고에 대해서 규율하고 있다고 보아야 할 것이다. 왜냐하면 이러한 신고의 경우는 행정객체인 국민에게 통지의무를 부과하고 있기 때문에 이는 행위개시통제 수단으로서의 신고와는 차원을 달리하기 때문이다.[48] 이러한 점에 대해서 김명길 교수도 "행정절차법 제40조 제1항은 다만 의무적인 신고만을 규정하고 있을 뿐이다. 따라서 의무적인 신고가 아닌 임의적 신고는 동법의 규율대상이 아니다."라고 적절하게 지적하고 있다.[49]

행정절차법 제40조 제1항을 신고의 일반조항으로 입법하려고 하였다면 이는 입법적인 오류로서 이는 이미 밝혀진 바와 같이 행정절차법안에서는 "신고서가 접수기관에 도달된 때에 신고의 의무가 이행된 것으로 본다"라고 하여, 정보제공적 신고와 행위개시적 신고 양자 모두에게 적용될 수 있었으나 입법과정에서 왜곡되었다. 그래서 동조로부터 행위개시통제수단으로의 신고까지 포함하는 내용을 도출해 내기가 어렵다. 이를 위해서는 "신고서가 접수기관에 도달한 때 사인은 의도하는 행위로 나아갈 수 있다"는 내용이 포함되어야 하는데, 동조항에서는 이러한 내용을 도출하기가 어렵기 때문이다.[50] 행정청이 신고에 대해서 규제할 필요성은 인식하였으나, 사후적 규제가능성에 대해서 인지

하: 대법원 판례 중 자기완결적 신고와 수리를 요하는 신고 어느 쪽으로도 분류할 수 없는 유형으로 체육시설업 시고를 들고 있다.

48) 오준근, 행정절차법, 삼지원, 1998, 440면.

49) 김명길, 신고의 유형에 관한 논고, 법학연구 47권 1호(55호), 2006/08, 124면.

50) 참고: 일본 행정절차법 제37조: … 당해 신고가 법령에 의하여 당해 신고의 제출처로 되어 있는 기관의 사무소에 도달한 때에 당해 신고를 하여야 할 절차상의 의무가 이행된 것으로 본다.

를 하지 못한 고로 사전적인 규제에 집착하여 이를 관철시키고자 규율을 시도하였으나 오히려 행위개시통제수단으로서의 신고의 본모습을 포섭하지 못한 결과를 범하였다고 사료된다.

신고라는 것은 행위의 개시여부에 대해서 사인에게 주도권을 부여하는 점에 그 의의가 있다. 그러므로 사인에게 주도권을 주기 어려운 행위에 대해서는 애당초 신고대상에서 제외하는 것이 마땅하다. 또한 경우에 따라서는 독일의 입법례와 같이 건축신고의 효력발생시점에 대해서 '신고서가 도달한 후 2주 내지 4주 후'부터 라고 규율함을 통하여 공·사익의 조정을 도모할 수도 있을 것이다. 아무튼 신고를 이상과 같이 사전심사가 없는 통제수단으로 이해하는 경우에는 행정절차법 규정이 보다 상세하고도 체계적으로 규율되어야만 할 것으로 사료된다.

F. 신고와 그 공법상 효력

사인이 건축신고를 포함하여 신고를 한 경우에 신고의 효력으로 인하여 의도하는 건축행위를 적법하게 수행할 수 있다. 이러한 신고의 공법상 효력에 대해서 소위 행정행위에 인정되는 구속력, 공정력, 불가쟁력 내지 불가변력, 집행력 등을 인정할 수 있을 것인가가 문제될 수도 있을 것이다. 물론 신고행위의 공법상 효력에 대해서 법령에서 별도의 규정을 두는 경우에는 그에 따를 것이나 그렇지 아니한 경우에는 행정법상 일반이론에 의하여야 할 것이다. 행정청이 행하는 구체적 사실에 대한 법집행으로서의 행정행위의 효력은 행정청이 법령에 따른 행정권에 기초하여 발급하므로 법령이나 행정권 또는 법적안정성에 기초하여 이러한 효력이 인정될 수 있을 것이나, 사인의 공법상 행위로서의 신고에 대해서는 이러한 효력을 그대로 부여할 수는 없을 것이다. 다만, 신고 역시 공법상의 행위이므로 조속한 시일내에 그 법률관계의 안정을 담보할 필요는 있다고 사료되므로 그러한 한도 내에서 요청되는 효력을 부여할 수도 있을 것이다. 예를 들면, 신고에 대해서 행정청이 일정한 기간 내에 사후심사를 통하여 다투지 아니한 경우 더 이상 그 신고의 효력에 대해서 더 이상 다툴 수 없도록 하거나 또는 시정명령이나 불이익 처분을 발할 수 없도록 할 수 있는가가 문제될 수 있다. 또한 이해관계 있는 제3자가 신고에 대해서 다툴 수도 있을 것인데, 그러한 제3자가 신고의 효력발생을 알고서도 일정기간 다투지 아니한 경우에는 제3자에 대한 불가쟁력을 인정할 수 있는가도 문제될 수 있을 것이다.[51] 나아가 제3자가 신고의 공법적 효력을 다툴 수 있는가라는 문제와 더불어 특히, 행정청이 사인의 신고에 대해서 그 적법요건에 하자가 있음을 알고도 사후통제를 수행하지 아니하고 있는 경우 제3자가 행정청에 대해서 사후통제를 실시하도록 청구할 수 있는가도 문제될 수 있을 것이다(소위 행정개입청구권의 문제).

건축신고에 하자가 있는 경우 건축신고의 효력에 대해서는 행정행위에 대한 하자 일반론으로 이를 규율할 수 있는 것인가도 문제될 수 있다. 이에 대해서 홍준형 교수는 "형식적 요건에 흠이 있는 경우에는 행정절차법 제40조 제3항 및 제4항에 따라 처리하게 되겠지만, 그 내용에 흠이 있는 경우에 관한 한, 행정절차법에 아무런 규정이 없으므로, 그 흠의 효과에 관해서는 관계법령의 해석에 따라 판단할 수 밖에 없다."고 주장하고 있으나, 행위개시통제적 신고에 대해서 행정절차법 제40조가 규율하는 것이 아니므로, 이에 대해서는 행정법 일반이론을 원용하여야 할 것으로 보인다. 다만, 사인에게는 행정권이 부여되어 있지 아니하므로 사인의 공법행위로서의 신고에 있어서는 행정행위의 하자이론을 그대로 적용하기는 어려울 것이다. 신고에 하자가 있더라도 신고의 효력은 발생하게 되며 다만 그로 인한 위험은 신고자에게 있는 것이다. 물론 신고에 있어서 주체, 내용, 형식, 절차 등 요건에 있어서

51) 물론 독일의 경우와 같이 신고에 대해서 이해관계있는 자에게 통지를 하는 방안도 고려할 만하다.

중대한 하자가 있어서 무효로 볼 수 있는 경우도 있을 것이나, 원칙적으로는 그 효력을 인정하고 다만 사후심사를 통하여 취소할 수 있는 하자로 보는 것이 타당하다. 이 경우에도 행정법 일반이론상 중대명백설에 따라서 법규의 중대한 부분을 위반하고 그것이 누가 보아도 명백한 경우에는 무효이고 그렇지 아니한 경우에는 취소할 수 있는 것으로 하는 것이 타당하다고 일응 주장할 수 있으나, 다만 신고와 관련하여 법규가 소상하게 규율되는 것이 전제로 되어야 할 것이라 사료된다.

Ⅳ. 결 론

판결에 있어서 신고를 논함에 있어서 '수리를 요하는 신고'라는 개념을 긍정하는 것은 앞에서 본 바와 같이 신고에 있어서는 사전적인 통제가 불가능한 것이라는 점과 신고라는 개념 자체가 사전적 통제와는 논리적으로 엮어질 수 없다는 점을 간과한 점에서 문제가 있다고 사료된다. 다수의견, 반대의견, 다수의견에 대한 보충의견 등에서 볼 수 있듯이 저마다 자기의 논리를 주장하는바, 상호간에 동일한 평면에서 논의가 진행되지 못하는 것 같다는 느낌이다. 판례는 행정절차법 제40조를 '자체완결적 신고'에 대한 규정으로 이해하고 있으나, 이는 행위개시통제적 신고는 의무가 끝나는 측면보다는 공법적 효과를 발생시킴에 있어서 사인이 가지는 자유 내지 주도권의 인정이라는 점에서 '자체완결적 신고로서 행위개시통제적 신고'를 포함하고 있다고 보기 어려운 면이 있다는 점을 간과하고 있는 듯 하다. 신고의 유형에 있어서 수리를 요하는 신고가 존재할 이유는 없다.[52] 인·허가의제효와 결부되어 있는 건축신고에 대해서 그 해결의 합리성이라는 측면에서 수

52) 김중권, 행정법기본연구 I, 법문사(2008), 123면: 판례와 문헌들이 시인하는 '수리를 요하는 신고'의 존재가 행정법상의 신고에 관한 올바른 이해를 결정적으로 가로막는다. 또한 그것의 사실상 묵인이 잘못된 입법스타일을 온존시키는 데 기여하였다.

리를 요하는 신고로 보고 있으나, 문제를 근본적으로 해결하지는 못하고 있다. 행위개시에 대한 통제의 유형으로는 허가, 등록, 신고로 족하다. 수리를 요하는 신고는 이를 폐지하는 것이 체계적합성에 부합된다. 그리고 신고 특히 건축신고의 경우에는 그 범위를 한정하고 공익 및 제3자와의 이해관련성 등을 고려하여 그 영향이 없거나 무가치한 경우만 신고로서 가능하도록 하여야 할 것이다. 그리고 인·허가의제 효를 부여하는 경우에는 건축신고는 타법령상의 신고만을 대체할 수 있는 것으로 입법하여야 하고, 입법이 되기 전까지는 해석론으로라도 그런 시도를 하여야 할 것으로 사료된다.

행정청의 임무경감과 행정객체에 대한 규제완화와 행동의 자유의 확대라는 취지에 부합되기 위해서는 매우 정교한 제도적 구성이 요청됨에도 불구하고 입법을 행하는 의회나 행정부 모두 충분한 검토를 하지 아니한 채 입법을 행한 고로 이러한 신고(新苦)의 문제가 발생하는 것이 아닐까 생각해 본다. 이러한 의미에서 사실상 '수리를 요하는 신고'라는 개념 자체는 존재하지 말아야 했고 또한 이제부터라도 퇴출(退出)되어야만 할 개념이라고 할 수 있다.[53] 수리를 요하는 신고를 행위개시통제적 신고의 범주로부터 퇴출시켜야 할 이유로는 첫째, 행위개시통제수단으로서의 신고의 자리매김, 둘째, 신고의 미혹(迷惑)적 운용의 방지와 행정의 예측가능성 확보[54], 셋째, 등록이라는 행위개시통제

---

53) 홍준형, 사인의 공법행위로서 신고에 대한 고찰 - 자기완결적 신고와 수리를 요하는 시고에 관한 대법원판례를 중심으로 -, 공법연구 제40집 제4호, 2012/6, 337면 이하: 홍준형 교수도 "생각건대, 수리를 요하지 않는 신고와 수리를 요하는 신고를 구별할 수 있게 해 주는 통일적이고 단일한 절대적 기준은 존재하지 않는다."고 적시하고 있다. 이처럼 자기완결적 신고와 수리를 요하는 신고의 구별이 분명하지 아니한 경우가 얼마나 많은가를 생각할 때, 수리를 요하는 신고라는 개념을 인정하는 것은 법치국가의 원칙 특히 법적 안정성과 예측가능성의 측면에서 많은 문제를 야기한다고 할 것이다.
오준근, 행정절차법, 삼지원, 1998, 441면 각주 7): 진입규제에 있어 혼동되어 사용되고 있는 개념이 정리되어야 함을 지적하고 있다.

54) 오준근, 행정절차법, 삼지원, 1998, 449면: 오준근 교수도 "행정기관에서 규제완화

수단의 정상적 운용 등을 들 수 있을 것이다. 문제의 가장 간명한 해결책은 입법적인 방안으로서 입법을 함에 있어서 논리적이고도 체계정합적으로 하여야 한다. 물론 그러기 위해서는 행정청이 행하는 행위개시통제수단에 대해서 분명한 구도를 가지고 있어야 한다. 홍준형 교수가 적절하게 지적하고 있듯이 "외관상으로는 인·허가의제조항과 신고제 적용확대를 통해 획기적인 규제간소화조치가 단행된 것 같은 모습을 보였지만, 앞에서 본 바와 같이 사법부의 법해석을 통해 드러난 실상은 그러한 규제완화의 기치와는 판연히 다른 것으로 나타났다. 대법원은 인·허가 의제에 따른 규제의 필요성과 이른바 수리를 요하는 신고의 법리를 연계시켜 결국 그와 같은 '규제의 관성'을 법리적으로 뒷받침해 주는 역할을 수행한 것이다. … 대법원 판례가 자칫 수리를 요하는 신고를 포함한 사인의 공법행위로서 신고의 법리에 대한 심층적인 이론적 뒷받침 없이 과도하게 일반화되어 신고라는 법형식을 '무늬만 규제간소화'일 뿐 사실상 허가와 다름없는 규제개입을 가능케 해주는 수단으로 전락시킬 위험성을 초래하지는 않았는지 되물어 볼 필요가 있다."는 것처럼, 신고에 대해서 분명한 구도가 없이 접근하는 것은 아닌가 사료된다. 만약에 대법원이 건축신고에 대해서 설령 부작용이 있다손치더라도 사전적 심사가 요구되지 아니하는 진정한 의미의 신고로 자리매김 시켰더라면 어떤 파급효과를 가져왔을까 생각해 본다. 입법부에서부터 입법을 함에 있어서 국민이 어떤 행위를 개시할 때 '신

된 형태의 신고절차로 법령에 그 이름은 정해 놓고, 다른 한편으로는 허가제도로 운용하는 편법을 사용해 온 관행을 계속할 수 있는 길을 열어준 것"이라고 그 문제점을 지적하고 있다.

수리를 요하는 신고를 긍정하는 경우에는 결국 국민은 신고를 한 후 원하는 행위로 나아갈지 여부에 대해서 여전히 미궁속에 빠지게 되고, 또한 어떤 신고가 자체완결적 신고인지 수리를 요하는 신고인지에 대한 구분 역시 모호한 경우에는 국민의 행위개시여부가 불확정적이 되고, 또한 국민이 신고를 한 후 행위를 개시한 경우에 행정청이 사후적으로 '여기서 신고는 수리를 요하는 신고'라고 하면서 국민의 권리를 제한하는 경우도 발생할 우려가 있다고 할 것이다.

고'를 한 후 개시하도록 함에 있어서 보다 신중한 입법을 하지 아니하였을까 생각이 들고 또한 행정부에서도 행정입법의 대대적인 정비를 통하여 보다 일관적인 법체계 형성을 위하여 노력하지 않을까 생각하게 된다.[55] 앞으로는 대법원의 법정책적 기능도 고려하는 판결을 축적하여 가기를 바라마지 않는다.

---

55) 참고: 김창조 교수는 토론에서 독일법제와 달리 우리나라의 입법현실은 신고라는 개념에 부합되는 정확한 사용이 되지 않는 것이라고 지적하면서, 이러한 현실을 고려할 때 대법원의 입장을 이해하고자 하였다. 다만 장래적으로는 입법현실이 변경되어야 할 것을 지적하였다.

참고문헌

Maurer, Hartmut, Allgemeines Verwaltungsrecht, 18. Aufl., 2011.

Erichsen, Hans-Uwe / Ehlers, Dirk (Hg.), Allgemeines Verwaltungsrecht, 12. Aufl., 2002.

Schmidt-Aβmann, Eberhard (Hg.), Besonderes Verwaltungsrecht, 12. Aufl., 2003.

Steiner, Udo (Hg.), Besonderes Verwaltungsrecht, 5. Aufl., 1995.

강상욱, 주민등록 전입신고의 요건, 대법원판례해설 80호(2009 상반기), 44-69.

강현호, 집중효, 공법연구 제28집 제2호, 한국공법학회, 2000.

김남진, 건축신고반려행위의 법적 성질, 법률신문 제3910호, 2011. 2. 10.

김명길, 신고의 유형에 관한 논고, 법학연구 47권 1호(55호), 2006/08.

김용섭, 행정법상 신고와 수리, 판례월보 352호, 2000/01.

김중권, 건축법상의 건축신고의 문제점에 관한 소고, 저스티스 제34권 제3호, 2001/06.

김중권, 이른바 '수리를 요하는 신고'의 문제점에 관한 소고, 행정판례연구 Ⅷ, 박영사(2003).

김중권, 행정법기본연구 I, 법문사(2008).

김중권, 신고제와 관련한 코페르니쿠스적 전환에 관한 소고, 법률신문 제3894호, 2010/12.

김중권, Quo vadis - 신고제?, 판례평석 - 대법원 2011.1.20. 선고 2010두14954 전원합의체판결 -, 법률신문 3916호, 2011/03.

김중권, 이른바 자기완결적 신고가 존재하는가, 법률신문 3984호, 2011/11.

김향기, 집중효를 수반하는 건축신고가 「수리를 요하는 신고」인지의 여부, 고시계 56권 7호(653호).

남대하, 집중효가 발생하는 건축법상 건축신고에 관한 고찰, 裁判과 判例 17輯, 2008/12.

박균성, 행정법상 신고, 고시연구 26권 11호(308호), 1999/10.

박균성, 행정법강의, 박영사, 2011.

박재우, 행정청의 건축신고 반려행위가 항고소송의 대상이 되는지 여부, 대법원판례해설 85호(2010 하반기).

오준근, 행정절차법, 삼지원, 1998.

윤장근, 인·허가 법제의 입안심사 요령, 법제 638호, 2011/02.

이경운, 영업자 지위승계신고의 수리와 행정절차 - 식품위생법상 영업허가는 혼합적 허가인가? -, 행정법연구 15호, 2006/05.

이상천, 요건으로서의 신고·신청에 따른 효과로서의 수리·등록·허가의 개념적 구분 재론, 공법학연구 제11권 제3호.

이원우, 변화하는 금융환경 하에서 금융감독체계 개선을 위한 법적 과제, 공법연구 제33집 제2호, 2005/02.

이원우, 규제개혁과 규제완화, 저스티스 106권, 2008/09.

정남철, 건축신고와 인인보호 : 독일 건축법제와의 비교법적 고찰을 겸하여, 법조 통권645호, 2010/06.

정하중, 행정법개론, 법문사, 2012.

정형근, 집중효가 발생하는 건축신고에 관한 법률적 검토, 외법논집 34권 제1호 (2010.02).

조만형, 행정법상 신고의 유형과 해석기준에 관한 소고, 공법연구 제39집 제2호 (2010.12).

채우석, 행정절차법에 있어서의 신고, 고시계, 1997/7.

최계영, 건축신고와 인·허가의제, 행정법연구 제25호, 2009/12.

홍준형, 사인의 공법행위로서 신고에 대한 고찰 - 자기완결적 신고와 수리를 요하는 시고에 관한 대법원판례를 중심으로 -, 공법연구 제40집 제4호, 2012/6.

국문초록

건축신고와 관련하여 종래의 판결과는 달리 인·허가의제효를 지니는 건축신고를 소위 수리를 요하는 신고라고 보는 판결이 등장하였다. 수리를 요하는 신고와 관련하여 많은 논의가 전개되었으나, 개개의 논의는 상호간에 평행선을 그리면서 더더욱 미궁으로 빠지게 되었다. 이에 터잡아 과연 신고라는 행위통제수단으로서의 제도가 가지는 본질적 의미를 살펴보는 것이 필요한바, 신고제도를 논함에 있어서 '수리를 요하는 신고'라는 개념을 긍정하는 것은 본래적 개념상 신고에 있어서는 사전적인 통제가 불가능한 것이라는 점과 신고라는 개념 자체가 사전적 통제와는 논리적으로 엮어질 수 없다는 점을 간과한 문제가 제시된다. 신고의 유형에 있어서 수리를 요하는 신고가 존재할 이유는 없다. 인·허가의제효와 결부되어 있는 건축신고에 대해서 그 해결의 합리성이라는 측면에서 수리를 요하는 신고로 보고 있으나, 문제를 근본적으로 해결하지는 못하고 있다. 행위개시에 대한 통제의 유형으로는 허가, 등록, 신고로 족하다. 그리고 신고 특히 건축신고의 경우에는 그 범위를 한정하고 공익 및 제3자와의 이해관련성 등을 고려하여 그 영향이 없거나 무가치한 경우만 신고로서 가능하도록 하여야 할 것이다. 행정청의 임무경감과 행정객체에 대한 규제완화와 행동의 자유의 확대라는 취지에 부합되기 위해서는 매우 정교한 제도적 구성이 요청됨에도 불구하고 입법을 행하는 의회나 행정부 모두 충분한 검토를 하지 아니한 채 입법을 행한 고로 이러한 신고(新苦)의 문제가 발생하는 것이다. 이러한 의미에서 사실상 '수리를 요하는 신고'라는 개념 자체는 존재하지 말아야 했던바, 문제의 간명한 해결책은 입법적인 방안으로서 입법을 함에 있어서 개념에 적합하고 논리적이면서도 체계정합적으로 하여야 한다.

주제어: 건축허가, 사전심사, 사후통제, 신고, 등록, 허가, 수리를 요하는 신고

Zusammenfassung

Eine Untersuchung über die Bauanzeige als einen Kontrollmechanismus der Handlungseröffnung

Kang, Hyunho(Sungkyunkwan University, School of Law)

Bei der Untersuchung der Anzeige als einen Kontrollmechanismus der Handlungseröffnung ist es nicht logisch, den Begriff der Akzeptanz benötigenden Anzeige zu gebrauchen, weil bei der Anzeige die präventive Kontrolle unmöglich ist, wie es oben untersucht worden ist. Die verschiedenen Meinungsunterschiede stehen in ihrer eigenen Gesichtspunkte, darum können die Diskussionen nicht vorangesetzt werden, um den Rechtscharakter der Anzeige zu analysieren.

Die Rechtsprechung versteht § 40(Anzeige) des koreanischen Verwaltungsverfahrensgesetzes als eine Regelung für die selbst pflichterfüllende Anzeige. Aber der § 40 scheint, daβ er nicht die freiwillige Eröffung der Handlung durch die Anzeige berücksichtige. Bei der Art der Anzeige gibt es keinen Grund, die Akzeptanz benötigende Anzeige herzustellen oder zu gebrauchen.

Die Bauanzeige, die eine Konzentrationswirkung entfaltet, wird als Akzeptanz benötigende Anzeige wegen der Rationalität der Sachlösung qualifiziet, aber diese Lösung gibt keine grundlegende Antwort für die Rechtsproblemen, die bezügliche der Bauanzeige entstehen. Als eine Art der Kontrolle für die Eröffung der Handlung sind die folgenden drei Kontrollmechanismen genug, nämlich Erlaubnis, Registrierung und Anzeige.

Darum ist es sachgemäβ, die Akzeptanz benötigende Anzeige zu beseitigen. Dazu soll man das Anzeigesystem in einem begrenztem Maße, vorsorglich und auch in der Berücksichtigung der betroffenden Dritten verwenden, um es als einen Mechanismus für die Eröffnungskontrolle der Handlung zu benutzen.

Das Problem in Bezug auf die Bauanzeige entsteht hauptsächlich aus der unreifen, unsachgemäßen und unpräzisen Gesetzgebung und auch aus der unwissenden Verwaltung, obwohl das Anzeigesystem sehr sorgfältig verwendetet werden soll.

Die Gründe der Ausstoßung der Akzeptanz bentigende Anzeige aus den koreanischen Eröffnungskontrollmechanismen sind wie folgend: erstens, eine rechte Position der Anzeige als Kontrollmechanismus der Eröffung der Handlung, zweitens, die Voraussehbarkeit der Verwaltung und drittens die Benutzung der Regiestrierung als eine andere Kontrollmechanismus der Eröffung der Handlung. Die grundlegende Lösung beginnt mit der sachgemäßen und rationalen Gesetzgebung. Für dies soll es vorausgesetzt werden, eine klare Kontur über die Kontrollmechanismen der Handlungseröffung zu besitzen.

Wenn die Rechtsprechung die Bauanzeige als eine echte Anzeige qualifiziert hätte, dann könnte sie einen großen Einfluß auf die Gesetzgebung ausgeübt haben und die Gesetzgebung hätte dann auch eine Korrekturmaßnahme bei der Gesetzgebung unternommen. Von nun an ist es aus der Rechtsprechung zu erwarten, daß sie bei der Entscheidung den Einfluß auf die Rechtsrealität berücksichtigt und eine grundlegende Kontur über das Problemfeld bildet.

Keywords: Anzeige, Bauanzeige, die Akzeptanz benötigende Anzeige, Registrierung, Erlaubnis, präventive Kontrolle, nachträgliche Kontrolle

투 고 일: 2012. 11. 21
심 사 일: 2012. 12. 21
게재확정일: 2012. 12. 21

遠隔平生教育施設 申告 및 그 受理拒否*

金 容 燮**

(대상판결: 대법원 2011. 7. 28. 선고 2005두11784 판결)

[사실관계와 판결요지]

Ⅰ. 사실관계

원고가 이사장으로 있는 정통침뜸연구소는 전통 민간요법인 침·뜸을 온라인을 통해 교육할 목적으로 서울 동대문구 청량리2동 486 소재 구당빌딩 2층에 인터넷 침뜸학습센터(이하 '이 사건 교육시설'이라 한다)를 설립하였다.

* 이 논문은 전북대학교 2012년도 하반기 인문·사회계열교수 연구기반조성비의 지원을 받아 수행된 것임.
** 전북대학교 법학전문대학원 교수

그런데 원고는 2003. 9. 8. 구 평생교육법(2007. 10. 17. 법률 제8640호로 개정되기 전의 것) 제22조 제2항, 구 평생교육법시행령(2004. 1. 29. 대통령령 제18242호로 개정되기 전의 것) 제26조, 제27조의 각 규정에 따라 관할 행정청인 서울특별시 동부교육청 교육장 (피고)에게 이 사건 교육시설을 원격교육형태의 평생교육시설로 신고하였다.

그러나 피고는 2003. 9. 20. 교습과정 부적합을 이유로 원고의 평생교육시설의 신고를 반려하는 행위를 하였고, 그 당시 피고가 반려 사유로 적시한 내용은 다음과 같다.

(1) 구 평생교육법시행령 제26조에 의하면 원격교육형태 평생교육시설의 신고대상은 지식·기술·기능 및 예능에 관하여 교육을 실시하는 시설이다.

(2) 침구시술은 고도의 전문지식과 경험을 필요로 하고, 사람의 신체와 생명에 중대한 영향을 미치는 의료행위이다.

(3) 의학관련 과목인 침구법 등을 교육과목으로 한다면 고등교육법 제32조 및 고등교육법시행령 제28조에 의거하여야 할 것이며, 또한 의료인과 혼동될 수 있는 유사의료인양성은 무면허 의료행위를 조장할 수 있다.

Ⅱ. 원심판결의 요지

원심법원은 이 사건의 신고의 성격과 관련하여 제1심 서울행정법원의 판단을 그대로 원용하면서 판단하였다. 원심법원은 "신고란 사인이 행정청에 대하여 일정한 사항(사실 또는 관념)을 통지함으로써 공법적 효과가 발생하는 행위로서, 강학상 신고는 원칙적으로 사인의 통지가 행정청에 도달한 때에 관계법이 정하는 법적 효과가 발생하는 것이고 행정청의 수리행위가 필요한 것은 아니지만, 실정법상의 신고에는 위와 같이 수리를 요하지 아니하는 신고와는 별도로 행정청에 의하여 그 신고를 수리하는 절차가 이행되어야만 신고절차가 완료되는 신고가 있고, 이와 같이 수리를 요하는 신고의 경우에는 관계법상 행정청에 신고요건을 심사하여 수리 여부를 결정할 수 있는 권한이 부여되어 있다."라고 전제하고, "구 평생교육법시행령 제26조가 원격교육형태의 평생교육시설의 신고대상을 학습비를 받고 10명 이상의 불특정 학습자에게 30시간 이상의 교습과정에 따라 화상강의 또는 인터넷강의 등을 통하여 지식 · 기술 · 기능 및 예능에 관한 교육을 실시하는 시설로 규정하고 있고, 구 평생교육법시행령 제27조 제2항이 신고서에 첨부하여야 하는 운영규칙에 교육과정 · 정원을 기재하도록 하고 있으며, 제3항은 교육인적자원부장관은 신고서를 검토하여 요건에 맞는 경우에는 교육인적자원부령이 정하는 신고증을 교부하여야 한다고 규정하고 있는, 위 각 규정내용을 종합하여 보면, 이 사건 신고는 행정청의 수리를 요하는 신고이고 피고는 이 사건 신고의 요건을 심사하여 수리 여부를 결정할 수 있는 권한이 있다 할 것이다."라고 판시하였다. 아울러, 원심은 "불특정 다수인을 대상으로 학습비를 받고 침 · 뜸 관련과목으로 구성된 이 사건 교육시설의 교육과정에 따른 교육을 실시한 후에 각 단계별 교육과정마다 수강생들에게 수료증을 발급하는 이 사건 교육시설을 원격교육형태의 평생교육시설로 신고하는 이 사건 신고에 대하여, 피고로서는 신고서에 첨부된 운영규칙에 기재된 교육과정의 내용이 의료법에 저촉되는지 여부, 신고에 따른 교육이 실제 이루어짐으로써 발생할 것으로 예상되는 부작용을 고려하여 이 사건 신고를 반려할 수 있다고 할 것이다."라는 이유를 제시하여 원고의 청구를 기각하였다.

Ⅲ. 대법원판결의 요지

[1] 구 평생교육법(2007. 10. 17. 법률 제8640호로 개정되기 전의 것, 이하 '법'이라 한다) 제22조 제1항, 제2항, 제3항, 구 평생교육법 시행령(2004. 1. 29. 대통령령 제18245호로 개정되기 전의 것) 제27조 제1항, 제2항, 제3항에 의하면, 정보통신매체를 이용하여 학습비를 받지 아니하고 원격평생교육을 실시하고자 하는 경우에는 누구든지 아무런 신고 없이 자유롭게 이를 할 수 있고, 다만 위와 같은 교육을 불특정 다수인에게 학습비를 받고 실시하는 경우에는 이를 신고하여야 하나, 법 제22조가 신고를 요하는 제2항과 신고를 요하지 않는 제1항에서 '학습비' 수수 외에 교육 대상이나 방법 등 다른 요건을 달리 규정하고 있지 않을 뿐 아니라 제2항에서도 학습비 금액이나 수령 등에 관하여 아무런 제한을 하고 있지 않은 점에 비추어 볼 때, 행정청으로서는 신고서 기재사항에 흠결이 없고 정해진 서류가 구비된 때에는 이를 수리하여야 하고, 이러한 형식적 요건을 모두 갖추었음에도 신고대상이 된 교육이나 학습이 공익적 기준에 적합하지 않는다는 등 실체적 사유를 들어 신고 수리를 거부할 수는 없다.

[2] 전통 민간요법인 침·뜸행위를 온라인을 통해 교육할 목적으로 인터넷 침·뜸 학습센터를 설립한 갑이 구 평생교육법(2007. 10. 17. 법률 제8640호로 개정되기 전의 것) 제22조 제2항 등에 따라 평생교육시설로 신고하였으나 관할 행정청이 교육 내용이 의료법에 저촉될 우려가 있다는 등의 사유로 이를 반려하는 처분을 한 사안에서, 관할 행정청은 신고서 기재사항에 흠결이 없고 정해진 서류가 구비된 이상 신고를 수리하여야 하고 형식적 요건이 아닌 신고 내용이 공익적 기준에 적합하지 않다

는 등 실체적 사유를 들어 이를 거부할 수 없고, 또한 행정청이 단지 교육과정에서 무면허 의료행위 등 금지된 행위가 있을지 모른다는 막연한 우려만으로 침·뜸에 대한 교육과 학습의 기회제공을 일률적·전면적으로 차단하는 것은 후견주의적 공권력의 과도한 행사일 뿐 아니라 그렇게 해야 할 공익상 필요가 있다고 볼 수 없으므로, 형식적 심사 범위에 속하지 않는 사항을 수리거부사유로 삼았을 뿐만 아니라 처분사유도 인정되지 않는다는 이유로, 위 처분은 위법하다고 한 사례.

[판례연구]

Ⅰ. 문제의 제기

행정법상의 신고와 수리를 둘러싼 법적 논의는 매우 활발하며 복잡한 양상으로 전개되고 있다.[1] 최근 행정법상 신고에 관한 3건의 대법원 전원합의체 판결[2]이 선고된 후에 있어서도 이론구성과 법적 논의의 전개에 있어 근본적인 변화가 있는 것은 아니다. 그 이유는 학자간에 신고의 개념과 유형에 관한 이론적 설명의 층위가 다르고, 신고를 규정하고 있는 실정법령이 통일되어 있지 않으며, 판례의 입장이 전체적으로 볼 때 통일되어 있지 못하기 때문이라고 말할 수 있다.

각종 실정법령에서 신고에 관한 사항을 규율하고 있고, 행정절차

1) 비교적 최근의 문헌으로는 홍준형, "사인의 공법행위로서 신고에 대한 고찰- 자기완결적 신고와 수리를 요하는 신고에 관한 대법원판례를 중심으로-," 공법연구 제40집 제4호, 2012. 6,.조만형, 행정법상 신고의 유형과 해석기준에 관한 소고, 공법연구 제39집 제2호, 2010, 611면 등을 들 수 있다,

2) 대법원 2009. 6. 18. 선고 2008두 10997 전원합의체 판결, 대법원 2010. 11. 18. 선고 2008두 167 전원합의체 판결, 대법원 2011. 1. 20. 선고 2010두 14954 전원합의체 판결을 말한다.

법 제40조에서 자기완결적 신고에 관하여 규율하고 있지만, 신고는 사인주도의 자기완결적 성질을 지니는 전형적인 신고와는 다른 행정청의 소극적인 개입형태인 수리를 요하는 신고의 범주를 인정할 수 밖에 없다. 한편 여기서의 근본적인 문제인식은 자기완결적 신고와 수리를 요하는 신고가 대칭개념인 것인지 아니면 양자의 중간에 양자의 성질을 겸유하는 하이브리드형의 신고는 없는 것인지 검토하고자 한다.

그동안 이론과 판례를 통해 정립된 수리를 요하는 신고인 변형적 신고에 대하여 이를 독자적 신고의 형식으로 인정할 것인가에 대하여 다양한 견해가 제시되고 있다. 즉, 수리를 요하는 신고를 금지해제적인 신고로 파악하는 것이 바람직하다고 보는 견해[3], 수리를 요하는 신고를 등록과 동일시 하는 견해[4], "수리행위가 있는 신고"로 그 명칭을 변경하여야 한다는 견해[5]등 다양한 견해가 제시되고 있다.

주지하는 바와 같이 1981. 4. 13. 법률 제3441호로 인허가등의 정비를 위한 행정서사법등의 일부개정법률을 제정하여[6], 규제폐지와 완화, 국민부담 경감을 목적으로 허가제를 신고제로 하거나 등록제를 신고제로 하고, 나아가 신고제를 폐지하는 등의 조치를 취한 바 있다. 이와 더불어 국가는 지속적으로 규제완화 차원에서 허가제나 등록제를 신고제로 개정하면서 완화된 규제방식으로 규율하고 있는 점을 염두에 둘 필요가 있다. 그렇다면 전형적인 신고인 자기완결적 신고와 구분되

3) 김중권, "이른바 '수리를 요하는 신고'의 문제점에 관한 소고", 행정판례연구 VIII, 2003.

4) 수리를 요하는 신고를 등록과 동일시 하고 있으나, 이는 전형적인 등록제도가 의미하는 이념형에 비추어 볼 때 맞지도 않고, 규제방식과 관련하여 볼 때도 등록제와는 규제의 정도를 달리하며, 이와는 달리 행정청의 수리가 있어야 일정한 법률관계가 창설되거나 수리에 의하여 금지된 영업행위가 허용되는 신고로서, 이는 수리를 요하는 신고라고 할 것이다.

5) 박균성, "납골당설치신고 수리거부의 법적성질 및 적법성판단", 행정판례연구 XVI-1,2011, 107면 이하.

6) 1개의 개정법률로 기존의 27개 법률가운데 인·허가와 관련되는 규정을 발췌하여 신고제를 규제완화적 차원에서 접근하고 있다.

는 신고의 범주를 인정하지 않을 수 없으며, 판례에서 독자적으로 발전된 수리를 요하는 신고의 법리를 자기완결적 신고와 구분하여 독자적인 법리를 형성하고 발전시켜 나갈 필요가 있다. 다만, 2분법적인 구분이 갖는 한계를 어떻게 극복할 것인가의 문제가 신고의 법리형성에 있어 하나의 새로운 과제라고 할 것이다.

본고에서 다루려고 하는 평석 대상판결은 신고의 법적성질을 어느 유형으로 파악할 것인지 그리고 그에 따라 수리거부의 심사범위를 어디까지 허용할 것인지에 대하여 규명해야 할 논점에 대하여 적절한 소재를 제공하고 있다.

이 사건 평석대상 판결은 판결문 자체만 놓고 보면 이 사건 평생교육시설의 신고를 자기완결적신고의 유형으로 파악하고 있는 것인지 수리를 요하는 신고의 범주로 보고 있는 것인지 명확하지 않다. 평생교육시설의 신고의 법적 성질을 자기완결적 신고로 볼 것인지 수리를 요하는 신고로 볼 것인지를 논하기 위한 전제는 신고의 개념을 어떻게 이해할 것인지에 달려 있다. 수리를 요하는 신고를 형식적 심사에 한정되는 등록의 의미로 이해하는 일부 견해[7]에 의하면 이를 수리를 요하는 신고에 속한다고 파악할 여지가 있다. 그러나 수리를 요하는 신고에 있어서 수리거부의 사유로 당해 법령이나 관계법령의 규정상의 요건이 아닌 중대한 공익 등 실체적 이유를 들어 수리거부를 정당화하는 대법원 2010. 9. 9. 선고 2008두 22631판결[8]의 입장과 견주어 볼 때 대상판결에서는 심사의 범위를 평생교육법령에 한정하고 있고 법령에서 정한 다른 중대한 공익을 이유로 거부할 수 없다고 판시하고 있어 매우 진일보한 결론을 낸 것으로 이해할 수 있다. 이 사건 평석대상판결은 원심에서 수리를 요하는 신고로 본 것임에도 불구하고 이를 받아들이지 않았다는 점만 놓고 보면 대법원은 자기완결적 신고로 보

7) 대표적인 학자로는 홍정선 교수를 들 수 있다.

8) 이에 관한 평석으로는 박균성, 앞의 논문, 107-147면.

는 전제에 서 있다고 보여 진다. 그러나, 대법원이 자기완결적 신고로 보고 있음에도 수리거부의 처분성을 논증하지 않고 당연히 전제하고 있는 점은 적절한 판시태도인지 검토를 요한다고 할 것이다.

이 사건 판결은 행정법상의 신고의 유형과 수리거부와 관련하여 여러 가지 논의거리를 제공한다. 논의를 한정하기 위하여 이 사건 판결의 부수적 논점인 의료법 저촉 가능성여부의 문제[9]와 형평성 원칙의 문제[10]는 여기서 고찰하지 않기로 한다.

따라서 이하에서는 먼저 행정법상 신고의 의의와 유형(Ⅱ)을 고찰하기로 한다. 이와 관련하여 신고의 개념과 기능 그리고 신고의 유형을 살펴보며, 자기완결적 신고와 수리를 요하는 신고의 2분적 구분이 갖는 한계를 다루기로 한다. 다음으로, 신고수리와 수리거부(Ⅲ)를 살펴보되, 신고수리의 개념과 기능, 신고수리와 거부의 법적 성질, 신고수리와 거부에 있어서 행정청의 심사범위의 문제를 살펴보기로 한다. 나아가, 원격평생교육시설의 신고와 수리에 대한 검토(Ⅳ)를 하면서, 평생교육 관련 법령의 규정에 따른 원격평생교육시설에 관하여 살펴

9) 관할 행정청은 침·뜸 교육이 원격평생교육시설에서 교습할 수 있는 교습과정에 포함되지 않는다는 이유로 이 사건 신고의 수리를 거부하였는바, 이에 대하여 제1심 및 원심은 이 사건 신고가 '수리를 요하는 신고'에 해당한다는 전제 아래 피고가 내세운 처분사유가 피고의 심사범위 내에 포함될 뿐 아니라 내용 또한 적법하다고 보아 이 사건 처분의 취소를 구하는 원고의 청구를 배척하였다. 자신에 대한 행위 또는 업으로 하지 않는 행위와 같이 사회상규에 벗어나는 정도에 이르지 못한 행위는 의료를 목적으로 하는 행위라고 하더라도 의료법에서 금지하는 의료행위로는 볼 수 없으므로, 침구사 자격이 있는 원고가 하는 침·뜸 교육이 의료법상 형사처벌의 대상이 된다고 할 수는 없다. 설령 교습과정에서 행하여지는 침·뜸행위도 의료행위에 해당하여 한의사, 침구사와 같은 자격이 있는 자만이 행할 수 있다고 하더라도, 교습과정에서 발생한 무면허 의료행위를 처벌하면 족하지, 그러한 자격을 가진 자만이 교육자가 되거나 학습자가 될 수 있다고까지 하는 것은 의료법 제25조를 확대 해석하여 교육권과 학습권을 침해하는 것이고, 나아가 무면허 의료행위를 조장할 가능성이 있다고 보는 것은 가정적 추론에 불과하다.

10) 대학교 부설의 사회교육원, 평생교육원이나 자치단체의 평생학습원에서 침·뜸 교육과정이 합법적으로 운영되고 있으므로, 원고의 이 사건 신고를 거부하는 것은 형평의 원칙에 반하는지 여부가 문제되지만 여기서는 따로 이 부분에 관하여 고찰하지 않기로 한다.

보고, 이 사건 신고가 전형적인 신고인 자기완결적 신고인지 아니면 변형적 신고인 수리를 요하는 신고에 해당하는지 여부와 행정청이 수리를 거부하는 경우 형식적 요건 이외에 실체적 요건에 대한 심사를 어느 범위에서 허용하는지 고찰하기로 한다. 나아가 침·뜸에 있어서 안전성 여부를 이유로 평생교육시설의 신고를 거부하는 것이 허용될 것인지 검토하는 순으로 논의를 진행하기로 한다.

Ⅱ. 행정법상 신고의 의의와 유형

1. 신고의 개념 및 기능

(1) 개념상 혼란

신고의 개념과 유형을 어떻게 파악할 것인지를 둘러싸고 개념상의 혼란이 있다. 자기완결적 신고의 범위설정에 있어 주된 문제는 통보나 임의적 신고와 같은 사실적 행위에 대한 신고를 자기완결적 신고의 범주에 넣을 것인지의 문제이다. 자기완결적 신고에 있어서는 행정청의 수리가 없더라도 의무가 이행된 것으로 보게 되므로, 금지된 행정행위를 할 수 있다고 할 것이다. 다만, 금지해제적인 자기완결적 신고에 있어서는 행정청이 신고를 반려하는 행위에 대하여는 당사자의 지위를 불안하게 할 우려가 있으므로, 이와 같은 반려행위에 대하여 처분성을 인정할 수 있다.

한편, 수리를 요하는 신고에 속하는 영업규제의 일종으로서의 신고제를 허가제 및 등록제와 비교하여 어떤 제도상의 차이를 인정할 것인가 문제된다. 다른 한편 행정법상의 신고의 개념이 혼란스러운데, 이와 같은 개념상의 혼란의 원인으로는 실정법에 수많은 신고에 관한 규정을 두고 있는데, 이러한 신고가 강학상의 전형적인 신고에 한정되지 않고 다양한 형태의 완화된 허가로서 기능하는데 기인한다. 아울러 행정법상의 법률관계와 관련하여 사인의 공법행위의 일종으로서 신고와 신청을 들고 자체완성적 사인의 공법행위와 행위요건적 사인의 공법행위로 구분하는 방식에 신고를 대입하다 보니, 가령 영업규제의 다양한 규제방식인 인가, 특허, 허가, 등록, 신고 등을 행정행위의 이념형의 틀 속에 맞추어 논의하는 과정에서 복잡성이 더해졌다고 볼 수 있다. 일부 학자에 의하여 행정법상 신고로 분류되는 사후적인 통보나 정보제공적 신고는 사실행위로서 공법적 효과의 발생을 목적으로 하는 신고에 해당하지 않게 된다. 사인의 공법행위라는 범주를 좁게 이해하는 한, 사인이 행하는 사실행위는 배제되겠지만, 행정이 사적 경제활동에 개입하는 방식의 하나인 신고제는 사전적, 사후적인가, 나아가 사실행위인가 행정처분인가와는 관계없이 다양한 모습을 지니게 된다. 이러한 점을 염두에 둔다면, 행정법상 신고에 관한 개념을 정립을 하기위해서는 행정절차법에서 규율하고 있는 신고에 관한 규정이 행정법상의 신고의 전부를 의미하는 것은 아니며 현행 실정법에서 사용하는 신고를 모두 고찰 대상으로 삼아 연구를 진행할 때 전체적인 모습이 그려지게 될 것이다.

(2) 신고제와 허가제 및 등록제

신고제는 다른 영업규제제도와의 비교 속에서 그 위치를 설정할 수 있다. 우선 신고제와 인·허가제의 차이점은 인·허가제는 행정주체에 의한 전면적인 행정주도적 개입인데 반하여 신고제에 있어서는 해악발생의 방지방법이 신고자측의 이니셔티브에 맡겨지고 행정개입이 보완적으로 이루어지는 형태로서 행정주체의 개입방법상의 차이가 있다. 행정청은 단지 수리라는 방식으로 대응하는바, 이 경우 수동적인 행정청의 개입이 완화된 허가제적 성격을 지니게 된다. 많은 경우에 허가증과 마찬가지로 신고필증을 교부하도록 규정하고 있으나, 신고필증의 구비여부는 신고의 효력발생에 있어 결정적이지 않고 행정청에서 신고되었다는 것을 확인하는 의미가 있을 뿐이다.

허가제는 법률에서 금지된 사항에 관해 일정한 요건을 충족한 자에 대하여 이 금지를 해제하거나(명령적 내용의 허가), 일정한 법적 지위를 부여하는(형성적 내용의 허가)제도로서 만약 행정청의 허가를 받지 아니한 상태에서 시민이 일정한 행위를 한 경우에 그 법적 효과는 유효하지만 위법하게 되어 처벌의 대상이 된다. 즉 허가는 적법요건이다. 이에 대하여 인가는 사인 상호간의 법률행위의 효과를 완성시키는 보충적인 행위로서 인가를 받지 아니한 행위는 법적 효력이 발생하지 않는다. 즉 인가는 유효요건이 된다.

등록제는 일정한 요건을 충족한 자에 대한 등록을 조건으로 영업활동 등을 인정하는 제도이지만 등록의 가부에 관해서는 행정청에 일정한 재량이 인정되기 때문에 허가제와 신고제의 중간에 위치한다. 신고제의 경우 신고를 하지 아니하고 행한 행위는 적법하고 유효하며 신고를 게을리하였다는 점에 관해서 질서벌로서 과태료를 부과하는 전형적인 신고도 있지만 징역이나 벌금 등을 부과하는 완화된 허가제로서의 신고도 있다. 신고제 영업에 있어서는 신고의 요건이 주로 물적 요건에 한정되고 신고를 필하지 않고 영업행위를 한 경우에는 비교적 허가보다는 경미한 처벌을 받으며, 법령에 위반하여 신고영업을 한 경우에 행정처분은 영업정지나 영업폐쇄가 내려지는 등 인·허가제, 등록제보다는 완화된 규제수단으로 경제에 대한 국가적 관여수단이라 할 수 있다.

등록제의 경우에는 결격사유를 규정하는 경우가 있으며, 등록에 있어서는 등록취소라는 처분이 내려질 수 있는 반면에 신고의 경우에는 영업폐쇄를 할 수 있으며, 등록제의 경우에는 신청이라는 용어로 사용되는데 반하여 신고에 있어서는 수동적인 형태의 수리라는 개입수단이 등장하게 된다.

일설에 의하면 수리를 요하는 신고는 허가 또는 등록의 신청으로 해석하여야 할 것이므로, 실정법에서 신고라는 용어를 같이 쓴다고 하여, 그 법적 성질이 다른 자기완결적 신고에 관한 규정을 준용할 것은 아니고, 신청에 관한 규정을 적용함이 타당하다는 견해도 제시되고 있으나, 그러나, 신고제로 규정하고 있는 데도 허가제로 회귀하는 내용의 판례의 해석이나, 신고제를 허가제로 보아 다루는 태도는 입법자의 규제완화의 정책적 의지를 반영하지 않은 것이므로 바람직하지 않다고 할 것이다.[11)]

(3) 신고의 개념정립의 방향

신고는 기본적으로 행정절차법에서 규율하고 있는 전형적인 신고인 자기완결적 신고를 기축으로 설명하면서, 변형적인 신고인 수리를 요하는 신고를 다각적으로 분석하는 것이 필요하다. 자기완결적 신고와 수리를 요하는 신고라는 분석적 도구개념이 정교하지는 않지만 행정법상 신고의 큰 틀을 이해하는데 도움이 되며, 정보제공적 신고와 금지해제적 신고의 구분방식은 보충적으로 활용될 수 있다고 할 것이다. 일설에 의하면 전자의 경우에는 사실행위로서 공법적 행위에 해당하는 신고에 해당하지 않으며, 후자의 경우에는 실질적으로 허가로 보는 관점에서 비판하기도 한다.

실정법상의 다양한 신고를 염두에 둔다면, 신고는 사실행위로서의 신고도 포함시키고 사후적인 통보도 신고의 일종으로 분류할 수 있겠으나, 신고가 사인의 공법행위인 점을 감안할 때, 사실행위로서의 신고는 법적 효과를 내용으로 하는 신고와는 구분되고, 당사자에게 의무적

---

11) 다양한 영업규제를 마련할 필요성에 비추어 허가와 신고의 2가지 종류에 한정할 것은 아니고, 허가의 경우에도 예외적 승인과 허가, 재량행위로서의 허가와 기속행위 내지 기속재량으로서의 허가로 나뉘어 지듯이, 동일한 신고라고 할지라도 다양한 형태를 입법자가 정하는 것은 입법정책적 판단에 속한다. 다만, 규제가 필요한 영역을 자기완결적 신고로 하거나, 공익적 관점에서 규제가 그다지 필요없음에도 허가제를 유지하는 것은 비례원칙에 반할 수 있는 것은 물론이다.

인 신고로서 법령의 근거가 필요한 신고와는 다른 임의적 신고 역시 신고로 보기 어려워 행정법상의 신고의 법리의 적용이 없다고 보는 것이 타당하다. 아울러 여기서는 자기완결적 신고와 수리를 요하는 신고의 구분 틀을 유지하면서 양자의 개념의 어느 하나의 카테고리로 묶기 어려운 중간영역의 신고가 있다는 전제에서 행정법상 신고를 파악하고자 한다. 이러한 관점에서 이해할 때, 신고⇨접수로서 신고의무이행의 효과가 발생하고, 형식적 요건에 대한 형식적 심사에 그치는 자기완결적 신고와 중간 유형으로서 신고⇨접수⇨처리(반려 또는 수리) 형태의 신고로서 형식적 요건 뿐만 아니라 실체적 요건에 대한 형식적 심사에 그치는 중간 유형의 신고, 다음으로 신고⇨접수⇨검토 · 확인⇨수리 형태의 신고로서 형식적 및 실체적 요건에 대한 실질적 심사를 행하는 수리를 요하는 신고로 분류할 수 있으며, 첫째 유형은 사인주도의 신고, 둘째 유형은 행정청의 소극적 관여 형태로서 수리가 없어도 행위가 허용되는 것, 셋째 유형은 행정청의 개입이 필요하고 수리가 있어야 행위가 허용되는 것으로 허가나 등록과는 구별되는 것으로 이해할 필요가 있다. 그러나, 사인의 공법행위의 일종으로 신고를 이해한다면 수리와 연계성이 어느 정도인지, 그리고 개별법에서 정하는 법적 효과와 밀접한 관련이 있는지를 중심으로 고찰할 필요가 있다.

결국 신고를 법령에서 사용하고 있는 것을 중심으로 고찰하되, 법령에서 신고라는 명칭을 사용하지 않더라도 신고의 법리에 근접하여 사용할 수 있으며, 법령에서 신고라는 명칭을 사용하더라도 신고의 법리의 적용이 없는 경우가 있을 수 있으나, 여기서는 실정법령에서 사용하고 있는 신고를 중심으로 고찰하고자 한다.

일반적으로 강학상 신고란 사인이 행정청에 대하여 일정한 의사표시를 하거나 일정한 관념 또는 사실을 통지하는 행위를 의미한다. 이러한 신고의 범주속에는 임의적 신고라고 할 수 있는 사표의 제출이나, 범죄신고 등이 있을 수 있다. 그러나 기본적으로 행정절차법 제40

조의 적용을 받는 행정법상 신고는 의무적 신고라고 할 것이다. 다만, 행정법상 신고 중에 사인의 공법행위로서의 법적 성격을 법령에서 접수 처리가 수반되지 않고 일정한 사실이나 관념을 일방적으로 행정청에 사후적으로 통보하는 것은 사실파악형 신고나 정보제공형 신고로 분류하여 3분설적인 관점에서 설명하기도 하지만[12], 이러한 범주는 사실행위에 불과하거나 공법적 효과의 발생과 무관하므로 행정법상의 신고로 범주에서 제외하는 것이 타당하다고 여겨진다. 따라서 전형적 신고는 사인이 행정청에 대하여 일정한 신고를 하면 행정청은 법령상의 형식적 요건의 해당여부만 심사하여 이를 접수처리하는 신고로서 행정청에 대한 신고의 접수·도달에 의하여 법적인 의무가 충족되는 형태의 신고의 경우에는 행정청의 개입행위라고 할 수 있는 수리가 없더라도 적법한 신고가 있으면 그 의무를 다한 것으로 보게 된다.

다만, 혼인신고 등 사법상의 법률효과를 발생하는 가족법상의 신고는 엄밀한 의미에서 행정법상의 신고의 범주에서 벗어나지만 법률관계를 창설하는 측면이 있기 때문에 행정법상의 신고의 법리가 상당부분 적용될 수 있다.[13] 또한 실정법에서 신고라는 명칭을 사용하지 않은 경우에도 법령의 해석상 신고로 파악하기도 한다. 가령 신고라는 명칭을 사용하지 않더라도 대법원 2009. 2. 26. 선고 2006두16243 판결

---

12) 이에 관하여는 조만형, 앞의 논문. 607-608면.

13) 혼인신고의 경우에도 행정법상의 신고의 법리를 원용할 수 있지만, 민법과 가족관계의 등록등에 관한 법률에서 논의하는 차원과 공법적 논의 차원은 다소 다를 수가 있다. 즉 혼인의 신고는 가족관계의 등록등에 관한 법률에서 정하는 바에 따라 신고함으로써 그 효력이 생긴다(민법 제812조 제1항)고 규정되어 있으나, 민법 제814조에서 혼인의 신고는 그 혼인이 제807조 내지 811조 및 동조 제2항의 규정 기타 법령에 위반이 없는 때에는 이를 수리하여야 한다고 되어 있어, 수리에 의하여 법률관계가 창설되기 때문에, 수리가 유효요건이 되지만, 행정법상 수리를 요하는 신고와는 달리 당사자의 의사에 따라야 하기 때문에 이 경우에는 실질 심사를 하지 않고 형식심사에 그치는 것으로 이해한다. 그러면서도 수리에 대하여는 취소소송을 제기하여 다툴 수 있다. 다만, 이를 자기완결적 신고로 보는 견해와 수리를 요하는 신고로 보는 견해가 상반되나, 양자의 요소를 함께 갖는 뒤에서 살펴보는 바와 같이 중간유형인 하이브리드형 신고에 속한다고 할 수 있다.

에서 보는 바와 같이, 체육시설의 회원을 모집하고자 하는 자의 시·도지사 등에 대한 회원모집계획서 제출은 수리를 요하는 신고에서의 신고에 해당하며, 시·도지사 등의 검토결과 통보는 수리행위로서 행정처분에 해당한다고 보았는 바, 이와 같이 실제적으로 법령에서 신고라는 표현이나 수리라는 표현이 명기되어 있지 아니하더라도 그 법적 성질을 신고와 수리로 파악하고 있다고 할 것이다.[14] 결국, 행정법상 신고는 뒤에서 살펴보는 바와 같이 다양한 형태의 수리를 요하는 변형적인 신고가 있다.

(4) 신고의 기능

첫째로 사인이 일정한 행위를 하기 전에 신고하도록 하여 이를 통하여 행정청은 정보를 획득할 수 있으며, 이와 같은 행정청의 정보획득의 주된 원천은 신고라는 수동적인 형태와 행정조사라는 적극적인 수단을 통하여 확보하게 되며, 이로써 행정활동의 준비행위로서 기능하고, 사고 발생의 경우에 유사한 시설 등에 대하여 경고나 행정지도 등을 하여 신속히 대응할 수 있는 측면이 있다.

둘째로 건축신고나 집회 및 시위에 관한 법률상의 신고 등 신고유보부 금지행위에 있어 적법한 신고를 하여 금지로부터 벗어날 수 있다.

셋째로 신고영업 등 영업규제와 관련하여 사전감독 내지 진입규제 장치로서의 기능을 수행하는 바, 이 경우에는 수리를 통하여 완화된 진입규제로서의 기능을 함으로써 사적 활동에 국가가 개입하게 된다.

---

14) 김용섭, 2009년 행정법 중요판례, 인권과 정의, 통권 403호, 2010, 3, 60-61.

2. 신고의 유형

(1) 논의의 출발점

신고와 관련하여 자기완결적 신고와 수리를 요하는 신고로 나누는 것이 일반적이다. 자기완결적 신고의 경우 형식적 요건을 갖추지 아니한 경우에는 신고로서의 효력이 발생하지 않는다. 따라서 행정청은 접수를 거부할 수 있고, 신고를 반려할 수 있다. 그러나 행정절차법의 규정에 따라 바로 반려할 것이 아니라 상당한 기간을 정하여 보정을 명하고 그 기간 내에 보정이 이루어지지 아니한 경우에는 이유를 명시하여 반려하여야 한다. 그렇게 하는 것이 상대방의 시간과 비용을 절약할 수 있다. 보정을 하지 않고 행한 반려처분은 행정절차법 제40조의 규정에 위반한 절차위반의 하자가 있게 된다.

수리를 요하는 신고에 있어서는 부적법한 신고가 있을 경우에는 행정청은 수리를 거부할 수 있고, 만약 수리가 되지 아니한 채 행하여진 행위는 무신고영업행위가 된다. 만약 그럼에도 불구하고 행정청에서 이를 수리한 경우에는 신고로서의 효과가 발생한다고 할 것이다.

(2) 신고유형 일반론

신고의 유형과 관련하여 학계에서 다양한 분류법이 제시된 바 있으나, 이는 실정법령을 전체적으로 분석한 후에 내린 결론이라기 보다는 판례에서의 분석틀에 대한 비판적 관점이나, 새로운 유형의 분류법을 제시한 것으로 볼 수 있다. 판례에서 발전된 자기완결적 신고와 수리를 요하는 신고의 구분 방식은 장점과 단점을 아울러 갖고 있는 바 단점은 보완하고 장점은 발전시켜 나갈 필요가 있다.

이와 관련하여 신고를 사전적 신고와 사후적 신고로 나누기도 하고, 사실적 신고와 처분적 신고, 임의적 신고와 의무적 신고 등으로 나누기도 하지만 가장 중요한 구분방식인 자기완결적 신고와 수리를 요하는 신고로 나누어 살펴보기로 한다.

(3) 자기완결적 신고와 수리를 요하는 신고

수리를 요하는 신고는 행정청이 실질적 요건을 심사할 수 있는 권한을 갖는 경우의 신고라고 보아, 이는 강학상의 신고에 해당하지 아니하고 실제로 허가에 해당하는 신고라는 견해[15]도 있으며, 수리를 요하는 신고를 형식적 요건에 대한 심사에 한정하는 등록으로 보는 견해도 있다.[16]

자기완결적 신고와 수리를 요하는 신고의 구분에 관한 기준에 대하여 학계에서 종래 깊이 있는 연구가 있지 않았다. 양자의 구별기준은 먼저 관계법령의 규정내용과 신고행위의 성질을 고려하여 정하는 것이 바람직하고, 이 두가지 요소를 고려하여도 불분명할 때에는 국민의 권익구제적 측면에서 자기완결적 신고로 보는 것이 적절하다고 할 것이다.[17]

즉, 관계법령에서 명문으로 수리규정을 둔 경우에는 특별한 사정이 없는 한 수리를 요하는 신고이다. 나아가, 관계법령에서 행정청의 실체적요건에 대한 실질적 심사권을 인정하고 있으면 수리를 요하는 신고이고, 형식적 요건에 대한 형식적 심사에 그치는 경우에는 자기완결적 신고라고 할 것이다. 한편 신고를 규정하고 있는 법령에서 신고불이행이 행정질서벌의 일종인 과태료에 그치는 것이 아니라 징역형이나 벌금형 등 행정형벌을 부과한다거나 의무위반자에 대한 행정처분제도를 인정하는 경우에는 수리를 요하는 신고에 해당될 여지가 많다.

---

15) 박균성, "행정법상 신고", 고시연구, 1999. 11. 43면.

16) 홍정선, "주민등록법상 주민등록신고 등 각종 신고의 성질", 지방자치법 연구 통권 제28호, 2010, 229면

17) 김용섭, "행정법상 신고와 수리", 판례월보 통권 352호, 2000. 1, 30면.

3. 자기완결적 신고와 수리를 요하는 신고의 구별기준과 실익

(1) 양자의 구별 기준

각종 법령상의 신고중에 자기완결적 신고는 기본적으로 일정한 법률사실 또는 법률관계에 관하여 행정청에 일방적으로 통고를 하는 것을 의미하므로 법령에 별도의 규정이 있거나 특별한 사정이 없는 한 행정청에 대해 알리는 것에 그치는 것이고, 이에 상응하여 행정청의 반사적 결정을 기다릴 필요가 없는 것이다. 대법원 1993.7.6. 자 93마635 결정에서 "행정청에 대한 신고는 일정한 법률사실 또는 법률관계에 관하여 관계행정청에 일방적으로 통고를 하는 것을 뜻하는 것으로서 법에 별도의 규정이 있거나 다른 특별한 사정이 없는 한 행정청에 대한 통고로서 그치는 것이고 그에 대한 행정청의 반사적 결정을 기다릴 필요가 없는 것이므로, 체육시설의설치 · 이용에관한법률 제18조에 의한 변경신고서는 그 신고 자체가 위법하거나 그 신고에 무효사유가 없는 한 이것이 도지사에게 제출하여 접수된 때에 신고가 있었다고 볼 것이고, 도지사의 수리행위가 있어야만 신고가 있었다고 볼 것은 아니다.

따라서 신고자체가 적법하다면 신고가 관할 행정청에 제출되어 접수된 때에 신고가 있었다고 볼 것이고, 접수처리나 수리행위가 있어야만 신고가 있었다고 볼 것은 아니다."[18] 라고 판시하고 있다. 이 결정은 신고체육시설업의 신고와는 달리 체육시설의 요금변경신고에 관한 것으로 이를 전형적인 자기완결적인 신고의 예로 보는데 무리가 없다.

이러한 자기완결적 신고와는 달리 수리를 요하는 신고의 해당하는 예로서는 지위승계신고를 들 수 있다. 대법원 1993.6.8. 선고 91누11544 판결에서, "액화석유가스의안전및사업관리법 제7조 제2항에 의한

18) 대법원 1993. 7. 6. 자 93마 635 결정

사업양수에 의한 지위승계신고를 수리하는 허가관청의 행위는 단순히 양도, 양수자 사이에 발생한 사법상의 사업양도의 법률효과에 의하여 양수자가 사업을 승계하였다는 사실의 신고를 접수하는 행위에 그치는 것이 아니라 실질에 있어서 양도자의 허가를 취소함과 아울러 양수자에게 적법히 사업을 할 수 있는 법규상 권리를 설정하여 주는 행위로서 사업허가자의 변경이라는 법률효과를 발생시키는 행위이므로 허가관청이 같은 법 제27조 제2항에 의한 사업양수에 의한 지위승계신고를 수리하는 행위는 행정처분에 해당한다"고 판시하였다. 대법원[19)]은 식품위생법에서 정하고 있는 영업양도에 따른 신고의 수리행위에 대하여도 같은 취지의 판결을 하고 있다.

한편, 판례상 행정법상 신고의 구분에 있어 양자의 판별 기준은 먼저 관계법령의 규정내용과 신고행위의 성질을 고려하여 정하고, 이 두 가지 요소를 고려하여도 불분명한 때에는 국민의 권익구제적인 측면에서 자기완결적 신고라고 보는 것이 적절하다고 할 것이다. 같은 맥락에서 대법원 2011. 1. 20. 선고 2010두14954 전원합의체 판결의 다수의견에 대한 보충의견에서 "신고가 자기완결적 신고와 수리를 요하는 신고중 어느 것에 해당하는 지는 관련 법령의 목적과 취지, 관련법 규정에 관한 합리적이고도 유기적인 해석, 당해 신고행위의 성질 등을 고려하여 판단하여야 한다."고 판시하고 있다. 이와 같은 판시태도에 대하여는 기본적으로 찬동하면서도 개별 구체적으로 법원에서 정하도록 하는 지침에 불과하여 보다 명확한 기준을 설정해 나가는 것이 향후 학계와 법원의 과제라고 할 것이다.

결국 양자의 구별은 우선 관계법령에서 신고 그 자체로서 종국적으로 행위의 효력이 발생하도록 규정되어있는지 아니면 행정청의 관여수단인 수리가 있어야 법적 효과가 발생하는지 여부에 따라 달라질 수 있다. 관계법령에서 명문으로 수리규정을 둔 경우에는 특별한 사정이

19) 대법원 1995.2.24. 선고 94누9146 판결

없는 한 수리를 요하는 신고라고 할 것이다. 또한 관계법령에서 행정청의 실체적 심사권을 인정하고 있으면 수리를 요하는 신고로 보아야 할 것이며, 단지 형식적 심사에 그치는 경우에는 자기완결적 신고라고 할 것이다. 또한 신고불이행이 단지 행정질서벌의 일종인 과태료에 그치는 것이 아니라 징역이나 벌금 등 행정형벌을 부과한다거나 의무위반자에 대한 행정처분제도를 인정하는 경우에는 수리를 요하는 신고에 해당한다고 할 수 있다. 신고영업행위의 경우에는 일정한 법적 지위를 부여하는 것이므로 당사자의 신고만으로 영업행위가 허용된다고 보기는 어렵다. 그러나 일정한 법적 지위를 설정하는 형성적 내용이 아닌, 명령적 내용의 금지·해제적인 경우에는 신고에 의하여 자유회복이 되고 새로운 법률관계가 형성되는 것은 아니므로 행정청의 별도의 수리처분을 필요로 하는 것은 아니다.

자기완결적 신고와 수리를 요하는 신고의 구분과 관련하여 대법원의 입장이 비교적 명료하게 표시된 것으로는 대법원 2011. 1. 120. 선고 2010두 14954판결 중 다수의견에 대한 보충의견이라고 할 것이다. 보충의견의 입장에 의하면, “자기완결적 신고는 ①법령이 신고의무만 규정할 뿐 실체적 요건에 관하여는 아무런 규정을 두지 아니하고 있는 경우, ②법령에서 신고를 하게 한 취지가 국민이 일정한 행위를 하기 전에 행정청에게 이를 알리도록 함으로써 행정청으로 하여금 행정상 정보를 파악하여 관리하는 정도의 최소한의 규제를 가하기 위한 경우, ③사회질서나 공공복리에 미치는 영향이 작거나 직접적으로 행정목적을 침해하지 아니하는 행위인 경우 등이고, 한편 수리를 요하는 신고는 ①법령에서 신고와 관련하여 일정한 실체적(인적·물적)요건을 정하거나 행정청의 실질적 심사를 허용하고 있다고 볼만한 규정을 두고 있는 경우, ②그 신고사항이 사회질서나 공공복리에 미치는 영향이 크거나 직접적으로 행정목적을 침해하는 행위인 경우 등으로서 그 실체적 요건에 관한 행정청의 심사를 예정하고 있다고 볼 수 밖에 없는 경우 등을 들고 있다.[20] 이는 그동안의 대법원의 축적된 판례의 입장과 학설의 주류적 입장을 적절히 정리한 것이라고 할 수 있다.

(2) 양자의 구별 실익

양자의 구별실익은 먼저 수리개념을 인정할 것인가와 관련된다. 자기완결적 신고에 대한 접수처리(수리)의 경우에는 접수적 의미를 지니므로 처분으로서의 신고수리가 되는 것은 아니다. 또한 신고의 접수를 거부하거나 반려하였다고 할지라도 처분성이 인정되지 아니하여 취소소송의 대상이 되지 않는다고 보는 것이 통설의 입장이다. 한편, 건축신고와 관련하여 종래의 판례는 건축신고는 자기완결적 신고라고 보아 기본적으로 행정청이 수리거부 내지 반려행위를 한 경우에도 이러한 거부 또는 반려행위를 항고소송의 대상이 되는 처분으로 보지 않았으나, 위의 대법원 2010. 11. 18.선고 2008두167 전원합의체 판결은 국민의 권익구제의 관점에서 그 입장을 변경하여 건축신고의 불허행위 내지 반려행위에 대하여도 항고소송의 대상이 되는 처분이 되는 것으로 보고 있다. 다만, 위 대법원 전원합의체판결은 건축신고가 자기완결적 신고인지 수리를 요하는 신고인지에 대하여는 명확히 개념을 설정하지 않고, 건축신고에 대한 반려행위가 당사자의 법적지위를 불안정하게 하고 당사자의 권익침해가 발생하는 경우가 있을 수 있다고 보아 처분성을 인정하여 항고소송의 대상을 인정한 것이라고 보고 있는 바, 앞으로는 비록 자기완결적 신고의 경우에도 이를 반려하는 행위는 당사자의 법적지위를 불안정하게 하고, 당사자의 권익침해가 발생하는 경우가 있을 수 있기 때문에 처분으로 보아 행정소송을 통하여 다툴 수 있도록 하는 것이 바람직하다고 할 것이다.[21] 이처럼 위 전원합의체 판결이

20) 대법원 2011. 1. 20. 선고 2010두 14954판결중 다수의견에 대한 대법관 양승태, 대법관 김지형의 보충의견

21) 김용섭, 앞의 논문, 28면.

나오게 됨에 따라 자기완결적 신고에서 반려행위가 처분이 되는가의 문제는 본질적인 것이 아니게 되었다. 이에 반하여 수리를 요하는 신고에 있어서는 신고수리는 처분성이 인정되어 제3자가 이를 다툴 수 있으며, 따라서 신고수리거부도 처분성을 인정하는데 어려움이 없다.

또한 양자를 구별함에 있어서는 행정청의 심사권이 어느 범위까지 미치는가도 구별실익이 된다. 변형적 신고의 경우에는 관련규정의 내용상 그 수리 여부에 관하여, 행정청에 실체적 심사를 할 수 있는 권한이 인정되는데 반하여 자기완결적 신고에 있어서는 형식적 요건에 대한 심사에 한정되게 된다. 즉, 자기완결적 신고의 경우에는 행정청에 형식적 심사권이 부여되는데 그치는 반면, 수리를 요하는 신고에 있어서는 형식적 심사권 뿐만 아니라 실체적 심사권이 허용된다.

4. 구분의 상대화와 중간영역의 하이브리드(hybrid)형 신고

(1) 2분법과 그 한계

통설과 판례의 기본입장은 자기완결적 신고와 수리를 요하는 신고를 구분하고 있다. 자기완결적 신고와 수리를 요하는 신고의 개념적 구별은 아직도 유효하다고 보여지며, 기본적으로 자기완결적 신고의 경우에는 특별한 사정이 없는 한, 형식적 요건만 갖추면 행정청의 수리의무가 발생하며, 행정형벌적 제재도 받지 않게 되는데 반하여, 수리를 요하는 신고의 경우에는 실체적 요건을 심사하여 반려할 수 있는 것으로 보게 된다.[22] 이와는 달리 통설과 판례가 명확한 기준을 제시하지 못한다고 비판하면서, 정보제공적 신고와 금지해제적 신고로 구분하는 것이 적절하다는 견해[23]가 제시되기도 하였다.

---

22) 김용섭, “2010년 행정법 중요판례”, 인권과 정의 통권 415호, 2011, 68-70면.

23) 김중권, “건축법 제14조상의 건축신고가 과연 수리를 요하는 신고인가?”, 특별법연구 제9권, 288면 등 김 교수의 다수 논문

그러나 이러한 구분법에 따를 경우 매우 혼란스러워진다. 정보제공적 신고는 기본적으로 사실적 정보제공에 그치기 때문에 사인의 공법행위의 일종인 신고의 카테고리에 넣는데 어려움이 있다. 더구나, 영업자 지위승계의 신고는 법률관계를 명확히 하고 수리를 통하여 창설적 효력을 발생하게 되므로 수리를 요하는 신고로 보아야 함에도 이를 정보제공적 신고로 의미를 축소하는 문제가 있다. 아울러 금지해제의 관점은 허가제에 있어서 일반적 금지를 하고, 일정한 예외적 경우에 그 금지를 해제하여 자연적 자유를 회복하는 것을 특징으로 하는데, 신고유보부 금지를 허가유보부 금지와 동일한 맥락에서 이해하는 문제가 있다.

따라서 그와 같은 2분법 역시 종래의 구분방법을 대체하는데 한계가 있고, 종래의 확고한 위치를 점하고 있는 자기완결적 신고와 수리를 요하는 신고의 구분방법을 보다 정밀하게 체계화하고 세분화하는 것이 향후 과제라고 할 것이다.

자기완결적 신고중 인·허가 의제효과를 갖지 아니하는 건축신고의 반려처분의 처분성을 인정한 대법원 전원합의체 판결의 경우처럼 자기완결적 신고의 반려행위에 처분성을 인정하는 판례로 인하여 자기완결적 신고와 수리를 요하는 신고의 구분이 상대화 되는 경향으로 파악할 수 있다. 그러나 신고에 있어 처분성 여부가 자기완결적 신고와 수리를 요하는 신고의 본질적 구분이 된다고 보기는 어렵고 신고의 법적 성질의 문제와 반려행위의 처분성을 인정하는 문제는 별개의 문제로 보아야 할 것이다. [24)]

(2) 중간영역의 하이브리드(hybrid)형 신고

한편, 자기완결적 신고와 수리를 요하는 신고가 양자의 요소를 부

24) 고규정, "건축신고의 법적 성격 및 그 반려행위가 항고소송의 대상이 되는지 여부", 판례연구 제23집, 2012, 758면.

분적으로 갖고 있는 영역이 늘어 나고 있다. 이러한 문제점은 자기완결적 신고이면서 신고에 대한 반려행위의 처분성을 인정하는 대법원 2010. 11. 18.선고 2008두167 전원합의체 판결의 등장에 의하여 태동되었다고 볼 수 있다. 종래 대법원은 건축신고를 자기완결적 신고로 보아 건축신고에 대하여 반려하는 경우에도 항고소송의 대상인 처분으로 보지 않았으나, 대법원 2010. 11. 18. 선고 2008두167 전원합의체 판결은 건축신고의 경우 처분성을 인정하였다. 이 경우 자기완결적 신고로서의 성격은 유지한 것으로 볼 것인지 아니면 수리를 요하는 신고의 성격도 일부 겸유하고 있는 것인지 논란의 여지가 있다. 인허가가 의제되지 아니하는 건축신고의 경우에는 대법원 2011. 1. 20. 선고 전원합의체 판결의 등장으로 수리를 요하는 신고는 아니지만, 순수한 자기완결적 신고로 분류될 수 있는가에 대하여는 논란의 여지가 있다. 필자는 제3의 중간영역의 신고인 하이브리드(hybrid)형 신고에 해당한다고 보여진다. 따라서 이와 같은 중간영역의 신고는 종래 양자의 신고의 요소가 중첩적으로 되어 있어 법적 효과를 어느 하나의 유형에 따라 일방적으로 결정짓기 보다는 종합적 고려하에 수리거부의 처분성과 심사범위를 상호 교차하여 달리 정할 수 있다고 보여진다.

이 뿐만 아니라, 혼인신고의 경우에는 엄밀한 의미에서 공법상 효과의 발생을 목적으로 하는 신고가 아니라서 특수한 신고의 범주에 속하기도 하지만, 이를 통상적으로 자기완결적 신고의 범주로 설명하는 견해가 주류적인 입장이라고 보여진다. 그러나, 혼인신고의 경우에는 형식적 요건의 구비 여부 심사에 그치는 것이 아니라 수리를 하게 되어 법률관계가 명확히 되는 반면에 수리여부를 함에 있어 호적 공무원에게 혼인의사의 합치여부 등 실질적 심사를 하지 못하도록 하고 있다. 즉, 형식적 심사에 그친다는 점에서는 자기완결적 신고이지만, 수리에 의하여 법률관계가 비로소 창설된다는 점에서는 수리를 요하는 신고로서의 성질을 지니고 있다.

아울러 대법원 1998.4.24. 선고 97도3121 판결에서 "체육시설의설치·이용에관한법률 제10조, 제11조, 제22조, 법시행규칙 제8조 및 제25조의 각 규정에 의하면, 체육시설업은 등록체육시설업과 신고체육시설업으로 나누어지고, 당구장업과 같은 신고체육시설업을 하고자 하는 자는 체육시설업의 종류별로 법시행규칙이 정하는 해당시설을 갖추어 소정의 양식에 따라 신고서를 제출하는 방식으로 시·도지사에 신고하도록 규정하고 있으므로, 소정의 시설을 갖추지 못한 체육시설업의 신고는 부적법한 것으로 그 수리가 거부될 수밖에 없고 그러한 상태에서 신고체육시설업의 영업행위를 계속하는 것은 무신고 영업행위에 해당할 것이지만, 이에 반하여 적법한 요건을 갖춘 신고의 경우에는 행정청의 수리처분 등 별단의 조치를 기다릴 필요없이 그 접수시에 신고로서의 효력이 발생하는 것이므로 그 수리가 거부되었다고 하여 무신고 영업이 되는 것은 아니다(당원 1993.7.6. 자 93마635 결정, 1992.9.22. 선고 92도1839 판결 참조)."라고 판시하였다.

위 판결이 체육시설의 설치이용에 관한 법률에서 등록체육시설업과 신고체육시설업을 규정하고 있어 등록체육시설업을 수리를 요하는 신고로 보고, 신고체육시설업은 자기완결적 신고의 유형에 속한다는 견해도 있으나, 등록체육시설업은 사업계획승인을 전제로 하는 점에서 특허 내지 허가의 성격을 지니고, 신고체육시설업이 수리를 요하는 신고로 볼 여지가 있다고 할 것이다.

위 판결은 기본적으로 자기완결적 신고의 성격과 수리를 요하는 신고의 성격을 겸유하고 있다고 할 것이며, 위 판결은 형사판결에 있어서의 선결문제에 관한 것으로 적법한 신고가 있을 경우 수리가 없다고 할지라도 처벌되지 않는다는 점을 밝힌 것이라고 볼 것이다.[25] 이처럼 체육시설업의 신고에 있어 적법한 신고를 하면 수리를 거치지 않

25) 양삼승, "실체적인 이유로 수리를 거부당한 신고의 효력", 대법원 판례해설 제10호, 1988. 557면 이하.

아도 효력이 발생한다는 점에서는 자기완결적 신고의 측면이 있으나, 체육시설의 설치·이용에 관한 법률 및 동법 시행령 및 시행규칙의 해당조항에 따르면 체육시설업중 신고체육시설업을 하고자 하는 자는 시행규칙이 정한 해당시설을 갖추어 시·도지사에 신고하도록 규정하고 있으므로, 해당시설을 갖추었는가의 여부에 관한 실체적 심사권이 관할 행정청에 있다고 할 것이고, 그 소정시설을 갖추지 못한 채 한 신고는 요건을 갖추지 못한 신고로서 수리가 거부될 수밖에 없다는 점에서 수리를 요하는 신고의 성격을 아울러 갖고 있다고 할 것이다.

Ⅲ. 신고의 수리와 수리거부

1. 신고 수리의 개념 및 기능

(1) 수리의 개념

실정법상의 수리의 법적 성질은 다양한 형태로 나타난다. 우선 행정실무상 접수처리의 의미로서 수리라는 용어를 사용하는 경우가 많은데, 이는 단순한 사실행위인 접수행위이며 행정행위인 수리행위는 아니다. 또한 행정기관의 내부에 있어서 사무처리상의 기록이나 접수증의 교부 등은 수리행위의 요소가 아니다.

아울러 수리는 확인적 행정행위 또는 형성적 행정행위로서의 성격을 지니며, 이처럼 실정법상 수리라는 동일한 용어를 사용하더라도 법령의 텍스트 속에서 그 법적 성질은 다를 수 있다. 행정절차법 제40조 제2항에 의하여 신고는 형식상의 요건이 충족되어 있는 한 그 신고서가 행정청에 도달한 때에 사인에 부과되어 있는 신고의무는 이행된 것으로 된다. 따라서 이러한 신고에 있어 수리관념이 개입할 여지는 없는 것이다.

즉, 자기완결적 신고의 경우에는 형식에 적합한 신고를 하여 행정청에 도달한 경우에 행정청의 수리여부와는 관계없이 신고의무가 이행된 것으로 보게 된다. 자기 완결적 신고에 있어서는 행정청의 수리행위는 불필요하고, 단지 접수라는 사실행위가 있게 된다. 따라서 행정청이 신고서를 접수하지 않고 반려하여도 신고의무는 이행된 것으로 본다. 자기완결적 신고의 일종인 세법상의 신고에 있어서는 신고의 효력이 발생한 때에 조세채무관계가 확정된다. 신고유보부 금지의 경우에는 신고로서 금지되는 행위가 해제된다. 또한 단순히 의무가 완결되는 신고의 경우에는 과태료 등의 부과처분을 받지 않게 된다.

이에 반하여, 변형된 신고의 경우에는 행정청이 형식에 적합한 신고인지 여부와 실체적 심사를 마친 후 신고의 수리가 있어야 개별법상의 특수한 법률효과가 발생하게 된다. 즉, 신고의 수리로 인해 공법적 효과가 발생한다.

신고의 수리는 일반적으로 타인의 행위를 유효한 행위로 판단하고 법령에 의하여 처리할 의사로서 이를 수령하는 수동적 행위로서 준법률행위적 행정행위로 파악하고 있다. 그러나, 법률행위적 행정행위와 준법률행위적 행정행위의 구분은 민법이론의 차용으로 독일과 일본의 경우처럼 시급히 청산되어야 할 구분 개념이다. 따라서 결국은 수리가 처분에 해당하는가 아니가의 문제가 남는다.

경우를 나누어 볼 필요가 있다. 자기완결적 신고에 있어서는 수리는 단지 사실행위로서의 접수에 불과하고, 변형된 신고에 있어서는 행정청의 수동적 판단의사가 개입되어 타인의 행위를 적법 유효한 것으로 보아 일정한 지위를 부여하는 처분적 성질을 지니게 된다. 다만, 허가를 하기 전 단계의 중간행위로서 수리는 처분성이 없다고 해야 할 것이다. 즉, 이 경우에는 수리가 처분이 되는 것이 아니라 수리한 후에 허가를 하는 것이 처분이 되며, 불수리나 수리거부는 불허가적 성격을 지니므로 허가거부가 처분이 된다고 할 것이다.

신고수리의 기능은 부적법한 신고를 한 경우에도 이를 수리한 경우에는 사인의 행위가 적법 유효하다고 전제하고 절차가 진행되므로 사인의 행위의 법적 안정성을 기하는 측면이 있으며, 수리를 요하는 신고에 있어서는 수리를 거부할 경우에 처분성을 인정하여 취소소송의 대상으로 삼을 수 있게 된다.

(2) 수리의 기능

통상의 신고의 경우 적법한 신고에 대하여만 법적 효과가 부여된다. 따라서, 당사자가 적법요건을 갖추었다고 판단하더라도 행정청의 관점에서 이를 검토확인함으로써 사전 결정과 동일한 효과를 지니므로 일단 신고하여 접수처리함으로써 법률관계를 명확히하고 안정시킬 수 있다.[26] 이와 같은 수리의 순기능이 있으나, 자기완결적 신고임에도 수리를 하지 않아 당사자에게 불편과 리스크를 안기는 사례가 있어 이러한 경우에는 행위로 나아가고 추가적인 조치를 취할 경우에 다툴 수 있다. 다만, 수리를 요하는 신고에 있어서는 신고가 관계법상의 실체적 요건을 갖추지 못한 것이거나 기타 사유로 위법한 것으로 판단되는 경우에 그 접수만으로 신고가 행해진 것으로 보지 않게 되며, 그것은 결국 위법한 행위를 방치하는 결과가 되므로 이 때, 행정청이 이를 수리하지 아니한 경우에는 이를 다툰 다음에 사인이 당해 행위나 영업을 하는 것이 안전할 것이다. 결국 수리라는 제도적 장치를 통하여, 당사자의 입장에서는 행정청의 명확한 의사를 확인하고 금지된 행위임에도 우선 행위를 할 것인지 여부를 결정하거나, 행정청에서 반려나 수리거부로 인해 자신의 법적 지위에 영향을 미치게 된다면 이를 항고소송으로 다투어 법적 불안을 해소하고 법률생활의 안정을 추구할 수 있는 장점이 있다.

---

26) 박원영, "수리개념의 해체론", 동아법학 제17호, 1994, 15면.

2. 신고수리와 그 거부의 법적성질

일반적으로 수리를 준법률행위적 행정행위의 일종으로 공증, 확인, 통지와 더불어 설명하고 있는 바, 이러한 수리개념에 대하여 그 개념을 인정하지 아니하는 학자는 거의 없다. 그러나 수리개념을 인정할 것인가를 놓고 법률행위적 행정행위와 준법률행위적 행정행위의 구분이 전근대적이고, 독일과 일본에서도 극복되어 가고 있는 점을 들어 비판적인 입장이 있다. 신고의 수리 관념을 인정하지 아니하는 입장에서는 수리는 사실행위에 불과하게 될 수 있다.

일부 견해[27]에 의하면 수리거부의 본질을 거부처분이 아닌 금지하명으로 파악하기도 하지만, 집회 및 시위에 관한 법률 제8조 제1항에서는 별도의 금지통고제도를 마련하고 있으며[28], 판례[29]에 의하면 납골당설치신고에 따른 이행통지를 수리로 파악하고 있다.

신고수리거부의 처분성 인정과 관련하여 수리를 요하는 신고의 경우에는 처분성을 인정하는데 큰 어려움이 없다. 행정절차법 제40조의 규정이 제정됨에 따라 행정청은 이유를 부기하여 반려하거나 수리거부를 하여야 한다. 자기완결적인 신고의 경우에는 통설은 처분성을 부인하고 있지만, 적법한 신고를 하였음에도 행정청에서 의도적으로 접수를 거부하거나 반려하는 경우가 있을 수 있어 당사자의 권익 구제차원에서 일정한 경우에 자기완결적 신고에 있어서도 수리(접수)거부의 처분성을 인정하는 것이 필요하다고 본다. 왜냐하면 신고접수 거부에 의하여 당사자의 법적 지위를 불안정하게 하고 당사자의 권익침해가 발생하는 경우가 있을 수 있기 때문이다.

사인이 행정청에 신고서를 제출하게 되는 경우에는 3가지 유형이

27) 김중권, "Quovadis-신고제?", 법률신문 2011. 3. 7.

28) 이에 관하여는 김종필, "옥회집회등 금지통고에 대한 잠정적 구제절차의 특수성", 민사재판의 제문제 19권, 한국사법행정학회, 2010,741-742면.

29) 대법원 2011. 9. 8. 선고 2009두 6766판결.

행정청의 대응이 고려될 수 있다. 첫째는 신고서의 접수 또는 반려 둘째는 신고서의 접수와 처리 또는 그 거부 셋째는 신고의 수리 또는 수리거부행위 등이다. 여기서 어느 행위가 행정소송의 대상이 되는지 여부는 신고수리에 대한 이론에 따르게 될 것이다. 즉, 수리를 요하는 신고서의 반려 · 수리거부행위 등은 행정처분이 되어 행정소송의 대상이 될 것이다. 그러나, 신고서의 접수반려는 사실행위로서 처분성을 인정하기 어렵다. 다만, 신고서의 접수 및 처리거부의 경우에는 이로 인하여 일정한 행위가 금지되는 것은 아니고 당사자가 일정한 행위로 나아갈 수 있으나, 법적 불안을 해소할 필요성이 있다는 관점에서 처분성이 인정될 수 있다. 다만, 건축신고 반려행위의 처분성을 인정한 대법원 전원합의체 판결이 나온 이래 신고의 법적 성질의 문제와 반려행위의 처분성 내지 수리의 거부에 대한 행정소송 대상성의 문제는 별개의 문제로 파악할 필요가 있다.

3. 신고수리와 거부에 있어서 행정청의 심사범위

(1) 용어상의 문제

심사와 관련하여 형식저 심사와 실질적 심사로 구분하여 설명하기도 하는 바, 그 의미에 관하여 형식적 요건에 대한 심사를 형식적 심사, 실질적 요건에 대한 심사를 실질적 심사로 이해하는 견해가 있다.[30] 그러나, 형식적 심사와 실질적 심사의 문제는 심사방식의 문제이고 요건의 형식과 실질은 요건의 내용의 문제라고 할 것이다.[31] 가령 혼인신고의 경우에는 실질적 심사가 허용되지 않는다. 여기서 말하는 실질적 심사는 혼인의사가 있는지 여부를 당사자의 참여속에 확인

---

30) 박해식, "주민등록 전입신고 수리여부에 대한 심사범위와 대상", 행정판례연구 XV-2, 2010, 249면.

31) 박균성, 행정법강의, 2012, 박영사, 126면.

하는 절차 등을 말한다.

아울러 심사와 관련하여 형식적 요건에 관한 심사와 실체적 요건에 대한 심사로 나누어 질 수 있으며, 여기서 말하는 형식적 요건이란 신고의 요건과 구비서류 등을 말하며 실체적 요건이란 인적 조건이나 물적 조건 등이 이에 해당한다. 절차적 요건과 실체적 요건의 문제는 적법요건에 관한 문제로 행정법상의 신고가 법령에서 요구하는 적법요건을 갖춘 신고인지 여부의 문제이다. 이와 더불어 신고수리의 거부사유로 실체적 이유를 들 수 있는가의 문제는 당해 법령이나 관계법령에서 요구하는 사항 이외의 중대한 공익상의 이유로 신고를 거부할 수 있는가의 문제라고 할 것이다.

(2) 형식적 심사나 형식적 요건에 한정하는 견해

먼저, 수리를 요하는 신고를 등록으로 파악하는 견해에 의하면 비록 수리를 요하는 신고라고 할지라도 신고의 수리와 거부에 있어서 행정청은 형식적 심사에 국한된다고 이해한다. 이러한 관점은 헌법재판소 1997. 8. 21. 93헌바51 결정에 의하면 "정기간행물의 등록 등에 관한 법률 제7조 제1항은 국가가 정기간행물의 실태에 관한 정보를 관리하고, 이를 바탕으로 언론·출판의 건전한 발전을 도모하기 위한 장·단기 계획을 수립하고 시행하는데 필요한 참고자료를 획득할 수 있도록 한다는 목적을 가지는바, 그 입법목적의 정당성이 인정되고, 등록사항이 정기간행물의 외형에 관한 객관적 정보에 한정되어 있고, 등록제를 규정하여 정기간행물의 발행요건에 관하여 실질적 심사가 아니라 단지 형식적 심사에 그치도록 하고 있으므로, 입법목적의 달성을 위하여 필요최소한 범위에서 언론·출판의 자유를 제한하는 것으로서 헌법 제37조 제2항의 과잉금지원칙에 위반된다고 볼 수 없다."고 판시하고 있는 점에 착안하고 있다고 보여진다.

그러나 등록제는 다양한 모습으로 하고 있으며, 공증의 일종인 등록도 있을 뿐만 아니라, 실제에 있어서 등록제를 규정하고 있는 법률은 등록의 요건을 구비하도록 규정하고 있는 형태를 취하고 있어 형식적 요건의 구비에 한정되기도 하지만, 규모가 큰 등록체육시설업의 신고의 경우처럼 인·허가적 성격을 띠는 등록도 있으며, 수리를 요하는 신고를 등록으로 보는 것은 형식적 요건에 대한 심사에 한정하려는 것으로 심사범위를 축소한다는 점에서 타당한 측면이 없지 않으나, 허가제에서 신고제로 규제를 완화하기도 하고 등록제에서 신고제로 규제를 완화하기도 하는 등 입법자의 의사를 무시한 것으로 보여진다.

다음으로 대법원 1988.9.20. 선고 87도449 판결 "구 건축법(1982.12.31. 법률 제3644호로 개정되기 전의 것) 제5조 제2항에 규정한 신고가 동법시행령 소정의 형식적 요건을 갖추어 적법하게 제출된 이상 군수는 이를 수리하여야 할 것이고 실체적인 이유로 그 수리를 거부할 수는 없으므로 형식적 요건에 흠결이 없는 신고에 대하여 실체적인 사유를 들어 신고서를 반려하였다 하더라도 그 신고의 효력이 없다고 할 수 없다."고 판시하고 있는 바, 이 사건 판결은 자기완결적 신고를 전제로 형식적 요건의 흠결이 없다면 실체적 사유를 들어 신고서를 반려할 수 없고, 설사 반려하더라도 신고의 효력은 이미 발생한 것이라는 관점에 서 있다고 할 것이다.

(3) 실질적 요건에 대한 심사가 필요한지

대법원 1999.4.27. 선고 97누6780 판결은 "주택건설촉진법 제38조 제2항 단서, 공동주택관리령 제6조 제1항 및 제2항, 공동주택관리규칙 제4조 및 제4조의 2의 각 규정들에 의하면, 공동주택 및 부대시설·복리시설의 소유자·입주자·사용자 및 관리주체가 건설부령이 정하는 경미한 사항으로서 신고대상인 건축물의 건축행위를 하고자 할 경우에는 그 관계 법령에 정해진 적법한 요건을 갖춘 신고만을 하면 그와 같은 건축행위를 할 수 있고, 행정청의 수리처분 등 별단의 조치를 기다릴 필요가 없다고 할 것이며, 또한 이와 같은 신고를 받은 행정청으로서는 그 신고가 같은 법 및 그 시행령 등 관계 법령에 신고만으로 건축할 수 있는 경우에 해당하는 여부 및 그 구비서류 등이 갖추어져 있는지 여부 등을 심사하여 그것이 법규정에 부합하는 이상 이를 수리하여야 하고, 같은 법 규정에 정하지 아니한 사유를 심사하여 이를 이유로 신고수리를 거부할 수는 없다"고 판시하였다.[32)]

(4) 다른 법령상의 요건을 고려하여야 하는지

여기서 검토할 것은 행정청의 실질적 요건의 심사범위로서 신고에 관한 심사는 해당법령에 정한 요건만에 한정되느냐 하는 문제이다. 신고에 관한 당해 법령만이 아니라 관계되는 다른 법령의 해당조항에서 요구하는 실질적 요건에 부합되어야 하고, 이를 충족시키지 못하면 그 신고는 수리할 수 없는 것으로 해석된다. 즉, 다른 법인 학교보건법 제6조의 요건을 체육시설의 설치·이용에 관한 법률에 의한 당구장업의 신고요건으로 보고 있다.

이와 관련하여, 종전의 대법원 2002. 7. 9. 선고 2002두 1748판결은 주민등록의 대상이 되는 실질적 의미에서의 거주지인지 여부를 심사하기 위하여 주민등록법의 입법목적과 주민등록의 법률상 효과 이외에 지방자치법 및 지방자치의 이념까지도 고려하여야 한다고 판시하였으나, 위 대법원 2009. 6. 18. 선고 2008두10997 전원합의체판결에서 "주민들의 거주지 이동에 따른 주민등록전입신고에 대하여 행정청이 이를 심사하여 그 수리를 거부할 수는 있다고 하더라도, 그러한 행위는 자칫 헌법상 보장된 국민의 거주·이전의 자유를 침해하는 결과를 가져올 수도 있으므로, 시장·군수 또는 구청장의 주민등록전입

---

32) 안기환, "공동주택관리규칙 제4조의 2 소정의 신고대상인 건축행위를 하고자 할 경우 적법한 요건을 갖춘 신고외에 행정청의 수리처분을 요하는지 여부". 대법원 판례해설 1999년 상반기(통권 제32호) 486면.

신고 수리 여부에 대한 심사는 주민등록법의 입법 목적의 범위 내에서 제한적으로 이루어져야 한다."고 판시하면서, "주민등록법의 입법 목적에 관한 제1조 및 주민등록 대상자에 관한 제6조의 규정을 고려해 보면, 전입신고를 받은 시장·군수 또는 구청장의 심사 대상은 전입신고자가 30일 이상 생활의 근거로 거주할 목적으로 거주지를 옮기는지 여부만으로 제한된다."고 보아, 시장·군수 또는 구청장의 주민등록전입신고 수리 여부에 관한 심사의 범위와 대상을 명확히 하였다. 즉, 이 판결은 무허가 건축물을 실제 생활의 근거지로 삼아 10년 이상 거주해 온 사람의 주민등록전입신고를 거부한 사안에서, 투기나 이주대책 요구 등을 방지할 목적으로 주민등록전입신고를 거부하는 것은 주민등록법의 입법 목적과 취지 등에 비추어 허용될 수 없다고 판시하였다.[33)]

대법원 2011. 1. 20. 선고 전원합의체 판결과 같이 인·허가 의제의 효과가 수반되는 건축신고의 경우에도 협의를 거쳐야 하며, 다른 법률의 요건을 충족하여야 하는 것으로 보았다. 인·허가가 의제되는 건축신고는 자기완결적 신고인 단순한 건축신고와는 달리 수리를 요하는 신고로서 실체적 요건에 관한 심리를 한 후에 수리를 하여야 하는 것으로 파악하는 것이 적절하다고 할 것이다. 인·허가가 의제되는 건축신고는 약한 규제로 강한 규제를 의제하는 것이 되어 입법적으로 적절하지 않기 때문에 법개정의 필요성이 있지만[34)], 해석론으로서도 "인·허가의제사항 관련 법률에 규정된 요건 중 상당수는 공익에 관한 것으로서 행정청의 전문적이고 종합적인 심사가 요구되는데, 만약 건축신고만으로 인·허가의제사항에 관한 일체의 요건 심사가 배제된다고 한다면, 중대한 공익상의 침해나 이해관계인의 피해를 야기하고 관

33) 대법원 2002. 7. 9. 선고 2002두 1748판결은 전원합의체판결의 견해에 배치되는 범위내에서 변경되었다.

34) 이에 관하여는 최계영, "건축신고와 인·허가의제", 행정법연구 제25호, 166면.

련 법률에서 인·허가 제도를 통하여 사인의 행위를 사전에 감독하고자 하는 규율체계 전반을 무너뜨릴 우려가 있기" 때문에 당사자의 형식적 요건에 대한 심사만으로 인·허가의제를 인정하는 것은 공익적 관점에서 바람직하지 않아 실체적 요건에 대한 심사가 허용되는 수리를 요하는 신고로 보아 국가적 개입의 필요성이 있다고 할 것이다. 이번 전원합의체 판결은 건축법 제14조 제2항에 의한 인·허가의제 효과를 수반하는 건축신고를, 행정청이 그 실체적 요건에 관한 심사를 한 후 수리하여야 하는 이른바 '수리를 요하는 신고'로 파악하여 단순 건축신고와는 다른 것으로 보았다는 점에 의미가 있다.

4. 법령상의 요건이 아닌 실체적 이유를 들어 수리거부가 가능한지

신고가 수리를 요하는지 여부는 입법정책의 문제로서 법령의 규정에 의하여야 하고, 법령에 명시적인 규정이 없는 경우에는 허가제와 별도로 신고제를 두고 있음에 비추어 원칙적으로 형식적·절차적 요건을 갖춘 신고서가 행정청에 도달하면 신고로서의 효과가 발생하는 수리를 요하지 아니하는 신고라고 보아야 할 것이다. 그러나 예외적으로 법의 목적과 취지, 법령의 제반 규정 등에 비추어 형식은 신고이지만 허가제와 같이 운용하려고 할 경우에는 이를 수리를 요하는 신고로 볼 경우라면 비록 중대한 공익상의 이유가 있다고 할지라도 법령상의 요건에 해당하지 않는 한 실질적 사유를 들어 수리를 거부할 수 없다고 판시하거나, 이를 규제를 유지할 필요가 있다면 보다 정면으로 허가에 해당한다고 해석하는 것이 바람직하다.

이와 관련하여 대법원 2010.9.9. 선고 2008두22631 판결에서 "구 '장사 등에 관한 법률'(2007. 5. 25. 법률 제8489호로 전부 개정되기 전의 것)의 관계 규정들에 비추어 보면, 같은 법 제14조 제1항에 의한 사설납골시설의 설치신고는 같은 법 제15조 각 호에 정한 사설납골시설설치 금지지역에 해당하지 않고 같은 법 제14조 제3항 및 같은 법 시행령(2008. 5. 26. 대통령령 제20791호로 전부 개정되기 전의 것) 제13조 제1항의 [별표 3]에 정한 설치기준에 부합하는 한 수리하여야 하나, 보건위생상의 위해를 방지하거나 국토의 효율적 이용 및 공공복리의 증진 등 중대한 공익상 필요가 있는 경우에는 그 수리를 거부할 수 있다고 보는 것이 타당하다."고 판시하면서, "종교단체의 사설납골당 설치신고에 대하여 파주시장이 신고수리불가 처분을 한 사안에서, 납골당의 규모와 진입로 및 주위 교통여건 등을 비교하여 교통량 증가로 교통체증이 심화되어 마을 주민들의 통행에 현저한 지장을 가져오는지 여부, 납골당 설치로 인해 보건위생상 또는 환경상의 문제가 발생할 우려가 있는지 여부, 파주시 장사시설의 현황과 장사시설에 관한 중장기계획의 내용 등에 비추어 위 사설납골당이 국토의 효율적 이용 및 공공복리 증진을 해칠 우려가 있는지 여부 등을 살펴 납골당 설치신고의 수리를 거부할 중대한 공익상 필요가 있는지를 판단하였어야 함에도, 파주시가 장사시설 중장기계획을 수립하여 놓았다는 사정만으로 납골당 설치신고의 수리를 거부할 중대한 공익상 필요가 있다고 보기 어렵다고 보아 위 처분을 취소한 원심판결에, 중대한 공익상의 필요에 관한 법리를 오해하고 심리를 다하지 않은 위법이 있다." 고 파악하였다.

이 사건 판결에서 특기할 만한 사항은 관할 행정청이 종교단체 납골당설치 신고를 한 교회에, 장사 등에 관한 법률에 따라 필요한 시설을 설치하고 유골을 안전하게 보관할 수 있는 설비를 갖추어야 하며 관계 법령에 따른 허가 및 준수 사항을 이행하여야 한다는 취지의 납골당설치 신고사항 이행통지를 하였는 바, 신고사항 이행통지를 별도의 처분으로 보지 아니하고 관할 행정청이 교회에 이행통지를 함으로써 납골당설치 신고수리를 한 것으로 보았다.

이처럼 납골당 설치신고의 수리에 있어 수리를 요하는 신고라고 보면서도 허가제와 동일하게 운영한 잘못이 있다. 이러한 경우에는 수리를 요하는 신고가 아니라 허가로 보아 기속재량행위로 파악할 필요가 있다.[35)]

5. 소 결

기본적으로 '적법한 요건을 갖춘 신고'의 의미에 관하여는 소정의 형식적 요건을 갖추어 적법하게 신고가 제출된 이상 행정청은 이를 수리하여야 할 것이고, 행정청이 건축허가신고를 실체적인 이유를 들어 신고를 반려하였다고 하더라도 그 신고의 효력에는 아무런 영향이 없다는 입장이 주류적이고 형식적 요건과 실체적 요건을 모두 갖춘 경우에만 적법한 신고로 수리처분이나 반려처분과는 관계 없이 신고만으로 바로 신고의 효력이 생기는 것이고 이러한 요건을 갖추지 못한 신고는 비록 수리처분이 있었다고 하더라도 위법한 신고로 신고의 효과가 생기는 것이 아니라는 소수의 견해가 있는 것으로 정리된다.

우선 수리를 요하는 신고의 심사범위와 관련한 대법원 2010. 9. 9. 선고 2008두 22631 판결에서 사설납골시설의 설치신고는 수리를 요하는 신고로 보았으며, 이와 같은 수리를 요하는 신고의 경우에는 법령상의 요건을 갖춘 경우에는 수리하여야 하지만, "보건위생상의 위해를 방지하거나 국토의 효율적 이용 및 공공복리의 증진 등 중대한 공익상 필요가 있는 경우에는 그 수리를 거부할 수 있다고 보는 것이 타당하다."고 판시하면서, "다만, 행정청에서 장사시설 중장기계획을 수립

35) 이에 관하여는 김용섭, "기속행위, 재량행위, 기속재량", 판례연구 15집, 서울지방변호사회, 2001. 18-47면. 박균성 교수는 수리를 요하는 신고 대신에 '수리행위가 있는 신고' 라는 표현을 사용하는 것이 바람직하다고 하지만, 수리행위가 있다는 것만으로 이를 정당화 하기 보다는 이 판결은 신고의 심사범위를 벗어나서 허가제와 마찬가지로 심사범위를 지나치게 확장한 문제가 있는 판례라고 할 것이다.

하여 놓았다는 사정만으로 납골당 설치신고의 수리를 거부할 중대한 공익상 필요가 있다고 보기 어렵다고 보아 위 처분을 취소한 원심판결에, 중대한 공익상의 필요에 관한 법리를 오해하고 심리를 다하지 않은 위법이 있다."고 판시하였다. 이와 같이 수리를 요하는 신고라고 할지라도 중대한 공익상의 필요가 있는 경우에 수리를 거부하는 것이 정당화 되고 있으며, 중대한 공익상 필요가 없음에도 수리를 거부하는 것은 타당하지 않다는 취지의 판시태도는 매우 이례적이며, 허가제에서나 가능한 거부의 사유라고 볼 것이므로, 신고수리거부의 정당화 사유로 들고 있는 이러한 대법원의 판결은 조속히 폐기하는 것이 바람직하다 할 것이다.

Ⅳ. 원격평생교육시설의 신고와 수리에 대한 검토

1. 평생교육법 및 동법시행령의 법적 규율

여기서는 이 사건 신고와 관련이 있는 구 평생교육법(2007. 10. 17. 법률 제8640호로 개정되기 전의 것, 이하 같다)과 구평생교육법 시행령(2004. 1. 29. 대통령령 제18245호로 개정되기 전의 것, 이하 같다)의 규정을 중심으로 살펴보기로 한다. 평생교육법 제1조에서 "이 법은 평생교육에 관한 사항을 정함을 목적으로 한다."고 규정하고 있다. 제2조 제1호에서 "평생교육이라 함은 학교교육을 제외한 모든 형태의 조직적인 교육활동을 말한다."고 규정하고 있고, 동조 제3호에서 "평생교육시설이라 함은 이 법에 의하여 인가·등록·신고된 시설과 학원등 다른 법령에 의한 시설로서 평생교육을 주된 목적으로 하는 시설을 말한다."고 규정하고 있다.

이 사건 신고와 수리처분의 근거법령은 평생교육법 제22조로서 제

1항에서 “누구든지 정보통신매체를 이용하여 특정 또는 불특정 다수인에게 원격교육을 실시하거나 다양한 정보를 제공하는 등의 평생교육을 실시할 수 있다.”고 규정하고 있고, 제2항에서 “제1항의 경우 불특정 다수인을 대상으로 학습비를 받고 이를 실시하고자 하는 경우에는 대통령령이 정하는 바에 따라 교육인적자원부장관에게 신고하여야 한다. 이를 폐쇄하고자 하는 경우에는 그 사실을 교육인적자원부장관에게 통보하여야 한다.”고 규정하고 있다. 위 법률규정의 위임에 따라 동법시행령 제26조에서 “법 제22조 제2항 전단의 규정에 의하여 교육인적자원부장관에게 신고하여야 하는 원격교육형태의 평생교육시설(이하 "원격평생교육시설“이라 한다)은 학습비를 받고 10명 이상의 불특정 학습자에게 30시간이상의 교습과정에 따라 화상강의 또는 인터넷강의 등을 통하여 지식 · 기술 · 기능 및 예능에 관한 교육을 실시하는 시설로 한다.”고 규정하고 있으며, 동법시행령 제27조에서 신고절차 등에 관하여 규정하고 있다. 제1항에서는 “법 제22조 제2항 전단의 규정에 의하여 원격교육 등 평생교육을 실시하고자 하는 자는 다음 각호(1. 명칭 2. 목적 3. 설치자 4. 위치 5. 시설 · 설비 6. 개설예정일) 사항을 기재한 신고서에 운영규칙 및 교육인적자원부령이 정하는 서류를 첨부하여 교육인적자원부장관에게 제출하여야 한다.”고 규정하고 있고, 제2항에서 “제1항의 운영규칙에는 다음 각 호(1. 명칭 · 목적 및 위치 2. 교육과정 · 정원 3. 입학 · 퇴학 및 수료와 상벌 4. 교육기간 · 휴강 5. 학습비 6. 기타 시설의 운영에 관하여 필요한 사항)사항을 기재하여야 한다.”고 규정하고 있다. 한편 제3항에서는 “교육인적자원부장관은 제1항의 규정에 의한 신고가 있는 때에는 이를 검토하여 요건에 맞는 경우에는 교육인적자원부령이 정하는 신고증을 교부하여야 한다.”고 규정하고 있다.

2. 원격평생교육시설 신고의 법적 성질

(1) 문제의 제기

원심법원에서는 이 사건 원격평생교육시설의 수리를 요하는 신고로 보고 있으나, 원고의 상고이유에서는 “위 구 평생교육법은 제22조 제1항에서 누구든지 정보통신매체를 이용하여 원격교육을 실시할 수 있다고 규정하고 있고, 제2항에서는 학습비를 받고 실시하는 경우 대통령령이 정하는 바에 따라 교육인적자원부장관에게 신고하여야 한다고 규정하고 있으므로, 학습비를 받는지 여부에 따라 신고여부가 결정될 뿐, 이 사건 신고는 행정청이 실질적 심사권한을 갖는 ‘수리를 요하는 신고’가 아니다. 또한 위 구 평생교육법에서 학교형태의 평생교육시설은 교육감에게 등록을, 사내대학형태의 평생교육시설과 학력, 학위가 인정되는 원격교육시설은 교육인적자원부장관의 인가를 받아야 하도록 규정하고 있는 것에 비하여, 학력, 학위와 무관하게 단순 원격교육을 실시하는 평생교육시설은 교육인적자원부장관에게 신고만 하도록 규정되어 있는 바, 평생교육이라는 입법목적에 비추어 이 사건 신고는 형식적 신고만으로 신고의 효력이 발생한다고 보아야 한다. 따라서 원격평생교육시설의 신고를 위한 이 사건 신고는 수리를 요하는 신고라고 할 수 없고, 원고가 위 구 평생교육법 시행령 제27조 제1항, 제2항에서 요구하는 신고서에 기재할 사항과 신고절차를 마친 이상 피고는 원고의 신고를 수리하여야 한다.”고 되어 있어, 과연 신고의 유형 중 종전의 구분방식을 감안하여 어느 유형에 속하는 것인지를 명확히 할 필요가 있다.

(2) 자기완결적 신고라는 견해

이 사건 원격평생교육시설의 신고는 인·허가가 의제되지 아니하는 건축법상의 건축신고라든가 집회 및 시위에 관한 법률의 신고, 체육시설의 이용료 신고와 같이 신고유보부 금지의 경우에 해당되며, 그 신고의 의사표시가 행정기관에 도달한 때 관계 법령이 정하는 법적 효과가 발생하는 자기완결적 신고로서 관할 행정청은 실체적 사유를 들어 신고의 수리를 거부할 수 없고, 형식적 요건에 대한 심사에 그치게 된다. 신고인에 대하여 교부하는 신고(필)증은 신고인의 통지행위를 확인하는 의미에 불과하며 미신고행위로 인한 과태료 등의 제재를 받는 것이 일반적이다. 자기완결적 신고에 대한 거부행위는 신고인의 법률상 지위에 아무런 변동을 일으키지 않으므로, 항고소송의 대상이 되는 행정처분에 해당하지 않는다는 것이 종래의 통설이며 판례의 입장이었으나, 앞에서 언급한 대법원 2010. 11. 18. 선고 2008두167 전원합의체 판결의 등장에 따라 처분성이 인정된다고 하여 수리를 요하는 신고가 되는 것은 아니다.

(3) 수리를 요하는 신고라는 견해

원격평생교육시설의 신고를 수리를 요하는 신고로 보는 견해에서는 이 사건 신고의 근거 법령인 평생교육법은 제22조 제2항에서 정보통신매체를 이용하여 불특정 다수인을 대상으로 학습비를 받고 원격교육을 실시하거나 다양한 정보를 제공하는 등의 평생교육을 실시하고자 하는 경우에는 대통령령이 정하는 바에 따라 교육인적자원부장관에게 신고하여야 한다고 되어 있고, 동법 제23조 제1항 제2호에서 위 법조항에 의한 신고를 태만히 한 자에 대하여 과태료를 부과할 수 있다고 규정하고 있는 점, 평생교육법 시행령은 제27조 제1항에서 평생교육을 실시하고자 하는 자가 제출하여야 하는 신고서에 기재할 사항으로 "1. 명칭, 2. 목적, 3. 설치자, 4. 위치, 5. 시설·설비, 6. 개설예정일"을 규정하고 있으며, 제3항에서 "교육인적자원부장관은 제1항의 규정에 의한 신고가 있는 때에는 이를 검토하여 요건에 맞는 경우에는 교육인적자원부령이 정하는 신고증을 교부하여야 한다"고 규정하고 있는 점에 비추어 행정청의 접수행위외에 별도의 검토를 하도록 규정하고 있는 점을 근거로 들 수 있다.

이 사건 판결문에서는 이 사건 신고가 수리를 요하는 신고인지 여부에 관하여 명시적으로 밝히고 있지는 않지만, 위와 같은 평생교육 법령의 규정에 의할 때, 행정청은 신고의 요건이 맞는지 여부를 검토하여 맞는 경우에만 신고(필)증을 교부하도록 되어 있는 점, 평생교육법 제32조 제1항 제2호의 규정에 의한 과태료 부과 대상은 행정청으로부터 신고(필)증을 교부받기 전에 원격평생교육을 실시한 자라고 해석해야 할 것인 점 등에 비추어 이 사건 신고는 수리를 요하는 신고라고 보아야 할 것이라는 견해[36]가 제시된 바 있다.

(4) 검 토

원격평생교육시설의 신고의 법적 성질에 관하여는 대상판결문에서 명시적으로 언명하고 있지는 않지만, 신고의 법적 성질에 관하여 이를 원심에서는 수리를 요하는 신고로 보았으나, 대법원은 원심을 지지하지 않았기 때문에 이는 자기완결적 신고로 볼 여지가 많다. 그러나, 만약에 원격평생교육시설에 대하여 수리를 요하는 신고로 보게 되면 앞서 언급한 납골당설치신고와 관련하여 거부처분시 중대한 공익상 필요만으로 수리를 거부하는 심사방식과는 다르기 때문에 매우 의미 있는 진전이 있는 판시태도라고 할 수 있게 된다. 그 이유는 수리를 요하는 신고임에도 관계법령에서 요구하지 않는 실체적 이유를 들어 거부하는 것은 허용되지 않는다는 결론이 되어, 종전의 판례와는 다른 결론이 나게 되기 때문이다.

이와 관련하여 앞서도 언급하였지만, 신고의 수리거부를 허가제와 동일하게 법령에서 요구하지 않는 중대한 공익상의 필요를 내세워서

36) 김학준, "평생교육 신고 수리거부처분시의 심사범위", 특별법연구 제10권, 2012, 553면 이하

거부하는 판시태도는 바람직하지 않다. 물론 허가의 경우에는 중대한 공익상의 이유를 들어 허가를 거부할 수 있겠지만, 수리를 요하는 신고의 경우에는 관계법령에서 요구하지 않는 이유를 들어 수리를 거부하는 것은 허용되지 않는다고 볼 것이므로, 신고의 수리는 기속재량이 아니라 기속행위로 이해하고 허가는 기속재량으로 이해는 것이 타당하며, 이를 통하여 신고제가 허가제와의 차별성을 기할 수 있다고 할 것이다.

3. 원격평생교육시설 신고의 수리거부

(1) 수리거부의 처분성

수리를 요하는 신고의 경우 그 수리거부가 행정소송의 대상이 되는 행정처분이 되는 것은 말할 것도 없지만, 자기완결적 신고의 경우에도 그 반려행위가 항고소송의 대상이 되는 행정처분이라고 할 필요성과 실익이 있다. 자기완결적 신고에 있어서 반려행위인 수리거부가 처분이 되는지 여부는 대법원판례에서 정하고 있는 처분성 여부를 판정하는 기준에 비추어 결정하여야 할 것이다. 즉, 대법원[37]은 "행정청의 어떤 행위를 행정처분으로 볼 것이냐의 문제는 추상적 · 일반적으로 결정할 수 없고, 구체적인 경우 행정처분은 행정청이 공권력의 주체로서 행하는 구체적 사실에 관한 법집행으로서 국민의 권리의무에 직접 영향을 미치는 행위라는 점을 고려하고 행정처분이 그 주체, 내용, 절차, 형식에 있어서 어느 정도 성립 내지 효력요건을 충족하느냐에 따라 개별적으로 결정하여야 할 것이며, 행정청의 어떤 행위가 법적 근거도 없이 객관적으로 국민에게 불이익을 주는 행정처분과 같은 외형을 갖추고 있고, 그 행위의 상대방이 이를 행정처분으로 인식할 정도

37) 대법원 1993. 12. 10. 선고 93누12619판결, 대법원 2007. 6. 14. 선고 2005두 4397 판결 등

라면 그로 인하여 파생되는 국민의 불이익 내지 불안감을 제거시켜 주기 위한 구제수단이 필요한 점에 비추어 볼 때 행정청의 행위로 인하여 그 상대방이 입는 불이익 내지 불안이 있는지 여부도 그 당시에 있어서의 법치행정의 정도와 국민의 권리의식수준 등은 물론 행위에 관련한 당해 행정청의 태도등도 고려하여 판단하여야 할 것이다."고 판시한 바 있다.

이와 같은 대법원의 판시태도는 행정청의 행위가 객관적으로 국민에게 불이익을 주는 행정처분과 같은 외형을 갖추고 있고, 상대방이 이를 행정처분으로 인식할 정도에 있는지, 상대방에게 불이익 내지 불안이 있어 구제수단이 필요한지 여부에 중점을 두고 있다고 보여진다.

이처럼 자기완결적 신고를 반려하는 경우에 일반적으로 반려행위에 처분성을 인정할 것인가에 대하여는 아직 논란이 있으나, 자기완결적 신고의 경우에도 이를 반려하는 행위나 수리거부행위는 당사자의 법적지위를 불안정하게 하고, 당사자의 권익침해가 발생하는 경우가 있을 수 있기 때문에 처분으로 보아 행정소송을 통하여 다툴 수 있도록 하는 것이 바람직하므로, 이를 수리거부처분으로 보아 처분성을 인정한 것으로 볼 것이다. 따라서, 정보통신매체를 이용하여 학습비를 받고 불특정 다수인에게 원격평생교육을 실시하기 위해 구 평생교육법 제22조등에서 정한 형식적 요건을 모두 갖추어 신고한 경우, 이는 자기완결적 신고이기 때문에 행정청이 실체적 사유를 들어 신고 수리를 거부할 수 없다고 보아야 한다. 이와 같은 자기완결적 신고의 경우라면 관할 행정청에서 교육 내용이 의료법에 저촉될 우려가 있다는 등의 사유로 이를 반려하는 경우라면, 관할 행정청은 형식적 심사범위에 속하지 않는 사항을 수리거부사유로 삼았을 뿐만 아니라 처분사유도 인정되지 않으므로, 위 처분은 위법하게 된다고 보지 않을 수 없다.

또한, 이 사건 원격평생교육시설에 대한 신고가 자기완결적 신고라면 다음으로 신고의 접수의 거부 내지 반려가 처분에 해당하는지 여부가 문제시 될 수 있다. 원심법원과 대법원에서는 이 부분에 대하여는 판시하고 있지 않고 있으나, 신고를 하지 않고 영업을 하더라도 동법 제29조의 행정처분의 대상에 포함되지 않고, 단지 동법 제32조 제1항 제2호의 규정에 의하여 신고를 태만히 한 자의 경우 500만원 이하의 과태료에 처한다고 되어 있고, 이러한 규정만으로 건축법상의 신고 불이행의 경우에 이행강제금과 벌칙 등이 부과되는 것과 비교할 때 법적 지위의 불안이 있어 수리거부의 처분성을 인정하기에 적절한 사안인지 의문이다. 이를 수리를 요하는 신고라고 한다면, 처분성을 인정하는데 어려움이 없을 것이다. 설사 원고가 수리가 거부되었음에도 적법한 요건을 갖추었다고 주장하면서 영업을 하였다면 과태료의 제재를 받아 이를 다투는 단계에서 수리거부의 효력을 다툴 수 있다.

(2) 수리거부에 있어서 심사범위

평생교육시설의 신고를 자기완결적 신고로 보게 될 경우라면 행정청의 심사는 형식적 요건에 대한 심사에 그치게 된다. 그렇기 때문에 실체적 심사를 할 수 있다고 볼 것은 아니다. 여기서 말하는 실체적 심사란 법에 정한 신고 사항 이외의 특별한 사유를 들어 거부하는 것을 말한다. 수리를 요하는 신고에 있어서는 실체적 요건에 대한 심사권이 허용된다고 할지라도 단지 신고사항의 내용이 사실과 합치하는지 여부를 심사하는데 그쳐야 하고, 법령에서 요구하지 않는 공익상의 이유로 거부하는 것은 바람직하지 않다고 할 것이다.

이 사건으로 돌아와 평생교육법에 교습과정을 제한하는 조항이 없을뿐더러 의료법상의 막연한 형사처벌의 가능성만으로 침·뜸 교육을 금지할 수는 없으므로, 이 사건 처분이 적법한지 여부의 심사범위는 이 사건 신고의 대상이 되는 침·뜸 교육행위가 의료인의 양성 또는 의료행위에 관한 관계법령에 의하여 허용되지 않는 것인지에 달려 있다.

따라서 평생교육법에 따른 행정청의 심사범위에 관하여 고찰해 보면, 평생교육법은 제22조 제2항에서 불특정 다수인을 대상으로 학습비를 받고 원격교육형태의 평생교육을 실시하고자 하는 경우에는 교육인적자원부장관에게 신고하도록 하면서 그 구체적인 신고절차는 대통령령에 위임하고 있다. 법률의 위임에 따른 평생교육법 시행령은 제27조 제1항에서 명칭, 목적, 설치자, 위치, 시설·설비, 개설예정일을 기재한 신고서에 운영규칙 및 교육인적자원부령이 정하는 서류를 첨부하여 교육인적자원부장관에게 제출하도록 규정하고 있다.

또한, 평생교육법 제22조 제1항은 "누구든지 정보통신매체를 이용하여 특정 또는 불특정 다수인의 원격교육을 실시하거나 다양한 정보를 제공하는 등의 평생교육을 실시할 수 있다."고 규정하여 위 법조항에 따라 신고를 요하지 않는 경우와 제2항의 신고를 요하는 경우는 학습비의 수수 외에는 그 교육의 대상이나 방법 등에 관하여 별다른 차이가 없는 점과 단지 신고를 태만히 한 행위에 대하여 과태료 제재에 그치고 있는 점을 고려하면, 위 법령에서 요구하는 형식적 요건 외에 다른 실질적인 요건은 요구하고 있지 않다고 보인다.

따라서 원고가 이 사건 신고를 하면서 위 법령에서 요구되는 형식적 요건을 갖추었다면 피고는 그 신고의 대상이 된 행위가 다른 법령에 의하여 허용되지 않는 경우가 아닌 한, 당해 법령이나 관계법령에서 정하지 않은 공익상의 이유를 들어 신고의 수리를 거부할 수 없다고 보아야 한다.

(3) 수리거부시 안전성의 요청을 감안할 수 있는지 여부

이 사건 원격평생교육시설의 교습과정은 침·뜸이 교육이며, 침·뜸의 시술은 원칙적으로 면허 또는 자격 있는 의료인에 의해 행하여져야 할 의료법상 한방의료행위에 해당한다. 그런데 의학적 전문지식은 '인간의 신체에 대한 건강훼손의 위험성'이 항시 내재되어 있는데다가, 침·뜸 교육이 무면허 의료행위를 조장할 수 있다는 점에서 한방의료행위인 침 · 뜸에 대한 교육행위가 의료법에 의하여 허용되지 않는다고 볼 여지도 있다. 더구나, 원고는 침사 자격을 보유하고 있는 반면 '뜸'에 관한 구사 자격은 없으므로, 타인의 신체에 뜸을 시술하는 행위는 무면허 의료행위로서 의료법 위반죄 또는 보건범죄 단속에 관한 특별조치법 위반죄에 해당할 수 있다. 그러나, 그와 같은 행위는 침 · 뜸의 교육과정에 필수적으로 요구되는 것이 아니고 단순히 행하여질 가능성이 있는 것에 불과하다.[38]

이처럼 침 · 뜸교육에 있어서 안전성의 요청을 고려하게 된다면, 이는 신고의 법리를 벗어나서 법령에서 요구되는 중대한 공익을 이유로 수리를 거부하는 것을 정당화하게 되어 허가제에서 통상 인정되는 것과 같은 동일한 결과를 초래하리라고 본다. 일부 견해[39]에 의하면 이 사건 평석대상 판결에서 "침 · 뜸에 대한 교육과 학습의 기회제공을 일률적 · 전면적으로 차단하는 것은 후견주의적 공권력의 과도한 행사로 보지만, 생명 신체의 안전에 관한 중요성이 더할 나위 없이 고조된 오늘날에는 안전법상의 일반원칙인 국가의 사전대비(사전배려) 원칙을 더 염두에 두었어야 한다."고 주장하고 있는 바, 이 견해는 안전성의 요청을 고려하여 수리를 거부할 수 있다는 취지로 보여진다. 그러나 안전성과 자유의 문제는 적절한 밸런스가 필요하며, 평석대상 판결 사안은 평생교육의 문제이고 직접적으로 국민의 안전과 직결되는 사안은 아니라고 보여지며, 규범을 보다 명확하게 정하고 아울러 규제의 실효성도 감안해야 할 것이다. [40]

그런데, 기본적으로 헌재 2010.07.29, 2008헌가19, 2008헌바108, 2009헌마269 · 736, 2010헌바38, 2010헌마275(병합) 결정문에 의하면, "침

---

38) 김학준, "평생교육 신고 수리거부처분시의 심사범위", 특별법연구 제10권, 2012, 564-565면

39) 김중권, "이른바 자기완결적 신고가 과연 존재하는가?", 법률신문,2011. 11. 17. 제3984호.

40) 大石 眞, 安全お めぐる 憲法理論上の 諸問題, 公法研究 弟69号, 2007, 21-68 面.

구술은 환자의 경혈에 대하여 침, 구(뜸) 시술을 하는 것을 말하는데, 그 시술이 잘못될 경우 환자의 생명, 신체 또는 보건위생상의 위해를 가져올 우려가 있다고 보는 반면에, 위 사건의 헌법재판소 재판관 조대현, 재판관 이동흡, 재판관 목영준, 재판관 송두환의 반대의견중에 " 침(鍼)은 경혈에 침을 사용하여 전기적 자극을 주는 것이고, 구(灸)는 쑥을 이용하여 경혈부위에 열을 가하는 것이 불과하므로, 생명 · 신체에 대한 위험성이나 부작용에 있어서 통상의 의료행위와 비교될 수 없을 만큼 낮다."고 판시하고 있고, 재판관 김종대 역시 일부 침, 뜸, 자석요법 등과 같이 부작용의 위험성이 크지 않다고 보고 있어 실제로 헌법재판소 재판관 5인이 침구시술 그 자체가 생명과 신체에 대한 위험성이나 부작용이 통상의 의료행위와 비교될 수 없을 만큼 낮다고 평가하고 있다.

아울러 규제를 하기 위해서는 해당 법률이 명확성의 원칙에 입각하여 규정되어야 하며, 침 · 뜸행위가 아닌 침뜸 교육에 있어서는 안전성이 크게 문제가 되지 않고 교육과정에서 시술을 하게 되어 무면허 의료행위에 해당하게 된다면 이는 의료법의 적용을 통하여 대처해 나가면 될 것이다. 더구나, 의료법은 면허를 받지 아니한 자가 치료 등을 목적으로 의료행위를 하는 것을 금지하려는 것이지, 의료에 대한 교육행위 자체를 규율대상으로 삼고 있는 것은 아니다. 여기에 건강의 유지 · 증진에 관한 일반 국민의 관심과 지식 욕구가 높아진 결과 단순한 건강의 유지 · 증진 뿐 아니라 왠만한 질병의 원인과 증상, 치료와 예방에 이르기까지의 전문적 의학지식의 일부가 널리 일반 대중의 지식과 정보 습득의 대상이 되고 있는 점, 의학지식과 정보를 전문가들 사이에서만 독점하도록 제한하고 일반인들에게는 그에 대한 접근이나 학습조차 금지하는 것은 헌법상 행복 추구와 인간다운 생활을 위한 국민의 기본적 권리를 침해하는 것일 뿐 아니라 특별한 법령상의 근거도 없는 점, 종래 침 · 뜸이 민간에서 널리 전수되어 시행되어 온 점, 이사건 신고 단계에서부터 이미 무면허 의료행위 등의 위법행위가 확정적으로 예정되어 있다고 단정할 수는 없는 점까지 감안하여 보면, 의료법이 침·뜸의 교육행위 자체를 금지하고 있다고 볼 수는 없다. 아울러 그러한 행위는 침·뜸의 교습과정에 필수적으로 요구되는 행위가 아니라 막연히 행하여질 가능성이 있다는 주장에 불과하고 만약에 그러한 의료법 위반행위가 이루어지면 이를 처벌하여 제재하면 족하고, 애당초 원천적으로 의료교육 자체를 하지 못하도록 하는 것이 수리를 거부할 근거가 될 수 없다고 할 것이다.[41]

Ⅴ. 맺 음 말

현행 여러 법률에 신고에 관한 규정을 마련하고 있다. 이것은 규제완화 차원에서 마련된 것이기도 하지만, 다양한 형태의 신고유형으로 규정되어 있으므로 전 법령을 검토하여 유형화할 필요성이 있다. 이 경우 대부분의 신고에 관한 법률의 규정은 간략이 규정되어 있고, 세부적인 신고에 관한 접수, 검토, 처리에 관한 사항이나 수리 등에 관하여는 하위법령에서 상세히 규정하고 있기 때문에 법령을 종합적으로 검토하여 신고의 법적 성질을 논할 수 밖에 없다. 그런데 법률에서는 자기완결적 신고처럼 규정하였더라도 대통령령이나 부령의 별지서식에서 신고서의 양식에 검토하여 처리하도록 규정하고 있는 사례가 적지 않아 입법자의 의사를 왜곡하는 문제를 정밀하게 파악할 필요가 있다.

여기서의 평생교육시설의 신고는 적법한 신고가 있으면 영업이 가능하고, 수리가 있어야만 비로서 영업이 가능한 금지해제적 신고도 아니라고 보여진다. 더구나 정보제공적 신고는 더욱 아닐 것이다. 그 이유는 평생교육법 제22조 제2항에서 신고와 더불어 평생교육시설을 폐

41) 같은 취지 김학준, 앞의 논문, 565면,

쇄하고자 하는 경우에는 그 사실을 교육인적자원부 장관에게 통보하도록 규정하고 있는 바, 이와 같은 신고는 정보제공적 신고에는 해당할지 몰라도 원격평생교육시설의 신고는 접수후 검토한 후 신고(필)증을 발부하는 구조로 되어 있고 신고의무를 해태한 과태료에 부과되기도 하므로, 과태료의 부과처분의 대상이 아닌 통보와는 구분하는 것이 필요하다.

행정절차법은 제40조에서 신고에 관한 규정을 두고 있는 바, 이러한 신고는 전형적인 자기완결적인 의미의 신고 형태에 관한 사항이라는 것이 통설적 입장이다. 즉, 행정절차법은 신고가 ① 신고서의 기재사항에 하자가 없고, ② 필요한 구비 서류가 첨부되어 있으며, ③ 기타 법령 등에 규정된 형식상의 요건에 적합한 때에는 신고서가 제출기관에 도달한 때에 신고를 하여야 할 의무가 이행된 것으로 본다고 규정함으로써(동법 제40조 제2항) 동 규정상의 규율 대상이 되는 신고는 "법령 등에서 행정청에 대하여 일정한 사항을 통지함으로써 의무가 끝나는 신고"에 한정한다. 생각건대, 이는 기본적으로 자기완결적 신고를 염두에 두고 제정한 것이라고 볼 것이다. 그러나 이보다 규제가 더 필요한 수리를 요하는 신고에 있어서는 개별 법률에 그 절차를 맡길 것이 아니라 행정절차법에서 보다 강화된 절차에 관한 규율을 마련할 필요가 있다. 지속적으로 행정규제완화의 일환으로 행정청이 허가를 등록이나 신고로, 종전의 등록을 신고로 규제를 완화하여 규정하거나 신고제와 등록제를 병행하여 규정하는 경우[42]가 적지 않은 바, 명칭 변경에도 불구하고, 행정청에서 종전과 마찬가지로 허가제도와 마찬가지로 운영될 수 없도록 신고의 법리를 확립하여 통제해 나갈 필요가 있다.

이 사건 평석대상 판결문에 설시하고 있는 바와 같이, 전통 민간

42) 등록과 신고를 병렬적으로 규율하고 있는 입법으로는 체육시설의 설치·운영에 관한 법률, 음악산업진흥에 관한 법률 등을 들 수 있고, 허가와 신고를 병렬적으로 규율하는 입법으로는 건축법, 수산업법 등을 들 수 있다.

요법인 침·뜸행위를 온라인을 통해 교육할 목적으로 인터넷 침·뜸 학습센터를 만들어 의학적 전문지식의 전달과 학습의 기회를 제공한 행위에 대하여, 행정청이 단지 교육과정에서 무면허의료행위등 금지된 행위가 있을지 모른다는 막연한 우려만으로 침·뜸에 대한 교육과 학습의 기회 제공을 일률적·전면적으로 차단하는 것은 후견주의적 공권력의 과도한 행사일 뿐 아니라 그렇게 해야 할 공익상 필요가 있다고 볼 수 없다. 따라서, 이 사건 평석대상판결에서 보는 바와 같이 대법원이 피고가 이 사건 신고의 수리를 거부한 것은 위법하고 합당한 처분사유도 인정되지 않는다고 판시한 것은 적절한 판시태도라고 할 것이다.

이 판결은 기본적으로 자기완결적 신고에 속한다고 볼 수 있으나, 다른 한편 수리를 요하는 신고에서 자주 활용되는 방식인 접수후 검토 후에 신고(필)증을 발부하도록 하고 있는 점[43]이나 그 수리거부에 처분성을 인정하고 있는 점에 비추어 자기완결적 신고와 수리를 요하는 신고의 성격이 함께 들어 있는 중간영역의 신고에 해당한다고 보여진다. 만약에 이를 수리를 요하는 신고로 보게 된다면, 법령의 근거 없이 이 사건 신고의 수리를 거부한 것이 위법하다고 판단함으로써, 수리를 요하는 신고에 있어서는 허가제와는 달리 그 수리 여부에 관한 행정청의 재량을 제한하고 기속행위에 한정하도록 한 점을 높이 평가할 수 있을 것이다.

그동안 신고에 관한 학설과 판례의 주류적인 입장은 행정법상의 신고를 전형적 신고인 자기완결적 신고와 변형적 신고인 수리를 요하

---

43) 현행 평생교육법 제42조에서는 과태료와는 별개로 거짓이나 그밖의 부정한 방법으로 인가를 받거나 등록 또는 신고한 경우, 부정한 방법으로 관리·운영한 경우, 결격사유에 해당하는 경우에 평생교육과정을 폐쇄할 수 있도록 규정하고 있고, 평생교육시설 신고서의 처리기간이 10일로 되어 있고, 처리절차를 신고서작성, 접수 및 검토, 결재, 신고증작성, 대장기재, 교부 등의 순서로 되어 있어 수리를 요하는 신고로서의 성격도 일부 내포하고 있다고 보여진다.

는 신고로 구분하고, 전자에 관하여는 형식적 요건을 충족하는 적법한 신고가 있으면 별도의 수리행위가 필요한 것은 아니고, 만약에 제출된 신고를 반려한다고 하더라도 신고의무를 충족한 것이 된다고 보았다. 다만, 그 동안 자기완결적 신고에 있어서 반려행위에 대하여는 처분성이 부정되었고 형식적 요건에 대한 심사만 가능한 것으로 보고 있다. 그러나, 건축신고에 대하여 대법원 전원합의체 판결이 나온 이래 자기완결적 신고에 해당하는 경우에도 신고반려행위의 처분성을 인정하게 되어 처분성의 관점만 놓고 보면 수리를 요하는 신고와 근접하게 되었다. 그러나, 앞에서도 언급한 바와 같이 행정법상 신고의 법적 성질의 문제와 처분성의 인정여부는 별개로 보게 된다면 평생교육시설의 신고의 수리거부의 처분성을 인정하였다고 하여 자기완결적 신고의 범주를 부인하는 것은 아니라고 할 것이다.

참고문헌

강상욱, "주민등록전입신고의 요건", 대법원 판례해설 제80호, 2009.

강현호, "행위개시통제수단으로서의 건축신고에 대한 고찰", 행정판례연구회 (제277차)발표자료, 2012. 10. 19.

고규정, "건축신고의 법적 성격 및 그 반려행위가 항고소송의 대상이 되는지 여부", 판례연구 제23집, 2012.

김명길, "신고의 유형에 관한 논고", 법학연구 제47집 제1호, 2006.

김명길, "신고의 법리", 공법학연구 제7권 제1호, 2006.

김세규, "행정법상 신고에 관한 재론", 동아법학 제33호, 2003.

김용섭, "행정법상 신고와 수리", 판례월보, 2000. 1.

김용섭, "2010년 행정법 중요판례", 인권과 정의 통권 415호, 2011. 3.

김용섭, "기속행위, 재량행위, 기속재량", 판례연구 15집, 서울지방변호사회, 2001.

김종필, "옥외집회등 금지통고에 대한 잠정적 구제절차의 특수성", 민사재판의 제문제 19권, 한국사법행정학회, 2010.

김중권, "행정법상의 신고의 법도그마적 위상에 관한 소고", 고시연구, 2002. 2.

김중권, "행정법상 신고와 통보", 행정소송(1), 한국사법행정학회, 2009.

김중권, "주민등록전입신고거부의 법적 문제점에 관한 소고", 저스티스, 36권 제4호, 2003.

김중권, "건축법상의 건축신고의 문제점에 관한 소고", 저스티스 제34권 제4호, 2001.

김중권, "수리를 요하는 신고의 문제점", 행정판례연구 XIII, 2009.

김중권, "행정법상 신고와 관련한 판례의 문제점에 관한 소고", 인권과 정의 통권 307호, 2002. 3.

김중권, 이른바 “수리를 요하는 신고”의 문제점에 관한 소고- "受理"를 요하는 신고인가 ," 修理"를 요하는 신고인가?-, 행정판례연구 VIII, 2003
김중권, “건축법 제14조상의 건축신고가 과연 수리를 요하는 신고인가?”, 특별법연구 제9권, 2011.
김중권, “이른바 자기완결적 신고가 과연 존재하는가 ?”, 법률신문 2011. 11. 17.
김중권, “Quo vadis- 신고제 ?”, 법률신문 2011. 3. 7.
김재협, 공법상 신고에 관한 고찰, 특별법연구 제6권, 2001.
김학세, “행정법상 신고제도”, 변호사, 서울지방변호사회, 제32집, 2002.
김학준, “평생교육 신고 수리거부처분시의 심사범위- 대법원 2011. 7. 28 선고 2005두 11748 판결”-,특별법 연구 제10권 , 2012.
김향기, “집중효를 수반하는 건축신고가 수리를 요하는 신고인지의 여부”, 고시계, 2011. 7.
박균성, “행정법상 신고”, 고시연구, 1999. 11.
박균성, “납골당설치신고 수리거부의 법적 성질 및 적법성 판단”, 행정판례연구 XVI-1, 2011.
박승호, “집회 및 시위에 관한 법률상 사전신고제의 위헌성”, 법학논고 제38집, 2012, 2.
박원영, “수리개념의 해체론”, 동아법학 제17호, 1994.
박재옥, “등록제도에 관한 현행법 검토”, 월간 법제 1999. 4.
박해식, “주민등록 전입신고 수리여부에 대한 심사범위와 대상”, 행정판례연구 XV-2, 2010.
양삼승, “실체적인 이유로 수리를 거부당한 신고의 효력”, 대법원 판례해설 제10호, 1988.
윤장근, “인 · 허가 법제의 입안심사 요령”, 월간 법제 2011. 2.
이상덕, “한국지역난방공사 공급규정 변경신고를 산업자원부장관이 수리한 행위의 법적 성질”, 행정법연구 제15호, 2006.
이상천, “요건으로서의 신고 · 신청에 따른 효과로서의 수리 · 등록 · 허가의 개념적 구분 재론”, 공법학 연구, 제11권 제3호, 2010.

정남철, "건축신고와 인인보호-독일 건축법제와의 비교법적 고찰을 겸하여", 법조, 2010. 6.

정주수, "호적신고 수리불가신고에 관한 고찰", 사법행정 2005. 7.

조만형, "행정법상 신고의 유형과 해석기준에 관한 소고", 공법연구, 제39집 제2호, 2010.

최계영, "건축신고와 인·허가의제", 행정법연구, 제25호, 2009.

최병률, "납골당 설치신고사항 이행통지의 법적 성격 및 취소소송의 원고적격", 대법원판례해설 제89호, 2011.

최승필, "규제완화에 대한 법적고찰- 인·허가 및 신고· 등록제도와 네거티브 규제를 중심으로-", 공법학연구 제12권 제1호, 2011.

홍정선, "사인의 공법행위로서 신고의 법리 재검토", 행정의 작용형식론, 중범 김동희 정년기념논문집, 2005.

홍정선, "주민등록법상 주민등록신고등 각종 신고의 성질- 수리를 요하지 않는 신고의 다양한 형태를 파악하기 위한 소고-", 지방자치법연구 통권 28호, 2010.

홍정선, "체육시설업의 신고는 수리를 요하는 신고가 아니다", 법률신문, 1996. 2. 27.

홍준형, "사인의 공법행위로서 신고에 대한 고찰- 자기완결적 신고와 수리를 요하는 신고에 관한 대법원판례를 중심으로-," 공법연구 제40집 제4호, 2012. 6.

大石 眞, 安全お めぐる 憲法理論上の 諸問題, 公法研究 第69号, 2007.

국문초록

이 논문은 평생교육법상 원격평생교육시설의 신고 및 수리거부에 관한 대법원 2011. 7. 28. 선고 2005두11784 판결을 소재로 하여 행정법상 신고와 수리에 관한 논의를 전개한 이론과 평석이 혼합된 형태의 글이다. 그동안 행정법상 신고에 관한 다수의 논문과 행정법상의 신고에 관한 판례의 축적 그리고 최근의 3건의 대법원 전원합의체판결이 나왔음에도 행정법상의 신고와 그 수리거부의 문제는 매우 복잡하고 정립되어 있지 못한 실정이다. 이 글에서는 행정법의 기본문제이면서 그 개념 정립에 있어 논란이 되고 있는 행정법상의 신고와 수리거부를 둘러싼 법적 문제를 비판적 관점에서 고찰하고 중간유형의 신고의 범주를 모색하려고 시도하였다.

그동안 행정법상 신고에 관한 학설과 판례의 주류적인 입장은 행정법상의 신고를 전형적 신고인 자기완결적 신고와 변형적 신고인 수리를 요하는 신고로 구분하여 왔다. 이러한 구분 방식에 대한 대안으로 정보제공적 신고와 금지해제적 신고로 구분하는 견해를 주장하는 견해도 있으나, 구분기준과 구분실익이 명확하지 않아 현재의 구분방식의 틀을 유지하는 것이 타당하다고 보여진다.

다만, 행정법상 신고의 유형을 2분론적으로 구분하는데 일정한 한계가 노정되는 바, 평석대상 판결에서 원격평생교육시설의 신고를 자기완결적신고의 유형으로 파악하고 있는 것인지 수리를 요하는 신고의 유형으로 파악하고 있는 것인지 명확하지 않기 때문이다. 즉, 원심법원에서는 원격평생교육시설의 신고를 수리를 요하는 신고로 본 것임에도 불구하고 대법원은 이를 받아들이지 않았고 행정청은 신고의 수리에 있어 형식적 심사에 그친다는 점에 비추어 보면, 대법원은 원격평생교육시설의 신고가 자기완결적 신고라는 전제에서 내린 판결이라고 볼 여지가 있다. 그러나, 대법원이 수리거부의 처분성을 논증하지 않고 당연히 전제하고 있는 점이나 심사의 범위와 관련하여 다른 법령을 감안하여 수리의 거부를 정당화할 여지를 내포하고 있는 점을 감안하면 원격평생교육시설의 신고를 순수한 자기완결적 신고로 본 것은 아니라고 보여진다.

그렇기 때문에, 평석대상 판결에서 원격평생교육시설의 신고는 기본적으로 자기완결적 신고의 성격을 지니면서, 접수 후 검토 후에 신고증을 발부하도록 하고 있는 점이나 그 수리거부에 처분성을 인정하고 있는 점에 비추어 보면 수리를 요하는 신고의 성격도 함께 겸유하고 있다고 할 것이다. 이러한 점에서 평석대상판결에서 말하는 원격평생교육시설의 신고는 자기완결적 신고와 수리를 요하는 신고의 성격이 함께 혼합되어 있는 중간영역의 절충형 신고로서 이른바 하이브리드형 신고의 유형에 속한다고 볼 것이다.

주제어: 행정법상 신고, 신고수리, 수리거부, 자기완결적 신고, 수리를 요하는 신고, 평생교육법, 원격평생교육시설

Abstract

Report and Acceptance Refusal of Remote Lifelong Education Facilities under Lifelong Education Act

KIM, Yong-Sup(Professor, Chonbuk National University)

This study presents debates, theories and annotations developed centering on report and acceptance under administrative laws on the subject of the Supreme Court's decision by Seongo 2005 Du 11784 as of July 29, 2011 concerning report and acceptance refusal of remote lifelong education facilities under the Lifelong Education Act. Although a number of theses have been submitted and court decisions have been accumulated for the subject of report under administrative laws till now and 3 unanimous collegiate judgments have been given recently, the matter of report and acceptance under administrative laws is very complicated and is not established yet. This study tried to review in critical viewpoints legal matters arising around the subject of report and acceptance refusal under administrative laws which is fundamental in administrative laws but not established arousing many controversies in setup of concept and furthermore, tried to find intermediate types and scopes of report as an alternative.

Till now, the main stream of theories and decisions on report under administrative laws was to divide report under administrative laws into typical self-integration report and transformational report subject to acceptance. As an alternative to such a division, somebody insists that it be divided into informational report and regulatory report, but, as its criteria and effectiveness are not definite, it deems reasonable to keep the existing frame of division.

However, the dichotomous approach to report under administrative laws has a definite limit, as it is not definite whether report of remote lifelong education facilities is comprehended as a type of self-integrated or regulatory report in a decision for annotation. In other words, the original court considered the report of remote lifelong education facilities as a regulatory type of report, while the supreme court does not accept the concept. While administrative agencies perform only formal investigation in reviewing acceptance, it is thought that the supreme court has made decisions on the assumption that report of remote lifelong education facilities is self-integrated. However, taking it into consideration that the supreme court does not demonstrate the administrative disposal of acceptance refusal but does assume it and furthermore leaves the room for justifying acceptance refusal considering other laws in connection with the scope of investigation, the supreme court is thought not to always consider report of remote lifelong education facilities as purely self-integrated.

The decision for annotation indicates that report of remote lifelong education facilities has basically the characteristics of self-integrated report and the characteristics of regulatory report as well, considering that it is ruled to issue a certificate of report after receipt and review of the report and the administrative disposal of acceptance refusal is allowed. In this aspect, conclusively speaking, the report of remote lifelong education facilities mentioned in the decision for annotation is deemed to be a kind of intermediate compromising type of report, the so-called hybrid type report, having characteristics of the self-integrated report and the regulatory report requiring acceptance together.

Keyword: Report under administrative laws, Acceptance of report, Acceptance refusal, Self-integrated report, Regulatory report requiring acceptance, Lifelong Education Act, Remote lifelong education facilities

투 고 일: 2012. 12. 5
심 사 일: 2012. 12. 21
게재확정일: 2012. 12. 21

行政節次 및 情報公開

情報公開法上 非公開事由 / 兪珍式

情報公開法上 非公開事由로서 法人 等의 經營·營業上 秘密에 관한 事項 / 金敞祚

情報公開法上 非公開事由
— 학교폭력대책자치위원회의 회의록의 공개여부 —

俞 珍 式*

(대법원 2010.6.10. 선고 2010두2913 판결)

Ⅰ. 사건의 개요

피고, Y는 K고등학교의 장으로 폭력피해 신고를 접수받아 조사를 한 결과 3학년에 재학 중인 Z가 같은 학년에 재학 중인 S에게 지속적으로 괴롭힘을 당한다고 판단하고 학교폭력대책자치위원회(이하 '자치위원회'라고 한다)를 개최한 결과 자치위원회는 '조건부 퇴학처분'(조치결과 통보일로부터 7일 이내에 다른 학교로의 전학이나 대안학교 위탁교육의 이행을 권고하고, 불이행시 퇴학처분하는 것을 말한다)의 조치를 요청하였고 이에 Y는 자치위원회의 요청에 따른 처분을 하였다. 이 처분에 대하여 S의 부(父)인 원고, X가 재심청구를 하였으나 기각되었고 S는 다른 학교로 전학하였다.

* 전북대 법학전문대학원 부교수

한편, X는 Z가 두 차례 정도의 가벼운 폭행을 지속적인 폭행으로 과장하여 신고함으로써 S를 무고하였을 뿐만 아니라 S에 대하여 살인을 예비하였다고 주장하면서 Y에게 이를 신고하였는데 자치위원회는 Z에 대하여 위 혐의가 인정되지 않는다는 결정을 하였다.

X와 S는 Z와 그의 부(父)인 Z_1을 상대로 손해배상을 구하는 민사소송을 제기한 후 위 법원에 S의 퇴학과 관련한 서류들에 관한 문서송부촉탁신청을 하였으나 Y는 법원의 송부촉탁에 응하지 않았다.

그 후 X는 위 손해배상청구 소송을 위하여 Y에게 S의 퇴학과 관련된 정보(자치위원회가 S에 대한 조건부 퇴학처분을 심의·결정함에 있어 작성한 회의록 그리고 이러한 심의의 기초가 되었을 회의자료 및 학생들의 진술서, 학생생활지도부 사건담당 교사의 보고서 등)의 공개를 청구하였으나, Y는 위 정보가 공공기관의 정보공개에 관한 법률(이하 '정보공개법'이라고만 한다) 제9조 제1항 제1, 5, 6호에서 정한 비공개대상정보에 해당한다는 이유로 공개를 거부하였다(이하 '이 사건 처분'이라고 한다). 이에 대하여 X는 Y의 이 사건처분의 취소를 구하는 소를 제기하였다.

제1심(서울행정법원 2009.7.2. 선고 2009구합5541 판결)은 자취위원회의 회의내용을 녹음한 파일과 녹취록 등에 대해서는 정보의 존재가 불분명하다는 이유로 각하하고 그 나머지 부분에 대해서는 다음과 같은 이유로 X의 청구를 인용하였다.

① 정보공개법 제9조 제1항 제1호 사유 해당 여부

학교폭력예방 및 대책에 관한 법률 제21조는 학교폭력의 예방 및 대책과 관련한 업무를 수행하거나 수행하였던 자가 그 직무로 인하여 알게 된 비밀 또는 피해학생 및 가해학생과 관련된 자료의 누설을 금지하는 한편 자치위원회 회의의 비공개를 규정한 것이지 관련 자료의 정보공개 자체를 금지하려는 취지라고 볼 수는 없으므로, 위 규정이 정보공개법 제9조 제1항 제1호의 '다른 법률 또는 법률이 위임한 명령에 의하여 비공개 사항으로 규정된 경우'에 해당한다고 할 수 없다.

② 정보공개법 제9조 제1항 제5호 사유 해당 여부

그러나 그 자료의 공개에 의하여 자치위원회가 수행하는 업무의 공정성에 현저한 지장을 초래한다고 볼 수는 없다. 왜냐하면 이 사건 보유 정보는 자치위원회가 소외 1에 대한 조치를 결정함에 있어 학교로부터 제출받은 자료이거나 이를 토대로 심의한 내용을 기록한 것인데, 원고로서는 어떠한 구체적인 이유로 인하여 S가 조건부 퇴학처분에 이르게 되었는지 알기 위하여 위 정보에 대한 접근을 시도하는 것이 당연할 뿐만 아니라, 이를 통하여 조건부 퇴학처분의 적정성 및 이와 관련한 민사상 손해배상청구의 당부를 판단할 수 있는 근거가 되는 것으로서 원고에게 직접적인 관련이 있는 정보에 해당하므로 헌법상 알권리나 법에 의한 정보공개청구권의 보호범위에 포함시켜 이를 공개하도록 할 필요성이 크고, 학교장이 자치위원회의 심의를 거쳐 퇴학처분 등의 조치를 결정하도록 한 것은 학교폭력의 예방과 대책을 독립성을 갖춘 합의제기관에 의하여 신중하게 판단함과 동시에 투명성을 확보함으로써 불필요한 의혹을 미연에 방지하는 것에도 그 의의가 있다고 할 것이기 때문이다. 결국 이 사건 보유 정보는 정보공개법 제9조 제1항 제5호에서 정한 비공개대상정보에 해당하지 아니한다.

③ 정보공개법 제9조 제1항 제6호 사유 해당 여부

정보공개법 제9조 제1항 제6호에서 규정한 '공개될 경우 개인의 사생활의 비밀 또는 자유를 침해할 우려가 있다고 인정되는 정보'에 해당하는지는, 비공개에 의하여 보호되는 개인의 사생활의 비밀 등 이익과 공개에 의하여 보호되는 개인의 권리 구제 등 이익을 비교 · 교량하여 구체적 사안에 따라 개별로 판단하여야 하고, 법원이 행정청의 정보공개거부처분의 위법 여부를 심리한 결과, 공개를 거부한 정보에 비공개대상 정보에 해당하는 부분과 공개할 수 있는 부분이 혼합되어 있고, 공개청구의 취지에 어긋나지 아니하는 범위 안에서 두 부분을 분리할 수 있음을 인정할 수 있을 때에는, 위 정보 중 공개가 가능한 부분을 특정하고 행정청의 거부처분 중 공개가 가능한 정보에 관한 부분만을 취소하여야 한다(대법원 2004. 12. 9. 선고 2003두12707 판결 등 참조).

제2심 역시 제1심의 판단을 지지하여 Y의 항소를 기각하였다. 이에 대하여 Y가 상고한 것이 본 건이다.

Ⅱ. 판　　지

상고인용, 파기환송

① 정보공개법 제9조 제1항 제1호 사유 해당 여부

학교폭력법 제21조 제1항, 제2항은 학교폭력의 예방 및 대책과 관련한 업무를 수행하거나 수행하였던 자가 그 직무로 인하여 알게 된 비밀 또는 피해학생 및 가해학생과 관련된 자료의 누설을 금지하되 그 구체적인 비밀의 범위는 대통령령으로 정하도록 위임하고 있고, 이에 따라 학교폭력법 시행령 제17조는 그 비밀의 범위를 "1. 학교폭력 가해학생과 피해학생 개인 및 가족의 성명, 주민등록번호 및 주소 등 개인정보에 관한 사항, 2. 학교폭력 가해학생과 피해학생에 대한 심의·의결과 관련된 개인별 발언 내용, 3. 그 밖에 외부로 누설될 경우 분쟁당사자 간에 논란을 일으킬 우려가 명백한 사항"으로 열거하고 있으며, 학교폭력법 제21조 제3항은 피해학생의 보호를 위한 조치, 가해학생에 대한 조치, 학교폭력과 관련된 분쟁의 조정 등에 관한 자치위원회의 회의는 공개하지 아니하도록 규정하고 있다. 위 각 규정들의 내용, 학교폭력법의 목적, 입법 취지, 특히 학교폭력법 제21조 제3항이 자치위원회의 회의를 공개하지 못하도록 규정하고 있는 점 등에 비추어, 자치위원회가 피해학생의 보호를 위한 조치, 가해학생에 대한 조치, 학교폭력과 관련된 분쟁의 조정 등에 관하여 심의한 결과를 기재한 회의록은 정보공개법 제9조 제1항 제1호의 '다른 법률 또는 법률이 위임한 명령에 의하여 비밀 또는 비공개 사항으로 규정된 정보'에 해당한다고 보아야 할 것이다.

② 정보공개법 제9조 제1항 제5호 사유 해당 여부

학교폭력법 제12조는 학교폭력의 예방 및 대책에 관련된 사항을 심의하기 위하여 학교에 자치위원회를 두어, 피해학생의 보호, 가해학생에 대한 선도 및 징계, 피해학생과 가해학생 간의 분쟁조정 등에 관한 사항을 심의하도록 하고 있는바, 자치위원회에서의 자유롭고 활발한 심의 · 의결이 보장되기 위해서는 위원회가 종료된 후라도 심의 · 의결 과정에서 개개 위원들이 한 발언 내용이 외부에 공개되지 않는다는 것이 철저히 보장되어야 할 것인데, 만약 각 참석위원의 발언 내용이 기재된 회의록이 공개된다면 위원들은 심리적 압박을 받아 자유로운 의사 교환을 할 수 없고 심지어는 당사자나 외부의 의사에 영합하는 발언을 하거나 침묵으로 일관할 우려마저 있어 자유로운 심의분위기를 해치고 공정성 확보에 지장을 초래할 수 있는 점, 학교폭력법 제21조 제3항이 자치위원회의 회의를 공개하지 못하도록 명문으로 규정하고 있는 것은, 회의록 공개를 통한 알권리 보장과 자치위원회 운영의 투명성 확보 요청을 다소 후퇴시켜서라도 초등학교 · 중학교 · 고등학교 · 특수학교 내외에서 학생들 사이에서 발생한 학교폭력의 예방 및 대책에 관련된 사항을 심의하는 자치위원회 업무수행의 공정성을 최대한 확보하기 위한 것으로 보이는 점 등을 고려하면, 자치위원회가 피해학생의 보호를 위한 조치, 가해학생에 대한 조치, 학교폭력과 관련된 분쟁의 조정 등에 관하여 심의한 결과를 기재한 회의록은 정보공개법 제9조 제1항 제5호의 '공개될 경우 업무의 공정한 수행에 현저한 지장을 초래한다고 인정할 만한 상당한 이유가 있는 정보'에 해당한다고 보아야 할 것이다.

Ⅲ. 평　　석

1. 문제의 소재

본 건에서 주로 문제가 되는 쟁점은 정보공개법상 비공개사유를 규정하고 있는 제9조 제1항 제1호와 제5호가 주로 제1호와 제5호가 문제라고 할 수 있다. 전자의 비공개사유 즉, '다른 법률 또는 법률이 위임한 명령에 의하여 비공개 사항으로 규정된 경우'에 해당하는 가의 여부에 관해서는 동규정의 입법취지 및 그 해석을 둘러싸고 다양한 의견이 제시되고 있다. 그리고 후자 즉, '공개될 경우 업무의 공정한 수행이나 연구·개발에 현저한 지장을 초래한다고 인정할 만한 상당한 이유가 있는 정보'와 관련하여 본건의 경우 '의사결정과정 또는 내부검토과정'의 해석에 대해서도 아직 검토의 여지가 있다고 할 것이다.

이것은 지금까지 이들과 관련된 판례가 충분히 축적되어 있지 않고 또 이에 관한 연구도 진행과정에 있기 때문이라고 생각된다. 본고에서는 위와 같은 점을 염두에 두고 앞으로 전개될 논의를 위한 소재를 제공하는 의미에서 본건의 쟁점을 살펴보고자 한다.[1)]

2. 정보공개제도와 「알 권리」

우리 나라의 헌법재판소와 대법원은 정보공개법이 제정되기 이전부터 정보공개제도의 핵심적인 요소의 하나인 정보공개청구의 권리를 헌법상의 권리로 선언하여 주목을 받은 바 있다. 즉 헌법재판소는 정보공개권의 법적 근거로 헌법 제21조의 언론의 자유를 바탕으로 한 알

1) 본건에 대한 평석으로는, 김용수, 학교폭력대책자치위원회의 회의자료 및 회의록에 대한 정보가 비공개대상정보인지의 여부, 판례연구 25집(1)(2011.09, 서울변호사회), 윤강열, '학교폭력대책자치위원회 회의록'이 정보공개 대상이 되는지 여부, 대법원판례해설 83호(2010 상반기)가 있다.

권리에서 찾고 있으며 그 이외에도 자유민주주의 국가에서 국민주권을 실현하는 핵심이 되는 기본권이라는 점에서 국민주권주의(제1조), 각 개인의 지식의 연마, 인격의 도야에는 가급적 많은 정보에 접할 수 있어야 한다는 의미에서 인간으로서의 존엄과 가치(제10조) 및 인간다운 생활을 할 권리(제34조 제1항)와 관련이 있다는 입장을 취하고 있다.[2)]

대법원 역시 「…청주시의회에서 의결한 청주시행정정보공개조례안은 행정에 대한 주민의 알 권리의 실현을 그 근본내용으로 하면서도 이로 인한 개인의 권익침해 가능성을 배제하고 있으므로 이를 들어 주민의 권리를 제한하거나 의무를 부과하는 조례라고는 단정할 수 없」다는 판지의 판결을 내린 바 있다.[3)]

1998년 1월 1일부터 시행되어 온 「공공기관의 정보공개에 관한 법률(이하, 정보공개법이라 한다.)」은 헌법재판소와 대법원의 결정 · 판례의 취지를 이어받아 제1조에서 「공공기관이 보유 · 관리하는 정보에 대한 국민의 공개청구 및 공공기관의 공개의무에 관하여 필요한 사항을 정함으로써 국민의 알권리를 보장하고 국정에 대한 국민의 참여와 국정운영의 투명성을 확보함을 목적」으로 한다고 규정하여 정보공개청구권의 법적 근거가 국민의 알 권리에 있음을 명시적으로 천명하고 있다.

이 「알 권리」의 헌법상 근거가 무엇인가에 대해서는 위의 헌재 결정례에서도 엿볼 수 있는 것처럼 학설에서도 다양한 견해가 전개되고 있다.[4)] 이처럼 「알 권리」가 헌법상 다양한 근거에서 모색되고 있는 것은 정보공개제도가 가지는 다양한 가치, 속성에 비추어 볼 때 오히려 바람직하다고 할 것이다. 즉, 정보공개제도를 운용함에 있어서 가장 핵심적인 사항은 말할 것도 없이 공개정보와 비공개정보를 어떻게 획

---

2) 헌법재판소 전원재판부 1989. 9. 4. 88헌마22 〔위헌확인 · 기각〕

3) 대법원 1992.6.23. 선고 92추17 판결 【행정정보공개조례(안)재의결취소등】

4) 「알 권리」의 학설상 논의에 대해서는, 박진우, 정보공개법상 법령에 의한 비공개정보에 관한 고찰 - 공공기록물관리에 관한 법률과의 관계를 중심으로 -, 동아법학 제43호, 31-35쪽, 참조.

정할 것인가 하는 점이다. 이 경우 「알 권리」의 근거에 대한 다양한 분석은 위와 같은 문제를 해결하는 기본적인 바탕이 될 것이다.

정보공개제도와 관련한 「알 권리」의 내용에 대하여 분석해야 할 사항은 많지만 우선 본고와 관련해서 우선 다음과 같은 언급해야 할 것은 거기에는 「자신의 권익보호와 직접 관련이 있는 정보의 공개를 청구할 수 있는 이른바 개별적 정보공개청구권이 포함」[5]되어 있다는 점이다. 이 점을 굳이 여기에서 언급하는 것은 정보공개법상 정보의 공개, 비공개에 대한 판단을 함에 있어서 당해 사건의 구체적인 상황, 즉 특수한 이해관계를 가진 자의 청구인지 그렇지 않으면 특별한 이해관계 없는 자에 의한 청구인가에 대하여 구체적으로 검토함이 없이 일반적인 근거를 들어 결론을 내리는 경우가 있을 수 있기 때문이다. 이 점과 관련해서는 본문에서 다시 언급하기로 한다.

3. 정보공개법 제9조 제1항 제1호 사유 해당 여부

(1) 정보공개법 제9조 제1항 제1호의 해석을 둘러싼 문제

정보공개법 제9조 제1항 본문은 "공공기관이 보유관리하는 정보는 공개대상이 된다"고 규정하면서 그 단서 제1호에서는 "다른 법률 또는 법률이 위임한 명령(국회규칙 · 대법원규칙 · 중앙선거관리위원회규칙 · 대통령령 및 조례에 한한다)에 의하여 비밀 또는 비공개 사항으로 규정된 정보"는 이를 공개하지 아니할 수 있다고 규정하고 있다. 이 규정의 입법취지에 대해서 대법원은 「비밀 또는 비공개 사항으로 다른 법률 등에 규정되어 있는 경우는 이를 존중함으로써 법률 간의 마찰을 피하기 위한 것이고, 여기에서 '법률에 의한 명령'은 정보의 공개에 관하여 법률의 구체적인 위임 아래 제정된 법규명령(위임명령)을 의미한다.」(대법

5) 대법원 1999.9.21. 선고98두3426판결(판례공보 1999년 93호 2237면) 【행정정보공개거부처분취소】

원 2010.6.10. 선고 2010두2913 판결)라고 말하고 있다. 그러나 대법원은 여기서 말하는 「비밀 또는 비공개 사항으로 다른 법률 등에 규정되어 있는 경우」가 무엇을 의미하는 가에 대해서는 구체적인 언급을 피하고 있다. 그 결과 논자들은 위의 경우로 공무원의 수비의무를 규정하고 있는 법령을 여기에 포함시키고 있고[6] 정보공개법상 비공개사유와 공무원의 수비의무를 직접 연관지어 논하기도 한다.[7]

그러나 위와 같은 입장은 주의를 요한다. 국가공무원법 제60조에서 규정하고 있는 비밀엄수의 의무는 국가비밀을 보호하기 위하여 부과되고 있는 제도[8]로서 정보공개제도와 동일한 방향에서 논의할 수 없다고 해야 할 것이다. 물론 이 제도는「알 권리」의 소극적인 측면 즉, 국가로부터 방해받지 않고 정보에 자유롭게 접할 수 있는 권리와 밀접하게 관련되어 있지만[9] 적극적으로 정보를 수집하는 권리를 규정하고 있는 정보공개제도와는 방향을 달리하고 있는 것이다. 그 이유는 공무원법상에 규정되어 있는 관련 규정을 살펴보면 쉽게 그 문제점을 알 수 있다.

공무원은 재직 중은 물론 퇴직 후에도 직무상 알게 된 비밀을 엄수하여야 한다(국가공무원법 제60조, 지방공무원법 제52조). 이처럼 공무원법상의 비밀엄수의무를 규정한 것은 직무상 취득한 비밀의 누설을 금지함으로써 공익을 보호하는 것을 입법취지로 하고 있다. 그리고 직무상 알게 된 비밀에는 직무와 직접 관계되는 비밀뿐만 아니라 직무와 관련하여 알게 된 비밀 등도 포함된다.[10] 따라서 만약 공무원의 수비

6) 표성수, 정보공개법 소정의 예외사유(비공개정보)에 관한 연구, 법조(2008.7.)(Vol. 622), 15-16쪽.

7) 김창조, 정보공개법상 비공개사유, 법학논고(경북대) 제25집(2006. 12.), 118-120쪽. 박진우, 상게논문, 46쪽. 김용찬, 정보공개사건에서의 몇 가지 쟁점, 법조(2003.9.)(Vol. 564), 246-248쪽.

8) 浜田純一´ 情報法´ 有斐閣(1998), 153쪽.

9) 浜田´ 상게서, 153-157쪽, 참조.

10) 박균성, 제9판 행정법론(하), 박영사(2011), 278쪽.

의무를 들어 정보공개법상의 비공개대상 정보와 동일시한다면 공개대상이 되는 정보는 거의 존재하지 않게 될 것이다. 따라서 개별법령에서 공무원의 수비의무를 규정하고 있다고 해서 그것이 바로 정보공개법 제9조 제1항 제1호에서 규정하고 있는 「비밀 또는 비공개 사항으로 다른 법률 등에 규정되어 있는 경우」에 해당한다고 해석해서는 안 된다. 당해 법령의 입법취지와 정보공개법에서 규정하고 있는 정보공개의 제원칙 등에 비추어 해당성 여부를 판단하여야 할 것이다.

위와 같은 해석은 단지 공무원의 수비의무규정의 경우에 한하지 않는다. 설령 개별법령에서 공개를 금지하고 있는 정보라 할지라도 정보공개가 청구된 경우에는 그 사안이 비공개사유에 해당하는가의 여부는 사안에 따라 구체적으로 판단하여야 한다. 이 점에 대하여 정보공개법상 비공개사유와 공무원의 수비의무를 직접 연관지어 논하는 입장을 취하는 논자도 '직무상 비밀범위와 정보공개행정상의 비공개범위의 획정은 양자간에 모순·저촉이 발생하지 않도록 적절한 법해석과 제도운용이 필요'[11]하다거나, '법령의 입법취지 등 제반사정을 고려하였을 때 법적인 의무의 충돌현상이 발생하고 이에 대한 합리적 해결을 도모하기 위한 경우에만 정보공개법상 법령에 의한 비공개대상정보조항에 해당한다고 엄격하게 해석하는 것이 바람직하다'[12]는 의견을 제시하는 것은 개별법령에 비공개사유가 규정되어 있다는 것만으로 바로 정보공개법 제9조 제1항 제1호에서 규정하고 있는 비공개사유로 해석할 경우에 초래되는 문제점을 의식하고 있기 때문이라고 할 것이다.[13]

법제처도 정보공개법 제9조 제1항 제1호의 해석과 관련하여 본고와 같은 입장을 취하고 있다. 법제처는 '「형법」 제126조에 따른 "검찰,

11) 김창조, 상게논문, 120쪽.

12) 박진우, 상게논문, 47쪽.

13) 이러한 입장과는 달리 공무원의 수비의무의 규정이 있는 경우 정보공개법 제9조 제1항 제1호에 해당하는 것으로 보아야 한다는 견해도 있다. 김용찬, 상게논문, 247-248쪽.

경찰 기타 범죄수사에 관한 직무를 행하는 자 또는 이를 감독하거나 보조하는 자가 그 직무를 행함에 당하여 지득한 피의사실"이 「공공기관의 정보공개에 관한 법률」 제9조제1항제1호의 비공개대상정보인 "다른 법률에 의하여 비밀 또는 비공개 사항으로 규정된 정보"에 해당'하는가에 대한 질의에서 다음과 같이 답하고 있다.[14)]

「「형법」 제126조에서 검찰, 경찰 기타 범죄수사에 관한 직무를 행하는 자 또는 이를 감독하거나 보조하는 자가 그 직무를 행함에 당하여 지득한 피의사실은 이를 비밀 또는 비공개 사항으로서 보호하여야 할 필요성이 있는지 여부 등에 대한 판단을 전제로 하여 결정하여야 할 것이고, 당연히 「공공기관의 정보공개에 관한 법률」 제9조제1항제1호의 비공개대상정보인 "다른 법률에 의하여 비밀 또는 비공개 사항으로 규정된 정보"에 해당한다고 볼 수는 없습니다」.

그리고 그 이유에 대해서는 다음과 같이 말하고 있다.

「… 그리고 정보공개법 제5조제1항 및 제9조제1항 본문에 따라 모든 국민은 공공기관이 보유·관리하는 정보의 공개를 청구할 권리를 가지며, 다만 예외적으로 정보공개법 제9조제1항 각 호에서 정한 비공개대상정보에 대하여는 공개하지 아니할 수 있는 것이므로, 비공개대상정보를 규정하고 있는 정보공개법 제9조제1항 각 호는 확장하여 해석하여서는 안 될 것입니다.

그런데 「형법」 제126조는 "검찰, 경찰 기타 범죄수사에 관한 직무를 행하는 자 또는 이를 감독하거나 보조하는 자가 그 직무를 행함에 당

14) 「형법」 제126조에 해당하는 정보가 「공공기관의 정보공개에 관한 법률」 제9조제1항제1호에 해당하는지 여부(「공공기관의 정보공개에 관한 법률」 제9조제1항제1호 등 관련)[법제처 11-0349, 2011.8.4, 행정안전부]

하여 지득한 피의사실을 공판청구전에 공표한 때에는 3년 이하의 징역 또는 5년 이하의 자격정지에 처한다"고 규정하고 있을 뿐, 비밀 또는 비공개 대상이 되는 정보의 범위를 구체화하지 않고 있어, 검찰, 경찰 기타 범죄수사에 관한 직무를 행하는 자 또는 이를 감독하거나 보조하는 자의 직무상 비밀엄수의무를 포괄적으로 규정한 것에 불과한 것으로 보이는바, 그렇다면 직무상 범죄 수사에 관계 있는 자가 지득한 피의사실의 공개 또는 비공개 여부는 비밀 또는 비공개 사항으로서 보호하여야 할 필요성이 있는지 여부 등에 대한 판단을 전제로 하여 결정하여야 할 것이고, 같은 규정이 정보공개법 제9조 제1항 제1호의 비공개대상정보인 "다른 법률에 의하여 비밀 또는 비공개 사항으로 규정된 정보"에 해당한다고 보아 당연히 공개하지 아니할 수 있다고 해석하는 것은 국민의 알 권리를 보장하려는 정보공개법의 입법취지 및 정보공개청구권의 본질을 침해할 소지가 크다고 할 것입니다.」

한편 대법원은 위의 문제와 관련하여 아직 확정된 입장을 보이고 있다고는 할 수 없으나 판례 중에는 본고의 견해에 동조하는 내용의 것도 있다. 즉, 자신이 고소하였던 강간사건의 수사 결과 피고소인이 구속 구공판되었다는 통지만 받았을 뿐 공소장의 내용을 통지받지 못하였다는 이유로 피고에 대하여 공소사실의 내용을 알려달라고 청구한 사건에서 다음과 같이 판시하고 있다.

「"소송에 관한 서류는 공판의 개정 전에는 공익상 필요 기타 상당한 이유가 없으면 공개하지 못한다."고 정하고 있는 형사소송법 제47조의 취지는, 일반에게 공표되는 것을 금지하여 소송관계인의 명예를 훼손하거나 공서양속을 해하거나 재판에 대한 부당한 영향을 야기하는 것을 방지하려는 취지이지, 당해 사건의 고소인에게 그 고소에 따른 공소제기내용을 알려주는 것을 금지하려는 취지는 아니므로, 이와 같은 형사소송법 제47조의 공개금지를 공공기관의 정보공개에 관한 법률 제9조 제1항 제1호의 '다른 법률 또는 법률에 의한 명령에 의하여 비공개사항으로 규정된 경우'에 해당한다고 볼 수 없다.」[15]

이렇게 볼 때 정보공개법 제9조 제1항 제1호의 규정은 제2호 이하에서 열거하고 있는 비공개대상정보와 마찬가지로 하나의 예시조항으로 볼 수도 있을 것이다. 다만 그 사례가 다른 개별법령에 규정되고 있다는 점이 다를 뿐이다. 따라서 다른 개별법령에 공무원의 수비의무 또는 직접 비공개사유로 규정되어 있는 정보라고 할지라도 바로 정보공개법 제9조 제1항 제1호에서 규정하고 있는 비공개정보사유에 당연히 해당하는 것이 아니라 당해법령의 입법취지와 제반사정 등을 고려하여 정보공개법상의 정보공개제도의 내용에 비추어 그 해당성 여부를 판단하여야 할 것이다.

(2) 본건의 검토

대법원은 구학교폭력예방법(2011.5.19, 법률 제10642호로 개정되기 전의 법률) 제21조의 규정이 정보공개법 제9조 제1항 제1호에 해당한다고 하여 X의 청구를 기각하고 있다. 먼저 구 학교폭력예방법 제21조의 규정을 보자.

제21조(비밀누설금지 등) ① 이 법에 따라 학교폭력의 예방 및 대책과 관련된 업무를 수행하거나 수행하였던 자는 그 직무로 인하여 알게 된 비밀 또는 가해학생 · 피해학생과 관련된 자료를 누설하여서는 아니 된다.

② 제1항에 따른 비밀의 구체적인 범위는 대통령령으로 정한다.

③ 제16조부터 제18조까지의 규정에 따른 자치위원회의 회의는 공

15) 대법원 2006.5.25. 2006두3049(사건기록등사불허가처분취소)

개하지 아니한다.

위의 제21조의 내용은 크게 두 가지 이다. 즉, 동조 제1항과 제2항은 공무원의 비밀엄수에 관한 내용이고 제3항은 자치위원회의 회의는 비공개로 한다는 내용이다. 대법원은 단지 동조 제1항과 제2항의 내용, 「학교폭력법의 목적, 입법 취지, 특히 학교폭력법 제21조 제3항이 자치위원회의 회의를 공개하지 못하도록 규정하고 있는 점 등에 비추어, 자치위원회가 피해학생의 보호를 위한 조치, 가해학생에 대한 조치, 학교폭력과 관련된 분쟁의 조정 등에 관하여 심의한 결과를 기재한 회의록은 정보공개법 제9조 제1항 제1호의 '다른 법률 또는 법률이 위임한 명령에 의하여 비밀 또는 비공개 사항으로 규정된 정보'에 해당한다」고 보고 있다.

그러나 위의 제21조 제1항 제2항의 규정은, 앞서 자세히 살펴본 것처럼, 관계 공무원들에게 비밀엄수의무를 부과함으로써 소극적으로 행정청측의 비밀을 유지하려는 것으로서 본건에서의 X처럼 자신의 권리구제를 위하여 적극적으로 정보를 수집하도록 하는 정보공개법상의 규정과는 입법의 취지 등 작용하는 방향이 다르다. 그리고 제21조 제3항에서 자치위원회의 회의를 비공개로 한 이유는 「학교폭력 사건에 대한 자치위원회의 공정하고 소신 있는 심의, 분쟁조정 활동을 보장하기 위하여 외부의 압력이나 불필요한 분쟁 발생의 가능성을 사전에 차단하려는 취지」였다. 그러나 「자치위원회 업무수행의 공정성만큼이나 해당 사건 당사자에 대한 정확한 정보제공 및 자치위원회 운영의 투명성 확보 필요성에 대한 요청 역시 증대되어, 적어도 피해·가해학생 또는 그 보호자가 요청하는 경우에는 자치위원회 회의를 공개하도록 개정」하게 되었다.[16][17]

16) 법제처 2009. 8. 21. 회신 09-0222 해석례

17) 학교폭력예방 및 대책에 관한 법률 제21조

아울러 회의의 비공개의 의미와 회의록의 비공개와의 관련성에 대해서 간단히 언급하고자 한다. 회의를 비공개로 하는 것은 말할 것도 없이 회의를 공개했을 때 나타나는 부작용을 예방하기 위한 것이다. 그 부작용이란 첫째, 위원이 방청석을 의식하여 과잉된 반응을 한다든가 또는 반대로 지나치게 방청석을 의식하여 발언에 소극적이 되는 경우이다. 둘째로 민감한 사안에 대해서는 방청석으로부터 야유나 환호 등이 터져 나와 회의의 진행이 원활하게 이루어 지지 않는 경우 등을 들 수 있다.[18] 이처럼 회의의 비공개의 취지는 정보공개법 제9조에서 정보의 비공개대상으로 하고 있는 취지와 반드시 같다고 할 수 없다. 즉, 회의의 비공개가 바로 회의록의 비공개의 사유로 되지 않는다.

이상에서 알 수 있는 것처럼 특수한 이해관계를 가지고 있는 X가 개별적 정보공개청구권에 바탕하여 정보공개를 청구한 사안에서 대법원이 공무원의 수비의무와 위원회회의의 비공개를 근거로 하여 구학교폭력예방법 제21조의 규정이 정보공개법 제9조 제1항 제1호에 해당한다고 결정한 판지는 받아들이기 어렵다고 할 것이다.

4. 정보공개법 제9조 제1항 제5호[19] 사유 해당 여부

(1) 쟁점사항

정보공개법 제9조 제1항 5호와 관련하여 판례는 합의제 행정기관의

---

③ 제16조부터 제18조까지의 규정에 따른 자치위원회의 회의는 공개하지 아니한다. 다만, 피해학생·가해학생 또는 그 보호자가 회의록의 열람·복사 등 회의록 공개를 신청한 때에는 학생과 그 가족의 성명, 주민등록번호 및 주소, 위원의 성명 등 개인정보에 관한 사항을 제외하고 공개하여야 한다. 〈개정 2011.5.19〉[시행일 : 2011.11.20]

18) 西鳥羽和明´ 会議·議事録の公開´ 第3版 行政法の争点´ 有斐閣(2004)´ 182쪽.

19) 5. 감사·감독·검사·시험·규제·입찰계약·기술개발·인사관리·의사결정과정 또는 내부검토과정에 있는 사항 등으로서 공개될 경우 업무의 공정한 수행이나 연구·개발에 현저한 지장을 초래한다고 인정할 만한 상당한 이유가 있는 정보

회의록에 대해서는 일관되게 공개를 부인하고 있다.[20] 그 주된 이유로는 본 건에서도 언급하고 있는 것처럼 「…, 만약 각 참석위원의 발언내용이 기재된 회의록이 공개된다면 위원들은 심리적 압박을 받아 자유로운 의사 교환을 할 수 없고 심지어는 당사자나 외부의 의사에 영합하는 발언을 하거나 침묵으로 일관할 우려마저 있어 자유로운 심의분위기를 해치고 공정성 확보에 지장을 초래할 수」있다는 점을 들고 있다. 그러나 이것은 정보공개제도가 갖고 있는 본래의 목적에 비추어 볼 때 지나치게 평면적인 접근이라고 할 수밖에 없다. 물론 판례가 언급하고 있는 위와 같은 사항도 합의제 행정기관의 회의록의 공개 여부를 결정함에 있어서 고려해야 할 중요한 요소이지만 좀 더 다양한 측면에서 고찰할 필요성이 있다고 하겠다. 이하에서 간단히 언급하고자 한다.

(2) 정보공개법 제9조 제1항 제5호와 고려요소

1) 정보공개제도의 (존재이유의) 두 가지 차원

정보공개법은 「공공기관이 보유·관리하는 정보에 대한 국민의 공개청구 및 공공기관의 공개의무에 관하여 필요한 사항을 정함으로써 국민의 알권리를 보장하고 국정에 대한 국민의 참여와 국정운영의 투명성을 확보함을 목적」으로 제정되었다(동법 제1조). 그러나 이 규정은 정보공개제도의 실제적인 존재이유에 비추어 볼 때 지나치게 추상적이어서 좀 더 구체적인 관점에서 고찰해볼 필요가 있다. 즉, 행정의 민주적 통제와 시민의 국정참여의 전제조건으로서 시민이 올바른 판단·결정을 하기 위하여 충분한 정보가 필요한 차원과 시민 각자가 예를 들면 자기의 인격, 생명, 건강, 안전, 재산 등을 지키기 위하여 필요한 정보를 어떻게 손에 넣을까 하는 차원에서 요구되는 정보의 내용이나 방법도 각각 다르기 때문이다.[21]

---

20) 대법원 2003. 8. 22. 선고 2002두12946 판결 등.

21) 礒部哲〞行政保有情報の開示·公表と情報的行政手法〞礒部力·小早川光郎·芝池

전자의 경우 정보공개법은 정보공개청구권의 행사에 의한 단편적인 문서공개제도에 그치기 때문에 다른 제도에 의해서 보완되는 것이 보통이다. 즉, 국회의 국정감사 · 조사권(헌법 제61조)이나 국무총리 · 국무위원 또는 정부위원의 출석요구권(헌법 제62조) 등이 그것이다. 이것은, 바꾸어 말하면, 민주적인 통제와 관련된 중요한 사항과 관련된 정보는 폭넓게 공개되어야 한다는 것을 의미한다. 반면, 후자에 있어서는, 예를 들면, 의약품에 대한 부작용정보, 재해정보, 국공립학교가 보유하고 있는 학생에 대한 정보 등의 공개를 요구하는 경우에서 볼 수 있는 것처럼 어떠한 주체가, 언제, 무슨 목적으로, 어떠한 내용의 정보를 어디에서, 어떠한 수법 내지 경로로 입수를 원하는가에 대해서는 실로 다양한 형태가 존재한다. 따라서 이들 문제는 각각의 사항에 대하여 개별적인 검토가 필요하다. 즉, 특수개별법영역에 대한 연구가 필요하게 된다.[22]

이와 같은 관점에서 볼 때 본 건은 시민이 자기의 인격, 생명, 건강, 안전, 재산 등을 지키기 위하여 필요한 정보를 어떻게 손에 넣을까 하는 차원에 속하는 사안이다. 따라서 판지가 정보공개법 제9조 제1항 제5호에서 규정하고 있는 '공개될 경우 업무의 공정한 수행에 현저한 지장을 초래한다고 인정할 만한 상당한 이유가 있는 경우'에 대한 판단기준으로 제시하고 있는 내용은 본건의 맥락과는 다르다. 즉, 본건의 경우 「국정에 대한 국민의 참여 및 국정운영의 투명성 확보 등의 이익을 비교 · 교량」하는 문제가 아니기 때문이다.[23]

義一編´ 行政法の新構想Ⅱ´ 有斐閣(2008)´ 347－348쪽. 한수웅, 헌법상의 알 권리-헌법재판소 주요결정에 대한 판례평석을 겸하여-, 법조 통권551호(51권 8호)(법조협회, 2002), 17-21쪽, 참조.

22) 礒部´ 上掲論文´ 348쪽. 공영방송사의 방송의 자유와 정보공개법의 충돌:KBS 추적60분 정보공개청구사건을 중심으로, 공법학연구 제12권 제3호(2011.8.), 292쪽, 참조.

23) 이 점과 관련하여 「우리 법의 입장은 원칙적으로 청구의 목적이나 원고적격을 구별하지 않고 있으며, 정보공개법이 최초로 발달된 미국의 판례도 어떠한 목적으로

나아가 판지가 제시하고 기준의 내용인 「공개될 경우 업무의 공정한 수행이 객관적으로 현저하게 지장을 받을 것이라는 고도의 개연성이 존재하는 경우」에 해당하는지의 여부에 대한 해당성 여부에 대한 판단 역시 논리적으로 맞지 않다. 정보공개법 제9조 제1항 제5호에서

공개가 되더라도 결국 전체공중에게 공개되기 때문에 개인적인 목적보다는 공익과의 관점에서 비교형량하는 것」이라는 의견이 있을 수 있다(본고의 심사위원 중 한 분의 심사평). 이것은 「정보공개제도는 자기의 주관적 권리이익을 보호하기 위해 해당정보의 공개가 필요하다는 사정의 존재가 필요하지 않는 객관법제도」(정하명, 행정정보공개대상 정보의 적정 범위 : 대법원 2008. 11. 27. 선고 2005두15964판결을 중심으로. 법학연구(부산대) 제51권 제1호(2000. 2.), 51쪽, 김창조, 정보공개법상 정보존부의 확인거부, 법학논고(경북대), 제31호, 370면, 참조)라는 입장에서의 견해라고 할 수 있다.

앞서 소개한 대로 헌법재판소는 정보공개청구권의 내용을 구체적으로 파악하지 않고 헌법상의 알 권리에 근거한 권리라고 말하고 있다. 그러나 이러한 헌법재판소의 견해에 대해서는 헌법학자들로부터 많은 비판을 받고 있음은 다 아는 사실이다(예를 들면, 한수웅, 상게논문. 이인호, 상게논문). 정보공개청구권은 자신의 이해와 직접 관련된 정보에 관한 청구권 즉, 개별적 정보공개청구권과 일반적 정보공개청구권으로 나누어 볼 수 있을 것이다(헌재 1991. 5. 13. 90헌마133결정에서의 한병채, 최광률 재판관의 반대의견, 참조). 그리고 전자의 경우에는 후자와는 다른 법적 논리를 구성도 가능하다. 이 점과 관련하여, 한수웅 교수는 다음 과 같이 쉽게 설명하고 있다. 즉, 「헌법규정으로부터 개별적 정보공개청구권을 인정할 수 있는 경우로는, 헌법상 보장된 절차적 기본권인 재판청구권(헌법 제27조)의 본질적 보장내용인 '효율적 권리보호'를 실현하기 위한 필수조건에 관한 경우 및 인격권의 보장을 위하여 필수적으로 절차적 형성이 필요한 경우」를 들고, 「이에 따라 헌법상 인정되는 정보공개청구권으로는, 인격권의 한 내용인 정보자결권에서 파생하는 자기정보공개 청구권과 재판청구권에서 파생하는 소송기록 열람청구권이 있다」(한수웅, 상게논문, 17쪽).

한국의 정보공개법이 객관법적인 입장에서 규정되어 있는 것은 사실이지만 그렇다고 하여 대상정보에 대하여 위와 같이 구별(개별적 정보공개청구권과 일반적 정보공개청구권)하여 운용하는 것을 금지하는 것은 아니라고 할 것이다 (이 점에 대해서는, 대법원 1999.9.21. 선고98두3426판결(판례공보 1999년 93호 2237면) 【행정정보공개거부처분취소】, 「형법」 제126조에 해당하는 정보가 「공공기관의 정보공개에 관한 법률」 제9조제1항제1호에 해당하는지 여부(「공공기관의 정보공개에 관한 법률」 제9조제1항 제1호 등 관련)[법제처 11-0349, 2011.8.4, 행정안전부], 참조)). 즉, 원래 정보공개법이 없어도 보호되어야 할 자신의 이해관계와 직접 관련이 있는 정보에 대한 청구권(개별적 정보공개청구권)이 정보공개법의 제정에 의해서 오히려 청구가 제한이 되는 것은 정보공개법의 제정목적에도 어긋날 뿐만 아니라 논리적으로도 맞지 않다고 할 것이다.

말하는「업무의 공정한 수행에 현저한 지장을 초래한다고 인정할 만한 상당한 이유」란 추상적 위험성 · 가능성을 입증하는 것으로는 부족하고 구체적인 위험성 · 가능성이 존재한다는 것을 입증할 필요로 있다고 해야 할 것이다. 그런데 판지는 이 보다 한 발 더 나아가「객관적으로 현저하게 지장을 받을 것이라는 고도의 개연성」이라는 한 층 더 엄격한 기준을 제시하고 있다.[24] 그럼에도 불구하고 정작 해당성 여부에 대한 판단에 있어서는「…만약 각 참석위원의 발언 내용이 기재된 회의록이 공개된다면 위원들은 심리적 압박을 받아 자유로운 의사 교환을 할 수 없고 심지어는 당사자나 외부의 의사에 영합하는 발언을 하거나 침묵으로 일관할 우려마저 있어 자유로운 심의분위기를 해치고 공정성 확보에 지장을 초래할 수 있는 점, …」이라고 하여 추상적 위험성 · 가능성을 제시하는 데 그치고 있다. 이 점에 대해서는 오히려 1심판결에서 제시하고 있는「…이 사건 보유 정보는 자치위원회가 소외 1에 대한 조치를 결정함에 있어 학교로부터 제출받은 자료이거나 이를 토대로 심의한 내용을 기록한 것인데, 원고로서는 어떠한 구체적인 이유로 인하여 소외 1이 조건부 퇴학처분에 이르게 되었는지 알기 위하여 위 정보에 대한 접근을 시도하는 것이 당연할 뿐만 아니라, 이를 통하여 조건부 퇴학처분의 적정성 및 이와 관련한 민사상 손해배상청구의 당부를 판단할 수 있는 근거가 되는 것으로서 원고에게 직접적인 관련이 있는 정보에 해당」한다는 내용이 훨씬 설득력이 있다.

따라서 본건의 경우 정보공개법 제9조 제1항 제5호의 규정에 해당하는지의 여부를 판단함에 있어서는 학교폭력의 실상(實狀)에 대한 구체적인 이해를 바탕으로 교육법학적인 관점에서의 작업이 필요하다고 할 것이다.

2)「의견」과「사실」

판례는 정보공개법 제9조 제1항 제5호와 관련하여 공개가 요구된

24) 枝根茂´ 審議検討に係る情報の公開´ 第5版行政判例百選 I´ 有斐閣(2006)´ 83쪽.

문서가 의사형성과정의 정보로 공개될 경우 업무의 공정한 수행에 현저한 지장을 초래한다는 이유로 청구의 거부를 승인해 왔다. 이 경우 의사형성과정의 정보로서 본래 보호할 만한 가치가 있는 것은 「의견」에 관한 것이다. 의견과 다른 「사실」에 관하여 비공개로 하는 것이 인정되는 것은 사실의 공개가 일부의 사람에게 부당한 이익을 주는 결과가 되든가 공표함으로써 앞으로 필요한 자료의 제공을 요구하는 것이 불가능하게 되는 등의 예외적인 경우이다.[25] '공정거래위원회 제143회 심사조정회의에 상정된 서류 등'은 법 제7조(현 제9조) 제1항 제5호에서 규정하고 있는 비공개대상정보로서 보호할 가치가 있는 것에 해당하지 않는다고 한 판결(대법원 2000두9212 판결)은 이러한 맥락에서 내려진 것이라고 볼 수 있다.

보통 행정측은 정보가 공개되면 이것이 와전(訛傳)되어 불필요한 오해를 사지 않을까 걱정하는 경우가 많다. 그러나 정보공개제도 아래에서는 기본적으로 정보가 시민들에게 어떻게 받아들여지는가에 대해서 행정이 염려할 것은 아니다. 중요한 것은 공개된 정보가 어느 단계의 것인가를 정확히 밝히는 일이다. 즉, 행정측은 아직 형성단계에 있는 정보라면 그 사실을 그대로 밝혀주면 되는 것이다. 또, 행정측은 정보가 공개되면 위원회에 갖가지 주문이 쇄도되어 공정하고 적절한 의사형성이 어렵게 된다고 주장하는 일이 많다. 그러나 위원회에 압력을 가하거나 협박을 가하는 등의 일은 논외이지만, 시민이 평화로운 방법으로 의견을 제시하는 것 자체가 문제가 되는 것은 아니라고 할 것이다.[26]

본건에 있어서 공개청구의 대상은 위원회의 회의록이나 학교가 제출한 자료 등으로 「의견」과 「사실」이 모두 포함되어 있다. 따라서 공

---

25) 松井茂記´ 意思形成過程情報と非公開事由の該当性´ 民商法雜誌 第113巻 第2号´ 322쪽.

26) 松井´ 上揭論文´ 322-323쪽.

개여부에 대한 심리를 함에 있어서는 정보공개법 제9조 제1항 제6호 그리고 부분공개에 관한 제14조 등을 염두에 두고 해당 사안을 포괄적으로 다룰 것이 아니라 개별적으로 다룰 필요성이 있다고 할 것이다.

3) 이유제시

정보공개의 청구는 행정절차법 제2장에서 규정하고 있는 처분, 즉 신청에 대한 처분에 해당한다. 따라서 공개를 거부하는 처분을 하는 경우에는 행정절차법 제23조의 규정에 따라 그 근거와 이유를 제시하여야 한다(동법 제23조 제1항). 그런데 정보공개법상 비공개대상정보에 관한 규정은, 「국가의 중대한 이익을 현저히 해할 우려」(법 제9조 제1항 제2호), 「국민의 생명 · 신체 및 재산의 보호에 현저한 지장을 초래할 우려」(법 제9조 제1항 제3호), 「그 직무수행을 현저히 곤란하게 하거나 형사피고인의 공정한 재판을 받을 권리를 침해한다고 인정할 만한 상당한 이유」,(법 제9조 제1항 제4호) 「업무의 공정한 수행이나 연구 · 개발에 현저한 지장을 초래」(법 제9조 제1항 제5호), 「개인의 사생활의 비밀 또는 자유를 침해할 우려」(법 제9조 제1항 제6호), 「법인 등의 정당한 이익을 현저히 해할 우려」(법 제9조 제1항 제7호) 그리고 「특정인에게 이익 또는 불이익을 줄 우려」와 같은 표현에서 알 수 있는 것처럼 대단히 추상적이고 대부분 어떠한 불합리한 일이 발생할 「우려」를 비공개의 요건으로 하고 있다.

그런데 일반적으로 말해서 어떤 정보를 공개했을 경우 위에서 언급한 불합리한 일이 발생할 염려가 거의 존재하지 않는다고 잘라 말할 수 있는 사례는 오히려 적으며, 정보를 공개한다고 하는 것은 항상 위와 같은 위험과 동전의 양면을 이룬다는 점을 인식하지 않으면 안 된다. 정보공개제도란 그럼에도 불구하고 이것을 시민들에게 공개하는 것이 오히려 중요하다는 판단에 근거하여 마련된 제도인 것이다. 따라서 위의 조문에서 말하는 「우려」란 일반적, 추상적인 우려인 것만으로는 충분하지 않으며 구체적으로 그러한 위험이 발생할 가능성이 매우 높다는 것을 말하는 것으로 해석해야 한다.[27] 따라서 정보공개에 대한 거부처분을 할 경우 행정절차법 제23조의 규정에 따른 이유제시는 매우 구체적인 내용의 것이어야 한다.

Ⅳ. 맺 음 말

본건의 경우 학교폭력법 제21조가 개정되어 입법론적으로 어느 정도 해결되었다고 볼 수 있다. 그러나 문제는 아직 많이 남아 있다. 심의회의 회의록 등의 공개에 대하여 판례는 일관되게 그 공개성을 부인하고 있다. 다음과 같은 점을 지적할 수 있다.

먼저 문제가 되는 것은 정보공개법 제9조 제1항 제1호의 해석의 문제이다. 본건의 판지도 그렇지만 다수의 논자도 다른 법령에 비공개 규정이 있는 경우, 특히 공무원의 수비의무의 차원에서 비공개정보로 하고 있는 경우에 이를 동법 제9조 제1항 제1호에 해당하는 것으로 보고 있다. 그러나 공무원의 수비의무는 국가비밀을 소극적으로 보호하려는 제도로서 공개를 원칙(정보공개법 제3조, 제7조, 제8조 등)으로 하고 있는 정보공개제도의 취지와는 방향이 다르기 때문에 이 규정을 가지고 바로 위의 조항에 해당한다고 해석해서는 안 될 것이다. 정보청구권자가 특수한 이해관계에 바탕하여 청구하는 경우 이러한 해석이 안고 있는 문제점은 더욱더 구체적으로 드러난다.

이어서 정보공개법 제9조 제1항 제5호의 해석과 관련해서 지적할 수 있는 문제점은 공개성을 부인하는 판단기준이 일반적이고 추상적이라는 점이다. 앞서 살펴본 것처럼 정보공개제도의 존재이유에는 두 가지 차원이 있고 또 심의회의 정보의 내용도 그것이 「의견」이냐 「사실」이냐에 따라 의사형성과정에 있어서 보호해야할 가치가 다르다는 점이

27) 藤田宙靖, 第四版行政法, 青林書院(2003), 169쪽.

다. 또한 현행 정보공개법 제9조 제1항 각호는 비공개대상정보의 해당성 여부를 판단하는 기준으로 대부분 「우려」라는 기준을 채용하고 있다. 정보의 속성상 어떠한 정보라도 공개될 경우 이러한 「우려」가 발생하는 것은 필지의 사실이라 할 것이다. 그러나 정보공개제도는 이러한 「우려」보다 우월한 가치를 전제로 마련되었다는 점을 새롭게 인식하여야 할 것이다.

참고문헌

김동희, 제6판 행정법 I, 박영사(2010)
김철용, 행정법 I, 박영사(2010)
박균성, 제8판 행정법강의, 박영사(2011)
경 건, 미국 정보공개법제의 개관, 법학(서울대) 제15권 제1호
김용수, 학교폭력대책자치위원회의 회의자료 및 회의록에 대한 정보가 비공개대상정보인지의 여부, 판례연구 25집(1)(2011.09, 서울변호사회),
김용찬, 정보공개사건에서의 몇 가지 쟁점, 법조(2003.9.)(Vol. 564)
김창조, 정보공개법상 비공개사유, 법학논고(경북대) 제25집(2006. 12.)
김창조, 정보공개법상 정보존부의 확인거부, 법학논고(경북대), 제31집(2009)
박진우, 정보공개법상 법령에 의한 비공개정보에 관한 고찰 - 공공기록물관리에 관한 법률과의 관계를 중심으로 -, 동아법학 제43호
윤강열, '학교폭력대책자치위원회 회의록'이 정보공개 대상이 되는지 여부, 대법원판례해설 83호(2010 상반기)
이인호, 공영방송사의 방송의 자유와 정보공개법의 충돌:KBS 추적60분 정보공개청구사건을 중심으로, 공법학연구 제12권 제3호(2011.8.)
정하명, 행정정보공개대상 정보의 적정 범위 : 대법원 2008. 11. 27. 선고 2005두15964판결을 중심으로. 법학연구(부산대) 제51권 제1호(2000. 2.)
표성수, 정보공개법 소정의 예외사유(비공개정보)에 관한 연구, 법조(2008. 7.)(Vol. 622)
한수웅, 헌법상의 알 권리-헌법재판소 주요결정에 대한 판례평석을 겸하여 -, 법조 통권551호(51권 8호)(법조협회, 2002)
浜田純一´ 情報法´ 有斐閣 (1998)
藤田宙靖´ 第四版行政法´ 青林書院(2003)

磯部哲´ 行政保有情報の開示・公表と情報的行政手法´ 磯部力・小早川光郎・芝池義一編´ 行政法の新構想Ⅱ´ 有斐閣（2008）

枝根茂´ 審議検討に係る情報の公開´ 第5版行政判例百選Ⅰ´ 有斐閣(2006)

西鳥羽和明´ 会議・議事録の公開´ 第3版 行政法の争点´ 有斐閣(2004)

松井茂記´ 意思形成過程情報と非公開事由の該当性´ 民商法雑誌 第113巻 第2号

情報公開・個人情報保護´ 法学教室(2002. 1—No.256)

국문초록

본 논문은 구학교폭력예방 및 대책에 관한 법률(2011.5.19, 법률 제10642호로 개정되기 전의 법률) 제21조의 규정이 정보공개법 제9조 제1항 제1호 및 제5호에 해당하는가가 쟁점이된 대법원판례(대법원 2010.6.10. 선고 2010두2913 판결)를 비판적으로 검토한 글이다. 이 사건에서 대법원은 위의 규정이 정보공개법 제9조 제1항 제1호 및 제5호에 해당한다고 하여 학교폭력예방법상의 자치위원회의 회의록의 공개청구를 기각하였다. 그러나 대법원의 판결은 다음과 같은 점에서 문제가 있다.

먼저 문제가 되는 것은 정보공개법 제9조 제1항 제1호의 해석의 문제이다. 본건의 판지도 그렇지만 다수의 논자도 다른 법령에 비공개규정이 있는 경우, 특히 공무원의 수비의무의 차원에서 비공개정보로 하고 있는 경우에 이를 동법 제9조 제1항 제1호에 해당하는 것으로 보고 있다. 그러나 공무원의 수비의무는 국가비밀을 소극적으로 보호하려는 제도로서 공개를 원칙(정보공개법 제3조, 제7조, 제8조 등)으로 하고 있는 정보공개제도의 취지와는 방향이 다르기 때문에 이 규정을 가지고 바로 위의 조항에 해당한다고 해석해서는 안 될 것이다. 정보청구권자가 특수한 이해관계에 바탕하여 청구하는 경우 이러한 해석이 안고 있는 문제점은 더욱더 구체적으로 드러난다.

이어서 정보공개법 제9조 제1항 제5호의 해석과 관련해서 지적할 수 있는 문제점은 공개성을 부인하는 판단기준이 일반적이고 추상적이라는 점이다. 앞서 살펴본 것처럼 정보공개제도의 존재이유에는 두 가지 차원이 있고 또 심의회의 정보의 내용도 그것이 「의견」이냐 「사실」이냐에 따라 의사형성과정에 있어서 보호해야할 가치가 다르다는 점이다. 또한 현행 정보공개법 제9조 제1항 각호는 비공개대상정보의 해당성 여부를 판단하는 기준으로 대부분 「우려」라는 기준을 채용하고 있다. 정보의 속성상 어떠한 정보라도 공개될 경우 이러한 「우려」가 발생하는 것은 필지의 사실이라 할 것이다. 그러나 정보공개제도는 이러한 「우려」보다 우월한 가치를 전제로 마련되었다는 점을 새롭게 인식하여야 할 것이다.

주제어: 정보공개법, 비공개사유, 공무원의 수비의무, 위원회의 기록, 비공개사유의 판단기준.

Abstract

Information Subject to Non-Disclosure in Official Information Disclosure Act

Yoo, Jin Sik
(Chonbuk National University Law School, Associate Professor)

The case which this manuscript examined has such problems as follow; First it misinterprets the Official Information Disclosure Act Article 9(Information Subject to Non-Disclosure)(1)1. It thinks that the Article9(1)1 is applied if the information subject to non-disclosure is prescribed in other acts, especially which include the public servant's duty for keeping secret related to his business. But the public servant should keep the secret related to his business to keep state's secrets negatively, while the Official Information Disclosure System keeps the disclosure principle positively to protect the citizen's right. There are the differences between both systems. And so, we can see the case was judged based on the misinterpretation.

Secondly we can point that the case employed the general and abstract standard in judging the non-disclosure on the Official Information Disclosure Act Article 9(Information Subject to Non-Disclosure)(1)5. But the Official Information Disclosure System has various values to protect and whether a committee's information is open or not depends on the characteristics of it which is ‘opinion’ or ‘fact’. And we should mention one more problem about Article 9(Information Subject to Non-Disclosure)(1). That is, those clauses employ the term, ‘fearfulness’ as the standard to judge whether the information is open or not. It is time those clauses should be examined again.

Keywords: Official Information Disclosure Act, Information Subject to Non-Disclosure, public servant's duty for keeping secret, committee's information, standard in judging the non-disclosure

투 고 일: 2012. 11. 30
심 사 일: 2012. 12. 21
게재확정일: 2012. 12. 21

情報公開法上 非公開事由로서 法人 等의 經營·營業上 秘密에 관한 事項

金 敞 祚*

(대상판결 : 대법원 2010. 12. 23. 선고, 2008두13101 판결)

Ⅰ. 사안의 개요

1. 사실관계

이 사건은 한국방송공사(KBS)가 제작한 「추적 60분」 가제 「새튼은 특허를 노렸나」인 방송용 편집원본 테이프 1개에 대하여 정보공개청구

* 경북대학교 법학전문대학원 교수

를 하였으나 한국방송공사가 정보공개청구접수를 받은 날로부터 20일 이내에 공개 여부결정을 하지 않아 비공개결정을 한 것으로 간주된 사안이다. 사건의 개요는 다음과 같다.

피고 소속 「추적 60분」 제작진의 선임 PD인 A는 2006. 1. 경 피고 소속 PD B에게 황00 교수 논문조작 사건에 대한 00대학교 조사위원회의 발표를 앞두고 줄기세포의 존재 여부를 방송 아이템으로 하여 취재를 지시하였고, B가 이 사건 프로그램의 제작을 위한 취재를 시작하였다. 추적 60분 제작진은 2006. 2. 20. 제1차 제작진 회의를 가졌는데, 위 회의에서 참석자들 대부분은 「검찰의 수사결과 발표에서 1번 줄기세포가 존재한다고 하거나 서울대 조사위원회의 중요 내용을 뒤집는 새로운 사실이 발표되면 취재팀을 보강하여 보완취재를 한 다음 방송할 수 있다」는데 동의하여, PD A는 PD B에게 취재내용을 정리(가편집)할 것을 지시하였다.

PD B는 제1차 회의 후 「황00 특허권 논란」 가편집본 테이프로 노동조합의 일부 전임자를 상대로 시사회를 열고, 검찰과 국가정보원 등에 취재자료를 유출시켰으며, 다른 언론사와의 인터뷰를 통하여 이러한 일련의 행위에 관한 자신의 입장을 밝히면서 검찰의 수사결과 발표 전에 이 사건 프로그램을 방송할 것을 피고에 요구하겠다는 입장을 밝혔다. 「추적 60분」 제작진은 2006. 3. 13.부터 4. 3.까지 사이에 수회에 걸쳐 제작진 회의 및 가편집본 시사회를 가졌으나, 이 사건 프로그램 내용의 공정성 및 객관성에 관하여 논란이 일어나자, 이 사건 프로그램의 방송 여부는 사안의 중대성에 비추어 면밀한 사실 확인 과정을 거쳐 신중하게 결정하고, PD B가 요청한 대로 약 1주일간의 보충취재 및 편집을 위한 제작기간을 더 준 다음 PD A의 책임 아래 편집을 하며, 제작진의 시사회를 통하여 방송 여부를 결정하기로 하였다.

그러나, 그 후에도 논란이 된 부분이 보완되지 않고 이 사건 프로그램의 방송을 요구하는 PD B와 방송 불가를 주장하는 다른 프로듀서

들 사이에 의견 대립이 계속되자, 피고는 2006. 4. 4. 16:00에 TV제작본부 교양다큐팀장 회의를 열어 이 사건 프로그램을 방송하지 않기로 결정하고, 같은 날 시사정보팀장 명의로 피고의 추적 60분 홈페이지를 통하여 현 상태로는 이 사건 프로그램을 방송할 수 없고, 향후 필요하다면 별도의 방송을 검토할 생각이라는 입장을 표명하였다.

이에 PD B는 방송용 가편집본 테이프를 가지고 2006. 4. 4.부터 2006. 4. 13.까지 잠적하였고, 그 기간 중에 외부에서 위 방송용 가편집본 테이프에 임의로 더빙 및 자막 처리를 한 이 사건 정보를 제작하여 2006. 4. 18. PD A에게 제출하였고 피고가 이를 보관하고 있다.

원고는 2006. 11. 20. 피고에게 이 사건 정보(방송용 가편집본 테이프에 임의로 더빙 및 자막 처리를 한 이 사건 정보)의 공개를 청구하였고, 피고는 정보공개청구접수를 받은 날로부터 20일 이내에 공개여부결정을 하지 아니하여 구 정보공개법 제11조 제5항에 따라 정보공개를 청구한 날로부터 20일이 경과한 2006. 12. 11. 비공개 결정한 것으로 간주되었다.[1)]

---

1) 한편, 소외 김00 등 1065명은 2006. 6. 5. 피고에게 이 사건 정보의 공개를 청구하였으나, 피고가 2006. 6. 15. '외부에서 소외 1 프로듀서가 제작, 회사에 반납하지 않은 상태'라는 이유로 이 사건 정보의 공개를 거부하였다. 이들은 피고를 상대로 서울행정법원 2006구합22279호로 당초 처분의 취소를 구하는 소송을 제기하여 2006. 9. 28. 전부 승소판결을 받았으며, 위 판결은 그대로 확정되었다. 피고는 이 소송에서 당초 처분의 처분사유 외에 이 사건 정보가 ① 방송보도를 위한 취재물 기타 이에 준하는 것(기획서, 취재테이프, 구성안, 취재노트, 대본, 편집이 끝난 테이프)이므로, 이에 대한 정보공개청구는 언론·출판의 자유를 규정한 헌법 제21조, 방송편성의 자유 및 독립을 규정한 방송법 제4조에 반하는 것으로서 허용될 수 없고, ② 정보공개법 제9조 제1항 단서 제4호 내지 제7호의 비공개대상정보에 해당하므로 당초 처분이 적법하다고 처분 사유를 추가하였으나, 상기 판결은 당초 처분사유와 추가된 처분사유 사이에 동일성이 없다는 이유로 처분사유의 추가를 받아들이지 않았다.

   소외 김00 등 1065명은 위 판결 확정 후인 2006. 12. 7. 피고에게 이 사건 정보의 공개를 청구하였으나, 피고가 상기 소송에서 추가된 처분사유 등을 들어 정보공개를 거부하였다. 이에 김00 등 1065명은 서울행정법원 2007아588호로 간접강제신청을 하였는바, 위 법원은 2007. 4. 6. "관련 소송에서 피고가 추가한 거부사유는 당초의 거부사유와는 동일성이 없는 것으로서 피고의 2006. 12. 7.자 거부처분 중

2. 소송의 경과

(1) 제1심(서울행정법원 2007. 9. 7. 선고, 2007누27013, 판결)

이에 대하여 제1심 법원인 서울행정법원은 소익의 존부, 헌법 제21조 및 방송법 제4조 위반여부, 저작권법상 미공표저작물에 대한 공표하지 않을 권리침해여부, 정보공개법 제9조 제1항 제4호 해당여부, 정보공개법 제9조 제1항 제7호 해당여부 등의 쟁점에 대한 피고의 주장을 부정하였다. 다만 정보공개법 제7조 제1항 제6호의 해당여부에 대하여는 다음과 같이 설시하여 한정적으로 피고의 주장을 인용하였다. 즉, 이 사건 정보 중 「참가자의 성명, 얼굴, 음성 등 특정인을 식별할 수 있는 개인에 관한 정보(별지 쟁점정보)는 공개될 경우 그들의 명예, 프라이버시권, 초상권 등을 침해할 염려가 있거나 손해배상책임이 문제되어 분쟁에 휘말릴 소지가 있으므로, 정보공개법 제9조 제1항 단서 제6호 소정의 비공개 대상 정보에 해당한다고 할 것이다」라고 하여, 당해 쟁점정보를 제외한 나머지 비공개처분을 취소하는 판결을 하였다.

(2) 제2심(서울고등법원 2008. 7. 7, 선고, 2007누27013, 판결)

이러한 1심법원의 판단에 불복하여 원고와 피고는 동판결 내용 중 패소부분의 취소를 구하여 항소하였다. 제2심 법원은 피고가 정보공개 의무를 부담하는 공공기관에 해당하는지 여부에 대하여 관련법 규정의 해석상 한국방송공사는 정보공개법의 대상이 되며, 이 사건 공개청구의 대상이 된 정보도 정보공개법상 정보에 해당한다고 판시하면서 나머지 부분에 대하여는 제1심 판결의 내용을 그대로 긍정하면서 항소를 기각하였다. 정보공개법 제9조 제1항 제6호 해당 여부(사생활정

관련 판결에서 판단을 유보한 부분을 거부처분의 사유로 든 것은 위 판결의 취지에 반한다거나 확정판결의 기속력을 잠탈하는 것으로 볼 수 없다"는 이유로 이들의 신청을 모두 기각하였다.

보에 해당여부)와 정보공개법 제9조 제1항 제7호 해당 여부(법인 등의 정보에 해당여부)에 대한 판시부분은 다음과 같다.

가. 정보공개법 제9조 제1항 제6호 해당 여부(사생활정보에 해당 여부)

「이 사건 ① ② 정보[2] 중 참가자의 성명, 얼굴, 음성 등 특정인을 식별할 수 있는 개인에 관한 정보(이하 '쟁점 정보'라고 한다)는 그 인터뷰 경위, 진술 내용, 이 사건 정보가 제작된 후 그 방송 및 공개 여부가 법정분쟁에 휘말리게 된 점 등에 비추어 공개될 경우 참가자들의 명예, 프라이버시권, 초상권 등을 침해할 염려가 있다고 보이므로, 이 사건 정보 중 쟁점 정보는 정보공개법 제9조 제1항 제6호 소정의 비공개 대상 정보에 해당한다고 할 것이다. 따라서 피고의 이 부분 주장은 위 인정 범위 내에서 이유 있다.」

나. 정보공개법 제9조 제1항 제7호 해당 여부(법인 등의 정보에 해당여부)

「이 사건 정보는 당초에는 『추적 60분』 방송을 전제로 하여 수집된 취재물의 가편집본이었으나, 프로그램의 내용상 보완해야 할 부분이 많다는 등의 이유로 피고가 방송하지 않기로 최종 결정한 이후에 담당 프로듀서인 소외 1이 외부에서 피고의 의사와는 무관하게 독자적

---

2) 이 사건 정보 중에는 거리의 시민, 미국 특허청 담당 변호사, 서울대 조사위원, 변리사, 미국 현지 특허 전문변호사, 국내 법대, 의대교수 등(이하 '참가자들'이라고 한다)의 인터뷰 내용이 포함되어 있고, 참가자들은 대부분 방송용으로 제작되고 있음을 사전에 고지받아 성명과 함께 음성 변조나 얼굴 부분 등 초상이 모자이크 처리되지 않은 상태로 녹화되어 있다. 그러나 일부 참가자들에 대하여는 이름 부분을 삭제하고 신분과 음성, 얼굴 부분이 그대로 녹화되어 있는 경우, 음성이 변조되고 얼굴 부분은 촬영하지 않은 경우, 얼굴 부분은 모자이크 처리되고 음성은 그대로 녹화된 경우, 음성 변조와 함께 얼굴 부분이 모자이크처리가 된 경우 등이 있는데, 그 중에는 ① 새튼 교수의 특허권 도용 의혹과 관련하여 진술한 변호사 또는 교수가 전화 인터뷰 과정에서 방송용으로 녹음되고 있음을 알면서도 그런 발언을 한 것인지가 분명하지 아니한 부분(① 정보), ② 서울대 조사위원들에 대한 인터뷰 과정에서 인터뷰 당사자들의 명시적인 동의를 받았는지 여부가 분명하지 아니한 채 녹음 또는 촬영된 부분(② 정보)이 포함되어 있다.

으로 더빙 및 자막처리를 하여 제작한 것으로 주로 변리사, 변호사 및 생명공학 관련 전문교수와 서울대 조사위원회 관계자들이 특허, 생명공학 및 서울대 조사보고서와 관련된 전문분야의 견해를 밝히는 것임은 앞서 본 바와 같다. 따라서 이 사건 정보가 피고의 경영·영업상 비밀에 관한 사항이라거나 공개될 경우 피고의 정당한 이익을 현저히 해할 우려가 있다고는 보기 어렵다.」

(3) 대상판결의 요지

대상판결은 상기의 원심판결에 불복하여 상고한 사건에 대한 판단이다. 판결요지는 다음과 같다.

가. 정보공개청구 대상기관 해당 여부

한국방송공사(KBS)가 정보공개법상 규정된 공공기관의 해당여부

정보공개법 제2조 제3호, 같은 동법 시행령 제2조 제4호에 따라 정보를 공개할 의무가 있는 「특별법에 의하여 설립된 특수법인」의 해당여부는 정보공개법의 목적과 취지, 법인업무의 공익성, 법인설립의 근거 및 당해 법인과 국가 또는 지방자치단체와 관계 등을 종합적으로 고려하여야 한다. 이러한 관점에서 「원심이 방송법이라는 특별법에 의하여 설립·운영되는 특수법인인 피고는 정보공개법 시행령 제2조 제4호의 『특별법에 의하여 설립된 특수법인』으로서 정보공개의무가 있는 공공기관에 해당한다고 판단한 것은 정당하다」고 판시하였다.

나. 소의 이익 유무

「국민의 정보공개청구권은 법률상 보호되는 구체적인 권리이므로, 공공기관에 대하여 정보의 공개를 청구하였다가 공개거부처분을 받은 청구인은 행정소송을 통하여 그 공개거부처분의 취소를 구할 법률상의 이익이 있고, 공개청구의 대상이 되는 정보가 이미 다른 사람에게 공개되어 널리 알려져 있다거나 인터넷 등을 통하여 공개되어 인터넷검색 등을 통하여 쉽게 알 수 있다는 사정만으로는 소의 이익이 없다거

나 비공개결정이 정당화될 수 없다.」

다. 정보공개청구권 남용 여부

「공공기관의 정보공개에 관한 법률의 목적, 규정 내용 및 취지에 비추어 보면, 정보공개청구의 목적에 특별한 제한이 있다고 할 수 없으므로, 오로지 피고를 괴롭힐 목적으로 정보공개를 구하고 있다는 등의 특별한 사정이 없는 한, 정보공개의 청구가 권리남용에 해당한다고 볼 수 없다. 위와 같은 법리에 비추어 보면, 원고를 포함한 다수인이 동일한 내용의 정보공개를 청구하였다 하더라도 그러한 사정만으로는 원고가 오로지 피고를 괴롭힐 목적으로 이 사건 정보공개를 청구하고 있다고 보기 어렵고 달리 원고의 정보공개청구가 권리의 남용에 해당한다고 볼 수 없다.」

라. 정보공개법 제9조 제1항 제7호의 비공개대상정보 해당 여부

정보공개법 「제9조 제1항 제7호 소정의 『법인 등의 경영·영업상 비밀』은 『타인에게 알려지지 아니함이 유리한 사업활동에 관한 일체의 정보』 또는 『사업활동에 관한 일체의 비밀사항』을 의미하는 것이고, 그 공개 여부는 공개를 거부할 만한 정당한 이익이 있는지 여부에 따라 결정되어야 하는바, 그 정당한 이익이 있는지 여부는 앞서 본 정보공개법의 입법 취지에 비추어 이를 엄격하게 판단하여야 할 뿐만 아니라, 국민에 의한 감시의 필요성이 크고 이를 감수하여야 하는 면이 강한 공익법인에 대하여는 보다 소극적으로 판단하여야 한다.」

「방송사의 취재활동을 통하여 확보한 결과물이나 그 과정에 관한 정보 또는 방송프로그램의 기획·편성·제작 등에 관한 정보는 경쟁관계에 있는 다른 방송사와의 관계나 시청자와의 관계, 방송프로그램의 객관성·형평성·중립성이 보호되어야 한다는 당위성 측면에서 볼 때 『타인에게 알려지지 아니함이 유리한 사업활동에 관한 일체의 정보』에 해당한다고 볼 수 있는 바, 개인 또는 집단의 가치관이나 이해관계에 따라 방송프로그램에 대한 평가가 크게 다를 수밖에 없는 상황에서,

정보공개법에 의한 정보공개청구의 방법으로 피고가 가지고 있는 방송프로그램의 기획 · 편성 · 제작 등에 관한 정보 등을 제한 없이 모두 공개하도록 강제하는 것은 피고로 하여금 정보공개의 결과로서 야기될 수 있는 각종 비난이나 공격에 노출되게 하여 결과적으로 방송프로그램 기획 등 방송활동을 위축시킴으로써 피고의 경영 · 영업상의 이익을 해하고 나아가 방송의 자유와 독립을 훼손할 우려가 있다.

따라서 방송프로그램의 기획 · 편성 · 제작 등에 관한 정보로서 피고가 공개하지 아니한 것은, 사업활동에 의하여 발생하는 위해로부터 사람의 생명 · 신체 또는 건강을 보호하기 위하여 공개할 필요가 있는 정보나 위법 · 부당한 사업활동으로부터 국민의 재산 또는 생활을 보호하기 위하여 공개할 필요가 있는 정보를 제외하고는, 정보공개법 제9조 제1항 제7호에 정한 '법인 등의 경영 · 영업상 비밀에 관한 사항'에 해당할 뿐만 아니라 그 공개를 거부할 만한 정당한 이익도 있다고 보아야 한다.」

「이 사건 정보는 방송프로그램의 기획 · 편성 · 제작 등에 관한 정보로서 정보공개법 제9조 제1항 제7호에 비공개대상정보로 규정되어 있는 '법인 등의 경영 · 영업상 비밀에 관한 사항으로서 공개될 경우 법인 등의 정당한 이익을 현저히 해할 우려가 있다고 인정되는 정보'에 해당한다고 볼 수 있고, 피고가 이 사건 프로그램을 방송하지 아니하기로 결정하였다거나 이 사건 정보에 소외 1이 임의로 더빙 및 자막처리를 한 부분이 포함되어 있다고 하여 달리 볼 것이 아니다.

그럼에도 원심은 그 판시와 같은 이유만으로 이 사건 정보가 피고의 경영 · 영업상 비밀에 관한 사항이 아니고, 공개될 경우 피고의 정당한 이익을 현저히 해할 우려가 있다고 보기도 어렵다고 판단하였으니, 이러한 원심판단에는 정보공개법 제9조 제1항 제7호의 비공개대상정보에 관한 법리를 오해하여 판결 결과에 영향을 미친 위법이 있다」

대상판결은 정보공개청구 대상기관 해당 여부, 소의 이익 유무,

정보공개청구권 남용 여부 등에 관한 판단부분에서는 원심판단의 결론을 수긍하는 입장을 취하였지만, 정보공개법 제9조 제1항 제7호의 비공개대상정보 해당 여부에 관한 판단에서 원심과는 달리 이 사건 공개대상정보가 상기규정이 정하는「법인·단체 또는 개인의 경영·영업상 비밀에 관한 사항으로서 공개될 경우 법인 등의 정당한 이익을 현저히 해할 우려가 있다고 인정되는 정보」에 해당한다고 하여, 이 부분의 원심판결을 파기하였다. 이하에서는 원심판결과 대상판결이 판단을 달리한 법인 등의 경영·영업상 비밀의 해당여부의 판단과 관련된 문제점을 검토하려고 한다.

Ⅱ. 비공개사유로서 정보공개법상 법인등 경영·영업상 정보의 범위

정보공개제도는 원칙상 모든 사람이 공공기관이 보유하는 정보 전반에 걸쳐서 공개를 청구하는 것이 가능한 제도이다.[3] 정보공개제도의 이용에는 자기의 권리이익을 보호하기 위해서 당해 정보의 공개가 필요하다는 사정의 존재가 필요하지 않다.[4] 이러한 점에서 정보공개제도

3) 현행법상 정보공개제도는 상대방의 구체적 신청을 전제로 하지 않고 행하는 능동적인 정보공표제도(정보공개법 제7조)와 개별구체적인 신청을 전제로 공개·비공개여부를 판단하여 행하는 수동적인 정보공개제도로 이원화되어 있다.

4) 정보공개의 철학적 배경은「공공기관의 정보는 국민의 공유재산」이라는 관념이다. 이러한 철학으로부터 궁극적으로 도출되는 정보공개제도는 첫째, 누구도 청구권자가 될 수 있고(청구권 주체의 무한정성), 둘째, 모든 공공기관의 정보가 공개청구의 대상이 되며(대상정보의 무한정성), 셋째, 공개방식의 제한이 없는 (공개방식의 무한정성) 등의 3개의 무한정성이다. 그러나 현실적 제도에서는 '둘째' 원칙의 경우 대립되는 우월적 이익 예컨대, 공익 또는 법인 또는 개인의 이익보호요청에 따라 이익형량을 통한 공개대상의 예외를 규정하고 있으며, '셋째' 원칙의 경우에도 정보관리행정의 효율성과 신청에 관한 처분제도를 운영하는 법기술적 한계로 인하여 일정한 형식과 정보의 특정을 요구하고 있다.

는 객관법적 제도이다.[5] 정보공개법제도는 공개를 청구한 이유나 이용 목적을 묻지 않고, 정보공개를 청구하는 것이 가능하게 하는 권리를 규정한 제도이다. 정보공개의 청구에 있어서 정보와 관련된 당사자나 제3자가 권리의 보호밀도가 동일하기 때문에 어떤 정보와 관련 있는 당사자나 제3자는 정보공개청구를 하여 비공개만 받으면 동일하게 보호받고 원고적격을 갖는다. 따라서 정보공개법에 있어서는 제3자의 원고적격이 문제되는 경우가 거의 없다. 이것을 근거로 제3자의 원고적격의 확대를 주장하는 학설도 있으나 이러한 견해는 주관법적 권리와 객관법적 권리의 차이를 고려하지 않은 논리구성의 결과라고 보여 진다. 당사자와 제3자의 권리보호밀도의 차이가 인정되는 주관법적 권리에서는 제3자들 중에서 어느 범위까지 권리보호를 할 것인가가 핵심적 쟁점이 되지만, 객관법적 권리에서는 당사자와 제3자의 권리보호밀도가 동일하기 때문에 이러한 문제가 발생하지 않는다고 할 수 있다. 대상판결도 이러한 제도적 이해를 바탕으로 소익의 존부를 판단하고 있는데 적절한 판단이라고 할 수 있다.

정보공개법은 정보공개청구에 대한 공공기관의 공개의무를 규정하면서 정보공개제도에 있어서 비공개사유에 해당하지 않은 한 공개하여야 한다는 제도의 기본적 틀을 명백히 하고 있고[6] 일정한 합리적 이유에 근거하여 비공개 할 것이 필요한 정보를 비공개정보로서 동법 제9조 제1항에 규정하고 있다. 즉, 공개청구에 관련된 정보에 비공개정보가 수록되어 있는 경우를 제외하고 공공기관은 원칙적으로 당해정보를 공개할 의무를 진다.[7] 정보공개법 제9조 제1항이 규정하는 비공개사유

5) 공공기관의 정보공개를 위하여 사용될 수 있는 제도로는 행정절차법상의 문서열람제도, 민사소송법상의 문서제출명령 등이 있지만 이들 제도는 청구자가 자기의 권리이익을 보호하기 위하여 당해 정보의 공개를 요구하는 제도이다. 즉 이들 제도는 주관법적 제도의 일종이다. 芝池義一,「行政法總論講義」第4增補版(東京: 有斐閣, 2006), 328頁.

6) 정하중, 「행정법개론 제4판」(서울: 법문사, 2010), 410면.

7) 이러한 정보공개제도상 원칙공개와 예외적 비공개의 취지는 공개되는 이익과 공개

의 하나가 법인 등의 경영·영업상 정보이다.

공공기관이 보유하는 정보 중에 법인 등의 경영·영업상 정보가 포함되어 있는 경우, 그것을 공개하는 것이 당해 법인 등에 부당하게 불이익을 가할 가능성이 있다. 이러한 상황에 대비하여 정보공개법은 법인 등에 관한 정보를 정보공개법 제9조 제1항 제7호 비공개사유의 하나로서 규정하고 있다. 기업은 거액의 투자를 통하여 노하우를 획득하는데 만약 이것이 정보공개를 통하여 공개된다면 기업은 거대한 손해를 입게 되고 이러한 투자는 무의미하게 될 수 있다. 이러한 상황을 막게 하기 위해서 공공기관 정보공개제도에서 당해정보에 대하여 공개의 예외사유로 규정할 필요가 있다. 그리고 이것은 헌법상 요청이다. 기업의 자유는 헌법 제15조에 의하여 직업선택의 자유에 의하여 보장되고 이것은 영업의 자유를 포함한다.[8] 이에 따르면 당연히 당해기업에 대한 정보를 비밀로 하는 것도 보호받게 된다. 이러한 비밀을 공공기관이 보유하는 경우, 동의나 정당한 이유 없이 비밀을 공개하는 것은 헌법상 직업선택의 자유를 침해할 수 있다. 또한 공개 자체가 공익상 필요가 있더라도 경우에 따라서는 비밀의 공개가 사유재산을 수용하는 의미를 갖게 되어 헌법 제23조에 의한 손실보상의 요구가 문제될 수도 있다.

그러나 법인·단체 또는 개인의 경영·영업활동 정보는 소비자 또는 환경운동가 혹은 운동단체 그 밖의 시민운동을 하는 사람에게는 중대한 관심사인데, 건전한 시민운동과 일반국민의 적정한 상품 및 서비스를 선택하기 위해서는 가능한 한 많은 정보가 알려지는 것이 중요하다. 특히 기업의 정보가 소비자의 생명, 건강, 안전 등에 관한 경우, 기업정보는 국민의 생명, 건강, 안전을 확보하기 위하여 불가결한 정보

되지 않는 이익은 모두 국민의 이익으로서 이 모두가 적절히 보호되도록 양자를 적절히 조정하는데 있다.

8) 김철수, 「헌법학개론」(서울: 박영사, 2006), 593면.

에 해당하는 경우도 있다.

개별적 사안에 따라서는 법인 등의 이익이 보호되어야 하지만, 다른 측면에서는 국민의 이익확보를 위하여 정보공개가 요구되는 경우가 있다. 이런 경우 문제가 되는 것은 어떤 것을 기준으로 양자의 경계를 설정할 것인가의 문제이다.

이에 관하여 정보공개법은 제9조 제1항 제7호에 다음과 같이 규정하고 있다.

즉 「법인 · 단체 또는 개인(이하 "법인등"이라 한다)의 경영 · 영업상 비밀에 관한 사항으로서 공개될 경우 법인 등의 정당한 이익을 현저히 해할 우려가 있다고 인정되는 정보. 다만, 다음에 열거한 정보를 제외한다.

가. 사업활동에 의하여 발생하는 위해로부터 사람의 생명 · 신체 또는 건강을 보호하기 위하여 공개할 필요가 있는 정보

나. 위법 · 부당한 사업활동으로부터 국민의 재산 또는 생활을 보호하기 위하여 공개할 필요가 있는 정보」라고 하여 정보공개 대상에서 제외되는 것으로서 규정하고 있다.

이 규정에서 「법인 등」이라 함은 주식회사, 공익법인, 종교법인, 특수법인, 정치단체, 그 밖의 법인격 없는 단체도 포함된다고 해석된다. 그리고 사업을 행하는 개인의 당해 사업에 대한 정보도 같이 취급된다. 판례상 법인 등의 경영 · 영업상 비밀이라 함은 「타인에게 알려지지 아니함이 유리한 사업활동에 관한 일체의 정보 또는 사업활동에 관한 일체의 비밀사항」을 의미한다고 한다.[9] 이러한 정보에는 법인의 내부관리정보, 저작권, 노하우, 계약의 내용, 지불 상대방의 법인명 혹은 청구서, 법인의 자산 · 회계 · 재무상태 · 금융거래정보, 개발계획, 사업계획, 종교법인의 종교의 자유, 학교법인의 학문의 자유에 관한 것

9) 대법원 2008.10.23. 선고 2007두1798 판결. 이 판결에 상세한 내용에 관하여는 후술한다.

등이 포함된다고 보여 진다.

Ⅲ. 비교법적 측면에서 볼 때 정보공개법상 비공개사유로서 법인 등의 경영·영업상 비밀에 대한 취급

1. 미국의 정보자유법상 비공개사유로서 법인 등에 관한 정보

USC 5권 552조 b항 제4호는 「영업비밀 또는 제3자로부터 취득한 상업상 또는 금융상 정보로서 비밀특권이 인정되거나 비밀인 것」이라고 규정하고 있다. 이 규정 이외에도 동 규정 제8호는 「금융기관의 규제 또는 감독에 책임을 가지는 행정기관에 의하여 그 행정기관에 대신하여 또는 행정기관의 이용을 위하여 작성된 조사, 운영, 상황에 관한 보고에 포함되어 있거나 그러한 것들과 관련된 사항」을 규정하고 동 규정 제9호는 「지질학 및 지구물리학적 정보 및 유전에 관한 지도를 포함한 자료」라고 규정하고 있다.[10) 금융기관 검사정보 등에 관한 규정(제8호)과 유전정보에 관한 규정(제9호)도 법인과 관련된 정보로 비공개 사유로 규정되어 있으나 특수한 것으로 이에 대한 판례도 그다지 많지 않다.[11)

10) 5 USC § 552 b
(4)trade secrets and commercial or financial information obtained from a person and privileged or confidential
(8)contained in or related to examination, operating, or condition reports prepared by, on behalf of, or for the use of an agency responsible for the regulation or supervision of financial institutions; or
(9)geological and geophysical information and data, including maps, concerning wells

11) 宇賀克也, 「情報公開法アメリカの制度と運用」(東京: 日本評論社, 2004), 308頁.

미국의 정보자유법상 비공개규정은 공개의무를 면제하는 것이고 비공개를 의무지우는 것은 아니다. 영업비밀법(Trade Secrets Act)은 동법에서 보호하는 비밀에 대하여 벌칙으로서 공개를 금지하고 있다. 이 법의 보호범위는 법인 등에 관한 정보의 비공개규정인 USC 5권 552조 b항 제4호의 보호범위보다 넓게 해석되기 때문에[12] 이 규정에 해당하면 재량적 공개가 어렵게 된다. USC 5권 552조 b항 제4호는 「영업비밀」[13]과 「제3자로부터 취득한 상업상 또는 금융상 정보로서 비밀특권이 인정되거나 비밀인 것」각각을 그 대상으로 한다. 판례상 쟁점이 되는 것은 무엇이 비밀에 해당하는가 여부이다. 주로 후자에 관련된 것이다.

비밀의 의미에 대하여 판례는 당초 비밀로 할 것을 약속하였는가 등의 정보제공자의 의사를 기준으로 판단하는 경향이 있었으나 이러한 흐름을 바꾼 것이 1974년 National Parks판결이다.[14] 이 판결은 비밀을 판단할 때 정보제공자의 의사를 결정적 요소로 하지 않고 (a)정부가 장래에 필요한 정보를 얻을 능력을 훼손하는가 여부(Test 1, impairment prong)와 (b)정보제공자의 경쟁적 지위에 실질적 손해를 가하는가 여부(Test 2, competitive harm prong)라는 관점에서 객관적으로 비밀을 판단하는 입장을 취하였다. 이러한 입장은 그 후 Critical Mass판결[15]에 의하

---

12) CNC Financial Corporation v. Denovan, 830 F.2d 1132 (D.C. Cir. 1987)

13) 영업비밀에 대하여는 common law.의 정의에 따라서 제조물간 직접관계가 있는 것이 필요하기 때문에 이에 해당하는 예가 많지 않다고 한다. 판례는 당초 영업비밀을 광의로 해석하여 경쟁상 이익을 주는 모든 정보를 포함한다고 하였다. 그러나 1983년 특별구 항소법원은 영업비밀에 대하여 불법행위법의 Restatement에서 사용되는 것 보다 협의인 common law 정의를 채용하였다. 이 판결은 영업비밀을 「상품의 제조, 설계, 합성, 가공에 사용되는 것으로 기술혁신 또는 상당한 노력의 성과라고 할 수 있는 것과 같은 비밀이 상업적 가치가 있는 계획, 제법, 공정 또는 장치」라고 정의하여 생산공정과 사이에 직접적 관계가 있을 것을 영업비밀의 요건으로 하였다. Public Citizen Health Research Group v. FDA, 704 F.2d 1280(D.C. Cir. 1983)

14) National Parks and Conservation Ass'n v. Morton, 498 F.2d 770 (D.C. Cir. 1974)

15) Critical Mass Energy Project v. NRC, 975 F. 2d 871(D.C. Cir. 1992)

여 약간 수정되었다. 이 판결은 정보제출이 의무적으로 행하여진 경우에는 National Parks판결기준이 적용되지만, 자발적으로 제공된 경우에는 새로운 기준을 제시하였다. 즉「정보제공자가 관행적으로 공중에게 비공개하여 온 정보를 자발적으로 제공한 경우에는 당해정보는 공개되지 않는다」라고 하여 자발적 제공정보가 관행적으로 공중에게 비공개하여 온 정보에 해당하면 National Parks판결의 (a)요건 즉, 정부가 장래에 필요한 정보를 얻을 능력을 훼손하는가 여부를 묻지 않고 당해정보가 552조 b항 제4호에 해당한다고 하였다. Critical Mass판결의 새로운 기준은 자발적 제공에 의한 정보수집의 용이성 확보라는 행정이익과 더불어「관행적으로 공중에게 비공개하여 온」정보제공자의 이익을 보호하려는 것이다. 그러나 자발적 제공과 강제제공의 구별기준, 관행의 의미 등이 판례상 명확하지 못하다는 점 등이 문제점으로 지적되고 있다.

2. 일본의「행정기관이 보유하는 정보공개에 관한 법률」에 있어서 법인 등의 단체정보의 취급

일본의 경우 정보공개법의 적용대상이 행정기관에 한정되기 때문에 특수법인에 대한 정보공개범위를 확장하기 위하여 2001년에「독립행정법인 등이 보유하는 정보공개에 관한 법률」을 제정하였다. 비공개사유로서 법인에 관한 정보는 양자의 내용이 같다. 이에 관하여「행정기관이 보유하는 정보공개에 관한 법률」제5조 제2호는 다음과 같이 규정하고 있다.

「법인 기타의 단체(국가, 독립행정법인 등, 지방공공단체 및 지방독립행정법인을 제외한다. 이하 "법인 등"이라 한다)에 관한 정보 또는 사업을 영위하는 개인의 해당 사업에 관한 정보로 다음에 열거하는 것, 다만 인간의 생명, 건강, 생활 또는 재산을 보호하기 위하여 공개하는 것이 필요하다고 인정되는 정보를 제외 한다.

이. 공개함으로써 해당 법인 등 또는 해당 개인의 권리, 경쟁상의 지위 기타 정당한 이익을 해칠 우려가 있는 것.

로. 행정기관의 요청을 받아 공표하지 아니한다는 조건으로 임의로 제공받은 것으로 법인 등 또는 개인에 있어서의 통례로서 공개하지 아니하게 되어 있는 것 기타 해당 조건을 부가하는 것이 해당 정보의 성질, 당시의 상황 등에 비추어 합리적이라고 인정되는 것.」

이 규정이 적용되는 법인 기타의 단체에는 회사와 같이 영리를 목적으로 하는 것에 한정되지 아니하고 학교법인, 종교법인, 사회복지법인, 공익법인, 특정비영리법인과 권리능력없는 사단도 포함된다. 그리고 개인의 사업활동정보에 관하여도 이 규정의 적용을 받는다.

법인 등에 관한 정보라고 하더라도「인간의 생명, 건강, 생활 또는 재산을 보호하기 위하여 공개하는 것이 필요하다고 인정되는 정보」는 공개를 의무지우고 있다. 공개하는 것이 필요하다고 인정되는가 여부는 정보공개에 의하여 얻어지는 이익과 비공개에 의하여 얻어지는 이익을 비교형량하여 판단하여야 한다.[16)]

일본 정보공개법 제5조 제2호 이목은「공개함으로써 해당 법인 등 또는 해당 개인의 권리, 경쟁상의 지위 기타 정당한 이익을 해칠 우려가 있는 것」을 비공개한다고 규정하고 있다. 이러한 권리에는 재산권은 물론 종교법인의 종교의 자유, 학교법인의 학문의 자유 등 비재산

---

16) 비교형량에 있어서는 공개에 의하여 보호되는 이익과 비공개에 의하여 보호되는 이익의 쌍방에 대하여 이익의 구체적 내용, 성격을 신중히 검토할 필요가 있다. 전자에 있어서 생명, 건강이라는 법익과 생활 또는 재산이라는 법익간에는 공개에 의한 이익이 서로 차이가 있을 수 있으며, 후자에 있어서도 제품 제조상의 노하우와 채용계획에 관한 정보에는 차이가 있을 수 있다. 宇賀克也,「新・情報公開法の逐條解說 第4版」(東京: 有斐閣, 2008), 74頁.

적 권리도 그 대상이 된다.[17]

동법 제5조 제2호 이목은 비공개약속조항을 규정하고 있다. 법인 기타의 단체는 법적으로 제출의무가 없는 정보에 대하여 그것을 타인에게 유통시킬 것인가의 여부와 이것을 인정할 경우 어떠한 조건으로 유통시킬 것인가에 대하여 스스로의 판단으로 결정하는 것이 원칙적으로 인정되어야 할 것이다. 이것은 개인정보에 대하여도 적용되지만, 일본 정보공개법은 법인에 관한 정보에 대하여도 비공개약속조항을 규정하고 있다. 비공개를 전제로 행정기관에 제출한 정보를 행정기관이 정보공개법에 의거하여 공개한다면 장래에 협력을 얻기 힘들어 사무처리 또는 사업수행에 지장을 초래함은 물론, 계약위반 또는 신의칙위반에 의한 손해배상책임을 질 수 있다.[18]

3. 독일 연방정보자유법상의 비공개 사유로서 경영 또는 영업상 비밀의 보호

독일 연방정보자유법[19] 제6조는「정보공개청구권은 지적 재산권 보호에 반하는 경우에는 인정되지 않는다. 경영 또는 영업상 비밀의 공개는 관계인이 동의를 한 경우에만 허용된다」고 규정하고 있다.

경영·영업상 비밀은 ①영업수행과 관련하여 존재하는 사실로서(Zusammenhang mit einem Geschaeftsbetrieb), ②공표되지 않은, 즉 제한된 범위의 사람들(Begrenzter Personenkreis)만이 알고 있는 것으로서 ③ 정

---

17) 宇賀克也,「新·情報公開法の逐條解說 第4版」, 75頁.

18) 관련 비공개약속이 공서양속에 반하여 무효가 되는 경우나 약속에 위반하여 공개하는 것이 긴급피난으로서 정당화되는 경우에는, 정보공개자의 비공개에 대한 기대와 신뢰를 지키지 않고 공개하는 것이 인정되어야 하고 이러한 경우에는 국가배상책임이 인정되지 않는다고 해석된다.

19) 정식명칭은「연방정보에의 접근을 규율하기 위한 법률」인데 약칭하여 연방정보자유법이라고 한다. Gesetz zur Reglung des Zugangs zu Informationen des Bundes (Informationsfreiheitsgesetz -IFG)-

보보유자의 의사에 의하여 비밀로 하고자 하는 것이며(Subjektiver Geheimhaltungswille), ④그 비밀의 유지에 정당한 이익(Berechtigtes Geheimhaltungsinteresse)을 가지고 있는 것을 말한다. 이러한 4가지 요건은 중첩적으로 충족되어야 한다.[20] 바로 이런 경우, 독일연방정보자유법 제6조 제1문상의 경영, 영업상 비밀이 존재하며, 단지 관계된 제3자의 명시적 승낙이 있는 경우에만 공개될 수 있다. 이러한 요건이 존재하는지 여부는 행정청이 직권으로 동법 제8조 제1항[21]에 따라 제출된 제3자의 입장을 고려하여 조사하여야 한다.

4. 자발적 제공정보와 비공개사유

미국과 일본의 정보공개법과 비교할 때, 우리나라 정보공개법 제9조 제1항 제7호에는 단체 등이 공개하지 않을 것을 조건으로 자발적으로 제공된 정보의 취급에 대한 규정이 없다. 비공개를 전제로 자발적으로 공공기관에 제출된 정보가 일방적으로 공개된다고 한다면 자발적으로 정보를 제공한 기업 등의 단체는 큰 불이익을 받을 수 있고, 경우에 따라서는 당해 행정청이 속한 국가, 지방자치단체 그리고 공공단체 등을 상대로 손해배상소송이 제기 될 수도 있다. 또한 비공개를 조건으로 자발적으로 정보를 제공하더라도 공개된다고 한다면 자발적으로 정보를 제출하는 것에 소극적으로 될 것이다. 공공기관이 강제적 수단에 의하여 정보제출을 의무지울 수 있는 것이 충분하지 못한 경우에는 행정기관은 단체에 관한 정보입수에 곤란을 겪을 수가 있다. 전술한 바와 같이 미국의 경우에는 명문의 규정은 없지만 National Parks 판결에서 정보의 공개가 행정기관의 정보입수를 어렵게 만드는 경우에

20) Mattis Rossi, Informationsfreiheitsgesetz, Handkommentar, Berlin, 2006, S.115ff.

21) 연방정보자유법 제8조 제1항. 제3자가 정보 비공개에 대하여 보호가치 있는 이익을 가질 수 있다는 근거가 존재하는 경우, 행정청은 정보공개청구에 의하여 그 이익이 침해되는 제3자에게 문서로 1개월 이내에 의견을 표명할 기회를 부여한다.

는 비공개하는 것이 승인되었다. 그 후 Critical Mass 판결에서 National Parks 판결의 기준은 정보제공이 의무지워진 경우의 기준으로 하고, 기업이 자발적으로 제공한 정보에 대하여는 통상적으로 공개하지 않는 종류의 정보이면 비공개하는 것이 인정된다고 하였다.

일본의 경우도 미국 정보자유법에 관한 판례의 영향을 받아 정보공개법상 비공개사유의 하나로서 법인 등의 단체정보를 규정하면서 동 규정의 적용제외 규정으로서 자발적 제공정보를 비공개사유의 하나로서 규정하고 있다. 「행정기관의 요청을 받아 공표하지 아니한다는 조건으로 임의로 제공받은 것으로 법인 등 또는 개인에 있어서의 통례로서 공개하지 아니하게 되어 있는 것 기타 해당 조건을 부가하는 것이 해당 정보의 성질, 당시의 상황 등에 비추어 합리적이라고 인정되는 것」을 그 대상으로 하고 있다. 우리나라에서도 비공개사유로서 법인 등의 정보에 대하여 관련판례의 축적이나 법규정의 개정을 통하여 비공개약속조항에 대한 법제도정비가 필요하다고 보여 진다.

Ⅳ. 정보공개법 제9조 제1항 제7호에서 규정하는 비공개사유로서 단체 등에 관한 판례의 추이

1. 판공비 사용내역에 관한 정보공개사건[22)]

행정청을 상대로 판공비 사용내역에 관한 정보공개신청을 하였으나 거부된 사건에서 서울고등법원은 「특정 법인·단체 또는 개인(이하 '법인 등'이라고 한다)에 관한 정보는 영업상 비밀에 관한 사항으로서 공개될 경우 법인 등의 정당한 이익을 현저히 해할 우려가 있다고 인정되는 경우에 한하여 비공개정보로 하고 있는바, 법인 등의 은행계좌번

22) 서울고법 2002. 8. 27. 선고 2001누17274 판결.

호에 관한 정보가 법인 등의 이름과 결합하여 공개될 경우, 악용되면 당해 법인 등의 영업상의 지위가 위협받을 우려가 있다고 할 것이므로 지방자치단체의 기관운영업무추진비 집행의 합법성과 효율성 여부를 판단할 수 있는 기초자료들이 포함되어 있는 업무추진비에 대한 집행 증빙인 정보 중 법인 등의 은행계좌번호에 관한 정보는 공공기관의정보공개에관한법률 제7조 제1항 제7호에서 정한 비공개대상정보에 해당한다고 할 것이나, 그 외의 정보는 법인 등의 영업상 유·무형의 비밀이나 노하우에 관한 사항을 포함하고 있어 이를 공개할 경우 그 법인 등의 영업상의 지위가 위협받는다거나 그 법인 등에 대한 사회적 평가가 저하되는 등 기존의 정당한 이익이 현저히 침해받는다고 인정할 만한 아무런 근거가 없으므로 같은 법 제7조 제1항 제7호의 비공개대상정보에 해당한다고 볼 수 없다」고 하였다.

2. 아파트재건축주택조합의 조합원들에게 제공될 무상보상평수의 사업수익성 등을 검토한 자료」에 관한 공개청구사건[23)]

대한주택공사를 상대로 「아파트재건축주택조합의 조합원들에게 제공될 무상보상평수의 사업수익성 등을 검토한 자료」를 공개 청구하여 거부된 사건에서 대법원은 다음과 같이 판시하였다.

「기록에 의하면, 원고들이 공개를 구한 '무상보상평수 산출내역'(이에 대하여 피고가 그 문서명을 구체적으로 밝히지는 않았지만 피고의 주장내용 등을 감안하면 피고가 이 사건 재건축사업에 참여하기 전에 내부적으로 확정한 '포항환호재건축사업후보지 선정 및 사업계획안'을 가리키는 것으로 봄이 상당하다. 이하 '이 사건 제2정보'라 한다)은 소외 조합의 조합원들에게 제

23) 대법원 2006.1.13. 선고 2003두9459 판결.

공될 무상보상평수를 '종전 분양면적 + 지하주차장 2평'으로 정할 경우의 사업수익성 등을 검토한 자료인데, 피고는 이 사건 제2정보에 대한 공개거부처분 이전인 2001. 7. 27. 소외 조합과 사이에 위와 같은 무상보상평수 제공 내용이 포함된 재건축사업계약을 체결한 사실을 알 수 있으므로, 이 사건 제2정보는 구 '공공기관의 정보공개에 관한 법률'(2004. 1. 29. 법률 제7127호로 전문 개정되기 전의 것, 이하 '법'이라 한다) 제7조 제1항 제5호 소정의 '의사결정과정 또는 내부검토과정에 있는 사항 등으로 공개될 경우 업무의 공정한 수행에 현저한 지장을 초래한다고 인정할 만한 상당한 이유가 있는 정보'에 해당한다고 할 수 없고, 이 사건 재건축사업의 경과, 피고의 사업참여 경위, 피고와 소외 조합과의 재건축사업계약의 내용 등에 비추어 보더라도 이 사건 제2정보가 공개될 경우 피고가 이 사건 재건축아파트의 분양 등 업무를 추진하는 것이 곤란해진다고 보기 어려울 뿐만 아니라, 이 사건 제2정보가 공개되면 피고와 소외 조합 사이의 재건축사업계약에 의하여 조합원들에게 제공될 무상보상평수의 산출근거를 알 수 있게 되어 조합원들의 알 권리를 충족시키고 이 사건 재건축사업의 투명성을 확보할 수 있게 되는 점 등 여러 사정들을 감안하여 보면, 이 사건 제2정보가 동법 제7조 제1항 제7호 소정의 '법인 등의 영업상 비밀에 관한 사항으로서 공개될 경우 법인 등의 정당한 이익을 현저히 해할 우려가 있다고 인정되는 정보'에 해당한다고 보기도 어렵다.」

3. 「아파트 분양원가 산출내역에 관한 정보」 공개청구 사건[24)]

대한주택공사를 상대로 「아파트 분양원가 산출내역에 관한 정보」

24) 대법원 2007.6.1. 선고 2006두20587 판결.

를 공개청구하여 거부된 것이 쟁점이 된 사건에서 대법원은 「국민의 알권리를 보장하고 국정에 대한 국민의 참여와 국정운영의 투명성을 확보한다는 정보공개법의 입법목적과 취지에 비추어 보면, 공공기관은 자신이 보유·관리하는 정보를 공개하는 것이 원칙이고, 정보공개의 예외로서 비공개사유에 해당하는지 여부는 이를 엄격하게 해석할 필요가 있는 점, 피고는 주택을 건설·공급 및 관리하고 불량주택을 개량하여 국민생활의 안정과 공공복리의 증진에 이바지하게 함을 목적으로 대한주택공사법에 의하여 설립된 법인으로서 그와 같은 목적의 수행을 위하여 일반 사기업과는 다른 특수한 지위와 권한을 가지고 있는 점, 피고가 이미 분양이 종료된 고양시 풍동 소재 주공그린빌 주택단지의 아파트 분양원가 산출내역의 자료를 공개한다고 하여 기업으로서의 경쟁력이 현저히 저하된다거나 주택건설사업과 분양업무를 추진하는 것이 곤란해진다고 단정할 수 없는 점, 피고가 위 정보를 공개함으로써 위 아파트의 분양원가 산출내역을 알 수 있게 되어 수분양자들의 알권리를 충족시키고, 나아가 공공기관의 주택정책에 대한 국민의 참여와 그 운영의 투명성을 확보할 수 있는 계기가 될 수 있는 점 등 여러 사정들을 감안하여 보면, 위 정보를 공개함으로 인하여 피고의 정당한 이익을 현저히 해할 우려가 있다고 볼 수 없다」고 하여 그 공개로 위 공사의 정당한 이익을 현저히 해할 우려가 있다고 볼 수 없어 구 공공기관의 정보공개에 관한 법률 제7조 제1항 제7호에서 정한 비공개대상정보에 해당하지 않는다고 하였다.[25)]

25) 이 판례의 평석으로, 하명호, "가. 정보공개거부처분 취소소송에서 정보의 존재에 대한 입증책임의 소재와 입증의 정도, 나. 대한주택공사가 분양한 아파트의 분양원가 산출자료가 구 공공기관의 정보공개에 관한 법률 제7조 제1항 제7호 소정의 비", 대법원판례해설 68호(2007 상반기)(2007.12), 448-469면.

4. 「수시집행 접대성 경비의 건별 집행서류 일체」에 대한 정보공개청구사건[26)]

한국방송공사에 대하여 행하여진「수시집행 접대성 경비의 건별 집행서류 일체」의 공개청구가 거부된 것이 쟁점이 된 사건에서 대법원은 다음과 같이 설시하였다.

「양 법의 입법 목적과 규율대상 등 여러 사정을 고려하여 보면, 정보공개법 제9조 제1항 제7호 소정의 '법인 등의 경영·영업상 비밀'은 부정경쟁방지법 제2조 제2호[27)] 소정의 '영업비밀'에 한하지 않고, '타인에게 알려지지 아니함이 유리한 사업활동에 관한 일체의 정보' 또는 '사업활동에 관한 일체의 비밀사항'으로 해석함이 상당하다.

그러나 한편, 정보공개법 제9조 제1항 제7호는 '법인 등의 경영·영업상의 비밀에 관한 사항'이라도 공개를 거부할 만한 정당한 이익이 있는지의 여부에 따라 그 공개 여부가 결정되어야 한다고 해석되는바, 그 정당한 이익이 있는지의 여부는 앞서 본 정보공개법의 입법 취지에 비추어 이를 엄격하게 해석하여야 할 뿐만 아니라 국민에 의한 감시의 필요성이 크고 이를 감수하여야 하는 면이 강한 공익법인에 대하여는 다른 법인 등에 대하여 보다 소극적으로 해석할 수밖에 없다고 할 것이다.

원심판결 이유에 의하면, 원심은 이 사건 정보는 정보공개법 제9조 제1항 제7호 소정의 비공개대상정보에 해당한다는 취지의 피고의 주장에 대해 제1심판결을 인용하여, 정보공개법 제9조 제1항 제7호 소정의 비공개대상정보인 '법인 등의 경영·영업상 비밀'이란 '일반적으로

---

26) 대법원 2008.10.23. 선고 2007두1798 판결.

27) 부정경쟁방지법 제2조 제2호는 그 규율대상인 '영업비밀'에 관하여 "공공연히 알려져 있지 아니하고 독립된 경제적 가치를 가지는 것으로서, 상당한 노력에 의하여 비밀로 유지된 생산방법, 판매방법, 그 밖에 영업활동에 유용한 기술상 또는 경영상의 정보를 말한다"고 정의하고 있다.

알려져 있지 아니하고 독립된 경제적 가치를 가지며, 상당한 노력에 의하여 비밀로 유지·관리된 생산방법, 판매방법 기타 영업활동에 유용한 기술상 또는 경영상의 정보'를 말한다고 전제한 후, 이 사건 정보에 피고 주장과 같이 거래 일시 및 거래 장소 등의 정보가 기재되어 있다 하더라도 그 정보가 피고의 영업상 유·무형의 비밀에 해당한다거나 이를 공개할 경우 피고의 정당한 이익이 현저히 침해받는다고 인정할 만한 아무런 근거가 없는 반면, 오히려 피고가 텔레비전 수상기를 소지한 국민들이 납부하는 수신료 등으로 운영되는 공영방송사로서 이 사건 업무추진비 등에 대하여 자의적이고 방만한 예산집행의 여지를 미리 차단하고 시민들의 감시를 보장함으로써 그 집행의 합법성과 효율성을 확보하기 위하여서라도 그 집행증빙을 공개할 필요성이 크다고 할 것인바, 이러한 사정을 종합하여 보면, 이 사건 정보가 정보공개법 제9조 제1항 제7호의 비공개대상정보에 해당한다고 볼 수 없다고 하여 피고의 주장을 배척하였다.

앞서 본 법리와 기록에 의하여 살펴보면, 원심이 정보공개법 제9조 제1항 제7호 소정의 '법인 등의 경영·영업상 비밀'을 부정경쟁방지법 제2조 제2호 소정의 '영업비밀'과 같은 의미로 해석한 것은 옳다고 할 수 없고, 이 사건 정보는 피고의 경영·영업상 비밀에 관한 사항에 해당한다고 볼 여지가 있으나, 한편 이 사건 정보가 공개될 경우 피고의 정당한 이익을 현저히 해할 우려가 있다고 인정하기는 어렵다고 보이므로, 피고의 주장을 배척한 원심의 조치는 결과적으로 정당하고, 거기에 상고이유의 주장과 같은 법리오해로 인하여 판결에 영향을 미친 위법이 있다고 할 수 없다」고 하였다.

Ⅴ. 판례의 추이와 본판결의 체계적 지위

1996년 정보공개법이 제정된 이후 동법 제9조 제1항 제7호의 비공개사유로서의 단체 등의 정보에 대하여 다수의 판례가 형성되었다. 전술한 예에서 볼 수 있듯이 단체장의 기관운영업무추진비와 한국방송공사 접대비등의 공개청구와 대한주택공사에 대한 「무상보상평수의 사업수익성 등을 검토한 자료」의 공개청구 및 「아파트 분양원가 산출내역에 관한 정보」의 공개청구 사건 등에서 법원은 비공개사유를 엄격히 적용함으로서 국민의 알권리 보장과 국정에 참여 그리고 국정운영의 투명성 제고에 기여하였다고 볼 수 있다.

대상판결은 비공개기준으로서 법인 등의 경영·영업상 비밀에 대하여「법 제9조 제1항 제7호 소정의 『법인 등의 경영·영업상 비밀은 타인에게 알려지지 아니함이 유리한 사업활동에 관한 일체의 정보 또는 사업활동에 관한 일체의 비밀사항』을 의미하는 것이고, 그 공개 여부는 공개를 거부할 만한 정당한 이익이 있는지 여부에 따라 결정되어야 하는 바, 그 정당한 이익이 있는지 여부는 앞서 본 정보공개법의 입법 취지에 비추어 이를 엄격하게 판단하여야 할 뿐만 아니라, 국민에 의한 감시의 필요성이 크고 이를 감수하여야 하는 면이 강한 공익법인에 대하여는 보다 소극적으로 판단하여야 한다」고 하고 있는데 이는 전기의 대법원 2008.10.23. 선고 2007두1798 판결에서 제시된 기준을 일관하여 기술하고 있다.

이 사건에서 원심은 이 사건 공개청구의 대상이 된 정보가 「주로 변리사, 변호사 및 생명공학 관련 전문교수와 서울대 조사위원회 관계자들이 특허, 생명공학 및 서울대 조사보고서와 관련된 전문분야의 견해를 밝히는 것임은 앞서 본 바와 같다. 따라서 이 사건 정보가 피고의 경영·영업상 비밀에 관한 사항이라거나 공개될 경우 피고의 정당한 이익을 현저히 해할 우려가 있다고는 보기 어렵다」고 판시하였는데 반하여, 대상판례에서는 「법인 등의 경영·영업상 비밀」은 「타인에게 알려지지 아니함이 유리한 사업활동에 관한 일체의 정보 또는 사업활동에 관한 일체의 비밀사항」을 의미한다고 정의하면서 이 사건 공개청구대상이 된 「방송프로그램의 기획·편성·제작 등에 관한 정보」는 「타인에게 알려지지 아니함이 유리한 사업활동에 관한 일체의 정보」에 해당한다고 하였다. 즉, 이 사건 정보는 법인 등의 경영·영업상 비밀에 해당한다고 하면서, 이것이 공개될 경우, 「피고의 경영·영업상의 이익」과 「방송의 자유와 독립」을 침해할 우려가 있기 때문에 공개를 거부할 정당한 이익이 있다고 판단하였다.

대상판결은 이 사건정보가 방송프로그램의 기획·편성·제작 등에 관한 정보로서 정보공개법 제9조 제1항 제7호 정보에 해당하기 때문에 비공개가 정당하다는 취지의 판단을 행하고 있는데 이 부분의 판단은 원심판단과 종래의 판례의 흐름에서 볼 때 정보공개법 제9조 제1항 제7호의 비공개사유의 적용범위를 지나치게 확장하였다고 볼 수 있다.

그리고 대상판결이 기술하는 취지에 따를 경우, 정보공개법 제9조 제1항 제7호 해당하면 동규정이 정하는 공익적 이유에 의한 의무적 공개사유[28]에 해당하는 경우를 제외하고는, 비공개된다고 판시하고 있는데, 이것이 단순히 공개의무를 배제하는 것인지 혹은 공개 자체를 금지하는 것인지에 대하여 분명히 하고 있지 않다. 정보공개법의 전체구조를 볼 때, 이 사건 정보와 같이 어떤 정보가 단체의 경영·영업상 비밀로서 정보공개법 제9조 제1항 제7호에 해당한다고 하더라도, 동규정은 정보공개금지를 규정하는 것이 아니라, 정보공개의무를 배제하는 것을 규정하고 있기 때문에 재량적 공개가능성을 배제하는 것은 아니라고 볼 수 있다.

28) 정보공개법 제9조 제7항 가. 사업활동에 의하여 발생하는 위해로부터 사람의 생명·신체 또는 건강을 보호하기 위하여 공개할 필요가 있는 정보
나. 위법·부당한 사업활동으로부터 국민의 재산 또는 생활을 보호하기 위하여 공개할 필요가 있는 정보

Ⅵ. 정보공개법 제9조의 비공개사유와 재량적 공개 가능성

정보공개법 제3조는 「공공기관이 보유·관리하는 정보는 이 법이 정하는 바에 따라 공개하여야 한다」고 하면서 동법 제9조는 「공공기관이 보유·관리하는 정보는 공개대상이 된다. 다만, 다음 각호의 1에 해당하는 정보에 대하여는 이를 공개하지 아니할 수 있다」고 규정하고 있다. 이 법의 목적과 취지를 고려하고 이 조문들의 문리적 형식을 고려할 때, 정보공개법 제9조 단서에서 규정하는 비공개사유에 해당하는 정보에 대하여는 당해정보의 공개가 금지되는 것이 아니라 공개의무가 면제되는 것으로 해석하는 것이 타당하다.

이러한 이해에 서게 되면 비공개사유에 해당하는 정보라고 하더라도 공개하는 이익이 비공개를 통하여 얻는 이익을 상회하는 경우에는 재량적으로 공개하는 것이 가능하다고 생각된다. 행정기관이 재량적으로 비공개정보를 공개할 경우에는 비공개정보 자체의 성격과 그것이 보호하려는 이익의 성질 및 중요성을 고려하여 비공개이익과 공개에 의하여 얻어지는 이익을 비교형량하여 결정하여야 한다.

공개청구의 대상이 된 정보가 정보공개법 제9조 제1항 제7호에 해당하는 정보라고 하더라도 공익상 특히 필요가 있다고 인정될 때에는 공공기관은 당해 정보를 공개하는 것이 가능하다고 할 수 있다. 이 경우 공익상 필요한 경우라 함은 공개하는 것에 의하여 비공개규정이 보호하는 법익을 상회하는 공익상 필요성이 있다고 인정되는 경우를 지칭한다고 할 수 있다.

이 판결은 「법 제9조 제1항 제7호 소정의 『법인 등의 경영·영업상 비밀』은 『타인에게 알려지지 아니함이 유리한 사업활동에 관한 일체의 정보』 또는 『사업활동에 관한 일체의 비밀사항』을 의미하는 것이고… 방송프로그램의 기획 · 편성 · 제작 등에 관한 정보는 …모두 공개하도록 강제하는 것은 피고로 하여금 정보공개의 결과로서 야기될 수 있는 각종 비난이나 공격에 노출되게 하여 결과적으로 방송프로그램 기획 등 방송활동을 위축시킴으로써 피고의 경영 · 영업상의 이익을 해하고 나아가 방송의 자유와 독립을 훼손할 우려가 있다… 『법인 등의 경영 · 영업상 비밀에 관한 사항』에 해당할 뿐만 아니라 그 공개를 거부할 만한 정당한 이익도 있다고 보아야 한다」고 설시하여 정보공개법 제9조 제1항 제7호 해당성에 대하여서 논증을 하고 있다.

그러나 전술한 관점에 따르면 이러한 결론의 도출과정에서는 동 규정에 해당하더라도 우월적 공익의 존재가능성과 이들 가치와 동규정이 보호하는 가치와 비교형량과정이 결여되었다고 평가할 수 있다. 이 사건 청구대상이 된 정보의 경우, 당해 정보가 사회적으로 여러 측면에서 문제가 되었고 국민일반의 초미의 관심이 되었던 사실을 감안하면 이에 대한 국민의 정보접근권의 확보, 관련사항에 관한 투명성의 제고 등의 우월적 공익의 존재에 대한 확인과 평가 그리고 대립되는 이익간의 비교형량과정이 없었다는 것은 판결의 결론을 도출과정에서 필요한 고려사항의 취사선택과 대립되는 이익의 형량과정이 충분하지 못하였다고 볼 수도 있다.

한편 정보공개법과 별도로 개별영역에서 정보공개와 관련된 사항을 별도로 규정하는 경우가 있는데 「방송법」 제90조 제5항이나 「교육관련기관의 정보공개에 관한 특례법」 등을 그 대표적 예로 들 수 있다. 정보공개법에 추가하여 이들 법규정을 둔 배경에는 당해 분야에 정보공개에 관한 고도의 공익성이 존재하기 때문에 다른 부분에 비하여 정보공개를 강화하기 위한 정책적 배려가 있다고 해석된다. 이러한 점을 감안하더라도 이 판결은 결과적으로 종래의 대법원 판례에서 보다 경향적으로 정보공개의 범위를 협소하게 판시하였다고 할 수 있다.

Ⅶ. 정보공개법상 비공개사유와 비밀의 관계

1. 법인 등의 경영·영업상 비밀과 공무원법상 비밀

대상판결에서 「법인 등의 경영·영업상 비밀」을 「타인에게 알려지지 아니함이 유리한 사업활동에 관한 일체의 정보 또는 사업활동에 관한 일체의 비밀사항」이라고 정의하고 있는데 이들 개념정의 중에서 무엇이 비밀인가에 대하여는 구체적 기술이 없다. 비밀에 관한 통일적 법제도가 정비되어 있지 않는 우리법제에 있어서 정보공개법상의 비공개 사유에 해당하는 정보를 어떻게 취급할 것인가와 관련하여 비밀과 정보공개법상의 비공개사유와 관계를 검토할 필요가 있다. 정보공개법은 공개청구된 정보가 비공개사유에 해당하는 경우에는 공개하여서는 안된다고 규정하고 있다. 그러나 공개하여서는 안된다는 취지는 공무원법상의 비밀엄수의무를 과하고 있는 규정에 있어서 비밀을 지칭하는 것은 아니다. 즉 전술한 바와 같이 공개의무를 배제하는 것에 지나지 않는다.[29] 그러나 「비밀」의 개념을 분명히 하는 것은 정보공개법 제9조 제1항 제7호의 비공개사유의 획정에도 의미가 있을 수 있다. 비밀에 대한 논의는 주로 정보공개법과 관련한 것이 아니라 공무원법상 비밀엄수의무와 관련하여 전개되어 왔다.

공무원의 직무상 비밀을 둘러 싼 논의에 있어서 지금까지 특히 논의의 대상이 되어 온 것은 법률상 보호가치 있는 직무상 비밀은 무엇인가 또는 무엇을 가지고 비밀성을 인정할 것인가의 문제였다.[30] 이 점에 관하여 형식비설과 실질비설의 대립이 있다.[31] 형식비설은 행정

29) 정보공개법은 정보공개와 공무원의 비밀엄수의무와 관계에 대하여 규정하지 않고 있다. 입법례에 따라서는 덴마크 정보공개법 제14조와 같이 형법, 공무원법 등의 일반적 비밀엄수규정은 정보공개법상 비공개의 근거가 될 수 없다고 명시하는 경우도 있다. 宇賀克也, 「新情報公開法の逐條解說 第4版」, 52頁.

30) 김철용, 「행정법」(서울: 박영사, 2011), 967면 이하.

31) 어떠한 비밀을 보호하려는가에 대하여 다음의 4가지 견해가 있을 수 있다. 즉, ①

청에 의하여 비밀로서 지정되고 취급되는 사항·문서는 모두 직무상 비밀에 해당한다고 한다. 이것에 대하여 실질비설은 비밀로서 보호되기 위해서는 비밀로서 지정·취급을 받는 것만으로 충분하지 않고 보호할 가치 있는 실체(실질적 비밀성)를 갖추어야 한다고 한다.[32]

대법원판례에 따르면 국가공무원법 등에서 규정하는 행정기관의 직원에게 비밀엄수의무를 과하고 있는 규정에 있어서 비밀이라 함은 실질비에 한정되는 것이다. 이와 같은 실질비를 누설하면 당해 행위는 국가공무원법 등의 위반이 되고 징계처분 또는 형사처벌의 대상이 된다.[33]

헌법재판소 결정례에서도「군사상 기밀이란 비공지의 사실로서 적법절차에 따라 군사기밀로서의 표지를 갖추고 그 누설이 국가의 안전보장에 명백히 위험을 초래할 만큼의 실질적 가치를 지닌 것으로 볼 만큼의 실질적 가치를 지닌 것으로 인정되는 경우에 한하여 적용된다」라고 하여 실질비를 기준으로 직무상 비밀의 해당여부를 판정하고 있는 것 같다.[34]

비밀엄수의무의 객체가 되는 비밀은 판례에 따를 경우 실질적으로 보호할 가치가 있어야 한다.[35] 일반적으로 실질적으로 보호할 가치가 있다는 것이라 함은 당해 비밀이 ① 미공지의 사실이고, ② 비밀로서

명시적으로 비밀로서 지정된 것만을 보호하려는 것으로 보는 견해(단순 형식비설), ② 명시적으로 비밀로 지정된 것에 부가하여 실질적으로 비밀로 되어야 될 것을 보호하려는 것으로 보는 견해(가중적 형식비설), ③ 실질적으로 비밀로 되어야 될 것만을 보호하려는 것으로 보는 견해(단순 실질비설), ④ 명시적으로 비밀로서 지정된 것 가운데 실질적으로 비밀로 되어야 되는 것을 보호하려는 견해(한정적 실질비설) 등이 있을 수 있다. 이러한 견해 중에서 ② 가중적 형식비설이 비밀을 인정하는 범위가 가장 넓고 ④ 한정적 실질비설이 가장 좁다고 할 수 있다.

32) 김동희,「행정법 Ⅱ」(서울: 박영사, 2007), 168면.

33) 대법원 1996. 10. 11. 선고 94누7171 판결. 대법원 2012. 3. 15. 선고 2010도14734 판결

34) 헌재결정 1992. 2. 25, 89헌가 104.

35) 김철용,「행정법」967-968면.

보호할 필요성이 있고, ③ 비밀로서 보호할 상당성이 있을 것 등의 3 요건을 충족하는 것을 의미한다고 생각된다.

제1의 요건인 비공지성은 당해 정보가 널리 알려져 있지 않다는 것을 의미한다. 당해 정보가 이미 널리 알려진 경우에는 이미 그 정보를 비밀로 할 이유가 없기 때문이다.[36]

제2의 요건인 비밀보호의 필요성이라 함은 그 비밀을 보호하여야 할 이익은 정당한가 여부 그리고 어느 정도 중요한가 여부가 문제로 된다. 비밀엄수의무의 보호법익은 형벌 또는 징계벌로서 제재하면서까지 보호하여야 하는 것이기 때문에 당연히 그것에 상응하는 보호의 필요성이 존재하여야 한다.[37]

제3의 요건인 비밀보호의 상당성은 두 번째 요건인 비밀의 필요성의 일부라고 보는 것도 가능하다.[38] 이것은 비밀의 내용이 헌법이나 법률에 위반하여 위법인 경우에는 비밀의 보호는 인정되지 않는다는 요건이다. 소위「위법비밀」을 배제한다는 취지이다.[39] 아무리 효율적 행정을 확보하기 위한 것이라고 하더라도 헌법이나 법률에 위반하는 비밀을 보호할 수는 없을 것이다.[40]

이러한 국가공무원법이나 형법상의 비밀개념에 관한 학설과 판례상의 실질비 개념을 전제하여 정보공개법 제9조 제1항 제7호에 규정되

36) 단지 정보가 단편적으로 알려져 있지만 그 정보 자체가 아직 널리 알려져 있지 않는 경우에는 여전히 비밀로서 보호할 이유가 있을 수 있다. 또한 비공식적으로 공표되더라도, 공식적으로 공표되어 있지 않는 경우에도 비밀로서 보호되어야 할 경우도 있을 수 있다.

37) 宇賀克也,「新情報公開法の逐條解說 第2版」(東京: 有斐閣, 2004), 48頁.

38) 제2와 제3의 요건을 합하여 비밀보호의 필요성으로 포착하는 것도 가능하다. 두 가지 요건을 합하여 「필요성」이라는 요건으로 기술하는 경우가 많다.

39) 이것과 동시에 공무원에게는 내부고발의 권리가 있는 것을 의미한다. 행정기관이 위법하게 정보를 은닉할 때에는 공무원은 그것을 내부고발하여 공표할 권리가 있다. 이것에 대하여 수비의무위반을 이유로 형벌이나 징계처분을 가하는 것은 적절하지 않을 것이다.

40) 松井茂記,「情報公開法 第2版」(東京: 有斐閣, 2003), 49頁.

어 있는「법인 등의 경영 · 영업상 비밀」을 살펴보면 이러한 비밀에는 실질비에 해당하는 정보와 실질비에는 해당한다고 보기 어렵지만 법인 등의 경영 · 영업상 정보의 특성상 비공개사유에 해당정보가 포함되어 있을 수 있다.

2. 실질비와「법인 등의 경영 · 영업상 비밀」

대상판결에서는「법인 등의 경영 · 영업상 비밀」은「타인에게 알려지지 아니함이 유리한 사업활동에 관한 일체의 정보 또는 사업활동에 관한 일체의 비밀사항」을 의미한다고 기술하고 있는데, 사업활동에 관한 일체의 비밀사항에는 크게 나누어 다음의 세가지 유형의 내용을 포함하고 있다고 볼 수 있다.

첫째, 비밀보호의 밀도가 가장 강하게 요구되는 정보로서 당해정보가 법인 등의 경영 · 영업상에 해당하는 정보(사항적 관련성)로서 미공지 내지 비공표된 정보(미공지성)에 해당하며, 당해정보를 비밀로서 보호할 필요성과 상당성(비밀보호의 필요성)이 있는 정보를 들 수 있다. 이러한 유형의 비밀은 실질비에 해당하는 동시에 정보공개법상 비공개사유에 해당하는 경우이다.

둘째, 전기의 요건 중에서 사항적 관련성이나 미공지성의 요건을 갖추었으나 비밀보호의 필요성과 상당성의 요건이 충분히 존재하지 않는 정보로서 당해법인 등에 일정한 영향을 미칠 수 있는 정보를 들 수 있다. 이것은 실질비에 해당하지 않지만 비공개사유에 해당하는 경우이다.

셋째, 전기요건 중 사항적 관련성이나 미공지성의 요건을 갖추었지만 비밀보호의 필요성과 상당성의 요건을 구비하지 못한 경우로서 관계인이 정보제공시 비밀로 할 것을 약속하여 제공한 정보의 경우이다.

이러한 세가지 유형의 정보에 대하여 정보공개법 제9조 제1항 제7호가 규정하는 비공개정보에 대한 해당여부 및 공개여부는 각각의 공개청구된 정보가 공개에 의하여 실현되는 이익과 비공개를 통하여 보호되는 이익의 비교형량의 결과에 따라서 차이가 있을 수 있다.

첫째 유형의 경우에는 공익적 이유에 의한 의무적 공개에 해당하는 경우를 제외하고는 대립되는 이익을 비교형량 하더라도 그 공개가 비교적 어려운 유형의 정보에 해당할 것이다.

둘째 유형의 경우는 비록 「법인 등의 경영·영업상 비밀」에 해당하지만 재량적 공개과정을 통하여 비교적 당해 정보의 공개가 용이한 정보이다. 대상판결에서 문제된 정보도 이러한 유형의 정보에 해당하는 것으로 보여 진다. 이 경우에 있어서는 국민의 알권리보장과 공공기관 활동의 민주적 통제, 투명성확보라는 관점에서 보다 적극적 정보공개가 요청되는 유형이라고 할 수 있다.

셋째 유형의 정보에 대하여는 우리법제는 아무런 규정이 없지만 자기정보결정권의 실현이라는 관점에서 비공개할 것을 약속받아 자발적으로 제공된 정보에 대하여는 비공개정보로서 보호할 필요가 있을 수 있다. 행정과 사인간의 신뢰 내지 협력 구축의 관점에서 비공개가 긍정적으로 검토될 수 있는 경우도 있을 수 있다.

3. 비공개사유에 해당하는 정보의 취급

비공개사유에 해당하는 정보를 공무원법상 비밀엄수의무의 준수라는 관점에서 어떻게 취급할 것인가가 문제될 수 있다. 하나의 견해는 비공개사유범위와 비밀엄수의무의 범위를 동일시하는 것이다.[41] 이러한 입장에 따르면 비밀엄수의무가 미치는 비밀에 대해서만, 비공개하

41) 今橋盛勝,"情報公開條例をめぐる法律問題", 「自治体の情報公開」(東京: 學陽書房, 1982), 225-226頁.

는 예외가 인정되어지게 된다. 이러한 견해는 정보공개원칙을 가능한 한 넓게 하려는 발상에 기초하고 있다. 그러나 역으로 이러한 견해에서는 예외 사유에 해당하는 정보를 공개한 경우에, 비밀엄수의무위반 문제를 발생시키게 된다. 이것은 공개·비공개결정을 행하는 직원이 비밀엄수의무위반을 두려워하여 공개결정에 신중하게 되고 결과적으로 정보공개범위가 좁아지게 되지 않는가 하는 염려를 발생시킨다.[42]

이것에 대하여 또 다른 견해는 정보공개법과 비밀엄수의무가 미치는 범위를 분리하는 사고이다. 이 견해는 정보공개원칙을 가능한 한 널리 해석해야 한다고 하더라도 비공개사유의 인정범위와 비밀엄수의무가 미치는 정보범위를 동일하게 포착하는 것은 타당하지 않다고 한다. 이 입장에서는 공개하여야 할 정보와 공개하여서는 안되는 정보(즉 비밀엄수의무가 미치는 정보)간에는 공개하지 않는 것이 가능하지만 공개하더라도 비밀엄수의무위반이 되지 않는 정보가 있을 수 있다.

그리고 정보공개법은 일반적으로 후자의 입장에 서서 제정되었다고 생각된다. 그 때문에 정보공개법은 예외사유를 「공개하지 않는 것이 가능하다」는 정보로서 위치지우고 있다. 정보공개법운용과 관련하여 법령에 의하여 공개가 금지되지 않는 한에서는 그 정보는 스스로의 권한에 의하여 공개되어도 문제가 없다고 생각된다. 또한 법령에 공개를 하는 것이 금지된 정보를 제외하고는 설령 동법의 예외사유에 해당하는 정보라고 하더라도 어떠한 필요가 있는 경우에는 재량에 의거하여 그 정보를 공개하더라도 비밀엄수의무위반이 문제되지 않는다고 생각된다.[43] 또한 설령 법령에 의하여 공개하는 것이 금지된 정보에 관

42) 또한 이러한 견해에서는 예외사유에 해당하는 정보는 비밀엄수의무위반이 문제되는 비밀이 되기 때문에 예외사유에 해당하는 이상 공개는 허용되지 않는 것이 된다. 그 한도에서는 정보제공도 허용되지 않는다.

43) 정보공개법에 의거하여 적법하게 공개되는 한에 있어서는 국가공무원법 등의 비밀엄수의무위반에 의한 책임을 물을 수 없다고 생각되며 공익상 이유에 의한 재량적 공개에 대해서는, 공개하는 것에 우월적인 공익이 인정될 수 있는 경우가 있을 수 있고, 이와 같은 경우에는 공공기관의 고도의 정책적 판단에 의하여 공개하는

하여서도 공개청구가 있고, 법령해석을 잘못하여 이러한 정보를 공개하더라도 누설에는 해당하지 않기 때문에 비밀엄수의무위반의 책임이 발생한다고 하여서는 안 될 것이다.[44]

국가공무원법 등의 실질비 범위는 구체적으로 그 범위를 확정하는 것이 어렵기 때문에 그것과 비공개정보와 직접적으로 관련시키는 것은 쉽지 않다. 그리고 양자범위를 관련시키는 것이 정보공개법 입장에서 비공개 범위를 정하는 필수요건이 아니라고 볼 수 있다.[45] 또한 공개·비공개판단은 공개청구가 있을 때마다 행하여지기 때문에 한번 비공개된 정보라도 그 이후의 시간의 경과 등 사정변화에 의하여 공개될 수 있는 것은 당연하다.[46]

공무원에 대하여 일정한 정보를 공개하는 것을 금지하는 취지를 규정하는 개별법과 정보공개법은 각각 제도목적, 절차를 달리하기 때문에 기본적으로는 정보공개법 규정과 개별적 규정을 따로 분리하여 적용하는 것이 바람직하다.[47]

Ⅷ. 맺 음 말

현행의 정보공개제도 하에서 공공기관이 보유하는 법인 등의 정보

것이 가능하다는 것이 합리적이다. 그러나 공무원이 사인과 공모하여 정보공개청구의 형태를 취하여 비밀을 누설할 경우에는 당연히 비밀엄수위반이 될 수 있다.

44) 공개청구가 있고, 공개청구대상에 포함된 정보가 예외사유에 해당하는가 여부를 판단하여 예외사유에 해당하지 않는다고 결정하여 공개한 경우, 설령 그 판단의 위법성·타당성에 문제가 있다고 하더라도 그것을 비밀누설이라고 하는 것은 곤란할 것이다. 정보공개제도하에서 판단을 잘못하여 정보를 공개하더라도 비밀엄수의무위반으로 책임을 추궁하여서는 안된다고 본다.

45) 松井茂記, 前揭書, 49頁.

46) 김철용, 「행정법」, 969면.

47) 김창조, “정보공개법상 비공개사유와 공무원의 비밀엄수의무”, 공법연구 제35집 제2호, 345-346면.

는 원칙적으로 공개되지만, 정보공개법 제9조 제1항에 따르면 당해정보 중에서 「법인 등의 경영 · 영업상 비밀」등에 해당하는 부분은 비공개 될 수 있다. 무엇을 「법인 등의 경영 · 영업상 비밀」로 하여야 할 것인가에 관한 명확한 기준을 설정하지 않고 법인 등에 관한 정보에 해당하는 경우, 이것을 비공개로 한다면 법인 등의 정보에 대한 공개청구는 비공개로 처리될 가능성이 높다.

대상판결은 「법인 등의 경영 · 영업상 비밀」을 「타인에게 알려지지 아니함이 유리한 사업활동에 관한 일체의 정보」 또는 「사업활동에 관한 일체의 비밀사항」이라고 정의하고 있는데, 이러한 개념을 구성하는 개개의 개념징표(Begriffsmerkmale)를 확대해석할 경우 비공개의 범위가 부당하게 확대될 수 있다고 보여 진다.

시민의 소비자운동, 환경보호운동, 부패추방운동, 혹은 공공기관의 경영의 투명성제고운동 등은 국민들의 생명, 신체, 재산과 공공기관의 경영의 질적 개선 등에 관한 공공기관의 정책형성과 집행 등의 타당성과 투명성을 개선하려는 움직임이라고 할 수 있다. 만약 이러한 운동을 위한 정보가 적정하게 공개되지 않는다면 시민들은 한정된 정보에 의하여 판단할 수 밖에 없기 때문에 정보에 대한 정확한 파악이 되지 않고 상황을 오해할 수도 있다. 그렇게 될 경우 시민운동은 본래의 건전한 방향과는 다른 방향으로 그 움직임이 발전될 수 있고, 또한 국민들은 이러한 사안에 대하여 오해를 할 수도 있다. 그러나 한편으로 법인 등의 경영 · 영업상 비밀정보는 공개되면 경우에 따라서는 기업 등에 현저한 불이익을 초래할 수 있기 때문에 그 공개를 제한하는 것이 필요하다. 문제는 이 양자를 어떻게 조화시킬 것인가가 문제이다.

법인의 경영 · 영업상 비밀의 정보를 어떤 범위에서 비공개로 할 것인가의 문제는 관련 비공개정보가 어떤 영역과 관련되어 있는가라는 사항적 요소 이외에 구체적으로 공개될 경우 발생이 예견되는 지장을 판단하는 정성적 요소를 동시에 포함하고 있다고 할 수 있다. 이 두가지 요소는 정보의 소재영역과 사안에 따라서 개별구체적으로 타당성을 가질 수 있도록 판단함이 필요하다. 이 사건에서 정보의 비공개처분이 문제된 한국방송공사의 경우, 일반 타기업에 비하여 그 활동이 고도의 사회적 책임성과 공공성을 수반하고 있기 때문에, 그 경영·영업상 정보에 대하여는 비교적 폭넓은 국민의 정보접근권이 보장되어야 할 것이다. 다른 민영방송국과 비교하여 공영방송이 가지는 특성 등을 고려할 경우나, 경쟁적 지위 등에 관한 이익을 고려함에 있어서도 이러한 점을 반영하여 정보공개의 대상이나 범위를 유연하고 적극적으로 인정함이 필요하다고 생각되지만, 대상판결의 경우에 이러한 점의 고려가 부족하였다고 평가 된다.

이 판결은 한국방송공사의 「방송프로그램의 기획·편성·제작 등에 관한 정보」의 공개청구에 관한 최초의 대법원판례로서 그 의미를 가지고 있으나 정보공개법 제9조 제1항 제7호가 규정하는 비공개사유를 지나치게 확대적용하여 이들 분야에 요구되는 국민의 알권리실현과 투명성제고 및 민주적 참여확대의 가치 등이 대상판결의 도출과정에서 소홀하게 취급되었다는 점을 지적할 수 있다.

참고문헌

김철수, 「헌법학개론」(서울: 박영사, 2006).

김철용, 「행정법」(서울: 박영사, 2011).

김동희, 「행정법Ⅰ, 행정법 Ⅱ」(서울: 박영사, 2007).

정하중, 「행정법개론 제5판」(서울: 법문사, 2011).

박균성, 「행정법강의 제9판」(서울: 박영사, 2012).

홍정선, 「최신행정법판례특강 제2판」(서울: 박영사, 2012).

하명호, "가. 정보공개거부처분 취소소송에서 정보의 존재에 대한 입증책임의 소재와 입증의 정도, 나. 대한주택공사가 분양한 아파트의 분양원가 산출자료가 구 공공기관의 정보공개에 관한 법률 제7조 제1항 제7호 소정의 비", 대법원판례해설 68호(2007 상반기)(2007.12)

김창조, "정보공개법상 비공개사유와 공무원의 비밀엄수의무", 공법연구 제35집 제2호.

서울행정법원 2007. 9. 7. 선고, 2007누27013, 판결.

서울고등법원 2008. 7. 7, 선고, 2007누27013, 판결.

대법원 2010. 12. 23. 선고, 2008두13101, 판결.

서울고법 2002. 8. 27. 선고 2001누17274 판결.

대법원 2006.1.13. 선고 2003두9459 판결.

대법원 2007.6.1. 선고 2006두20587 판결.

대법원 2008.10.23. 선고 2007두1798 판결.

芝池義一, 「行政法總論講義」(東京: 有斐閣, 2006).

宇賀克也, 「情報公開法アメリカの制度と運用」(東京: 日本評論社, 2004).

宇賀克也, 「新情報公開法の逐條解説 第2版」(東京: 有斐閣, 2008).

北澤義博・三宅弘, 「情報公開法解說」(東京: 三省堂, 1999).

松井茂記, 「情報公開法 第2版」(東京: 有斐閣, 2003).

宇賀克也, 「行政法概説Ⅰ, 行政法概説Ⅱ, 行政法概説Ⅲ」(東京: 有斐閣, 2007).

今橋盛勝, "情報公開條例をめぐる法律問題" 「自治体の情報公開」(東京: 學陽書房, 1982).

Mattis Rossi, Informationsfreiheitsgesetz, Handkommentar, 2006.

Friedrich Schoch, Informationsfreiheitsgesetz, Kommentar, 2009.

Jastrow/Schlatmann, Informationsfreiheitsgesetz, Kommentar, 2006.

Dieter Kugelmann, Informationsfreiheitsgesetz, Kommentar, Berlin, 2007.

National Parks and Conservation Ass'n v. Morton, 498 F.2d 770 (D.C. Cir. 1974)

Public Citizen Health Research Group v. FDA, 704 F.2d 1280(D.C. Cir. 1983)

CNC Financial Corporation v. Denovan, 830 F.2d 1132 (D.C. Cir. 1987)

Critical Mass Energy Project v. NRC, 975 F. 2d 871(D.C. Cir. 1992)

국문초록

대상판결은 「법인 등의 경영·영업상 비밀」을 「타인에게 알려지지 아니함이 유리한 사업활동에 관한 일체의 정보」 또는 「사업활동에 관한 일체의 비밀사항」이라고 정의하고 있는데, 이 개념을 넓게 파악하여 비공개의 범위를 부당하게 확대하고 있다.

시민의 소비자운동, 환경보호운동, 부패추방운동, 혹은 공공기관의 경영의 투명성제고운동 등은 국민들의 생명, 신체, 재산과 공공기관의 경영의 질적 개선 등에 관한 공공기관의 정책형성과 집행 등의 타당성과 투명성을 개선하려는 움직임이라고 할 수 있다. 만약 이러한 운동을 위한 정보가 적정하게 공개되지 않는다면 시민들은 한정된 정보에 의하여 판단할 수 밖에 없기 때문에 정보에 대한 정확한 파악이 되지 않고 상황을 오해할 수도 있다. 그렇게 될 경우 시민운동은 본래의 건전한 방향과는 다른 방향으로 그 움직임이 발전될 수 있고, 또한 국민들은 이러한 사안에 대하여 오해를 할 수도 있다. 그러나 한편으로 법인 등의 경영·영업상 비밀정보는 공개되면 경우에 따라서는 기업 등에 현저한 불이익을 초래할 수 있기 때문에 그 공개를 제한하는 것이 필요하다. 문제는 이 양자를 어떻게 조화시킬 것인가가 문제이다. 법인의 경영·영업상 비밀의 정보를 어떤 범위에서 비공개로 할 것인가의 문제는 관련 비공개정보가 어떤 영역과 관련되어 있는가라는 사항적 요소 이외에 구체적으로 공개될 경우 발생이 예견되는 지장을 판단하는 정성적 요소를 동시에 포함하고 있다고 할 수 있다. 이 두가지 요소는 정보의 소재영역과 사안에 따라서 개별구체적으로 타당성을 가질 수 있도록 판단함이 필요하다. 이 사건에서 정보의 비공개처분이 문제된 한국방송공사의 경우, 일반 타기업에 비하여 그 활동이 고도의 사회적 책임성과 공공성을 수반하고 있기 때문에, 그 경영·영업상 정보에 대하여는 비교적 폭넓은 국민의 정보접근권이 보장되어야 할 것이다. 다른 민영방송국과 비교하여 공영방송이 가지는 특성 등을 고려할 경우나, 경쟁적 지위 등에 관한 이익을 고려함에 있어서도 이러한 점을 반영하여 정보공개의 대상이나 범위를 유연하고 적극적으로 인정함이 필요하다고 생각되지만, 대상판결의 경우에 이러한 점의 고려가 부족하였다고 평가 된다. 이 판결은 한국방송공사의「방송프로그램의 기획·편성·제작 등에 관한 정보」의 공개청구에 관한 최초의 대법원판례로서 그 의미를 가지고 있으나 정보공개법 제9조 제1항 제7호가 규정하는 비공개사유를 지나치게 확대적용하여 이들 분야에 요구되는 국민의 알 권리실현과 투명성제고 및 민주적 참여확대의 가치 등이 대상판결의 도출과정에서 소홀하게 취급되었다는 점을 지적할 수 있다.

주제어: 정보공개, 비공개사유, 법인 등의 경영·영업상 비밀, 비공개사유와 비밀의 관계, 재량적 공개.

Abstract

The Information Subject to Non-Disclosure as Management and Trade Secrets of Corporations

Kim, Chang-Jo
(Prof. Kyungpook National University Law School)

This thesis analyses the scope of the information subject to non-disclosure as management and trade secrets of corporations. The research methods employed in this thesis include examining the development of legal systems, case laws and theories related to this problem in Korea, the USA, Japan and Germany. According to case law, management and trade secrets of corporations mean all secrets about the activities of business or all information required to be kept confidential which give a competitive advantage for the activities of business.

Information pertaining to matters such as management and trade secrets of corporations is not required to be disclosed in other to protect the interests of corporations. But the kind of information to be disclosed by the Official Information Disclosure Act is essential for the environmental movement, the consumer movement, the anticorruption movement and the movement to increase transparency in the public sector. It is the main purpose of this discussion to establish a concrete scope of the information subject to non-disclosure as management and trade secrets of corporations through balancing the two conflicting interests. Case laws related to this problem are not formed enough. To solve the problem in Korea, case law of information pertaining to matters such as management and trade secrets of corporations need to be developed.

Keywords: information of non-disclosure, the discretion of information disclose, secrets, Information pertaining to matters such as management and trade secrets of corporations problem of balancing of different interest.

투 고 일: 2012. 11. 27
심 사 일: 2012. 12. 21
게재확정일: 2012. 12. 21

損害塡補

公益事業 生活對策의 意味와 正當補償原理

허 강 무*

(대상판결 : 대법원 2011.10.13. 선고 2008두17905 판결)

Ⅰ. 대상판결의 사건개요 및 판결요지

1. 사건의 개요

1) 원고는 1993. 5. 20. 처인 소외 2의 명의로 상호를 '초원농원'으로, 사업장소재지를 '서울 은평구 진관내동 425-5'로 하여 화훼도매업을 영위하는 내용의 사업자등록을 하고, 소외 3으로부터 서울 은평구 진

* (재)한국부동산연구원 연구위원, 법학박사.

관내동 소재 '중앙식물원'(소외 3이 자신 소유 토지와 타인들로부터 임차한 토지 약 5,000평 위에 화훼 재배 · 판매용 비닐하우스시설을 설치하여 조성한 화훼도매단지이다) 내의 비닐하우스 2동(서울 은평구 진관내동 425-5 소재 나동 32호, 33호)을 임차하여 화훼도매업을 영위하다가 1998. 8. 31. 폐업신고를 하였다.

2) 그 후 원고는 소외 3으로부터 중앙식물원 내의 다른 비닐하우스시설인 서울 은평구 진관내동 428 지상 비닐하우스 3개동(가동 15호, 16호, 17호)을 임대차보증금 200만 원, 월차임 13만 원으로 정하여 임차하는 한편, 1999. 2. 5. 동생인 소외 1의 명의를 빌려 '태평양농원'이라는 상호로 화훼도매업을 영위하는 내용의 사업자등록을 하고 그 무렵부터 위 임차시설에서 화훼도매업을 영위하면서 소외 1의 명의로 세금을 신고 · 납부하였다(이하 원고가 위와 같이 운영한 화훼도매업체를 '이 사건 화원'이라 한다). 다만, 원고와 소외 3 사이에 작성한 임대차계약서에는 소외 3의 편의를 위하여 이 사건 화원의 실제 소재지인 '진관내동 428'이 아니라 일대의 화원단지 내의 인근 주소지인 '진관내동 452'라고 기재하였고, 원고가 위 임대차계약서를 첨부서류로 하여 사업자등록을 함에 따라 사업자등록증의 사업장소재지도 마찬가지로 실제 주소가 아닌 '서울 은평구 진관내동 452'로 등록되었다.

3) 원고는 이 사건 화원에서 화훼도매업을 계속 영위하던 중 신용불량자 등록이 해제됨에 따라 이 사건 화원의 사업자등록 명의를 자신의 명의로 변경하려고 하였으나 그 명의변경이 여의치 않자, 2003. 6. 30. 소외 1의 명의로 사업자등록을 한 '태평양농원'에 관하여 폐업신고를 함과 아울러 다시 자신의 명의로 상호는 동일하게 '태평양농원'으로 신규로 사업자등록을 하고 이 사건 화원에서 화훼도매업을 계속 영위하였다. 다만, 원고는 소외 3과 임대차계약을 갱신하면서 실제로는 대상토지의 변경이 없음에도 소외 3의 부주의로 이번에도 실제 토지지번이 아닌 그 인근의 '진관내동 425-1'로 임대차계약서에 기재하였고, 원

고가 위 임대차계약서를 첨부서류로 하여 사업자등록을 함에 따라 새로운 사업자등록증의 사업장소재지도 '서울 은평구 진관내동 425-1'로 등록되었다. 그러나 원고는 사업자등록명의의 변경이나 사업장소재지 기재의 변경과는 무관하게 실제로는 영업장소의 변경 없이 1999. 2. 5. 이래 '진관내동 428 지상 비닐하우스 3개동(가동 15호, 16호, 17호)'에서 '태평양농원'이라는 동일한 상호로 화훼도매업을 계속하여 왔다.

4) 원고는 2003. 6. 30. 서대문세무서장에게 상호를 '태평양농원'으로, 사업장소재지를 '서울 은평구 진관내동 425-1'로 하여 화훼(관엽, 분화)도매업을 영위하는 내용의 사업자등록을 하였다.

5) 서울특별시장은 2004. 2. 25. 서울특별시 고시 제2004-58호로 서울 은평구 진관내 · 외동, 구파발동 일대 토지 중 3,495,248㎡를 사업구역으로, 피고를 사업시행자로 하는 내용의 은평뉴타운 도시개발구역 지정 및 개발계획을 승인 · 고시하였다(이하 '이 사건 사업'이라 한다).

6) 서울특별시장과 피고는 2002. 11. 20. 서울특별시 공고 제2002-1330호로 은평뉴타운을 포함한 강북뉴타운 개발사업의 이주대책 기준일을 2002. 11. 20.로 정하여 이를 공고하였고, 그 후 피고는 2004. 10. 19. 이 사건 사업의 시행으로 인하여 생활근거 등을 상실하는 주민들을 위한 주거대책 및 생활대책으로 '은평뉴타운 도시개발구역 이주대책'을 공고하였는데, 그 중 이 사건 사업의 시행으로 인하여 영업근거를 상실하는 화훼영업자를 위한 생활대책(이하 '이 사건 대책'이라 한다)은 다음과 같다.

□ 이주대책

[생활대책]

구 분	은평뉴타운 이주대책기준
영업손실 보상자	① 기준일 이전부터 사업구역내에서 관계법령에 의한 허가·등록·신고 및 사업자등록을 하고 협의계약 체결일까지 계속 영업을 하여 영업손실보상을 받고 보상에 협의하여 자진 이주한 영업자 또는 기준일 이전부터 사업구역내에서 관계법령에 의한 임대사업자등록을 하고 협의계약 체결일까지 계속 임대사업을 영위한 자로서 보상에 협의하고 자진 이주한 자에게는 제2항의 규정에 의거 사업구역내 분양상가 또는 상가용지(준주거) 16.5㎡ 이하 지분을 공급한다.
영업손실 보상자	② 제1항에 불구하고 분양상가 또는 상가용지(준주거) 지분 공급물량이 부족할 경우에는 건물을 소유하고 허가·등록·신고를 필한 영업자를 1순위, 허가·등록·신고를 필한 임차영업자를 2순위, 사업자등록 미필 영업자를 3순위, 임대사업자등록을 필한 임대사업자를 4순위로 공급하고 동일순위 경쟁이 있는 경우에는 전산추첨에 의한다. 단, 사업자등록 미필 영업자 중 위법에 기인한 영업은 제외한다.
	③ (생략)

□ 주민 생업 기반조성을 위한 토지 특별공급

구 분	공급대상자 및 공급기준
화훼용지	① 기준일 3개월 이전부터 사업구역내에서 관계법령에 의한 허가·등록·신고 및 사업자등록을 하고 협의계약 체결일까지 계속 영업을 하여 영업손실보상을 받고 보상에 협의하여 자진 이주한 화훼영업자에게는 사업구역내 화훼용지 82㎡ 이하 지분을 공급한다.
	② 제1항에 불구하고 화훼용지 공급 물량이 부족할 경우에는 건축물을 소유하고 사업자등록을 필한 영업자를 1순위, 사업자등록을 필한 임차 영업자를 2순위로 공급하고 순위에서 경쟁하는 경우에는 전산추첨에 의한다. 단, 사업자등록 미필 영업자는 영업손실 보상자의 생활대책기준에 의한다.

7) 원고는 2006. 8. 24. 피고와 사이에 태평양농원의 손실보상금을 60,015,000원으로 정하여 그 시설 등을 이전 및 철거하는 내용의 지장물 등 이전 및 철거계약을 체결하였고, 이에 따라 그 무렵 태평양농원의 시설 등을 스스로 이전하였다.

8) 그 후 원고는 피고에게 이 사건 사업과 관련한 생활대책신청을 하였는데, 피고는 2007. 6. 7. 원고에 대하여 이 사건 대책에 따라 상가용지 16.5㎡ 이하를 공급받을 수 있는 대상자 중 공급순위 3순위 적격자로 선정되었음을 통보하였다(이하 '이 사건 처분'이라 한다).

9) 원고는 기준일 3개월 이전부터 사업자등록을 하고 영업을 계속한 화훼영업자에 해당하지 않음을 이유로 원고를 화훼용지 82㎡ 이하 지분을 공급받을 수 있는 대상자에서 제외한 이 사건 처분은 위법하다고 주장하였다. 이 사건 대책상의 화훼용지 공급대상자 선정기준에서의 '사업자등록' 요건을 화훼영업자 자신 명의의 사업자등록만을 의미하는 것으로 본다 하더라도, 원고가 기준일 3개월 이전부터 자신의 명의로 사업자등록을 하고 영업을 계속한 화훼영업자에 해당하지 않음을 이유로 한 이 사건 처분은 기준일 3개월 이전에 사업자등록을 한 화훼영업자와 그 후에 사업자등록을 한 화훼영업자를 합리적인 이유 없이 차별취급하는 것이어서 헌법상의 평등의 원칙에 위배되고, 원고의 화훼도매업의 영위라는 종전 생활상태의 회복을 불가능하게 하는 것이어서 정당보상의 원칙에도 위배되어 위법하다고 주장하였다.

[표 1] 대상판결의 사건개요

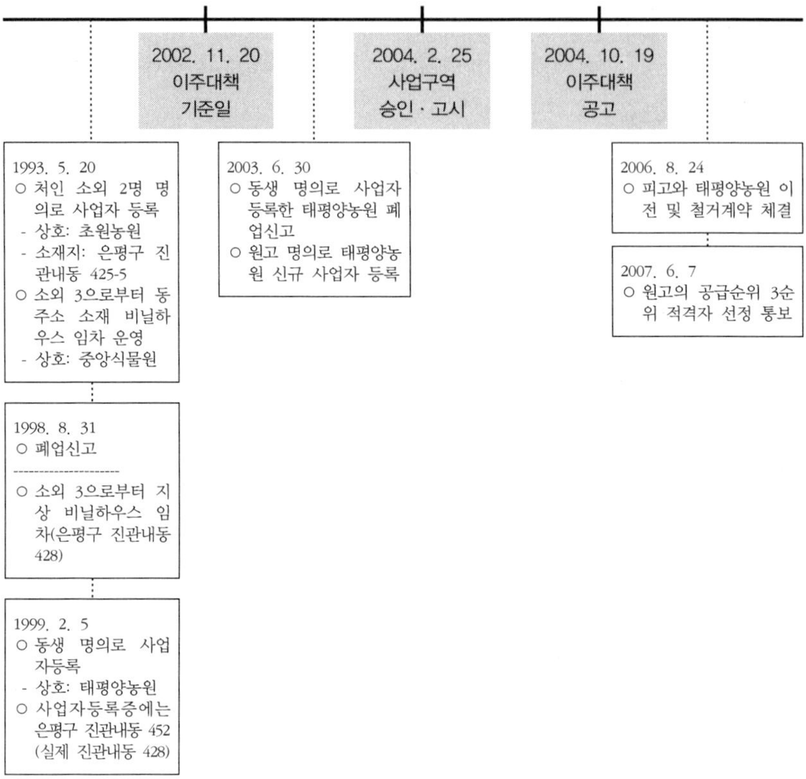

2. 판결의 요지

1) 공익사업을 위한 토지 등의 취득 및 보상에 관한 법률은 제78조 제1항에서 “사업시행자는 공익사업의 시행으로 인하여 주거용 건축물을 제공함에 따라 생활의 근거를 상실하게 되는 자(이하 ‘이주대책대상자’라 한다)를 위하여 대통령령으로 정하는 바에 따라 이주대책을 수립 · 실시하거나 이주정착금을 지급하여야 한다.”고 규정하고 있을 뿐,

생활대책용지의 공급과 같이 공익사업 시행 이전과 같은 경제수준을 유지할 수 있도록 하는 내용의 생활대책에 관한 분명한 근거 규정을 두고 있지는 않으나, 사업시행자 스스로 공익사업의 원활한 시행을 위하여 필요하다고 인정함으로써 생활대책을 수립·실시할 수 있도록 하는 내부규정을 두고 있고 내부규정에 따라 생활대책대상자 선정기준을 마련하여 생활대책을 수립·실시하는 경우에는, 이러한 생활대책 역시 "공공필요에 의한 재산권의 수용·사용 또는 제한 및 그에 대한 보상은 법률로써 하되, 정당한 보상을 지급하여야 한다."고 규정하고 있는 헌법 제23조 제3항에 따른 정당한 보상에 포함되는 것으로 보아야 한다. 따라서 이러한 생활대책대상자 선정기준에 해당하는 자는 사업시행자에게 생활대책대상자 선정 여부의 확인·결정을 신청할 수 있는 권리를 가지는 것이어서, 만일 사업시행자가 그러한 자를 생활대책대상자에서 제외하거나 선정을 거부하면, 이러한 생활대책대상자 선정기준에 해당하는 자는 사업시행자를 상대로 항고소송을 제기할 수 있다고 보는 것이 타당하다.

2) 뉴타운개발 사업시행자가 사업시행으로 생활근거 등을 상실하는 주민들을 위한 주거대책 및 생활대책을 공고함에 따라 화훼도매업을 하던 갑이 사업시행자에게 생활대책신청을 하였으나, 사업시행자가 갑은 위 주거대책 및 생활대책에서 정한 '이주대책 기준일 3개월 이전부터 사업자등록을 하고 영업을 계속한 화훼영업자'에 해당하지 않는다는 이유로 화훼용지 공급대상자에서 제외한 사안에서, 사업시행자의 거부행위가 행정처분에 해당한다고 본 원심판단을 정당하다고 한 사례.

3) 뉴타운개발 사업시행자가 사업시행으로 생활근거 등을 상실하는 주민들을 위한 주거대책 및 생활대책을 공고함에 따라 화훼도매업을 하던 갑이 사업시행자에게 생활대책신청을 하였으나, 사업시행자가 갑은 위 주거대책 및 생활대책에서 정한 '이주대책 기준일 3개월 전부

터 사업자등록을 하고 영업을 계속한 화훼영업자'에 해당하지 않는다는 이유로 화훼용지 공급대상자에서 제외한 사안에서, 갑이 이주대책 기준일 3개월 이전부터 동생 명의를 빌려 사업자등록을 하고 화원 영업을 하다가 기준일 이후에 비로소 사업자등록 명의만을 자신 명의로 바꾸어 종전과 같은 화원 영업을 계속하였더라도 '기준일 3개월 이전부터 사업자등록을 하고 계속 영업을 한 화훼영업자'에 해당한다고 본 원심판단을 정당하다고 한 사례.

3. 관련 판례

(1) 대법원 1994.5.24. 선고 92다35783 전원합의체 판결 【지장물세목조서명의변경】

[다수의견]

(1) 공공용지의취득및손실보상에관한특례법상의 이주대책은 공공사업의 시행에 필요한 토지 등을 제공함으로 인하여 생활의 근거를 상실하게 되는 이주자들을 위하여 사업시행자가 기본적인 생활시설이 포함된 택지를 조성하거나 그 지상에 주택을 건설하여 이주자들에게 이를 그 투입비용 원가만의 부담하에 개별 공급하는 것으로서, 그 본래의 취지에 있어 이주자들에 대하여 종전의 생활상태를 원상으로 회복시키면서 동시에 인간다운 생활을 보장하여 주기 위한 이른바 생활보상의 일환으로 국가의 적극적이고 정책적인 배려에 의하여 마련된 제도이다.

(2) 같은 법 제8조 제1항이 사업시행자에게 이주대책의 수립·실시의무를 부과하고 있다고 하여 그 규정 자체만에 의하여 이주자에게 사업시행자가 수립한 이주대책상의 택지분양권이나 아파트 입주권 등을 받을 수 있는 구체적인 권리(수분양권)가 직접 발생하는 것이라고는 도저히 볼 수 없으며, 사업시행자가 이주대책에 관한 구체적인 계획을

수립하여 이를 해당자에게 통지 내지 공고한 후, 이주자가 수분양권을 취득하기를 희망하여 이주대책에 정한 절차에 따라 사업시행자에게 이주대책대상자 선정신청을 하고 사업시행자가 이를 받아들여 이주대책대상자로 확인·결정하여야만 비로소 구체적인 수분양권이 발생하게 된다.

(3) 1) 위와 같은 사업시행자가 하는 확인·결정은 곧 구체적인 이주대책상의 수분양권을 취득하기 위한 요건이 되는 행정작용으로서의 처분인 것이지, 결코 이를 단순히 절차상의 필요에 따른 사실행위에 불과한 것으로 평가할 수는 없다. 따라서 수분양권의 취득을 희망하는 이주자가 소정의 절차에 따라 이주대책대상자 선정신청을 한 데 대하여 사업시행자가 이주대책대상자가 아니라고 하여 위 확인·결정 등의 처분을 하지 않고 이를 제외시키거나 또는 거부조치한 경우에는, 이주자로서는 당연히 사업시행자를 상대로 항고소송에 의하여 그 제외처분 또는 거부처분의 취소를 구할 수 있다고 보아야 한다.

2) 사업시행자가 국가 또는 지방자치단체와 같은 행정기관이 아니고 이와는 독립하여 법률에 의하여 특수한 존립목적을 부여받아 국가의 특별감독하에 그 존립목적인 공공사무를 행하는 공법인이 관계 법령에 따라 공공사업을 시행하면서 그에 따른 이주대책을 실시하는 경우에도, 그 이주대책에 관한 처분은 법률상 부여받은 행정작용권한을 행사하는 것으로서 항고소송의 대상이 되는 공법상 처분이 되므로, 그 처분이 위법부당한 것이라면 사업시행자인 당해 공법인을 상대로 그 취소소송을 제기할 수 있다.

(4) 이러한 수분양권은 위와 같이 이주자가 이주대책을 수립·실시하는 사업시행자로부터 이주대책대상자로 확인·결정을 받음으로써 취득하게 되는 택지나 아파트 등을 분양받을 수 있는 공법상의 권리라고 할 것이므로, 이주자가 사업시행자에 대한 이주대책대상자 선정신청 및 이에 따른 확인·결정 등 절차를 밟지 아니하여 구체적인 수분

양권을 아직 취득하지도 못한 상태에서 곧바로 분양의무의 주체를 상대방으로 하여 민사소송이나 공법상 당사자소송으로 이주대책상의 수분양권의 확인 등을 구하는 것은 허용될 수 없고, 나아가 그 공급대상인 택지나 아파트 등의 특정부분에 관하여 그 수분양권의 확인을 소구하는 것은 더더욱 불가능하다고 보아야 한다.

[반대의견]

(1) 공공용지의취득및손실보상에관한특례법에 의한 이주대책은 학설상 이른바 생활보상으로서 실체적 권리인 손실보상의 한 형태로 파악되고 있으며 대법원 판례도 이를 실체법상의 권리로 인정하여, 민사소송으로 이주대책에 의한 주택수분양권의 확인소송을 허용하였었다. 이주대책은 경우에 따라 택지 또는 주택의 분양이나 이주정착금으로 보상되는바, 이주정착금이 손실보상금의 일종이므로 통상의 각종 보상금처럼 실체적 권리가 되는 것을 부정할 수 없을 것이고, 그렇다면 같은 취지의 택지 또는 주택의 수분양권도 실체적인 권리로 봄이 마땅하며 가사 이를 권리로 보지 못한다 하더라도 적어도 확인소송의 대상이 되는 권리관계 또는 법률관계로는 보아야 한다.

(2) 이주자가 분양신청을 하여 사업시행자로부터 분양처분을 받은 경우 이러한 사업시행자의 분양처분의 성질은 이주자에게 수분양권을 비로소 부여하는 처분이 아니라, 이미 이주자가 취득하고 있는 수분양권에 대하여 그의 의무를 이행한 일련의 이행처분에 불과하고, 이는 이주자가 이미 취득하고 있는 수분양권을 구체화 시켜주는 과정에 불과하다. 이를 실체적 권리로 인정해야 구체적 이주대책 이행을 신청하고 그 이행이 없을 때 부작위위법확인소송을 제기하여 그 권리구제를 받을 수 있고, 그 권리를 포기한 것으로 볼 수 없는 한 언제나 신청이 가능하고 구체적 이주대책이 종료한 경우에도 추가 이주대책을 요구할

수 있게 된다.

(3) 이와 같이 이주대책에 의한 분양신청은 실체적 권리의 행사에 해당된다 할 것이므로 구체적 이주대책에서 제외된 이주대책대상자는 그 경위에 따라 분양신청을 하여 거부당한 경우 권리침해를 이유로 항고소송을 하거나 또는 자기 몫이 참칭 이주대책대상자에게 이미 분양되어 다시 분양신청을 하더라도 거부당할 것이 명백한 특수한 경우 등에는 이주대책대상자로서 분양받을 권리 또는 그 법률상 지위의 확인을 구할 수 있다고 보아야 하며, 이때에 확인소송은 확인소송의 보충성이라는 소송법의 일반법리에 따라 그 확인소송이 권리구제에 유효적절한 수단이 될 때에 한하여 그 소의 이익이 허용되어야 함은 물론이다.

[반대의견에 대한 보충의견]

(1) 공공용지의취득및손실보상에관한특례법 제8조 제1항의 이주대책은 사업시행자가 이주자에 대한 은혜적인 배려에서 임의적으로 수립 시행해 주는 것이 아니라 이주자에 대하여 종전의 재산상태가 아닌 생활상태로 원상회복시켜 주기 위한 생활보상의 일환으로 마련된 제도로서, 헌법 제23조 제3항이 규정하는 손실보상의 한 형태라고 보아야 한다.

(2) 1) 같은 법상의 이주대책에 따른 사업시행자의 분양처분은 이주자가 공공사업의 시행에 필요한 토지 등을 제공하는 것을 원인으로 하여 같은 법에 따라 취득한 추상적인 권리나 이익을 이주대책을 수립하여 구체화시켜 주는 절차상의 이행적 처분이라고 보는 것이 상당하며, 이주자는 사업시행자가 수립 실시하여야 하는 이주대책에 따른 수분양권을 사업시행자의 분양처분을 기다리지 않고 같은 법에 근거하여 취득하는 것으로 보아야 한다.

2) 사업시행자가 실제로 이주대책을 수립하기 이전에는 이주자의 수분양권은 아직 추상적인 권리나 법률상의 지위 내지 이익에 불과한 것이어서 이 단계에 있어서는 확인의 이익이 인정되지 아니하여 그 권리나 지위의 확인을 구할 수 없다고 할 것이나, 사업시행자가 이주대책을 수립 실시하지 아니하는 경우에는 사업시행자에게 이를 청구하여 거부되거나 방치되면 부작위위법확인을 소구할 수는 있다고 볼 것이다. 그러나 이주대책을 수립한 이후에는 이주자의 추상적인 수분양권이 그 이주대책이 정하는 바에 따라 구체적 권리로 바뀌게 되므로, 구체적 이주대책에서 제외된 이주자는 위와 같은 수분양권에 터잡은 분양신청(이른바 실체적 신청권의 행사)을 하여 거부당한 경우에는 이를 실체적 신청권을 침해하는 거부처분으로 보아 그 취소를 구하는 항고소송을 제기할 수 있을 것이고, 신청기간을 도과한 경우, 사업시행자가 미리 수분양권을 부정하거나 이주대책에 따른 분양절차가 종료되어 분양신청을 하더라도 거부당할 것이 명백한 경우, 또는 분양신청을 묵살당한 경우, 기타 확인판결을 얻음으로써 분쟁이 해결되고 권리구제가 가능하여 그 확인소송이 권리구제에 유효 적절한 수단이 될 수 있는 특별한 사정이 있는 경우에는, 당사자소송으로 수분양권 또는 그 법률상의 지위의 확인을 구할 수 있다고 보아야 한다.

(3) 현행 행정소송법은 항고소송과 당사자소송의 형태를 모두 규정하고 있으므로, 이제는 공법상의 권리관계의 분쟁에 있어서는 그 권리구제의 방법에 관하여 항고소송만에 의하도록 예정한 산업재해보상보험업무및심사에관한법률 제3조와 같은 규정이 있는 경우를 제외하고는, 소의 이익이 없는 등 특별한 사정이 없는 한 항고소송 외에 당사자소송도 허용하여야 할 것이고, 불필요하게 국민의 권리구제방법을 제한할 것은 아니다.

(2) 헌법재판소 1996. 10. 4. 95헌마34 재산권침해 위헌확인

(1) 한국토지개발공사는 구 한국토지개발공사법(현재 한국토지공사법)에 의하여 설립된 공공단체로서, 일정한 토지개발사업에 있어서는 행정권한의 위임 또는 위탁사무를 행함으로써 행정청으로 의제되는 것이므로 그 업무내용에 따라서는 헌법소원의 대상이 되는 공권력의 주체가 될 수 있다.

(2) 택지개발사업의 시행과 관련하여 철거이주민에 대한 생활대책의 일환으로 이루어진 상업용지공급공고행위는 공공용지의취득및손실보상에관한특례법 소정의 이주대책을 시행한 이외에 법적근거 없이 시혜적으로 내부규정을 정하여 청구인들에게 상가용지를 일정한 공급조건하에 수의계약으로 공급한다는 것을 통보하는 것이므로 이러한 사실관계는 私法上의 권리이전에 대한 반대급부의 조건 내지 내용에 관련된 사항에 불과하여 헌법소원의 대상이 되는 공권력 행사로 보기 어렵다.

Ⅱ. 문제 제기

택지개발사업 등 대규모의 면적(面的)인 공익사업은 재산권에 대한 객관적 가치의 완전보상으로도 채워질 수 없는 피수용자의 생활근거상실로 인한 손실이 초래되기 마련이다. 특히 영업장소 등 생업의 기반을 상실하는 자의 경우에는 단골고객상실, 대체매장 조성비용 등과 같은 부대적 손실에 대한 보상액이 현실화되어 있지 않다는 이유로 빈번하게 반발하고 있는 실정이고, 이에 따른 사업지연으로 과도한 사회적 비용이 발생하고 있다. 이러한 문제를 해결하기 위하여 한국토지주택공사(이하, LH공사), SH공사 등 택지개발사업자가 도입한 것이 상가용지를 저렴하게 공급하는 생활대책제도이다.

그러나 생활대책제도는 사업시행자 내부규정으로 운영되고 있고, 보상투기의 대상으로 전락하는 것을 방지하기 위하여 제한적으로 운영되고 있다. 이러한 이유로 최근 대상판결인 은평뉴타운 등 대규모의 개발행위가 이루어지는 경우 상가분양권공급거부처분, 상업용지특별공급대상자부적격통보 등 이른바 생활대책에 관한 분쟁이 빈번하게 발생하고 있다.

아래에서는 공익사업 생활대책의 의미와 정당보상원리를 대상판결을 중심으로 고찰해 보고자 한다. 주요쟁점은 생활보상의 성격, 생활대책의 정책적 의미, 소송형태, 생활대책에 관한 사업시행자의 재량권 행사 등이다.

Ⅲ. 생활보상의 헌법적 근거와 범위

1. 생활보상의 개념

생활보상[1)]은 사회복리국가이념에 따라 종래 대물적 보상에 근거

1) 생활보상과 생활권보상을 구별하는 견해와 생활보상과 생활권보상을 동의어로 보는 견해가 나뉘어 있다. 생활보상은 보상의 내용 내지 방법에 관한 것이고, 생활권보상은 보상의 범위 내지 대상에 관한 것으로서 재산권보상에 대립되는 개념이라고 보는 견해(박균성, 행정법론(상), 박영사, 2012, 843쪽), 재산권보상, 부수적 손실의 보상 및 구체적으로 보상금을 제공하는 생활보상을 포괄하는 생활'보상'과 토지취득의 알선이나 직업소개 등 생활재건'조치'를 구분하고 양자를 포괄하는 상위개념으로서 '생활재건보상'이라는 용어를 쓰면서, 재산권과는 전혀 별개로 생활권이라는 것이 있는 것은 아니므로 생활권보상이란 용어가 부적절하다고 보는 견해(小高剛 編, 損失補償の 理論と 實際, 住宅新聞社, 1997, 110~111頁), 소수잔존자보상, 세입자에 대한 주거대책비 지급, 휴직 또는 실직보상 등과 같이 재산권의 침해를 전제로 하지 않고 생활권침해로 인한 손실의 보상이 인정되는 경우가 있다고 하면서, 이를 포괄하여 생활권보상이라고 표현하는 것이 옳다는 견해(손진상, 댐건설로 인한 손실보상에 관한 연구, 고려대학교 대학원, 1995, 46쪽) 등이 있다. 생활보상과 생활권보상을 구별하지 않는 것이 다수견해이다. 이하에서는 다수견해

한 등가교환적 가치보상에서 한 걸음 더 나아가 종전과 같은 수준의 생활을 보상하기 위해 등장하였다.[2] 손실보상의 대상은 역사의 변천에 따라 대인보상, 대물보상, 생활보상으로 발전하였다.[3] 생활보상은 실정법상의 개념이 아니기 때문에 학자마다 다양하게 정의되고 있으나,[4] 공통된 개념요소로 ⅰ) 재산권보상으로는 회복이 불가능한 손실과 ⅱ) 종전의 생활기반상실에 대한 보상이라는 두 가지 요소를 포함한다고 볼 수 있다. 따라서 생활보상은 기존의 재산권보상만으로는 회복할 수 없는 생활기반상실에 대한 보상이라고 정의할 수 있다.[5]

에 따라 생활보상으로 표현한다.

2) 류해웅, 「신수용보상법론」제6판, 부연사, 2012, 114쪽.

3) 대인보상이란 토지 등 수용목적물의 객관적 가치를 기준으로 보상하지 않고, 피수용자의 수용목적물에 대해 주관적 가치를 기준으로 하는 것을 말한다. 이는 영국에서 처음으로 손실보상을 인정한 1845년 「토지조항통합법(Land Clauses Consolidation Act)」에서 비롯된다. 대물보상은 수용목적물에 대한 보상이 피수용자의 주관적 가치에 의하지 않고, 객관적인 시장가치를 기준으로 보상하는 것을 말한다. 영국은 1919년 「토지취득법(Acquisition of Land Act)」 이후 대물보상 원칙이 채택되었다(이에 관해 자세한 내용은 류해웅, 위의 책, 112~114쪽. 참조).

4) 현재 당해 장소에서 현실적으로 누리고 있는 생활이익의 상실로서 재산권보상으로 메꾸어 지지 아니한 손실에 대한 보상(박윤흔, 「최신행정법강의(상)」, 박영사, 2009, 662쪽), 공용침해로 인하여 생활근거를 상실하게 되는 재산권의 피수용자 등에 대하여 생활재건에 필요한 정도의 보상을 행하는 것(김남진 · 김연태, 「행정법 Ⅰ」, 법문사, 2010, 602쪽), 재산권보상만으로는 전보되지 않는 생활기초의 박탈에 대한 보상(김동희, 「행정법 Ⅰ」, 박영사, 2010, 579쪽), 손실보상에 있어서 수용이 없었던 것과 같은 경제적 상태를 실현시켜 줌과 동시에 수용이 없었던 것과 같은 생활상태를 보장해 주는 것을 내용으로 하는 보상(박수혁, "생활보상에 관한 법적 고찰", 「현대 공법학의 과제(최송화교수 화갑기념논문집」, 박영사, 2002, 404쪽), 공익사업의 시행으로 인하여 생활기반을 상실한 자에게 종전의 생활상태를 유지 · 회복시키기 위해 행하는 보상(류해웅, 위의 책, 114쪽), 대규모 공익사업으로 인한 개인의 생활기반의 침해에 대해서 종전 생활상태의 재건을 목적으로 생존권 보상의 이념에 기초하여 행하여지는 일련의 대책으로서 손실보상의 한 유형(류지태 · 박종수. 「행정법신론」, 박영사, 2010, 535쪽) 등

5) 김승종 외4인, 공정사회 구현을 위한 개발사업의 생활보상제도 정비방안 연구, 국토연구원, 2011, 9~10쪽.

2. 생활보상의 헌법적 근거

(1) 학 설

1) 헌법 제23조설

이 견해는 생활보상을 헌법 제23조 정당보상에 포함된다고 이해하는 입장이며, 정당보상을 어떻게 이해하느냐에 따라 견해가 나뉘고 있다. 구체적으로 살펴보면 이 견해 중에는 완전보상설 입장에서 완전보상의 의미를 수용이 행해지기 전의 상태와 유사한 생활상태를 실현할 수 있도록 하는 보상으로 이해하고 생활보상도 완전보상의 내용이라고 보는 견해, 상당보상설 입장에서 정당보상의 개념에는 공익사업으로부터의 희생에 대한 사회조절적보상이 포함된다고 하면서 생활보상은 정당보상의 범주내에 포함된다고 보는 견해,[6] 절충설 입장에서 개인의 재산권에 대한 개별적 · 우연적 침해에 대해서는 피해자가 입은 모든 손실을 보상해 주는 완전보상이어야 한다는 것을 원칙으로 하면서도 공익상의 합리적 사유가 있거나 공익과 사익을 조정하는 견지에서 완전보상을 하회할 수도 있고, 또한 생활보상까지 해 주어야 하는 경우도 있다는 견해[7] 등으로 나뉘고 있다.

2) 헌법 제34조설

생활보상은 헌법 제23조의 정당한 보상의 범위에 포함되지 않는다고 보아 제34조를 근거로 보는 견해이다. 헌법 제23조의 규정은 재산권의 객관적 가치의 보상을 지향하고 있으며, 만약 생활보상이 정당한 보상의 범위에 포함된다고 본다면 경제적 약자가 아닌 자에게도 생활권보상을 부여하여야 하기 때문에 생활권보상의 취지에 반하기 때문이라고 한다. 그러므로 생활권보상의 근거는 "모든 국민은 인간다운 생

---

6) 김해룡, 기업도시개발에 있어서의 이주 내지 생활대책, 한국토지공법학회 학술발표집, 2005.10.8, 17쪽.

7) 석종현, 「손실보상론」, 삼영사, 2005, 135~136쪽.

활을 할 권리를 가진다."고 규정한 헌법 제34조의 사회권적 기본권 조항에서 찾아야 한다고 한다.

그 논거는 헌법 제23조제3항은 원래 수용목적물인 재산권에 대한 보상과 이와 관련되는 부대적 손실의 보상을 대상으로 하는 것이지 공익사업의 시행 이전의 생활상태를 회복하게 하는 내용의 생활보상을 대상으로 하고 있지 않다는 데에 있다.[8] 이 견해는 생활보상을 재산권과 생활권이 대응되는 개념으로 이해하면서 비록 생활권에 대한 보상이 공공필요에 의한 재산권의 수용 등에 의하여 필요하게 된 것이라 하더라도, 헌법적 근거는 제34조에서 직접적으로 찾는 것이 타당하다는 입장이다.[9]

3) 헌법 제34조 · 제23조 통일설

이 견해는 생활권보상의 헌법적 근거를 헌법 제34조와 제23조에서 찾는다. 이 설은 전통적 보상이론의 최대 약점은 토지 재산권의 개념을 상품소유권 내지는 교환가치지배권으로 구성함으로써 그것을 생활권과 분리 · 대립된 것으로 파악한 점에 있다고 하고, 그 결과 재산권보상과 생활권보상을 별개의 것 또는 대립된 것으로 보는 오류에 빠지거나 재산권보상은 인정하면서도 생활권보상은 인정하지 않게 되었다고 한다. 그러한 전제 아래에서 이 견해에서는, 그와 같은 사고를 근본적으로 전환하여, 재산권보상과 생활권보상을 통일적으로 파악하여야 한다고 한다. 이러한 입장에서 헌법 제23조제3항의 해석에 있어서도 그것을 현대 헌법의 기본권체계의 중심으로 보아야 할 제34조의 생활권과 분리시켜 보아서 거기에서의 재산권을 고전적 의미의 재산권 내지는 교환가치지배권으로 파악하여서는 아니 되며, 제34조의 생활권을 기초로 한 재산권으로 파악하여야 한다고 한다.[10]

8) 유지태, 생활보상논의의 비판적 검토, 특별법연구(특별소송실무연구회) 제8권, 2006. 9, 211쪽.

9) 김철용, 「행정법 I」, 박영사, 2009, 534쪽; 김동희, 앞의 책, 579쪽.

10) 박윤흔, 앞의 책, 672쪽; 박균성, 앞의 책, 844쪽.

(2) 헌법재판소 및 법원의 입장

그간 헌법재판소와 대법원은 생활보상은 헌법 제23조 제3항의 정당한 보상의 영역이 아닌, 사회보장적 차원에서의 정책적인 배려로 판단하여 왔다.

헌법재판소는 '이주대책은 손실보상과는 다른 개념으로 헌법 제23조 제3항의 정당한 보상에 해당하지 않으며, 법령에 따른 시혜적인 조치에 불과'하다고 결정하고 있으며,[11] 대법원 다수의견은 '이주대책은 이주자들에 대하여 종전의 생활상태를 원상으로 회복시키면서, 동시에 인간다운 생활을 보장하여 주기 위한 이른바 생활보상의 일환으로 국가의 적극적이고 정책적인 배려에 의하여 마련된 제도'라고 판시하였다.[12]

다만 대법원 반대의견은 '이주대책은 이주자에 대하여 종전의 재산상태가 아닌 생활상태로 원상회복시켜 주기위한 생활보상의 일환으로 마련된 제도로서, 헌법 제23조 제3항이 규정하는 손실보상의 한 형태'라고 판시하여 생활보상을 헌법 제23조 제3항에서 규정하고 있는 손실보상의 한 형태라고 제시된 바 있다.[13] 그러나 대상판결과 일부 지방법원 판결[14]에서는 현행법에서 규정하고 있지 않고 사업시행자 내규에 따라 행해진 생활대책에 대해 헌법 제23조 제3항의 재산권 보상의 대상이라고 판결하였다.

(3) 검 토

제23조설은 손실보상의 대상인 재산권을 폭 넓게 인정하여 정당보

---

11) 헌법재판소 1993. 7. 29. 92헌마30.

12) 대법원 1994. 5. 24. 선고 92다35783.

13) 대법원 1994. 5. 24. 선고 92다35783.

14) 광주지법은 '생활대책은 헌법 제23조 제3항이 규정하는 손실보상의 한 형태라고 보아야 하지 이주자에게 대한 시혜적인 배려나 계약자유의 원칙 내에서의 사법적 조치라고 할 수 없다'고 판시하였다(광주지법 2007. 1. 25. 선고 2006구합1159).

상 범주에 포함하려는 측면이 있으며, 제34조설은 손실보상의 대상을 재산권과 생활권으로 구분하여 이원적으로 이해하고 있다. 제34조 · 제23조 통일설은 손실보상의 궁극적 목표인 종전 생활의 재건을 위해 생활권도 정당한 보상의 하나의 내용으로서 일원적으로 파악하고 있다.

생각건대 현행 생활보상제도가 주거 및 생계기반 상실, 정신적 침해에 대한 보상으로 구분될 수는 있지만 재산권 보상과도 무관하지 않다는 점에 있다. 따라서 생활보상에 대한 헌법적 근거는 생활보상이라는 큰 틀에서 찾을 것이 아니라 침해의 유형에 따라 부대적 손실로 포함되어야 할 내용은 가능한 한 모두 정당보상의 범위로 파악하고, 이주민의 주거 및 생활안정을 위한 제도는 생활보상으로 파악하여 보상하는 것이 오히려 정당보상의 원칙에 충실할 수 있다.[15]

3. 생활보상의 범위

생활보상의 범위는 최광의, 광의, 협의로 구분하여왔으나, 구체적인 보상의 대상과 유형은 학자들 간에 차이를 보이고 있다. 최광의설은 재산권보상인 대물보상과 일체의 부대적 손실보상을 포함하는 의미로 생활보상을 이해하는 견해, 광의설은 최광의의 생활보상의 개념에서 대물적 보상과 정신적 손실에 대한 보상을 제외한 손실에 대한 보상으로 보는 견해, 협의설은 대물보상과 부대적 손실보상을 재산권보상으로 이해하는 견해로 나뉘고 있다.

최광의설은 현재의 모든 보상을 생활보상으로 일원적으로 파악하고 있으므로 현실적으로 구별의 실익이 없고, 광의설과 협의설은 오늘날의 대규모 공익사업에서는 종래의 재산권보상만으로는 완전보상이 행하여 질 수 없으며, 완전보상이 행하여지기 위하여서는 재산권보상에 더하여 생활보상이 필요하다고 하여 재산권보상과 생활보상의 병존

15) 김승종 외4인, 앞의 책, 15쪽.

을 인정하는 견해이다. 그러므로 광의설과 협의설은 어떤 본질적인 사항에 대하여 견해를 달리 하는 것이 아니고, 다만 일부의 보상항목을 재산권 보상으로 보는가 또는 생활보상으로 보는가 하는 점에 차이가 존재하는 정도이다.

결국 생활보상의 범위는 어떤 범위까지 또는 어떤 손실까지를 보상하는 것이 헌법상의 정당한 보상에 부합하는가 하는 문제에 초점을 맞추는 것이 보다 현실적인 논의가 될 것이다. 이러한 점에서 생활보상은 정당한 보상을 위한 보상 개념의 확장이라는 측면에서 접근하는 것이 바람직 할 것이다. 다만 현행법상 생활보상에 관한 규정은 부대적 손실보상적 성격과 비재산적 침해에 대한 보상의 성격이 혼재되어 있는 바, 비재산적 침해에 대한 보상성격을 포함하고 있는 생활보상제도를 주거기반 침해, 생계기반 침해, 정신적 침해로 구분하여 재정립이 필요하다는 지적은 경청할만 하다.[16)]

Ⅳ. 대상판결의 검토

1. 생활대책제도의 도입 배경

이른바 “생활대책”은 분당 · 일산 등 신도시건설과 관련된 사업지구내의 주민에 대한 은혜적 배려로 특별지원대책의 일환으로 LH공사가 1991년도에 자체규정을 만들어 수립 · 시행한 것이다.

16) 주거기반 침해에 대한 보상은 이주대책, 주거이전비, 이주정착지원 등이 있으며, 생계기반 침해에 대한 보상으로는 실무상 생활대책, 이농비 및 이어비, 생활안정지원금, 직업훈련 및 고용알선 등을 규정하고 있다. 정신적 피해에 대한 보상으로 재편입 주거용건물의 가산보상이 행해지고 있다. 그밖에 대토보상은 현금보상 원칙의 예외로서 현물보상의 하나라고 보아야 하며, 조세특례제한법상 보상금의 양도소득세 감면은 공평과세 실현을 위한 조세정책의 문제로서 생활보상과는 거리가 있다(김승종 외4인, 앞의 책, 20-21쪽).

생활대책은 이주대책과는 별도로 원활한 사업추진을 위하여 택지개발사업 등에서 영업보상대상자 등에게 일정한 규모의 상업용지 또는 상가를 우선 공급하는 제도로서, 「공익사업을 위한 토지 등의 취득 및 보상에 관한 법률」(이하, 토지보상법) 제78조의 규정에 의하여 공익사업에 주거용 건축물이 편입되어 생활근거를 상실하게 되는 이주대책대상자에게 택지나 주택을 공급하는 이주대책에 대응하는 용어로 사용되고 있다. 토지보상법에서 생활대책에 대해 명문으로 규정한 것이 없으며 대부분 사업시행자의 내부규정으로 운영하고 있다. 최근에는 「기업도시개발특별법」 및 「주한미군기지 이전에 따른 평택시 등의 지원 등에 관한 특별법」 등에서 생활대책을 명문으로 규정한 바 있다.[17)]

2. '생활대책'의 정책적 의미

대상판결은 이 사건과 같은 생활대책은 택지 등 조성사업의 사업시행자가 그 사업의 원활한 시행을 위하여 그 사업 시행으로 인하여 생활근거를 상실하게 되는 이주자에 대하여 종전의 생활상태로 원상회복시켜 주기 위한 것으로서 헌법 제23조 제3항의 손실보상의 한 형태로 볼 수 있다고 판단하였다.

그러나 법령의 위임을 받지 않은 생활대책에 대한 법·정책적 의미를 살펴보면, 토지보상법 제77조에 근거하여 영업을 폐지하거나 휴업함에 따른 영업손실을 보상하도록 규정하고 있는 반면, 생활대책은 법령의 근거없이 사업시행자가 사업을 용이하게 하기 위하여 내부방침

17) 기업도시개발특별법 제14조 제7항 : "이주대책에는 이주대상 주민과 협의하여 당초 토지 등의 소유상황과 생업 등을 감안하여 생활대책에 필요한 용지를 대체하여 공급하는 등 대통령령이 정하는 사항을 포함하여야 한다"; 주한 미군기지 이전에 따른 평택시 등의 지원 등에 관한 특별법 법 제23조제5항 : "공공사업으로 보는 종합계획에 포함된 사업을 시행하는 자는 토지 원소유자(피징발자 또는 피수용자를 포함한다) 및 그 상속인에게 대통령령이 정하는 바에 따라 생활대책용지 또는 관련 시설을 특별 공급할 수 있다" 등.

을 정하여 결정한 사항에 해당된다. 토지보상법 규정들을 보면 이주대책 마련·주거대책비의 지급·영업손실 보상의 확대 등 손실보상의 개념이 점차 확대되는 추세이나, 생활대책은 후술하는 이유로 아직까지 입법화되지 못하고 있다. 이와 같이 영업손실 보상과는 별개로 행해지는 생활대책에 대하여 특별한 법적 근거가 없어 사업시행자에게 의무로 지워지는 것은 아니다.

따라서 은평뉴타운 이주대책 기준 및 은평뉴타운 주민생업 기반조성을 위한 토지특별공급방안에 의한 공급기준에 의하여 원고가 잃게 되는 것은 사실상 구체적인 권리가 아니라 단순한 재화획득에 관한 기회라고 할 수 있다. 이러한 구체적인 권리가 아닌 단순한 이익이나 재화의 획득에 관한 기회 등은 아래와 같은 이유[18]로 헌법 제23조에서 보장된 소정의 사유재산권 및 정당한 보상을 지급 받을 권리로 이해하기에는 어려움이 있다.[19]

하나는 현재 시행되고 있는 대다수의 공익사업에서는 별도의 생활대책을 수립·실시하는 것이 현실적으로 어렵고, 택지개발사업·기업도시개발사업·미군기지이전사업 등 면적(面的)인 공익사업 일부에 한정하여 수립·시행되고 있을 뿐이다. 다시 말해서 현행의 생활대책과 같이 분양상가 또는 상가용지를 우선 공급하는 방법은 기업도시개발사업이나 택지개발사업과 같이 사업시행자가 당해 사업지역 내에 분양상가나 상가용지를 조성하여 공급할 수 있는 면적인 공익사업에 한정되며, 도로 등과 같은 선적(線的)인 사업이나 청사·학교 등의 점적(點的)인 사업의 경우에는 사업특성상 공급할 수 있는 분양상가나 상가용지가 있을 수 없으므로 생활대책의 수립자체가 불가능하다.[20] 만일 생활대

18) 류해웅 외, 「토지보상제도 개선연구」, 건설교통부, 2005, 508~510쪽.

19) 김광수, 생활보상의 이론과 실제, 행정법연구 제24호, 2009. 8, 122쪽.

20) 생활대책을 수립·시행하는 경우에도 각 사업시행자마다 적용하는 기준과 내용이 상이하다. LH공사의 경우에는 이주대책대상자를 생활대책대상자에 포함시키고 있으나, 대한주택공사 및 SH공사와 미군기지 이전사업에서는 이를 포함시키기 않고

책을 명문으로 규정한다면 생활대책을 수립 · 실시하지 못할 경우에는 생활대책을 수립 · 실시하는 경우와 형평성을 맞추기 위하여 이주대책에서의 이주정착금과 같은 추가적인 보상방법을 도입하여야 한다는 등의 문제점이 발생할 수 있다.

다른 하나는 현행의 생활대책은 대부분 협의보상에 응한 자만을 대상으로 하거나, 수용재결을 신청한 자를 포함하는 경우에도 자진철거자만을 대상으로 하고, 위치선정 및 공급면적에서도 협의보상에 응한 자와 수용재결을 신청한 자 사이에 차등을 두고 있다. 이와 같은 규정의 내용은 현행의 생활대책이 피수용자의 생활보상의 일환으로 이루어지기 보다는 공익사업의 신속한 추진을 위한 방편의 하나로 시행되고 있는 것이 현실이고, 사업시행자의 내부규정으로 운영되고 있는 것도 이러한 이유에서 비롯되었다고 볼 수 있다. 다만 피수용자가 협의보상에 응하지 않는 것은 협의에서 제시된 보상금액이 정당한 보상에 미치지 못했다고 판단하여 「토지보상법」에 근거한 적법한 절차에 따라 행사한 권리임에도 불구하고 생활대책대상자에서 제외하거나 협의보상에 응한 자와 차별하고 있는 것은 정당보상원리에 부합하지 않는 측면이 있다.

결론적으로 말하자면 생활대책용지의 공급과 같이 공익사업 시행 이전과 같은 경제수준을 유지할 수 있도록 하는 내용의 보상은 정당보상원리에 따라 토지보상법상 영업보상에서 해결해야 할 문제이지 정책적 수단의 일종인 생활대책을 통해 접근하는 것은 바람직하지 않다. 다시 말해서 낮은 영업보상 문제를 해결하기 위한 미봉책으로써 생활대책을 활용하는 것보다는 오히려 현재 영업보상을 현실화거나 보상항목을 확대하는 것이 정당보상원리에 합치될 수 있다는 점에서 접근방식의 재검토가 요청된다. 특히 한미FTA 협정문에 따라 '투자'도 보상대

있으며, 공급규모도 LH공사는 8~6평으로, 미군기지 이전사업은 8~5평으로 규정하고 있으나, SH공사에서는 5평으로 각각 상이하게 운용하고 있다.

상이 되고 있는 현실을 고려한다면 토지보상법의 영업보상 현실화는 매우 시급한 문제라고 할 수 있다.[21)]

예를 들면 영업권[22)]에 대한 정당한 보상, 무형의 재산적 가치인 거래처 상실 등은 손실보상 대상항목으로 인정할 필요가 있다.[23)] 참고로 일본의 경우는 휴업 또는 점포 등의 위치를 변경함으로 인하여 일시적으로 단골고객을 상실함으로 인하여 통상 생기는 손실액을 부대적 손실로 파악하여 보상에 포함하고 있다(일본토지수용법 시행령 제21조제1항제3호).[24)]

3. 소송의 형태

그간 생활대책 대상자의 법적 지위에 대한 소송은 공법상 당사자 소송으로 다투어지기 보다는[25)] 대부분 이주대책의 경우와 같이 거부처

---

21) 졸고, 한미FTA시대의 토지보상법제 쟁점과 과제, 토지공법연구 제58집, 2012. 8, 35쪽.

22) 영업권이라 함은 그 기업의 전통, 사회적 신용, 입지조건, 특수한 제조기술 또는 거래관계의 존재 등 영업상의 기능 내지 특성으로 인하여 동종의 사업을 영위하는 다른 기업의 통상수익보다 높은 수익을 올릴 수 있는 초과수익력이라는 무형의 재산적 가치를 말한다(대법원 1997. 5. 28. 선고 95누18697).

23) 졸고, 재개발사업 권리금 보상의 공법적 검토, 토지공법연구 제46집, 2009. 11, 173쪽.

24) 일본 토지수용법시행령 제21조(영업의 휴지등에 대한 손실의 보상) ①토지등의 취득 또는 사용에 따라 영업의 전부 또는 일부를 통상 일시 휴업할 필요가 있다고 인정되는 때에는 다음 각호의 금액을 보상한다.
   1. 통상 휴업을 필요로 하는 기간중의 영업용자산에 대한 공조공과, 이 이외에 당해 기간 중에 발생하는 고정적인 경비 및 종업원에 대한 휴업수당상당액
   2. 통상 휴업을 필요로 하는 기간중의 수익감소액
   3. 휴업 또는 점포 등의 위치를 변경함으로 인하여 일시적으로 단골고객을 상실함으로 인하여 통상 생기는 손실액(전 호에 것을 제외한다)
   4. 점포 등의 이전할 때의 상품, 재공품 등의 감손, 이전광고비 기타 점포 등의 이전에 따라 생기는 손실액

25) 생활대책의 대상자에 해당하는지 여부는 사법상의 권리이전(협의양도)에 대한 반대급부의 조건 내지 이행에 관련된 사항이 아니라 손실보상으로서의 생활대책을 받을 정당한 대상자로서 상업용지 등의 특별공급신청권이 있는지 여부를 확정하는

분 취소를 구하는 항고소송으로 처리되었다.[26)]

반면에 헌법재판소는'택지개발사업의 시행과 관련하여 철거이주민에 대한 생활대책의 일환으로 이루어진 상업용지공급공고행위는 공공용지의취득및손실보상에관한특례법 소정의 이주대책을 시행한 이외에 법적근거 없이 시혜적으로 내부규정을 정하여 청구인들에게 상가부지를 일정한 공급조건하에 수의계약으로 공급한다는 것을 통보하는 것이므로 이러한 사실관계는 *私法上*의 권리이전에 대한 반대급부의 조건 내지 내용에 관련된 사항에 불과하여 헌법소원의 대상이 되는 공권력 행사로 보기 어렵다'고 결정한 바 있다.[27)]

대법원은 대상판결에서 '사업시행자 내부규정에 따라 생활대책대상자 선정기준을 마련하여 생활대책을 수립 · 실시하는 경우에는, 이러한 생활대책 역시 "공공필요에 의한 재산권의 수용 · 사용 또는 제한 및 그에 대한 보상은 법률로써 하되, 정당한 보상을 지급하여야 한다." 고 규정하고 있는 헌법 제23조 제3항에 따른 정당한 보상에 포함되는 것으로 보아야 한다. 따라서 이러한 생활대책대상자 선정기준에 해당하는 자는 사업시행자에게 생활대책대상자 선정 여부의 확인 · 결정을

공법상의 법률관계에 속하는 것이므로, 사업시행자가 생활대책의 대상자임을 부정하는 경우 공법상 당사자소송으로 생활대책대상자의 지위의 확인을 구할 수 있다(광주지법 2007. 1. 25. 선고 2006구합1159; 수원지법 2007. 11. 28. 선고 2007구합6428; 수원지법 2008. 8. 13. 선고 2007구합7070 등).

26) 생활대책을 구하는 피보상자는 사업시행자에게 생활대책 대상자 선정신청을 하여 확인 · 결정의 처분을 받아야 하고, 만일 사업시행자가 그 피보상자를 생활대책 대상자에서 제외하거나 선정을 거부하면 사업시행자를 상대로 항고소송으로써 당해 제외처분 또는 거부처분의 취소를 구하여야 한다고 보는 대다수의 실무례이다. 이는 피보상자가 사업시행자에 의하여 수립된 생활대책으로부터 곧바로 생활대책상의 권리를 취득하는 것이 아니라 생활대책 대상자 선정신청에 따른 사업시행자의 확인 · 결정을 받아야 비로소 실체적인 권리를 취득하게 되므로, 그러한 절차를 밟지 아니하여 구체적인 수분양권을 취득하지도 못한 상태에서 곧바로 사업시행자를 상대로 공법상 당사자소송으로 생활대책 대상자 지위의 확인을 구하는 것은 허용될 수 없다는 입장이다(서울고법 2008. 8. 10. 선고 2008누5195; 서울고법 2009. 1. 23. 선고 2008누21173; 서울고법 2009. 6. 4. 선고 2008누20934 등).

27) 헌법재판소 1996. 10. 4. 95헌마34.

신청할 수 있는 권리를 가지는 것이어서, 만일 사업시행자가 그러한 자를 생활대책대상자에서 제외하거나 선정을 거부하면, 이러한 생활대책대상자 선정기준에 해당하는 자는 사업시행자를 상대로 항고소송을 제기할 수 있다고 보는 것이 타당하다'고 판결하였다.

대법원과 헌법재판소는 생활대책의 성질과 그 대상자가 갖는 권리에 대한 견해가 나뉘고 있다. 생각건대 생활대책이 기본적으로 수용권한을 전제로 하여 공익사업을 시행하는 사업시행자가 광의의 보상계획의 일환으로서 내부규정에 근거하여 일방적으로 수립 · 실시하는 관계에 있고, 생활대책을 구하는 자로서는 사업시행자가 정한 생활대책의 기준과 내용을 거부하거나 변경을 요구할 수 있는 위치에 있지 않을 뿐만 아니라 생활대책용지를 공급받고자 하는 한에 있어서는 사업시행자가 제시하는 조건을 받아들이는 것 이외에 달리 선택의 여지가 없으며, 만일 생활대책의 기준으로 요구되는 협의보상 등 조건을 받아들이지 아니하면 수용이라는 강제적 절차로 이행하게 되어 생활대책대상에서 제외되고, 생활대책용지의 공급 역시 위와 같은 협의보상 등 조건의 이행과 별도로 선정신청과 이에 대한 사업시행자의 심사 · 결정이라는 절차를 거쳐 이루어진다는 면에서 보면, 이는 단순히 사법적 거래의 영역에 머물러 있는 제도라고 볼 수는 없다.[28]

그렇다하더라도 생활대책은 이주대책과 매우 유사하나 토지보상법 제78조 제1항과 같은 대책수립 실시에 대한 일반적인 근거규정이 없고, 내부규정은 대외적으로 국민이나 법원을 기속하는 효력이 없다는 점[29]을 고려한다면 생활대책의 수립, 시행 및 그 공급 조건 등을 토지보상법상 이주대책에 대한 처분의 하자문제로 다툴 수 있는 지 의문이다. 또한 생활대책은 대물적 보상에 추가하여 지급되는 것으로 생활보

28) 전광식, 공익사업의 시행에 따른 이주대책 및 생활대책, 사법논집 제49집, 2009, 452~453쪽.

29) 대법원 1997. 2. 11. 선고 96누14067.

상 중 생활재건조치의 일환이라는 점을 고려한다면 비록 생활보상이 헌법적 근거를 갖고 있지만, 법률의 근거 없이 생활보상을 직접 청구할 수는 없다고 볼 수 있다. 만일 구체적 생활권과 관련한 손실이 발생하였음에도 불구하고 보상에 관한 법적 근거가 없다면 이는 당해 입법부작위에 대하여 헌법소원을 제기할 수 있을 것이다.[30)]

또한 소송의 형태도 전술한 바와 같이 현행 토지보상법상 생활대책대상자 지위의 확인은 공권력 행사과정에서 발생되는 절차상의 이행적 처분성격보다는 私法上의 권리이전에 대한 반대급부의 조건 내지 내용과 관련된 성격이 더 강하다는 점에서 피수용자가 사업시행자와 대등한 지위에서 다툴 수 있는 당사자소송이 더 적합할 것이다.

최근 법무부가 제시한 행정소송법 개정시안에서 성질상 행정소송이나 편의상 민사소송으로 다루어지던 국가배상, 손실보상 등 공법상 원인관계에 의해 발생한 법률관계에 관한 소송을 행정소송 대상으로 명시한 것은 공법학계가 지속적으로 주장한 내용이 반영되었다는 점에서 바람직한 방향이라고 평가할 수 있다(행정소송법 개정시안 제3조).

4. 생활대책에 관한 사업시행자의 재량권 행사 문제

토지보상법에서 정한 이주대책은 공공사업의 시행자로 하여금 그 사업 시행으로 인하여 생활근거를 상실하게 되는 이주자들에 대하여 택지를 조성하여 공급하는 등의 이주대책을 수립, 실시하도록 규정하고 있으나, 이주대책 기준일을 포함하여 구체적인 이주대책의 내용 등에 관하여는 별다른 규정을 두지 아니한 채 사업시행자의 처분에 맡기고 있으므로, 사업시행자는 구체적인 이주대책을 수립 · 실시함에 있어 이주택지 또는 특별공급 아파트의 수량이나 공급대상자의 선정에 관하여 재량을 가진다고 할 것이고, 그러한 이주택지 또는 특별공급 아파

30) 박균성, 앞의 책, 800쪽.

트 공급대상자의 선정을 위하여 필요한 기준을 설정하는 것 역시 사업시행자의 재량에 속한다고 할 것이다.[31] 그 재량을 행사함에 있어서는 헌법상 평등의 원칙 및 국민의 기본권 보장이나 다른 법률의 규정을 위배하여서는 아니 된다.[32]

더욱이 생활대책은 특별한 법적 근거 없이 공익사업의 원활한 수행이라는 목적을 위하여 사업시행자가 마련한 시혜적인 조치이므로[33] 생활대책의 시행여부, 특별공급대상자의 선정 등에 있어 이주대책보다도 상당한 재량을 가진다고 할 수 있다.

피고는 원고에게 토지보상법에서 정한 영업손실보상금을 지급하고 2006년 8월 24일 협의계약을 체결하였다. 원고는 생활대책기준일 2002년 8월 20일 이후 2003년 6월 30일 사업자등록을 한 화훼영업자로서 토지(화훼용지 지분) 특별공급 대상자가 아니므로 생활대책기준에 의거 생활대책 기준일 이전 사업자등록 미필 영업자인 생활대책 3순위 상가용지 지분 공급대상자로 통보하였다.

피고의 생활대책 기준을 보면, 종교시설소유자의 경우 기준일 이전부터 종교시설소유자이면서 운영자일 것을, 농업손실보상자의 경우 기준일 이전부터 농지법에서 정한 규모의 농지를 소유 및 경작한 자일 것을, 마찬가지로 영업손실 보상자의 경우에도 기준일 이전부터 관계법령에 의한 사업자등록을 한 자일 것을 요구하고 있다. 그러면서 생활대책에서 생활대책 기준일 이후 농지원부 매매 · 변경자, 종교운영권 양도자 및 사업자등록증(영업자) 양도자 등은 생활대책에서 제외하고 있다.

이주대책 기준의 경우에도 기준일 이전부터 소유한 자에게는 85㎡이하의 아파트를 공급하는 반면, 기준일 이후 취득자(명의변경 포함.

---

31) 대법원 1995. 10. 12 선고 94누11279; 1999. 7. 23 선고 97누 17025 등.

32) 광주지법 2007.1.25. 선고 2006구합1159.

33) 헌법재판소 1996.10.4. 95헌마34.

단, 상속은 제외)에게는 60㎡이하의 아파트를 공급하여, 기준일 이후 명의변경된 자를 기준일 이전부터 계속적으로 명의변경하지 않은 자와 차별화하고 있다.

또한, 기준일 3개월 전부터 본인 명의의 사업자등록을 하고 영업을 계속한 자에게만 화훼용지 지분을 공급하는 것은 적법하게 자기 명의로 사업자등록을 한 자와 그렇지 않고 타인명의로 영업을 해 온 자를 다르게 취급하고자 함에 있으며, 관계법령에 의한 행위를 거치지 않은 적법하지 않은 행위와 그러하지 않고 적법하게 관계법령을 준수하는 자를 동일하게 취급한다면 행정의 안정성 및 계속성은 유지되기 어렵다는 점도 고려할 필요가 있다.

보상실무에서도 아파트 입주권(이주대책), 상가지분권 및 화훼용지 지분권(생활대책)을 받을 목적으로 웃돈(일명 프리미엄)을 받는 등으로 매매[34]되었으나 실제로는 입주(지분)권 대상이 되지 않아 결과적으로 사기행위에 해당하는 등 사회적인 문제점이 확대되고 있는 실정이다. 아울러 2010년 감사원감사를 통해 드러났듯이 생활대책 관련 보상투기는 심각한 수준에 이르고 있다.[35] 보상투기는 개발사업이 본격화되고, 이를 일반인들이 알게 되는 주민 공람공고 이후에 주로 발생하고 있으며, 크게 보상금 증액을 위한 편법행위와 생활대책용지 등의 권리취득을 위한 투기행위로 구분할 수 있다. 특히 생활대책용지 등의 권리취득을 위한 투기행위는 허위 경작확인서 발급 및 축산업 등록을 필요로 하지 않는 양봉 행위나 불법 축사 신축행위 등이 있고, 이는 보상에

34) LH공사에서 2000년 이후 보상하고 이주 및 생활대책까지 완료한 사업 중 용지비가 5천억 원 이상인 7개 택지개발사업 상가부지의 감정가격 대비 낙찰가격을 조사한 결과, ⓐⓐⓐⓐ 148%, ⓑⓑⓑⓑ 110%, ⊡⊡ 111%, ⓒⓒⓒⓒ 125%, ⓓⓓⓓⓓⓓ 106%, ⓔⓔⓔⓔ 132%, ⓕⓕⓕⓕ 139% 등으로 나타나 생활대책대상자들에게 큰 혜택을 주고 있는 것으로 나타났음. 그리고 이와 같은 혜택은 일반인들이 상가부지 입찰에 참가하여 감정가격 이상의 금액으로 해당 상가부지를 낙찰받는 원인이 됨(감사원, 감사결과 처분요구서 - 공공사업 보상실태 -, 2011. 7, 93쪽).

35) 감사원, 앞의 글, 90쪽.

대한 불신의 원인으로 작용하고 있다는 점을 감안할 필요가 있다.

위와 같이 피고가 기준일 3개월 이전에 '본인 명의'가 아닌 타인명의로 사업자등록을 하였음을 이유로 화훼용지 지분을 공급하지 않고 다만, 생활 대책 규정의 미필사업자로 판단하여 3순위 상가지분권의 자격을 부여하였고 실제 3순위지만 1순위와 동일하게 공급가능한 상가지분권으로써 실질적인 혜택을 부여하고 있으므로, 위와 같은 피고의 처분은 생활대책 기준에 의한 것으로 합리적 차별에 해당할 수도 있다.

한편 대상판결에서는 생활대책 기준일 3개월 이전일(2002. 8. 20)만을 투기를 구분하는 기준이 된다고 해석하고 있으나, '기준일 3개월(2002. 8. 20) 이전부터 계속 협의계약 체결일(2006. 8. 24)까지' 라는 생활대책 규정이 있으며, 피고 공사 생활대책(이주대책 포함) 규정을 살펴보면 '기준일(또는 기준일 3개월)'만이 투기를 결정하는 기준이 아니며 기준일(또는 기준일 3개월)부터 계속 협의계약체결일까지 생활대책 요건(사업자등록 명의 포함)이 유지될 것을 규정하고 있다.

대상판결처럼 기준일 이전에 타인 명의로 사업자등록이 되어 있었으나, 기준일 이후 본인 명의로 사업자등록을 이전한 자에게까지 토지(화훼용지 지분) 특별공급 및 생활대책을 공급해 준다면, 기준일 공고 이후 투기를 목적으로 기준일 3개월 이전부터 사업자등록을 하고 영업을 해 온 자에게 금원을 지급하고 사업자등록을 이전받아 화훼용지를 공급받고자 하는 자들을 도저히 막을 수 없을 것이다. 따라서 기준일 3개월 전부터 계속하여 협의계약 체결일까지 본인명의의 사업자 등록을 한 자라는 객관적이고 일률적인 기준이 적용되어야만 그러한 투기세력을 막을 수 있으며 그러한 목적으로 기준일 3개월 이전부터 계속하여 협의계약 체결일까지 본인명의의 사업자 등록자를 화훼용지 공급대상자로 정한 피고의 생활대책은 부동산 투기 등을 방지하기 위한 중대한 공익적 목적과 합리적인 정책적 필요에서 비롯된 것으로써 사업시행자의 정당한 재량권의 범위 내에서 이루어졌다고 볼 수 있다.

V. 맺 음 말

공익사업 생활대책제도는 대규모 면적 공익사업을 시행함에 따라 사업지구 안에서 영업을 행한 자들과 사업시행자 간 보상갈등을 줄이고 사업을 신속하고 원활하게 추진하기 위해 사업시행자의 내부규정으로 운영되어 왔다. 이러한 이유로 그간 생활대책 대상자의 법적 지위에 대한 소송은 사업시행자가 요건불비 등을 이유로 피수용자의 생활대책 대상자 선정신청을 거부할 경우 피수용자는 어떠한 구제절차를 취할 수 있는지 논란이 있어 왔는데, 대상판결은 생활대책 상가용지공급대상자의 법적지위를 인정하여 재산권보장을 강화하는 한편 소송형태를 정리했다는 측면에서 그 의의가 있다. 생활대책은 토지보상법에 일반적인 근거규정이 없다고 하더라도 협의보상을 유도하여 당해 공익사업을 원만하고 신속하게 추진한다는 측면이 강하다는 점을 고려하다면 이를 단순히 시혜적 조치로 취급하는 것은 타당하지 않다.

다만 공익사업 생활대책이 낮은 영업보상으로 인한 민원을 해결하기 위한 임시방편으로부터 출발한 점을 고려한다면 해석론적 해결보다는 입법론적 개선이 보다 근본적인 접근이라고 생각된다. 결국 전술한 바와 같이 생활대책용지의 공급과 같이 공익사업 시행 이전과 같은 경제수준을 유지할 수 있도록 하는 내용의 보상은 정당보상원리에 따라 영업보상영역에서 해결해야 할 것이다. 따라서 토지보상법상의 영업보상을 현실화하거나 보상항목을 확대하는 등의 입법론적 해결이 바람직한 접근일 것이다. 또한 현행 생활보상 관련규정이 개별적인 침해유형에 따라 보상규정을 마련한 것이 아니라, 대강의 침해범위를 상정하고 불명확한 보상기준으로 제도를 운영해 온 관행의 변화가 필요하다. 종전의 생활상태를 회복하는 데 소요되는 제반비용을 개별적으로 검토하고 이에 대한 별도의 보상항목을 상세히 규정하는 방향으로 검토해 보는 것이 바람직하다.

참고문헌

감사원, 감사결과 처분요구서 - 공공사업 보상실태 -, 2011. 7

김광수, 생활보상의 이론과 실제, 행정법연구 제24호, 2009. 8.

김남진 · 김연태, 「행정법 I」, 법문사, 2010

김동희, 「행정법 I」, 박영사, 2010

김승종 외4인, 공정사회 구현을 위한 개발사업의 생활보상제도 정비방안 연구, 국토연구원, 2011

김철용, 「행정법 I」, 박영사, 2009

김해룡, 기업도시개발에 있어서의 이주 내지 생활대책, 한국토지공법학회 학술발표집, 2005.10.8

류지태 · 박종수. 「행정법신론」, 박영사, 2010

류해웅 외, 「토지보상제도 개선연구」, 건설교통부, 2005, 508 ~ 510쪽.

류해웅, 「신수용보상법론」제6판, 부연사, 2012

박균성, 「행정법론(상)」, 박영사, 2012

박수혁, "생활보상에 관한 법적 고찰", 「현대 공법학의 과제(최송화교수 화갑기념논문집」, 박영사, 2002

박윤흔, 「최신행정법강의(상)」, 박영사, 2009

석종현, 「손실보상론」, 삼영사, 2005

손진상, 댐건설로 인한 손실보상에 관한 연구, 고려대학교 대학원, 1995

유지태, 생활보상논의의 비판적 검토, 특별법연구(특별소송실무연구회) 제8권, 2006. 9

전광식, 공익사업의 시행에 따른 이주대책 및 생활대책, 사법논집 제49집, 2009

허강무, 재개발사업 권리금 보상의 공법적 검토, 토지공법연구 제46집, 2009. 11

허강무, 한미FTA시대의 토지보상법제 쟁점과 과제, 토지공법연구 제58집, 2012. 8

小高剛 編, 損失補償の 理論と 實際, 住宅新聞社, 1997.

국문초록

공익사업“생활대책”은 분당 · 일산 등 신도시건설과 관련된 사업지구내의 주민에 대한 은혜적 배려로 특별지원대책의 일환으로 1991년 한국토지공사가 자체규정을 만들어 수립 · 시행한 것이다. 생활대책은 이주대책과는 별도로 원활한 사업추진을 위하여 택지개발사업 등에서 영업보상대상자 등에게 일정한 규모의 상업용지 또는 분양상가를 우선 공급하는 사업시행자의 자체 운영제도이다.

생활대책은 「공익사업을 위한 토지 등의 취득 및 보상에 관한 법률」 제78조의 규정에 의하여 공익사업에 주거용 건축물이 편입되어 생활근거를 상실하게 되는 이주대책대상자에게 택지나 주택을 공급하는 이주대책에 대응하는 용어로 사용되고 있다. 현재 생활대책제도는 사업시행자 내부규정을 통해 제한적으로 운영되고 있다. 이러한 이유로 평석 대상판결인 은평뉴타운 등 대규모의 개발행위가 이루어지는 경우 상가분양권공급거부처분, 상업용지특별공급대상자부적격통보 등 이른바 생활대책에 관한 소송이 빈번하게 발생하고 있다.

이 글은 공익사업 생활대책의 의미와 정당보상원리를 통해 대상판결을 비판적으로 고찰하였으며, 주요쟁점은 생활보상의 성격, 생활대책의 정책적 의미, 소송형태, 생활대책에 관한 사업시행자의 재량권 행사 등이다. 평석 대상판결은 생활대책 상가용지공급대상자의 법적지위를 인정하여 재산권보장을 강화했다는 측면에서 그 의의가 있다. 다만 공익사업 생활대책이 비현실적인 영업보상으로 인한 민원을 해결하기 위한 임시방편으로부터 출발한 점을 개선하는 데에는 한계가 있다고 생각된다.

생활대책용지의 공급과 같이 공익사업 시행 이전과 같은 경제수준을 유지할 수 있도록 하는 내용의 보상은 정당보상원리에 따라 영업보상영역에서 해결해야 할 것이다. 따라서 토지보상법상의 영업보상을 현실화거나 보상항목을 확대하는 등의 입법론적 해결이 바람직한 접근일 것이다.

주제어: 정당보상, 생활보상, 생활대책. 영업보상, 이주대책

Abstract

Meaning of Survival Measures in Public Service and Principle of Fair Compensation

Heo, Kang-Moo(Korea Real Estate Research Institute)

"Survival measures" in public service were established by the Korea Land Corporation in 1991, which executed them its own regulations as part of special support measures for residents of areas hit by the New City construction, such as Bundang and Ilsan. Aside from the relocation measures, "Survival measures" are exclusive system of project operators that provide commercial lots or buildings of certain scales to business compensation recipients first for smooth execution of, for example, housing land development project.

"Survival measures" are comparable to relocation measures that offer housing land or housing units to people who are about to lose their residents due to their consolidation into public service projects, in accordance with the article 78 of「Land Acquisition and Compensation Act. Currently, survival measures are being limitedly implemented through internal regulations of project operators. That is why frequent lawsuits occurred when large-scale development activities took place such as the Eunpyung New Town case.

This text critically examines the trial verdict by explaining the meaning of public service survival measures and adequate compensation principles with focus on the nature of compensation, political meaning of survival measures, types of lawsuits, and discretion of project operators as to survival measures. The Eunpyung New Town case verdict is significant in that it reinforced the property rights by recognizing the legal status of recipients of survival measures for commercial land support. However, the measures are deemed to be limited in curing issues associated with demands for unrealistic compensation .

Financial compensation for maintaining the economic status prior to execution of public service projects, such as offering residential lands, must be dealt with in accordance with fair business compensation principles. Therefore, legislative resolutions such as materializing business compensation or expanding the compensation scope will be desirable.

Keyword: fair compensation, survival compensation, survival measures, relocation measures, business compensation

투 고 일: 2012. 11. 30
심 사 일: 2012. 12. 21
게재확정일: 2012. 12. 21

徵發買受財産의 還買權

최 진 수*

(대상결정 : 헌법재판소 2009. 5. 28. 선고 2008헌바18 · 32 결정)

Ⅰ. 서

'징발재산정리에 관한 특별조치법'(이하 '징특법'이라 한다)은 징발매수재산의 환매권 발생기간을 징발보상증권의 상환종료일로부터 5년 이내로 제한하고 그 이후에는 시가에 의한 수의계약만을 인정하고 있는

* 연세대학교 법학전문대학원 부교수, 법학박사.

바, 이러한 규정(이 사건 법률조항)이 '피징발자들의 재산권을 침해하는 것인지', 또 '평등원칙에 위반되는 것인지' 여부가 문제되었다.

이미 헌법재판소는 1995. 2. 23.에 선고된 92헌바12 사건 및 93헌바29 사건에서 이 사건 법률조항을 합헌이라고 선고하였는데, 위 사건들에서 주장된 재판관 2인의 반대의견[1]이 대상결정에서도 동일한 내용으로 주장되고 있음을 볼 수 있다. 결국 그 때와 동일하게 7:2의 합헌결정이 또다시 내려진 것인데, 이 글에서는 특히 위와 같이 재론된 반대의견을 또다시 배척한 대상결정의 결론이 옳은지, 다시 말해 반대의견의 위헌 논거들이 과연 타당하지 않은 것인지 여부를 각 논거별로 분석하고자 한다.

Ⅱ. 대상결정 소개

1. 사건의 개요[2]

(1) 2008헌바18 사건

(가) 대한민국은 1971년경 청구인들이 소유하고 있던 의정부시 소재 대 80평 및 그 일대 토지를 징특법에 따라 매수하고 소유권이전등기를 마쳤는데, 그 매수대금 지급을 위하여 발행한 징발보상증권은 1986. 12. 1. 상환종료 되었다.

(나) 청구인들은 종래 주한미군기지의 부지로 사용되던 위 토지가 주한미군 재배치계획에 따라 주한미군으로부터 대한민국으로 반환되어

---

1) 이 사건들에서 재판관 김진우, 재판관 조승형의 반대의견이 있었고, 대상결정에서는 재판관 조대현, 재판관 이동흡의 반대의견이 있었다.

2) 실제 사안은 상속, 환지 등 사실관계가 보다 복잡하나, 논의에 불필요한 사실관계를 제거하여 쟁점을 간명하게 드러내고자 하는 의도로 필자가 다소 가공하여 단순화시킨 사건의 개요이다. 실제 사안에 관하여는 대상결정의 원문 참조.

더 이상 군사상 필요가 없게 되었으므로 징특법 제20조 제1항에 의한 환매권을 취득하였다고 주장하면서 2007. 4. 5. 대한민국을 상대로 위 토지에 대하여 소유권이전등기청구소송을 제기하였다.

(다) 청구인들은 위 소송계속중, 징특법 제20조 제1항에 대하여 위헌법률심판제청을 신청하였으나 기각되자 2008. 3. 17. 이 사건 헌법소원심판을 청구하였다.

(2) 2008헌바32 사건

(가) 대한민국은 1971. 11. 17. 청구외 안○임 소유의 의정부시 소재 잡종지 3,302㎡(이하 '제1부동산'이라 함)를 징특법에 따라 매수하고, 1972. 10. 31. 소유권이전등기를 마쳤는데, 그 매수대금 지급을 위하여 발행한 징발보상증권은 1981. 3. 1. 상환종료 되었다. 한편 대한민국은 1972. 2. 24. 청구외 송○영 소유의 의정부시 소재 잡종지 3,058㎡(이하 '제2부동산'이라 함)를 징특법에 따라 매수하고, 1972. 3. 29. 소유권이전등기를 마쳤는데, 그 매수대금 지급을 위하여 발행한 징발보상증권은 1981. 9. 1. 상환종료 되었다.

(나) 한편, 청구인들은 1984. 2. 3. 청구외 안○임으로부터 제1부동산의 환매권 등 일체의 권리를, 1984. 5. 22. 청구외 송○영의 상속인들로부터 제2부동산에 대한 환매권 등 일체의 권리를 양수하였다.

(다) 청구인들은 종래 주한미군기지의 부지로 사용되던 제1부동산 및 제2부동산이 주한미군 재배치계획에 따라 주한미군으로부터 대한민국으로 반환되어 더 이상 군사상 필요가 없게 되었으므로 징특법 제20조 제1항에 의한 환매권을 취득하였다고 주장하면서 대한민국을 상대로 위 제1부동산 및 제2부동산에 대한 소유권이전등기청구소송을 제기하였으나 기각되자 항소를 제기하였다.

(라) 청구인들은 항소심 계속중 징특법 제20조 제1항 및 제20조의2 제1항에 대하여 위헌법률심판제청을 신청하였으나 기각되자 2008.

4. 24. 이 사건 헌법소원심판을 청구하였다.[3)]

2. 심판대상조항

(1) 이 사건 심판의 대상은 '징발재산정리에 관한 특별조치법'(1989. 12. 21. 법률 제4144호로 개정된 것) 제20조 제1항 중 "이 법에 의하여 매수한 징발재산의 매수대금으로 지급한 증권의 상환이 종료되기 전 또는 그 상환이 종료된 날로부터 5년 이내" 부분과 동법 제20조의2 제1항(이하 '이 사건 법률조항들'이라 한다)이다.

(2) 징특법 제20조는 "환매권"이라는 제목 하에 그 제1항에서 "이 법에 의하여 매수한 징발재산의 매수대금으로 지급한 증권의 상환이 종료되기 전 또는 그 상환이 종료된 날로부터 5년 이내에 당해 재산의 전부 또는 일부가 군사상 필요 없게 된 때에는 피징발자 또는 그 상속인(이하 이 조에서 "환매권자"라 한다)은 이를 우선매수할 수 있다. 이 경우에 환매권자는 국가가 매수한 당시의 가격에 증권의 발행연도부터 환매연도까지 연 5푼의 이자를 가산한 금액을 국고에 납부하여야 한다."라고 규정하고 있는데, 이 중 "이 법에 의하여 매수한 징발재산의 매수대금으로 지급한 증권의 상환이 종료되기 전 또는 그 상환이 종료

---

3) [적법요건의 대한 판단]

1. 재판의 전제성

청구인들은 징발보상증권의 상환완료일로부터 5년이 경과된 후에 주한미군 재배치계획에 따라 당해사건에서 문제된 토지들에 대하여 군사상 필요가 소멸되었음을 주장하면서 환매권을 행사하고 대한민국을 상대로 소유권이전등기청구의 소를 제기하였다. 그런데 당해사건의 법원은 이 사건 법률조항들을 적용하여 청구인들의 환매권이 이미 소멸하였다고 보아 청구인들의 청구를 기각하였는바, 만일 환매권 행사기간을 제한하는 이 사건 법률조항들이 위헌이라면 청구인들은 대한민국을 상대로 환매권을 행사하고 소유권이전등기절차의 이행을 구할 수 있게 되므로 재판의 전제성은 인정된다.

2. 청구기간 및 기타 적법요건

또한 청구인들은 청구기간을 준수하였고, 달리 적법요건의 흠결은 없다.

된 날로부터 5년 이내" 부분(위 밑줄 부분)이 이 사건의 심판대상이다.

(3) 또 징특법 제20조의2는 "매수한 징발재산의 처리"라는 제목하에 그 제1항에서 "이 법에 의하여 매수한 징발재산의 매수대금으로 지급한 증권의 상환이 종료된 날부터 5년이 경과한 후 당해 재산의 전부 또는 일부가 군사상 필요 없게 된 때에는 국가는 국유재산법의 규정에 불구하고 수의계약에 의하여 매각 당시의 시가로 피징발자 또는 그 상속인에게 매각할 수 있다."고 규정하고 있는데, 이 제20조의2 제1항이 또한 이 사건의 심판대상이다.

3. 청구인들의 주장, 법원의 위헌법률심판제청신청 기각 이유 및 관계기관의 의견

가. 청구인들의 주장

(1) 2008헌바18 사건

(가) 징특법에 의한 징발재산의 매매는 피징발자의 자의에 의한 것이 아니고, 매매대금도 당시의 시가에 비해 저렴하고 현금으로 일시에 지급받는 것이 아니라 보상증권으로 받아 매년 분할하여 상환받도록 되어 있어 국가가 사유재산을 헐값으로 취득하는 것으로서, 징발재산이 더 이상 본래의 군사상 필요가 없게 된 경우라면 원래의 소유자가 환매를 원하는 이상 기간의 제한이 없이 이를 전면적으로 인정해 주는 것이 헌법상 재산권보장의 원칙에도 부합되는 것인바, 징특법 제20조 제1항에서 환매권의 발생기간을 증권의 상환이 종료된 날로부터 5년까지로 제한한 것은 재산권을 과다하게 제한한 규정으로서 행복추구권을 규정한 헌법 제10조, 재산권을 보장한 헌법 제23조 및 과잉금지원칙을 규정한 헌법 제37조 제2항에 위반된다.

(나) 징특법 제20조 제1항은 징발재산이 군사상 필요 없게 된 시

기가 증권상환 완료일로부터 5년 이내인지 여부에 따라 환매권 인정 여부를 결정하는 것으로서 피징발자들 상호간 및 피징발자와 일반 국민들을 합리적인 이유 없이 차별하여 헌법 제11조의 평등원칙에 위반된다.

(2) 2008헌바32 사건

(가) 2008헌바18 사건의 청구인들 주장의 요지와 대체로 같다.

(나) 징특법 제20조 제1항의 경우는 징발매수대금에 이자만 가산 지급하고 환매권이 보장되는데 반해, 징특법 제20조의2 제1항의 경우는 시가에 의하여 임의매수할 수 있도록 규정하고 있으므로, 이 사건 법률조항들은 징발재산이 군사상 필요 없게 된 시기가 증권상환 완료일로부터 5년 이내인지 여부에 따라 피징발자들을 합리적인 이유 없이 차별하여 헌법 제11조의 평등원칙에 위반된다.

나. 법원의 위헌법률심판제청신청 기각이유

(1) 2008헌바18 사건

만약 환매기한이 설정되어 있지 않고 징발매수 된 토지 등의 원소유자가 아무리 오랜 세월이 지난 뒤에도 그 토지 등이 공공사업에 필요 없게 되었을 때에는 언제든지 환매권을 행사하여 그 소유권을 회복할 수 있다고 한다면 그 토지 등에 관한 법률관계를 심히 불안정하게 하고 이로 인하여 그 토지 등에 대한 효율적인 이용·개발을 저해할 뿐만 아니라 국가가 징발매수한 토지 등에 투자하여 개발한 이익이 사회일반에 돌아가지 않고 그 동안 전혀 관리도 하지 아니한 피징발자 개인에게 돌아가는 등 불합리한 결과를 초래할 수 있으므로, 환매기한의 설정의 입법목적은 이와 같은 불합리한 결과를 막고 토지 등의 효율적인 이용·개발을 촉진하기 위한 것으로 정당하고, 나아가 위와 같은 입법목적을 달성하기 위하여 환매요건 자체를 기한에 결부시켜 제한하는 것은 적절하고 유효한 방법이라 할 것이며, 이 방법과 다른 최선의 방법을 찾아볼 수도 없으므로 이러한 제한방법이 피해의 최소성의 원칙에 어긋난다 할 수 없다.

또한, 징특법 제20조 제1항에 의한 환매권이 발생할 수 있는 기간은 징발매매 된 날로부터 15년까지이고, 대체로 15년이라는 기간은 당해 토지의 현상·이용상태 및 주변상황 등의 변화로 말미암아 그 토지 등이 사회경제적 가치가 질적 변화를 일으키기에 상당한 기간이라고 보이므로, 15년이 경과한 때에는 당해 토지 등을 둘러싸고 그동안에 형성된 법률관계를 안정시켜야 한다는 법적 안정성의 요청이 종전 소유자가 소유권회복으로 인하여 얻는 사적이익보다 우월하다고 본 입법자의 판단이 불합리하다고 할 수도 없으므로 이 사건 법률조항은 헌법에 위반되지 아니한다.

(2) 2008헌바32 사건

위헌이라고 인정할만한 상당한 이유가 없다.

다. 국방부장관의 의견

법원의 위헌법률심판제청신청 기각이유와 같다.

4. 대상결정의 요지

(1) 주　　문

대상결정은 이 사건 법률조항들이 '합헌'이라고 선고하였다. 그 주문은 아래와 같다.

주문: "'징발재산정리에 관한 특별조치법'(1989. 12. 21. 법률 제4144호로 개정된 것) 제20조 제1항 중 "이 법에 의하여 매수한 징발재산의 매수대금으로 지급한 증권의 상환이 종료되기 전 또는 그 상환이 종료된 날로부터 5년 이내" 부분 및 동법 제20조의2 제1항은 헌법에 위반

되지 아니한다.”

(2) 법정의견의 요지

(가) 환매기한 설정의 입법목적은 국가가 징발매수한 토지 등에 투자하여 개발한 이익이 사회 일반에 돌아가지 아니하고 그동안 전혀 관리도 하지 아니한 피징발자 개인에게 돌아가는 등 불합리한 결과를 막고 토지 등의 효율적인 이용·개발을 촉진하기 위한 것으로서 정당하다고 할 것이다. 위와 같은 입법목적을 달성하기 위하여 환매요건 자체를 기한에 결부시켜 제한하는 것은 적절하고 유효한 방법이라고 할 것이며, 이 방법과 다른 최선의 방법을 찾아볼 수도 없으므로 이러한 제한방법이 피해의 최소성의 원칙에 어긋난다 할 수도 없다.

또한, 징특법 제20조 제1항에 의한 환매권이 발생할 수 있는 기간은 징발매매된 날로부터 16년까지이고, 대체로 16년이라는 기간은 그동안 당해 토지의 현상·이용 상태 및 주변상황 등의 변화로 말미암아 그 토지 등의 사회경제적 가치가 질적 변화를 일으키기에 상당한 기간이라고 보여지므로 그동안에 형성된 법률관계를 그대로 안정시켜야 한다는 법적 안정성의 요청이 종전 소유자가 소유권회복으로 인하여 얻는 사적 이익보다 우월하다고 본 입법자의 판단이 불합리하다고 할 수는 없다.

(나) 징특법 제20조의2 제1항은 토지 등의 원소유자가 수의계약에 의하여 매각 당시의 시가로 매수할 수 있다고 규정하여 원소유자가 소유권회복을 할 수 있는 길을 열어놓고 있다. 따라서 징특법 제20조 제1항에 의한 환매기간의 제한은 징발매도인의 헌법상 보장되는 재산권의 본질적인 내용을 침해하거나 재산권 보장에 관한 헌법상의 기본이념에 저촉된다고 할 수 없고 또한 피징발자를 합리적인 이유 없이 차별하는 것으로 볼 수도 없다.

(3) 재판관 2인(재판관 조대현, 재판관 이동흡)의 반대의견의 요지

(가) 징발매수 후 토지의 가격이 앙등한 경우 군당국으로서는 환매대금만을 상환받아서는 군사시설을 이전할 비용에 충당하지 못하게 되므로 환매권의 구속으로부터 벗어나는 시점에서야 비로소 군사시설의 이전을 고려하게 될 수밖에 없으리라는 것을 쉽게 추지할 수 있으므로 이 사건 법률조항들은 재산권의 본질적 내용을 침해한다.

'공익사업을 위한 토지 등의 취득 및 보상에 관한 법률'상 환매권 발생기간 및 징특법의 입법경위 등에 비추어 보면 징특법상 환매권 발생기간은 형평을 잃은 것이므로 비례의 원칙에 위배된다. 또한, 환매제도라는 것이 징발매수재산이 징발매수되어 다시 원소유자에게 환매되기 전까지의 기간 동안 국가의 소유라는 것을 전제로 맺어진 과거의 법률관계에 어떠한 영향을 미치는 것이 아니므로 이를 두고 법적안정성을 해한다고 할 수 없고, 개발이용의 효율화 측면에서도 군사상의 필요가 소멸 내지 감소한 경우 피징발자에게 환매하여 자유롭게 시장경제원리에 따라서 개발·이용케 함이 보다 토지를 효율적으로 개발·이용하는 결과가 될 것이다.

(나) 징발재산이 군사상 필요 없게 된 시기는 피징발자의 의사나 행위와는 관계없는 국가 측의 일방적인 사정에 의한 것이다. 그러므로 징발보상증권의 상환 종료 시부터 5년이 경과되기 전과 후에 징발재산이 군사상 필요 없게 된 지 여부에 따른 차별은 피징발자의 책임에 돌릴 수 없는 사유에 인한 것이어서 합리적인 이유가 없다. 따라서 헌법 제11조 제1항에 위반된다.

Ⅲ. 공법상 환매권의 의의·근거 및 성질

1. 환매권의 의의

환매권(Wiederkaufsrecht)이란 수용의 목적물인 토지가 공익사업의 폐지·변경 기타의 사유로 불필요하게 되거나 수용 후 오랫동안 그 공익사업에 현실적으로 이용되지 않은 경우에, 수용 당시의 토지소유자 또는 그 포괄승계인이 보상금에 상당하는 금액을 지급하고 원소유권을 다시 취득할 수 있는 권리를 말한다.[4)]

영미법계 국가에서는 수용절차가 종결될 때에 이미 완전보상이 이루어진 것이므로 사후에 발생하는 공익사업의 폐지·변경 혹은 더 이상 당해 공익사업에 공용되지 않는다는 등의 사유는 수용의 완성 자체에 영향을 미치지 못하는 것으로 보기 때문에 환매권을 인정하지 않으나, 대륙법계 국가에서는 피수용자의 감정의 존중 및 공평의 원칙을 위하여 환매권을 인정하여 왔다고 한다.[5)] 나아가 오늘날 민간사업자에 대한 토지수용권 부여가 보편화되는 현실에서는 환매권이 가지는 계속적 공익실현을 위한 감시기능·제재적 기능 및 예방적 기능이 강조되기도 한다.[6)]

우리나라의 경우는 1962년에 제정된 구 토지수용법 제71조, 제72조를 실질적인 효시로 한다고 한다.[7)] 환매권 특히 환매기간과 관련하여서는 헌법재판소가 1994. 2. 24. 선고한 92헌가 15등 사건에서의 합헌결정으로 인하여 그에 관한 논란이 종식된 듯하다가 그 후 여러 사건에서 다시 환매기간의 위헌적 단기성을 이유로 하는 위헌소원이 제

4) 김동희, 행정법II, 박영사, 2010, 411쪽.

5) 김종보, "택지개발사업과 환매권의 헌법문제", 행정법연구 17호(2007.상반기)(2007. 05) 287쪽 참조.

6) 김병기, "공익사업을 위한 토지 등의 취득 및 보상에 관한 법률상 환매권의 법적 성질과 환매기간규정의 위헌 여부", 행정법연구 제26호(2010) 112쪽.

7) 김병기, "위 논문 109쪽.

기되었고, 헌법재판소가 2010. 3. 11.(2008헌바26) 구두변론을 개최함으로써 환매기간에 대한 학계의 논의를 촉발시킨 바 있다.[8]

2. 환매권의 인정근거 및 법적 성질

환매권에 관하여는 크게 헌법적 요청 또는 법이론적 근거에 의해 환매권을 이론구성하려는 입장(헌법원칙설)과 환매권을 헌법적 제도로 보지 않고 입법자의 선택에 의해 정책적으로 결정되는 것으로 이해하는 입장(입법정책설)이 있다. 후자에 의하면 환매제도는 개별 법률의 위헌성과는 아무 관련이 없게 되나, 전자에 의하면 환매조항이 부존재하거나 미비한 경우 당해 법률의 위헌성이 문제될 수 있다.[9] 뒤에서 보듯이 환매권의 본질 내지 성질과 관련하여 볼 때 전자의 입장이 옳다고 생각된다. 따라서 환매권에 관하여 입법자는 권리의 내용, 성립요건, 행사기간·방법 및 소유권 회복시 지급하여야 할 대금 등을 규정함으로써 그 권리를 구체적으로 형성하여 보장하는 내용의 법령을 제정하여야 할 것이다. 헌법재판소와 대법원도 모두 환매권이 헌법적인 요청임에는 의견을 같이 하고 있다고 볼 수 있을 것이므로[10], 환매조항이 부존재하거나 미비한 경우 전자의 입장에서 당해 법률의 위헌성이 문제될 수 있을 것이다. 다만, 환매권은 법률적 근거가 있어야 인정된다고 보는 대법원 판례[11]의 입장에 서서 보면, 환매조항이 부존재

8) 김병기, 앞의 논문 110쪽 참조.

9) 김종보, 앞의 논문 288쪽.

10) 김종보, 앞의 논문 288쪽 참조.

11) 대법원 1993.6.23. 선고 91다43480 판결; 대법원 1998.4.10. 선고 96다52359 판결. 이에 반해 독일 연방헌법재판소는 독일기본법 제14조에 관한 해석을 바탕으로 하여 환매는 본질상 수용과 다르므로 환매에 대한 개별 법률상의 근거는 필요치 않다고 하고 있다. BverfGE 24, 365(407); BverfGE35, 348(361) 등 참조. 독일의 통설도 그와 같은 입장인 것으로 보인다. 이와 관련하여 우리 헌법재판소는 명확한 입장을 밝히고 있지는 않지만, "원토지 소유자로서는 입법자가 제정한 법령에 의하여 토지소유권의 회복에 관한 권리를 행사할 수 있는 것이라고 해석함이 상당하

할 경우에는 환매권 행사를 원인으로 소유권이전등기청구소송을 청구해 승소할 수 없으므로 위헌법률심판을 신청하기 위한 전제가 성립되기 어렵다는 점에서 헌법재판상 어려움이 생길 수 있다.

환매권이 인정되는 근거에 관하여는 이를 피수용자가 가지는 감정의 존중 및 공평의 원칙에서 찾는 견해도 있고, 재산권의 존속보장에서 찾는 견해도 있다. 헌법재판소는 재산권의 존속보장을 들고 있으며[12], 대법원은 원소유자의 감정존중과 공평의 원칙을 들고 있다[13]. 대법원은 원소유자의 감정존중과 공평의 원칙이라고 하는 환매권의 입법취지에 비추어 볼 때 환매권은 제3자에게 양도할 수 없기 때문에, 환매권의 양수인은 사업시행자로부터 직접 환매의 목적물을 환매할 수 없고 환매권자가 사업시행자로부터 환매한 토지를 양도받을 수 있을 뿐이라고 한다.[14][15] 하지만 뒤에서 보다시피 환매권의 근거가 재산권의 존속보장에 있다고 본다면, 양도성을 가진 재산에 관한한 그 환매권을 제3자에게 양도할 수 없다고 볼 논리적 필연성은 없다고 할 것이다.

한편, 환매권의 법적 성질에 관해서도 사권설(私權說)과 공권설(公

다."고 판시한 바 있다(헌재 2006. 11. 30. 2005헌가20, 판례집 18-2, 417, 424-427 참조).

12) 헌재 1994.2.24, 92헌가15 내지 17, 20 내지 24; 헌재 1995.10.26, 95헌바22; 헌재 1996.4.25, 95헌바9.

13) 대법원 1993.12.28. 선고 93다34701 판결; 대법원 2001.5.29. 선고 2001다11567 판결.

14) 대법원 2001.5.29. 선고 2001다11567 판결; 공공용지의취득및손실보상에관한특례법이 환매권을 인정하고 있는 입법 취지는 토지 등의 원소유자가 사업시행자로부터 토지 등의 대가로 정당한 손실보상을 받았다고 하더라도 원래 자신의 자발적인 의사에 따라서 그 토지 등의 소유권을 상실하는 것이 아니어서 그 토지 등을 더 이상 당해 공공사업에 이용할 필요가 없게 된 때에는 원소유자의 의사에 따라 그 토지 등의 소유권을 회복시켜 주는 것이 원소유자의 감정을 충족시키고 동시에 공평의 원칙에 부합한다는 데에 있는 것이며, 이러한 입법 취지에 비추어 볼 때 위 특례법상의 환매권은 제3자에게 양도할 수 없고, 따라서 환매권의 양수인은 사업시행자로부터 직접 환매의 목적물을 환매할 수 없으며, 다만 환매권자가 사업시행자로부터 환매한 토지를 양도받을 수 있을 뿐이라고 할 것이다.

15) 이런 점에서 볼 때, 2008헌바32 사건의 경우 사안상 명백한 것은 아니나, 환매권만이 아니라 환매된 토지를 포함하여 환매권 등 일체의 권리가 양도된 사안인 것으로 생각된다.

權說)의 대립이 있다. 사권설은 환매가 환매권자의 의사표시에 의존하므로 단순히 수용의 해체로 볼 수 없다는 점과 환매권자가 자기 토지의 이익을 위하여 일방적으로 수용물을 회복하는 것이라는 점에서 환매권은 공용수용과 달리 사법(私法)상 현상으로서 사법(私法)상 권리라고 이해한다. 반면에 공권설은 환매제도를 공법상 수단에 의해 상실된 권리를 회복하는 제도로 보는 입장에서 환매권을 공법상 주체에 대하여 사인이 가지는 공법상 권리라고 본다.

대법원[16]은 환매권을 사법상 권리로 보고 있음에도 불구하고, 구 토지수용법(제75의2 제2항)에 의하여 사업시행자가 환매권자를 상대로 하는 환매가격증감소송을 공법상 당사자소송으로 다루고 있다[17]. 그리고 헌법재판소[18]는 환매권을 실질적으로 공법적 기능을 수행하고 있으며 헌법이 보장하는 재산권의 내용에 포함되는 권리라고 판시하고 있으며[19], 대상결정에서도 같은 취지로 판시하고 있다.

만약 환매권이 매수권자의 개인적 이익을 위하여 인정된다는 점, 그리고 새로운 법률사실의 발생에 의거하여 현재의 토지소유자로부터 그 토지의 매수를 요구하는 권리라는 점[20]이 강조될 경우에는, 환매권의 발생은 수용한 토지 등에 대해서 더 이상 공익적 요구가 없는 경우에 해당하기 때문에 공법의 특수성은 더 이상 숨 쉬지 않는다고 보아 사권설을 지지하게 될 것이다.

하지만 환매권이 인정되는 것은 단지 개인적 이익만을 위해서라기

---

16) 대법원 1987.4.14. 선고 86다324 판결〈공특법환매〉; 대법원 1989.12.12. 선고 89다카9675 판결〈징발재산환매〉; 대법원 1992.4.24. 선고 92다4673 판결〈징발재산환매〉; 김상철, 징발재산정리에관한특별조치법 부칙 제2조에 의한 환매권의 행사와 제척기간, 대법원판례해설 제28호, 1997, 18쪽 이하 참조.

17) 대법원 2000.11.28. 선고 99두3416 판결; 대법원 2002.6.14. 선고 2001다24112 판결.

18) 환매권을 민사법상의 권리로 본 예로는, 헌재 2006. 11. 30. 2005헌가20, 판례집 18-2, 417, 424; 헌재 1994. 2. 24. 92헌마283, 판례집 6-1, 608, 614.

19) 헌재 1994.2.24, 92헌가15 내지 17, 20 내지 24; 헌재 1995. 2. 23. 93헌바29, 공보 9, 134, 138-139.

20) 김철용, 행정법 II, 박영사, 2010, 599쪽.

보다는 오히려 헌법상의 재산권 보장규정으로부터 도출되는 재산권의 존속보장을 그 근거로 한다는 점이 보다 더 강조되어야 할 것이라 생각된다. 다시 말해 환매권의 법적 성질은 그것이 인정되는 근거, 즉 헌법상 재산권 보장이라는 관점에서 파악되어야 하며, 환매권이 실제 가지는 공법적 기능도 그와 같은 관점에서 이해되어야 할 것이다. 따라서 환매권의 법적 성질을 논하기 위해서는 우선 우리 헌법상 재산권 보장에 관한 규정인 헌법 제23조부터 살펴볼 필요가 있다.

우리 헌법 제23조는 "① 모든 국민의 재산권은 보장된다. 그 내용과 한계는 법률로 정한다. ② 재산권의 행사는 공공복리에 적합하도록 하여야 한다. ③ 공공필요에 의한 재산권의 수용·사용 또는 제한 및 그에 대한 보상은 법률로써 하되, 정당한 보상을 지급하여야 한다."라고 규정하고 있다. 이 규정의 근본취지는, 원칙적으로 재산권의 자유로운 이용·수익·처분을 보장하되, 헌법이 규정하는 엄격한 요건을 갖춘 경우에만 그에 대한 수용·사용 또는 제한을 예외적으로 허용한다는 데 있다. 따라서 재산권의 공권력적·강제적 박탈을 의미하는 공용수용은 헌법 제23조 제3항에 명시되어 있는 대로 국민의 재산권을 그 의사에 반하여 강제적으로라도 취득해야 할 공익적 필요성이 있을 것, 법률에 의거할 것, 정당한 보상을 지급할 것의 요건을 모두 갖추어야 하며, 불가피한 최소한에 그쳐야 한다. 이 경우 헌법상의 공공필요는 재산권을 수용할 때 당연히 요구되는 요건이지만, 다른 한편으로는 행정주체가 수용된 재산권을 계속 보유할 수 있는 헌법적 정당화사유이기도 하다.

이와 같은 헌법의 재산권 보장에 관한 규정의 근본취지에 비추어 본다면, 일단 공용수용의 요건을 갖추어 수용절차가 종료되었다고 하더라도 그 후에 수용의 목적인 공공사업이 수행되지 아니하거나 또는 수용된 재산권이 당해 공공사업에 필요 없게 되었다고 한다면, 수용의 헌법상 정당성과 공공필요에 의한 재산권취득의 근거가 장래를 향하여 소멸한다고 보아야 할 것이므로, 단지 피수용자가 수용 당시 이미 정당한 손실보상을 받았다고 하는 재산권의 가치보상만으로는 헌법상 재산권 보장의 요청이 충족되지는 않는다고 할 것이고[21], 이 경우에는 헌법상 재산권 규정에서 도출되는 존속보장의 요청이 되살아난다고 할 것이다.

즉, 환매권은 일단 공용수용 절차가 종료하였다고 하더라도 그 후에 수용의 헌법상 정당성과 공공사업시행자에 의한 재산권 취득의 근거가 장래를 향하여 소멸한다는 점에 근거하여 인정되는 권리로서, 헌법상의 재산권 보장규정으로부터 도출되는 재산권의 존속보장을 그 근거로 하는 것이다. 이러한 점이 강조될 경우에는, 수용한 토지 등에 대해서 더 이상 공익적 요구나 공법의 특수성이 존재하지 않게 된다고 볼 수는 없는 것이고, 환매권은 공권이라고 하게 될 것이다. 이와 같이 환매권이 공권인 이상 환매권에 관한 소송은 행정소송법상의 당사자소송으로 처리되어야 할 것이다.

Ⅳ. '징발재산정리에 관한 특별조치법'상 환매권의 특이점 유무

1. 징발재산정리에 관한 특별조치법의 제정배경 및 골자

한국 전쟁(6·25 전쟁) 당시 국가는 군작전을 위하여 많은 토지가 필요하게 되자 개인 소유의 사유 토지를 징발하여 사용하였다. 하지만 전쟁이 종료된 뒤에도 그와 같이 징발된 토지에 대한 보상 문제 등을

21) 헌법재판소는, 피수용자가 수용 당시 이미 정당한 손실보상을 받았다는 사실로 말미암아 부정되지 않는다고 한다. 헌재 1994. 2. 24. 92헌가15등, 판례집 6-1, 38, 57-58 참조.

정리하지 못하였다. 1963. 5. 1. 법률 제1336호로 징발법이 제정되었으나, 동법 제21조에 의하면 징발물에 대한 사용료를 과세표준액을 기준으로 정하도록 되어 있어 사용료마저도 제대로 보상받지 못하고 있는 상황에서 1966. 10. 5. 징발법 부칙 제3조에서 1971. 12. 31.까지 징발해제하지 않는 한 국가가 징발재산을 매수한다고 규정하였다. 그런데 위 규정에서 정한 기한 내에 징발재산을 정리하려고 하였지만 정부예산사정 등 여러 가지 제약으로 그 진전을 보지 못하였고, 징발재산의 정리가 늦어지고 있었기 때문에 매년 지가앙등에 따른 부담의 증대로 국가의 부채는 누적일로에 처하고, 피징발자는 근 20년간 뚜렷한 보상대책 없이 일방적인 희생을 강요당하여 국가를 상대로 하는 손실보상금청구소송이 격증하자 정부는 이와 같은 여러 가지 문제를 근본적으로 해결하기 위하여 1971년 이내에 연체된 징발보상금과 군이 계속 사용할 징발재산의 매수대금을 액면으로 하는 징발보상증권을 피징발자에게 지급하고 그 증권을 1년간 거치 후 10년간 분할상환토록 하는 것을 골자로 하는 징특법을 국회에 제출하였다.[22] 이리하여 국회는 1969. 12. 20. 법 2172호로 징발법 시행 당시 징발된 재산을 1973. 12. 31.까지[23] 매수보상 및 징발해제를 하기 위하여 필요한 사항을 규정하기 위하여 '징발재산정리에관한특별조치법'을 의결하였고, 1970. 1. 1. 공포되었다.

징특법에 의한 토지 등의 매수는 이미 징발법 시행 당시 징발된 재산(이하 '징발재산' 이라 한다) 중 군사상 긴요하여 군이 계속 사용할 필요가 있는 사유재산을 국가가 매수하는 것인바(징특법 제1조, 제2조), 징발재산의 매수절차를 요약하면 다음과 같다.

---

22) 제72회 국회 국방위원회 회의록 1면 이하 참조. 헌재 1995. 2. 23. 92헌바12, 판례집 7-1, 152, 167-168 참조.

23) 그 후 징특법은 1972. 10. 7. 일부 개정되어, 사유재산의 징발해제 또는 매수의 기한을 군사상 기타 불가피한 사유로 2년간 연기하여 "1973년 12월 31일까지"로 하였다.

국방부장관이 징발재산심의회의 심의를 거쳐 징발재산의 가격사정을 하여(징특법 제3조) 소유자 등 피징발자에게 매수통지를 하면(징특법 제4조), 매수통지를 받고 이에 동의하는 피징발자는 당해 재산을 국가에 매도하여야 한다(징특법 제5조). 만약 매수 통지를 받고도 피징발자가 국가에 매도하지 아니할 때에는 사정가격으로 국방부장관이 이를 매수한다(징특법 제6조). 국방부장관의 매수결정에 이의가 있는 피징발자는 이의를 신청할 수 있으며, 이의신청이 있는 때에는 국방부장관이 징발재산심의회의 심의를 거쳐 재결하도록 되어 있다(징특법 제7조).

한편, 징특법에 의하여 매수한 징발재산의 매수대금으로 지급한 증권의 상환이 종료되기 전 또는 그 상환이 종료된 날로부터 5년이내에 당해 재산의 전부 또는 일부가 군사상 필요없게 된 때에는 피징발자 또는 그 상속인(이하 “환매권자”라 한다)은 이를 우선매수할 수 있도록 환매권을 규정하였다(징특법 제20조 제1항. 즉, 이 사건 법률조항).[24]

징특법은 그 뒤 1972. 10. 7. 일부 개정되어, 사유재산의 징발해제 또는 매수의 기한을 군사상 기타 불가피한 사유로 2년간 연기하여 “1973년 12월 31일까지”로 하였고, 다시 1989. 12. 21. 개정되어, 이 사건 법률조항들 중 하나인 ‘매수한 징발재산의 처리’에 관한 징특법 제20조의2를 신설하였다. 신설한 이유는, 징발법 시행이전에 징발되었던 재산을 징특법에 의하여 1973년 12월 31일까지 매수·보상함에 있어서 그 매수대금 및 징발보상금을 증권으로 지급하되 연리 5푼에 1년 거치 10연간 분할 상환하도록 하는 등 그동안 피징발자가 불이익을 받아왔던 점을 감안하여, 환매권이 소멸된 징발재산을 국가가 매각하는 경우에 수의계약으로 피징발자 또는 그 상속인에게 시가매각할 수 있도록

24) 다만, 제정 당시의 징특법은, 증권의 상환이 종료되기 전의 경우와 그 상환이 종료된 날로부터 5년 이내에 당해 재산의 전부 또는 일부가 군사상 필요 없게 된 경우를 구별하여 그 환매가격을 달리 규정하고 있었으나, 1970. 12. 31. 개정을 통해 일률적으로 ‘국가가 매수한 당시의 가격에 연 5푼의 이자를 가산한 것’을 그 환매가격으로 통일하였다.

하려는 것이었다.

2. '토지보상법'상의 환매권과 '징특법'상의 환매권의 차이

대상결정의 반대의견은, '공익사업을 위한 토지 등의 취득 및 보상에 관한 법률'(이하 '토지보상법'이라 한다)상의 수용과 징특법상의 매수는 그 입법과정에서 근본적으로 다르기 때문에 전자의 환매권 규정과 후자의 환매권 규정에 대하여 그 입법수단의 적정성 여부 등 위헌성 여부를 판단함에 있어 양자를 동일하게 볼 수는 없다고 한다. 즉, 위 토지보상법에 있어서의 환매권은 평시에 있어서 정당한 보상이 이루어져 합헌적으로 수용이 된 것을 전제로 하여 인정되고 있으나, 이 사건 징특법상의 환매권은 6·25사변이라는 전란에 처하여 군사상 필요에 의하여 일방적으로 국민의 재산이 징발 사용되다가 징특법이 제정되어 사후에 매수하는 편법을 사용함으로써 수용이 된 것을 전제로 하여 인정되고 있는 것이므로 그 전제상황이 전혀 다르다는 것이다. 구체적 논거는 다음과 같다.

(1) 징발재산을 매수당한 국민의 입장에서는 매수대금인 상환금에 연 5푼의 이자를 가산하여 이를 1년 거치 후 10년간 분할 상환한다는 보상의 내용은 재산권박탈에 대한 정당한 보상이라고 할 수 없고, 단지 재산권사용에 대한 사용료 정도의 보상에 지나지 않았다고 할 수밖에 없다. 우선 징특법 제3조에서 징발재산의 매수가격을 매수 당시의 시가를 기준으로 하되, 국세청장이 고시하는 가격기준에 의하여 산출한 평가액을 참작하여 적정하게 결정한다고 규정하고 있는바, 국세청장이 고시하는 가격기준이라는 것이 시가에 현저하게 미달하는 과거나 현재의 사정을 고려하면 매수가격 자체도 시가에 미달하는 가격으로 사정되었음을 추지할 수 있다. 더욱이 위와 같이 산정한 매수가격에 연 5푼의 이자를 가산하여 이를 1년 거치 후 10년간 분할 상환한다는

보상의 내용은 연간 임대료가 시가의 10% 정도에서 결정되는 현실을 고려하면, 매수당한 국민의 입장에서는 거치기간인 1년간은 사용료도 보상받지 못하였고, 그 후 10년간은 단지 재산권사용에 대한 사용료나 은행이자 정도의 보상밖에는 수령하지 못하였다고 아니할 수 없다. 그렇다면 비록 위와 같은 내용의 증권에 의한 상환이 종료되었다고 하더라도 재산권침해에 대한 정당한 보상은 전혀 이루어지지 않았다고 할 수밖에 없다.

(2) 위와 같은 재산권 침해상태가 6 · 25라는 국가비상사태에서 비롯되었다는 점에서 비상사태하의 국가안보를 위한 재산권제한으로 이해될 수 있으나, 위와 같은 비상사태가 더 이상 존재하지 않는 시점에서는 이를 원상으로 복구시켜 주는 것이 헌법이 국민의 재산권을 보장하고 있는 취지에 부합되고 이를 방치하는 것은 위헌적인 재산권침해라고 할 수밖에 없다. 따라서 이 사건 징특법상의 환매권은 토지보상법에 있어서의 환매권과는 달리 국가 스스로 불가피한 상황에 처하여 저지른 위헌적인 국민의 재산권 침해상태를 제거해주기 위하여 특별히 피징발자에게 부여한 재산권으로서 헌법적인 의미를 갖고 있는 재산권이라고 보아야 할 것이며, 이 점은 이 사건 법률조항들의 심판대상부분의 위헌성을 검토함에 있어 고려되어야 할 것이다.

반대의견이 제시하는 이상의 논거들이 타당한 것인지 살펴보기 위해서는 다음과 같은 질문에 답하여야 한다. 먼저, 토지보상법상의 수용과 징특법상의 매수가 그 입법과정에서 다르다는 점, 특히 징특법상의 매수의 경우에는 재산권침해에 대한 정당한 보상이 이루어지지 않았다는 점이 토지보상법상의 환매권과 징특법상의 환매권에 대한 위헌성 여부를 판단함에 있어서 어떤 차이를 가져오는가? 다음으로, 이 사건 징특법상의 환매권이 토지보상법에 있어서의 환매권과는 달리 국가 스스로 불가피한 상황에 처하여 저지른 위헌적인 국민의 재산권 침해상태를 제거해주기 위하여 특별히 피징발자에게 부여한 재산권이라고 보아야 할 것인지, 만약 그렇다고 한다면 그러한 점을 고려하면 어떤 차이가 생기게 되는가?

생각건대, 징특법상의 환매권은 징발매매가 적법하게 이루어진 것을 전제로 하여 보상이 정당하였는지 여부와 관계 없이 공공필요가 소멸된 경우 피징발자에게 토지 등의 소유권을 회복시키기 위하여 보장된 권리인 것이지, 정당한 보상이 이루어지지 아니한 것을 근거로 한 권리라고 할 수는 없다. 다시 말해, 환매권은 수용의 헌법상 정당성과 공공필요에 의한 재산권취득의 근거가 장래를 향하여 소멸한 경우에 피수용자가 그 토지 등의 소유권을 회복할 수 있는 권리인 것이지, 수용의 헌법상 정당성과 공공필요에 의한 재산권 취득의 근거가 있을 경우에 행해지는 정당한 보상의 일환인 것은 아니다. 만약 정당한 보상이 이루어지지 않았다면 정당한 보상을 구하거나 혹은 정당한 보상이 이루어지지 않은 위헌성을 공격할 수 있을 따름인 것이고, 그것이 환매권을 요구하는 근거로는 될 수 없다고 할 것이다. 이런 점에서 보면, 정당한 보상이 이루어지지 않았으므로 환매권이 보다 넓게 인정되어야 한다는 논리는 성립될 수 없는 것이다. 따라서 정당한 보상이 이루어졌느냐 아니냐 하는 것은 결코 환매권의 위헌성 여부에 대한 고려사항이 될 수 없다고 할 것이다.

다음으로, 국가 스스로 불가피한 상황에 처하여 저지른 위헌적인 국민의 재산권 침해상태를 제거해주기 위하여 징특법상 특별히 인정된 것은 징발매수 및 매매대금의 지급이지 환매권이 아니다. 징발매수 및 매매대금의 지급과 같은 이유에서 징특법상의 환매권이 특별히 피징발자에게 부여된 것으로 본다면 그것은 논리의 비약이다. 국가가 비상사태 하의 국가안보를 위해 국민의 재산권을 제한하였다면 비상사태가 더 이상 존재하지 않는 시점에서 이를 원상복구시켜 주는 것이 헌법이 국민의 재산권을 보장하고 있는 취지에 부합한다는 점은 분명하다. 그런데 만약 군사상 긴요하여 군이 계속 사용할 필요가 있어서 이를 원상복구 시켜주지 못하고 징발매수하여야 하는 경우에는, 그것은 군사상 긴요한 필요성, 즉 공공의 필요를 이유로 사유재산권을 취득하는 것으로서 실질적으로 헌법 제23조 제3항에 의한 공용수용에 해당하는 것이므로 그러한 경우에는 정당한 보상을 지급하여야 한다. 그리고 그와 같은 경우라 하더라도 만약 군사상 필요성이 향후 소멸하게 된다면, 환매권을 인정하여 원소유자로 하여금 자신의 재산을 되찾는 길을 열어주는 것이 헌법상의 재산권 보장의 내용에 부합하게 된다. 하지만 이 경우의 환매권은 공공의 필요성의 소멸을 이유로 인정되는 것이지 국가가 비상사태 하에서 국민의 재산권을 제한하였기 때문에 인정되는 것은 아니다. 이런 점에서 볼 때, 위 반대의견이 징특법상의 환매권이 국가가 비상사태 하에서 국민의 재산권을 제한하였기 때문에 특별히 피징발자에게 부여된 것으로 보는 것은 옳지 않다고 할 것이다.

Ⅴ. 재산권 침해 여부

1. 이 사건 위헌심사기준

대상결정은 재산권 침해 여부에 관한 위헌심사기준을 제시하고 있지는 않다. 하지만 이 사건 법률조항들이 청구인들의 재산권을 침해하는지 판단하기 위해서는 먼저 그 위헌심사기준부터 확정해야 함은 다언을 요하지 않는다고 할 것이다.

공익사업을 위한 토지 등의 취득 및 보상에 관한 법률 제91조 제1항에 관한 위헌소원 사건(헌재 2011. 3. 31, 2008헌바26 결정)에서 그 결정의 반대의견[25]은, 환매권은 헌법상의 재산권 보장규정으로부터 도출

25) 대상결정에서 반대의견을 피력한 2인 재판관(재판관 조대현, 재판관 이동흡)과 동일하다.

되는 것으로서 특히 피수용자가 수용 당시 이미 정당한 손실보상을 받았다는 사실로 말미암아 부정되지 않는다[26]고 하는 의미에서 환매권은 구체적인 재산권의 보장에 있어 가치보장보다 한 단계 높은 존속보장을 그 근거로 한다고 볼 수 있으며, 이와 같은 환매권의 인정 근거에 비추어볼 때, 비록 그 구체적인 내용의 형성에 입법재량이 인정된다고 하더라도 환매권의 행사기간을 제한하는 법률조항들의 위헌 여부는 엄격한 과잉금지원칙에 따라 심사해야 할 것이라고 한다.[27]

살피건대, 헌법 제23조에 의하여 재산권을 제한하는 형태에는, 제1항 및 제2항에 근거하여 재산권의 내용과 한계를 정하는 것과, 제3항에 따른 수용·사용 또는 제한을 하는 것의 두 가지 형태가 있다. 전자는 '입법자가 장래에 있어서 추상적이고 일반적인 형식으로 재산권의 내용을 형성하고 확정하는 것'을 의미하고, 후자는 '국가가 구체적인 공적 과제를 수행하기 위하여 이미 형성된 구체적인 재산적 권리를 전면적 또는 부분적으로 박탈하거나 제한하는 것'을 의미한다. 그런데 이 사건 법률조항들은 헌법 제23조 제1항 및 제2항에 근거하여 재산권의 내용을 형성하는 내용의 제도를 창설하는 규정에 해당한다고 할 것이다. 이와 같이 재산권의 내용을 형성하는 내용의 제도를 창설하면서 그 행사기간 등을 정하는 경우에 있어서는 기본적으로 입법재량이 인정되고 이에 기초한 정책적 판단이 이루어져야 할 특별한 영역에 해당되므로 그 입법이 합리적 재량 범위를 일탈한 것인지 여부만을 심사기준으로 삼아야 할 것이다.[28]

---

26) 헌재 1994. 2. 24. 92헌가15등, 판례집 6-1, 38, 57-58 참조.

27) 헌재 2011.03.31, 2008헌바26, 판례집 23-1(상), 237.

28) 헌재 2006. 11. 30. 2003헌바66, 판례집 18-2, 429, 436-437 참조. 한편 헌법재판소는 수용이 이루어진 후 공익사업이 폐지되거나 변경되었을 때, 건물에 대해서까지 환매권을 인정할 것인지에 관해서는 입법재량의 범위가 넓다는 점을 들어, 공익사업법 제91조 제1항이 환매권의 대상으로 토지만을 정하고 있는 점에 대하여 헌법에 위반되지 않는다고 판단한 바 있다(헌재 2005. 5. 26. 2004헌가10, 판례집 17-1, 608, 614 참조). 또한 같은 조항이 환매의 의사표시와 함께 환매대금의 선이행의

다만, 이 글에서는 과잉금지원칙 위배를 주장하는 반대의견의 논거의 타당성 여부를 검토하기 위하여, 일단 엄격한 과잉금지원칙을 이 사건 위헌심사기준으로 삼는 것을 전제로 하여 살펴보기로 한다.

2. 과잉금지의 원칙 위배 여부

이 사건 법률조항들이 과잉금지의 원칙에 위배되는지 여부에 관한, 대상결정의 반대의견의 논거들이 타당한 것인지를 살펴본다.

(1) 반대의견은, 우선 토지보상법 등 평시에 정당한 보상이 이루어지는 경우의 환매권발생기간이 수용 등에 의한 토지 취득일로부터 10년임에 비하여, 징특법상의 환매권발생기간은 증권의 상환이 종료된 날로부터 5년에 불과한 것은 앞서 본 이 사건 징특법의 입법경위 등에 비추어 보면 형평을 잃은 것이며, 사실상 전혀 보상이 이루어지지 않은 징발매수재산의 경우에는 오히려 언제 군사상의 필요가 소멸하든지 간에 군사상 필요가 없다는 통지를 받은 때로부터 기산된 상당기간을 정하여 이를 피징발자에게 돌려주는 것이 당연하다고 할 것이라고 한다. 이 점에서 반대의견은, 이 사건 법률조항들은 입법목적에 상당한 수단을 선택함에 있어 비례의 원칙에 위배한 것이라고 보고 있다.

먼저 징특법 제20조의 내용을 살펴보면, 국방부장관은 환매할 재

무를 규정한 부분에 대하여도 헌법에 위반되지 않는다고 판단하였는데, 이는 "입법자가 헌법 제23조 제1항 및 제2항에 따라 헌법상 보장되는 재산권에 해당하는 환매권의 내용과 한계를 형성한 것"이라고 하면서, "환매권에 관하여 입법자는 협의매수토지 또는 수용토지에 대한 공익사업목적이 소멸한 경우에 원래의 토지소유자가 그 토지의 소유권을 회복할 수 있는 권리의 내용, 성립요건, 행사기간·방법 및 소유권 회복시 국가나 기업자에게 지급하여야 할 대금 등을 규정함으로써 그 권리를 구체적으로 형성하여 보장함과 동시에 이를 법적 안정성, 형평성 등 다른 헌법적 요청과 조화시키는 내용의 법령을 제정하여야 할 것이고, 원토지 소유자로서는 입법자가 제정한 법령에 의하여 토지소유권의 회복에 관한 권리를 행사할 수 있는 것이라고 해석함이 상당하다."고 하였다(헌재 2006. 11. 30. 2005헌가20, 판례집 18-2, 417, 424-427 참조).

산이 생긴 때에는 환매권자에게 그 뜻을 통지하여야 하고 환매권자의 주소 또는 거소를 알 수 없을 때에는 이를 2회 이상 공고하여야 하며(제1항, 제2항), 환매권자는 이러한 통지를 받은 날 또는 그 최후의 공고가 끝난 날부터 3월이 경과한 때에는 환매권을 행사하지 못하도록 규정하고 있다(제3항). 여기서 통지나 공고 후 3월의 환매기간은 실질적으로 환매권자에게 부당하게 단기간이라 할 수 없다. 또 환매통지의무의 이행 여부와 무관하게 환매권자자의 환매권 행사는 법적으로 가능하므로 환매통지를 하지 않더라도 환매권자가 환매권을 행사함에 법적인 장애는 없다. 뿐만 아니라 환매통지의무를 이행하지 않은 경우에는 사업시행자는 손해배상책임을 지게 된다. 이런 점들에 비추어 보면, 비례원칙을 위반하여 환매권자의 재산권이 침해된다고 할 수 없다고 하는 다수의견이 보다 타당하다고 생각된다.

(2) 또한, 반대의견은 법적안정성과 개발이용의 효율화의 견지에서 환매기간을 제한하는 입법목적이 정당하다고 하는 다수의견에 대해 반박하면서, 환매제도라는 것이 피징발자가 환매권을 행사함에 따라 새로운 매매가 이루어지는 것으로서 징발매수재산이 징발매수되어 다시 원소유자에게 환매되기 전까지의 기간 동안 국가의 소유라는 것을 전제로 맺어진 과거의 법률관계에 어떠한 영향을 미치는 것이 아니므로 이를 두고 법적안정성을 해한다고 할 수 없을 것이라고 한다. 개발이용의 효율화 측면에서도 군사상의 필요가 소멸 내지 감소한 경우 군에서 계속 점유하는 것보다는 피징발자에게 환매하여 자유롭게 시장경제원리에 따라서 개발·이용케 함이 보다 토지를 효율적으로 개발·이용하는 결과가 될 것임은 명약관화하다는 것이다.

생각건대, 다수의견이 지적하고 있는 바와 같이 징특법 제15조는 징발보상증권을 1년간 거치한 후 10년간 균등분할 상환하도록 규정하고 있으므로 징특법 제20조 제1항에 의한 환매권이 발생할 수 있는 기간은 징발매매된 날로부터 16년까지이고, 대체로 16년이라는 기간은 그동안 당해 토지의 현상·이용 상태 및 주변상황 등의 변화로 말미암아 그 토지 등의 사회경제적 가치가 질적 변화를 일으키기에 상당한 기간이라고 보여진다. 그러므로 적어도 징발매매가 이루어지고 16년이 경과한 때에는 당해 토지 등을 둘러싸고 그동안에 형성된 법률관계를 그대로 안정시켜야 한다는 법적 안정성의 요청이 환매권 행사를 통해 원소유권자의 소유권을 회복하여야 하는 요청보다 크다고 할 것이다.

만약 환매기한이 설정되지 않고 징발매수된 토지 등의 원소유자(포괄승계인 포함)가 아무리 오랜 세월이 지난 뒤에도 그 토지 등이 공공사업에 필요 없게 되었을 때에는 언제든지 환매권을 행사하여 그 소유권을 회복할 수 있다고 한다면, 그 토지 등에 관한 권리관계를 심히 불안정하게 하고 이로 인하여 그 토지 등에 대한 효율적인 이용·개발을 저해할 뿐만 아니라, 국가가 징발매수한 토지 등에 투자하여 개발한 이익이 사회일반에 돌아가지 아니하고 그동안 전혀 관리도 하지 아니한 피징발자 개인에게 돌아가는 등 불합리한 결과를 초래할 수 있다고 하는 다수의견의 논거가 보다 더 설득력이 있다고 생각된다.

3. 재산권의 본질적 내용의 침해 여부

이 사건 법률조항이 재산권의 본질적 내용을 침해하는지 여부에 관하여 대상결정의 반대의견이 취하는 입장은 다음과 같다.

이 사건 법률조항들은 환매권의 발생기간을 증권상환완료 후 5년 이내에 군사상 필요가 소멸한 경우로 제한하면서, 환매대금을 국가가 매수한 가격에 매수당시부터 환매일까지의 연 5푼의 이자를 가산한 금액으로 규정하여 피징발자에게 환매권을 행사할 수 있는 경우를 극히 예외적인 경우로 제한하고 있어 전혀 환매권을 사실상 부여하지 않은 것이나 다름없는 결과를 초래하고 있다는 것이다. 즉 비록 위 규정 제정 당시에 예상할 수 있었던 내용은 아니지만, 징발매수 후 토지의 가격이 앙등함으로 말미암아 군사시설의 이전의 필요성이 생긴 경우에도 군당국으로서는 위와 같은 환매대금만을 상환받아서는 군사시설을 이전할 비용에 충당하지 못하게 되므로 위와 같은 환매권의 구속으로부터 벗어나는 시점에서야 비로소 군사시설의 이전을 고려하게 될 수밖에 없었으리라는 것을 쉽게 추지할 수 있다고 한다. 징발매수재산의 상당부분이 도심지에 속해 있는 토지라고 생각되는바, 상식적으로 판단할 때에도 과거에 도로가 제대로 건설되어 있지 못한 경우와는 달리 현재 군사시설이 도시에 남아 있을 필요성은 별로 없다는 것이다. 그럼에도 불구하고 징특법 제20조 제1항에서 위와 같은 내용의 환매권을 규정함으로 말미암아 군당국에서 환매권발생기간이 소멸한 후에야 군사시설의 이전을 고려하게 되었다는 것은 이 사건 법률조항들의 미비 내지 불합리로 말미암아 위와 같은 헌법적 의미를 갖고 있는 환매권이 발생할 여지를 봉쇄하고 있는 것으로 이 사건 법률조항들은 위헌이라는 것이다.

생각건대, 환매사유로서의 "군사상 필요 없게 된 때"의 의미는 징특법 제2조 제1항에 비추어 볼 때 '군사상 긴요하여 군이 계속 사용할 필요'가 없게 된 경우라는 뜻임은 명확하다. 대법원의 입장도 그와 같다.[29] 하지만 그 불필요성의 구체적 판단기준은 그리 명확하지 않다. 이에 따라 군이 징특법에 의한 토지의 징발매수 후 사실은 더 이상 군이 계속 사용할 필요가 없게 되었다 하더라도 환매를 피하기 위하여 일부러 지체하다가 환매권발생기간이 소멸한 후에야 당해 군사시설의 이전을 결정하는 경우를 충분히 상정해볼 수 있는 것은 사실이다.

하지만 군당국이 고의로 군사시설의 이전을 지연함으로써 환매권

29) 환매권의 행사요건이 되는 "군사상 필요가 없게 된 때"라 함은 징발재산 매수의 필요성이 소멸된 것을 말하므로 위에서 "군사상 필요"라는 의미는 징발재산중 사유재산에 대한 매수요건을 규정한특별조치법 제2조 제1항의 "군사상 긴요하여 군이 계속 사용할 필요"와 같은 뜻으로 새겨야 한다. 대법원 1989.12.12. 선고 89다카9675판결; 1990.1.12.선고 88다카25342 판결.

행사를 실질적으로 불가능하게 만들 수 있다는 문제점은 토지가 “군사상 필요 없게 된 때”의 판단 기준을 객관적으로 설정하는 방법으로 충분히 극복할 수 있다고 할 것이다. 징특법 제2조소정의 매수요건인 “군사상 긴요하여 군이 계속 사용할 필요성”은 주관적 요건이 아니라 객관적 요건이므로 그 필요성의 유무는 군의 주관적인 의도보다도 ‘군이 군사상 긴요하여 현재 사용하고 있고 앞으로도 계속 사용할 필요성이 객관적인 상황에 의하여 인정되는지 여부’에 따라 결정하여야 한다.[30] 다시 말해, “군사상 필요 없게 된 때”의 판단은 군의 주관적 의사와는 무관하게 당해 군사시설의 목적과 내용, 징발매수의 범위, 당해 토지와 군사시설과의 관계, 용도 등 제반 사정에 비추어 합리적으로 판단하는 것이 가능하다.[31][32] 다른 법률에서도 환매권의 요건으로서

30) 대법원 1991.9.24. 선고 91다8456 판결.

31) 징특법 제20조 소정의 “군사상 필요가 없게 된 때”의 여부는 문제가 된 징발재산을 특정 군부대가 주둔하거나 기타 현실적인 점유상태를 유지, 지속시켜왔느냐의 여부만에 의하여 결정할 것이 아니라 고도로 현대화된 작전개념에 맞추어 군이 계속사용하여야 할 긴요성의 여부에 따라 결정되어야 한다; 대법원 1991.3.22. 선고 91다2809 판결. 군장교 및 하사관과 그 가족들의 주거용으로 쓰이는 아파트는 군사상 긴요한 시설로 보아야 하고 군인복지회관도 그것이 출장, 휴가중인 장병들에게 침식을 제공하는 등의 용도에 사용되는 등 군전투력의 유지 증대에 필요한 것인 경우에는 그 역시 군사상 긴요한 시설로 보아야 한다.

32) 판례에 나타난 “군사상 필요없게 된 때”(고종주, “징발재산정리에관한특별조치법” 제20조 제1항 소정의 “군사상 필요없게 된 때”에 해당여부의 판단기준”, 대법원판례해설 제22호(1994.9.), 326-328쪽).

가. 군사상 필요없게 된 때를 인정한 경우

① 국가안전기획부가 그 청사부지로 사용하는 토지(대법원 1990.1.12. 선고 88다카25342 판결); 비군사적 정보기관의 성질을 가진 국가안전기획부가 그 청사부지로 사용하고 있다고 하여 군사8상 긴요하여 군이 계속 사용할 필요가 있는 때에 해당한다고 보기 어렵다 할 것이고, 군복지시설인 군인아파트등을 건립할 계획이 있다고 하더라도 마찬가지라 할 것이다.

② 군사시설등 군사적 목적물이 설치된 바 없고, 군사작전이나 훈련등 군사상의 용도로 사용된 일이 없는 토지(대법원 1991.4.23. 선고 90다카643 판결); 피고가 군사상 필요가 있다는 이유로 이사건 부동산을 징발매수하였으나 그 이후 원심변론종결일까지 그 지상에 군사시설 등 군사적 목적시설물이 설치된 바 없는 토지.

③ 군사시설로 설치된 탄약고 및 초소 등의 경계선인 철조망 밖의 토지(대법원

1990.10.12. 선고 90다카20838 판결); 피고가 이사건 토지를 군사상 필요가 있다는 이유로 매수하여 이사건 부동산의 인근토지에 탄약고 및 초소 등의 군사시설을 설치하고 그 설치구역의 경계선에 철조망을 쳐두고 이사건 토지는 위 군사시설 설치구역을 구획짓는 철조망 밖에 방치하여 둔 경우.

④ 포병부대의 야외임시훈련장으로 1년에 2회 기동훈련시에만 숙영지로 사용된 토지(대법원 1991.9.24. 선고 91다8456 판결); 이사건 부동산은 단순히 포병부대의 임시훈련장으로 사용되어 왔고, 그것도 항상 사용되는 것이 아니라 1년에 2회 기동훈련시에 숙영지등으로만 사용되어 온 것이므로 예비진지가 구축되어 있었던 인근토지나 탄약고가 설치되었던 부근 토지와는 달리 이사건 부동산의 경우는 군작전계획상 예비진지 부지로 지정되어 있다는 것만으로는 군사상 필요성이 긴요하다고 할 수 없다.

나. 군사상 필요없게 된 때를 부인한 경우

① 군의 영내토지로서 탄약고등이 설치되어 있는 토지(주8) 대법원 1991.3.22. 선고 91다2809 판결); 이 사건 토지는 모두군의 영내 토지로서 현실적으로 탄약고등이 설치되어 있어 원심변론종결일까지 그 용도대로 사용되고 있는 경우.

② 군 장교의 관사부지(대법원 1991.12.10. 선고 90다19749 판결); 군인은 비상시에 대비하여 군의 영내나 근접지 거주의 필요성이 크고 주로 관사등 숙소를 이용하는 하사관 이상의 군인들이군의 작전계획에 따라 수시로 근무부대를 이동하게 되는 경우가 많으며, 대개의 경우 군주둔지 주변의 주거사정이 열악한 점 등군의 특수성에 비추어 볼 때, 이 사건 부대장 숙소와 같은 관사는 군사상 필요한 시설의 하나라 할 것이다.

③ 한미합동군사훈련시 부대숙영지로 사용되고, 인근 군부대의 야적장이나 군부대의 훈련장으로 사용되는 토지(대법원 1992.2.11. 선고 91다9886 판결); 비행대의 활주로 부지 및 부대시설 부지로 사용되던 위 토지부분이 비행대가 다른 곳으로 이전하여 간 이후에도 활주로 형태로 남아있는 상태에서 1년에 2주 내지 4주정도 팀스피리트 훈련기간중 부대숙영지로 이용되기도 하고, 간헐적으로 인근부대의 야적장이나 훈련장으로 사용되어 온 경우.

④ 독신장교 숙소 및 그에 부속된 교회건물, 유치원 부지(대법원 1992.6.23. 선고 91다28870 판결); 군장교와 그 가족들의 주거용으로 쓰이는 이사건 아파트와 그에 부속된 교회 건물이나 유치원등은 단순한 군복지시설이라기 보다는 군사상 긴요한 시설이라고 보아야 한다.

⑤ 군관사와 유아원 부지(대법원 1992.10.27. 선고 91다483 판결).

⑥ 전방지역 및 사단예하부대로 나가는 장병들과 군용차량을 통제하고 교통단속을 하거나 작전중인 군용차량을 주차시키는 등의 용도로 사용되는 토지(대법원 1993.4.27. 선고 92다46407 판결).

⑦ 군장교 및 하사관과 그 가족들의 주거용으로 쓰는 아파트부지(대법원 1993.9.14. 선고 92다32012 판결); 군장교 및 하사관과 그 가족들의 주거용으로 쓰이는 아파트는 군사상 긴요한 시설로 보아야 하고 군인복지회관도 그것이 출장, 휴가중인 장병들에게 침식을 제공하는 등의 용도에 사용되는 등 군전

"필요 없게 된 때"를 요구하고 있는데 그에 해당하는지 여부를 객관적으로 판단할 수 있는 것이고, 만약 이 사건 징발매수의 환매권의 요건으로 "필요 없게 된 때"를 요구한 것이 위헌이라고 한다면, 거의 모든 환매권 규정들도 또한 위헌을 면치 못하게 될 것이다.

뿐만 아니라, 국방부장관은 "군사상 필요 없게 된 때"에 해당하여 환매재산이 생긴 때에는 환매권자에게 그 뜻을 통지하여야 하는 의무가 있고(징특법 제20조 제2항), 이 의무에 위반하여 환매권자에게 통지하지 않음으로써 환매권 행사기간이 도과한 경우라면 불법행위의 책임을 면치 못한다.[33] 이 경우 당해 토지의 시가에서 환매권자가 환매권을 행사할 경우 지급하여야 할 환매대금을 공제한 금액을 배상받을 수 있다.[34]

따라서 "군사상 필요 없게 된 때" 부분의 판단기준이 명확하지 않은 점을 악용하는 사례가 있을 수 있다고 하더라도 그 객관적 판단이 가능하다고 보는 이상 그와 같은 이유로 이 사건 법률조항들이 위헌이라고 보기는 어렵다고 할 것이다.

Ⅵ. 평등원칙 위배 여부

1. 피징발자 상호간의 평등원칙 위배 여부

징특법 제20조 제1항에서 징발재산의 매수대금으로 지급한 증권의 상환이 종료된 날로부터 5년 이내에 그 징발재산이 군사상 필요 없게 된 경우의 피징발자의 권리와 그 5년이 경과된 후에 그 군사상 필요가

투력의 유지 증대에 필요한 것인 경우에는 그 역시 군사상 긴요한 시설로 보아야 한다.

33) 징특법상의 환매통지에 관한 것은 아니지만, 대법원 2000.11.14. 선고 99다45864 판결; 1994.1.14. 선고 92다34667 판결 등은 참조할 가치가 있다.

34) 대법원 2000. 11. 28. 선고 99두3416 판결; 1995.6.30. 선고 94다13435 판결 등을 이 사건에 참조할 필요가 있다.

없게 된 징발재산의 피징발자와의 사이에 위와 같은 차별대우를 한 것이 합리적인 이유 있는 차별인가가 문제된다.

이에 관한 대상결정의 반대의견의 입장은 다음과 같다. 이 차별은 순전히 징발재산이 군사상 필요 없게 된 시기가 징발대금으로 지급한 증권의 상환이 종료된 날로부터 5년 내인가 5년이 경과된 때인가에 의한 차별이다. 그런데 징발재산이 군사상 필요 없게 된 시기는 피징발자의 의사나 행위와는 관계없는 국가 측 즉 징발한 군당국의 일방적인 사정에 의하는 것이다. 그러므로 징발재산의 매수대금으로 지급된 증권의 상환종료 시부터 5년이 경과된 전과 후에 징발재산이 군사상 필요 없게 된 각 사유는 피징발자의 책임에 돌릴 수 없는 사유에 인한 것이어서 피징발자에 대하여 그와 같은 차별을 할 아무런 합리적인 이유가 없다. 따라서 위 차별은 헌법 제11조 제1항에 위반된다는 것이다.

생각건대, 우리 헌법 제11조에는 "모든 국민은 법 앞에 평등하다. 누구든지 성별·종교 또는 사회적 신분에 의하여 정치적·경제적·사회적·문화적 생활의 모든 영역에 있어서 차별을 받지 아니한다."라고 규정하여 국민의 법 앞의 평등권을 규정하였다. 물론 여기서 차별을 받지 않는다는 것은 합리적 이유 없는 차별을 받지 않는다는 것을 의미한다.

그런데 징발재산의 매수대금으로 지급한 증권의 상환이 종료된 날로부터 5년 이내에 그 징발재산이 군사상 필요 없게 된 경우의 피징발자의 권리와 그 5년이 경과된 후에 그 군사상 필요가 없게 된 징발재산의 피징발자는 양자가 모두 군사상 필요에 의하여 재산을 징발당하였다는 점에 있어서 본질적으로 동일한 집단에는 해당된다. 한편, 징특법은 징발재산의 매수대금으로 지급된 증권의 상환이 종료된 날부터 5년 이내에 징발재산이 군사상 필요 없게 된 때는 피징발자에게 환매권을 보장하며 환매대금도 피징발자가 받은 대금에 연 5푼의 이자만 가산하는 것으로 하는데 반하여(징특법 제20조), 위 증권의 상환이 종료된 날로부터 5년이 경과된 후 징발재산이 군사상 필요 없게 된 때에는 환매권의 보장은 없고 단지 수의계약으로 매각할 수 있으며, 이때의 매매대금은 매각당시의 시가에 의하는 것으로 규정하고 있는 점(징특법 제20조의2)에 비추어 보면, 징발재산에 대한 군사상 필요가 없게 된 때가 징발재산의 매수대금이 지급된 때로부터 5년 내인지 여부에 따라 다른 취급을 받고 있는 점 또한 인정된다.

하지만 만약에 징발재산이 군사상 필요 없게 된 시기에 의하여 환매권 발생을 제한하는 것이 비례원칙에 위반되지 아니하여 허용되는 것이라고 한다면, 그와 같은 차별은 합리적 이유가 있는 차별이 되어 평등의 원칙에 반하지 않게 될 것인데, 앞서 피징발자에 대한 재산권 침해 여부와 관련하여 살펴본 바와 같이 징발재산이 군사상 필요 없게 된 시기에 의하여 환매권 발생을 제한하는 것이 비례의 원칙에 위반되지 아니한다고 보는 이상에는, 피징발자 사이의 차별은 합리적 이유가 있다고 볼 수밖에 없다.

따라서 징발재산의 매수대금으로 지급한 증권의 상환이 종료된 날로부터 5년 이내에 그 징발재산이 군사상 필요 없게 된 경우의 피징발자와 그 5년이 경과된 후에 그 군사상 필요가 없게 된 징발재산의 피징발자 사이에서 위와 같은 차별을 하더라도 그것을 두고 평등의 원칙에 위배된다고 말할 수는 없다고 하는 다수의견의 입장이 옳다고 생각된다.

2. 피징발자와 일반 국민 간의 평등원칙 위배 여부

환매권은 피징발자를 전제로 발생하는 문제이므로, 피징발자와 일반 국민은 본질적 동일성이 없어 평등권의 비교집단에 해당되지 아니한다고 본 다수의견의 판단이 옳다고 생각된다.

Ⅶ. 결　　론

이상에서 살펴본 바와 같이 이 사건 법률조항은 피징발자들의 재산권을 침해하지 않으며 또한 평등원칙에도 위반되지 아니한다.[35] 따라서 대상결정의 다수의견의 입장은 타당하다고 할 것이므로, 위헌성을 지적한 반대의견의 입장은 지지하지 않는다.

이 사건 법률조항의 위헌 여부에 대하여 1995. 2. 23.에 선고된 헌법재판소 92헌바12 사건 및 93헌바29 사건에서 주장된 반대의견(당시도 재판관 2명)이 대상결정에서도 동일한 내용으로 주장되었으나, 결국 그 때와 동일하게 7:2의 합헌결정이 또다시 내려졌다. 이런 점에서 대상결정은 반대의견에서 제시한 논거들을 재검토한 결과 다시금 이를 배척함으로써 이 사건 법률조항에 대한 헌법재판소의 입장을 또다시 분명히 하였다는 점에서 그 의미가 있다고 하겠다. 이 글에서는 특히 위 반대의견을 논거를 배척하는 논리적 근거를 제시하였다.

---

35) 그밖에도, 2008헌바18 사건의 청구인들은 징특법 제20조 제1항에 의하여 헌법 제10조의 행복추구권이 침해되었다고 주장하고 있다. 대상결정은, 행복추구권은 다른 기본권에 대한 보충적 기본권으로서의 성격을 지니므로 판단할 필요가 없고, 나아가 가사 이 사건 법률조항들에 의해 청구인들의 행복추구권이 제한된다고 하더라도 위에서 살펴본 바와 같이 위 조항은 목적의 정당성, 수단의 적정성, 피해의 최소성, 법익의 균형성을 갖추고 있으므로 비례의 원칙에 위반하여 청구인의 행복추구권을 침해하는 것으로 볼 수 없다고 판시하였다.

참고문헌

김남진 · 김연태 행정법II, 법문사, 2012

김동희, 행정법 II, 박영사, 2010

김철용, 행정법 II, 박영사, 2010

박균성, 행정법론(하), 박영사, 2012

한견우 · 최진수, 현대행정법, 세창출판사, 2009

홍정선, 행정법원론(하), 박영사, 2012

한국헌법학회 편, 헌법판례100선, 법문사, 2012

고종주, "징발재산정리에관한특별조치법 제 20조 제1항 소정의 " 군사상 필요없게 된 때" 에 해당여부의 판단기준", 대법원판례해설 22호(94년 하반기)(95.05).

김병기, "공익사업을 위한 토지 등의 취득 및 보상에 관한 법률상 환매권의 법적 성질과 환매기간규정의 위헌 여부", 행정법연구 제26호(2010)

김상철, "징발재산정리에관한특별조치법 부칙 제2조에 의한 환매권의 행사와 제척기간", 대법원판례해설 제28호, 1997

김종보, "택지개발사업과 환매권의 헌법문제", 행정법연구 17호(2007.상반기)(2007.05)

박철우, "징발재산정리에 관한 특별조치법 제20조의 환매권의 성질과 제척기간", 판례연구 6집(93.01)

손성태, "환매권 제도에 관한 비교연구-공특법과 토지수용법을 중심으로-", 국토계획 제32권 제1호(1997.02)

유상재, "징발재산정리에 관한 특별조치법상의 환매권에 관한 고찰", 민사법연구 6집(97.12)

유철균, "징발 재산정리에 관한 특별조치법 제20조 소정의 환매권의 존속기간에 관하여", 대법원판례해설 15호(91년 상반기)(92.06)

이익선, “징발부동산소유권의 원상회복에 관한 연구”, 법학논총 제20권 제2호(2008.02)

임종길, “징발재산정리에 관한 특별조치법 제20조 제1항의 위헌여부,” 법률신문 3779호(2009.09)

정연주, “재산권의 존속보장과 환매권”, 인하대학교 법학연구 제12집 제2호(2009. 08)

“환매권 : 토지수용법 제71조 제7항 위헌소원과 관련하여”, 헌법판례연구 1(2002.01)

조만형, “환매권제도에 관한 연구 : 공익사업을위한토지등의취득및보상에관한법률을 중심으로 ”, 법학연구 32집(2008.11)

홍승면, “공익사업을 위한 토지 등의 취득 및 보상에 관한 법률 제91조에 의한 환매권의 행사로 인한 소유권이전등기청구소송에서 사업시행자가 환매대금 증액청구권을 내세워 증액된 환매대금과 보상금 상당액의 차액을 지급”, 대법원판례해설 63호(2006 하반기)(2007.07)

국문초록

'징발재산정리에 관한 특별조치법'(이하 '징특법'이라 한다)은 징발매수재산의 환매권 발생기간을 징발보상증권의 상환종료일로부터 5년 이내로 제한하고 그 이후에는 시가에 의한 수의계약만을 인정하고 있는바, 이러한 규정(이 사건 법률조항)이 '피징발자들의 재산권을 침해하는 것인지', 또 '평등원칙에 위반되는 것인지' 여부가 문제되었다.

이미 헌법재판소는 1995. 2. 23.에 선고된 92헌바12 사건 및 93헌바29 사건에서 이 사건 법률조항을 합헌이라고 선고하였는데, 위 사건들에서 주장된 재판관 2인의 반대의견이 대상결정에서도 동일한 내용으로 주장되고 있음을 볼 수 있다. 결국 그 때와 동일하게 7:2의 합헌결정이 또다시 내려졌다. 이런 점에서 대상결정은 반대의견에서 제시한 논거들을 재검토한 결과 다시금 이를 배척함으로써 이 사건 법률조항에 대한 헌법재판소의 입장을 또다시 분명히 하였다는 점에서 그 의미가 있다고 하겠다. 이 글에서는 특히 위 반대의견을 논거를 배척하는 논리적 근거를 제시하였다.

주제어: 환매권, 징발, 징발매수재산, 환매기간, 위헌심사기준, 합헌, 재산권, 과잉금지원칙, 평등원칙

Abstract

Redemption Rights on Requisitioned and Purchased Property - KCCR May 28, 2009, 2008Hun-Ba 18 · 32 -

CHOI, JINSU(Yonsei Law School)

This study analyzed the validity of the ruling delivered by the Constitutional Court of Korea (KCCR) on May 28, 2009 (2008 Hun-Ba18 · 32, or 2008 constitutional appeal 18 · 32) with respect to redemption rights on requisitioned and purchased property.

The Act on Special Measures for Readjustment of Requisitioned Properties limits the accrual period of a redemption right on the requisitioned and purchased property to within 5 years from the date when the requisition reward bond should be repaid. (The adjudication provision pertinent to the case hereto) Afterwards, the Act only allows a private contract based on market value. The KCCR ruled that this provision is constitutional after considering whether it infringes upon the rights of a person placed under requisition or violates the principle of equality.

The KCCR had already declared the adjudication provision constitutional in rulings handed down on February 23, 1995 (92 Hun-Ba12 and 93 Hun-Ba29). The arguments of two judges in those judicial precedents were repeated in this case, as well. In keeping with the previous cases, the KCCR upheld the constitutionality of the provision in a 7-2 opinion. In that sense, the ruling is meaningful in that it put the KCCR on firm ground with respect to the adjudication provision, with the court rejecting the complaint as it had done before.

Based on a step-by-step argument, this study analyzed whether the ruling that once again rejected these objections is valid or whether the grounds for the court's argument are reasonably invalid. In conclusion, the adjudication provision does not infringe upon the rights of a person placed under requisition or violate the principle of equality, and, therefore, the ruling that once again rejected the complaint is valid. In particular, this study laid out a logical basis that rejects the grounds for the objection of unconstitutionality.

KeyWords: redemption rights, requisition, requisitioned and purchased property, accrual period, constitutional, right to property, the principle of equality

투 고 일: 2012. 11. 30
심 사 일: 2012. 12. 21
게재확정일: 2012. 12. 21

秩序行政法

警察權 發動의 限界와 基本權 / 成承桓

警察權 發動의 限界와 基本權

成 承 桓*

(대상결정 : 헌법재판소 2011. 6. 30. 2009헌마406 결정)

Ⅰ. 대상결정 개관

1. 사건의 개요

(1) 피청구인(경찰청장)은 노무현 전 대통령이 서거한 2009. 5. 23. 경 고인을 추모하고자 덕수궁 대한문 앞 시민분향소를 찾은 사람들이 그 건너편에 있는 서울광장에서 불법·폭력 집회나 시위를 개최하는 것을 막기 위하여 경찰버스들로 서울광장을 둘러싸 차벽(車壁)을 만드

* 政府法務公團 辯護士.

는 방법으로 서울광장에 출입하는 것을 제지하였다.

(2) 서울특별시민들인 청구인들은 2009. 6. 3. 서울광장을 가로질러 통행하려고 하다가 서울광장을 둘러싼 경찰버스들에 의해 만들어진 차벽에 막혀 서울광장을 통행하지 못하게 되었다.

(3) 청구인들은 2009. 7. 21. 피청구인의 위와 같은 통행저지행위가 청구인들의 거주 · 이전의 자유와 공물이용권 및 일반적 행동자유권을 침해한다고 주장하면서 그 위헌확인을 구하는 이 사건 헌법소원심판을 청구하였다.

2. 심판의 대상

헌법재판소는 '피청구인이 2009. 6. 3. 서울광장을 경찰버스들로 둘러싸 청구인들의 서울광장 통행을 제지한 행위(이하 '이 사건 통행제지행위'라고 한다)가 청구인들의 기본권을 침해하였는지 여부'가 이 사건 심판의 대상이라고 보았다.

3. 쟁점 분석

이하에서 헌법소원의 적법요건으로서 보충성, 권리보호의 이익을 살펴보고, 본안에서는 이 사건 통행제지행위가 법률유보원칙에 위배되는지 여부와 관련하여 일반적 수권조항이 허용될 수 있는지, 경찰법 제3조, 경찰관직무집행법 제2조 등을 일반적 수권조항으로 해석 · 적용할 수 있는지를 검토한 다음 이 사건 통행제지행위가 과잉금지원칙에 위배되는지를 논의하고자 한다.

Ⅱ. 쟁점에 대한 검토

1. 이 사건 통행제지행위의 법적 성격

이 사건 통행제지행위의 법적성격에 관하여 다수의견은, “이 사건 통행제지행위는 직접 상대방의 신체 또는 재산에 실력을 가하여 행정상 필요한 상태를 실현하는 행정상의 즉시강제로서 권력적 사실행위에 해당”한다고 보았다. 경찰작용의 형식에는 행정행위, 권력적 사실행위, 비권력적 사실행위가 있는바,[1] 이 사건 통행제지행위는 ‘즉시강제를 통한 위험방지활동’으로서 그 법적 성격은 ‘권력적 사실행위’이다.

대법원은 2008. 11. 13. 선고 2007도9794 판결에서 ‘행정상 즉시강제’란 ‘눈앞의 급박한 경찰상 장해를 제거하여야 할 필요가 있고 의무를 명할 시간적 여유가 없거나 의무를 명하는 방법으로는 그 목적을 달성하기 어려운 상황에서 의무불이행을 전제로 하지 아니하고 경찰이 직접 실력을 행사하여 경찰상 필요한 상태를 실현하는 권력적 사실행위’라고 개념을 정의한다.

2. 보충성

가. 헌법소원의 보충성

헌법소원은 다른 법률에 구제절차가 있는 경우에는 그 절차를 모두 거친 후에 심판청구를 하여야 하는바(헌법재판소법 제68조 제1항 단서), 이를 ‘헌법소원의 보충성’이라고 한다. 헌법소원심판은 재판 등 일반적 권리구제수단이 존재하는 경우에는 이와 별개의 것으로 존재하면서 보충적인 성질을 가지는 최후의 권리구제수단으로 인정되는 것이다.[2]

1) 이운주, 경찰법상의 개괄수권조항에 관한 연구, 서울대학교대학원 법학박사학위논문, 2005. 2., 147~149면 참조.

2) 정종섭, 헌법소송법(제4판), 박영사, 2006, 469면 참조.

헌법소원에서 보충성의 취지는 헌법소원을 예비적 · 최후적 구제수단으로 함으로써 남소 및 민중소송화를 막는 데 있다.[3] 헌법재판소법 제68조 제1항 단서에 의하면 헌법소원은 다른 권리구제절차를 거친 뒤 비로소 제기할 수 있는 것이기는 하지만, 여기서 말하는 권리구제절차는 공권력의 행사 또는 불행사를 직접 대상으로 하여 그 효력을 다툴 수 있는 권리구제절차를 의미하는 것이지, 사후적 · 보충적 구제수단인 손해배상청구나 손실보상청구를 의미하는 것이 아님은 헌법소원제도를 규정한 헌법의 정신에 비추어 명백하다(헌재 1989. 4. 17. 88헌마3 결정; 헌재 2004. 7. 15. 2002헌마676 결정 등 참조).

나. 보충성의 예외

헌법소원심판청구인이 그의 불이익으로 돌릴 수 없는 정당한 이유 있는 착오로 전심절차를 밟지 않은 경우, 전심절차로 권리가 구제될 가능성이 거의 없거나 권리구제절차가 허용되는지 여부가 객관적으로 불확실하여 전심절차 이행이 기대가능성이 없을 때에는 보충성의 예외로 바로 헌법소원을 제기할 수 있다(헌재 1995. 12. 28. 91헌마80 결정 등 참조).

단지 소송에서 패소할 것이 예견된다는 점만으로는 전심절차로 권리가 구제될 가능성이 거의 없어 전심절차이행의 기대가능성이 없는 경우에 해당한다고 볼 수 없다(헌재 2010. 4. 29. 2003헌마283 결정 참조).

다. 보충성의 예외 인정에 관한 대상결정의 문제점

취소소송 등 항고소송에 대한 헌법소원심판의 보충성을 대상적격을 기준으로 한 재판권의 분배 문제로 볼 것인지, 아니면 원고적격과 협의의 소익까지 포함한 상호 보완관계로 파악할 것인지가 문제되는

3) 성낙인 외 5, 헌법소송론, 법문사, 2012, 282면 참조.

바, 전자의 견해에 의하면 처분성이 인정되어 취소소송의 대상이 되는 한 구체적인 사건에서 원고적격 또는 협의의 소익이 부정되더라도 헌법소원심판은 허용되지 않는 반면, 후자의 견해에 의하면 취소소송에서 원고적격 또는 협의의 소익이 부정될 것이 명백한 경우 헌법소원심판이 취소소송의 보완절차로서 허용된다.[4)]

이 문제에 대하여 취소소송의 대상적격이 시침(時針)의 문제라면 원고적격은 분침(分針)의 문제, 협의의 소익은 초침(秒針)의 문제라고 말해지듯이, 원고적격과 협의 소익은 개별 · 구체적 사건에서 민감하게 결정되는 것이므로 여기에까지 헌법소원의 보충성의 예외를 적용하는 것은 법적 안정성을 해치므로 전자의 견해가 이론적으로 보다 타당하나, 정책적인 관점에서는 헌법소원심판과의 경쟁관계에서 대법원으로 하여금 원고적격과 협의의 소익에 관하여 전향적인 태도를 취하도록 한다는 점에서 후자의 견해가 긍정적인 의미를 갖는다는 견해가 있다.[5)]

권력적 사실행위에 대해 다른 권리구제절차가 있는지 여부는 일률적으로 논할 수 없고, 특정한 행정작용 유형에 관한 대법원의 선례가 있는지에 따라 판단하는 것이 타당하다.[6)] 예컨대, 지목변경신청 반려행위의 경우 대법원이 그 처분성을 인정하지 않고 있던 시기에는 보충성 요건에 반하지 않는다고 하였으나,[7)] 대법원이 판례를 변경하여 처분성을 긍정[8)]한 이후에는 보충성에 반한다는 이유로 각하되고 있다.[9)]

4) 박정훈, 취소소송에서의 협의의 소익-판단요소와 판단기준시 및 헌법소원심판과의 관계를 중심으로-(2005년 상반기 행정법연구), 행정법이론실무학회, 2005. 5., 16~17면 참조.

5) 박정훈, 취소소송에서의 협의의 소익-판단요소와 판단기준시 및 헌법소원심판과의 관계를 중심으로-(2005년 상반기 행정법연구), 17면 참조.

6) 최계영, 헌법소원에 의한 행정작용의 통제(헌정 60주년 및 헌법재판소 20주년 기념 한국공법학회 제145회 학술대회 발표 논문), 한국공법학회, 2008, 197면 참조.

7) 헌재 1999. 6. 24. 97헌마315 결정 참조.

8) 대법원 2004. 4. 22. 선고 2003두9015 판결 참조.

9) 최계영, 전게논문, 197면 참조.

판례상 행정소송의 대상이 되는지 여부가 불분명한 권력적 사실행위에 관하여 행정소송의 대상이 되는 것으로 판례가 변경할 경우 헌법재판소도 보충성에 위배된다고 판단할 수밖에 없다.[10] 이와 관련하여 권리구제 및 소송경제를 위해 헌법재판소의 보충성원칙에 대한 명확한 기준이 제시되어야 한다는 유력한 지적이 있다.[11]

헌법재판소는 대법원 선례가 명확하게 존재하는 특정한 행정작용에 해당하지 않는 이상 보충성을 폭넓게 인정하는 경향을 띠는 것으로 보인다.[12] 여기에 지문정보를 보관하는 행위처럼 계속적인 성격의 행위도 있지만,[13] 대개의 경우 단기간에 종료되어 행정소송의 소의 이익이 인정되기 어렵다는 점이 보충성의 예외를 인정하여야 하는 이유로 덧붙여지고 있는바, 대상결정이 바로 그 전형적인 사례이다.

대상결정에서 다수의견은 "청구인들의 통행이 제지된 다음날 피청구인이 서울광장을 둘러싸고 있는 경찰버스들을 철수시키고 통행제지 행위를 중지함에 따라 청구인들이 행정쟁송을 제기하더라도 **소의 이익이 부정**될 가능성이 높아 그 절차에 의한 권리구제의 가능성이 거의 없다고 보여지는바, 이러한 경우에도 사전구제절차의 이행을 요구하는 것은 불필요한 우회절차를 강요하는 셈이 되는 것이므로, 청구인들이 행정쟁송 절차를 거치지 아니하고 바로 이 사건 심판청구를 제기하였다고 하더라도 이는 **보충성의 예외**로서 허용된다고 할 것이다."고 보고 있다.

대상결정과 같이 헌법재판소는 헌법소원의 보충성 요건 구비 여부를 판단함에 있어 행정소송의 대상이 될 수 있는지와 함께 소의 이익이 있는지도 고려한다고 볼 수 있다. 이로써 계속적 성격의 권력적 사

---

10) 성낙인 외 5, 전게서, 285면 참조.

11) 김철용 · 김문현 · 정재황, 헌법재판절차의 개선을 위한 입법론적 연구, 헌법재판연구 4, 1993, 270면 이하 참조.

12) 최계영, 전게논문, 198면 참조.

13) 헌재 2005. 5. 26. 2004헌마190(병합) 결정 참조.

실행위가 아닌 이상에는, 권력적 사실행위는 이미 종료한 사실행위이기 때문에 행정소송의 소의 이익이 인정되기 어렵다는 논증으로 보충성의 문제를 통과하게 된다.[14)]

헌법소원의 보충성은 법원과 헌법재판소로 이루어진 이원적 사법구조, 사실관계의 확정 · 평가와 법률의 해석 · 적용에 적합하지 않은 헌법재판소의 기관 특성 등을 감안하여, 일반법원과의 임무의 배분이라는 측면에서 중요한 의미를 진다. 그러나 행정쟁송에서 소의 이익이 부정될 가능성이 높아 보인다는 이유만으로 보충성의 예외를 쉽게 인정하는 것은 헌법소원의 적법요건으로 입법자가 보충성을 둔 의미를 반감시킨다. 이로 인하여 헌법재판소는 헌법문제에 관한 최고법원으로서의 지위와 개별적 행정작용을 통제하는 지위 사이에 혼란에 빠질 수 있다.

3. 권리보호의 이익

가. 헌법소원의 적법요건으로서 권리보호의 이익

헌법소원은 국민의 기본권침해를 구제해 주는 제도이므로 그 제도의 목적상 권리보호의 이익이 있는 경우에 비로소 이를 제기할 수 있다. 즉, 권리보호의 이익이 없는 헌법소원 심판청구는 부적법하여 각하를 면할 수 없다(헌재 1997. 1. 16. 90헌마110 결정 등 참조). 권리보호이익은 헌법소원심판을 청구할 때뿐만 아니라 헌법재판소가 결정할 때에도 존재하여야 한다(헌재 1997. 3. 27. 92헌마273 결정 등 참조).

기본권의 침해를 받은 자가 그 구제를 받기 위한 헌법소원심판을 청구한 뒤 기본권침해의 원인이 된 공권력의 행사가 취소되거나 새로운 공권력의 행사 등 사정변경으로 말미암아 기본권 침해 행위가 배제

14) 최계영, 전게논문, 197면 참조.

되어 청구인이 더 이상 기본권을 침해받고 있지 아니하게 된 때에는 달리 불분명한 헌법문제의 해명이나 침해반복의 위험 등을 이유로 한 심판의 이익이 있다 할 특별한 사정이 없는 한 그 헌법소원 심판청구는 더 이상 권리보호의 이익이 없게 되어 부적법하다(헌재 1993. 11. 25. 92헌마169 결정 등 참조).

나. 헌법소원의 이중적 기능

헌법소원제도가 가지고 있는 기본권을 구제하는 기능과 헌법질서를 보호·유지하는 기능을 헌법소원의 이중적 기능이라고 하는데, 헌법소원에서 주관적 권리보호이익이 존재하지 아니함에도 일정한 경우에 심판이익을 인정하여 본안판단을 하는 것은 이러한 이중적 기능에서 비롯된다.[15][16] 개인의 주관적인 기본권 보장 기능과 관련하여 기본권침해의 요건, 권리보호이익(소의 이익)이 요구되는 주관적 쟁송으로서의 성격이 드러나고, 본안 판단의 단계에 접어들면 규범통제절차로서의 객관적 소송의 양상을 띠게 된다.[17]

헌법재판소는, 헌법소원의 본질은 개인의 권리구제뿐 아니라 객관적인 헌법질서의 보장도 하고 있으므로 헌법소원에 있어서의 권리보호이익은 일반법원의 소송사건에서처럼 주관적 기준으로 엄격하게 해석하여서는 아니 된다고 본다(헌재 1992. 1. 28. 91헌마111 결정 참조). 헌법소원이 주관적 권리구제에는 도움이 안 되는 경우라도 기본권 침해행위가 반복될 위험이 있고 그 해명이 헌법질서의 수호·유지를 위하여 긴요한 사항으로서 중대한 의미를 지니고 있는 경우 심판청구의 이익을 인정한다(헌재 1992. 1. 18. 91헌마111 결정; 헌재 1999. 5. 27. 97헌마137 등 결정 참조).

---

15) 성낙인 외 5, 전게서, 222면 참조.
16) 정종섭, 전게서, 471면 참조.
17) 성낙인 외 5, 전게서, 222면 참조.

다. 객관적 헌법질서 보장 기능에서 권리보호의 이익이 인정된다고 판단

경찰은 2009. 5. 23. 노무현 전 대통령이 서거한 이후 질서유지를 위하여 서울광장 일대에서 일반인의 통행을 제한하였다. 2009. 5. 29. 노제를 위해 서울광장을 개방하였고, 그 날 조문객 수십 만 명이 운집하여 서울광장과 주변 도로를 채우고 노제를 지냈다. 경찰 추산 18만 명, 시민단체 추산 40~50만 명이 모였다. 그 후 2009. 5. 30.부터 6. 3.까지 5일 동안 서울광장은 경찰버스들에 의해 만들어진 차벽으로 통제되었으나, 6. 4. 서울광장은 다시 시민에 개방되었다. 2009. 5. 23.부터 5. 28.까지 6일 동안, 2009. 5. 30.부터 6. 3.까지 5일 동안 서울광장 통행제지가 이루어졌다.

헌법재판소는 이 사건 헌법소원의 심판대상을 2009. 6. 3. 청구인들이 서울광장을 가로질러 통행하려고 하자 경찰버스들로 서울광장이 둘러싸여 서울광장에 출입하지 못하게 된 것으로 한정한다. 청구인들이 헌법소원을 제기한 2009. 7. 21.에는 기본권 침해행위 자체는 종료하였다. 이 사건 헌법소원에 의하여 청구인들에 대한 주관적 권리구제는 이루어질 수 없다.

대상결정의 다수의견이 밝힌 바와 같이, “피청구인이 2009. 6. 4. 서울광장을 에워싸고 있는 경찰버스들을 철수시켜 서울광장 통행제지 행위를 중지함에 따라 그 이후에는 청구인들이 더 이상 기본권을 침해받고 있지 아니하므로 이 사건 심판청구가 인용된다고 하더라도 청구인들의 주관적인 권리구제에는 도움이 되지 아니한다.”

그러면서 다수의견은 “이 사건에 대한 피청구인의 답변취지와 피청구인이 2009. 6. 4. 서울광장의 통행을 허용한 후인 2009. 6. 27.경에도 집회가 예상된다는 이유로 다시 서울광장을 경찰버스들로 둘러싸 통행을 제지한 바 있는 점 등을 종합하면, 앞으로도 같은 유형의 행위가 반복될 가능성이 있다고 할 수 있다."고 보고, 이 사건 통행제지행위 당시 피청구인이 불법·폭력 집회나 시위를 막는다는 이유로 서울광장을 봉쇄하여 일반시민들의 통행을 제지하는 것이 헌법적으로 정당한지 여부는 "헌법질서의 수호·유지를 위해 헌법적 해명이 긴요한 사항에 해당"하므로, 이 사건 심판청구는 심판의 이익이 있다고 판단하였다.

라. 종료한 사실행위의 경우 권리보호의 이익이 인정되는지의 문제

이 사건 통행제지행위는 이미 종료한 사실행위여서 항고소송의 소의 이익이 없다면 마찬가지로 헌법소원의 권리보호의 이익도 없다고 보아야 한다는 입론이 가능하다. 그러나 헌법소원의 이중적 기능 중 객관적 헌법질서 보장이라는 기능도 있으므로 '헌법적 해명의 필요성'이 있는 사항에 대해서는 주관적 권리구제의 이익이 없어도 권리보호의 이익이 긍정된다는 것이 헌법재판소의 입장이다. 이러한 객관적 심판청구의 이익이 가장 폭넓게 활용되는 영역이 '종료한 권력적 사실행위'이다.[18]

헌법재판소는 대상결정을 비롯한 여러 선례에서 이미 종료한 사실행위의 경우에는 행정소송의 소의 이익은 인정될 수 없어 보충성 요건을 충족하면서도 동시에 헌법소원의 객관적 기능을 근거로 헌법적 해명의 필요성이 긍정되는 일정한 경우에는 심판청구의 이익이 긍정된다고 보고 있다.[19] 헌법재판소는 침해반복의 위험성이란 단순히 추상적·이론적인 가능성이 아니라 구체적·실제적인 것이어야 한다고 보고, 침해반복의 위험성에 대한 입증책임은 헌법소원심판의 청구인에게

18) 최계영, 전게논문, 198면 참조.

19) 최계영, 전게논문, 198면 참조.

있다고 본다.[20]

이러한 논리구조로 헌법소원의 적법성이 인정된 선례로는, 접견거부행위(헌재 1992. 1. 28. 91헌마111 결정), 서신검열행위(헌재 1998. 8. 27. 96헌마398 결정), 미결수용자에 대해 재소자용 의류를 입게 한 행위(헌재 1999. 5. 27. 97헌마137,98헌마5(병합) 결정), 유치장에서의 신체수색행위(헌재 2002. 7. 18. 2000헌마327 결정), 검사조사실에서의 계구사용행위(헌재 2005. 5. 26. 2004헌마49 결정), 수갑·포승 사용행위(헌재 2005. 5. 26. 2001헌마728 결정), 정밀신체검사(헌재 2006. 6. 29. 2004헌마826 결정), 마약류 관련 수형자에게 마약류반응검사를 위하여 소변을 받아 제출하게 한 행위(헌재 2006. 7. 27. 2005헌마277 결정) 등을 들 수 있다.

헌법소원이 아니라 위헌법률심판 사건이기는 하지만, 헌법재판소는 제청신청인이 추징금 미납을 이유로 출국금지처분을 받아 출국금지가 되었으나 그 이후 출국금지기간만료로 해제되어 당해소송에서 출국금지처분의 취소를 구하는 청구는 권리보호이익을 상실하여 심판대상법조항(출입국관리법 제4조 제1항 제4호)에 대한 위헌여부를 판단할 소의 이익은 소멸되었으나 심판대상 법조항의 위헌여부는 출국의 자유와 관련되는 중요한 헌법문제라고 볼 수 있고 이 문제에 대하여 헌법재판소에서 해명이 이루어진 바 없고 심판대상 법률조항에 의거한 출국금지처분이 재차 이루어져 출국의 자유에 대한 기본권침해의 논란이 반복될 것도 명백하므로 이에 대한 위헌여부의 심판이익이 있다고 판단하였다(헌재 2004. 10. 28. 2003헌가18 결정).

그렇다면, 종료한 권력적 사실행위에 있어서 헌법소원의 가능성을 결정짓는 헌법적 해명의 필요성을 어떻게 이해할 것인가가 문제되는바, 헌법재판소는 헌법적 해명의 필요성은 두 가지 요소로 구성되는데 하나는 동일한 유형의 침해행위가 반복될 가능성이고, 다른 하나는 헌법질서의 수호·유지를 위하여 긴요한 사항이라는 것이다(헌재 1992. 1.

20) 헌재 1997. 6. 26. 97헌바4 결정 등 참조.

18. 91헌마111 결정; 헌재 1999. 5. 27. 97헌마137 등 결정 등 참조).[21]

헌법재판소는 반복의 위험성에 대해서 추상적이거나 이론적인 위험성이어서는 안 되고 구체적인 것이어야 한다고 본다(헌재 1996. 11. 28. 92헌마108 결정 등 참조). 변호인접견실에 수용자와 변호인 사이에 칸막이를 설치한 행위를 다투는 헌법소원에서 나중에 칸막이가 철거된 경우라면 반복의 위험성이 없다고 보고,[22] 기본권 침해행위의 원인이 된 지침과 관행이 개선된 경우[23]나 법령이 개정된 경우에도 마찬가지이다.[24] 기본권 침해행위가 반복될 위험성이 있다면 대체로 헌법적 해명의 필요성은 긍정되고 헌법질서의 수호·유지를 위해 긴요한 사항이어야 한다는 요소가 독자적인 기능을 갖지는 않는 것으로 보인다.[25]

마. 소의 이익이 부정되어도 권리보호의 이익이 인정되는지 의문임

다수의견은 이 사건 헌법소원이 보충성을 충족하였다고 보아야 하는 이유로 청구인들이 행정쟁송을 제기하더라도 소의 이익이 부정될 가능성이 높아 그 절차에 의한 권리구제의 가능성이 거의 없다는 점을 들었다. 다수의견은 행정쟁송에서의 소의 이익을 헌법소원에서의 권리보호이익보다 좁게 보는 입장이다. 다수의견에 의하면, 행정소송에서 소익이 부정되어도 헌법소원에서 권리보호이익이 긍정될 수 있다.

대상결정의 경우에는 이 사건 통행제지행위가 종료된 이후 헌법소원심판이 청구되었으나, 만약 이 사건 통행제지행위 종료 이전에 행정소송이 제기되었다면 이 사건 통행제지행위는 비록 종료되었으나 행정소송에서 소의 이익이 반드시 부정될 것이라고 단정할 수는 없다. 행

21) 최계영, 전게논문, 199면 참조.

22) 헌재 1997. 3. 27. 92헌마273 결정 참조.

23) 헌재 1997. 12. 24. 95헌마247 결정 참조.

24) 헌재 2008. 4. 24. 2004헌마914 결정 참조.

25) 최계영, 전게논문, 199면 참조.

정소송에서의 소의 이익을 독일에서의 원고적격과 권리보호필요성을 포괄하는 프랑스에서의 소의 이익과 같은 것으로 이해한다면 '법질서 전체의 관점에서 정당한 것으로 인정되는 이익' 내지 '법적으로 정당한 이익'으로 파악되어 소의 이익이 긍정될 수 있기 때문이다.[26] 판례는 협의의 소익을 원고적격에서와 같이 원고가 계쟁 처분의 취소를 통해 처분의 근거법령 또는 관계 법령상의 이익을 얻게 되는가를 문제 삼으나, 취소소송은 객관소송적 구조를 가지고 있다고 보거나 취소소송이 부수적으로 객관소송적 역할을 한다고 보면,[27] 소의 이익이 긍정될 가능성도 있다.

판례는 "행정처분의 취소를 구하는 소는 그 처분에 의하여 발생한 위법상태를 배제하여 원상으로 회복시키고 그 처분으로 침해되거나 방해받은 권리와 이익을 보호 · 구제하고자 하는 소송이므로 비록 처분을 취소한다고 하더라도 원상회복이 불가능할 경우에는 그 처분의 취소를 구할 이익이 없는 것이 원칙이지만, 원상회복이 불가능하다고 보이는 경우라 하더라도, 동일한 소송 당사자 사이에서 그 행정처분과 동일한 사유로 위법한 처분이 반복될 위험성이 있어 행정처분의 위법성 확인 내지 불분명한 법률문제에 대한 해명이 필요하다고 판단되는 경우 등에는 행정의 적법성 확보와 그에 대한 사법통제, 국민의 권리구제의 확대 등의 측면에서 여전히 그 처분의 취소를 구할 이익이 있다고 보아야 한다."고 보아 항고소송에서 소의 이익을 넓히고 있는 것이 추세라는 점(대법원 2008. 2. 14. 선고 2007두13203 판결; 대법원 2007. 7. 19. 선고 2006두19297 전원합의체 판결 등 참조)에 주목할 필요가 있다.

객관적 헌법질서 보호도 헌법소원의 임무 중의 하나이겠지만, 본질적으로 헌법소원은 주관적 권리구제를 목적으로 하는 제도이다. 헌

26) 조홍식, 행정소송에서의 소익과 헌법, 판례실무연구 제5집, 2001, 446면 참조.
27) 박정훈, 취소소송에서의 협의의 소익-판단요소와 판단기준시 및 헌법소원심판과의 관계를 중심으로-(2005년 상반기 행정법연구), 12~16면 참조.

법소원심판에서는 통상의 재판과 달리 '주관적 권리보호이익'이 존재하지 아니하더라도 '예외적'으로 심판의 이익이 존재하는 경우가 있는데,[28] 심판의 이익이 존재하는 경우는 어디까지나 예외적인 것이라는 점에 유념할 필요가 있다. 헌법재판소는 기본권 침해행위의 반복위험성의 존재를 입증할 책임이 청구인에게 있다고 보는바,[29] 대상결정에서 청구인들이 침해반복의 위험성을 입증하는 데에 성공하였는지 살펴보아야 함에도 이 부분 충분한 논증이 이루어지지 않았다.[30]

권리구제형 헌법소원은 위헌법률심판, 규범통제형(위헌심사형) 헌법소원과 같은 규범통제와 달리 1차적 기능이 주관적 권리구제에 있음을 부인할 수 없다. 헌법소원은 주관소송과 객관소송의 이중적 성질을 가지고 있지만, 헌법소송의 객관소송의 측면을 지나치게 부각시키는 것은 법령헌법소원의 증가와 함께 기본권 침해의 비상적·예외적 구제수단으로서의 성질과 충돌된다.

대상결정이 헌법소원의 보충성 요건을 충족하는 이유로 행정쟁송에서 소의 이익이 부정될 가능성을 들면서, 헌법재판의 권리보호 이익과 행정쟁송의 소의 이익 간의 관계와 범위를 해명하지 않은 채 헌법재판에 객관적 헌법질서를 보장하는 기능이 있으므로 권리보호의 이익이 있다는 식으로 적법요건을 통과하는 것은, 일반법원과 헌법재판소의 관할 배분[31]에 반하고, 헌법소원이 행정작용에 대한 비상적·예외적 구제수단이 아니라 통상적·원칙적 구제수단으로 작동하게 되며 헌

28) 정종섭, 전게서, 576면 참조.

29) 헌재 1991. 7. 8. 89헌마181 결정; 헌재 1997. 6. 26. 97헌바4 결정 등 참조.

30) 헌법재판소는 1991. 7. 8. 89헌마181 결정에서 "청구인들의 접견교통권을 침해할 반복의 위험성이 있는가를 본다면 반복의 위험상이란 어디까지나 추상적이거나 이론적 가능성이 아니라 구체적인 것이어야 할 것인바, 청구인들의 경우에 피청구인측에 의하여 청구인들의 접견교통권이라는 기본권이 반복적으로 침해될 위험성이 존재하고 또한 그 위험성이 다른 국민보다 더 크다 할 구체적 사정이 있다는 점에 관하여는 청구인측의 입증이 없다."고 판단하였다.

31) 최계영, 전게논문, 184면 참조.

법재판소의 구성, 조직, 임무가 행정작용에 대한 통상적·원칙적 구제 수단으로 기능하는 데 적합하지 않은 점[32]에서 문제가 있다.

바. 서울광장 사용허가불허처분 위헌확인 사건에서 권리보호의 이익이 부정됨

헌법재판소는 노무현 전 대통령 서거 시민추모위원회 등이 서울특별시장을 상대로 서울광장 사용허가불허처분의 위헌확인을 청구한 헌법소원 사건(헌재 2012. 2. 23. 2009헌마403 결정)에서, 심판청구가 예정된 집회시각이 훨씬 지난 후에야 제기된 점, 청구인들이 계획한 집회를 다른 곳(정동로타리)에서 개최한 점, 서울특별시 서울광장의 사용 및 관리에 관한 조례가 심판청구 후 개정되어 서울광장의 사용이 신고제로 운영되게 됨에 따라 더 이상 피청구인에 의하여 서울광장의 사용거부나 불허처분이 행해질 수 없으므로 동일하거나 유사한 공권력행사가 반복될 우려가 없는 점, 서울특별시장이 개정조례안 재의결의 무효확인을 구하는 소를 제기하였다가 이를 취하함으로써 신고제를 취한 개정조례의 효력이 문제될 수 있는 사정도 사라진 점 등을 종합하면, 이 사건 불허처분에 대한 위헌여부 판단은 헌법질서의 수호·유지를 위하여 **헌법적 해명이 긴요한 사항이라고 할 수도 없다**고 판단하였다.

4. 법률유보원칙에 위배되는지 여부

가. 헌법상 법률유보 원칙의 개념

'헌법상 법률유보원칙' 또는 '기본권 제한에 관한 법률유보원칙'이란 국민주권주의, 권력분립주의 및 법치주의를 기본원리로 채택하고 있는 우리 헌법상 국민의 헌법상 기본권 및 기본의무와 관련된 중요한

32) 최계영, 전게논문, 200면 참조.

사항 내지 본질적인 내용에 대한 정책형성기능은 원칙적으로 주권자인 국민에 의하여 선출된 대표들로 구성되는 입법부가 담당하여 법률의 형식으로써 이를 수행하여야 하고 이와 같이 입법화된 정책을 집행하거나 적용함을 임무로 하는 행정부나 사법부에 그 기능을 넘겨서는 아니 된다(헌재 1999. 1. 28. 97헌가8 결정; 헌재 2000. 1. 27. 98헌가9 결정 참조)는 것을 의미한다.

헌법 제37조 제2항은 기본권제한에 관한 일반적 법률유보조항이라고 할 수 있는데, 법률유보의 원칙은 '법률에 의한 규율'만을 요청하는 것이 아니라 '법률에 근거한 규율'을 요청하는 것이기 때문에 기본권제한에 법률의 근거가 필요할 뿐이고 기본권제한의 형식이 반드시 법률의 형식일 필요는 없다(헌재 2005. 3. 31. 2003헌마87 결정 참조). 그러나 기본권을 제한하는 공권력 행사에 법률에 근거가 있어야 한다는 법률유보의 원칙(헌법 제37조 제2항)을 기준으로 위헌성을 판단할 때, 실질적으로 주된 판단은 법률조항을 문제가 된 행위의 근거 법률로 볼 수 있는가라는 법률의 해석 문제가 되는 경우가 대부분이다.[33]

경찰관직무집행법 제5조 제2항, 제6조 제1항 등에 따른 법률상 요건에 대한 해석, 개별 사안의 경우 법률상 요건을 갖추었는지 여부는 전형적인 법률의 해석·적용의 문제이다. 이는 행정상 즉시강제에 대하여 항고소송을 제기하여 다투는 것은 소의 이익이 없어서 배척될 가능성이 크므로, 국가배상법 제2조 제1항 국가배상소송에서 위법한 공무집행인지 여부 및 형법 제136조 공무집행방해죄의 구성요건과 관련하여 적법한 직무집행인지 여부와 관련하여 문제되는 경우가 많다.[34]

헌법재판소는 지문을 날인하도록 하는 대통령령(행정입법)과 경찰

33) 최계영, 전게논문, 206면 참조.

34) 경찰관직무집행법에 따른 행정상 즉시강제의 법률상 요건의 해석·적용이 국가배상 사건에서 문제된 사례로는 대법원 1998. 5. 8. 선고 97다54482 판결; 대법원 2004. 9. 23. 선고 2003다49009 판결 등, 공무집행방해 사건에서 문제된 사례로는 대법원 1970. 9. 17. 선고 70도1391 판결; 대법원 2008. 11. 13. 선고 2007도9794 판결; 대법원 2009. 6. 11. 선고 2009도2114 판결 등 참조.

청장의 지문 보관 행위(권력적 사실행위)가 문제가 된 사건[35]에서, "헌법상 기본권인 개인정보자기결정권을 제한하는 공권력 행사는 법률에 근거가 있어야 한다."고 보면서 법률유보원칙을 간단하게 확인한 후 대부분 판단을 공공기관의 정보보호에 관한 법률, 주민등록법, 경찰법, 경찰관직무집행법의 각 조항이 근거가 될 수 있는지에 할애하였다. 이러한 판단 과정에서는 해당 조항 및 전체 법의 취지가 주된 고려사항이고, 개인정보자기결정권의 개념, 범위, 효력의 문제는 직접적으로 등장하지 아니한다.[36]

나. 경찰관직무집행법 제5조 제2항, 제6조 제1항이 이 사건 통행제지행위의 법적 근거가 될 수 있는지 여부

보충의견과 반대의견 모두 이 사건 통행제지행위는 경찰관직무집행법 제5조 제2항, 제6조 제1항의 요건에 해당되지 않기 때문에 이들 법률조항이 법적 근거가 될 수 없다는 결론에 이르렀다. 반대의견도 "이 사건 통행제지행위는 경찰관직무집행법 제5조 제2항에서 말하는 소요사태 진압을 위한 국가중요시설에 대한 접근 또는 통행제한에 해당하지 않을 뿐만 아니라, 법 제6조 제1항의 범죄 예방을 위한 사전경고나, 범죄행위를 실행할 행위자에 대한 범죄행위의 제지로 볼 수도 없으므로, 위 조항들을 이 사건 통행제지행위의 법적인 근거로 삼기는 어렵다"고 보았다.

다. 경찰작용의 일반적 수권조항 인정 여부

(1) 일반적(개괄적) 수권조항의 필요성

영국에서 2001년 발간된 '새로운 세기의 경찰활동'에서 내무부장관 블런킷(David Blunktett)은 머리말에서 "만약 우리가 우리의 일생을 통하

35) 헌재 2005. 5. 26. 2004헌마190(병합) 결정 참조.
36) 최계영, 전게논문, 206~207면 참조.

여 정부에 기대하는 것을 하나 고르라면, 그것은 '안전'과 '보호'이다. 이는 시대를 불문하고 모든 정부의 가장 기본적인 기능이다."고 말하고 있다.[37] 이를 구체화한 정부조직법 제29조 제4항은 치안에 관한 사무를 경찰청이 관장하도록 하고, 경찰법 제3조는 '국민의 생명·신체 및 재산의 보호'와 '기타 공공의 안녕과 질서유지'를 국가경찰의 임무로 규정하며, 경찰관직무집행법 제1조 제1항은 '국민의 자유와 권리의 보호 및 사회공공의 질서유지'를 경찰관의 임무로 규정한다.

국가 행정 전반이 직·간접적으로 이러한 '안전과 보호'라는 국가의 행정목적 확보에 기여하고 있어서 모든 위해를 예방·제거할 책무가 경찰에 전속되는 것은 아니지만, 경찰이 가장 포괄적으로 공공의 안녕과 질서를 유지할 책임을 지고 있는 점은 명백하다.[38] 위험의 발생을 예방하거나 이미 발생한 장해(교란)의 제거를 통해 공공의 안녕과 질서를 보호하는 국가작용을 '경찰(또는 경찰작용)'이라고 부르면,[39] '실질적 의미의 경찰'이란 공공의 안녕과 질서를 유지하고 위해를 방지하는 국가의 활동을 총체적으로 가리키는 개념[40]으로 정의된다.

실질적 의미의 경찰은 '공공의 안녕과 질서를 유지하기 위하여 일반통치권에 근거하여 국민에게 권력적으로 명령·강제하는 작용'이다.[41] 경찰의 기능은 바로 '위험의 방지'에 있다[42] 대륙법계 국가에서는 사법경찰과 행정경찰을 구별하는바, 실질적 의미의 경찰은 경찰기관이 관장하는 작용 중에서도 공공의 안녕·질서 유지를 위한 위해방

37) The Secretary of State for the Home Department, Policing a New Century: A Blue- print For Reform, Home Office, London, 2001. 12.; 이운주, 전게논문, 7면에서 재인용, 39면 참조.

38) 이운주, 전게논문, 7면 참조.

39) 홍정선, 행정법특강(제8판), 박영사, 2009, 1017면 참조.

40) Schenke, Polizei-und Ordnungsrecht, in: Steiner(Hrsg.), Besonderes Verwaltungsrecht, p. 165; 김성수, 개별행정법(제2판), 법문사, 2004, 451면에서 재인용.

41) 최영규, 경찰의 개념과 경찰법의 범위-실질적 경찰개념의 유용성 검토-, 행정법연구 제25호, 행정법이론실무학회, 2009. 12., 355면, 356~364면 참조.

42) 홍정선, 전게서, 1017면 참조.

지활동만을 경찰로 보며, 그것은 행정에 속하는 작용, 즉 행정경찰이다.[43] 반면, 형식적 의미의 경찰개념은 조직법상 경찰행정관청이 행하는 모든 과제를 총칭하는 것으로 반드시 실질적 의미의 경찰개념에 국한되는 것은 아니다.[44]

경찰은 어떠한 국가에서도 가장 필수적이고 기본적인 국가의 기능이다. 개인과 공동체를 위험으로부터 보호하는 것은 질서와 평화를 수호하는 국가의 본질적인 임무이기 때문이다. 공공의 안녕과 질서 유지 속에 표현되어 있는 가장 포괄적인 위험방지 임무를 수행하는 경찰로서는 타 관청에서 적시에 적절한 조치를 취할 수 없는 경우, 경찰력을 응원 내지 원조하여 필요한 경찰권을 발동하는 것은 피할 수 없다 할 것이다.[45] 경찰의 임무는 이미 발생된 사태에 대응하는 것에 국한되지 않고 장래 발생 가능한 위험을 방지하기 위한 다양한 조치가 가능하여야 한다. 입법보다 앞서가는 기술의 진보, 사회의 변화, 위험발생 상황의 다양성 때문에 입법의 공백을 메우기 위해서는 경찰 영역에서 일반조항에 따른 수권이 필요하다.

경찰청은 행정안전부 산하 독립외청으로서 부령을 발할 수 없다. 경찰청은 소관 법률의 제정 · 개정에서 능동적인 주체가 될 수 없다. 그럼에도 경찰작용은 날이 갈수록 확대되어 가고 있다. 대한민국 정부 수립 후 1953. 12. 14. 경찰관직무집행법을 제정하면서 경찰도 직무집행에 관한 기본법을 갖게 되었다.[46] 우리 경찰관직무집행법이 일본의 영향 하에 형성된 점은 일본의 '警察官等職務執行法'을 직역한 것에서 비롯된 사실에서 확인되듯이 주지의 사실이다.[47] 경찰관직무집행법은

43) 최영규, 전게논문, 355~356면 참조.
44) 김성수, 전게서, 452~453면 참조.
45) 김남진, 경찰권발동의 요건과 효과[행정법의 기본문제(제4판)], 법문사, 1994, 704~705면 참조.
46) 이운주, 전게논문, 164면 참조.
47) 이운주, 전게논문, 166면 참조.

독일법, 미국법과 일본법의 영향 하에 지정되었고, 약간의 프랑스법적 색채도 가지고 있는 모자이크와 같은 법이라고 할 수 있다.[48)]

일반적 수권조항이 아닌 개별적 수권조항을 통하여 경찰작용의 법적 근거를 상세히 규정함으로써 엄격한 요건 하에 경찰권의 발동이 이루어지게 하여야 한다는 주장도 가능하다. 경찰권발동의 근거가 되는

48) 이운주, 전게논문, 170면 참조. 같은 면에서 저자는 우리나라 경찰관직무집행법의 주요 형성원(形成源)을 다음과 같이 정리하였다.

구 분	조문 내용	형성원
제1조	목적	일본 경직법 제1조(목적)
제2조	직무의 범위	일본 경찰법(1954) 제2조(책무)
제3조	불심검문	미국 통일체포법 제2조, 제3조 일본 행정경찰조직 제3장 제24조(불심검문 및 연행 △)
제4조	보호조치 등	독일 인신의자유의보호에관한법률 제6조 일본 행정경찰규칙 제3장 제14조(미아의 보호), 제17조(니취자의 간호 및 유치), 제18조(정신병자의 간호 및 유치)
제5조	위험발생의 방지	일본 경직법 제4조(피난 등의 조치) 일본 행정경찰규칙 제3장 제15조(군집의 혼잡방지), 제19조(광견狂犬의 복살撲殺)
제6조	범죄의 예방과 제지	일본 행정집행법 제2조(예방검속 △)
제7조	위험방지를 위한 출입	독일 인신의자유의보호에관한법률 제7~10조
제8조	사실의 확인 등	한국 제정(1981)
제9조	유치장	한국 제정(1981)
제10조	경찰장비의 사용 등	한국 제정(1999)
제10조의2	경찰장구의 착용	한국 제정(1981)
제10조의3	분사기 등의 사용	한국 제정(1999)
제10조의4	무기의 사용	미국 통일체포법 제4조 일본 행정경찰규칙 제4장 제15조(흉폭자의 타척打擲)
제11조	사용등록의 보관	한국 제정(1999)
제12조	벌칙	한국 제정(1953)
제13조	시행령	한국 제정(1953)

※ △표는 부분 반영

대표적인 법률인 경찰관직무집행법의 제3조 내지 제11조[49]에서 대표적으로 문제가 되는 경찰권 발동의 요건과 유형을 정하고 있다. 경찰관직무집행법은 그때그때 사건이 생길 때마다 필요에 의해서 개별적 수권조항을 추가하는 방식이다. 이는 시의적절한 대응이 아니라 대형 사고가 터지고 나서야 입법적으로 해결하는 방식이다.

경찰관직무집행법은 형사작용과 행정작용이 혼재되어 있는 등 성격이 불분명하고, 경찰작용에 관한 일반법으로서의 지위를 인정한다고 하더라도 경찰권 발동에 관한 기본원칙조차 명확히 제시되어 있지 않은 등 체계성과 종합성에서 문제가 있다.[50] 공공의 안녕과 질서에 대한 위해나 이미 발생한 장애에 대해 경찰권을 발동할 수 있는 일반적 수권조항을 두는 것은 어느 정도 불가피하다고 할 수 있다.[51] 아울러 광범위한 경찰작용을 모두 법률에 근거를 둘 수 있는지, 조직법적 규정과 작용법적 규정을 엄밀히 구분할 수 있는지 등에 관하여도 신중하게 검토될 필요가 있다.

공공의 안녕과 질서에 대한 위해는 사회생활관계의 복잡성과 과학기술의 발전으로 인하여 일일이 그 유형을 법률로 규정하는 것은 사실상 불가능한 것으로 만들고 있다.[52] 경찰이 개입하여야 할 대상은 고도 '위험사회'의 진행과 더불어 매우 다양하고도 예측을 초월하는 방향으로 나타나고 있다.[53] 일반조항을 두더라도 일반조항은 특별조항이 없는 경우에 보충적으로 적용되어야 한다. 그리고 일반조항은 공공의 안녕이나 공적 질서를 위협하는 위험을 극복하기 위해서만 경찰작용의

49) 경찰관직무집행법 제3조(불심검문), 제4조(보호조치), 제5조(위험발생의 방지), 제6조(범죄의 예방과 제지), 제7조(위험방지를 위한 출입), 제8조(사실의 확인 등), 제9조(유치장), 제10조(경찰장비의 사용 등), 제10조의2(경찰장구의 사용), 제10조의3(분사기 등의 사용), 제10조의4(무기의 사용), 제11조(사용등록의 보관).

50) 이운주, 전게논문, 355면 참조.

51) 김성수, 전게서, 459~460면 참조.

52) 김성수, 전게서, 459면 참조.

53) 이운주, 전게논문, 39면 참조.

근거로 활용되는 것이지, 그 밖의 모든 위험의 근거가 되는 것은 아니다.[54]

(2) 경찰작용에서의 일반적 수권조항의 인정 여부

(가) 문제점

경찰작용에서 일반적 수권조항의 논의는 입법론과 해석론의 두 가지 차원에서 행해지고 있는바, 일반적 수권조항을 규정하는 것이 우리 헌법 질서상 가능한가의 논의(입법론)와 경찰관직무집행법 제2조 제6호 등이 경찰작용의 일반적 수권조항이 되는 것으로 해석될 수 있는가 하는 논의(해석론)가 바로 그것이다.[55]

(나) 일반적 수권조항의 합헌(허용) 여부

– 독일의 경찰권 발동의 일반적 수권조항

경찰법상 대표적인 일반조항으로 인정되는 1794년 '프로이센일반란트법(Allgemeines Landtecht für die Preuβischen Staaten von 1794)'도 시민사회의 법치주의 요구와 왕과 귀족을 중심으로 한 지배세력 간의 타협의 산물이라고 볼 수 있는바, 이 법의 기초자인 시바레즈(Carl Cottlieb von Svarez, 1746~1798)는 천부인권적 자유와 시민권을 강조하던 법률가로서 프로이센일반란트법 §10 Ⅱ 17(제2장 제17절 제10조) 규정을 통해서 경찰권을 포괄적으로 수권하는 데 주안을 두었던 것이 아니라 종래 절대주의 국가 하에서 법적 규제 없이 널리 행사되어 오던 광범위한 경찰권을 시민적 입장에서 법적 통제 아래 두는 데 의미를 두었다고 한다.[56] 프로이센일반란트법 §10 Ⅱ 17는 "공공의 평온 · 안녕 및 질서를 유지하고, 공중 및 그의 개개 구성원들에 대한 절박한 위험을 방지하기 위하여 필요한 조치를 하는 것은 경찰의 직무이다."라는 조항이다.[57]

이 조항은 19세기에 들어와서도 극히 드물게 사용되었고, 이에 대

54) 홍정선, 전게서, 1040면 참조.

55) 박균성, 경찰행정법(제2판), 박영사, 2011, 169면 참조.

56) 이운주, 전게논문, 8~9면의 각주 29), 10면 참조.

57) 이운주, 전게논문, 26면, 90~91면 참조.

한 관심도 거의 없었으며, 그 결과 1850. 3. 11. '경찰행정법(Gesetz über die Polizeiverwaltung)'이 공포된 후에도 판결이 전혀 없었던 것은 아니나 일반조항에 관한 판결이 산재되어 있어서 그다지 주목을 받지 못하고 있다가 1875년 프로이센고등법원(Preu*β*isches Oberverwaltungsgericht) 창설과 주석가인 뢰네(Ludvig von Rönne)의 1887년 저술 '프로이센일반란트법 보견 및 주석'이 위 조항의 의의를 다루면서 그에 대한 진지한 관심이 일어났다.[58] 본질상 임무규정이라고 할 수 있는 이 조항이 1882년 크로이쯔베르크 판결을 통해 수권규범성을 인정받고 1931년 프로이센경찰행정법 제14조에서 임무규범과 권한규범의 통합을 거쳐 경찰법 모범초안 제1조 임무에 관한 일반조항 및 제8조 권한에 관한 일반조항[59]으로 발전하여 오늘에 이르고 있는 것이다.[60]

크로이쯔베르크 판결(Kreuzberg-Utreil, 1882. 6. 14.)이란, 프로이센고등행정법원이 베를린 경찰청장이 구체적 수권규정이 없는데 프로이센일반란트법 §10 Ⅱ 17 규정을 근거로 크로이쯔베르크 언덕 위 전승기념비에의 조망과 거기에서 시내를 내려다보는 조망을 방해하는 일이 없도록 주변의 토지상의 건축물의 높이를 제한하는 것을 내용으로 하는 건축금지 경찰명령에 기초하여 내린 건축불허가 처분에 대해 이 명령은 미학적 이유에서 발해진 것으로 복리 증진을 목적으로 하는 것이라는 이유로 무효라고 판단한 것이다.[61] 이 판결은 프로이센일반란트법 §10 Ⅱ 17 규정을 임무규정으로뿐만 아니라 일반적 수권조항으로 승인한 점, 당시의 자유주의 시민사회에서 공공복리의 증진을 위한 경찰상 조치나 명령을 위해서는 별도 특별한 법적 수권이 필요하다는 점을 확인

58) 이운주, 전게논문, 26~27면 참조.

59) 독일의 '연방 및 각주의 통일경찰법 모범초안' 제8조는 "경찰은 제8조의a 내지 제24조에서 경찰의 직무권한으로 특별히 규정하지 아니한 공공의 안녕과 질서에 대한 개별적 경우에 존재하는 위험을 방지하기 위하여 필요한 조치를 취할 수 있다."고 규정한다.

60) 이운주, 전게논문, 27면 참조.

61) PrOVGE 9, 353; 이운주, 전게논문, 126~127면 참조.

하였다.[62] 독일 건축법이 바로 여기서 탄생하였다.[63]

독일의 경우 1794년 프로이센일반란트법 §10 II 17 규정에서 임무에 관한 일반조항을 권한조항으로 해석하는 초기 형태의 일반적 수권조항이 나타나고, 1931년 프로이센경찰행정법(Preuβisches Polizeiverwaltungsgesetz vom 1. 7. 1931)에서 임무, 권한이 혼재된 중간단계를 거쳐서, 오늘날 경찰법 모범초안에서 임무에 관한 일반조항과 권한에 관한 일반적 수권조항이 분리되는 형태의 수권조항으로 발전하였다고 평가될 수 있다.[64]

– 일반적 수권조항의 합헌(허용) 여부에 관한 학설 대립

광범위한 경찰상 위해를 예측·반영하기란 불가능하고 오늘날 위해의 다양성과 복잡성을 고려할 때 위험예방 내지 장해제거를 위한 수단이 정형화되거나 표준화되기도 어려워 그 수단을 구체적으로 일일이 수권하기가 매우 힘들다는 견지[65]에서 경찰행정법 분야에서 경찰행정의 특성상 일반적 수권도 인정되어야 한다는 견해(**일반적 수권조항 합헌설** 또는 **허용설**)가 있다. 그 논거로 경찰권이 발동되는 상황의 다양성과 예측불가능성에 비추어 보면 경찰분야에서 일반적 수권조항이 필요하고 경찰작용의 일반적 수권조항도 법률로써 규정되는 것이므로 헌법 제37조 제2항 기본권 제한적 법률유보에 위배되는 것은 아니라는 점을 든다.[66] "경찰관은 공공의 안녕과 질서에 대한 구체적인 위험이 있을 때에는 공공의 안녕과 질서를 유지하기 위한 필요한 조치를 할 수 있다."는 내용의 규정을 경찰관직무집행법 제2조 제2항으로 신설할 것을

62) 이운주, 전게논문, 126~127면 참조.

63) 이운주, 전게논문, 127면 참조.

64) 이운주, 전게논문, 31면, 122~123면 참조.

65) 김남진, 경찰권발동의 요건과 효과[행정법의 기본문제(제4판)], 698면; 김재호, 경찰권의 근거로서의 일반적 수권조항(충남대 법학연구 제10권 제1호), 충남대학교 법학연구소, 1999, 14면; 서정범, 경찰권발동에 관한 연구, 고려대학교대학원 박사학위논문, 1992, 26~27면; 석종현, 일반행정법(하), 삼영사, 2001, 261면 참조.

66) 박균성, 전게서, 170면 참조.

제안하는 견해도 있다.[67]

개괄수권조항을 논할 때, 1933년 독일의 헤데만(Justus Wihelm Hedemann)은 그의 저서를 통해 '일반조항으로의 도피'를 경계해야 한다고 말했다.[68] 경찰권이 가지는 침해적 · 권력적 성격상 그 근거는 개별규정에 의해야 하고 개괄조항과 같은 방식에 의한 수권은 우리 헌법이 표방하고 있는 법치국가원리, 특히 명확성원칙에 반하기 때문에 허용될 수 없는 점,[69] 법률유보의 원칙은 행정권 발동에 있어서의 법률의 수권이 개별적 · 구체적일 것을 요구하는 점,[70] 일반적 수권조항을 인정할 경우에는 경찰권 행사에 관하여 백지의 포괄적 재량권을 부여하는 것이 되어 경찰권의 남용으로 기본권이 침해될 우려가 큰 점[71]을 논거로 일반적 수권조항은 위헌으로 보는 견해가 있다(**일반적 수권조항 위헌설** 또는 **불허설**).

경찰법상의 일반적 수권조항은 '공공의 질서'의 관념과 관련되는데 질서라는 관념 자체가 공동체의 일원으로서 지켜야 할 불문규범의 총체라 정의되기 때문에 시대에 따라 유동적일 수 있고 이 조항이 정치적으로 악용될 가능성이 다분히 있다.[72][73] 일반조항이 가지는 '미해결

---

67) 남승길, 경찰작용법에 관한 연구, 치안정책 용역연구보고서(95-19), 1995, 65면 참조.

68) Hedemann J. W., Die Flucht in die Generalklauseln-Eine Gefahr für Recht und Statt-, Tübingen: Paul Siebeck, 1933; 이운주, 전게논문, 10~11면, 62~63면 참조. 이에 관하여 헤데만은 일반조항의 남용 내지 도피로 인하여 "국민의 법률생활 전반을 통제하기 위해서 고작 한 개의 일반조항으로 충분할 수도 있기 때문이다."고 지적한다(Hedemann. J. W., Dir Flucht in die Generalkauseln, p. 55).

69) 이상규, 신행정법론(하), 법문사, 1997, 299면 참조.

70) 박윤흔, 행정법(하), 박영사, 2004, 324~325면 참조.

71) 박균성, 전게서, 170면 참조.

72) 이운주, 전게논문, 64면 참조.

73) "국가권력을 장악한 자가 필요한 경우 이른바 '국가긴급성'이라고 하는 일반조항의 사용을 그 손에 쥐고 있다. 그러나 그가 그 한계를 넘어서 소송의 기초를 유린한다면, 특히 '재판관독립의 원칙'을 파괴한다면, 그의 앞길에는 역사적 과거의 어두운 그림자가 가로막을 것이다."(Hedemann. J. W., Dir Flucht in die Generalkauseln, p. 2; 이운주, 전게논문, 64면에서 재인용)

의 상태로 맡겨진 입법기능'은 다른 관점으로 보면, 권력분립원칙에 충실한 법치국가에서 입법자에게 부여된 가치판단 및 형량의 과제를 법집행자에게 위임하는 결과가 되어 권력분립원칙을 와해시킬 위험을 안고 있다.[74]

그러나 '살아있는 법'으로 표현되기도 하는 일반적 수권조항은 그 탄력성과 포괄성을 특징으로 경찰 목적 달성을 위해 현실 사회의 변화와 필요를 반영할 수 있는 하나의 장치가 될 수 있다는 평가를 받는다.[75] 일반적 수권조항은 법규범의 흠결을 완화하여 법체계가 새로운 사태에 적응할 수 있게 한다.[76] 헤데만은 "일반 조항에 의해서 사법(司法)과 법도그마틱에 위대한 업적을 이룩하고 있으며, 앞으로도 계속 이러한 업적을 이루어갈 것이다."라고 평가한 것도 독일에서 재량축소론, 경찰개입청구권, 의무이행소송 등이 개괄수권조항을 소재로 한 것인 점과 무관하지 않다.[77] 일반적 수권조항은 법치주의와 현실과의 타협을 위한 필요악이다.

경찰작용의 특성을 고려하면 개별수권조항에서 예상하거나 처리하기 어려운 상태가 얼마든지 발생할 수 있고 이러한 경우 그에 대한 경찰권 행사를 인정하는 조항이 어떤 형태로든지 필요한 것이 현실이다. 경찰권의 행사가 대부분 사실행위 성격을 띠는 점을 감안하면 일반적 수권조항의 필요성이 크다. 경찰작용에 일반적 수권조항이 필요한지가 문제되는 것은 다른 경찰작용보다 긴급히 이루어져야 하고, 예측 불가능한 상황에 대처해야 하는 행정상 즉시강제이다. 입법론으로는 경찰권 발동의 일반적 수권조항을 도입하는 것이 바람직하다.[78]

74) 강희원, 이른바 "일반조항(Generalklausel)"에 관한 기초법학적 이해, 고황법학(창간호), 1994, 260면 참조.
75) 이운주, 전게논문, 11면 참조.
76) 이운주, 전게논문, 60~61면 참조.
77) 이운주, 전게논문, 11면; 57~60면 참조.
78) '경찰권발동 개괄조항' 개정 시급하다(김남진 교수, 2012. 9. 24.자 법률신문) 참조.

(다) 현행법상 일반적 수권조항 존재 여부

– 문제점

경찰관직무집행법 제2조 제6호는 경찰관은 '기타 공공의 안녕과 질서유지'의 직무를 행한다고 규정한다. 위 조항이나 경찰관직무집행법 제2조 전체 또는 같은 법 제5조, 제6조 제1항 또는 경찰법 제3조가 경찰작용의 개별적 수권조항이 없는 경우 일반적 수권조항이 될 수 있는지가 문제된다.

– 경찰법 제3조는 조직법이고 경찰작용의 법적근거가 아니라는 헌법재판소 선례

헌법재판소는 경찰법 제3조가 경찰작용의 일반적 수권조항인가에 관하여 "경찰법은 경찰의 기본조직 및 직무범위 등을 규정한 전형적인 조직법으로서 원칙적으로 그 조직의 구성원이나 구성원이 되려는 자 등 외에 일반국민을 수범자(受範者)로 하지 아니한다.……기본권침해는 경찰관직무집행법이나 형사소송법 등에 따라 행해지는 경찰권 행사라는 별도의 공권력의 행사에 의한 것이지 조직법인 위 법률에 의하여 직접 이루어지는 것이라고 할 수 없고, 또 청구인들이 주장하는 기본권침해의 가능성은 잠재적인 우려에 불과하다."고 판단했다.[79] 경찰법 제3조를 경찰작용의 법적 근거로 삼는 것이 타당하지 못하다는 입장이다.

– 일반적 수권조항 존부에 관한 학설 대립

긍정설[80]은 일반적 수권조항의 필요성과 현행법상 일반적 수권조항 흠결에 비추어 일반적 수권조항이 입법되기 전까지는 **경찰관직무집행법 제2조 제6호**를 권한규범으로서의 일반조항으로 인정하여 경찰권의 발동을 가능하게 하여야 한다고 본다. 독일에서는 이전부터 공공의

---

79) 헌재 1994. 6. 30. 91헌마162 결정 참조.

80) 김남진, 경찰권발동의 요건과 효과[행정법의 기본문제(제4판)], 698면; 김남진 · 김연태, 행정법Ⅱ(제16판), 법문사, 2012, 261면 이하; 김성수, 전게서, 460~461면; 김재호, 전게논문, 14면; 서정범, 전게논문, 26~27면; 석종현, 전게서, 261면; 장태주, 행정법개론(제7판), 법문사, 2009, 1155면 참조.

안녕·질서에 대한 위험방지를 경찰의 직무로서 정하고 그 직무조항을 보충적인 수권조항(개괄조항)으로서 새기는 전통이 확립되어 있는바, 우리 역시 경찰관직무집행법 제2조 제6호 '공공의 안녕과 질서유지'를 독일식 개괄조항으로 간주한다.[81] 경찰관직무집행법 제2조 제6호에 대해서는 예상하기 어렵고 대처하기 어려운 위해의 방지를 위하여 '조리상 또는 자연법적 경찰권 발동'이라는 초법적인 근거를 정당화하는 논리보다는 개선된 입법형식으로 평가하기도 한다.[82]

긍정설에는 **경찰관직무집행법 제5조 제1항**에 일반적 수권조항 성격이 인정된다고 보아 같은 조항이 경찰이 위험방지를 위한 조치를 취할 수 있는 위험상태로 인명 또는 신체에 위험을 미치거나 재산에 중대한 손해를 끼칠 우려가 있는 천재, 사변, 공작물의 손괴 등 구체적인 위험상황 외에도 '기타 위험한 사태'를 부가하고 있는 점을 특히 강조하는 견해,[83] **경찰관직무집행법 제2조 제6호와 제5조 제1항 제3호**[84]**를 유추해석**하여 독일에서와 같이 해석적 보완을 통해 공공의 안녕과 질서에 대한 위험방지를 위하여 필요한 조치를 취할 수 있다는 견해[85] 및 **같은 법 제2조 제6호의 개괄조항성**을 인정하고 그 외에도 **제5조를 제2의 개괄수권조항**으로 보며 **제6조를 제3의 개괄수권조항**으로 보는 견해[86]가 있다.

---

81) 김남진, 행정법의 기본문제(제4판), 698면 참조.

82) 김성수, 전게서, 461면 참조.

83) 이운주, 전게논문, 200~204면 참조.

84) 경찰관직무집행법

제5조(위험발생의 방지) ① 경찰관은 인명 또는 신체에 위해를 미치거나 재산에 중대한 손해를 끼칠 우려가 있는 천재, 사변, 공작물의 손괴, 교통사고, 위험물의 폭발, 광견·분마류등의 출현, 극단한 혼잡 기타 위험한 사태가 있을 때에는 다음의 조치를 할 수 있다.

3. 그 장소에 있는 자, 사물의 관리자 기타 관계인에게 위해방지상 필요하다고 인정되는 조치를 하게 하거나 스스로 그 조치를 하는 것

85) 이기우, 경찰작용법의 체계, 수사연구, 1990. 2., 97면 참조. 경찰관직무집행법 제5조만 유추하여 수권할 수밖에 없다는 견해[김성태, 위험방지조치와 구체적 위험, 법학연구(제5호), 2003, 79~80면 참조]도 있다.

86) 박정훈 외 1, 사권보호를 위한 경찰권 발동에 관한 연구, 치안연구소, 2001, 22~25

그에 반해, **부정설** 또는 **입법필요설**[87]은 경찰관직무집행법 제2조 제6호는 경찰의 직무범위 내지 조직법상의 일반규범이므로 경찰권 발동의 근거가 아니라고 본다. 부정설 중에는 경찰관직무집행법상의 개별적 수권조항은 경찰상의 위험에 해당하는 대부분의 경우를 포함하고 있고, 특히 제5조 제1항은 다른 규정에서 정하고 있지 아니한 공백상태를 상당 부분 규율하고 있어서 일반적 수권조항의 필요성이 그리 큰 것은 아니라고 보는 견해가 있다.[88] 경찰관직무집행법 제5조 제1항 제3호는 일반적 수권조항으로 인정될 여지가 있다고 하면서도 경찰법제가 정비되고 경찰권 남용의 현실적 위험이 줄어든 후에야 허용될 수 있다는 견해도 있다.[89] **입법필요설**은 개괄조항의 필요성과 허용성은 인정하면서도 경찰관직무집행법 제2조는 권한규정이 아니라 단순한 임무규정으로 파악하고 입법을 통해 개괄수권조항을 도입할 필요가 있다는 견해이다.[90] 그에 따르면, 현행 경찰관직무집행법 제2조 제6호는 경찰권의 발동근거에 관한 개괄수권조항은 아니고 경찰의 직무범위를 정한 것이다.

- 소결 : 긍정설

긍정설이 타당하다. 그 중에서도 **경찰관직무집행법 제2조**가 일반적 수권조항이라는 견해가 타당하다. 같은 법 제5조 제1항 '기타 위험한 상태'는 앞서 열거한 요건(천재, 사변, 공작물의 손괴 등)에 준하는 정도로 제한할 필요가 있다. 같은 법 제6조 제1항 '범죄행위가 목전에 행하여지려고 하고 있다고 인정될 때'라고 엄격하고도 한정적으로 규정하고 있음에도 이를 일반적 수권조항으로 삼는 것은 문언해석 원칙에 맞

면, 28~31면 참조.

87) 김동희, 행정법Ⅱ(제15판), 박영사, 2009, 216~217면; 박균성, 전게서, 171~172면; 최영규, 경찰행정법(제3판), 법영사, 2007, 179~182면; 홍정선, 전게서, 1041면 참조.

88) 김동희, 행정법Ⅱ, 216~217면 참조.

89) 박균성, 행정법론(하)(제2판), 박영사, 2004, 400~404면; 박균성, 행정법강의, 박영사, 2004, 1098면 참조.

90) 김철용, 행정법Ⅱ(제4판), 박영사, 2004, 235면; 홍정선, 전게서, 1041면 참조.

지 않다. 제6조 제1항에 의한 경찰관의 제지 조치는 그러한 조치가 불가피한 최소한도 내에서만 행사되도록 그 발동·행사 요건을 신중하고 엄격하게 해석하여야 한다는 것이 판례[91]이기도 하다.

경찰관직무집행법 제2조는 조직법인 경찰법이 제정된 1991년 이전인 1981년 제2차 개정을 통하여 신설된 조항이다. 경찰관직무집행법 제2조가 '경찰의 직무'라고 규정하고 있다는 점만으로 조직법적 규정에 불과할 뿐 작용법적 규정이 될 수 없다고 보는 것은 부당하다. 독일에서도 임무규범으로부터 권한규범을 도출하는 전통이 있었고 크로이쯔베르크 사건에서 이러한 입장이 확인되었음은 앞서 살펴보았다. 경찰작용의 명문의 법적 근거가 새롭게 제정되는 방향이 바람직하겠으나, 경찰작용의 명문의 일반적 수권조항이 존재하지 않은 상황에서 국민의 생명·신체에 대한 매우 긴박한 위험이 존재하는 경우에도 개별적 수권조항이 없다면 경찰권을 발동할 수 없는 문제를 해결하기 위해 경찰관직무집행법 제2조를 일반적 수권조항으로 삼아 경찰권을 발동하는 것이 타당하다.

(3) 대법원의 입장

(가) 경찰관직무집행법 제2조 제6호를 일반적 수권조항으로 인정한 듯한 판례

공무집행방해죄(형법 제136조)에서 청원경찰의 직무집행이 적법한지가 문제된 사건에서 대법원은, "청원경찰법 제3조는 청원경찰은 청원주와 배치된 기관, 시설 또는 사업장등의 구역을 관할하는 경찰서장의 감독을 받아 그 경비구역 내에 한하여 경찰관직무집행법에 의한 직무를 행한다고 정하고 있고 한편 경찰관직무집행법 제2조에 의하면 경찰관은 범죄의 예방, 진압 및 수사, 경비요인, 경호 및 대간첩작전 수행, 치안정보의 수집작성 및 배포, 교통의 단속과 위해의 방지, 기타공공의 안녕과 질서유지 등을 그 직무로 하고 있는 터이므로 경상남도 양산군

91) 대법원 2008. 11. 13. 선고 2007도97940 판결 참조.

도시과 단속계 요원으로 근무하고 있는 청원경찰관인 공소외 김△△ 및 이▽▽가 원심판시와 같이 1984. 12. 29. 경상남도 양산군 장안면 임랑리 115에 있는 피고인의 집에서 피고인의 형 공소외 박○○가 허가없이 창고를 주택으로 개축하는 것을 단속한 것은 그들의 정당한 공무집행에 속한다고 할 것이므로 이를 폭력으로 방해한 피고인의 판시 소위를 공무집행방해죄로 다스린 원심조치는 정당하다고 판단하였다(대법원 1986. 1. 28. 선고 85도2448 판결 참조).

대법원은, 경찰관이 음주운전으로 적발된 운전자에 대하여 어떠한 조치를 취할 수 있으며, 그 근거는 무엇인지가 문제된 사건에서, "경찰관직무집행법 제1조, 제2조, 제4조 및 도교법 제43조 제2항의 각 규정에 의하면, 경찰의 임무는 본질적으로 국민의 자유와 권리를 보호하고 사회공공의 질서를 유지하기 위하여, 범죄의 예방·진압 및 수사, 교통의 단속과 위해의 방지 기타 공공의 안녕과 질서에 대한 위험 방지에 있고, 이러한 책무 수행을 위하여 경찰관으로 하여금 술 취한 상태로 인하여 자기 또는 타인의 생명·신체와 재산에 위해를 미칠 우려가 있는 자를 발견한 때에는 경찰관서 등에 보호하는 등 적당한 조치를 취할 수 있으며, 특히 주취 상태에서 자동차를 운전하는 사람에 대하여는 정상적으로 운전할 수 있는 상태에 이르기까지 운전의 금지를 명하고 그 밖의 필요한 조치를 취할 수 있도록 개별적 수권규정을 두고 있다."고 판단하였다(대법원 1998. 5. 8. 선고 97다54482 판결 참조).

(나) 경찰의 CIMS를 통한 피의자 정보 관리는 법률유보원칙에 합치[92)]

- 사실관계

원고들은 집회 및 시위에 관한 법률 위반 등 피의사실로 수사를 받았으나, 모두 '혐의없음' 불기소 처분을 받았다.

---

92) 이 부분 내용은 졸고, 경찰의 CIMS를 통한 피의자 정보 관리는 법률유보원칙에 합치(2012. 11. 8.자 법률신문 판례평석)를 요약한 것임.

경찰은 원고들에 관한 사건번호, 수사단서, 접수(송치)죄명, 종결일자 등과 피의자신문조서 등 정보를 '경찰 범죄정보관리시스템'(Crime Information Management System, 이하 'CIMS'라 한다)에 입력하여 보유하고 있었고, 2010. 5. 1. 형사사법절차 전자화 촉진법이 시행됨에 따라 CIMS에 입력되어 있던 각종 정보들은 '형사사법정보시스템'(Korea Information System of Criminal-justice Service, 이하 'KICS'라 한다)으로 이관되었다.

원고들은 2010. 6.경 경찰청장에 대해 CIMS 또는 KICS에 들어 있는 사건관련 정보의 삭제를 청구하였고, 경찰청장은 원고들이 청구한 대로 정보를 삭제하였다고 원고들에게 통보하였다.

원고들은 2010. 8.경 피고(대한민국) 소속 경찰관이 개인정보를 CIMS와 KICS를 통해 수집 · 보관 · 이용한 행위, 적법절차를 따르지 않은 채 정보를 삭제한 행위가 법률유보원칙에 위반되고 과잉금지원칙에 위반하여 헌법상 개인정보자기결정권을 침해한 위법행위라고 주장하면서 피고를 상대로 위자료 각 1,100만원을 청구하는 국가배상소송을 제기하였다.

– 제1심 및 제2심의 판단

제1심(서울중앙지방법원 2011. 8. 12. 선고 2010가단315870 판결)은 경찰관이 형사 입건된 원고들의 정보를 CIMS와 KICS를 통해 수집 · 보관 · 이용한 행위와 그 정보를 삭제한 행위는 법률유보원칙에 위배되지 않고 정당한 직무범위에 포함되며 개인정보를 위법하게 누설하였거나 목적 외에 사용하였거나 부정한 목적으로 삭제하였음을 인정할 증거가 없는 이상 위법행위를 인정할 수 없다고 보아 원고패소 판결을 선고하였다. 원고들이 항소하였으나, 제2심(서울중앙지방법원 2011. 12. 30. 선고 2011나40198 판결)은 제1심을 인용하면서 항소를 기각하였다. 원고들은 상고하였다.

– 대법원의 판단

대법원은 2012. 10. 25. 선고 2012다12641 판결에서 원고들의 상고를 모두 기각하는 판결을 선고하면서, 그 이유로 이 사건에서 법률유보원칙에 위반되지 않고 과잉금지원칙에 위반되지 않는다는 점을 제시하였다. 그 이유를 요약하면 다음과 같다.

원심은 경찰관이 형사 입건된 원고들의 정보를 CIMS와 KICS를 통하여 수집 · 보관 · 이용한 행위와 그 정보를 삭제한 행위는 공공기관의 개인정보보호에 관한 법률 제5조, 경찰법 제3조, 경찰관직무집행법 제2조, 형사사법절차 전자화 촉진법 제5조, 범죄정보관리시스템 운영지침 제9조 등의 법률에 근거한 규율로서 법률유보원칙에 위반한 것으로 볼 수 없다고 판단하였는바, 관련 규정 및 헌법재판소 결정 등 관련 법리에 비추어 살펴보면, 원심의 이와 같은 판단은 정당한 것으로 수긍이 가고, 상고이유 주장과 같은 법률유보원칙에 관한 법리 등을 오해한 위법이 없다.

원심은 경찰의 개인정보 수집 · 보관 · 이용 행위와 그 삭제행위가 과잉금지원칙에 위반된다고 볼 수 없고, '혐의없음'의 불기소처분에 관한 개인정보를 보관하는 것은 재수사를 대비하여 기초자료를 보존하여 형사사법의 실체적 진실을 구현하는 한편, 형사사건 처리결과를 쉽게 그리고 명확히 확인하여 수사의 반복을 피함으로써 수사력의 낭비를 막고 피의자의 인권을 보호하기 위한 것이므로, 경찰관이 원고들의 개인정보를 수집 · 보관 · 이용한 행위는 과잉금지원칙에 위반되지 않는다고 판단하였는바, 관련 규정 및 헌법재판소 결정 등 관련 법리에 비추어 살펴보면, 원심의 이와 같은 판단은 정당한 것으로 수긍이 가고, 상고이유 주장과 같은 과잉금지원칙에 관한 법리 등을 오해한 위법이 없다.

– 대법원 2012다12641 판결에 대한 평가

대법원 2012다12641 판결은 CIMS가 공공기관의 개인정보보호에 관한 법률 제5조, 경찰법 제3조, 경찰관직무집행법 제2조 등 법률에 근거한 규율로서 법률유보원칙에 위반하지 아니하였다고 설시함으로써 명시적으로 경찰법 제3조, 경찰관직무집행법 제2조를 경찰작용의 일반적 수권조항으로 인정한 점에서 그 의미가 크다.

위 판결에서 대법원은 경찰법 제3조도 법적 근거로 보았으나, 경찰법이 국가경찰의 기본조직 및 직무 범위 등에 관한 사항을 규정함을 목적으로 하는 데 비해, 경찰관의 직무수행에 필요한 사항을 규정하는 것은 경찰관직무집행법인 점, 경찰의 직무와 권한을 구분하는 것이 판례의 입장인 점(대법원 2004. 9. 23. 선고 2003다49009 판결), 경찰관직무집행법 제2조는 조직법인 경찰법이 제정된 1991년 이전인 1981년 신설된 조항인 점 등에 비추어, 경찰관직무집행법 제2조를 경찰작용의 일반적 수권조항으로 보는 것이 타당하다.

(4) 헌법재판소의 입장

(가) 대상결정의 의견 분석

대상결정에서 경찰법 제3조, 경찰관직무집행법 제2조가 일반적 수권조항인지 여부, 이들 법률조항이 이 사건 통행제지행위의 법적 근거가 될 수 있는지 여부에 관하여 다수의견은 논하지 않았으나, 재판관 김종대, 재판관 송두환의 보충의견은 부정하는 입장이고 재판관 이동흡, 재판관 박한철의 반대의견은 긍정하는 입장이다. 이 부분 견해를 표명한 헌법재판관의 의견은 2:2로 팽팽히 대립된다고 볼 수 있다.

참고로, 헌재 2005. 5. 26. 99헌마513 결정의 다수의견은 경찰법 제3조 및 경찰관직무집행법 제2조는 범죄의 예방·진압 및 수사, 치안정보의 수집을 경찰의 임무 내지 경찰관의 직무의 하나로 규정하고 있는데 경찰청장이 지문정보를 보관하는 행위가 공공기관의 개인정보보호에 관한 법률 제5조, 제10조 제2항 제6호에 근거한 것으로 볼 수 있고, 그 밖에 주민등록법 제17조의8 제2항 본문, 제17조의10 제1항, **경찰법 제3조** 및 **경찰관직무집행법 제2조**에도 근거하고 있는 것으로 볼 수 있다고 판단한 반면, 위 결정에서 재판관 송인준, 재판관 주선회,

재판관 전효숙은 주민등록법 제17조의8 제2항 본문, 제17조의10 제1항, 경찰법 제3조 및 경찰관직무집행법 제2조는 경찰청장이 지문원지를 송부받아 보관할 수 있는 근거규정이라고 해석할 수 없다는 반대의견을 냈다.

(나) 보충의견

경찰법 제3조, 경찰관직무집행법 제2조가 이른바 '일반적 수권조항'으로서 이 사건 통행제지행위의 법률적 근거가 될 수 있는 것인지를 검토한다.

1) 경찰법 제3조(국가경찰의 임무)는 "국가경찰은 국민의 생명 · 신체 및 재산의 보호와 범죄의 예방 · 진압 및 수사, 치안정보의 수집, 교통의 단속 기타 공공의 안녕과 질서유지를 그 임무로 한다"는 내용이고, 경찰관직무집행법 제2조(직무의 범위)는 "경찰관은 다음 각 호의 직무를 행한다. 1. 범죄의 예방 · 진압 및 수사 …… 4. 교통의 단속과 위해의 방지 5. 기타 공공의 안녕과 질서유지"라는 내용이다.

2) 위 규정들은 경찰의 임무 또는 경찰관의 직무 범위를 규정한 조항들이다. 즉, 경찰법 제3조는 국가기관으로서의 경찰 조직을 두는 목적과 그에 따른 경찰 임무의 개요를 밝히는 조항이고, 경찰관직무집행법 제2조는 경찰관에게 직무수행의무를 부과하는 전제로서 경찰관의 직무범위를 개괄적으로 한정하여 표시해 주는 조항이다.

이러한 성격과 내용을 갖는 위 조항들을 이른바 '일반적 수권조항'이라 하여 국민의 기본권을 구체적으로 제한 또는 박탈하는 행위의 근거조항으로 삼을 수는 없다고 할 것이다.

가) 우리 헌법은 국민의 자유와 권리를 제한하는 경우 반드시 '법률'에 근거하도록 하였는바, 여기에서 말하는 '법률'은 조직의 설치 목적, 지위, 임무 또는 직무의 범위 등을 일반적으로 밝히는 조직법적 규정을 말하는 것이 아니고, 개별적 또는 구체적 사안에 적용할 작용법적 조항을 의미하는 것이라고 보아야 한다.

따라서 경찰조직의 임무 또는 경찰관의 직무 범위를 개괄적으로 규정한 조직법적 규정인 위 법률조항들을 가져다가, 경찰이 국민의 기본권을 구체적으로 제한할 수 있는 실체법적 근거로 삼을 수는 없다고 할 것이다.

나) 위 조항들을 이른바 일반적 수권조항이라 하여 개별적, 구체적 기본권제한의 근거가 될 수 있다고 보는 것은 경찰작용에 관한 개별적 수권조항을 자세히 규정한 입법자의 의도에도 어긋나는 해석이다.

즉, 경찰관직무집행법 제3조 이하에서는 불심검문, 보호조치 등 각 경찰작용의 요건과 한계에 관하여 엄격한 규정을 두고 있는바, 그러한 경찰작용은 모두 국민의 생명·신체 및 재산의 보호와 범죄의 예방·진압 및 수사, 공공의 안녕과 질서유지라는 경찰의 임무 또는 직무의 수행을 목적으로 하는 작용들임이 분명하므로, 일반적 수권규정과는 중복되는 규정이 되고 말 것이다. 또한, 이런 해석 아래에서는 심지어 개별적 수권조항들의 요건을 갖추지 못하여 위법한 경찰작용이 일반적 수권조항을 근거로 한 경찰작용으로서 적법하다고 인정될 여지도 있게 될 것이다.

이렇게 광범위한 경찰권 발동을 허용하는 것은, 개별적 수권조항을 자세하게 규정함으로써 엄격한 요건 아래에서만 경찰권의 발동을 허용하려는 입법자의 의도를 법률해석으로 뒤집는 것이 될 것이다.

다) 국가기관의 조직에 관한 다른 법률들에서도 임무 또는 직무에 관한 조항을 둔 예는 무수히 찾아볼 수 있으나, 임무 또는 직무 범위를 규정한 법률조항을 가지고 구체적 기본권 제한의 근거로 삼는 사례는 찾아볼 수 없다.

예를 들면, 검찰청법은 제4조(검사의 직무)에서 '범죄수사에 필요한 사항'(위 법 제4조 제1항 제1호)을 규정하고 있는바, 이로써 검사가 '범죄수사에 필요한 행위라면 어떤 것이든 할 수 있다는 법률적 근거'가 된다고 해석하는 사람은 아무도 없다. 검찰청법의 위 조항이 존재함에도 불구하고, 검사는 강제수사를 하는 경우에 형사소송법에서 규정한 강제수사를 형사소송법에 규정된 절차에 따라서만 할 수 있는 것으로 엄격하게 해석하고, 검사가 그 절차에 위반하거나 형사소송법에 규정되지 않은 강제수사방법에 의하여 수집한 증거는 '위법'수집증거라고 하여 그 증거능력을 부인하고 있다. 이는 직무범위에 관한 검찰청법의 위 조항을 기본권 제한의 일반적 수권조항이 된다고는 보지 않기 때문이다.

그럼에도 불구하고, 유독 경찰법 제3조, 경찰관직무집행법 제2조에 대하여만 예외를 인정하여 이른바 '일반적 수권조항'이라는 개념을 동원하여 법치행정의 실질을 허물어서는 아니 될 것이다.

라) 가사 경찰법 제3조, 경찰관직무집행법 제2조가 기본권 제한의 일반적 수권조항에 해당한다고 보는 경우에는 명확성의 원칙 위반이라는 또 다른 위헌성을 피할 수 없어서, 결국 합헌적인 법률적 근거로는 볼 수 없게 된다.

위 법률조항들이 일반적 수권조항에 해당한다고 보는 것은, 위 법률조항들을 '경찰관은 공공의 안녕과 질서유지를 위하여 필요한 행위를 할 수 있다'라는 규정으로 받아들인다는 의미인바, 만약 그렇게 본다면, 경찰관이 구체적으로 어떠한 행위를 할 것인지에 관하여 전혀 예측할 수 없게 만드는 법률조항으로서, 명확성의 원칙을 위반하여 위헌이라고 볼 수밖에 없을 것이다.

(다) 반대의견

이 사건 통행제지행위는 '공공의 안녕과 질서유지'를 위하여 일반시민의 공물에 대한 자유로운 이용행위를 제한한 것으로서, **경찰법 제3조** 및 **경찰관직무집행법 제2조**에서 그 법적인 근거를 찾을 수 있다. 경찰법 제3조는 '국가경찰의 임무'라는 제목 하에 "국가경찰은 국민의 생명·신체 및 재산의 보호와 범죄의 예방·진압 및 수사, 치안정보의 수집, 교통의 단속 기타 공공의 안녕과 질서유지를 그 임무로 한다"라고 규정하고 있으며, 경찰관직무집행법 제2조는 '직무의 범위'라는 제목하에 경찰관의 직무를 제1호 내지 제5호에 나열하고 있고, 그 중 제5호는 '기타 공공의 안녕과 질서유지'를 경찰관의 직무 내용의 하나로 규정하고 있는바, 위 조항들은 경찰의 임무 또는 경찰관의 직무에 관한 규정들이면서, 동시에 경찰의 임무의 하나로서 '기타 공공의 안녕과 질서유지'를 규정한 일반적 수권조항으로 해석할 수 있다.

이러한 일반적 수권조항이 경찰권 발동의 법적인 근거가 되는지에 관하여 보건데, 복잡다기하고 변화가 많은 현대사회에서는 경찰권 발동의 요건이나 효과를 빠짐없이 개별적 수권조항으로 규정하는 것이 입법기술상 불가능한 점, 사회·경제적인 제반여건에 따라 경찰이 사전에 예측하지 못한 돌발적인 상황이 언제든지 발생할 수 있으므로 시의적절하고 효율적인 경찰권 행사가 가능하기 위해서는 일반적 수권조항의 현실적 필요성을 부인할 수 없는 점, 일반적 수권조항은 개별적 수권조항이 없는 경우에 한하여 보충적으로 적용되는 것이고, 오늘날에는 경찰소극목적의 원칙, 경찰공공의 원칙, 경찰비례의 원칙, 경찰책임의 원칙, 경찰평등의 원칙 등 경찰권 발동에 관한 조리상의 원칙이 충분히 발달되어 있어 일반적 수권조항이 남용될 우려가 없는 점, 설령 일반적 수권조항의 확대 해석이나 이에 기한 권력남용이 발생되더라도 이는 법원에 의해 충분히 억제될 수 있는 점 등에 비추어 보면, 일반적 수권조항 역시 경찰권 발동의 법적 근거가 된다고 봄이 상당하다.

비록 경찰법 제3조 및 경찰관 직무집행법 제2조가 '공공의 안녕과 질서 유지'라는 다소 추상적인 개념을 사용하고 있더라도, 경찰권 행사의 주체인 피청구인으로서는 제반 사정을 종합하여 그 의미를 충분히 판단할 수 있으므로, 경찰권 발동의 구체적인 요건이 법률조항에서 세세히 나열되어 있지 않다는 사정만으로 위 조항이 불명확하여 공권력 주체에게 아무런 한계규범으로 작용하지 못하거나, 과잉제제를 필연적으로 초래한다고 보기도 어렵다.

그렇다면, 경찰법 제3조 및 경찰관직무집행법 제2조는 단순히 경찰의 임무나 직무에 관한 법률조항이 아니라, 개별적 수권조항이 없는 경우 경찰권 행사의 법적 근거로서 기능한다고 봄이 상당하고, 피청구인의 이 사건 통행제지행위는 공공의 안녕과 질서유지를 위하여 위 조항들에 근거하여 행해진 것이므로, 법률유보원칙에 위배되었다고 볼 수 없다.

5. 일반적 행동자유권 침해 여부

가. 과잉금지원칙에 따른 심사가 타당한지 여부

(1) 경찰권 행사에 대한 행정법원리상의 통제

경찰권의 행사는 비례의 원칙, 평등의 원칙, 신뢰보호의 원칙 등 조리상 행정법의 일반원칙에도 부합하여야 하는데, 이러한 조리상의 원칙 중에서도 가장 핵심적인 내용은 '경찰비례의 원칙'이다.[93] 비례원칙은 경찰법상 원칙을 넘어 모든 행정법의 원칙, 나아가 헌법상의 기본원칙이자 모든 법의 원칙으로 자리매김 되어 있다.[94] 행정상 즉시강제의 실체법상 한계로서 가장 중요한 것이 비례원칙이다.[95] 비례원칙을 비롯한 경찰권 발동에 대한 제반 통제원칙들은 경찰행정법상 일반적 수권조항을 매개로 이를 극복하는 과정에서 발전했다. "행정법의 원류(源流)는 경찰법이다."라는 명제[96]도 이러한 측면에서 비롯된 것이다.

경찰관직무집행법 제1조 제2항은 "이 법에 규정된 경찰관의 직권은 그 직무수행에 필요한 최소한도 내에서 행사되어야 하며 이를 남용

93) 김성수, 전게서, 490면 참조.

94) 이운주, 전게논문, 309면 참조.

95) 박균성, 전게서, 356면 참조.

96) 박정훈, 경찰 · 질서행정권 발동의 근거와 한계, 서울대학교 법학연구소 행정소송 · 행정법 연구과정 교재, 1999, 4면 참조.

하여서는 아니 된다."고 하여 비례원칙을 규정하고 있다. 경찰법 제5조는 "국가경찰은 그 직무를 수행할 때 헌법과 법률에 따라 국민의 자유와 권리를 존중하고, 국민 전체에 대한 봉사자로서 공정·중립을 지켜야 하며, 부여된 권한을 남용하여서는 아니 된다."고 선언한다. 계속효를 갖는 경찰작용에서는 시간상 과잉금지가 요구된다. '시간상 과잉금지'라 함은 위험이 방지되면 경찰은 처분을 종결지어야 하는 것을 뜻한다.[97]

(2) 과잉금지원칙이 아니라 경찰비례원칙에 따른 심사가 타당함

과잉금지원칙은 비례원칙에서 비롯된 것이다. 과잉금지원칙과 비례원칙은 논리구조가 유사하다. 경찰비례의 원칙은 행정법의 일반원칙인 비례원칙이 경찰행정법에서 적용되는 것이므로 비례원칙과 요건이 유사하다. 하지만, 독일에서 비례원칙에 대한 헌법적 요구가 사법작용에까지 적용되는 기본원칙인 점은 분명하나, 우리의 경우 헌법 제37조 제2항이 주로 입법을 전제로 규정하고 있다는 점에서 약간 다르다고 할 수 있다.[98] 독일의 비례원칙은 경찰권 발동의 일반적 수권을 부여하는 프로이센일반란트법 §10 Ⅱ 17 규정, 즉 일반적 수권조항의 한계를 정하기 위한 것이다.[99]

과잉금지원칙 내용은 목적의 정당성·방법의 적절성·피해의 최소성·법익의 균형성을 들 수 있으며, 이는 법률에 대한 위헌성판단의 기준이다.[100] 목적의 정당성을 비례원칙의 한 내용으로 보는 견해도 있고 헌법재판소도 과잉금지원칙의 한 내용으로 목적의 정당성을 들고 있지만, 목적의 정당성은 목적과 수단 사이의 이익형량의 문제는 아니

97) 홍정선, 전게서, 1022면 참조.

98) 이명웅, 비례의 원칙과 판례의 논증방법(헌법논총 제9집), 헌법재판소, 1998, 676면 참조.

99) 이운주, 전게논문, 311면 참조. 플라이너(Fritz Fleiner)는 비례원칙에 관하여 "경찰은 참새를 잡는데 대포를 쏘아서는 아니 된다(Die Polizei soll nicht mit Kanonen auf Spatzen schieβen)."고 언급했다(이운주, 전게논문, 311면 참조).

100) 성낙인, 헌법학(제8판), 법문사, 2008, 354면 참조.

라고 보는 견해[101]가 있다. 과잉금지의 원칙은 기본적 제한적 법률에 대한 합헌성을 심사하는 기준이고 경찰비례원칙과는 차이가 있다.

대상결정은 경찰의 행정상 즉시강제가 기본권을 침해하는지가 문제된 사안으로서 경찰비례의 원칙에 따른 심사를 하는 것이 사안에 적합하다. 즉, 이 사건 통행제지행위에 대한 사법심사는 기본권을 제한하는 법률이 헌법에 위반되는지를 심사하는 기준인 과잉금지원칙이 아니라 경찰행정작용의 위법 여부를 심사하는 기준인 경찰비례원칙에 따라 이루어지는 것이 타당하다.

(3) 경찰비례원칙의 내용

비례원칙은 행정작용에 있어서 행정목적과 행정수단 사이에 합리적 비례관계가 있어야 한다는 원칙이다.[102] 경찰비례원칙의 세부 내용에는 ① 경찰목적을 달성하기 위하여 적절한 수단이 선택되어야 한다는 원칙(적합성의 원칙), ② 경찰목적 달성에 있어서 적합한 수단 중에서도 구체적인 상황을 고려하여 경찰책임자에게 권익침해가 가장 작은 수단이 선택되어야 한다는 원칙(필요성의 원칙) 및 ③ 경찰권 발동을 통한 공익보다 이를 자제함으로써 보호되는 사익이 우월한 경우에는 경찰권 발동이 이루어질 수 없다는 원칙(협의의 비례원칙 또는 상당성의 원칙)이 있다.[103]

필요성의 원칙과 관련하여서 독일 경찰법 모범초안 제2조 제1항은 가능하고 적합한 수개의 조치들 가운데 행정청은 개인과 공중에 대하여 가장 가벼운 침해를 가할 것으로 예상되는 조치를 취해야 한다고 명시하고 있다.[104] 구체적 사안에서 가장 침해가 적은 수단의 선택은 조치를 위한 결정시점에서 의무에 충실한 평균적 공무원의 능력으로

101) 박균성, 전게서 20면 참조.

102) 박균성, 전게서, 20면 참조.

103) 김성수, 전게서, 491~495면; 박균성, 전게서, 20~22면; 이운주, 전게논문, 313~315면 참조.

104) 이운주, 전게논문, 314면 참조.

객관적으로 판단·결정한다.[105] 결국 수단 선택에 있어 재량을 발휘하여야 하므로 경찰비례의 원칙은 '재량원칙'과 서로 맞물려 있다고 할 수 있다.[106]

구체적 사안에서 침해를 최소화하는 수단의 선택은 재량에 달려 있고 재량원칙과 관련된다는 점은 일반적 행동자유권 침해 여부의 심사기준에 관하여 반대의견이, "경찰권의 행사여부는 원칙적으로 **재량처분**이라 할 것이고, 공공의 안녕과 질서유지 등을 위하여 경찰권의 행사가 필요한지를 판단을 함에 있어서 국민의 생명, 신체 등 보호와 범죄 예방, 공공의 안녕과 질서유지의 필요성을 합리적으로 고려하여 공권력 행사 여부를 결정지어야 한다. 따라서 그러한 판단이 현저히 자의적이라고 보이지 아니하는 한, 원칙적으로 경찰권 행사 여부에 관한 피청구인의 판단은 존중될 필요가 있다. 특히 이 사건과 같이 민주주의 국가에서 특히 중요하다고 여겨지는 표현의 자유나, 그 침해의 정도가 중한 신체의 자유 등과 같은 기본권이 아니라, 공물사용의 제한에 필연적으로 수반되는 공물의 일반이용과 관련된 일반적 행동자유권이 주로 문제되는 경우에는, 비례의 원칙의 적용에 있어서도 보다 **완화된 심사기준**이 적용되어야 할 것이다."고 본 것과 궤를 같이 한다.

나. 과잉금지원칙에 따른 기본권 침해 여부 심사

(1) 다수의견

(가) 노무현 전 대통령이 2009. 5. 23. 서거하자 서울광장 건너편에 있는 덕수궁 대한문 앞에 시민분향소가 설치되었고, 많은 사람들이 위 분향소를 찾아 조문하거나 그 부근에 모여 함께 고인을 추모하기도 하였으며, 그 중에는 노무현 전 대통령의 서거가 그 즈음 진행되던 고인에 대한 검찰수사에서 비롯되었다고 생각하는 사람도 있었기 때문에

105) 이운주, 전게논문, 314면 참조.

106) 이운주, 전게논문, 324면 참조.

주변의 통행을 통제하는 경찰과 충돌을 일으키는 경우도 있었다.

한편 피청구인은 노무현 전 대통령의 서거 직후 경찰버스들로 서울광장을 둘러싸 시민들이 서울광장을 통행하지 못하도록 한 이래 2009. 5. 29. 하루 동안 고인에 대한 국민장 노제가 열릴 수 있도록 경찰버스들을 철수하여 서울광장에의 출입을 허용한 외에는 2009. 6. 4. 오전 이 사건 통행제지행위를 중지할 때까지 시민들이 서울광장에 출입하거나 통행하는 것 일체를 제지하였다.

(나) 피청구인이 처음 서울광장에서의 통행을 막은 2009. 5. 23.경 노무현 전 대통령을 추모하기 위하여 대한문 앞 시민분향소 주변에 모여 있던 많은 사람들이 서울광장에서 추모 또는 항의 목적의 집회나 시위를 개최할 가능성이 적지 않았다. 따라서 당시 피청구인이 서울광장에서 대규모의 집회나 시위가 개최되고, 그 집회나 시위가 불법·폭력적인 것으로 변질될 가능성이 다분하다고 판단하여 시민들의 생명·신체와 재산을 보호하려는 목적에서 서울광장에서의 통행을 막는 조치를 취하였다면, 그 범위 내에서는 이 사건 통행제지행위를 한 목적의 정당성을 인정할 수 있고, 이 사건 통행저지행위는 그와 같은 불법·폭력적인 집회의 방지라고 하는 목적을 달성하는 하나의 방법이 될 수 있을 것이므로 그 범위 내에서 수단의 적절성도 인정될 여지가 있을 것이다.

(다) 그러나 불법·폭력 집회나 시위가 개최될 가능성이 있다고 하더라도 이를 방지하기 위한 조치는 개별적·구체적인 상황에 따라 경찰 목적을 달성하기 위한 필요최소한의 범위에서 행해져야 하는 것이다. 즉, 민주주의 국가에서 표현의 자유가 가지고 있는 헌법적 중요성을 고려하면, 집회의 자유를 보다 적게 제한하는 다른 수단, 즉 조건을 붙여 집회를 허용하는 조치 등을 고려해야 할 것이고, 이러한 조치로써는 공익목적을 달성할 수 없다고 인정되는 경우에만 비로소 집회의 금지와 해산을 고려할 수 있을 것이다(헌재 2003. 10. 30. 2000헌바67

등, 판례집 15-2하, 41,56 참조). 그런데 이 사건 통행제지행위는 개별적인 집회를 금지하는 것을 넘어서서 서울광장에서 개최될 여지가 있는 일체의 집회를 금지할 뿐만 아니라 더 나아가서 일반시민들인 청구인들의 서울광장에서의 통행조차 금지한 것이어서 전면적이고 광범위하며 극단적인 조치이므로, 이러한 조치는 집회의 조건부 허용이나 개별적 집회의 금지나 해산으로는 방지할 수 없는 급박하고 명백하며 중대한 위험이 있는 경우에 한하여 비로소 취할 수 있는 거의 마지막 수단에 해당한다고 보아야 할 것이다.

그러므로 이 사건 통행제지행위 이전부터 서울광장 주변에 노무현 전 대통령을 추모하는 사람들이 상당히 많이 모여 있었다는 이유만으로 그들이 조건부 허용이나 개별적인 금지로는 통제될 수 없을 정도로 불법·폭력적인 집회나 시위를 할 것이라고 단정하기는 어렵다. 또한 대학생 등 일부 시민들이 2009. 5. 30. 오후에 서울광장 인근 도로를 점거하고 각목 등으로 서울광장을 둘러싸고 있던 경찰버스를 내리치거나 돌을 던지고 경찰버스 안으로 난입해 경찰관들을 폭행하는 등의 불법적인 폭력행위를 저지른 바가 있다고 하더라도 그 이후로는 불법·폭력적 집회나 시위로 볼 수 있을 정도의 충돌이 없었던 이상, 폭력행위 발생일로부터 4일이 지난 후로서 청구인들이 서울광장을 통행하고자 한 2009. 6. 3.까지 이 사건 통행제지행위를 그대로 유지해야 할 정도로 급박하고 명백한 불법·폭력 집회나 시위의 위험성이 남아 있었다고 보기도 어렵다.

따라서 이 사건 통행제지행위와 같은 **포괄적이며 전면적인 통제**는 당시 상황에 비추어 **필요한 최소한의 조치였다고 보기 어렵다**.

(라) 가사 당시 서울광장에서 공공의 안녕 질서에 직접적인 위협을 끼칠 것이 명백한 집회·시위가 발생할 위험이 급박하고 중대하여 이 사건 통행제지행위처럼 전면적이고 광범위한 집회방지조치를 취할 필요성이 있었다고 하더라도, 피청구인으로서는 서울광장에의 출입을

완전히 통제하는 경우 불법·폭력 집회에 참여할 의사를 가지고 있지 아니한 일반시민들의 여가·문화 활동 등의 이용까지 제한될 수 있다는 점을 충분히 예측할 수 있었을 것이므로 다음과 같이 과도한 제한을 초래하지 않는 수단이나 방법을 고려하였어야 할 것이다.

장소적 측면에서 보면, 이 사건 통행제지행위와 같이 서울광장 주변을 경찰버스로 완전히 둘러싸 차벽을 만드는 대신에 몇 군데라도 통로를 개설하고 경찰이 그 출입을 통제함으로써 대규모의 집회를 막으면서도 시민들의 개별적인 통행이나 여가활동은 가능하게 할 수도 있었을 것이다. 시간적·상황적 측면에서도, 서울광장 주변에 모인 추모객의 규모를 고려하여 대규모의 불법·폭력 집회가 행해질 가능성이 적은 시간대라든지 서울광장 인근 건물에의 출근이나 왕래가 많은 오전 시간대에는(2009. 6. 3.은 평일이었다) 일부 통제를 풀어 보행자들의 통행을 허용할 수도 있었을 것이다.

이와 같은 덜 침해적인 수단이 존재하고 이러한 수단을 채택하더라도 공공의 안녕과 질서유지의 목적을 상당 부분 달성할 수 있었을 것임에도 불구하고, 피청구인이 그러한 고려 없이 이 사건 통행제지행위로 모든 시민의 통행을 전면적으로 제지한 것은 침해의 최소성이라는 요구를 충족하였다고 할 수 없다.

(마) 나아가, 이 사건 통행제지행위로써 대규모의 불법·폭력 집회나 시위를 막아 시민들의 생명·신체와 재산을 보호한다는 공익은 물론 중요한 것이지만, 앞서 본 바와 같은 이 사건 통행제지행위 당시의 서울광장 부근의 상황에 비추어 볼 때 이러한 공익목적은 앞서 본 바와 같이 비교적 덜 제한적인 수단에 의하여도 상당 부분 달성될 수 있었던 것으로 보인다. 따라서 이 사건 통행제지행위로 얻어질 공익의 정도가, 청구인들과 같은 일반 시민들이 서울광장을 가로질러 통행하지 못하고 서울광장 내에서 여가 및 문화활동을 할 수 없음으로써 입게 되는 실질적이고 현존하는 불이익에 비하여 결코 크다고 단정하기

어려우므로 이 사건 통행제지행위는 법익의 균형성 요건을 충족하였다고 할 수 없다.

(바) 결국 이 사건 통행제지행위는 과잉금지원칙을 위반하여 청구인들의 일반적 행동자유권을 침해하였다고 할 것이다.

(2) 반대의견

(가) 이 사건 통행제지행위는 당시의 추모 열기와 서울광장 주변 곳곳에서 소규모 집회가 열리고 있던 상황에서 서울광장에 대규모 군중이 한꺼번에 운집할 경우 자칫 불법·폭력 집회나 시위로 나아갈 수 있는 위험을 사전에 예방하여 시민들의 생명·신체와 재산을 보호하기 위하여 이루어진 것이다. 청구인들의 통행이 금지된 서울광장의 경우, 시민분향소가 위치한 덕수궁과 인근에 있으면서, 청와대, 정부중앙청사, 미국 대사관 등 중요한 공공기관과도 멀지 않은데다, 유동인구가 많은 핵심지역에 위치한 개방된 공간이라는 **장소적 특수성**이 있으므로, 만약 서울광장에서의 불법 집회 또는 폭력 사태 등이 발생할 경우 공공기관을 비롯하여 일반인에게 미치는 혼란과 위험이 상당히 클 것으로 예상되고, 실제로 당시 시민분향소 설치과정에서 경찰과 일부 시민의 충돌이 있었던 점, 노무현 전 대통령의 서거에 따른 **혼란스러운 정국 및 정부에 대한 반대 여론** 등에 따른 불법·폭력 집회나 시위의 가능성이 높았던 점 등을 고려할 때, 위와 같은 사태를 사전에 예방하기 위한 목적으로 피청구인이 서울광장의 통행행위를 일정기간 제한한 행위를 현저히 불합리한 공권력 행사라고 보기 어렵다.

(나) 이 사건 통행제지행위는 청구인들로 하여금 모든 광장에서 자유롭게 통행하거나 문화생활, 여가활동을 하는 것 자체를 전면적으로 금지하는 것이 아니라, 위와 같은 장소적 특수성이 있는 서울광장이라는 한정된 곳에서 **전직 대통령의 추모시점에 근접한 기간 동안**에만 그 일반이용을 제한한 것에 불과하다. 청구인들로서는 다소 불편할지언정 임시통행로나 우회로에 의한 통행이 얼마든지 가능할 뿐만 아

니라, 다른 개방 공간에서의 여가활동도 충분히 가능하며, 이 사건 통행제지행위의 장소적·시간적 범위가 지나치게 넓다거나, 그 제한의 범위가 무한정 확대될 가능성이 있었다고 볼 만한 사정도 없다.

조건부 또는 개별적으로 집회를 허용함에 따라 집회 참가자들의 배타적인 광장 사용이 이루어질 경우, 집회 참가와 무관한 일반시민들인 청구인들이 겪게 되는 서울광장에서의 통행 및 여가 활동과 관련한 일반적 행동자유권의 제한 정도가 이 사건 통행제지행위와 비교하여 더 적어진다고 단정하기 어려울 뿐만 아니라, 이 사건 통행제지행위가 이루어진 시점에는 조건부 또는 개별적으로 집회를 허용하더라도 그것이 불법·폭력 집회나 시위로 변질될 가능성이 높아 일반시민의 생명·신체 등에 위해가 발생할 우려가 컸으므로 이를 보다 덜 침해적인 수단으로 보아 침해최소성 원칙에 위반된다는 다수의견의 주장은 받아들이기 어렵다.

서울광장을 차벽으로 둘러싼 것은 불법 집회를 목적으로 한 자들의 광장 무단진입과 그 과정에서 발생할 수 있는 시민과 경찰의 신체적 충돌을 사전에 막기 위한 것이다. 다수의견의 주장대로 몇 군데라도 통로를 개설하고 경찰이 출입을 통제함으로써 서울광장의 개별적인 통행이나 여가활동을 허용하는 방법을 취할 경우, 서울광장을 통행하거나 여가활동을 즐기려는 자와 불법 집회를 목적으로 하는 자들을 구별하기 위해 출입하려는 시민들을 일일이 광장에의 출입 목적을 확인하는 절차가 필요한데, 내심의 출입 목적을 확인하는 것 자체가 현실적으로 불가능하여 불법 집회의 목적을 가진 자들이 그 출입 목적을 속여서 서울광장을 이용할 가능성도 있으므로, 불법·폭력 집회나 시위를 사전에 예방하여 시민들의 생명·신체 등을 보호하고자 하는 당초의 경찰권 행사의 목적이 달성될 수 없게 된다. 나아가 이 사건 통행제지행위가 이루어진 시점에는 상시적으로 서울광장에서의 대규모 불법·폭력 집회가 발생할 위험이 존재했으므로, 평일 오전 시간 등과 같은 특정 시간대에 일부 통행을 허용하자는 주장 또한 현실성 있는 대안으로 보기 어렵다. 따라서 위와 같은 방법들을 보다 덜 침해적인 수단으로 보아 이 사건 통행제지행위가 침해최소성 원칙에 위반된다고 보는 것은 타당하지 않다.

(다) 이 사건 통행제지행위로 인해 청구인들이 입게 되는 불이익은 서울광장이라는 특정 장소에서 일정 기간 동안 여가활동을 비롯한 광장의 일반이용을 할 수 없다거나, 서울광장을 가로질러 통행할 수 없고 광장을 우회하여 통행하게 되는 정도의 불편함에 불과하고, 이는 불법·폭력 집회 가능성으로부터 시민의 생명과 신체, 재산을 보호하려는 공익에 비해 그 정도가 현저히 크다고 할 수 없어 법익 균형성도 갖추었다고 할 것이다. 따라서 이 사건 통행제지행위는 청구인들의 일반적 행동자유권을 침해한 것이라 볼 수 없다.

6. 결정주문

가. 결정주문 및 그 효력

헌법소원의 인용결정은 모든 국가기관과 지방자치단체를 기속한다(기속력, 헌법재판소법 제75조 제1항). 제68조 제1항에 따른 헌법소원을 인용할 때에는 인용결정서의 주문에 침해된 인용결정서의 주문에 침해된 기본권과 침해의 원인이 된 공권력의 행사 또는 불행사를 특정해야 한다(제2항). 이 경우 헌법재판소는 기본권 침해의 원인이 된 공권력의 행사를 취소하거나 그 불행사가 위헌임을 확인할 수 있다(제3항).

대상결정에서 주문은 "피청구인이 2009. 6. 3. 서울특별시 서울광장을 경찰버스로 둘러싸 청구인들의 통행을 제지한 행위는 청구인들의 일반적 행동자유권을 침해한 것으로서 위헌임을 확인한다."는 것이다. 주문을 통해 침해의 원인은 '피청구인이 2009. 6. 3. 서울특별시 서울광장을 경찰버스로 둘러싸 청구인들의 통행을 제지한 행위', 침해된 기본권은 '청구인들의 일반적 행동자유권'으로 특정되었다.

이 사건은 침해의 원인이 된 공권력의 행사가 더 이상 존재하지 아니하므로 이를 취소하는 주문을 내지 못하고, 공권력의 불행사가 아닌 공권력의 행사임에도 취소하는 주문이 아니라 공권력의 행사가 위헌임을 확인하는 주문을 내었다. 이 사건과 같이 침해행위의 종료로 인하여 위헌확인결정을 한 예로, 헌재 1992. 1. 28. 91헌마111 결정(변호인의 조력을 받을 권리에 대한 헌법소원), 헌재 1993. 7. 29. 89헌마31 결정(국제그룹 해체지시 헌법소원), 헌재 1995. 7. 21. 92헌마144 결정(서신검열 등 위헌확인), 헌재 1999. 5. 27. 97헌마137, 98헌마5(병합) 결정(재소자용수의착용 위헌확인), 헌재 2002. 7. 18. 2000헌마327 결정(신체과잉수색행위 위헌확인) 등이 있다.

나. 결정주문에 이르게 된 이유

(1) 다수의견

그렇다면 피청구인의 이 사건 통행제지행위는 청구인들의 일반적 행동자유권을 침해하는 것으로서 위헌이므로 취소하여야 하나, 이 사건 통행제지행위가 이미 종료되어 그로 인한 기본권침해상태가 더 이상 존재하지 아니하므로 이를 취소하는 대신 위헌임을 확인하는 선언을 하기로 하여 주문과 같이 결정한다.

(2) 보충의견

피청구인의 이 사건 통행제지행위는 법률적 근거를 갖추지 못한 것이다. 이 사건 통행제지행위는 (과잉금지원칙 위반의 점 외에, 보다 근본적으로) 법률유보원칙에 위배하여 청구인들의 일반적 행동자유권을 침해한 것이다.

(3) 반대의견

피청구인의 이 사건 통행제지행위는 경찰법 제3조 및 경찰관직무집행법 제2조에 근거하여 이루어진 공권력 행사이므로 법률유보원칙에 위배되었다고 볼 수 없을 뿐만 아니라, 서울광장이라는 장소적 특수성과 당시의 구체적 상황 등을 종합적으로 고려하여 특정 공물에 대하여 일정기간 동안만 시민들의 일반이용을 제한한 것에 불과하므로, 그러한 공권력 행사가 현저히 불합리하다거나, 그 제한의 정도가 지나쳐서 청구인들의 일반적 행동자유권을 침해하는 위헌적인 공권력 행사라고 볼 수 없으므로 청구인들의 이 사건 심판청구는 기각되어야 할 것이다.

Ⅲ. 대상결정에 대한 평가

1. 대상결정에 대한 경찰의 반응

대상결정을 두고 경찰은 난색을 표명하였다. 전경버스를 활용해 시위대를 차단하는 속칭 '차벽'을 활용하지 못하게 될 경우 시위 진압 과정에서 상당한 어려움이 있을 것으로 예상하였다. 대상결정은 차벽을 아예 치지 말라는 의미로 보고 있지는 않고, 차벽을 필요 최소한의 범위에서 사용하라는 의미로 해석하고 있다. 즉, 모든 집회에 차벽을 질 것이 아니라 도심에서 예정된 특정 집회에 한해 사용하라는 것이라면서 그럼에도 불구하고 앞으로도 중대한 상황을 막으려면 차벽은 꼭 필요하다는 것이 경찰의 입장이다.[107)]

2. 가구제 동원 가능성

청구인들은 이 사건 헌법소원심판을 청구하면서 별도로 가처분을

107) 서울광장 차벽 위헌 결정에 경찰 난색(연합뉴스 2011. 7. 1.자 기사) 참조.

신청하지 않았다. 경찰차벽이 풀어진 후에 헌법소원을 제기하였다. 청구인들은 헌법소원심판 청구 및 가처분 신청을 피청구인의 이 사건 통행제지행위에 앞서 신속하게 하였어야 한다. 서울특별시장이 2009. 5. 27. 서울광장의 사용을 불허했고, 경찰이 2009. 5. 29. 서울광장을 노무현 전 대통령 노제로 사용할 수 있게 차벽을 풀었으며, 2009. 5. 30.부터 6. 3.까지 5일 동안 차벽으로 통제했다가 2009. 6. 4. 차벽을 풀어 서울광장 통행이 가능하게 된 사실에 비추어 2009. 5. 28. 및 2009. 5. 30.부터 2009. 6. 3.까지 가처분 신청 및 가처분 결정이 내려졌어야 한다.

이러한 사정에 비추어 청구인들의 경우 헌법소원 본안심판을 청구하는 것과 함께 가처분을 신청하고 가처분 결정을 받기에는 촉박한 시간이었다. 청구인이 행정상 즉시강제를 다투는 항고소송을 제기하였더라도 본안소송 제기와 함께 집행정지를 신청하고, 심문기일 및 집행정지결정을 받는 절차를 모두 밟기에는 급박한 상황이었다고 보인다.

3. 국가배상청구 가능성

행정상 쟁송수단이 제 기능을 발휘하지 못하는 경우 국가배상청구는 의미를 가지게 된다.[108] 대상결정이 내려진 후 실제로 경찰은 국가배상의 가능성에 대하여 우려하였다. 하지만 공무원의 직무집행상 고의 또는 과실 있는 위법행위로 인하여 손해를 발생하였을 것이라는 국가배상법 제2조 제1항 소정 요건을 갖추어 국가배상책임이 성립하는지의 문제는 대상결정에서 위헌확인된 것과는 관련성은 있겠지만, 별도로 판단될 사항이다. 국가배상을 청구하면서 대상결정에서 문제된 법률유보원칙 위배 주장, 경찰비례원칙에 위배된다는 주장 등을 할 수도 있었을 것이다.

108) 홍정선, 전게서, 454면 참조.

국가의 배상책임이 인정되기 위해서는 경찰권 행사의 위법성이 확인되어야 하고, 이를 위하여 경찰재량이 일정한 요건 하에서 영(零)으로 축소될 수 있다는 '재량의 영(零)으로의 축소론'을 바탕으로 경찰행정청의 의무를 도출함으로써 그 의무위반의 위법을 확인하여야 한다.[109] 국가배상은 어디까지나 금전적 전보일 뿐이고 국민으로 하여금 행정청에 대해 직접 공권력에 대한 개입을 청구하는 것까지 인정하는 것은 아니어서 한계가 있음이 분명하다.[110]

4. 헌법재판소보다는 일반법원에서 해결하는 것이 적합한 사안임

가. 헌법소원의 활성화에 따른 행정소송과의 관계 정립 필요성

헌법재판소가 개소 당시부터 활발한 헌법재판기관으로서 정착할 것으로 기대를 모은 것은 아니었다. 1987년 헌법제정 당시 여당은 헌법재판의 활성화를 원치 않았고, 종전의 헌법위원회와 같은 휴면기관으로 만들려고 하였으나, 야당의 반대로 뜻을 관철하지 못하자 야당이 타협안으로 내어 놓은 헌법소원제도를 받아들여 신설한 것으로 야당이 주장하는 대법원의 사법심사제를 받아들이지 않기 위한 고육지책으로 받아들인 것이 헌법재판소제도였다.[111][112]

---

109) 이운주, 전게논문, 337면 참조.

110) 이운주, 전게논문, 337면 참조.

111) 김철수, 기본권 보장기관으로서의 헌법재판소 10년(헌법재판의 회고와 전망), 헌법재판소, 1998, 75면 참조.

112) 이시윤 전 헌법재판관은 헌법재판소 초기를 회고하는 글에서 1988. 9. 1. 헌법재판소법이 발효하였으나, 사전준비의 부족으로 처음 3개월 정도를 개점휴업 상태였다고 말하며, 헌법재판소 초기에는 상임재판관들이 민권변호사로 하여금 헌법소원을 제기하도록 권유하는 등 휴면기관을 면하기 위하여 부단히 노력하였다고 한다[이시윤, 헌법재판 10년의 회고와 전망(공법연구 제27집 제3호), 한국공법학회, 1999. 6., 107면 참조].

현행 헌법재판제도는 헌법재판권을 헌법위원회에 부여하자는 여당(민정당)안과 대법원에 헌법재판권을 부여하자는 야3당(평민당, 민주당, 공화당)안이 절충되어 독립된 헌법기관인 헌법재판소가 헌법재판권을 행사하도록 하되, 헌법소원심판을 권한으로 추가한 데에서 기인한다. 헌법재판은 헌법을 기준으로 삼아서 법률의 위헌 여부를 판단하는 규범통제로부터 출발한 제도이다. 규범통제나 법령헌법소원은 객관적 헌법질서 수호에 초점을 둔 제도이다. 위헌법률심판이 헌법재판의 본래 작용이라고 볼 수 있다.[113] 헌법소원제도는 독일 기본법에 그 기원을 두고 있는 것으로서 현행 헌법에서 처음 도입되었다.[114]

헌법소원심판의 활성화와 헌법재판에 의한 결정들이 행정법이론 및 행정소송이론에 직·간접적으로 많은 자극을 주었다.[115] 재정신청이 모든 형사사건에 확대됨에 따라 불기소처분 대부분이 헌법소원 대상에서 제외되었고 헌법재판소는 헌법소원과 관련하여 새로운 역할을 모색할 수밖에 없었을 것이다. 헌법재판소의 조직, 임무 및 구성은 행정작용에 대한 통상적·원칙적 구제수단으로 기능하는 데에 적합하지 않다. 헌법재판소가 단심제에 전원재판부이며, 위헌법률심판과 헌법소원심판은 서면심리(헌법재판소법 제30조 제2항)에 의하고, 직권증거조사(제31조 제1항)를 채택한 것은 규범통제를 본질로 하는 헌법재판의 속성과 무관치 않다.

---

113) 제1공화국의 헌법위원회는 위헌법률심판을, 탄핵재판소는 탄핵심판을 담당하였고, 제2공화국의 헌법재판소는 위헌법률심판, 최종적 헌법 해석, 국가기관 간 권한쟁의, 정당해산, 탄핵재판, 대통령·대법원장·대법관 선거소송을 담당하였으며, 제3공화국의 대법원은 위헌법률심판, 정당해산을, 탄핵심판위원회는 탄핵심판을 담당하였고, 제4공화국·제5공화국헌법의 헌법위원회는 위헌법률심판, 탄핵심판, 정당해산을 담당하였다.

114) 성낙인 외 5, 전게서, 221면; 정종섭, 전게서, 468면 참조.

115) 박정훈, 헌법과 행정법-행정소송과 헌법소송의 관계(서울대학교 법학 제39권 제4호), 서울대학교 법학연구소, 1999, 81~108면; 김유환, 헌법재판과 행정법의 발전-헌법재판소 판례의 분석-(공법연구 제27집 제1호), 한국공법학회, 1998. 12., 83~119면 참조.

사실관계의 확정 및 법률의 해석·적용은 일반법원이 담당하기에 적합하다. 구체적 사실을 확정하는 데에는 대심적 심리구조가 유리하다. 구두변론에 의할 경우에는 당사자, 증인 등의 구두진술을 통해 사건의 진상 파악이 용이하며, 특히 증거조사를 비롯한 사실관계의 정확한 파악에 장점이 있다.[116] 헌법소원심판은 주로 헌법해석을 비롯한 헌법적 문제의 판단에 국한되는 경우 원칙적 서면심리주의가 사건의 신속한 처리라는 측면에서 장점을 가질 수 있겠지만, 사건의 내용이 복잡하고 특히 사실관계가 다투어지는 경우 구두변론을 원칙으로 하지 아니하는 헌법소원심판은 사실관계 확정 및 증거조사에 매우 취약한 재판절차라고 할 수 있다.[117] 특히 권력적 사실행위의 경우 헌법해석 문제 이전에 사실관계 확정이 매우 중요한 쟁점이 되는 경우가 많은데, 원칙적 서면심리주의에 입각하고 있는 헌법소원심판은 사실관계 확정에서 난점을 가진다고 할 수 있다.[118]

권력적 사실행위와 같은 개별·구체적인 공권력 행사에 대한 헌법소원 사건의 경우 일차적으로 사실확정이 중요한 문제가 되며, 서면심리주의를 원칙으로 하는 헌법소원심판은 증거조사나 이를 통한 사실관계의 확정 측면에서 매우 취약하므로 이러한 사건들을 헌법소원심판에 의하여 해결하는 것은 적절치 않은 측면이 있다.[119] 헌법재판은 행정소송에 비해 직권심리의 범위를 넓게 인정하고 있는데, 이는 규범적 판단이 중심을 이루는 헌법재판의 특성에 기인한 것이라 할 수 있겠지만, 다른 한편으로는 서면심리주의 원칙에 따른 광범한 직권조사의 필요성이라는 실무적 측면을 반영하는 것이라 할 수도 있을 것이다.[120]

116) 정호경, 행정소송과 헌법재판의 관계에 관한 고찰-항고소송, 헌법소원, 권한쟁의심판을 중심으로-, 행정법이론실무학회, 2008. 12., 71면 참조.

117) 정호경, 전게논문, 71면 참조.

118) 정호경, 전게논문, 65면의 각주 27) 참조.

119) 정호경, 전게논문, 71~72면 참조.

120) 정호경, 전게논문, 72면 참조.

헌법문제와 법률문제를 구분하여 헌법재판소와 일반법원으로 하여금 각각 담당하게 하는 것이 헌법재판소 및 대법원을 정점으로 하는 법원으로 이루어진 이원적 사법구조 하에서 사법에 의한 권리보호에 있어 한정된 사법자원의 합리적인 분배[121]와 효율적 기능수행에 부합한다. 헌법재판소의 사실심리의 불완전성이 사실인정이 적법요건 판단 및 본안판단에 중요한 영향을 미칠 수밖에 없는 권력적 사실행위에 대한 구제와 관련하여 문제를 드러내고, 당사자들을 설득할 수 있는 충실한 사실심리가 이루어지지 못한다는 지적[122]이 있기도 하다. 헌법소원의 본안심사 기준이라고 할 수 있는 헌법상 기본권 또는 기본원리의 추상성은 문제되는 공권력 행사에 대한 본안판단의 정밀성을 저해하는 측면이 있기도 하다.[123] 이러한 단점을 보완하는 것이 헌법 제37조 제2항에 근거한 과잉금지원칙 또는 비례원칙[124]에 의한 심사이지만, 이 역시 일종의 규범적 기능을 수행하면서 다른 헌법 규범을 보완하는 것이므로 순수한 규범적 판단 외에 권력적 사실행위와 같은 구체적·개별적인 공권력 행사가 문제되는 사안에서는 역시 한계를 가질 수밖에 없다.[125]

121) 헌법재판소는 2009. 10. 29. 2008헌바101 결정에서 "재심제도의 규범적 형성에 있어서, 입법자는 확정판결을 유지할 수 없을 정도의 중대한 하자가 무엇인지를 구체적으로 가려내어야 하는바, 이는 사법에 의한 권리보호에 관하여 한정된 사법자원의 합리적인 분배의 문제인 동시에 법치주의에 내재된 두 가지의 대립적 이념 즉, 법적 안정성과 정의의 실현이라는 상반된 요청을 어떻게 조화시키느냐의 문제로 돌아가므로, 결국 이는 불가피하게 입법자의 형성적 자유가 넓게 인정되는 영역이라고 할 수 있다."고 판단하였다.

122) 최계영, 전게논문, 201~202면 참조.

123) 정호경, 전게논문, 72~73면 참조.

124) 비례원칙은 본래 프로이센의 경찰법상의 원칙에서 유래하여 독일에서 바이마르 시기에 관습법으로 인정된 이래, 오늘날 독일과 우리나라에서 공히 헌법상의 원칙으로 자리 잡았다(정호경, 전게논문, 73면의 각주 55)참조).

125) 정호경, 전게논문, 73면 참조.

나. 적법요건(보충성, 권리보호이익) 흠결로 '각하'가 타당함

개별적 공권력의 행사에 있어서 사실관계의 확정 다음 단계에서 바로 헌법의 기본권이나 비례원칙이 문제되는 것이 아니라 개별적인 근거법률의 확정과 해석이 주로 문제되게 되는데, 이로써 종종 대법원과 헌법재판소간의 충돌을 일으키는 원인이 되는 법률의 해석 및 법률문제에 대한 판단의 문제가 발생할 수밖에 없다.[126] 헌법재판소 스스로 이 사건 통행제지행위 같은 행정상 즉시강제(권력적 사실행위)가 행정쟁송 대상이 될 수 있다고 인정하면서도 그에 대해 적극적으로 판단하는 것은 기관의 위상, 헌법재판소가 주력하여야 할 본연의 업무에 부합하지 않는다.

이 사건에서 문제된 것은 경찰관직무집행법 제5조 제2항, 제6조 제1항 요건에 대한 해석, 경찰작용에 대한 개괄적 수권조항 인정 문제, 이 사건 통행제지행위가 경찰비례의 원칙에 합치되느냐에 관한 판단이고, 이는 2009. 6. 3. 무렵 서울광장의 인근에서 실제 발생되고 있었던 사실관계에 대한 확정을 바탕으로 한다. 이 부분 법률에 근거가 있는지, 법률에서 정한 범위를 벗어났는지의 문제이다. 기본권과 관련하여 전혀 무관한 것은 아니겠으나, 헌법소원에서의 적법요건인 보충성 및 권리보호이익이 일반법원과 헌법재판소 간에 관할을 배분하는 기능을 수행하는 점에 착안하여 검토하면, 헌법재판소보다는 일반법원이 담당하는 것이 적절하다.

헌법재판소는 헌법문제와 법률문제를 구별하는 취지의 논증을 하였다.[127] "행정청이 법률을 단순히 잘못 해석 · 적용함으로써 결과적으로 국민의 기본권을 침해하였다고 하여, 행정청의 그러한 행위가 모두 헌법소원의 대상이 되는 것은 아니다. 만일 그러한 경우도 헌법소원의

126) 정호경, 전게논문, 83면 참조.

127) 최계영, 전게논문, 205~206면 참조.

대상이 된다면, 오늘날 다수의 법률이 국민의 기본권을 제한하는 법률이고, 침익적(侵益的) 법률을 청구인에게 불리하게 잘못 해석 · 적용하는 것은 필연적으로 청구인 기본권의 침해를 결과로 가져온다는 점에서, 결국 헌법재판소는 법률의 거의 모든 해석과 적용에 대하여 그 타당성을 심사해야 할 것이다. 그러나 사실관계의 확정과 평가, 법률을 해석하고 개별사건에 구체적으로 적용하는 것은 법원의 고유한 과제로서, 헌법재판소에 의한 심사의 대상이 아니다. 행정청은 법률, 특히 사법상의 일반조항, 불확정 법개념이나 행정청의 재량행사규정 등을 해석을 통하여 구체화하는 과정에서 기본권을 비롯한 헌법의 기본결정을 내용적 지침으로서 고려해야 하는데, 법적용기관이 법률에 미치는 헌법의 영향을 간과하거나 또는 오인하여 소송당사자에게 불리하게 판단함으로써 헌법의 정신을 고려하지 않은 법적용을 통하여 그의 기본권을 침해한다면, 바로 이러한 경우에 법률의 해석 · 적용은 헌법재판소의 심사대상이 되는 것이다. 그러나 행정청이 법률을 잘못 해석 · 적용하였는지 여부가 헌법에 의해서가 아니라 적용된 법률에 근거하여 판단된다면, 즉 헌법이 아니라 법률이 행정청에 의한 해석 · 적용의 타당성을 심사하는 규범이 된다면, 이 경우 법률의 해석 · 적용에 대한 판단은 법원의 관할에 속하는 것이다."는 것이, 헌재 2003. 2. 27. 2002헌마106 결정의 이유이다.

이 사건 통행제지행위에 대한 헌법소원 심판청구는 헌법소원의 보충성에 위배되어 부적법하여 각하된다고 판단하였음이 옳다. 침해행위가 종료된 이후여서 권리보호이익이 없다는 이유로 부적법, 각하될 사안이기도 하다. 소의 이익이 없다는 것은 헌법재판소와 일반 법원 간의 관할 배분의 문제인 보충성 단계에서 고려할 사항이 아니라고 생각된다. 헌법재판소에 의해 경찰의 이 사건과 같은 행정상 즉시강제가 어디까지 허용되는지에 관한 한계선이 확인되었다는 측면에서 의미가 있음을 부인할 수는 없다. 청구인들이 국가배상청구에까지 나아갔을 경우라면 몰라도 이 사건 헌법소원심판을 통해 실질적으로 얻은 이익은 없다고 보인다. 대상결정이 가지는 상징적 의미, 학술적 가치는 차치하고 실제 이 사건 헌법소원을 통해 청구인들이 얻은 법률관계 또는 권리·의무관계의 구체적 변동은 없었다. 보충성과 권리보호의 이익은 헌법재판소가 행정쟁송의 대상이 될 수 있는 것까지도 통상적·원칙적으로 구제하는 기관으로서 기능하는 것이 아니라 중요 헌법문제에 집중할 수 있게 하는 '필터링(filtering)' 수단[128]으로써 활용할 수 있을 것이다.

128) 미연방대법원은 극히 일부 원심관할 사건을 제외하고는 거의 모든 사건에 대해 엄격한 선별을 내용으로 하는 '이송영장(writ of certiorari)제도'를 통해 판단대상을 선정하는바(2009~2010년 회기 동안 총 8,085건 가운데 선별하여 판결한 건수가 77건에 불과), 우리 헌법재판소의 구조 및 기능을 감안하면 이러한 '선택과 집중'이 필요하지 않을까한다.

참고문헌

김남진, 경찰권발동의 요건과 효과[행정법의 기본문제(제4판)], 법문사, 1994

김남진, '경찰권발동 개괄조항' 개정 시급하다(법률신문 2012. 9. 24.자 기사)

김남진 · 김연태, 행정법Ⅱ(제16판), 법문사, 2012

김동희, 행정법Ⅰ(제16판), 박영사, 2010

김동희, 행정법Ⅱ(제15판), 박영사, 2009

김성수, 개별행정법(제2판), 법문사, 2004

김유환, 헌법재판과 행정법의 발전-헌법재판소 판례의 분석-(공법연구 제27집 제1호), 한국공법학회, 1998. 12.

김철수, 기본권 보장기관으로서의 헌법재판소 10년(헌법재판의 회고와 전망), 헌법재판소, 1998

김철용, 행정법Ⅱ(제4판), 박영사, 2004

김철용 · 김문현 · 정재황, 헌법재판절차의 개선을 위한 입법론적 연구, 헌법재판연구 4, 1993

박균성, 경찰행정법(제2판), 박영사, 2011

박윤흔, 행정법(하), 박영사, 2004

박정훈, 경찰 · 질서행정권 발동의 근거와 한계, 서울대학교 법학연구소 행정소송 · 행정법 연구과정 교재, 1999

박정훈, 취소소송에서의 협의의 소익-판단요소와 판단기준시 및 헌법소원심판과의 관계를 중심으로-(2005년 상반기 행정법연구), 행정법이론실무학회, 2005. 5.

박정훈, 행정조달계약의 법적 성격, 민사판례연구 25권, 2003. 2.

박정훈, 헌법과 행정법-행정소송과 헌법소송의 관계(서울대학교 법학 제39

권 제4호), 서울대학교 법학연구소, 1999
박정훈 외 1, 사권보호를 위한 경찰권 발동에 관한 연구, 치안연구소, 2001
서원우, 공물법이론의 비교연구(하)-독일의 학설 · 판례를 중심으로-고시연구 23권 10호, 1997
성낙인, 헌법학(제8판), 법문사, 2008
성낙인 외 5, 헌법소송론, 법문사, 2012
성승환, 경찰의 CIMS를 통한 피의자정보관리는 법률유보원칙에 합치(법률신문 2012. 11. 8.자 판례평석)
오병두, 경찰의 일반정보활동에 대한 검토, 민주법학 제30호, 2006
이명웅, 비례의 원칙과 판례의 논증방법(헌법논총 제9집), 헌법재판소, 1998, 676면 참조.
이시윤, 헌법재판개관(상), 판례월보, 1989. 5.
이시윤, 헌법재판 10년의 회고와 전망(공법연구 제27집 제3호), 한국공법학회, 1999. 6.
이영동, 공물 · 공공시설의 이용관계, 행정소송(Ⅱ), 한국사법행정학회, 2008
이운주, 경찰법상의 개괄수권조항에 관한 연구, 서울대학교대학원 법학박사학위논문, 2005
이일세, 공물의 사용관계에 관한 연구-도로의 사용관계를 중심으로-, 고려대학교대학원 법학박사학위논문, 1991
장태주, 행정법개론(제7판), 법문사, 2009
정재황, 헌법판례와 행정실무(제3판), 법영사, 2003
정종섭, 헌법소송법(제4판), 박영사, 2006
정호경, 행정소송과 헌법재판의 관계에 관한 고찰-항고소송, 헌법소원, 권한쟁의심판을 중심으로-(행정법연구), 행정법이론실무학회, 2008. 12.
조홍식, 행정소송에서의 소익과 헌법, 판례실무연구 제5집, 2001
최계영, 헌법소원에 의한 행정작용의 통제(헌정 60주년 및 헌법재판소 20주년 기념 한국공법학회 제145회 학술대회 발표 논문), 한국공법학회, 2008
최영규, 경찰의 개념과 경찰법의 범위-실질적 경찰개념의 유용성 검토-, 행정법연구 제25호, 행정법이론실무학회, 2009. 12.
최영규, 경찰행정법(제3판), 법영사, 2007
최완주, 헌법재판제도의 재구성: 사법분열 방지를 위한 방안을 중심으로, 법조 55권 3호, 2005
헌법재판실무제요(제1개정증보판), 헌법재판소, 2008
홍정선, 행정법특강(제8판), 박영사, 2009

국문초록

대상결정에서 경찰청장이 서울광장을 경찰버스로 둘러싸으로써 청구인들의 서울광장통행을 제지한 행위가 청구인들의 기본권을 침해하였는지가 문제되었다.

위와 같은 공권력의 행사는 행정상 즉시강제의 법적 성격을 가진다.

헌법재판소는 이 사건을 보충성의 예외라고 보았다.

헌법재판소는 청구인들의 주관적 관리구제에 도움이 되지 아니하더라도 침해반복의 가능성이 있고 헌법적 해명의 필요성이 있다고 보아 권리보호의 이익이 있다고 보았다.

헌법재판소의 다수의견은 이 사건 공권력 행사가 과잉금지원칙에 위배되어 청구인들의 일반적 행동자유권을 침해하였다고 판단하였다.

헌법재판소의 보충의견은 경찰법 제3조, 경찰관직무집행법 제2조는 경찰작용의 일반적 수권조항이 될 수 없다고 판단하였다.

반면에, 헌법재판소의 반대의견은 경찰법 제3조, 경찰관직무집행법 제2조가 경찰작용의 일반적 수권조항이 될 수 있으므로 이 사건 공권력 행사가 법률유보원칙에 위배되지 않고 청구인들의 일반적 행동자유권을 침해하지 않는다고 판단하였다.

그러나 이 사건은 헌법재판소가 아닌 일반법원에서 해결하는 것이 적합한 경우라고 생각한다.

사실관계의 확정 및 법률의 해석·적용은 일반법원이 담당하기 적합하기 때문이다.

헌법재판소의 사실심리의 불완전성으로 인해 적법요건 판단 및 본안 판단에 영향을 미치게 된다.

따라서 이 사건은 적법요건 흠결로 각하가 타당하다.

본안판단에 대하여 살펴보면 최근 대법원 판례와 같이 경찰관직무집행법 제2조는 경찰작용의 일반적 수권조항으로 인정될 수 있다.

공권력의 행사가 경찰비례원칙에 위배되는지를 중심으로 판단되었어야 하는 사안이라고 생각한다.

주제어: 행정상 즉시강제, 일반적 행동자유권, 헌법소원의 보충성, 헌법소원의 권리보호의 이익, 경찰작용의 일반적 수권조항, 과잉금지원칙, 경찰비례의 원칙

Abstract

The limits of exercise of police powers and fundamental rights

Sung, Seung-Hwan(Korean Government Legal Service)

In this case, the issue is whether Korean National Police Agency Commissioner General's order to place a number of police buses around Seoul Plaza to block the way of the claimants was infringement of their fundamental rights.

Such exercise of public authority is legally considered as administrative immediate enforcement.

The Constitutional Court of Korea considered it as the exception of the principle that no one may file a constitutional complaint without having exhausted all other processes.

Because such infringement seemed to be repeated and the issue brought forward needed some constitutional clarification, the Court considered the claim meaningful and beneficial for the future protection of such rights even though it was not much of benefit in terms of the remedy of their subjective rights in the case.

The majority of judges held that the exercise of public authority was in violation of anti-overrestriction principle, thus violating the freedom of movement of the claimants concerned.

The Court also upheld that since Article 3 of Police Act and Article 2 of the Act concerning Execution of Duties of Police Officials can not be regarded as general empowerment clauses.

Meanwhile, the dissenting judges stated that since the said laws can be regarded as general empowerment clauses, thus such exercise by the agency was not infringement of the claimants' freedom of movement.

However, we think it is more proper that the case is addressed in ordinary courts rather than in the Court.

Because the ordinary courts adjudicate matters of fact and law.

It is true that the incompleteness of fact-find proceeding in the Court affects the judgment on both the legality requirements and merits of the case.

Therefore, it is considered to be rightful that the case should be dismissed based on its deficiency in legality requirements.

When it comes to the merits of the case, as held in a recent Supreme Court case, Article 2 of the Act concerning Execution of Duties of Police Officials can be regarded as a general empowerment clause.

In conclusion, we have an opinion that the judgement of the case should have focused on whether such exercise of public authority is in violation of the principle of police proportionality.

Keywords: administrative immediate enforcement, freedom of movement, principle that no one may file a constitutional complaint without having exhausted all other processes, legal interest of constitutional claim on the protection of rights, general empowerment clauses of exercise of police powers, anti-overrestriction principle, principle of police proportionality

투 고 일: 2012. 11. 30
심 사 일: 2012. 12. 21
게재확정일: 2012. 12. 21

經濟行政法

포스코 判決 이후 市場支配的 地位 濫用行爲 判例에서
'不當性' 判斷의 傾向과 展望 / 李 煌

포스코 判決 이후 市場支配的 地位 濫用行爲 判例에서 '不當性' 判斷의 傾向과 展望*

李　　煌**

Ⅰ. 서　　론

대법원은 2007년 이른바 '포스코 판결'[1)]을 통하여 독점규제 및 공정

* 이 논문은 2012년 한국산업조직학회 정책세미나에서 발표한 내용을 수정 · 보완한 것이다. 유익한 토론으로 도움을 주신 김앤장 법률사무소 홍동표 박사께 감사드린다. 이 논문은 2010년도 정부재원(교육과학기술부 인문사회연구역량강화사업비)으로 한국연구재단의 지원을 받아 연구되었다(NRF-2010-330-B00085).

** 고려대학교 법학전문대학원 부교수

1) 대법원 2007. 11. 22. 선고 2002두8626 전원합의체 판결. 이 판결은 시장지배적 지위 남용행위로서의 거래거절의 부당성은 시장에서의 경쟁제한성을 말하는 것이므로 공정거래위원회(또는 원고)가 단순히 거래상대방에 대한 불이익에서 나아가 경쟁제한효과를 입증해야 한다고 판시하였다. 판결의 구체적인 내용은 다음 논문을 참고하기 바란다. 졸고, "공정거래법상 단독의 위반행위 규제의 체계-시장지배적 지위 남용행위로서의 거래거절행위의 위법성, 그 본질과 판단기준(대법원 2007. 11. 22. 선고 2002두8626 전원합의체 판결을 대상으로)", 「사법」 제5호, 사법발전재단(2008. 9), 205～258면.

거래에 관한 법률('공정거래법') 제3조의2에 의하여 규율되는 시장지배적 지위 남용행위 전반과 그 중에서도 특히 거래거절 행위에 대하여 비교적 선명한 위법성 판단기준을 제시하였다. 이는 1980년 일본 독점금지법을 계수하여 제정된 이래 낡은 문언에 갇혀 있었던 공정거래법 규정에 목적론적 해석을 통하여 새로운 숨결을 불어넣은 결과를 가져왔다. 즉 시장지배적 지위 남용행위의 위법성 판단에 있어서는 소위 효과주의 접근(effect-based approach)[2]을 기본으로 하여 문제된 행위가 시장경쟁과 성과에 미치는 효과에 따라 위법성 특히 부당성 여부를 판단하고자 하는 것이 대법원의 입장임을 천명한 것이다.[3] 물론 이 판결로 시장지배적 지위 남용행위의 부당성 판단에 관련된 많은 쟁점이 일거에 해결된 것은 아니다. 거래거절 외의 많은 유형에 대한 부당성 판단기준은 포스코 판결의 바탕 위에서 구체적으로 정립되어야 할 과제이다. 무엇보다 부당성의 실체를 구성하는 경쟁제한효과의 인정기준은 각 행위유형과 사례에 따라 구체화되는 과정에서 포스코 판결이 인정하는 범위 안에서나마 상당히 큰 진폭을 보일 여지를 안고 있다. 그 결과가 우리나라 공정거래법의 발전방향을 좌우하게 될 것임은 이미 언급하였다.[4]

포스코 판결은 공정거래위원회의 법 집행에도 많은 영향을 미쳤다. 포스코 판결이 제시한 부당성 판단기준에 부응하기 위하여 종전보다 경제분석 등을 통한 경쟁제한효과 분석에 보다 철저해지고 부당성 판단에 신중해진 것은 긍정적이다. 물론 포스코 판결이 공정거래위원회에 주관적 요건 등 과도한 수준의 부당성 입증을 요구하여 결과적으로 시장지배적 지위 남용행위에 대하여 필요한 규제를 어렵게 만들었다는 비판도 있다.[5] 한편 시장지배적 지위 남용행위의 입증부담이 커

2) 효과주의 접근은 종래의 형식주의 접근(form-based approach)에 대응하는 개념으로서 행위의 외형적 요소가 아닌 시장에 미치는 경쟁적 효과를 기준으로 부당성 내지 위법성 여부를 판단하여야 한다는 입장을 말한다.

3) 전게 졸고, 255~257면 참조.

4) 전게 졸고, 257면.

5) 이호영, "공정거래법상 시장지배적사업자 규제의 쟁점과 과제", 「저스티스」 제104

지자 공정거래위원회가 이에 해당할 여지가 있는 사건도 불공정거래행위로 규율함으로써 복잡하고 어려운 경쟁제한효과 분석을 회피하려 하는 부작용도 전혀 없지는 않다고 알려져 왔다.

이 글은 포스코 판결 이후 대법원이 2012년 8월 현재까지 선고한 시장지배적 지위 남용행위 관련 판결들을 망라하여 검토함으로써 각 행위유형 별로 어떻게 포스코 판결의 취지가 구현(또는 제한)되어 왔는지 그리고 그 결과는 바람직한 것인지 등을 생각해보고 향후 발전방향을 모색하기 위한 것이다. 글의 목적상 검토의 초점은 부당성의 판단기준과 그 적용에 두기로 한다.

결론부터 말하자면, 효과주의적 접근을 근간으로 하는 포스코 판결의 근본취지와 법리의 기본적 구성은 시장지배적 지위 남용행위 전반에 걸친 대부분의 사건에 있어서 비교적 충실하게 지지되고 구현되어 온 것으로 보인다. 이로써 포스코 판결의 의의는 단순히 거래거절 사건에 한정된 것이 아님이 판례에 의하여 확인되었다고 할 수 있다.[6)]

호, 한국법학원(2008. 6), 93~96면 참조,

6) 포스코 판결에 대한 그간의 논란 중에는, 이 판결이 단독의 거래(개시)거절에 국한하여 적용되어야 한다는 입장과 거래거절과 같은 배제남용 뿐 아니라 착취남용을 포함한 시장지배적 지위 남용행위 전반에 모두 적용될 수 있다는 입장 간의 대립이 있었다. 전자의 견해로는 이봉의, "보험산업에서의 불공정거래행위에 관한 경쟁법적 고찰",「BFL」제29호, 서울대학교 금융법센터(2008. 5), 12면; 곽세붕, "포스코에 대한 대법원 판결 내용과 미국 및 EU의 남용행위 판례 비교: 남용행위의 부당성 인정요건과 입증방법을 중심으로", 「경쟁저널」 제142호, 한국공정경쟁연합회(2009. 1), 37면 참조. 후자의 견해로는 홍대식, "사법적 관점에서 본 공정거래법-시장지배적 지위 남용행위를 중심으로", 「상사법연구」 제29권 제2호, 한국상사법학회(2008. 8), 363면 참조. 한편 대법원은 포스코 판결을 다른 유형의 시장지배적 지위 남용행위에도 일반화할 것인지 여부에 있어 신중한 입장이라고 전제한 다음, 불이익 강제행위에 속하는 티브로드 강서방송 사건 I(2008) 사안에 대하여는 포스코 판결의 부당성 법리를 유추적용할 수 있다고 본 것이라는 해석이 있다. 윤인성, "'독점규제 및 공정거래에 관한 법률' 관련 2008년 대법원판례의 개관", 「경쟁법연구」제19권, 한국경쟁법학회(2009. 5), 285면. 또한 티브로드 강서방송 사건 I(2008) 사안을 대상으로 거래내용의 불공정성이 핵심이고 경쟁제한성이 요구되지 않는 불이익제공행위를 시장지배적 지위 남용행위에 포함시킨 것은 입법론적으로 비판의 여지가 있다고 하면서, 해석론적으로는 성격이 다양한 행위들로 구성된 시장지배적 지위 남용행위의 위법성을 경쟁제한성이라는 일의적 기준을 가지고 판단

시장지배적 지위 남용행위를 강학 상 배제남용(exclusionary abuse)과 착취남용(exploitative abuse)으로 대별하는 기준에 입각하여 분류할 때[7] 특히 전자의 경우는 더더욱 그러하다. 다만 후자의 경우는 포스코 판결과 다소 이질적인 행위속성으로 인하여 새로이 구축해야 했던 현저성과 부당성의 개념 및 기준에 혼선이 생긴 것으로 생각된다. 그 결과 특히 부당성 부분에 있어서는 효과주의에 입각한 포스코 판결의 취지와는 다소 거리가 있는 방향으로 법리가 형성되는 경향이 엿보여 아쉬움을 주고 있다. 한편 포스코 판결이 주관적 요건을 지나치게 강조하여 필요한 규제를 어렵게 한다는 우려도 실제로 큰 문제가 되지 않는다는 것이 사실로 나타났다고 보인다.

Ⅱ. 포스코 판결 이후에 선고된 대법원 판결의 경향

포스코 판결 이후 공정거래법 제3조의2를 적용한 대법원 판결은 모두 9건이 있었다.[8] 이 중 배제남용에 해당하는 유형으로는 티브로드 강서방송 사건 I(2008),[9] 농협중앙회 사건(2009),[10] 현대자동차 사건(2010),[11] 기아자동차 사건(2010),[12] 이베이지마켓 사건(2011),[13] 에스케이텔레콤 멜론 사건(2011)[14] 등 6건이 있었고, 착취남용에 해당하는 유

하는 것은 무리라는 지적도 있다. 조성국, "시장지배적 지위 남용행위에 대한 위법성 판단기준에 관한 연구", 「경쟁법연구」 제19권, 한국경쟁법학회(2009. 5), 394면.

7) 이러한 분류에 대하여 개괄적인 설명은, 홍대식, 전게 논문, 143~145면 참조.

8) 티브로드 강서방송 II 위헌법률심판제청에 대한 기각결정이 더 있으나(대법원 2010. 5. 27. 자 2009아24 결정), 같은 날 선고된 본안 판결과 실질적으로 같은 사건이므로 하나로 계산한다.

9) 대법원 2008. 12. 11. 선고 2007두25183 판결.

10) 대법원 2009. 7. 9. 선고 2007두22078 판결.

11) 대법원 2010. 3. 25. 선고 2008두7465 판결.

12) 대법원 2010. 4. 8. 선고 2008두17707 판결.

13) 대법원 2011. 6. 10. 선고 2008두16322 판결.

14) 대법원 2011. 10. 13. 선고 2008두1832 판결. 공정거래위원회의 적용법조상 이 사

형으로는 CJ헬로비전 사건(2010),[15] 티브로드 강서방송 사건 II(2010),[16] 티브로드 서해방송 사건(2011)[17] 등 3건이 있었다.

공정거래위원회의 강력한 법 집행 의지에도 불구하고 경쟁법의 핵심적 위법유형인 시장지배적 지위 남용행위에 대하여 5년에 가까운 기간 동안 불과 9건의 대법원 판결 만 선고되었다는 점, 그리고 세계적으로 거의 문제되고 있지 않는 착취남용에 대한 판결의 수가 배제남용 사건과 대등한 수준이라는 점 등은 다소 납득하기 어려운 면이 있다. 착취남용에 대한 적극적 정부개입을 독과점 구조가 만성화한 우리나라 시장의 특성으로 설명하고 지지하는 시각이 국내에 상당하지만, 그것으로 충분하거나 특별히 타당하다고 보이지 않기 때문이다. 즉 오늘날 우리나라의 발전된 경제사정에서 착취남용에 대한 적극적 규제는 경쟁법 집행에 부여된 임무 또는 능력의 범위를 벗어난다고 본다.

이하에서는 필자 나름의 생각에 따라 위 판결들을 배제남용과 착취남용의 2개 분야로 나누어 내용을 간략히 살펴보고 포스코 판결에 비추어 경향을 분석하기로 한다.

1. 배제남용 관련 판결들

가. 티브로드 강서방송 사건 I(2008)[18]

(1) 사건의 개요

서울 강서지역에서 종합유선방송사업을 영위하던 티브로드 GSD방송과 티브로드 강서방송은 정부의 SO통합시책에 따라 헤드엔드(Head-End)

건에는 착취남용의 성격도 있으므로 함께 검토한다.

15) 대법원 2010. 2. 11. 선고 2008두16407 판결.

16) 대법원 2010. 5. 27. 선고 2009두1983 판결.

17) 대법원 2011. 2. 10. 선고 2010두23279 판결. 심리불속행 기각판결로 특별한 의미는 없다.

18) 대법원 2008. 12. 11. 선고 2007두25183 판결.

통합하게 되었다. 이 과정에서 서로 다른 채널로 송출하던 TV홈쇼핑 사업자들의 방송채널을 통일시키게 되었다. 합병회사인 티브로드 강서방송은 프로그램 송출계약 기간 중인 2006. 3.경 우리홈쇼핑과 채널변경을 위한 협상을 전개하면서 송출수수료를 인상하도록 요구하였는데 이에 응하지 않자 2006. 4. 1.자로 우리홈쇼핑의 채널을 비선호채널로 변경하였다.

공정거래위원회는 2007년 티브로드 강서방송의 이러한 행위는 부당하게 거래상대방에게 불이익이 되는 거래를 강요한 사업활동방해행위라고 판단하였다.[19] 즉 TV홈쇼핑 사업자의 핵심 경쟁요소인 채널의 불리한 변경행위로 인하여 우리홈쇼핑은 고객이탈 가능성이 커져 장래 매출액이 감소할 우려가 생겼고 다른 TV홈쇼핑에 대한 우리홈쇼핑의 경쟁여건이 악화되어 TV홈쇼핑시장에서의 사업자 간 경쟁이 저해될 우려가 있다는 것이다. 서울고등법원 역시 포스코 판결이 선고되기 직전에 비슷한 판단을 내렸다.[20]

이에 대하여 대법원은 "원심이 들고 있는 사정들은 모두 원고의 이 사건 채널변경행위에 의하여 우리홈쇼핑이 입게 된 구체적인 불이익에 불과한 것들로서 현실적으로 경쟁제한의 결과가 나타났다고 인정할 만한 사정에 이르지 못"하고, "기록에 의하여 알 수 있는 여러 사정을 종합하더라도, 원고가 시장에서의 독점을 유지·강화할 의도나 목적, 즉 시장에서의 자유로운 경쟁을 제한함으로써 인위적으로 시장질서에 영향을 가하려는 의도나 목적을 갖고, 객관적으로도 그러한 경쟁제한의 효과가 생길 만한 우려가 있는 행위로 평가될 수 있는 불이익 강제행위를 했다고 보기도 어렵다"라고 하여 부당성을 인정하지 않았다.[21)22]

19) 공정거래위원회는 이러한 채널변경행위가 공정거래법 제3조의2 제1항 제3호 및 동법 시행령 제5조 제3항 제4호(부당하게 거래상대방에 대하여 불이익이 되는 거래 또는 행위를 강제하는 행위)에 해당한다고 판단하였다.

20) 서울고등법원 2007.11.8. 선고 2007누10541 판결.

21) 이 판결의 중점은 티브로드 강서방송의 시장지배적 지위를 부정한데 있었다. 즉

(2) 판결의 검토

이 판결은 포스코 판결 이후 시장지배적 지위 남용행위 사건으로서는 처음 선고된 것이다. 이 사건에서 문제된 행위는 불이익 강제에 의한 사업활동방해행위로서 포스코 사건에서의 거래거절과는 유형이 다르지만, 판결 자체는 포스코 판결의 법리에 충실하게 판단되었다. 즉

서울고등법원은 이 사건의 관련시장은 전국 프로그램 송출서비스 시장인데 티브로드 강서방송은 프로그램 송출시장에서 전이된 시장지배적 지위를 관련시장에서 행사하였다고 보았다. 대법원은 이러한 관련시장 획정에 동의하면서도, 티브로드 강서방송이 차지하는 전국 프로그램 송출시장에서의 시장지배적 지위가 전국 프로그램 송출서비스 시장에 전이되었다고 볼 만한 근거가 없다는 이유로 티브로드 강서방송의 시장지배적 지위를 인정하지 않았고, 그에 따라서 문제된 채널변경행위의 부당성 여부에 대하여는 가정적 판단 만을 내리게 되었다. 이 글의 주요 관심사는 아니지만, 필자는 서울고등법원과 대법원의 각 판단에 동의하지 않는다. 즉 이 사건의 관련상품시장이 프로그램 송출서비스 시장이라는 점은 서울고등법원 및 대법원의 판단에 동의하지만 관련지역시장은 전국이 아닌 강서지역으로 보는 것이 타당하고 따라서 티브로드 강서방송은 시장지배적 사업자라고 본다. 무엇보다 대법원의 판단에 의하면 종합유선방송사업자(SO)가 독점하는 방송지역에서 프로그램 공급사업자(PP)에 대하여 누리는 현실의 막강한 독점력을 설명할 방법이 없다. 대법원은 전국에 수많은 방송지역이 있으므로 PP로서는 특정 방송지역에서 배제되더라도 다른 방송지역에서 영업할 수 있고 따라서 각 방송지역이 서로 대체관계에 있다고 보는 것으로 생각되지만, 이러한 논리는 잘못된 것이다. 프로그램 송출서비스 시장의 수요자인 PP로서는 각 방송지역이 고유하고 독립된 개별 지역시장의 병존에 해당하는 것이고 서로 대체관계에 있는 것이 아니기 때문이다. A지역에서 프로그램을 송출하지 못할 경우 그로 인한 매출손실은 성질상 다른 B지역에서의 매출증대로 대체되는 것이 아니라 그 자체로 사라지는 것에 불과하다.

22) 이 사건에 대하여는 공정거래위원회가 시장지배적 지위 남용행위가 아닌 불공정거래행위 중 거래상 지위남용행위로 규율하는 것이 본질에 부합한다고 보는 견해가 있다. 황창식, "공정거래법상 시장지배력 남용 규제의 해석 및 집행상의 문제점-불공정거래행위 규제와의 법적용 관계를 중심으로", 「경제법판례연구」 제5권, 경제법판례연구회, 법문사(2009), 131면; 신영수, "시장지배적 사업자에 의한 사업활동방해행위의 성립요건-유료방송시장을 중심으로-", 경제법판례연구」 제6권, 경제법판례연구회, 법문사(2010), 38~39면. 필자로서는 불공정거래행위도 성립하기 어렵다고 보지만, 그럼에도 불구하고 굳이 규율하고자 한다면 불공정거래행위로 접근하는 것이 보다 합리적이라는 위 견해에 동의한다. 시장지배적 사업자의 모든 위법행위가 시장지배적 지위 남용행위가 되는 것은 아니기 때문이다. 즉 시장경쟁과 소비자후행을 저해하는 것이면 시장지배적 지위 남용행위로, 공정한 거래를 저해하는 성격을 갖는 것이면 불공정거래행위로 규율하는 것이 옳다. 이와 같이 서로 다른 본질에 따라 다른 법규정으로 규율하는 것은 포스코 판결이 예정하고 있는 것이다.

포스코 판결의 적용범위가 단순히 거래거절에 머무는 것이 아님이 확인된 것이다. 대법원 판시내용 중 특히 거래상대방에 대한 "구체적 불이익" 정도로는 경쟁제한효과를 인정할 수 없고 그 외에 시장경쟁에 대한 효과의 입증을 요구하는 것은 포스코 판결과 동일하다. 이로써 시장지배적 지위 남용행위에 대하여 불공정거래행위와 유사하게 상대방에게 초래된 피해를 중심으로 접근하여 왔던 공정거래위원회의 과거 관행은 더 이상 받아들이기 어려움이 더욱 분명해졌다고 생각한다.

사건의 결론도 타당하다고 보인다.[23] 티브로드 강서방송의 행위는 PP의 지역독점을 추진한 정부시책에 부응한 것이었던 점, 복수 사업자를 합병하게 된 결과 제한된 채널을 재배정하여야 하는 상황에서 SO로서는 많은 대가를 지불하는 PP에게 선호채널을 우선 배정하는 것이 사업상 정당한 조치였던 점, 계약기간 중이라도 합병과 같은 사유가 발생할 경우 채널을 재배정하고 이를 위해 재협상할 수 있도록 원래의 계약에 명시되어 있었던 점 등을 감안하면, 송출수수료를 더 많이 내는 PP에게 선호채널을 배정하는 행위는 이를 부당하다고 하기 어렵기 때문이다. 무엇보다 한정된 선호채널을 다수의 홈쇼핑사업자 중 누구에게 배정할 것인가의 문제는 고전적인 희소자원의 배분방법에 관한 것으로서 가장 많은 대가를 지불하는 자에게 귀속시키는 것이 효율적이라 할 수 있고 따라서 시장성과 향상의 관점에 부응한다. 우리홈쇼핑으로서는 결과적으로 경제적 불이익을 받게 되었으나 이는 거래 사업자 간의 경제적 이해관계 조정에 불과한 일이지 시장경쟁의 차원에서는 별다른 문제가 되지 않는 것으로 보아야 할 것이다. 특히 티브로드 강서방송의 행위가 당사자 간 계약내용에도 위반되지 않는다는 사정도 충분히 감안되어야 할 것이다.

---

23) 부당성에 관하여 같은 결론으로, 주진열, "티브로드 사건에 대한 고찰: 시장지배력 전이 이론을 중심으로", 「경쟁법연구」 제25권, 한국경쟁법학회(2012. 5), 268면.

나. 농협중앙회 사건(2009)[24]

(1) 사건의 개요

농업협동조합중앙회('농협중앙회')는 2006년초 남해화학(주) 등 10개 비료제조회사들에 대하여 ①식량작물용 화학비료의 일종인 BB비료는 자신과 전속거래하도록 하고, ②나머지 화학비료에 대하여도 자신이 정한 대농민 공급기준가격과 달리 일반에 판매할 경우에는 사전통보 없이 농협중앙회가 구매가격을 임의로 조정할 수 있도록 하는 한편, ③자신과 계약하였거나 이와 유사한 비료를 일반에 시판할 때에는 모든 종류의 비료에 대하여 구매계약을 해지할 수 있도록 하는 내용으로 전속거래계약을 체결하였다.

공정거래위원회는 2006년 농협중앙회가 시장지배적 지위를 이용한 배타조건부거래행위를 함으로써 거래상대방의 거래처선택의 자유가 제한되고, 비료의 구매·유통경로가 독점되어 경쟁사업자의 시장진입과 확대가 봉쇄되었으며, 경쟁사업자와 거래하지 않을 조건으로 매년 일괄구매계약을 함에 따라 비료유통시장에서의 자유로운 경쟁이 부당하게 제한되었다고 판단하여 시정조치하였다.[25] 이후 취소소송을 거쳐 공정거래위원회의 처분이 확정되었다.

(2) 판결의 검토

(가) 경쟁제한적 효과의 인정 여부와 입증방법

배타조건부 거래행위에 해당하는 이 사건 판결도 포스코 판결의 취지와 요건에 비교적 충실한 것으로 보인다. 포스코 사건과 공정거래위원회가 포스코 판결보다 앞서 시정조치하였던 티브로드 강서방송 I(2008) 사건에서는 공정거래위원회가 전통적인 기준에 따라 구체적인

24) 대법원 2009. 7. 9. 선고 2007두22078 판결.

25) 공정거래법 제3조의2 제1항 제5호 및 동법 시행령 제5조 제5항 제2호(부당하게 거래상대방이 경쟁사업자와 거래하지 아니할 것을 조건으로 그 거래상대방과 거래하는 경우)를 적용하였다.

시장에서의 경쟁제한효과를 입증하지 않고 단순히 거래상대방에 미친 단편적 불이익을 중심으로 부당성을 입증하려 하였고 그러한 이유로 최종 패소하였다. 이 사건에서 공정거래위원회의 처분은 포스코 판결 이전인 2006년에 이루어졌고 부당성에 대한 접근 역시 포스코 사건이나 티브로드 강서방송 I(2008) 사건과 유사하게 이루어졌지만, 대법원에서의 결과는 오히려 정반대였다. 그 이유는 이 사건의 경쟁제한효과가 워낙 명백하여 상세한 경제분석을 거치지 않고도 이를 인정하는데 큰 어려움이 없었기 때문이라고 생각된다. 즉 2005년 식량작물용 화학비료에 대한 정부보조가 폐지됨에 따라 종래 농협중앙회가 독점하던 화학비료 유통시장이 전면적인 경쟁체제에 돌입하게 되었는데, 그럼에도 농협중앙회는 유통시장에서의 경쟁자들을 전면 배제하여 기존의 시장독점을 인위적으로 유지할 목적으로 배타조건부 거래행위를 하고 그에 성공한 것이 이 사건의 내용이다. 시장상황이나 농협중앙회의 행위내용 그리고 시장에서의 파급효과가 시장경쟁을 제한하는 것이 직관적으로도 명백하였던 것이다.

포스코 판결이 이와 같이 직관적으로 경쟁제한효과가 명백한 경우에까지 구체적인 경제분석을 하여 경쟁제한효과를 입증하도록 강제하고 있는지 여부가 문제될 수 있는데, 포스코 판결은 이러한 방법론에 대하여 아무런 언급을 하고 있지 않다. 필자의 견해로는 직접증거 등에 의하여 경쟁제한효과를 직관적으로 인정할 수 있는 상황이라면, 포스코 판결이 굳이 특정한 입증방법을 거론하고 있지는 않다는 점에서 이러한 경우에까지 시장분석과 경쟁제한효과 분석 등을 내용으로 하는 경제분석을 의무적으로 할 필요는 없다고 생각한다.[26] 경제분석은 경

26) 미국 법무부와 연방거래위원회(FTC)의 수평합병 가이드라인(US DOJ/FTC, Horizontal Merger Guideline, 2010년 개정) 역시 시장획정은 경쟁효과를 판단하기 위한 도구에 불과하므로 경쟁제한효과를 직접 보여주는 직접증거가 있다면 시장획정이 반드시 필요한 것이 아님을 명시하고 있다. 또한 축약된 합리의 원칙(truncated rule of reason) 내지 퀵룩(quick-look)의 법리가 적용되는 사안에 있어서도 시장지배력을

쟁제한효과 여부가 분명하지 않을 경우 법관으로 하여금 합리적으로 이를 평가할 수 있도록 도와주는 도구에 불과한 것이기 때문이다. 다만 현실에서 이 사건에서처럼 경쟁제한효과가 직관적으로 분명한 경우가 그리 많지는 않을 것이다.

(나) 행위유형으로부터 위법성의 개연성을 추론할 때의 위험

농협중앙회 판결은 배타조건부 거래의 부당성 판단기준에 관하여 포스코 판결의 기준을 그대로 받아들였다. 그런데 동시에 "시장지배적 지위 남용행위로서의 배타조건부 거래행위는 거래상대방이 경쟁사업자와 거래하지 아니할 것을 조건으로 그 거래상대방과 거래하는 경우이므로, 통상 그러한 행위 자체에 경쟁을 제한하려는 목적이 포함되어 있다고 볼 수 있는 경우가 많을 것이다"라고 함으로써, 학계에서 상당히 비판받고 있는 주관적 요건에 대한 공정거래위원회의 입증부담을 크게 덜어주고 있다.[27] 이와 같은 법리는 포스코 판결에서 객관적 경쟁제한효과가 입증된 경우에 주관적 요건을 추정하도록 한 것과 비슷한 접근으로 보일 수도 있으나, 실제로는 상당히 다른 논리와 성격이 개입된 것으로 이해된다. 즉 포스코 판결에서는 문제된 행위가 초래하는 객관적 경쟁제한효과가 충분히 분석되고 입증된 경우 이를 근거로 주관적 요건에 대한 입증부담을 완화시켜 주는 것이지만, 농협중앙회 판결에서는 문제된 행위의 객관적 효과 여부에 관계없이 '배타조건부 거래'라는 행위유형 만으로 주관적 요건의 개연성까지 인정하는 것이기 때문이다. 그 결과 배타조건부 거래의 경우 비록 그 시장경쟁효과가 긍정적이어서 사회적으로 널리 장려되어야 하는 경우라 할지라도 일단은 경쟁제한적 목적에서 비롯된 것으로 의심받을 개연성이 있게 되었다. 물론 "통상" "많을 것"이라는 정도이므로 모든 배타조건부 거래가

핵심으로 하는 경제분석은 반드시 요구되지 않는다.

27) 전게 졸고, "공정거래법상 단독의 위반행위 규제의 체계-시장지배적 지위 남용행위로서의 거래거절행위의 위법성, 그 본질과 판단기준(대법원 2007. 11. 22. 선고 2002두8626 전원합의체 판결을 대상으로)", 237면 참조.

경쟁제한적 목적을 갖는다고 말한 것은 아님은 이해되지만, 그럼에도 불구하고 배타조건부 거래라는 행위유형 자체에 특별한 의심이 가해진다는 점은 분명하다.

특정 행위유형 자체에 대한 이러한 부정적 태도는 포스코 판결 외에 부당공동행위 등 다른 행위유형에서의 법리에서 힌트를 얻은 것이 아닌가 추측된다. 즉 대법원은 부당공동행위의 경쟁제한성 여부는 구체적·개별적으로 판단한다는 기본원칙을 견지하면서도, 가격카르텔 등 경쟁제한성이 명백한 경성카르텔에 대하여는 "사업자들이 공동으로 가격을 결정하거나 변경하는 행위는 그 범위 내에서 가격경쟁을 감소시킴으로써 그들의 의사에 따라 어느 정도 자유로이 가격의 결정에 영향을 미치거나 미칠 우려가 있는 상태를 초래하게 되므로, 그와 같은 사업자들의 공동행위는 특별한 사정이 없는 한 부당하다고 볼 수밖에 없다"[28]고 판시함으로써 원고의 입증부담을 크게 완화하고 있다. 이는 미국의 당연위법(per se illegal) 원칙을 우리나라 법제도에 걸맞게 수용한 것으로 보이는데, 필자로서는 이러한 법리가 경성카르텔의 해악과 소송경제 등을 고려하여 정립된 미국의 당연위법 원칙을 우리나라의 사법시스템에 적합하게 수정하여 도입한 것으로 타당하다고 본다. 원고의 입증부담을 크게 완화시켜 주면서도 효율성 효과가 큰 등의 예외적인 경우에는 위법성 판단을 피할 수 있는 기회를 보장하기 때문이다.

농협중앙회 판결의 법리가 배타조건부 거래에 대하여 주관적 요건에 대한 개연성까지 인정한 것은 행위유형의 속성이 그 자체로 위험성이 크다는 이유로 일부 구성요건에 대한 입증부담을 완화하는 것이기 때문에, 논리적으로 경성카르텔에 대한 미국의 당연위법 원칙과 유사한 측면이 있다. 생각하기에 따라서는 시장지배적 지위 남용행위라 하더라도 개별 행위유형의 특성에 따라서 법리를 차별화할 필요가 있다는 차원에서도 나름의 긍정적 측면이 있을 수 있다. 나아가 위 법리는

28) 대법원 2009. 3. 26. 선고 2008두21058 판결.

주관적 요건의 개연성을 인정하는데 불과하기 때문에 어차피 객관적인 경쟁제한효과 여부에 따라서 부당성 여부 판단이 이루어질 것이라는 점을 감안하면 실제 큰 영향은 없을 것으로 볼 수도 있다.

그럼에도 이와 같은 방식의 법리 구축이 일반화되거나 주관적 요건의 개연성 인정이 지나치게 강력한 효력을 발휘하게 되는 일은 경계할 필요가 있다. 시장지배적 지위 남용행위 중에서 특정 행위유형에 관심을 두는 방식이 자칫 포스코 판결이 목적한 효과주의를 저해하게 될 우려가 있기 때문이다. 효과주의를 도입한다는 것은 문제된 행위의 경제적 파급효과를 세심하게 관찰하고 그 결과에 따라 허용 여부를 결정한다는 뜻이고, 행위의 경제적 파급효과는 행위의 유형에 따라 일률적으로 결정되는 것이 아니라 구체적인 사정과 행위내용 등에 따라서 달라질 수 있는 것이기 때문이다. 미국에서도 경성카르텔이라는 행위유형에 대한 당연위법 원칙은 긍정오류(false positive)의 위험과 피고에 대한 지나친 부담 때문에 그 적용대상이 경쟁제한성이 명백한 경우에 한정되는 점, 경제학과 경제적 분석기법이 발전하여 행위의 시장경쟁효과가 이전보다 정확하게 측정될 수 있는 오늘날에는 당연위법 원칙의 적용대상 자체가 크게 축소되고 있는 점, 그리고 공동행위가 아닌 단독행위에는 당연위법 원칙의 적용이 극히 제한적이라는 점[29] 등을 참고할 필요가 크다. 다시 말해서, 소위 경성카르텔이라고 일컬어지는 가격고정, 출고조절, 시장분할, 입찰담합 등의 공동행위 유형이라 하더라도 오늘날 미국에서는 반드시 성격분류(characterization)이라는 과정을 거쳐 과연 당연위법 원칙의 적용대상에 해당하는 것인지 여부를 사전에 검토 및 판단하는 것이 일반적인 법리이며 실무임을 잊어서는 안될 것이다.

배타적 거래행위 자체에 대한 경쟁법적 평가만 두고 보더라도 위

29) 다만 미국에서 셔먼법 제1조의 적용대상이 될 수 있는 행위들이 우리 공정거래법에서는 단독행위로 규율되는 경우가 많은 점은 염두에 두어야 한다.

에서와 같이 부정적인 법리가 과연 꼭 필요한 것인지 확실하지 않다. 미국의 판례 역시 독점사업자의 배타적 거래행위(exclusive dealing)라 하더라도 경우에 따라서는 경쟁촉진적일 수 있다는 점을 인정하고 있다.[30] 그렇기 때문에 셔먼법 제1조에 의한 일반적인 분석틀, 즉 경쟁제한적 효과의 입증을 요구하는 법리를 특별히 변경하지 않고 그대로 적용하는 것이다. 그 결과 봉쇄효과(foreclosure effect)를 중심으로 하는 경쟁제한효과의 입증이 그리 쉬운 일이 아님은 널리 알려져 있다.[31]

결국 농협중앙회 판결의 위와 같은 법리는 두 가지 난점을 안고 있다고 생각한다. 첫째, 포스코 판결이 부당성 판단에 있어서 주관적 요건을 요구하면서 그 입증방법을 객관적 경쟁제한효과로부터 추단하는 경로를 제시하고 있음을 감안한다면, '객관적 경쟁제한효과의 개연성'이 결여된 사안에 있어서 '주관적 요건의 개연성'을 인정하는 것은 논리적으로 일관되지 않는다고 생각된다. 둘째, 배타적 거래행위와 같은 특정한 행위유형에 대하여 '주관적 요건의 원칙적 개연성' 법리를 들여오는 것은 일말의 타당성에도 불구하고 실제 적용 시에는 상당한 주의를 기울여 형식주의로 흐를 우려를 불식시킬 필요가 있다고 생각한다.

(다) 객관적 경쟁제한효과의 중요성

농협중앙회 판결의 위 법리에 따르더라도 결국 부당성 판단에 있어서 중요한 것은 객관적인 경쟁제한효과 여부가 된다. 이는 포스코 판결의 취지와 다르지 않다. 주관적 요건의 역할은 궁극적으로는 '정당화 사유의 부존재' 또는 객관적 경쟁제한효과가 분명하지 않을 때 그 판단을 보충하는 정도에 머물 것이므로, 어느 정도의 입증부담 완화가

---

30) 예컨대 배타적 유통계약(exclusive distribution arrangements)이 기업의 명성(business goodwill)을 높이고 대량의 상품을 저가에 소화시켰다고 인정된 사례, 배타적 거래가 생산업체의 마케팅 활동에 대한 투자를 늘려 브랜드 간 경쟁(interbrand competition)을 촉진하였다고 인정된 사례 등을 들 수 있다. See American Bar Association, Antitrust Law Developments (7th. ed, 2012), Vol. 1, p.248.

31) *Ibid.*, p. 252.

실제 큰 의미를 갖지는 않을 것이다.[32]

다. 현대자동차 사건(2010)[33] 및 기아자동차 사건(2010)[34]

(1) 사건의 개요

두 사건에서는 크게 두 가지 행위가 문제되었다. ①현대자동차와 기아자동차는 그 판매대리점이 거점을 이전하거나 판매인원을 채용할 때에 자신의 승낙을 받거나 심사를 거치도록 하는 등의 방법으로 그러한 행위를 제한하였다. ②현대자동차는 판매대리점의 목표관리에 관한 대리점계약을 체결하면서 일방적으로 목표를 정하고 부진한 판매대리점에 대하여는 제재를 가하거나 재계약을 하지 않기도 하였다.

공정거래위원회는 2007년 국내 자동차 판매시장 및 5톤이하 화물차 판매시장에서 지배적 지위에 있는 현대/기아자동차의 이러한 행위는 시장지배적 사업자의 사업활동방해행위에 해당한다고 보아 시정조치하였다.[35] 이후 서울고등법원[36]과 대법원은 위 ①의 행위에 대하여

32) 전게 졸고, "공정거래법상 단독의 위반행위 규제의 체계-시장지배적 지위 남용행위로서의 거래거절행위의 위법성, 그 본질과 판단기준(대법원 2007. 11. 22. 선고 2002두8626 전원합의체 판결을 대상으로)", 236면 참조. 이와 같이 본다면, 위에서 필자가 지적한 우려는 이론적인데 불과하고 현실에서는 큰 문제가 되지 않을 가능성이 클 수 있다.

33) 대법원 2010. 3. 25. 선고 2008두7465 판결.

34) 대법원 2010. 4. 8. 선고 2008두17707 판결.

35) 공정거래위원회는 공정거래법 제3조의2 제1항 제3호를 직접 적용하였는데, 이에 대해서는 고시에 열거된 행위 유형에 포섭되지 않는 행위에 대하여 법률규정을 직접 적용하는 것이 바람직하지 않다는 비판이 있다. 홍대식, "시장지배적 지위 남용행위의 판단기준 개선방안,"「경쟁법연구」 제21권, 한국경쟁법학회(2010. 5). 130~131면. 공정거래법 체계와 형식에 비추어 볼 때 위의 지적은 타당하다고 생각한다. 이러한 문제는 시장지배적 지위 남용행위의 규정체계를 근본적으로 개선할 과제를 제기한다. 무엇보다 시장지배적 지위 남용행위에 속하는 위법행위 유형들이 외견상 불공정거래행위의 하나로 규정되어 있는 모순을 바로잡는 것이 급선무일 것이고, 이런 체계적 작업을 통하여 포스코 판결이 수행한 목적론적 해석을 명문화하는 것이 정도일 것으로 생각한다.

36) 서울고법 2008. 4. 16. 선고 2007누16051 판결(현대자동차) 및 서울고법 2008. 9. 11. 선고 2007누30897 판결(기아자동차).

현대자동차에 있어서는 공정거래위원회 처분을 확정한 반면, 기아자동차에 대하여는 부당성을 인정하지 않았다. ② 부분은 공정거래위원회 처분이 확정되었다.

(2) 판결의 검토

(가) 판매대리점 거점이전 방해 등

서울고등법원과 대법원은 현대자동차에 대하여, 직영판매점의 경쟁력이 약화될 것을 우려한 사안의 행위로 인하여 판매대리점은 직영판매점에 비하여 경쟁력이 약화될 수 밖에 없게 되었으며 방해의 대상이 된 판매대리점이 전체의 20%가 넘는 사실 등을 들어 포스코 판결이 제시한 주관적 및 객관적 요건이 모두 충족되어 부당성이 인정된다고 판단하였다. 이러한 결론은 타당하다고 본다.[37)]

문제는 기아자동차의 경우이다. 현대자동차와 유사한 행위에 대하여 대법원은 정반대로 부당성을 인정하지 않으면서, "3개 판매대리점이 영업활동을 방해받게 되었음은 인정된다고 할 것이나, 원고의 위와 같은 방해행위로 인하여 상품의 가격 상승, 산출량 감소, 혁신 저해, 유력한 경쟁사업자 수의 감소, 다양성 감소 등과 같은 경쟁제한효과가 발생하였다고 볼 아무런 증거가 없고, 원고가 시장에서의 독점을 유지·강화할 의도나 목적을 가지고 위와 같은 방해행위를 하였다고 볼 증거도 없다"고 판단하였다. 대법원이 공정거래위원회의 처분에 대하여 이와 같이 엄격한 증거주의에 입각한 판결을 내리는 것은 비교적 오래 전부터의 일이다. 예컨대 대법원은 한국까르푸의 거래상 지위 남용행위 사건에서 "공정거래위원회가 법 제24조 소정의 시정명령 등 행정처분을 하기 위해서는 그 대상이 되는 '이익제공강요' 및 '불이익제공'의 내용이 구체적으로 명확하게 특정되어야 하고, 그러하지 아니한 상태

37) 다만 포스코 판결 이전에 내려진 공정거래위원회의 이 사건 처분이 밝힌 경쟁제한효과 분석이 충분하다거나, 앞의 농협중앙회 사건과 같이 경쟁제한적 효과가 자명한 경우라고 보이지는 않는다.

에서 이루어진 그 시정명령 등 행정처분은 위법하다"고 하면서, 한국까르푸가 광고선전비 등의 각종 비용을 납품업자에게 사실상 강제로 부담시키거나 합리적 사유없이 상당한 반품행위를 한 사실을 인정하면서도 "의결서 이유 부분에 반품대상 업체명, 반품시기 등에 대한 구체적 적시 없이 단지 2000년도 원고 점포별 반품건수 및 반품액수 만을 적시하고 있는 사실 등을 인정할 수 있으므로 비용부담행위 및 반품행위 부분에 관한 이 사건 시정명령은 그 대상이 되는 행위들의 내용이 구체적으로 명확하게 특정되었다고 할 수 없고, 따라서 이 부분 시정명령은 위법하다"고 판단하였다.[38]

위와 같이 엄격한 태도는 공정거래위원회의 시정조치와 과징금 부과 등의 처분이 기업들에게 미치는 침익적 효과가 매우 크다는 점을 감안한 것으로 이해되며, 뒤에서 보는 이베이지마켓 사건에서도 마찬가지이다. 그러나 보기에 따라서는 기아자동차의 판매대리점 거점이전 방해 등 사안에 있어서는 과연 경쟁제한효과를 인정하기 위하여 필요한 입증수준과 방법이 지나치게 경직된 것이 아닌가 하는 의문이 생길 수도 있을 것이다. 계열사로서 유사한 방식으로 영업을 전개할 것으로 짐작되는 현대자동차의 경우를 함께 고려할 때 기아자동차 역시 3개 대리점 외에 다른 대리점에 있어서도 유사한 방해행위가 있었을 것으로 보는 것이 상식에 보다 부합한다고 볼 수도 있기 때문이다. 이 문제에 대하여는 뒤에서 이베이지마켓 사건과 관련하여 구체적으로 생각하기로 한다. 다만 일단은 공정거래위원회의 처분에 있어서 이와 같이 너그러운 추론은 쉽게 허용하기 어렵다는 것이 대법원의 일관된 입장인 것으로 생각된다. 따라서 공정거래위원회로서는 직접 내지 간접증거 또는 경제분석 등에 의하여 경쟁제한효과를 입증하는데 더욱 세심한 주의를 기울여야 할 것이고, 앞의 농협중앙회 사건에서와 같이 직관적인 경쟁제한효과의 인정을 일반화하여 쉽게 기대해서는 곤란할 것

38) 대법원 2007. 1. 12. 선고 2004두7146 판결.

이다.

(나) 판매대리점 목표강제

서울고등법원과 대법원은, 현대자동차가 판매대리점에 대하여 판매목표를 사실상 강제하였더라도 그 목표가 과도한 것으로 보기 어려울 뿐 아니라 이는 매출신장을 위한 정상적인 것이지 판매대리점의 경쟁력 약화를 목적으로 한 것은 아니라고 보았다. 결국 이는 판매대리점과 직영판매점 간의 자유로운 경쟁을 저해할 우려가 있다고 하기 어렵고 그러한 의도도 인정하기 어렵다고 보아 부당성을 부인하였다.

이 부분은 비록 결론은 위와 반대이기는 하지만 적용법리와 논리는 별반 다름이 없을 뿐 아니라 사실관계를 평가함에 있어 행위의 경영상 합리성을 인정하고 경쟁제한성을 부정한데 별다른 문제가 없다고 생각된다. 즉 경쟁제한효과를 인정하기 어려울 뿐 아니라, 제조업체와 판매업체 간에 체결하는 판매목표의 달성 여부에 따른 계약의 유지 여부 판단은 그 자체로 효율적인 면이 있는 수직적 제한으로서 사업상 정당화 사유(business justification)을 갖추고 있어 주관적 요건도 부인되는 경우라 할 수 있다.

(다) 소　　결

두 사건 모두 포스코 판결이 선고된 이후 서울고등법원이 판결하였기 때문에, 원심 단계에서부터 포스코 판결의 취지가 충분히 고려된 것으로 보인다. 그에 따라서 공정거래위원회의 처분에 대해 행위 별로 각각 경쟁제한성 여부를 숙고하여 서로 다른 결론에 이르게 되었고 이는 대법원에서 그대로 받아들여졌다. 전체적으로 포스코 판결의 취지와 요건을 충실히 살렸다고 보이고, 특히 행위 자체로부터 직관적인 경쟁제한효과가 인정되기 어려운 대부분의 경우에 있어서 경쟁제한효과를 증거에 의해 입증할 필요가 있음이 다시 한 번 확인되었다고 본다.

라. 이베이지마켓 사건(2011)[39]

(1) 사건의 개요

이베이지마켓은 국내 오픈마켓 운영시장에서 점유율이 39.5%에 이르는 시장지배적 사업자이다. 엠플온라인은 이 사건 행위사실로부터 약 6개월 전인 2006. 4.경 오픈마켓 시장에 신규진입한 후발 경쟁사업자인데 공격적 사업전략으로 시장에 진입한 지 불과 수개월 만에 시장점유율 1%(매출액순위 6위)를 달성하는 등 급성장하고 있었다. 이베이지마켓은 자신이 운영하는 G마켓에 입점한 사업자들 중 엠플온라인의 쇼핑몰에도 입점하였던 7개 우량 사업자들에게 G마켓에서의 판매가격을 인하하거나 엠플온라인에서의 판매가격을 인상할 것, 엠플온라인과의 거래를 중단할 것 등을 요구하고 '엠플온라인 쇼핑몰에 올려놓은 상품을 내리지 아니하면 G마켓 메인화면에서 빼버린다'는 등의 위협을 가하였다. 이들은 이에 따라 엠플온라인과 거래를 중단하게 되었다. 결국 엠플온라인은 매출부진을 이기지 못하고 2007년 시장에서 퇴출되고 말았다.

공정거래위원회는 2007년 이베이지마켓의 행위가 '부당하게 경쟁사업자를 배제하기 위하여 거래하는 행위'라고 판단하고 시정조치하였다.[40] 이후 서울고등법원은 이베이지마켓의 이 사건 행위가 유력한 경쟁사업자를 시장에서 배제하는 효과를 거두었을 뿐 아니라 다른 신규사업자의 시장진입에도 부정적인 영향을 미쳐 자신의 시장지배적 지위를 유지·강화시켰으므로 부당하다고 판단하였다.[41] 그러나 대법원은 거래중단 기간이 1~2개월 정도에 그치고 그 규모도 크지 않은 점 등으로 미루어 과연 엠플온라인이 이베이지마켓의 이 사건 행위로 인하

---

39) 대법원 2011. 6. 10. 선고 2008두16322 판결.

40) 공정거래법 제3조의2 제1항 제5호 전단의 규정을 적용하였다.

41) 서울고법 2008. 8. 20. 선고 2008누2851 판결.

여 매출부진을 이기지 못하고 오픈마켓 시장에서 퇴출된 것인지, 나아가 다른 신규 사업자의 시장진입에 부정적 영향을 미쳤는지 명백하지 않다고 보았다. 따라서 여러 사정을 종합적으로 고려하여 이 사건 행위를 객관적으로 오픈마켓 시장에 경쟁제한의 효과가 생길만한 우려가 있는 행위로 평가할 수 있는지 여부 등을 다시 판단하도록 파기 · 환송하였다. 이러한 결론은 온라인 오픈마켓이 사업자들의 시장진출입이 빈번한 특성이 있기 때문에 단순히 경쟁사업자가 시장에서 퇴출된 사실만으로는 시장경쟁이 제한되었다고 판단하기에 부족하고, 그 이유가 과연 무엇인지 다시 말해 이 사건 배타조건부 거래행위와 엠플온라인 간 나아가 시장에서의 경쟁제한효과(효과가 입증된다면)와의 인과관계가 고려되어야 한다는 점을 명확히 했다는 점에서 나름의 의미가 있다고 생각된다.[42]

(2) 판결의 검토

나름의 시사점에도 불구하고, 포스코 판결이 의미한 객관적 경쟁제한효과가 과연 문제된 행위 자체만으로 소비자후생에 즉각 의미있는 정도의 부정적 영향을 미칠 정도에 이를 것을 요구하는 것인지에 대하여는 생각해볼 여지가 있다. 포스코 판결이 추구한 효과주의는 시장경쟁 나아가 소비자후생에 대해 초래될 수 있는 부정적 효과를 방지하고자 하는 것인데, 그 자체만으로는 결정적으로 부정적 효과를 초래하기 어려운 소규모 행위라도 누적적 또는 계획적으로 발생하거나 일련의 전체적 행위(conducts as a whole)의 일부로서 자행된다면 거래상대방 내지 제3자가 관련된 시장에서 경쟁을 제한할 가능성을 배제할 수 없을 것이기 때문이다. 이러한 경우는 효과주의에 입각하더라도 마땅히 방지해야 할 대상에 속한다. 어떠한 경우이건 시장과 행위의 전 과정을

42) 동일한 취지의 설명으로 다음 문헌 참조. David S. Evans, "Antitrust Issues Raised by the Emerging Global Internet Economy", 102 Nw. U. L. Rev. 305 (2008)., pp. 305～306.

거시적으로 관찰할 필요는 분명할 것이다.[43)]

이와 같이 본다면, 이 사건에서 대법원이 제시한 여러 사정들은 이를 근거로 경쟁제한효과와 인과관계를 부정하기에 충분하지 않다고 볼 여지가 있다고 생각된다. 대법원이 경쟁제한효과에 의심을 갖게 된 사실들은 다음과 같다. 즉 "① 원고의 이 사건 행위로 인하여 7개 사업자들이 엠플온라인과 거래를 중단한 기간은 주로 1, 2개월이고, 짧게는 14일, 길게는 7개월 보름 남짓에 불과한 점, ② 그 기간 국내 오픈마켓 시장의 시장점유율 2위 사업자인 원고가 7개 사업자들로부터 얻은 판매수수료 총액이 약 2,500만 원에 불과하여, 원고보다 시장점유율이 훨씬 낮은 엠플온라인에게는 7개 사업자들과 위 기간 거래중단이 없었으면 얻을 수 있었던 판매수수료가 그보다 더 낮았을 것으로 보이는 점, ③ 이 사건 행위의 상대방은 7개 사업자들로서 G마켓에 입점한 약 23만 개의 판매업체를 기준으로 하더라도 그 비율이 극히 미미하고, 국내 오픈마켓 전체 시장을 기준으로 하면 그 비율은 더 낮았을 것으로 보이는 점, ④ 2006년 기준 7개 사업자가 G마켓을 통하여 상품 등을 판매한 거래금액의 비중은 G마켓의 전체 상품판매 거래금액의 0.24%에 불과하고, 오픈마켓 시장 전체를 기준으로 볼 때에도 이에 크게 벗어나지 않을 것으로 보이는 점" 등이다. 그런데 이들은 모두 이 사건 행위에 관련된 거래규모나 비중이 작다는 점을 지적한 것일 뿐 그로부터 경쟁제한효과가 초래되지 않았다는 지적은 아니다. 즉 "엠플온라인이 원고의 이 사건 행위로 인하여 매출 부진을 이기지 못하고 오픈마켓 시장에서 퇴출된 것인지, 나아가 이 사건 행위가 다른 신규 사업자의 시장진입에도 부정적인 영향을 미쳤는지 명백하지 아니

---

43) 그렇다고 해서 거래상대방 또는 경쟁사업자에 대한 단순한 방해행위가 모두 이러한 경우에 해당하는 것은 아니라는 것은 분명하다. 이를 경계한 것이 포스코 판결이기도 하다. 따라서 이러한 경우를 근거로 과거의 경쟁제한의 맹아이론(incipiency theory)과 같이 단순히 이론적 수준에 머물 정도로 미미한 수준의 상대방 방해행위를 경쟁제한적인 것으로 치부하는 것은 받아들이기 어려울 것이다.

하다"라는 추론이 대법원이 제시하는 사실로부터 가능한 것인지 확실하지 않다고 생각된다.

물론 위와 같은 점의 입증책임은 공정거래위원회의 몫이다. 따라서 공정거래위원회로서는 예컨대 엠플온라인에게 미친 불이익이 전체적인 맥락에서 단편적인 사건에 그치는 것이 아니라 경쟁사업자를 배제하기 위한 이베이지마켓의 전략적 행위의 일환이고 그와 연계되는 일련의 정황이 있다는 점 등을 보다 광범위한 사실조사와 경제분석 등을 통하여 구체적으로 보이는 노력을 기울였어야 할 것이다.[44] 그럼으로써 법원 역시 시장을 전체적으로 파악하고 판단할 수 있는 바탕이 생긴다고 할 수 있다.[45] 한편 이러한 입증의 문제와는 별도로, 이 판결은 경쟁제한적 효과의 입증을 요구한 포스코 판결이 충실하게 적용되었다는 점에서는 긍정적으로 평가할 수 있다.

마. 에스케이텔레콤 멜론 사건(2011)[46]

(1) 사건의 개요

에스케이텔레콤은 2004. 11.경부터 MP3폰을 보유하는 고객에게

---

44) 이는 시장지배적 사업자가 경쟁자를 배제하거나 잠재적 경쟁자의 시장진입을 저지하고자 하는 전략적 행동을 게임이론을 통해 설명하고자 한 포스트 시카고 학파의 연구를 통해 이해될 수 있다. 일회성 게임과 달리 반복게임에서 잠재적 경쟁자는 기존 사업자의 과거의 행동을 기초로 시장진입여부를 결정하게 된다. 경제학의 고전적 연구에 의하면, 기존 사업자와 신규 진입자간에 정보의 비대칭이 존재하는 경우 약탈적 가격설정이 비록 개별적으로 볼 때 합리적이지 않다 하더라도 경쟁자의 시장진입을 저지할 수 있는 평판효과(reputation effect)를 초래할 수 있으므로 전체적으로 합리적인 전략이 될 수 있다. *See* Paul Milgrom & John Roberts, Predation, Reputation, and Entry Deterrence, 27(2) Journal of Economic Theory 280 (1982). 마찬가지로 이베이지마켓 사건에서 이베이지마켓의 배타조건부 거래행위가 신규진입의 위협에 대해 공격적으로 대처하겠다는 신호를 보내는 행위(signalling)에 해당하고 이러한 행위로 인해 신뢰할만한 평판을 구축할 수 있다면 다른 신규 진입자의 시장진입에 부정적인 영향을 미칠 가능성이 있다.

45) 결국 이 사건은 파기환송심에서 원고 승소가 확정되었다. 서울고등법원 2012. 1. 19. 선고 2011누19200 판결.

46) 대법원 2011. 10. 13. 선고 2008두1832 판결.

PC 또는 MP3폰을 통해 다운로드 방식으로 음악파일을 판매하면서, '멜론'이라는 자사 보유 사이트의 음악파일과 MP3폰에 자체 개발한 DRM(Digital Rights Management)[47]을 탑재하였다. 그 결과 SKT용 MP3폰을 소지한 소비자는 멜론 사이트에서 구매한 음악파일만 재생할 수 있고 다른 곳에서 구매한 음악은 SKT용 MP3폰으로 재생하여 들을 수 없게 되었다.

공정거래위원회는 이 사건 행위가 에스케이텔레콤이 MP3폰을 디바이스로 하는 이동통신서비스 시장에서의 지배력을 남용하여 별개 상품인 멜론 사이트의 MP3 음악파일을 구입하도록 소비자에게 강제하는 결과를 초래하였고, MP3 파일에 대한 소비자의 선택권을 침해하고 불이익을 가져옴으로써 소비자의 이익을 현저히 해할 우려가 있는 동시에 MP3 파일 다운로드서비스 시장에서 경쟁사업자의 사업활동을 곤란하게 하는 행위라고 보고 시정조치하였다.[48] 이에 대하여 서울고등법원[49]과 대법원은 에스케이텔레콤의 행위가 끼워팔기에 준하는 것으로 다른 사업자의 사업활동을 방해하였다고 볼 여지가 충분하기는 하지만 ①DRM기술은 저작권 보호 등을 위하여 필요하므로 DRM을 탑재한 행위에는 정당한 이유가 있는 점 ②이로 인하여 소비자들이 컨버팅 등의 불편을 입었으나 이는 부득이한 것으로 현저한 이익의 침해가 되거나 부당하여 불법에까지 이른다고 보이지는 않는 점[50] ③이 사건 행위로 인하여 현실적으로 경쟁제한의 효과가 일정한 정도로 나타났지만 DRM의 특성과 필요성 및 그 개발경위 등에 비추어 원고의 이 사건 행위에 있어서 경쟁제한의 효과에 대한 의도나 목적이 있었음을 추단하기 어

47) 디지털 콘텐츠의 무단 사용을 막아, 제공자의 권리와 이익을 보호해주는 기술과 서비스를 통틀어 일컫는 말이다.

48) 공정거래법 제3조의2 제1항 제3호 및 동법 시행령 제5조 제3항 제4호(불이익 강제행위)와 동시에 제3조의2 제1항 제5호 후단(소비자 이익 저해행위)를 적용하였다.

49) 서울고법 2007. 12. 27. 선고 2007누8623 판결.

50) 소비자이익 저해행위 부분은 뒤의 착취남용 부분에서 별도로 검토한다.

려운 점 등을 감안하면 부당성을 인정하기 어렵다고 판단하였다.

(2) 판결의 검토

에스케이텔레콤의 DRM 탑재행위로 인한 경쟁제한효과를 인정하면서도 DRM 탑재의 필요성을 근거로 경쟁제한효과에 대한 주관적 요건을 부정한 이 사건 판단은 실체적으로 문제가 있을 뿐 아니라 포스코 판결이 제시한 법리와도 일치하지 않을 수 있다고 생각된다.

먼저 저작권 보호와 불법 다운로드 방지를 위하여 DRM의 탑재가 반드시 필요한 것인지 여부에 관해 상당한 의문이 있다. 음악파일의 판매 및 저작권 보호방식 등에 대하여는 종래부터 상당한 논란이 있어서 DRM이 적용되지 않은 음악파일을 판매하는 곳이 상당했을 뿐 아니라, 가장 폐쇄적인 곳의 하나였던 미국 애플사까지도 2008년경부터 DRM이 제거된 음악파일을 판매하기 시작했고 이 사건 당사자인 에스케이텔레콤을 비롯한 국내 이동통신 3사들 역시 2008년경부터 이에 동참했기 때문이다. 설사 DRM 탑재가 필수적이라 하더라도 그 방식에는 여러 가지가 있는데 에스케이텔레콤이 탑재한 DRM은 국내에서 가장 폐쇄적이고 소비자에게 부담을 주는 방식이라는 점에서 더욱 의문이 가는 것이다. 필요한 목적을 달성할 수 있는 수단이 여러 가지 있는 경우에는 가장 덜 경쟁제한적인 수단을 택해야 함은 널리 알려진 경쟁법상 원칙이다. 한편 스마트폰이 활성화된 현 시점에는 DRM의 유무나 제한의 정도 등에 따라서 음악파일의 가격이 달라질 뿐 DRM이 반드시 필요하다는 주장은 거의 유명무실해졌다.

둘째, 대법원이 인정한 DRM 탑재의 필요성이 경쟁제한효과에도 불구하고 주관적 요건을 부정할 정도로 큰 의미가 있는 것인지 의문스럽다. 포스코 판결에 의하면 경쟁제한효과가 입증된 경우에는 경쟁제한의 의도나 목적이 추정되게 되는데 판결문에 비추어보면 이 사건에서 과연 그러한 추정이 번복될 정도로 '정당한 이유'가 설득력있는 것인지 또한 에스케이텔레콤이 그 입증에 성공하였는지도 확실해보이지 않기 때문이다.

셋째, 위에서 본 사정에 비추어볼 때 이 사건 행위로 인하여 소비자들이 겪게 된 불편이 과연 '부득이한 것'이라 할 수 있는지도 의문스럽다. 소비자들이 이러한 불편을 조금이라도 덜 겪을 수 있었다면 전체를 부득이한 것으로 보기 어려울 것이고, 그렇다면 이 사건 행위로 인한 경쟁제한효과가 DRM이 필수적이라는 이유만으로 쉽게 정당화될 만큼 사소한 수준으로 간주되지는 않을 수 있었을 것이다.

결국 이 사건은 논리구조와 외견상으로는 포스코 판결의 취지가 관철된 것으로 보인다. 그러나 법리의 적용을 구체적으로 살펴보면 부당성에 관한 주관적 요건과 객관적 요건의 관계와 입증방법 내지 정도 등에 있어서 포스코 판결이 제시한 기준을 충실하게 구현했다고 보기 어렵다고 생각된다. 그럼에도 불구하고 이러한 문제는 포스코 판결의 법리를 다양한 유형의 실제 사건에 적용하는 과정에서 나타난 부분적 혼란에 그치는 것으로 보일 뿐 아니라 포스코 판결 취지의 광범위한 적용 가능성을 확인하는 의미도 있다고 보인다. 따라서 적어도 배제남용의 다양한 행위유형에 대하여 포스코 판결이 본래 취지대로 적용되고 있다는 점에 관하여는 긍정적으로 대할 수 있다고 생각한다.

바. 소 결

지금까지 포스코 판결 이후에 선고된 6건의 배제남용 관련 대법원 판결들을 살펴보았다. 그 결과 효과주의에 입각하고자 하는 포스코 판결의 취지와 부당성 판단기준이 배제남용행위 전반에 효과적으로 적용되어 왔음을 확인하였다. 특히 거래거절 외의 다양한 행위유형에도 포스코 판결이 제시한 기준이 일관되게 적용되어온 결과, 거래상대방 등에게 단편적으로 발생한 개별적 사정보다는 시장경쟁에서 의미있는 경쟁제한효과들이 부당성 판단의 기준이 되고 원고는 이를 입증하는데 주력해야 한다는 원칙이 자리잡았음을 알 수 있었다. 이와 함께 다양한 행위유형의 특성에 따라 주관적 및 객관적 요건의 입증정도나 방법은 달라질 수 있다는 점도 확인되었으나, 동시에 이러한 차별화는 포스코 판결이 제시한 법리의 범위 안에서만 가능할 뿐 아니라 포스코 판결에 제시된 원칙을 변경하기 위해서는 나름의 확실한 논거를 갖고 신중하게 접근해야 한다는 점도 강조하고 싶다.

결국 배제남용에 관한 한 포스코 판결의 강력한 규범력은 앞으로도 지속될 것으로 전망된다. 동시에 다양한 행위유형에 따라서 차별적이고도 유연한 세부기준을 개발하는 노력도 동반될 것으로 생각되지만, 시장경쟁과 시장성과를 부당성 판단의 중심지표로 하고자 하는 대원칙이 훼손되지 않도록 주의를 기울여야 할 것이다. 한편 효과주의가 시장효과의 정밀한 측정을 필요로 하기는 하지만, 다른 면에서는 사건의 전체적 맥락과 효과를 거시적으로 관찰하는 접근의 중요성과 경쟁제한효과를 직관적으로 보여주는 직접증거의 중요성도 간과하여서는 안될 것이다.

2. 착취남용 관련 판결들

주지하다시피 미국에서는 단독행위에 관한 한 착취적 행위와 같은 위법성 유형을 인정하지 않는다. 무엇보다 일단 독점이 달성된 상태에서는 어느 정도가 불법이 되는 정도의 착취(exploitation)에 해당하는지 경쟁당국이나 법원이 판단하는 것이나 이를 시정하는 방법이 거의 실현 불가능하다고 보기 때문이다. 질서자유주의(ordo-liberalism)에 입각해 역내통합을 주요 목적으로 삼으면서 경쟁과정(competitive process)의 보호를 경쟁성과 내지 소비자후생 못지 않게 추구하는 관점에서 미국보다 비교적 적극적으로 착취남용을 규제해온 EU에서도 원래 사례가 많지도 않았지만 특히 최근 20여년에 들어서는 거의 없는 것이 사실이다.[51] 필자의 견해로는 이는 시장경제가 발전하고 경쟁법 집행이 정치해지는 가운데 나타나는 자연스러운 현상이라고 본다. 특히 EU라는 특유의 정치·경제적 공동체의 입장에서 역내통합의 특별한 과제를 안고 있지 않은 우리나라의 경우에는 더욱 그러하다. 그러므로 우리나라에서도 현행 법령의 범위를 넘지 않는 범위에서는, 기본적으로 시장지배적 지위 남용행위에 관하여는 배제남용이 본질적이며 거의 전부라고 인정하고 착취남용이 인정되는 범위는 아주 제한적으로 보는 것이 타당할 것이다.[52] 즉 가격남용의 규제범위는 공정거래법 시행령 제5조 제1항에 명문으로 규정된 가격남용의 사례와 이에 비견될만한 경우에 한정하는 것이 옳다고 본다. 예컨대 경제적 분석의 필요가 없을 정도로 직관적으로 소비자후생 저하의 결과가 인정되는 경우가 이에 해당할 것이고, 입증의 정도로 말하자면 형사범죄에 요구되는 '합리적 의심의 여지가 없을 정도'(beyond reasonable doubt)에 버금가는 정도는 되어야 할 것으로 본다.

우리나라에서 착취남용의 적용대상으로 거론되는 것은 대부분 수직적 관계에 있는 사업자 간의 분쟁이거나 독점사업자의 소비자이익 저해행위이다. 시장경쟁과 소비자 후생을 도모하고자 하는 공정거래법의 목적이나 시장지배적 지위 남용행위의 본질을 고려하면, 착취남용이라 하더라도 궁극적 판단기준은 소비자후생에 대한 영향이 되어야 할 것이다. 따라서 소비자후생에 대한 영향보다는 거래 사업자 간의 경제적 이해관계 조정이 부각되는 사건이 착취남용의 이름 아래 시장지배적 지위 남용행위로 규율되는 것은 바람직하지 않다고 생각된다. 이러한 관점에서 보면 효과주의에 입각한 포스코 판결의 취지는 이른바 착취남용의 경우에도 관철되는 것이 타당할 것이다. 아래에서 살펴

51) 졸고, "FRAND 확약 위반과 특허위협(Hold-up)에 대한 공정거래법상 규제의 기준", 「저스티스」 제129호, 한국법학원(2012. 4), 18~19면 참조.

52) 전게 졸고, 230~232면 참조.

보는 방송시장을 중심으로 하는 일련의 착취남용 사건들을 검토해보면, 대법원 역시 마찬가지 고려를 하는 것으로 보인다. 다만 근래에 들어 착취남용의 대표적 행위유형으로 부각되는 듯한 소비자이익 저해행위의 경우 판례가 정립한 현저성과 부당성 요건에 상당한 혼선이 있는 것으로 보인다.

가. CJ헬로비전 사건(2010)[53)]

이 사건에서는 종합유선방송 사업자인 CJ헬로비전의 채널편성 변경행위가 문제되었다. 즉 CJ헬로비전은 2006년경 채널편성 변경을 통해 보급형 묶음상품에 포함되었던 시청점유율이 높은 채널인 SBS드라마 등 5개 채널을 고급형 상품으로 편성변경하고 그 대신 시청률이 낮은 KTV 등 7개 채널을 보급형 상품에 신규로 편성하였다. 그 결과 보급형 상품의 시청점유율이 감소되었다. 또한 채널편성 변경행위 이후에 보급형 상품 가입자들 중 디지털형(고급형+10개 채널)으로 전환한 가입자의 수도 크게 늘었다.

공정거래위원회는 CJ헬로비전의 채널편성 변경행위를 공정거래법 제3조의2 제5항 후단의 소비자이익 저해행위로 판단하고 시정조치하였다. 그런데 이후 취소소송에서 서울고등법원과 대법원은 이 행위로 인하여 소비자 이익이 '현저히' 저해되었다고 인정되지 않는다고 판단하고 공정거래위원회의 처분을 취소하면서 부당성에 대하여는 아무런 언급이 없었다. 그러므로 부당성 부분에 집중하는 이 글의 목적상 이 사건에 대하여는 특별히 언급하지 않는다. '현저성'에 대한 부분적 설명이 필요할 수 있지만, 이는 뒤의 티브로드 강서방송 사건 II(2010)에서 좀더 구체화된 법리를 대상으로 보도록 한다.

53) 대법원 2010. 2. 11. 선고 2008두16407 판결.

나. 티브로드 강서방송 사건 II(2010)[54)]

(1) 사건의 개요

주식회사 티브로드에 소속된 티브로드 강서방송 등 7개 종합유선방송 사업자들은 2005년경 각각 90% 내외의 시장점유율을 갖는 각자의 방송구역 내에서 과거부터 제공해오던 월 수신료 1천원~3천원 수준인 단체계약 상품의 공급을 중단하였다. 동시에 단체계약 가입자를 월 수신료 8천원인 '경제형' 이상의 상품에 개별 가입시키기 위하여 적극 노력하였다. 이에 따라 기존 단체계약 가입자들 중 상당수는 개별계약으로 전환하였고 그렇지 않은 나머지 가입자들 중 대부분은 공청시설을 통하여 지상파 방송만을 시청하였으며 극히 일부 가입자들은 스카이라이프 가입으로 전환하였다.

공정거래위원회는 2007년 위의 행위가 공정거래법 제3조의2 제1항 제5호의 '소비자의 이익을 현저히 저해할 우려가 있는 행위'에 해당된다고 보고 시정조치하였다. 이후 서울고등법원은 공정거래위원회의 판단을 지지하였다.[55)] 주된 이유는 이 사건 행위로 인하여 기존의 단체계약 상품 가입자들 중 개별계약으로 전환한 세대들은 수신료가 크게 증가하고, 개별계약을 체결하지 못한 나머지 세대는 유료방송 시청을 중단하게 된 점이었다.

그러나 대법원은 문제된 행위가 소비자이익을 저해하는 정도의 '현저성'과 그 행위의 '부당성'을 공정거래위원회가 입증하는데 실패하였다는 이유로 원심을 파기하였다. 먼저 '현저성' 여부는 "당해 행위로 인하여 변경된 거래조건을 유사 시장에 있는 다른 사업자의 거래조건과 비교하거나 당해 행위로 인한 가격상승의 효과를 당해 행위를 전후한 시장지배적사업자의 비용 변동의 정도와 비교하는 등의 방법으로

54) 대법원 2010. 5. 27. 선고 2009두1983 판결.

55) 서울고법 2008. 12. 18. 선고 2007누29842 판결.

구체적 · 개별적으로 판단하여야 한다"고 법리를 밝혔다. 그런데 이러한 기준에 의하면 이 사건 행위로 인한 소비자 이익의 저해 정도가 현저하다는 점이 분명하지 않다고 판단하였다. 이 사건은 소비자들이 기존에 누리던 특별한 혜택을 박탈당한데 그친 것일 수 있으므로 가격을 단순히 이 사건 행위 이전과 비교하는 것은 현저성 판단에 도움이 되지 않는다는 것이다.

'부당성' 여부에 대하여도 대법원은 "시장지배적사업자의 행위의 의도나 목적이 독점적 이익의 과도한 실현에 있다고 볼 만한 사정이 있는지, 상품의 특성 · 행위의 성격 · 행위기간 · 시장의 구조와 특성 등을 고려하여 그 행위가 이루어진 당해 시장에서 소비자 이익의 저해의 효과가 발생하였거나 발생할 우려가 있는지 등을 구체적으로 살펴 판단하여야 한다"고 원칙을 밝혔다. 그러면서도 "다만, 시장지배적사업자의 소비자 이익을 저해할 우려가 있는 행위가 존재하고, 그로 인한 소비자 이익의 저해 정도가 현저하다면, 통상 시장지배적사업자가 과도한 독점적 이익을 취하고자 하는 행위로서 부당하다고 볼 경우가 많을 것이다"라고 법리를 함으로써 부당성에 대한 입증부담을 완화하고자 하였다. 이러한 법리에 비추어 보면, 원심이 부당성 인정의 근거로 들었던 사정들은 모두 부당성을 인정하기에 부족하다고 판단하였다. 특히 수신료 상승률이나 유료방송시청 중단의 정도는 단지 이 사건 행위를 전후하여 소비자 이익이 변화된 정도에 불과한 것으로서 유사시장에서의 거래조건 등과 비교한 내용이 아니므로 이 사건 행위가 소비자의 이익을 현저히 저해하였거나 저해할 우려가 있는 행위에 해당한다고 볼 징표라고 보기도 어렵다고 판시하였다.[56)]

---

56) 이 사건은 파기환송심에서도 대법원에서와 같이 현저성이 부정되었고(서울고등법원 2010. 10. 6. 선고 2010누15881 판결), 결국 대법원에서 확정되었다[대법원 2011. 1. 27. 선고 2010두23262 판결(심리불속행 기각)].

(2) 판결의 검토

대법원은 착취남용 유형의 사건에 있어서는 포스코 판결의 법리가 어느 정도 제한 또는 변용되어야 한다고 보는 것으로 이해된다. 즉 포스코 판결은 경쟁사업자를 배제하여 독점력을 유지·강화하는 효과를 낳는 배제남용 유형을 대상으로 한 것인데, 착취남용 유형에 속하는 소비자이익 저해행위의 경우는 독점력을 향유하는 행위라는 성격을 갖고 있으므로 이에 대한 부당성 판단은 배제남용의 경우와는 달라져야 한다는 것이다. 그렇기 때문에 포스코 판결의 부당성 관련 판시는 소비자이익 저해행위에는 그대로 원용할 수 없다고 보는 것이다.[57]

한편 다른 착취남용 유형과 비교할 때에도, 대법원은 공정거래법에 구체적 근거가 명시되어 있는 가격남용이나 출고조절에 비하여 소비자이익 저해행위는 그 규정문언이나 보충적 성격으로 인해 포섭될 수 있는 행위유형이 다양하고 행위자의 목적 및 의도, 행위의 효력 등이 미치는 범위 등도 일률적으로 말할 수 없기 때문에, 이는 결국 독자적 고려요소가 있는 별개의 요건이라고 이해하는 것으로 보인다.[58]

대법원은 이러한 배경에서 소비자이익 저해행위 고유의 부당성 법리를 정립하면서도, 포스코 판결의 부당성 법리에 관한 기본적 구조 즉 주관적 요건과 객관적 요건으로 구성된 구조 자체는 그대로 적용하였다. 이는 소비자이익 저해행위라 하더라도 여전히 시장지배적 지위 남용행위의 일종임에는 변함이 없기 때문에 포스코 판결이 시장지배적 지위 남용행위 전체를 대상으로 선언한 판시의 기본취지에서 자유로울 수 없었던데 기인한 것으로 이해된다.[59] 이러한 이해는 일단 포스코 판결의 기본적 의의를 정확히 이해한 것으로 긍정적으로 평가된다.

그러면서도 대법원은 부당성의 내용은 포스코 판결과 달리 구성하

57) 김정중, "소비자이익 저해행위의 성립요건 중 현저성과 부당성의 판단기준", 「대법원판례해설」 제84호, 법원도서관(2010), 27면 참조.

58) 전게 논문, 31면 참조.

59) 전게 논문, 30면 참조.

였다. 일단 객관적 요건 중 현저성 여부는 배제남용의 법리에서 보기 어려운 개념요소이므로 새로이 기준을 마련할 수 밖에 없었을 것이다. 그런데 부당성 여부에 대하여도 일견 포스코 판결의 것과는 달라 보이는 법리를 제시하였다. 일단 부당성의 주관적 요건으로 "행위의 의도나 목적이 독점적 이익의 과도한 실현"에 있는지 여부와 객관적 요건으로 "그 행위가 이루어진 당해 시장에서 소비자 이익의 저해의 효과가 발생하였거나 발생할 우려가 있는지"등을 제시한 것은 포스코 판결의 것을 착취남용의 개념에 직접 응용한 것으로 읽힌다. 그러면서 동시에 "소비자 이익의 저해 정도가 현저하다면, 통상 시장지배적사업자가 과도한 독점적 이익을 취하고자 하는 행위로서 부당하다고 볼 경우가 많을 것"이라고 부연하였다.

필자가 보기에 소비자이익 저해행위의 의의나 구성요건 등에 관한 위와 같은 대법원의 입장은 배제남용과 착취남용의 차이에 기인한 것으로 불가피한 면이 있으면서도 동시에 몇 가지 문제를 내포하고 있는데, 이 글의 목적상 부당성 부분에 집중하여 설명한다.[60] 먼저 배제남

60) 사실 이 판결의 가장 큰 문제는 공정거래법 제3조의2 제5항 후단의 '소비자이익 저해행위'의 본질을 이른바 '작은 일반조항'(제1항 제1호부터 제5호 전단까지 제시된 유형만이 규제대상이라는 이른바 열거주의의 한계를 극복하기 위한 것. 다만 앞의 유형에 준하는 것이어야 함은 당연하다)으로 보던 기존의 견해와는 달리 이를 착취남용의 독자적 근거규정으로 간주한 것과, '현저성'의 판단기준을 혼란스럽게 만든데 있다고 본다. 이 부분은 이 글의 범위를 벗어나므로 여기에서는 구체적으로는 언급하지 않고 아주 간단히만 언급한다. 우선 전자의 경우 위법행위 유형이 다양한 시장지배적 지위 남용행위를 일일이 열거하고자 하는 공정거래법의 규정형식의 한계로 인하여 열거되지 않은 유형들을 포섭하는 것으로 보았던 기존의 '작은 일반조항' 설을 받아들이지 않은 것은 문제라고 본다. 대신 이를 독립한 착취남용의 한 유형으로 보았는데, 착취남용에 대한 규제를 이와 같이 확대할 이유가 없다고 생각한다. 일부 견해는 이와 같이 본 이유 중의 하나로 "소비자이익 저해행위는 그 성격상 착취남용에 해당"함을 들고 있는데(전게 논문 18면), 이는 시장지배적 지위 남용행위는 그 전체가 궁극적으로 소비자이익을 저해하는 행위에 해당함을 간과한 것으로 보인다. 한편 현저성의 개념혼란에 관한 후자의 문제는, 시장기능에 대한 믿음과 이 이슈에 대한 이해부족 또는 집행효과에 대한 우려와 같이 나름의 합리적인 이유로 착취남용에 대한 규제를 멀리하는 미국과 이보다는 적극적이지만 근래 들어 집행을 크게 자제하는 EU보다도 더욱 적극적으로 착취남

용행위를 대상으로 한 포스코 판결의 판시가 착취남용에 그대로 원용될 수 없다는 점은 비교적 분명해 보인다. 배제남용과는 달리 착취남용의 경우는 소비자 내지 거래상대방과의 사이에 성립하는 거래조건 외에는 경쟁사업자에 대한 영향과 같이 특별히 관찰할 수 있는 시장성과의 대리변수가 없기 때문이다. 따라서 포스코 판결이 제시한 여러 가지 고려요소들이 별다른 도움이 되지 않을 수 있다. 그러나 그와 같은 기술적 문제가 있다고 하여 포스코 판결이 시장지배적 지위 남용행위 전반에 대하여 요구한 효과주의적 접근과 원고의 입증수준과 같은 본질적 취지가 가볍게 여겨져서는 곤란할 것이다.

이 사건 판결 법리의 문제는, 엄연히 구별되는 독립적 구성요건인 현저성과 부당성을 혼동하였다는 점에 있다고 보인다. 이 판결에서 대법원이 제시하는 부당성 판단의 객관적 기준은 단순하다. "그 행위가 이루어진 당해 시장에서 소비자 이익의 저해의 효과가 발생하였거나 발생할 우려가 있는지" 뿐이다. 그런데 이는 '소비자 이익 저해행위'라는 기본적인 구성요건 단계에서 이미 판단된 것으로 중복될 뿐만 아니라(만일 소비자 이익 저해의 효과가 인정되지 않는다면 부당성 판단에까지 이르지도 못할 것이다), 부당성 판단에 앞서 이루어지는 현저성 여부 판단에서는 그 효과가 현저하다는 점까지 인정된 다음이기 때문에 무용한 기준에 불과하다. 그렇다면 부당성 인정은 전적으로 "행위의 의도나 목적이 독점적 이익의 과도한 실현에 있"는지 여부에 관한 주관적 요건에 달려있다는 결과가 되는데, 주관적 요건에 매달리는 이러한 법리구성이 무리한 것임은 분명하다고 생각된다. 주관적 요건이 부당성 판단의 중심이 되지 못한다는 점에 대하여는 이미 앞에서 밝혔다. 이로 인한 불합리를 인식하였기 때문인지 대법원은 단서를 통해 현저성이

용을 규제하고자 하는 과욕에서 비롯된 거의 불가피한 현상이라고 생각된다. 필자로서는 그렇기 때문에 직관적으로 명백한 경우가 아니라면 착취남용을 규제하는 것을 자제하는 것이 현명하다고 보는 것이다.

인정되면 통상 부당하다고 볼 경우가 많을 것이라고 부언하였는데, 이 역시 이해하기 어렵다. 별개의 요건인 현저성이 인정되면 부당성 역시 인정될 개연성이 크다고 한다면, 도대체 시장지배적 지위 남용행위의 핵심요건이면서 효과주의적 접근의 가늠자인 '부당성' 판단의 역할은 무엇인지 알기 어려운 것이다.

필자의 눈에는 이러한 법리가 불공정거래행위 중 부당지원행위에 관한 판례상 법리와 구조적으로 유사하다고 보인다.[61] 부당지원행위에서는 지원행위의 현저성과 부당성이 위법성 판단의 핵심기준인데,[62] 부당성 판단의 기준이 과연 시장경쟁제한성인지 공정거래저해성인지 아니면 회사의 이익이나 소액주주의 보호와 같은 회사법적인 문제인지 등이 확실하지 않은 문제가 초기부터 존재하여 왔다. 그 결과 오늘날 판례는 부당성에 대한 독자적인 개념이나 기준정립은 거의 포기하고 대신 지원행위의 현저성이 인정되면 특별한 정당화 사유가 없는 이상 부당성은 대부분의 경우 같이 인정하는 것으로 처리하고 있다. 위에서 살펴본 이 사건 대법원의 부당성 관련 법리는 이러한 부당지원행위의 법리와 닮았다. 만일 이러한 필자의 관찰이 맞다면 여기에는 문제의 소지가 있다. 시장지배적 지위 남용행위와 본질이 다른 불공정거래행위 중에서도 특히 유독 이질적인 부당지원행위에서의 부당성은 시장지배적 지위 남용행위에서의 부당성과는 체계상 지위나 의미가 전혀 다른 것이기 때문이다.[63] 그러한 부당지원행위의 법리체계가 착취남용의

61) 최근의 부당지원행위 위법성 요건 등에 관하여는 다음 논문을 참고하기 바란다. 신영수, "공정거래법상 현저한 규모에 의한 지원행위(물량몰아주기)의 위법성 판단기준", 「고려법학」 제64호, 고려대학교 법학연구원(2012. 3), 423~432면.

62) 다만 이런 요건들이 모두 애매한 경우에는 '지원의도'가 중요한 역할을 하기도 한다.

63) 이러한 필자의 추측과는 달리 이 단서가 단지 포스코 판결과 형평을 기하기 위한 것이라는 견해가 있다. 포스코 판결에서 "거래거절행위로 인하여 현실적으로 경쟁제한적 효과가 나타났음이 입증된 경우에는 그 행위 당시에 경쟁제한을 초래할 우려가 있었고 또한 그에 대한 의도나 목적이 있었음을 사실상 추정할 수 있다"는 법리를 일컫는 것이다. 강우찬, "'소비자 이익의 현저한 저해행위'의 판단방법", 공정거래법 판례선집, 사법발전재단(2011), 110면. 만일 이러한 해석이 사실이라면,

경우에 적용되는 것은 여러모로 타당하지 않다고 생각한다.

필자의 견해로는 이러한 문제가 경쟁법에 의한 합리적 규제가 어려운 착취남용에 대한 과도한 규제의욕에서 비롯된 것으로 보인다. 이는 다시 시장지배적 지위 남용행위의 '작은 일반조항'으로 해석하여야 할[64] 공정거래법 제3조의2 제5항 후단의 '소비자이익 저해행위'를 착취남용의 독자적 근거로 본 문제로 이어지며, 그로부터 해석상 난점이 파생한 것이다. 따라서 문제의 해법은 착취남용에 대한 규제의 필요성 내지 합리성과 위 조항의 올바른 해석론에 집중되어야 할 것이다.

다만 이 사건의 결론만을 두고 보자면, 필자의 시각으로도 이 사건 단체계약 폐지행위의 부당성을 인정하기는 어렵다고 생각된다. 그 이유는 첫째, 종합유선방송 사업자가 독점사업자라 하더라도 중계유선방송의 통합이라는 특별한 탄생배경을 안고 있는 기존의 저가 단체계약을 영원히 공급해야만 하는 의무를 부담한다고 보기 어렵기 때문이다. 기존의 공급계약이 만료되거나 합리적 기간 동안 지속된 이후에는 사업자가 통상적인 수준의 계약을 체결하도록 계약변경을 요구할 수 있다고 보는 것이 타당하다. 둘째, 이 사건 행위로 인하여 소비자들이 새로이 처하게 된 사정은 보통의 다른 소비자들과 동일한 것일 뿐이다. 그렇다면 이 사건에 관련된 소비자들은 오히려 기존에 특혜를 누리고 있었다고 볼 수 있고 그로 인한 경제적 부담은 그 외 다수의 소비자들이 분담하였다고도 할 수 있으며, 이 사건 판결 역시 동일한 배

이는 더욱 큰 문제라고 생각한다. 포스코 판결의 위 법리는 부당성에 대한 객관적 요건이 충분히 입증되는 경우 주관적 요건도 추정하여 이에 대한 입증부담을 완화시켜주기 위한 것으로, 이는 효과주의에 충실한 것이고 전적으로 부당성의 입증에 한정된 것이다. 그런데 이 사건의 단서 부분은 부당성 요건에만 한정된 것이 아니라 그와는 별개의 요건인 현저성에 관련된 것이다. 즉 별개의 요건을 하나처럼 엮음으로써 결과적으로 부당성 요건을 무력화하는 효과를 낳는 것이다. 이는 효과주의를 강조한 포스코 판결의 취지를 몰각시키는 것으로 이해하기 어렵다고 생각한다.

64) 앞의 각주 60 참조.

경에서 나왔을 것이다. 대법원이 이 사건에서 소비자이익 저해행위의 부당성은 개별소비자의 이익이 아니라 경쟁시장에서의 소비자가 누릴 수 있는 이익을 보호하고자 하는 것임을 천명한 것은 이러한 측면에서 긍정적으로 볼 수 있을 것이다.

다. 티브로드 서해방송 사건(2010)[65]

이 사건은 단체상품 폐지행위와 채널편성 변경행위를 포함하는데, 전자는 위에서 살펴본 티브로드 강서방송 사건 II(2010)과 후자는 그 앞에서 언급한 CJ헬로비전 사건(2010)과 내용과 결론이 아주 유사하다.[66] 즉 2개 행위에 대하여 모두 위법성이 인정되지 않았다.

라. 에스케이텔레콤 멜론 사건(2011)

앞의 배제남용 부분에서 보았던 이 사건에 대하여 공정거래위원회는 사업활동방해 외에 소비자이익 침해행위로도 보고 처분사유로 삼았다. 그러나 대법원은 앞서 보았던 티브로드 강서방송 사건 II(2011)에서 설시한 법리를 인용하면서, "일반적으로 음악사이트에 새로 가입하거나 가입사이트를 변경하는 소비자의 경우는 그 침해의 현저성이 문제가 되지 아니하고, 또한 컨버팅 과정을 거치는 경우에도 이는 단지 불편할 뿐이지 현저한 침해가 된다고 보기는 어렵다고 판단"한 원심의 결론이 옳다고 판단하였다.

이 사건에서는 부당성 판단에는 이르지도 않았기 때문에 여기에서 판결에 대한 구체적인 언급은 하지 않는다. 다만 현저성 판단의 어려움은 앞에서 지적한 것과 같다. 이 사건에서 대법원이 현저성을 부정한 것도 이러한 배경에서 비롯된 것이라고 이해된다. 그렇다면 과연

---

65) 대법원 2011. 2. 10. 선고 2010두23279 판결.

66) 이 사건의 상고심은 심리불속행 기각되었기 때문에 대법원 판단이 나와있지 않지만, 앞의 2개 판결을 통하여 충분히 대법원의 입장을 이해할 수 있다.

착취남용에 대한 법리를 적극적으로 구성하는 것이 현실적으로 어떠한 효용이 있는지 알기 어렵다.

마. 소 결

포스코 판결 이후 착취남용 사건의 대부분은 방송사업자의 지역독점 구조가 비교적 명백한 유료방송시장에서 발생했으며 특히 소비자이익 저해행위로 규율된 경우가 대부분이다. 공정거래법 제3조의2 제5항 후단 외에는 아무런 하위규정도 없는 추상적 법규정을 적용하는 어려움을 극복하기 위하여 대법원은 포스코 판결의 법리를 바탕으로 하되 착취남용의 특성을 감안하여 현저성과 부당성을 중심으로 새로운 법리를 정립하고자 노력하는 것으로 보인다. 그러나 그 결과는 만족스럽지 않음을 앞에서 보았다. 이러한 문제를 해결하기 위하여 판례를 개선하거나 입법적으로 하위규정을 마련하는 것도 필요할 수 있다. 그러나 지금까지 살펴본 판례의 문제의 원천은 소비자이익 저해행위를 착취남용의 독립한 행위유형으로 파악하고 법적 판단기준을 구체화하고자 하는 방향설정의 무리함에서 비롯된 것으로 생각하고 그런 기조가 이어지는 한 특별한 해결책이 나오기 어려울 것으로 본다.

그럼에도 소비자이익 저해행위에 관한 대법원 판결 자체는 결과적으로는 별다른 긍정오류(false positive)를 야기하지 않았다는 것이 필자의 견해이다. 이는 포스코 판결 이후 지금까지 공정거래위원회가 시정조치한 모든 소비자이익 저해행위 사건을 대법원이 현저성을 부정하는 방법으로 취소하였기 때문이다. 이 글에서는 목적상 현저성 요건에 대하여 깊이있게 검토하지 않았지만, 만일 대법원이 현저성의 입증수준을 대단히 높게 설정한다면 이는 실질적으로는 EU에서 착취남용에 의한 규제를 크게 자제하는 것과 유사한 결과를 낳게 되어 그나마 바람직할 것으로 생각된다. 물론 그렇다 하더라도 소비자이익 저해행위의 규율범위를 광범위하게 설정함으로써 마치 착취남용의 법리에 의한 규제가 적극적으로 이루어질 것 같은 인상을 주는 것이 정당화되기는 어렵다는 것도 사실이다.

마지막으로, 만일 공정거래법이 착취남용 규제에 소극적이 된다면 유료방송시장과 같이 독점구조가 고착화된 상황에서 소비자피해가 발생하는 경우에도 경쟁당국이 별다른 조치를 취할 수 없을 것이라는 지적이 있을 수 있다. 그러나 필자의 견해로는 이러한 문제는 대부분 시장지배적 지위 남용행위에 의한 규제로 해결할 수 있는 것이 아니라고 본다. 오히려 지역시장 독점이 초래된 것은 방송통신 규제당국의 정책적 노력에 기인한 것인만큼, 독점에 의한 소비자피해의 직접 책임은 방송통신 규제당국이 지고 그에 의한 적절한 규제에 의하여 해결하는 것이 정도라고 본다. 시장경쟁이 만능인 것은 아니고 정부인가 독점의 문제는 정부규제에 의하여 해결되는 것이 타당하기 때문이다. 동시에 근본적으로는 시장구조 자체를 경쟁화하는 정책적 노력이 필요하며, 이것이야말로 경쟁당국은 물론 방송통신당국도 정책적으로 추구해야 할 목표일 것이다. 다행히 유료방송시장의 경우 기존의 케이블방송 독점에서 IPTV와의 경쟁으로 시장구조가 변화하고 있으며 거기에 거의 존재감이 없던 위성방송 역시 근래 들어 일정한 역할을 하고 있다. 동시에 인터넷의 발달로 유튜브를 비롯한 인터넷방송도 일정한 경쟁압력을 가하는 현실이다. 이러한 방송시장의 경쟁화가 가격, 품질 및 서비스 등에 있어 경쟁을 촉진하고 소비자 후생을 증진하고 있음은 의심의 여지가 없으며, 이것이 가장 효과적인 해결책이라는 데에도 이견이 없을 것이다.

다만 그렇다고 하여 지역독점의 여파가 잔존한 상황에서 공정거래법 집행이 완전히 잠자고 있을 수도 없다. 시장지배적 지위 남용행위 중 다양한 배제적 행위, 착취남용 중 직관적으로 경쟁제한효과가 명백한 예외적인 경우, 그리고 소비자피해의 규모나 범위 그리고 반복가능성 등에 비추어볼 때 공정한 공공의 거래질서를 어지럽힐 우려가 큰 불공정거래행위 등의 경우에는 여전히 공정거래법의 집행이 필요할 것으로 본다.

Ⅲ. 공정거래위원회 공정거래법 집행 방침의 변화

공정거래위원회는 최근 '시장지배적 지위 남용행위 심사기준'('심사기준')을 개정하였는데[67] 그 주된 내용은 포스코 판결이 제시한 부당성 판단기준을 반영한 것으로 보인다. 즉 심사기준 제IV장(시장지배적지위 남용행위의 세부 유형 및 기준)에 제6항을 신설하여 '경쟁제한효과의 판단기준'이라는 제목 하에 경쟁제한효과 판단 시 고려사항과 판단기준 등을 상당히 구체적으로 서술하였는데 그 내용은 포스코 판결이 부당성에 관하여 판시한 것을 대부분 수용한 것이다. 그러면서 몇 가지 예시를 들었는데, 이는 포스코 판결 이후에 선고된 몇몇 대법원 판결[68]과 공정거래위원회 심결[69]의 주요 내용을 요약한 것으로 그 대부분은 포스코 판결의 취지와 일관된 것으로 보인다.

다만 개정된 심사기준은 포스코 판결이 판시한 주관적인 의도 내지 목적에 관한 부분에 대하여는 아무런 언급을 하지 않고 있다. 이것은 아마도 포스코 판결이 요구한 주관적 요건이 과도한 것이라는 학계의 비판을 의식한 것으로 추측된다. 심사기준에 아무런 언급이 없다는 것은 대체로 세 가지 중의 하나로 생각할 수 있을 것이다. 우선 주관적 요건에 관하여는 공정거래위원회의 공식적인 법 집행방침을 정하지 않고 개별 사안 별로 해결하겠다는 뜻일 수 있을 것이다. 심사기준은

67) 공정거래위원회 고시 제2012-52호, 2012. 8. 13. 개정.

68) 농협중앙회 판결(2009)과 현대자동차 판결(2010)을 참고한 것으로 보인다.

69) 마이크로소프트 사건(공정거래위원회 의결 제2006-042호, 2006. 2. 24. 의결)과 제스프리 키위 사건(공정거래위원회 의결 제2012-045호, 2012. 3. 26. 의결)을 참고한 것으로 보인다.

행정기관의 내부규칙에 해당하는 그 법적 성격상 그에 포함되지 않은 사항에 대하여는 공정거래위원회가 자유로이 재량에 따라 판단할 수 있기 때문이다(물론 내부적인 차원에 한하여 가능한 것이다). 둘째로, 객관적인 경쟁제한효과의 입증에 집중하겠다는 뜻일 수 있다. 포스코 판결은 객관적인 경쟁제한효과가 입증된 경우에는 주관적 요건이 추정되고 그렇지 않은 경우에도 객관적인 사정을 고찰하여 주관적 의도 내지 목적을 추단하도록 방향을 제시하고 있다. 그렇다면 어차피 부당성 판단은 객관적인 경쟁제한효과에 집중될 수 밖에 없으며, 포스코 판결 이후 대부분의 판례 역시 그러한 경향을 잘 보이고 있다. 그렇다면 공정거래위원회로서는 주관적 요건의 독립적 입증 여부에 구애받지 않고 객관적인 경쟁제한효과의 입증에 주력하는 것이 보다 효율적이라고 생각할 수 있을 것이다. 셋째, 주관적 요건을 무시하고자 하는 뜻일 수 있다. 포스코 판결이 주관적 요건을 독립적인 입증대상으로 정하는 것은 옳지 않다고 보고 공정거래위원회로서는 객관적 요건에만 집중하여 향후 대법원의 판단을 구하고자 하는 취지일 수 있을 것이다.

필자의 견해로는, 위에서 두 번째 경우가 공정거래위원회의 입장이 아닐까 생각된다. 필자는 이전부터 포스코 판결이 주관적 요건을 독립한 입증대상으로 요구하는 것이 아니라 객관적인 경쟁제한의 우려로부터 추단되는 것임을 밝히고 대법원이 포스코 이후 후속 판례를 통하여 이를 명확히 할 것을 주장하여 왔다.[70] 이 글에서 보이듯이 최근 판례 역시 그러한 방향으로 발전해온 것으로 평가된다. 그렇다면 공정거래위원회가 위의 두 번째 경우와 같이 사건을 처리할 경우 결과적으로 포스코 판결과 크게 어긋나지 않음은 물론 공정거래위원회로서도 주관적인 의도나 목적의 입증에 지나치게 구애받지 않을 수 있을 것으

70) 전게 졸고, "공정거래법상 단독의 위반행위 규제의 체계-시장지배적 지위 남용행위로서의 거래거절행위의 위법성, 그 본질과 판단기준(대법원 2007. 11. 22. 선고 2002두8626 전원합의체 판결을 대상으로), 238면 등 참조.

로 생각할 수 있다. 물론 가장 바람직한 것은 이상과 같은 취지를 심사기준에 보다 명확히 반영하는 것일 것이다. 어쨌든 이에 대하여는 앞으로 공정거래위원회의 사건처리경위와 판례를 계속 관찰할 필요가 있다.

주관적 요건에 관한 부분을 제외하면, 이번 심사기준 개정은 공정거래위원회가 대법원과 마찬가지로 포스코 판결 중 부당성 관련 판단의 적용범위를 거래거절 사건으로 좁게 보지 않고 시장지배적 지위 남용행위 전반에 대한 것으로 받아들이는 동시에 그 입증방법도 대법원이 제시한 방향을 수용하는 쪽으로 공정거래위원회의 법 집행방침을 정하였음을 심사기준을 통해 공식화한 것으로 보아야 할 것이다. 이는 최근 판례 동향을 반영한 것으로 타당한 것으로 평가할 수 있다.

Ⅳ. 결　　론

대법원은 포스코 판결 이후 지금까지 시장지배적 지위 남용행위 전반에 걸쳐 그 취지를 충실히 구현하려 애쓴 것으로 평가된다. 소비자이익 저해행위를 축으로 한 착취남용의 법리 구성에 다소 혼선이 있는 것은 아쉽지만 결과적으로는 크게 잘못된 것이 없고 앞으로 좀더 심도있는 검토를 통해 개선될 것으로 기대한다.

이제 포스코 판결이 판례로 정착되는 것이 뚜렷한 이상, 시장성과를 중심으로 하는 효과주의적 접근을 공정거래법 전반에 투영시키는 동시에 공정거래위원회의 법 집행에도 관철시키는 작업이 필요하다고 생각한다. 이를 통하여 우리 공정거래법 집행이 단순한 구두선이 아니라 21세기의 한국경제 발전에 실질적으로 기여할 수 있을 것으로 믿는다. 그런 점에서 최근 공정거래위원회가 시장지배적 지위 남용행위 심사기준을 개정한 것은 부분적인 아쉬움에도 불구하고 긍정적으로 볼 수 있다. 물론 독과점 시장구조 개선과 시장경쟁 활성화를 추구하는 경쟁정책의 역할과 범위는 매우 넓기 때문에 본질상 소극적 역할에 머무를 수 밖에 없는 공정거래법 집행이 경쟁정책의 소임을 전적으로 떠맡을 수는 없다. 따라서 보다 근본적이고 주요한 역할은 시장구조 개선을 비롯한 적극적인 경쟁정책의 입안과 집행에 기대하여야 할 것이다.

한편 판례와 공정거래위원회 심사기준 개정을 통해 거래의 공정성 여부가 아닌 경쟁제한적 효과 여부에 집중하게 된 시장지배적 지위 남용행위의 집행방향 전환과 비견될 수 있는 것이 극히 광범위한 규율범위를 갖고 있는 불공정거래행위 제도의 적용범위를 합리적으로 축소하는 일이다. 이를 위해서는 실체가 모호한 기존의 공정거래저해성 법리나 불공정거래행위를 통한 경쟁제한적 효과의 규제 대신 거래상대방에게 미치는 불이익의 규모와 범위 그리고 재발가능성 등을 고려한 공공의 거래질서(public transactional policy) 법리를 부당성 판단의 중심기준으로 삼는 것이 매우 긴요하다고 생각한다.[71] 이를 통하여 불공정거래행위 제도 역시 단순히 거래당사자 간의 민사문제에 불과한 경제적 이해관계 조정역할에서 벗어나 거래의 공정성을 실질적으로 담보할 수 있는 것으로 탈바꿈할 수 있을 것이다. 동시에 이로써 공정거래법 집행이 시장에 자율적 발전의 계기를 제공하고 본연의 경쟁법으로 작동하도록 할 수 있을 것으로 믿는다.

---

71) 이에 관한 설명은 다음 논문을 참조하기 바란다. 졸고, "공정거래법상 단독의 위반행위 규제의 체계(Ⅱ) - 불공정거래행위로서의 거래거절행위의 위법성, 그 본질과 판단기준(판례를 중심으로)", 「경제법연구」 제9권2호, 한국경제법학회(2010), 131～132면.

참고문헌

강우찬, "'소비자 이익의 현저한 저해행위'의 판단방법", 공정거래법 판례선집, 사법발전재단(2011).

곽세붕, "포스코에 대한 대법원 판결 내용과 미국 및 EU의 남용행위 판례비교: 남용행위의 부당성 인정요건과 입증방법을 중심으로", 「경쟁저널」 제142호, 한국공정경쟁연합회(2009. 1).

김정중, "소비자이익 저해행위의 성립요건 중 현저성과 부당성의 판단기준", 「대법원판례해설」 제84호, 법원도서관(2010).

신영수, "시장지배적 사업자에 의한 사업활동방해행위의 성립요건-유료방송시장을 중심으로-", 경제법판례연구」 제6권, 경제법판례연구회, 법문사(2010).

신영수, "공정거래법상 현저한 규모에 의한 지원행위(물량몰아주기)의 위법성 판단기준", 「고려법학」제64호, 고려대학교 법학연구원(2012. 3).

윤인성, "'독점규제 및 공정거래에 관한 법률' 관련 2008년 대법원판례의 개관", 「경쟁법연구」제19권, 한국경쟁법학회(2009. 5).

이봉의, "보험산업에서의 불공정거래행위에 관한 경쟁법적 고찰",「BFL」제29호, 서울대학교 금융법센터(2008. 5).

이호영, "공정거래법상 시장지배적사업자 규제의 쟁점과 과제", 「저스티스」 제104호, 한국법학원(2008. 6).

이황, "공정거래법상 단독의 위반행위 규제의 체계-시장지배적 지위 남용행위로서의 거래거절행위의 위법성, 그 본질과 판단기준(대법원 2007. 11. 22. 선고 2002두8626 전원합의체 판결을 대상으로)", 「사법」 제5호, 사법발전재단(2008. 9).

이황, "공정거래법상 단독의 위반행위 규제의 체계(Ⅱ) - 불공정거래행위로서의 거래거절행위의 위법성, 그 본질과 판단기준(판례를 중심으로)",

「경제법연구」 제9권2호, 한국경제법학회(2010).

이황, "FRAND 확약 위반과 특허위협(Hold-up)에 대한 공정거래법상 규제의 기준", 「저스티스」 제129호, 한국법학원(2012. 4).

조성국, "시장지배적 지위 남용행위에 대한 위법성 판단기준에 관한 연구", 「경쟁법연구」제19권, 한국경쟁법학회(2009. 5).

주진열, "티브로드 사건에 대한 고찰: 시장지배력 전이 이론을 중심으로", 「경쟁법연구」제25권, 한국경쟁법학회(2012. 5)

홍대식, "사법적 관점에서 본 공정거래법-시장지배적 지위 남용행위를 중심으로", 「상사법연구」 제29권 제2호, 한국상사법학회(2008. 8).

홍대식, "시장지배적 지위 남용행위의 판단기준 개선방안,"「경쟁법연구」제21권, 한국경쟁법학회(2010. 5).

황창식, "공정거래법상 시장지배력 남용 규제의 해석 및 집행상의 문제점-불공정거래행위 규제와의 법적용 관계를 중심으로", 「경제법판례연구」 제5권, 경제법판례연구회, 법문사(2009).

American Bar Association, Antitrust Law Developments (7th. ed, 2012).

David S. Evans, "Antitrust Issues Raised by the Emerging Global Internet Economy", 102 Nw. U. L.Rev. 305 (2008).

Paul Milgrom & John Roberts, Predation, Reputation, and Entry Deterrence, 27(2) Journal of Economic Theory 280 (1982).

국문초록

2007년 포스코 판결은 공정거래법 상 시장지배적 지위 남용행위의 위법성 판단에 효과주의 접근을 도입하였다. 그러나 다양한 위법행위 유형에 대응하는 구체적 부당성 판단기준은 후속 판례를 통하여 마련되어야 할 것이었다.

시장지배적 지위 남용행위 사건에 대하여 최근까지 선고된 9건의 대법원 판례들을 살펴보면, 대부분 사건에 있어서 포스코 판결의 효과주의 취지와 법리가 충실하게 지지되고 구현되어 온 것으로 보인다. 이로써 포스코 판결의 의의가 단순히 거래거절 사건에 한정된 것이 아님이 판례에 의하여 확인되었다. 시장지배적 지위 남용행위를 강학 상 배제남용(exclusionary abuse)과 착취남용(exploitative abuse)으로 구별하는 견해가 많다. 전자의 경우에 해당하는 6개 판결을 보면, 실제 적용에 있어서 다소의 편차는 있지만 전반적으로 포스코 판결의 취지에 상당히 부응하였다고 생각된다. 후자에 속하는 3개 경우는 배제남용을 다룬 포스코 판결과 이질적인 행위속성으로 인하여 새로이 구축해야 했던 현저성과 부당성의 개념 및 기준에 혼선이 생긴 것으로 생각된다. 그 결과 특히 부당성 부분에 있어서 효과주의에 입각한 포스코 판결의 취지와 다소 거리가 있는 방향으로 법리가 형성되는 경향이 엿보여 아쉽다. 한편 포스코 판결에 대한 주된 비판이 주관적 요건을 지나치게 강조하여 규제범위가 좁아졌다는 우려였는데, 그간의 판례를 통하여 이러한 걱정이 실제로는 큰 문제가 되지 않는다는 것이 사실로 나타났다고 보인다.

공정거래위원회는 2012년 시장지배적 지위 남용행위 심사기준을 개정하였는데, 주된 내용은 포스코 판결이 제시한 부당성 판단기준을 반영한 것으로 보인다. 특히 객관적인 경쟁제한효과에 관한 부분은 포스코 판결을 전면적으로 수용하였다. 결국 공정거래위원회 역시 시장지배적 지위 남용행위 사건을 포스코 판결의 법리에 따라 처리하겠다는 입장을 공식화한 것이다.

이제 포스코 판결이 판례로 정착되고 공정거래위원회 역시 같은 입장에서 공정거래법을 집행하고자 하는 경향이 뚜렷해진 이상, 시장성과를 중심으로 하는 효과주의적 접근을 공정거래법 전반에 반영하여 더욱 발전시키는 것이 필요할 것이다. 이를 통해 공정거래법 집행이 한국경제의 발전에 실질적으로 기여할 수 있을 것이다.

주제어: 시장지배적 지위 남용행위, 포스코 판결, 효과주의, 배제남용, 착취남용, 경쟁제한효과

Abstract

Development of 'Unreasonableness' criteria in the Supreme Court Decisions about Abuse of Dominance after the POSCO Decision

Hwang Lee(Korea University)

The POSCO Decision in 2007 introduced an effect-based approach to find unreasonableness about abuse of market dominance cases. Formation of detailed criteria in each type of violations of abuse of dominance, however, was to be made visible in following cases.

Analysis of nine Supreme Court decisions about abuse of dominance, after the POSCO Decision until present, represents that most decisions support the spirit and fundamental standards of the POSCO Decision. It means that the POSCO Decision is not one with limited application to refusal to deal cases only, as predicted by some commentators. Many voices categorize abuse of dominance cases into two types; exclusionary and exploitative as seen in theories of EU competition laws. Detailed analysis of the six Supreme Court decisions for exclusionary abuse shows that most of them go along with the standard prepared by the POSCO Decision with only minor variations. Decisions for the latter type, however compared with the decisions for the former type, reveal more fluctuations in terms of seriousness and unreasonableness criteria. Those criteria were not included in the POSCO Decision that dealt with exclusionary abuse and should be created new; as a result, unreasonableness criteria in exploitative abuse may be found heterogeneous from that of the POSCO Decision. The author believes that this is not right and should be improved in future decisions. In any event, major criticism about the POSCO Decision was that it made regulations over dominant firms too difficult due to excessive requirement of intent factor that is not required in US and EU. It proved not to be true because past decisions did not raise the intent requriement as hard-to-prove issues in any case.

The Fair Trade Commission revised the Criteria of Abuse of Markt Dominance in 2012. The revision reflected the unreasonable criteria in the POSCO Decision in the codes. It accepted the POSCO standard especially with regard to the part of restriction of market competition. It means that the KFTC officially made it clear that she will respect the POSCO Decision in competition law enforcement in the future.

Confirming that the POSCO Decision is supported by the Supreme Court and the KFTC, it is necessary to develop effect based approach that emphasizes market performance in all aspects of competition law enforcement. It shall be a way to make the enforcement contribute in developing Korean economy.

Keywords: abuse of market dominance, POSCO Decision, effect based approach, exclusionary abuse, exploitative abuse, restriction of market competition

투 고 일: 2012. 11. 30
심 사 일: 2012. 12. 21
게재확정일: 2012. 12. 21

勞動行政法

期間制 勤勞契約에 있어서의 更新期待權 및
更新拒絕의 效力 / 朴貞杺

期間制 勤勞契約에 있어서의 更新期待權 및 更新拒絕의 效力

朴 貞 杺*

(대상판례 : 대법원 2011. 4. 14. 선고 2007두1729 판결)

[사안의 개요]

1. 사실관계

가. 서울시는 2002년 중증장애인을 위한 장애인콜택시 제도를 운영하기로 하고 그 운영을 피고 보조참가인(서울특별시시설관리공단, 이하 '참가인'이라 한다)에게 위탁하였다. 참가인은 원고들(7인)을 포함한 100명의 운전자들과 사이에 기간을 2002. 12.- 2003. 12.(1년)으로 정하여

* 서울행정법원 부장판사

운행 위·수탁계약을 체결하였다(이하 '이 사건 계약'이라 한다, 계약명에도 불구하고 원고들이 실질적으로 임금을 목적으로 근로를 제공하는 근로기준법상의 근로자라는 점은 제1심과 원심에서 인정되어 확정되었다).

나. 이 사건 계약서에는, ① 최초 위탁기간은 2002. 12. 9부터 2003. 12. 31.까지로 한다. 다만, 참가인은 위 기간 동안 원고들의 운행실적 등을 감안하여 필요하다고 인정할 때에는 기간을 연장할 수 있다. ② 위 계약기간 만료 30일 전까지 상호 서면으로 이의가 없을 때에는 본 계약은 동일한 조건으로 자동연장하는 것으로 한다, ③ 기간 중 원고들의 귀책사유 또는 다른 사정으로 인한 중도해지가 가능하며, 계약의 종료사유로는 위탁기간이 만료된 경우, 계약이 해지된 경우 등이 포함되어 있다.

다. 원고들은 장애인콜택시운전자들로 구성된 서울경인사회복지노동조합 서울시장애인콜택시지부(2003. 8. 6. 설립)의 임원 및 노동조합원으로 활동한 자들이고, 피고와 사이에 계약이 갱신된 적이 없다.

라. 참가인은 2003. 11.경 계약연장 여부를 결정하기 위한 심사위원회[1]를 구성하여 5개의 심사항목[2]을 적용하여 심사하였다. 그 결과 70점 이상을 받은 89명과는 계약을 갱신하고, 70점 미만자인 원고들을 포함한 11명에게는, 2003. 11. 29. 각각 2003. 12. 31.자로 이 사건 계약에서 정한 위탁기간이 만료되어 이 사건 계약이 종료되었고, 갱신계약 체결 대상자 선정을 위한 심사(2004년)에서 탈락되었다는 취지의 통지를 하였다(이하 '이 사건 갱신거절' 이라 한다).

마. 원고들은 노동위원회에 부당해고 및 부당노동행위구제신청을

1) 서울시의원, 변호사, 공인노무사, 서울시 관련 부서 공무원 등 4인의 외부인사와 참가인 시설관리이사, 교통관리처장 등 2인의 내부인사로 구성됨.

2) ① 1일 운행 실적(1일 콜 횟수), ② 교통법규 위반 및 본인 귀책 차량사고, ③ 콜 중계위반 운행, ④ 참가인의 명예훼손(민원유발, 불친절, 복장불량 등), ⑤ 콜 택시 운행 및 관리태만 등으로 각 항목별로 15점에서 30점이 배점되어 총점 100점이다.

하였으나, 노동위원회는 이 사건 계약에서 정한 위탁기간이 만료(2003. 12. 31.)됨으로써 원고들의 근로자로서의 신분관계는 당연히 종료되었고, 이 사건 갱신거절이 해고에 해당한다고 볼 수도 없다는 이유로 부당해고구제신청을 기각하고, 노조활동을 이유로 한 갱신거절도 아니라는 이유로 부당노동행위구제신청도 기각하였다(부당노동행위구제 신청은 제1심부터 대법원까지 모두 기각되었고, 여기에서는 논외로 한다).

2. 소송의 경과

가. 제1심(서울행정법원 2004구합33756판결)

1) 사실상 기간의 정함이 없는 계약으로 볼 수 있는지 여부

① 기간을 1년으로 정하여 공모하고 위탁기간을 1년으로 정하여 계약서 작성하고, ② 장애인콜택시 제도의 성격상 그 계속여부 및 수탁자 선정 등이 정책적으로 이뤄지는 점, ③ 서울시가 수탁기관을 참가인외의 제3자에게 위탁 가능하고, 원고들과 참가인의 이 사건 계약기간은 서울시와 참가인간의 위탁기간과 일치한 점, 서울시의 위탁기간이 중도해지 되는 경우 원고들의 계약도 종료되는 점 등에 비춰 사실상 기간의 정함이 없는 계약이라고 볼 수 없다.

2) 갱신기대권이 인정되는지 여부

① 이 사건 계약서에 참가인은 위탁기간 동안 원고들의 운행실적 등을 감안하여 필요하다고 인정할 때에는 위탁기간을 연장할 수 있고, 계약기간 만료 30일전까지 상호 서면으로 이의가 없을 때에는 본 계약은 동일한 조건으로 자동연장된다는 규정이 포함되어 있는 점, ② 실제로 2003. 12.경 참가인은 기존의 운전자 100명 중 이 사건 심사 결과 부적격자로 판정하여 이 사건 갱신거절을 한 원고들을 포함한 11명을 제외한 나머지 89명의 운전자와의 사이에 연장계약을 체결하는 형

식으로 위 계약을 갱신한 점, ③ 원고들의 근무형태와 공공서비스로서의 업무상 특징 및 구체적 근무형태 등에 비추어 보면, 원고들로서는 위탁기간이 만료된 후에도 계속 근로관계가 유지될 것으로 기대할 만한 충분한 사정이 있었다고 볼 수 있다.

3) 갱신거절의 합리성이 인정되는지 여부

일부 심사항목은 명확성과 합리성을 갖춘 것으로 볼 수 없고, 그 중 일부가 평가자의 자의적 평가가 개입될 여지가 있어 그 객관성과 공정성이 결여되어 있고, 일부 심사항목이 운전자 전원에 대하여 공평하게 적용되지 않고 자의적으로 적용되는 등, 이렇게 자의적으로 적용한 결과로서 총 점수가 70점 미만이라는 점을 들어 원고들에 대하여 이 사건 갱신거절을 한 것은 사회통념상 상당하다고 인정되는 합리적인 이유가 있다고 볼 수 없다. 이러한 상태에서는 참가인의 원고에 대한 이 사건 갱신거절은 그 효력을 인정할 수 없어 참가인과 원고들 사이의 근로계약관계는 갱신된 것이다. 〈청구인용〉

나. 원심 (서울고등법원 2005누17722 판결)

1) 제1심과 같은 이유로 기간을 정한 것이 형식에 불과하다고 볼 수 없다.

2) 갱신기대권이 인정되는지 여부

① 계약서 및 법령에서 재계약 체결 의무를 지우거나 구체적인 재계약 절차 요건 등에 관한 규정 없음. ② (조례에 의하면) 서울특별시는 장애인콜택시의 관리 등에 관하여 참가인 이외의 법인 또는 단체에 위탁할 수 있고, 수탁기관이 제3자에게 재위탁하는 경우 계약기간은 1년 단위로 하도록 규정, 참가인과 서울특별시와의 사이에 체결된 위탁계약이 중도해지 등의 사유로 종료되는 경우 이 사건 계약 역시 중도해지 할 수 있음. ③ 원고들의 경우에는 계약갱신이 단 한 차례도 이루진 바 없는 점 등에 비추어 보아, 원고들에 대하여 이 사건 계약의

만료시점에 이 사건 계약이 갱신될 수 있으리라는 정당한 기대권이 인정된다고 볼 수 없다.

3) 갱신거절의 합리성이 인정되는지 여부

이 사건 심사기준표상 심사항목의 배점간격에 다소 불균형적인 차이가 있고 심사항목 중 민원유발 항목에서 전화로 접수된 민원을 충분한 검토 없이 심사대상에서 제외하였다 하더라도 이러한 사유 및 원고들이 제출한 증거만으로 이 사건 심사기준표상 심사항목이 사회통념상 상당하다고 인정될 수 없을 정도의 합리성 및 명확성을 갖추지 못하였다고 인정하기에 부족하고, 참가인이 이 사건 심사항목을 운전자들에게 적용함에 있어 신의칙상 허용될 수 없을 정도의 위반이 있었다는 점도 인정할 증거가 없음을 전제로, 참가인이 이 사건 심사기준표에 따라 심사한 결과 갱신 기준 점수인 총점 70점을 취득하지 못한 원고들에 대하여 계약의 갱신을 거절한 것은 합리적인 이유가 있고, 따라서 이 사건 갱신거절을 부당한 해고로 볼 수 없다. 기간만료로 신분관계 종료되었다. 〈청구기각〉

다. 대상판결 요지

1) 기간을 정하여 근로계약을 체결한 근로자의 경우 그 기간이 만료됨으로써 근로자로서의 신분관계는 당연히 종료되고 근로계약을 갱신하지 못하면 갱신거절의 의사표시가 없어도 당연 퇴직되는 것이 원칙이다. 그러나 근로계약, 취업규칙, 단체협약 등에서 기간만료에도 불구하고 일정한 요건이 충족되면 당해 근로계약이 갱신된다는 취지의 규정을 두고 있거나, 그러한 규정이 없더라도 근로계약의 내용과 근로계약이 이루어지게 된 동기 및 경위, 계약 갱신의 기준 등 갱신에 관한 요건이나 절차의 설정 여부 및 그 실태, 근로자가 수행하는 업무의 내용 등 당해 근로관계를 둘러싼 여러 사정을 종합하여 볼 때 근로계약 당사자 사이에 일정한 요건이 충족되면 근로계약이 갱신된다는 신

뢰관계가 형성되어 있어 근로자에게 근로계약이 갱신될 수 있으리라는 정당한 기대권이 인정되는 경우에는, 사용자가 이를 위반하여 부당하게 근로계약의 갱신을 거절하는 것은 부당해고와 마찬가지로 아무런 효력이 없고, 이 경우 기간만료 후의 근로관계는 종전의 근로계약이 갱신된 것과 동일하다.

2) …, 서울특별시의 장애인콜택시 운영계획에 계약기간을 1년 단위로 갱신하도록 하면서 그 취지가 부적격자의 교체에 있음을 명시하고 있고, 장애인콜택시 사업을 한시적 · 일시적 사업이라고 볼 수 없는 점, 위 · 수탁 계약에서 위탁기간 연장 규정을 두고 있는 점 등을 종합하면, 원고 등을 비롯한 위 시설관리공단 소속 운전자들에게는 기간제 근로계약이 갱신되리라는 정당한 기대권이 인정된다고 보아야 하고, 위 공단이 공정성 및 객관성이 결여된 심사과정을 거쳐 원고 등에 대하여 갱신 기준 점수 미만이라는 점을 들어 위 계약의 갱신을 거절한 것은 정당성을 결여하여 효력이 없음에도, 이와 달리 본 원심판결에 기간을 정한 근로계약 등에 관한 법리를 오해한 위법이 있다. 〈원심파기〉

[쟁　　점]

가. 대상판결의 판결 요지에서 나타난 쟁점과 의의는 다음과 같다.

1) 기간을 정한 근로계약[3]의 근로자는 그 기간이 만료됨으로써 근로자로서의 신분관계는 당연히 종료되고 근로계약을 갱신하지 못하면 갱신거절의 의사표시가 없어도 당연 퇴직되는 것이 원칙이다. 그러나 일정한 경우 우리 판례는 기간의 만료에도 불구하고 근로자로서의 신분관계가 유지되게 하여 근로자를 보호하여 왔는데, 먼저 기간의 정함

3) '기간을 정한 근로계약' 또는 '기간의 정함이 있는 근로계약'을 이하 '기간제 근로계약'이라 하고 기간제 근로계약을 체결한 근로자를 '기간제근로자'라 한다.

을 단지 형식에 불과하여 사실상 기간의 정함이 없는 근로계약으로 보거나, 기간의 만료에도 불구하고 계속 근무할 것을 기대할 만한 사정이 있어 갱신기대권이 인정되는 경우에는 사용자가 사회 통념상 합리적 이유없이 갱신을 거절하는 것을 부당해고로 보아 온 것이 그것이다.

2) 대상판결은, 그 동안의 판례가 주로 장기간의 반복갱신이나 재임용절차에 관한 명문의 규정이 있는 경우에 인정되어 오던 갱신기대권의 범위를 이러한 명문의 규정이 없는 경우에도 근로관계 등의 제반 사정에 비추어 계속 근무할 기대관계가 형성된 경우 갱신기대권이 인정될 수 있음을 밝히고, 부당한 갱신거절은 부당해고와 마찬가지로 무효이며, 종전계약이 갱신된 것으로 본다고 판시함으로써, 부당한 갱신거절의 효력을 명백하게 하고 있다는 점에 의의가 있다.

3) 나아가 대상판결은 갱신거절의 합리성에 대한 판단을 형식적인 판단에 그치지 않고 재계약 절차규정의 심사항목이나 기준 등 그 자체가 명확하고 합리적인지, 갱신을 위한 평가가 공정하고 합리적으로 진행되었는지 등 실질적인 평가를 하여야 한다고 한 사안으로서 근로자 보호에 한걸음 다가갔다고 평가된다.

나. 이하 차례로 살펴본다.

[검　　토]

1. 기간제 근로계약에 관하여

가. 의　　의

기간제 근로계약이라 함은 근로계약의 기간이 한정된 기간으로 정해져 있는 근로계약을 말한다. 기간제 및 단시간근로자 보호 등에 관한 법률(이하 '기간제법'이라 한다) 제2조는 "기간제근로자"라 함은 기간의 정함이 있는 근로계약을 체결한 근로자를 말한다고 정의하고 있다. 기간의 정함이 없는 근로계약[4]이 근로기준법 제23조에 의하여 정당한 이유없이 사용자가 해고(해지)하지 못한 것에 반하여, 기간제 근로계약은 그 기간이 만료됨으로써 아무런 의사표시 없이(아무런 제한없이) 그 근로관계가 당연히 종료된다는 점에서 근본적인 차이가 있다.

나. 관련 법률 규정

민법 고용편에도 근로계약기간에 관한 조항이 있다. 3년을 넘는 근로계약(제659조) 및 고용기간의 약정이 없는 때(제660조)와 고용기간의 약정이 있는 경우에도 부득이한 사유가 있는 경우(제661조)에는 당사자는 해지할 수 있다. 그러나 민법상의 위 조문들은 근로기준법이 적용되지 않는 사업장에서만 적용될 뿐이고, 근로기준법이 적용되는 사업장에서는 근로기준법 제23에 따른 해고제한의 법리가 우선 적용되고 이에 저촉되는 민법 규정은 배제된다.

민법 제662조는 기간이 만료된 후 고용계약이 묵시적으로 갱신된 경우에는 전 고용과 동일한 조건으로 다시 고용한 것으로 본다고 규정하고 있고, 판례도 같은 취지이다.[5]

근로기준법 제16조는 기간을 정하지 아니한 것과 일정한 사업의 완료에 필요한 기간을 정한 것 외에는 그 기간을 1년을 초과하지 못하도록 규정하였으나[6], 이 규정은 기간제법의 시행으로 2007. 7. 1.부터 그 효력을 상실하였다.

---

4) '무기근로계약'이라고 하기도 하며, 이에 대하여 기간제 근로계약을 '유기근로계약'이라고 하기도 한다.

5) 대법원 1986. 2. 25. 선고 85다카2096판결

6) 종전 대법원 판결은 1년을 초과하는 근로계약은 그 근로기간을 1년을 정한 근로계약으로 보고 그 이후의 근로관계는 기간의 정함이 없는 것으로 보아 기간 약정의 효력만을 부인하다가, 1996. 8. 29. 선고 95다5783전원합의체 판결로 1년을 초과한 근로계약의 기간도 유효한 것으로 보았다.

다. 기간제법의 시행

2007. 7. 1.부터 시행된 기간제법은 일정한 경우를 제외하고는 원칙적으로 2년을 초과하지 아니하는 범위내에서만 기간제근로자를 사용할 수 있게 하였다(제4조 제1항). 기간제 근로계약에서 기간의 정함은 2년을 초과하지 않으면 그 갱신횟수에는 제한을 두지 않고 총 사용기간이 2년을 초과하는지의 여부만을 본다(계약기간이 아닌 사용기간 규제). 2년을 초과하여 근로자를 사용할 수 있는 예외적인 경우로는 기간제법 제4조 제1항 단서에서 규정하고 있는바, ① 업무 자체가 한시적인 경우(제1, 2, 3호), ② 사용기간을 제한하더라도 근로자의 지위가 열악해질 우려가 없는 경우(제4,5호 전문), ③ 사용기간의 제한이 적합하지 않는 경우(제5호 후문, 6호)등이다[7].

위 예외사유가 없거나 소멸되었음에도 2년을 초과하여 기간제근로자를 사용하는 경우에는 기간의 정함이 없는 근로계약을 체결한 것으로 간주한다(제4조 제2항). 다만 이 규정은 위 법 시행 후 근로계약이 체결·갱신되거나 기존의 근로계약기간을 연장하는 경우부터 적용된다.

라. 기간제 근로계약 규제의 필요성

기간제 근로계약은 고용의 유연성과 경비절감이라는 속성으로 인

---

7) 법 제4조 제1항 단서
1. 사업의 완료 또는 특정한 업무의 완성에 필요한 기간을 정한 경우
2. 휴직·파견 등으로 결원이 발생하여 당해 근로자가 복귀할 때까지 그 업무를 대신할 필요가 있는 경우
3. 근로자가 학업, 직업훈련 등을 이수함에 따라 그 이수에 필요한 기간을 정한 경우
4. 「고령자고용촉진법」 제2조제1호의 고령자와 근로계약을 체결하는 경우
5. 전문적 지식·기술의 활용이 필요한 경우와 정부의 복지정책·실업대책 등에 따라 일자리를 제공하는 경우로서 대통령령이 정하는 경우
6. 그 밖에 제1호 내지 제5호에 준하는 합리적인 사유가 있는 경우로서 대통령령이 정하는 경우

해 일찍부터 그 유효성이 인정되어 왔다. 그러나 사용자가 기간제 근로계약을 체결함으로서 기간이 만료되면 바로 고용관계를 종료시킬 수 있고 퇴직금 등의 경비를 절감할 수 있는 등, 근로자로서는 고용이 불안정해지고 근로조건이 열악해 질 수 밖에 없다. 또한 사용자는 상시적인 근로자가 필요한 업무에 대해서도 무한정의 기간 갱신을 통해 기간제근로자를 사용하면서도 근로기준법상의 해고 제한의 법리를 회피하고 그 처우를 불리하게 하는 등 탈법적으로 운영될 우려도 많은 것이 현실이다. 실제 노동현장에서도 기간제근로자 등 비정규직 근로자들이 계속 증가하고 있는 추세이다.

따라서 기간제 근로계약의 폐해를 방지하고 근로자를 보호하기 위해 기간제 근로계약을 규제할 필요가 있는바, 기간제 근로계약을 규제하는 방식으로는 기간제 근로계약을 체결할 수 있는 사유를 제한하는 방식, 기간제한 방식, 차별규제 방식 등이 있다. 우리 대법원은 기간제법[8]이 시행되기 훨씬 전인 1990년 중반부터 기간제 근로계약의 사유를 제한하지 않고 그 유효성을 인정하면서 일정한 경우 사실상 기간의 정함이 없는 근로계약으로 보거나 갱신거절을 제한함으로써 판례를 통하여 기간제 근로계약을 규제하여 왔다[9].

---

8) 우리 기간제법은 사용기간 제한 방식과 차별규제 방식을 취하고 있다.

9) 일본의 기간제 근로계약을 규제하는 법리는, 최고재판소 소화 49(1974). 7. 22. 선고 소화 45.(オ)제1175호 판결에서 당사자들이 별도의 의사표시가 없으면 당연 갱신되는 근로계약을 기간의 정함이 없는 계약과 실질적으로 차이가 없다고 보고 해고에 관한 법리를 유추 적용한 것을 시작으로, 최고재판소 소화 61.(1986) 12. 4.선고 소화 56.(オ)제225호 판결에서 갱신기대권을 인정하여 해고의 법리를 유추적용하였다. 일본에서는 해고를 제한하는 법규가 없어 민법의 신의칙 내지 권리남용론을 적용하여 해고를 규제하는 판례 법리가 형성된 것이다(2003. 7. 4. 노동기준법의 개정 및 2007. 12. 5. 노동계약법의 제정으로 해고 제한의 법리가 신설됨), '일본의 기간제 근로계약의 규제방식에 관한 판례의 법리'에 관한 자세한 내용은 이미선, 기간제 근로계약에 있어서 근로자의 근로계약 갱신에 관한 기대권의 인정 문제, 대법원판례해설 87호(2011 상반기) 483-486면 참조.

2. 사실상 기한의 정함이 없는 근로계약으로 보는 경우

가. 판결 내용

1) 기간제근로자의 경우 그 기간이 만료됨으로써 근로자로서의 신분관계는 당연히 종료되고 근로계약을 갱신하지 못하면 갱신거절의 의사표시가 없어도 당연 퇴직되는 것이 원칙이다. 대법원도 계약기간을 정하여 임용된 근로자는 임용의 근거가 된 법령 등의 규정이나 임용계약 등에서 임용권자에게 임용기간이 만료된 근로자를 다시 임용할 의무를 지우거나 그 요건 등에 관한 근거규정을 두지 않는 한 그 기간이 만료됨으로써 근로자로서의 신분관계는 당연히 종료된다고 판시[10]하여 일관되게 견지하고 있는 입장이다.

그러나 대법원은, 기간제근로자라고 할지라도 장기간에 걸쳐서 그 기간의 갱신이 반복되어 (당사자 사이에) 그 정한 기간이 단지 형식에 불과하게 된 예외적인 경우에는 사실상 기간의 정함이 없는 근로자의 경우와 다를 바가 없게 되는 것이고, 그 경우에 사용자가 정당한 사유 없이 갱신계약의 체결을 거절하는 것은 해고와 마찬가지로 무효라고 본다고 판시하면서 기간제 근로계약의 갱신거절에 해고에 관한 법리를 적용하여 일정한 제약을 가하기 시작하였다.

2) 인정한 판례[11]

○ **대법원 1994. 1. 11. 선고 93다17843 판결**(연세어학당 한국어 강

---

10) 대법원 1996. 8. 29. 선고 95다5783 전원합의체 판결, 1995. 6. 30.선고 95누528 판결, 1997. 7. 25. 선고, 96누10331 판결, 1998. 5. 29.선고 98두625 판결 등

11) 대법원 2003. 11. 29.선고 2003두9336판결, 2006. 2. 24. 선고 2005두5673 판결, 2007. 9. 7. 선고 2005두16901 판결 등. 도재형 교수는 위 93다17843 판결과 2003두9336 판결은 사용자가 재계약을 약속한 사실관계하에서 인정된 것이고, 오히려 대법원의 원칙적 입장은 기간제 근로계약이 반복 갱신되더라도 그것은 기간제 근로계약으로 취급해야 한다는 것이라고 하면서, 2004년 이후에야 사실상 기간의 정함이 없는 것으로 보는 사례가 증가하였다고 분석한다. 도재형, 기간제 근로계약 갱신거절권의 제한, 노동법연구 24호(2008. 3) 159면 참조.

사)은 기간의 정함을 단지 형식에 불과하다고 보아 그 효력을 부인하고, 사실상 기간의 정함이 없는 근로계약으로 본 첫 판결이다.

- 1978. 내지 1987.부터 1년 단위로 계약을 갱신해 오다가 1991. 3.경 연단위계약체결을 거절당함, 원래 시간강사들은 기간의 정함이 없이 근무하다가 1986. 3. 3.부터 연단위 시간강사 임용규정시행세칙의 시행으로 연단위 계약을 체결하게 된 것임, 당시 원장이 위 제도의 시행으로 불이익을 주지 않겠다고 다짐, 재계약을 원하지 않는 사람을 제외하고는 모두 서명날인하여 갱신하여 온 사실이 인정됨.

- 연단위계약의 갱신이 관례화됨으로써 별다른 하자가 없는 이상 계속 근무할 수 있다는 기대관계가 원고들과 피고 사이에 존속되어 왔고, 계약만료 1월 전에 서면으로 갱신신청을 하여야 한다는 시행세칙상의 규정은 단지 계약갱신관계를 명확하게 하기 위한 편의규정일 뿐 계약갱신의 효력규정은 아니라고 봄이 상당하다. 원고들과의 계약기간 만료 후 계약갱신을 거부할 만한 정당한 사유에 대한 입증이 없는 한, 피고가 원고들과의 시간강사 임용계약 갱신을 거절한 것은 정당한 사유 없는 해고와 다름이 없어 무효다.

3) 인정하지 않는 판례

○ **대법원 1995. 07. 11. 선고 95다9280 판결**(촉탁직 운전기사) : 기간제 계약 인정, 갱신관례없다.

- 정년에 임박하거나 넘긴 운전기사를 촉탁사원으로 1년 기간으로 채용, 65세까지 연장한 관례 없고, 단 1회 갱신함.

○ **대법원 1998. 1. 23. 선고, 97다42489 판결**(연세어학당 일본어 강사)

- 1년을 단위로 계약을 체결, 만료되기 30일 전 임용계약을 갱신체결하지 않는 경우 계약기간의 만료에 의하여 당연히 퇴직하도록 규정, 실제 임용계약서에도 계약 갱신을 위하여서는 임용기간 만료 전에 별도의 갱신절차를 거치도록 명시되어 있으며, 1년간 계약기간이 종료할 때마다 그 즉시 1년분 퇴직금을 지급하여 종전의 근로관계를 정산

함, 근로자가 외국인으로서 행정당국으로부터 재임용계약이 체결될 때마다 단기체류기간의 연장허가를 받아 온 점들에 비추어 볼 때, 근로자와 사용자 사이의 임용계약이 반복되어 갱신되었고 그 동안 재계약 신청을 거부당한 강사가 없으며, 임용계약서에 기존의 근로자가 기간 만료 전 2개월 전까지 재계약 신청을 하면 자동으로 임용계약이 갱신된다는 조항이 포함되어 있다는 사정만으로는 사실상 기간의 정함이 없는 근로자의 지위에 있었다고 보기 어렵다. 〈원심파기〉

4) 일응의 기준

대법원은 이 판결들에서 보듯 초기에는 주로 '장기간에 걸쳐 수차례 계약을 갱신한 사실'의 여부를 중점적으로 보아 수차 반복 갱신된 경우에는 기간의 정함이 단지 형식에 불과하게 되었다고 보고 사실상 기간의 정함이 없는 계약이라고 보았다.

그런데 **대법원** 1998. 5. 29. **선고** 98**두**625 **판결**에서는 "그 근로계약이 계약서의 문언에 반하여 기간의 정함이 없는 근로계약이라고 하기 위해서는 계약서의 내용과 근로계약이 이루어지게 된 동기 및 경위, 기간을 정한 목적과 당사자의 진정한 의사, 동종의 근로계약 체결방식에 관한 관행 그리고 근로자보호법규 등을 종합적으로 고려하여 그 기간의 정함이 단지 형식에 불과하다는 사정이 인정되어야 한다"고 판시하여, 단지 수차의 갱신사실이 없는 경우에도 계약 내용 등 그 실질을 판단하여 기간의 정함이 단지 형식에 불과하다고 볼 수 있다는 기준을 제시하였다.

- 그러나 정작 이 판결에서는 '원고 (보험)회사의 촉탁사원제도의 운용경위, 촉탁사원의 활용분야, 인원수, 채용대상 및 촉탁사원에 대한 대우, 종전에 원고 회사가 계약갱신을 위하여 취하여 온 절차와 계약갱신에 관한 이 사건 근로계약서의 내용 등을 종합하여 보면, 참가인보다 먼저 채용된 촉탁사원들은 계약기간이 만료되고서 모두 원고 회사와 계약을 갱신한 사실이 있다고 하여 원고 회사와 처음 이 사건 근

로계약을 체결한 참가인도 계약이 갱신되어 계속 근무할 수 있다는 기대관계가 형성되어 있다거나 원고 회사에 의한 계약갱신거절로 근로계약이 종료되지 않는다는 관행이 성립되어 있다고 볼 수 없고, 원고 회사에게 참가인에 대한 계약갱신의 의무가 있다고 단정할 수도 없다'는 이유로 이 사건 근로계약에서 고용기간의 정함이 형식에 불과하다고 할 수 없다고 판시하였다.

○ 이 판결과 대비하여 볼 필요가 있는 판결이 **대법원 2003. 11. 29. 선고 2003두 9336 판결**(미술고등학교 교사)이다.

- 서울미술고등학교는 시간강사들을 1년 계약직으로 채용한 다음 반복 갱신하여 사용해 왔고, 시간강사 중 일부가 초중고강사노조를 설립하여 교내에서 조합활동을 하기 시작하자 학교는 노조와 단협을 체결하게 되는데, 학교가 단협 체결 후 첫 재계약에서 일부 조합원들을 탈락시킨 사건이다.

- 2000년에 신규채용된 시간강사 1명을 제외한 나머지 시간강사들은 항소심까지 기간의 정함이 없는 근로계약으로 인정받았으나 신규 시간강사는 이전에 갱신된 사실이 없다는 이유로 항소심에서 해고로 인정되지 않았다. 그러나 이에 대해 대법원은 ① 다른 강사들의 경우 별다른 하자가 없으면 재계약을 해 왔던 점, ② 문제된 시간강사가 노조가입 외에는 갱신거절 사유가 없었던 점, ③ 학교가 노조와 단협으로 조합원에 대하여 2001년도의 수업을 보장하기로 한 점 등을 들어 학교와 신규강사는 계속 근무할 수 있다는 기대관계가 형성되었다고 해야 하므로 기간의 정함이 형식에 불과하다고 볼 여지가 많다. 시간강사를 1년마다 갱신 임용하게 된 경위, 그 활용분야, 인원 수, 갱신거절의 비율 및 사유 등을 더 심리하여[12) … 〈파기환송〉

12) 대법원 2006. 2. 24. 선고 2005두5673 판결(시각장애인연합회 사건)도 기간을 정한 근로계약서를 작성한 경우에도 예컨대 단기의 근로계약이 장기간에 걸쳐서 반복하여 갱신됨으로써 그 정한 기간이 단지 형식에 불과하게 된 경우 등 계약서의 내용과 근로계약이 이루어지게 된 동기 및 경위, 기간을 정한 목적과 당사자의 진정

위 두 판결은 모두 한 번도 갱신된 적이 없는 최초의 갱신계약이라는 점, 원고외의 다른 동료직원들은 계속적으로 갱신이 되어 왔으며 갱신 심사를 실질적으로 해 왔다는 점에서 동일하다. 그런데 위 98두625판결의 원고는 보험회사의 촉탁사원으로서 근태가 불량하고 직원과의 관계에서 마찰이 잦는 등 갱신을 위한 의견조사에서 부정적인 평가를 받았고, 2003두9336판결은 고등학교 미술교사로서 근평에 다른 문제가 없고 노조가입외에는 갱신거절 사유가 없는 점 등을 들어 원고에게는 재계약 기대권이 인정된다고 보아 그 기간의 정함을 단지 형식에 불과하다고 본 것이다[13].

나. 분　　석

위와 같은 판례의 입장은, 처분문서(계약기간이 명시된 근로계약서)의 내용과 달리 당사자의 의사를 규범적으로 접근하여 기간약정을 무력화시킴으로써 사실상 기간의 정함이 없는 계약으로 전환시켜 갱신거절을 규제하는 것으로 볼 수 있다.

그러나 한편으로는, 처문문서인 당사자 사이의 근로계약서에 기간이 분명하게 정해져 있음에도 불구하고 이것을 단지 형식에 불과하다고 보아 기간의 정함이 없는 것으로 해석하는 것은 근로자보호 측면을 고려하더라도 지나치게 확대 해석하기에는 어려움이 있다. 특히 기간제 근로계약이 수차 반복 갱신되어 당사자 쌍방이 그 기간의 정함이

한 의사, 동종의 근로계약 체결방식에 관한 관행 그리고 근로자보호법규 등을 종합적으로 고려하여 그 기간의 정함이 단지 형식에 불과하다는 사정이 인정되는 경우에는 계약서의 문언에도 불구하고 그 경우에 사용자가 정당한 사유 없이 갱신계약의 체결을 거절하는 것은 해고와 마찬가지로 무효로 된다고 판시하였다. 대법원 2007. 9. 7. 선고 2005두16901 판결도 같은 취지이다.

13) 이 판결이 사실상 기간의 정함이 없는 근로자로 보면서도 '계속 근무할 수 있다는 기대관계의 존속'을 매개로 하고 있는 점과 종래 판결들과 달리 '반복 갱신'여부를 필수적인 요건으로 보지 않았다는 점에서 매우 긍정적인 전환이라고 평가하기도 한다. 김진, 기간을 정한 근로계약의 부당해고 구제, (계간)조정과 심판, 23호(2005년 가을호) (2005.10) 49면 참조

단지 형식에 불과하여 효력이 없다고 인식될 정도에 이른 경우에는 크게 문제될 여지가 없겠으나, 최초의 갱신에까지 이를 확대함에는 자칫 기간제 근로계약을 체결한 사용자의 의사를 무시하는 우를 범할 위험도 있을 것이다[14]. 대법원 판결들을 살펴보아도 계약기간이 그대로 인정되는 경우와 단지 형식에 불과하여 사실상 기간의 정함이 없는 경우로 보는 기준이 모호하여 통일된 기준을 발견하기 어렵다는 비판[15]도 설득력이 있어 보인다.

최근에는 오히려 기간의 정함이 단지 형식에 불과하다고 인정하여 사실상 기간의 정함이 없는 계약으로 보는 판결보다는, 기간의 정함이 형식에 불과하다고 인정하는 주된 근거로 삼은 '계속 근무할 수 있다는 기대관계'를 "재계약 기대권"이라는 새로운 법리로 도입하여 '재계약 기대권 또는 갱신기대권' 유무 및 그 거절의 유무효에 까지 나아간 판례들이 다수 보인다.

---

14) 위 98두625판결과 2003두9336 판결도 당사자 사이의 계약서에 1년이라는 계약기간이 정해져 있고 최초의 갱신이 문제된 점에서 기간의 정함이 형식에 불과하다고 보는 것은 무리가 아닌지 하는 의문이 있다. 오히려 기간만료 인한 갱신기대권을 인정하고 갱신의 합리성 여부의 판단을 실질적으로 하였더라도 같은 결론에 이르렀을 것으로 생각된다.

15) 김진 변호사는, "같은 연세대 어학당 사건에서 반복갱신으로 인해 기간의 정함이 없는 계약이라고 했다가(위 93다17843 판결), 바로 4년 후에는 4회 정도 갱신된 강사의 경우에는 기간이 형해화했다고 볼 수 없다(위 97다42489 판결)고 하였으며, 근로계약을 유기계약으로 할 필요성이 있었다면 근로자가 7년6개월 동안 4회에 걸쳐 근로계약을 갱신했다고 하더라도 그 계약기간이 형식적인 것이라고 할 수 없다고 하기도 하고(대법원 2002. 2. 8. 선고 2001다46365 판결), 명예퇴직한 자를 계약직 특정직원으로 채용하여 한시적으로 수행하게 한 경우에는 총 계약기간이 3회에 걸쳐 행해져도 기간의 정함이 있는 계약이라고 하였으며(대법원 2004. 12. 9. 선고 2004두9470 판결), 근로시간 또는 근무형태가 특수하고 계약갱신에 대한 결정기준(개인평가, 예산 등)이 존재하고, 그에 따라 재위촉여부가 결정되는 시립예술단 합창단원의 경우 상당기간(8회 갱신) 동안 재위촉 되었더라도 기간의 정함이 없다고 볼 수 없다고 하기도 한다(대법원 2002. 4. 26. 선고 2002두1625 판결)"고 비판한다. 위 전게 평석 46면 참조.

3. 갱신기대권[16]의 법리

가. 인정기준(범위)

1) 재임용의무나 재임용 절차 규정이 있는 경우

가) 우리 판례는, 기간의 정함이 단지 형식에 불과하여 사실상 기간의 정함이 없는 계약으로 볼 수 없는 경우에도, '갱신기대권'이라는 개념을 인정하여 갱신기대권이 인정되는 경우 사용자가 이러한 기대권을 위반하여 부당하게 갱신을 거절하는 것은 부당해고와 마찬가지로 효력이 없다고 보고 있다.

○ **대법원 2005. 7. 8. 선고 2002두8640판결**[17]에서 '재임용될 수 있으리라는 기대권'이라는 개념을 처음 사용하여, "임용의 근거가 된 법령 등의 규정이나 계약 등에서 임용권자에게 임용기간이 만료된 근로자를 재임용할 의무를 지우거나 재임용절차 및 요건 등에 관한 근거 규정을 두고 있어 근로자에게 소정의 절차에 따라 재임용될 수 있으리라는 정당한 기대권이 인정되는 경우에는 사용자가 그 절차에 위반하여 부당하게 근로자를 재임용에서 제외하는 것은 실질적으로 부당해고와 동일시할 수 있는 것이므로... 근로자로서는 임용기간이 만료된 후에도 재임용에서 제외한 조치의 유효 여부를 다툴 법률상 이익을 가진다고 할 것이다"고 판시하여, 일정한 요건이 충족되면 재임용 될 수 있다는 점이 법령이나 계약서 등에 규정하고 있는 때에는 갱신기대권이 있다고 판시하였다[18].

---

16) '재계약 기대권', '재계약을 체결할 수 있는 권리' 등을 말하며 이하 '갱신기대권'이라 칭한다.

17) 위 판결에 관하여는 위 김진 평석 참조.

18) 이 판결은 교수재임용 관련 법리를 설시한 헌재 2003. 2. 27. 선고 2000헌바26결정과 2004. 4. 22. 선고 2000두7735 전원합의체판결의 영향을 직, 간접적으로 받았다고 보는 견해가 있다. 대법원이 사립학교 교원을 사법상 고용관계로 보아왔기 때문에 그 교원에게 재임용 기대권을 인정하려면 판례가 변화할 필요가 있었기 때문이라고 한다. 자세한 내용은 도재형 위 논문 177면 이하 참조.

- 사용자가 기간의 정함이 없는 연구원의 근로형태를 계약직으로 변경한 이후 첫 계약기간이 만료되자 최하위 평가를 이유로 재임용거절을 통보한 사건으로서, 원·피고 사이의 근로계약서에는 재임용의무가 있다는 내용은 없었으나, 당해 연구원에 적용되던 인사규정에는 근무성적평가 결과 1-3등급을 받은 자는 재임용으로 결정하여 이를 통보하고, 재임용의 심사에 관한 사항을 심의하기 위하여 인사위원회를 설치하고, 근무평정규정과 연구결과평가운영세칙 등에 재임용에 관한 기준 등의 상세한 규정이 있었다. 첫회 갱신이 문제되었다.

- 판례는 기간의 정함을 단지 형식에 불과하여 사실상 기간의 정함이 없는 계약으로는 볼 수 없지만, 위 판시와 같이 재임용절차 및 요건 등에 관한 근거규정을 두고 있으면 당사자 사이에 계속 근로를 할 수 있다는 기대권이 있다는 점을 근거로 갱신기대권을 인정하고 있다[19].

나) 다만, 여기서 '재계약에 관한 절차 및 재임용의 요건을 규정하고 있는 경우'라 함은 단순히 재계약에 관한 규정을 두고 있는 것(재계약할 수 있다, 재계약 한다. 등)만으로는 부족하고, 일정한 경우에는 재계약을 하여야 한다는 규정이 있거나, 일정한 경우에 재계약을 할 수 있다고 규정하고 있으나 그러한 요건에 해당되면 재계약을 해 온 관행이 성립되어 있는 등 일정한 사유가 있으면 사용자는 재계약하여야 하는 강제적인 요소가 인정되는 경우를 의미하고, 단순히 기간을 정한 임용계약에서 기간만료 후 재임용할 수 있다는 규정만을 두고 재임용의 의무나 요건에 관하여 따로 규정하고 있지 않은 경우에는 임용권자의 재

19) 그런데 이 판결은 당사자 사이의 계약서에는 재임용의무가 없었으나, 사용자가 스스로 재임용에 관한 평가 규정 및 절차에 관한 규정을 둠으로써 위 규정에 따라 근로자에게 갱신기대권이 인정된다고 하면서도, 갱신기대권을 사용자의 의무로 파악하여 단순한 사용자의 의무불이행으로 보지 않고, 부당한 갱신거절을 실질적인 해고라고 봄으로써, 근로관계의 갱신, 존속이라는 효과를 도출하는 개념으로 사용하고 있음에 주목할 필요가 있다.

량을 부여한 것에 불과하다고 보고 있는 것이 판례의 입장이다[20]. 이러한 정도의 규정만으로는 근로자에게 기대권을 인정하기 어렵다고 본 것이나, 대상판결로 인하여 위와 같은 규정이 계약의 다른 제반사정과 함께 갱신기대권을 인정하는 요소로 작용할 수 있음은 분명하다.

2) 재임용 절차 등에 관한 명시적인 규정이 없는 경우

대법원이 갱신기대권이라는 법리를 위 2002두8640에서 처음 설시한 후 갱신기대권은 재임용절차 등의 규정이 명문으로 규정되어 있는 경우에 한하여 인정될 수 있는 것으로 해석되어 왔다. 그런데 대상판결은 여기서 더 나아가, 법령이나 취업규칙 등에 그러한 규정이 없더라도 계약서의 내용과 근로계약이 이루어지게 된 동기 및 경위, 계약 갱신의 기준 등 갱신에 관한 요건이나 절차의 설정 여부 및 그 실태, 근로자가 수행하는 업무의 내용 등 당해 근로관계를 둘러싼 여러 사정을 종합하여 볼 때 근로계약 당사자 사이에 일정한 요건이 충족되면 근로계약이 갱신된다는 신뢰관계가 형성되어 있는 경우에도 갱신기대권이 인정된다고 판시하였다[21].

20) 대법원 2002. 2. 8. 선고 2001다46365 판결은, '피고는 직제 및 인사규정 제13조에서 원고와 같은 책임연구원 이상의 연구직 근로자에 대하여 임용의 특례규정을 두어 초임기간을 2년 이내로 하고 기간이 만료하였을 때에는 2년의 범위 내에서 그 기간을 연장하여 재임용할 수 있다고 규정하면서 재임용의 의무나 그 요건 등에 관하여는 아무런 규정을 두고 있지 아니한바, 이와 같이 임용기간을 정한 취지는 그 직무의 전문성 등을 고려하여 임용권자에게 임용기간이 만료된 자를 다시 임용할 것인지의 여부에 대하여 재량권을 부여한 것이라고 할 것이다'라고 판시하고 있다.

21) 대상 판결의 검토를 맡은 이미선 재판연구관에 의하면, 대상판결이 위와 같이 갱신기대권이 인정되는 경우를 넓힌 취지는, 위 2002두8640판결이 일견 재계약체결의무가 인정되는 전형적인 경우로 갱신기대권을 재계약체결의무에 대응하는 개념으로 오해할 소지가 있고, 다른 법령이나 근로계약 등에서 재계약의무나 그 요건 및 절차를 규정한 경우로 한정하여 갱신기대권을 인정하는 것으로 해석될 여지가 있으나, 위 판결이 갱신기대권을 단순히 사용자의 재계약체결의무에 대응하는 개념이 아니라 근로관계의 갱신, 존속이라는 효과를 도출하는 개념으로 인정하고 있는 이상, 그 요건을 효과에 부합하게 정비할 필요가 있다고 보고, 법령이나 근로계약 등에서 재계약에 관한 명시적인 규정을 두고 있지 않더라도 근로관계를 둘러싼 모든 사정에 비추어 사용자와 근로자 사이에 일정한 요건이 충족되면 근로

- 대상판결의 이 사건 계약서에는 "최초 위탁기간을 1년으로 하고, 다만, 위 기간 동안 원고들의 운행실적 등을 감안하여 필요하다고 인정할 때에는 기간을 연장할 수 있다", "위 계약기간 만료 30일 전까지 상호 서면으로 이의가 없을 때에는 본 계약은 동일한 조건으로 자동연장하는 것으로 한다"는 내용만 있었을 뿐, 참가인의 재계약체결 의무조항이 없었고 기타 재계약절차에 관한 규정 자체가 없었다. 재계약을 위한 심사위원회도 기간만료일 무렵(2003. 11.경)에야 구성되었고, 이전에 갱신된 적도 없었다. 따라서 위와 같은 사실관계와, 위 2002두8640 판결과 2001다46365판결(각주20)을 검토하여 갱신기대권을 '재계약체결 의무나 재계약을 해온 관행이 있거나 재계약절차에 관한 규정 등을 두어 사용자에게 갱신의 강제성을 부여한 경우'에만 인정되는 것으로 한정 해석한다면 원고들에게는 갱신기대권이 인정되기 어렵다고 판단할 여지가 많고, 원심도 이러한 취지에서 갱신기대권을 인정하지 않았다고 보여진다.

이에 대하여 대법원은, 서울특별시의 장애인콜택시 운영계획에 계약기간을 1년 단위로 갱신하도록 하면서 그 취지가 부적격자의 교체에 있음을 명시하고 있고, 장애인콜택시 사업을 한시적·일시적 사업이라고 볼 수 없는 점, 위·수탁 계약에서 위탁기간 연장 규정을 두고 있는 점 등을 종합하면, 원고 등을 비롯한 위 시설관리공단 소속 운전자들에게는 기간제 근로계약이 갱신되리라는 정당한 기대권이 인정된다고 보아야 한다고 판시…

결국 대법원은 갱신기대권의 인정 여부를 판단함에 있어서는 단순히 명문의 규정으로 인정되는 경우뿐만 아니라 계약의 제반 사정을 살

관계가 갱신되는 것으로 하기로 하는 약정이 있는 것으로 인정되는 경우에도 기대권을 인정할 필요가 있었기 때문이라고 한다(위 이미선 논문 494면 참조). 따라서 이 견해에 의하면 종전 2002두8640판결이 반드시 사용자의 재계약의무나 재계약 절차에 관한 규정이 있는 경우에만 갱신기대권을 인정하는 취지가 아니었다는 결론이 된다.

펴 당사자 사이에 재계약을 기대할 수 있는 사정이 인정되는 경우에도 갱신기대권을 인정할 수 있다는 것을 확인한 셈이다[22].

3) 소 결

현재 대법원이 갱신기대권을 인정하고 있는 기준으로는, ① 우선 근로계약이나 취업규칙 등에 재계약절차 및 요건에 관한 규정이 존재하는지 여부에 따르고, ② 그러한 규정이나 요건이 정하여 있지 아니하더라도 계약서의 내용과 근로계약이 이루어게 된 동기 및 경위, 계약 갱신의 기준 등 갱신에 관한 요건이나 절차의 설정 여부 및 그 실태, 근로자가 수행하는 업무의 내용 등 당해 근로관계를 둘러싼 여러 사정을 종합하여 판단하여야 한다는 점을 들 수 있다. 구체적으로는 근로자 수행 업무가 상당기간 반복 갱신되어 계속성이 있는지, 종전부터 수차 반복 갱신된 근로자가 있는지, 기간제 근로계약의 체결 목적이나 경위, 동종 유사한 근로자의 근무 형태, 갱신 기준 설정, 그 실태, 평가기준에 따라 매년 갱신해 온 경우 등이 그 참작하여야 할 사정에 포함될 것이다[23].

나. 인정되는 경우의 법적 효과

1) 논의의 필요성

기간의 정함을 단지 형식에 불과하다고 보는 경우에는 사실상 기

22) 위와 같은 판례의 전개는 '반복 갱신'이 있는 사건만을 사실상 기간의 정함이 없는 근로계약으로 보다가, 계약의 제반 사정 등 계약의 내용을 실질적으로 살펴 최초의 갱신의 경우에도 사실상 기간의 정함이 없는 계약으로 보아 그 범위를 넓힌 것과 일맥상통한다.

23) 대법원 2011. 10. 27. 선고 2010두17205 판결은, 입주자대표회의가 자치관리하는 아파트관리사무소장, 1년간 계약, 1회 갱신후 갱신거절됨, 취업규칙에 근로자의 근로계약은 1년으로 하고, 기간 만료로 계약갱신이 되지 않았을 때 퇴직조치한다는 규정, 아파트관리사무소장의 업무에 비추어 입주자대표회의에서 입주민들 과반수가 재계약에 반대하는 결의에 따라 갱신거절한 사안에서 갱신기대권 자체를 부정하였다. 이 판결에 대한 평석으로는, 박형준, 계약직(기간제)근로자의 계약 갱신기대권, 게재지 조세 286호(2012. 3) 176-186면 참조.

간의 정함이 없는 근로계약으로 보게 되므로 그 이후의 법률관계는 분명하다. 즉 부당한 재계약 거절 등에는 부당해고의 법리가 적용된다. 그런데 갱신기대권이 인정되는 경우에 당사자 사이의 계약관계를 어떻게 볼 것인가에 대해서는 뚜렷하지 않다. 위 2002두8640판결은 '… 사용자가 그 절차에 위반하여 부당하게 근로자를 재임용에서 제외하는 것은 실질적으로 부당해고와 동일시할 수 있는 것이므로… 참가인 법인의 원고에 대한 재임용 거부는 사실상 해고에 해당하는 것으로서 명백히 부당하다고 한 제1심판결을 유지하였는바.. 기간을 정한 근로관계와 부당해고에 관한 법리오해 등의 위법은 없다.'라고 판시하여 갱신기대권이 인정됨에도 부당하게 갱신을 거절하는 것은 실질적으로 부당해고에 해당한다고 보아 해고제한의 법리를 유추적용하고 있다.

그런데 이 판결이 갱신기대권의 인정근거로 "임용의 근거가 된 법령 등의 규정이나 계약 등에서 임용권자에게 임용기간이 만료된 근로자를 재임용할 의무를 지우거나 재임용절차 및 요건 등에 관한 근거규정을 두고 있는 경우"를 들고 있어, 위 판시내용만을 보면 근로계약 등에 의하여 사용자에게 재계약체결의무가 인정되는 경우에 '재계약 기대권'을 인정할 수 있는 것으로 해석할 여지가 있다. 그럼에도 판례가 사용자의 의무를 명시적으로 들지 않고 계약이 존속되는 것을 전제로 부당해고로 보고 있어 갱신기대권의 내용이 구체적으로 무엇인지 검토가 필요하다.

2) 구체적인 효과 내용[24]

기간제근로자에게 갱신기대권이 인정될 경우 그 법적 효과는 그 기대 보호 강도에 따라 ① 재계약결정요구권을 인정할 수 있는 경우, ② 사용자에게 재계약체결의 의무를 부담시키는 경우, ③ 근로관계의 존속을 인정하는 경우 등으로 구분할 수 있다.

가) 재계약결정요구권은 계약갱신에 대한 정당한 기대를 가지고

24) 이하 논의는 위 이미선 전게 논문, 488-491면을 참조하였다.

사용자에 대하여 재계약 여부를 결정해 줄 것을 요구할 수 있는 권리를 말하며, 기대권과는 다르다. 사용자는 합리적인 기준과 공정한 심사에 따라 재계약 여부를 결정할 의무를 부담할 뿐 재계약 자체를 체결할 실체적 의무를 부담하지 아니한다. 따라서 갱신거절이 재계약결정요구권에 반하여 무효라고 하더라도, 근로자는 근로자의 지위를 유지하지 못하고 계약관계는 종료되며, 재계약 이행을 구할 수도 없다. 근로자는 사용자를 상대로 불법행위를 원인으로 임금 상당의 손해배상을 구할 수 있을 뿐이다. 우리 판례는 기간제로 임용되어 임용기간이 만료된 국, 공립학교의 교원 및 사립대학의 교원에 대하여 재임용심사신청권을 인정하고 있고[25], 일반 근로관계에서도 재임용심사신청권에 대응하는 재계약결정요구권을 인정하고 있다[26].

나) **사용자의 재계약체결의무**는, 사용자가 재계약체결의 의무를 부담하는 경우로, 근로자는 이에 대응하여 사용자에게 재계약체결에 관한 실체적 권리를 취득하게 된다. 통상 취업규칙이나 근로계약 등에서 일정한 사유가 있으면 사용자가 재계약을 체결할 의무가 있다고 정하고 있거나, 신의칙 내지 조리에 의하여도 인정될 수 있다. 그러나 사용자가 의무를 부담하게 된 결과 근로자에게 인정되는 재계약체결권은 채권적 청구권이지 형성권은 아니므로, 갱신거절이 되면 근로관계는 종료되고, 재계약 체결에 관한 채권·채무관계만 남게 되어 근로자는 소로서 재계약의 이행을 구하거나 채무불이행으로 인한 손해배상을 구할 수 있다. 재계약체결요구권보다는 진일보한 이론이나 부당한 갱

25) 뒤에서 따로 살펴본다.

26) 대법원 2007. 7. 12. 선고 2005두2247 판결(명시적으로 1년 계약을 한 버스운전기사 사건)은 '참가인에게는 근로계약기간이 만료되었다 하더라도 2000. 4. 6.자 노사 약정에 따라 재계약을 체결할 수 있는 정당한 기대를 가지고 원고 회사에게 재계약 여부를 결정해줄 것을 요구할 수 있는 권리가 인정되고 그에 따랐더라면 재계약이 체결되어야 할 경우임에도 위법하게 재계약 체결이 거절된 때에 해당된다면 그러한 재계약 체결의 거절이 불법행위에 해당한다는 이유로 임금 상당의 손해배상을 구할 수 있음은 별론으로 하더라도…'라고 판시하고 있다.

신거절로 인하여 근로관계가 종료되고 채권 채무관계만 남게 된다는 점에서 역시 근로자에게 불리하다.

다) 계약존속설은 정당한 갱신기대권을 침해하여 이루어진 갱신거절의 효력을 부인하고 기간만료에 관계없이 근로관계의 존속을 인정하는 경우로, 재계약에 대한 기대의 보호정도가 가장 강하다고 할 수 있다. 근로관계의 존속을 인정하는 경우는 다시 사안에 따라 기간 약정 자체를 무력화하여 기간의 정함이 없는 계약과 동일하게 보는 경우와, 그 정도까지는 아니지만 갱신거절에도 불구하고 근로관계가 갱신되는 경우로 나눌 수 있다. 전자는 앞서 본 바와 같이 '계약의 반복 갱신 등, 기간의 약정과 상관없이 계속 근로에 대한 신뢰관계가 형성되었다고 볼 수 있는 경우에 '기간의 정함을 단지 형식에 불과하여 실질적으로 기간의 정함이 없는 근로자의 지위에 있는 것'으로 보고 있는 예이다. 취업규칙이나 근로계약 등에서 당연 갱신에 관한 조항이 있거나 당사자 사이에 일정한 요건이 충족되면 특별한 의사없이도 갱신된다는 명시적 또는 묵시적 약정이 있는 경우 계약갱신에 해당할 수 있다.

3) 대상판결의 입장

앞서 본 바와 같이, 위 2002두8640판결은 '갱신기대권'의 효과로 단순히 사용자에 대하여 재계약체결의무를 부과하는데 그치는 것이 아니라 근로관계의 존속을 인정하고 있고, 사용자가 그 절차에 위반하여 부당하게 근로자를 재임용에서 제외하는 것은 실질적으로 부당해고와 마찬가지라고 판시하였다[27]. 즉 사용자재계약체결의무설이 아닌 계약존속설을 따랐다고 볼 수 있다[28]. 나아가 대상판결은 갱신기대권이 인정되는 범위를 재계약 의무 및 절차 규정이 없는 경우에까지 넓히

27) 대법원 2007. 10. 11. 선고 2007두11566 판결도 같은 취지이다.

28) 대상판결의 제1심 및 종래 하급심 판결(서울행정법원 2004. 4. 8. 선고 2003구합32275)들도 '이 사건 계약상의 위탁기간은 그 만료로써 계약관계가 획일적으로 종결되는 존속기간이 아니라 갱신에 의하여 연장이 허용되는 갱신기간이라고 봄이 옳고…'라는 취지로 설시하여 같은 입장에 서 있었다.

고[29], 사용자의 부당한 근로계약의 갱신거절은 부당해고로써 효력이 없고, 이 경우 기간만료 후의 근로관계는 종전의 근로계약이 갱신된 것과 동일하다고 판시하여 계약존속설 중 계약 갱신의 입장에 서 있음을 분명히 하였다.

4) 국공립 · 사립대학의 교원재임용 심사신청권과 관련하여

기간임용제에 의하여 임용되어 임용기간이 만료된 국공립 · 사립대학 교원으로서는 교원으로서의 능력과 자질에 관하여 합리적인 기준에 의한 공정한 심사를 받아 위 기준에 부합되면 특별한 사정이 없는 한 재임용되리라는 기대를 가지고 재임용 여부에 관하여 합리적인 기준에 의한 공정한 심사를 요구할 권리인 재임용심사신청권을 가진다[30]. 그러나 재임용 거부결정이 재임용심사신청권을 침해하여 무효라고 하더라도 임용기간이 만료되면 대학교원의 신분은 상실하고, 임용권자에게 재임용할 의무를 지우거나 당연히 재임용이 이뤄진 것으로 볼 수 없다는 것이 판례의 입장이다[31]. 다만 판례는 "정관이나 인사규정 또는 임용계약에 재임용 강제조항이 있거나 그 외 임용계약이 반복 갱신되는 등 특별한 사정이 없는 이상 임용기간이 만료된 사립학교 교원은 임용기간 만료로 대학교원 신분을 상실한다"[32]고 하여 재임용강제조항 등의 특별한 사정이 있는 경우에는 대학교원의 신분이 유지될 수 있음을 간접적으로 시사하고 있다. 따라서 교원재임용심사신청권을 인정한 판결과 위 갱신기대권을 인정한 판결들은 배치되지 않

29) 갱신기대권의 범위를 넓힌 취지가 이와 같은 효과에 맞추기 위한 것이라는 점은 각주 21)에서 살펴본 바와 같다.

30) 대법원 2004. 4. 22. 선고 2000두7735 전원합의체판결, 2006. 3. 9. 선고 2003재다262 판결, 2006. 7. 6. 선고 2005다16041 판결 등 다수.

31) 대법원 2006.3.9. 선고 2003다52647 판결, 2010.1.14. 선고 2007다55057 판결 등 다수. 이원범, 기간임용제 사립대학 교원에 대한 재임용거부결정의 시기별 사법심사 기준법령과 위법한 재임용거부로 인한 손해배상책임의 법리, 사법16호(2011년 6월) 242-243면 참조.

32) 대법원 2006. 3. 9. 선고 2003재다262 판결, 2006. 3. 9. 선고 2003다52647 판결, 2006. 7. 6. 선고 2005다16041 판결 등 참조.

는다고 본다.[33)]

최근 선고된 대법원 2012. 4. 12. 선고 2011두22686판결은 사립대학교육기관의 교원에 대하여 재임용심사신청권을 보장한 사립학교법 제53조의2 제4항 내지 제8항이 강행규정이라고 보는 한편, 교원에 대하여 재임용심사절차를 거치지 않은 채 교원인사위원회를 개최하여 기간만료로 면직할 것을 의결한 후 계약기간 만료를 통지한 것은 사실상 재임용거부처분에 해당하는 것으로서 위법하다고 판시하였다.

다. 갱신거절의 합리성 유무 판단

1) 판단 기준

가) 논의의 필요성

근로자에게 갱신기대권이 인정되는 경우에도 사용자의 갱신거절이 부당하지 않다면 계약은 기간의 만료로 종료되므로, 사용자의 갱신거절이 어떠한 경우에 부당한지의 여부가 문제된다. 이에 대하여 종래 하급심 판결들[34)]은 대체로 갱신기대권이 인정되는 경우 계약기간은 그 만료로써 계약관계가 획일적으로 종결되는 존속기간이 아니라 갱신에 의하여 연장이 허용되는 갱신기간이라고 봄이 옳다고 보면서, 이러한 경우 사회통념상 상당하다고 인정되는 합리적인 이유 없이 근로계약의 갱신을 거절하는 것은 신의칙상 허용될 수 없다고 보고, 여기서 사회통념상 상당하다고 인정되는 합리적인 이유란, 기간의 정함이 없는 근로계약에 직접 적용되는 정당한 이유라는 해고제한의 기준보다는 완화된 기준이라는 점에서 해고제한의 법리가 그대로 적용되는 것이 아니라 유추적용되는 것이라고 판시하여 왔다. 그런데 위에서 본 바와 같이 갱신기대권이 인정되면 계약이 존속된다고 보는 입장에서는 해고제

33) 위 이미선 전게 논문, 494-495면 참조, 즉 특별한 사정이 있다고 보는 것이다.

34) 서울행정법원 2003구합32275 판결(항소기각, 심리불속행기각), 2004. 8. 31. 선고 2004구합1124 판결, 2004구합8484 판결 (항소기각, 심리불속행기각), 대상판결의 제1심 판결 등 다수

한의 법리가 바로 적용되어야 하는 것이 더 논리적일 것이다. 또한 대상판결이 '사용자가 부당하게 갱신을 거절하는 것이 부당해고와 마찬가지이고, 정당성을 결여하였다'라는 판시를 하고 있기 때문에, 근로기준법 제23조에 따른 정당한 사유가 있을 때에만 갱신거절이 정당하다고 보아야 한다고 하면서, 이 판결이 종래 하급심판결보다 엄격한 제한을 설정하였다는 점에서 상당한 의미가 있다고 평가하기도 하고[35], '사회통념상 인정되는 합리적인 이유없이' 라는 표현대신 '그 실질에 있어 부당해고에 해당되어 그 효력을 인정할 수 없다'는 표현을 사용함으로써 근로기준법상의 정당한 이유없는 해고의 한 유형으로 파악하고 있기도 하다[36].

나) 검 토

그러나 위 견해는 기간제근로자를 한층 두텁게 보호한다는 측면에서는 시사하는 바가 크지만 위 판시만으로 반드시 그렇다고 볼 수 있을지는 의문이다. 왜냐하면 갱신기대권의 법리를 최초로 도입한 위 2002두8640판결에서도 '부당한 갱신거절은 실질적으로 해고와 마찬가지다'라는 설시를 하여 왔고, 부당한 갱신거절의 효과가 '부당해고와 같다'고 하여 '갱신거절의 합리성에 대한 판단기준'까지 기간의 정함이 없는 근로자와 같게 보아야 하는 것은 아니기 때문이다.

또한 기간의 정함이 없는 근로자의 경우 단체협약이나 취업규칙 등에서 해고사유가 제한적으로 정하여져 있어 그 기준이 명백하고, 위 해고 사유에 해당하지 않으면 해고에 정당한 사유가 없게 되는 경우가 대부분이다. 그만큼 기간의 정함이 없는 근로자의 경우에는 해고가 이미 생성된 근로관계를 단절하는 측면이 있어 엄격할 필요성이 크다고 할 수 있는 반면, 기간제근로자의 경우에는 기간의 만료로 인하여 계

35) 권두섭, 장애인콜택시 운전노동자 갱신거절 해고사건, (월간) 노동법률 241호(2011. 6) 86면 참조.

36) 김재훈, 기간제 고용과 갱신기대권, 기간제고용의 규율방식 전환, (월간) 노동법률 248호(2012. 1) 79면 참조

약관계가 종료됨이 원칙이고 재임용 규정이나 기타 제반사정에 비추어 계약을 갱신할 수 있는 기대권이 인정되는 예외적인 경우에 계속 근로관계를 존속시킬 것인가, 그만큼 신뢰관계가 쌓여있는가의 측면에서 보아야 하기 때문에 기본적인 출발점이 다르다.

나아가 기간제 근로계약의 본질에서 오는 제약도 고려하여야 한다. 기간제 근로계약을 체결하게 된 목적이나 업무, 경영상의 필요에 비추어 사용자가 애초에 정한 업무 기간이 종국적으로 종료되었다거나 이에 준하는 경영상의 필요가 발생한 경우, 해고사유에 해당하지 않을 정도의 근로자의 업무 불성실이나 필요한 업무 능력 미흡 등의 사유는 (해고사유에는 해당하지 않더라도) 계약 갱신의 거절사유에는 해당한다고 볼 수 있을 것이다[37].

다) 소 결

따라서 근로기준법 제23조를 유추적용하여 더 완화된 기준을 적용하는 것이 타당하다고 생각된다[38].

2) 판 결 례

가) 최근의 실무는 갱신기대권의 인정 유무보다 오히려 갱신거절의 합리성이 문제되는 경우가 많고 그에 따라 판례도 거절의 합리성 판단을 적극적, 실질적으로 하고 있으며, 대상판결도 마찬가지이다. 실제 하급심에서도 기간제근로자들이 노동조합에 가입하거나 노조활동을 적극적으로 하였다는 이유로 평가에서 불이익을 받았고 이러한 부당한 평가결과로 인하여 갱신거절이 되었다고 주장하는 사안이 많아 갱신거절의 합리성 판단이 어렵다. 일반적으로는 근로계약이나 취업규칙 등에서 재계약절차 및 요건에 관하여 객관적이고 합리적인 심사기준이 정해져 있고, 그에 따라 공정한 평가가 이루어져 일정 등급 이하에서

37) 이병희, 기간제 근로계약에서의 계약기간과 사용기간, 사법논집, 45집 679면 참조

38) 그러나 결과적으로 큰 차이는 없을 것이다. 근로기준법 제23조의 정당한 이유도 결국에는 "사회통념상 근로관계를 계속 유지할 만한 신뢰관계가 깨진 경우"로 귀결될 것이기 때문이다.

갱신거절이 된 경우에는 합리적인 이유가 있는 것으로 볼 수 있다. 이와 반대로 갱신절차에서 규정되어진 평가절차를 전혀 거치지 않았다거나, 평가를 거쳤더라도 그 평가가 공정하지 못하고 객관적이지 않을 때에는 부당하다고 본다. 노동조합 가입 및 노조활동이나, 출산 등을 이유로 한 갱신거절은 강행법규에 위배되어 그 자체로 합리성이 없다.

나) 판　례

○ **대법원 2011. 7. 28. 선고 2009두2665 판결** : 심사의 공정성을 문제 삼은 사건

- 이미 5차례 갱신해온 근로자들에게 대하여 직전 근평에서 접근도가 높은 평정자들은 고득점을 준 반면, 접근도가 낮은 평정자는 낮은 점수를 주고, 더구나 인사권자인 조합장은 특히 낮은 점수를 주었으며, 종전에는 평균 70점 이상의 평점을 유지하여 왔는데, 마지막에 업무수행능력이나 업무수행태도가 급격히 저하되었음을 인정할 만한 자료가 없는 점 등에 비춰 일괄하여 재계약기준 점수에 미치지 못하는 점수를 준 것으로 인정.

- 오로지 재계약 거절의 사유로 삼기 위하여 형식적으로 근무성적 평정을 한 것으로서 공정성과 합리성을 결여한 것이다.

○ **대상판결** : 심사항목이 자의적 평가가능, 심사자료불일치, 자의적 적용

- ① 참가인이 원고들을 포함한 운전자들에 대하여 갱신 여부를 심사하기 위하여 심사 자료로 활용한 '장애인콜택시 상황일지'는 운전자들의 운행실적 및 콜 중계 위반행위, 민원제기사항 등 운행현황 전반에 관한 내용을 기재한 것인데, 위 상황일지 중 상당 기간의 기록이 누락되어 있고 참가인은 이와 같이 누락된 상황일지를 토대로 심사를 한 점, ② 이 사건 심사항목 중 콜 중계 위반 항목에 대하여 참가인은 임의운행을 위하여 고의로 콜을 거부하는 행위만을 콜 중계 위반행위에 포함시켰고 단순 콜 거부는 이를 제외하였다고 주장하나, 위 상황

일지 등의 기재만으로는 단순 콜 거부와 고의적인 콜 거부를 구분하는 것이 현실적으로 곤란하고 경우에 따라서는 위 상황일지의 기재 내용을 자의적으로 해석할 수 있는 여지를 제공할 수 있을 뿐만 아니라, 참가인이 작성한 것으로 보이는 갑 제44호증에는 소외인이 콜 거부와 운행 정지 등 2건의 콜 중계 위반행위를 한 것으로 되어 있는 반면, '03. 콜택시 개인 운행수탁자 배점 채점표(을 제12호증)'에는 소외인이 1건의 콜 중계 위반행위를 한 것으로 되어 있는 등 콜 중계 위반행위에 관한 참가인의 심사 과정을 전적으로 신뢰하기 어려운 측면이 있는 점, ③ 참가인은 이 사건 심사항목 중 민원유발과 관련하여 위 상황일지에 기재된 민원은 그 증빙이 곤란하다는 이유로 일률적으로 심사대상으로 삼지 않고 인터넷으로 접수된 민원만을 심사대상으로 삼았다고 주장하나, 위 상황일지에는 승객으로부터 제기된 민원 내용과 운전자의 변명, 그 당시의 주변 상황이 구체적으로 기재되어 있는 등 인터넷으로 접수된 민원의 처리와 크게 다르지 않은 것으로 보여, 양자를 다르게 취급하여야 할 합리적인 이유가 있다고 볼 수 없는 점, ④ 참가인은 이 사건 심사항목 중 '교통법규 위반 및 본인귀책 차량 사고'와 '콜택시 운행 및 관리 태만' 항목을 적용함에 있어 일부 운전자들에 대하여 그 위반사실을 누락한 점 등을 알 수 있는바

- … 이 사건 심사가 객관적이고 정확한 자료를 토대로 이루어졌는지 의문이고, 이 사건 심사항목 중 일부는 평가자의 자의적 평가가 개입될 여지가 있어 그 객관성 및 공정성이 결여되었다고 볼 수 있으며, 일부 심사항목은 심사 대상자 전원에 대하여 일률적으로 적용되지 아니하여 불공평한 결과가 초래되었다. 이와 같이 공정성 및 객관성이 결여된 심사 과정을 거쳐 원고들에 대하여 갱신 기준 점수 미만이라는 점을 들어 이 사건 갱신 거절을 한 것은 정당성을 결여하였다고 할 것이므로, 이 사건 갱신거절은 그 효력을 인정할 수 없다.

4. 기간제법 시행후의 갱신기대권

기간제법이 2007. 7. 1.부터 시행됨으로써 기간제 근로계약의 사용기간이 2년을 초과할 때에는 기간의 정함이 없는 근로계약으로 보게 되었다. 따라서 기간제법 시행 이후에 신규로 체결되는 기간제 근로계약은 2년의 기간 내에 종료될 것이 예정되어 있는 반면 근로자에게는 총 사용기간이 2년을 초과하는 근로계약의 갱신기대권이 인정될 수 없다고 볼 여지도 많다. 결국 기간제 근로계약의 갱신에 대한 정당한 기대권 여부나 갱신거절의 정당성 여부를 판단함에 있어서는 위와 같은 법리도 고려되어야 할 것으로 생각된다[39].

5. 대상판결의 의의

종래 하급심에서 인정되어 오던 갱신기대권에 관하여 사용자에게 재계약 의무를 지우거나 재계약 절차 등의 규정이 없는 경우에도 계약의 제반사정을 따져 계속 근로할 수 있다는 신뢰관계가 형성된 것으로 인정될 경우 갱신기대권이 인정될 수 있음을 분명하게 하고, 부당한 갱신거절이 부당해고와 마찬가지로 무효이며, 종전계약이 갱신된 것과 같게 본다고 판시함으로써 갱신기대권의 인정요건과 효력을 명백히 하고, 갱신을 위한 사용자의 심사항목과 평가방법 등에까지 합리성과 객관성 및 공정성을 요구함으로써 기간제근로자의 갱신을 위한 합리성 판단의 실질화를 도모하였다고 보여진다.

---

39) 기간제법 이후의 2년을 초과한 갱신기대권 제한 법리에 관하여는 서울고등법원 2010누33568 판결(상고중) 참조, 서울고등법원 2011누33244 판결은 기간제법 이후에 시행된 계약에 대해서 갱신기대권을 받아들이지 아니하였다(심리불속행 확정).

참고문헌

김형배, 노동법, 제20판(전면개정증보판)

사법연수원, 해고와 임금(2012)

이미선, 기간제 근로계약에 있어서 근로자의 근로계약 갱신에 관한 기대권의 인정 문제, 대법원판례해설 87호(2011 상반기)

김진, 기간을 정한 근로계약의 부당해고 구제, (계간)조정과 심판, 23호(2005년 가을호)(2005.10)

정성태, 근로자에게 재임용될 수 있으리라는 기대권이 인정되는 경우에는 재임용거절에 해고법리를 유추적용할 수 있다고 본 사례, 대법원 판례해설 72호(2007년 하반기)(2008. 07)

이병희, 기간제 근로계약에서의 계약기간과 사용기간, 사법논집, 45집

도재형, 기간제 근로계약 갱신 거절권의 제한, 노동법연구, 24호(2008. 3)

최은배, 기간제 근로계약의 규제, 대법원판례해설 72호 (2007 하반기)(2008.07)

이원범, 기간임용제 사립대학 교원에 대한 재임용거부결정의 시기별 사법심사 기준법령과 위법한 재임용거부로 인한 손해배상책임의 법리, 사법16호(2011년 6월)

박형준, 계약직(기간제)근로자의 계약 갱신기대권, 조세 286호(2012. 3)

권두섭, 장애인콜택시 운전노동자 갱신거절 해고사건, (월간) 노동법률 241호(2011. 6)

김재훈, 기간제 고용과 갱신기대권, 기간제고용의 규율방식 전환, (월간) 노동법률 248호(2012. 1).

국문초록

기간을 정한 근로계약에 대하여 종래 대법원 판결은 기간의 만료에도 불구하고 그 기간의 정함을 단지 형식에 불과하다고 보아 사실상 기간의 정함이 없는 근로계약으로 보거나, 장기간의 반복갱신 또는 근로계약·취업규칙·단체협약 등에서 재임용절차에 관한 명문의 규정을 둔 경우 근로자에게 갱신(재계약)기대권을 인정하여 근로자를 보호하여 왔다. 대상판결은 위와 같은 장기간의 반복갱신이나 재임용절차에 관한 명문의 규정이 없더라도 근로계약의 내용과 계약 동기 및 경위 등 당해 근로관계를 둘러싼 여러 사정에 비추어 당사자 사이에 계속 근로할 수 있다는 신뢰관계가 형성되어 있으면 근로자에게 정당한 갱신기대권이 인정된다고 보고, 이에 대한 사용자의 갱신거절의 합리성에 대한 판단은 형식적인 것에 그치지 않고 재계약 절차 규정의 심사항목이나 기준 등 그 자체가 명확하고 합리적인지, 갱신을 위한 평가가 공정하고 합리적으로 진행되었는지 등 실질적인 평가를 하여야 한다고 판시하였다. 이 평석은 대상판결의 취지를 지지하면서 기간제 근로계약자의 지위, 기간제 근로자를 보호하기 위한 대법원 판결의 법리, 갱신기대권의 본질, 갱신거절의 합리성 판단 기준 등에 관하여 고찰하였다.

주제어: 기간을 정한 근로계약, 기간제 및 단시간근로자 보호 등에 관한 법률, 갱신(재계약)기대권, 부당해고, 갱신거절, 갱신거절의 합리성

Abstract

Effect of right to expect renewal and refusal of renewal with regard to fixed-term labor contract

JUNG HWA PARK(SEOUL ADMINISTRATIVE COURT)

The precedent Supreme Court`s decisions have protected employees through regarding expired fixed-term labor contract as non fixed-term labor contract holding that fixing the period means nothing but a mere formality, or by recognizing employees' right to expect renewal in case the renewal has been repeated for a long term or the explicit provision for renewal procedure exists in labor contracts, employment rules or collective agreements.

This Supreme Court`s decision held that employees have the legitimate right to expect renewal if confidential relationship is formed between parties considering the circumstances surrounding labor relationship such as contents, motives and processes of labor contract etc., even though repeated renewal for a long term or explicit provision for renewal procedure does not exist. Furthermore, this Supreme Court`s decision ruled that judgement on rationality which is included in the refusal of renewal is not limited by formal assessment, rather the judgement should be based on practical evaluation not only on clarity and rationality in the provision of renewal procedure itself, but also on fairness and reasonableness of renewal assessment process. This commentary, basically agreeing with this Supreme Court`s decision, is dealing with the status of employees in fixed-term labor contract, legal principles of Supreme Court`s decision on protection of the employees, nature of right to expect renewal, and the standard of judgement on rationality placed in the refusal of renewal.

KeyWords: fixed-term labor contract, Act on the protection, etc. of fixed-term and part-time employees, right to expect renewal, unfair dismissal, refusal of renewal, rationality in refusal of renewal

투 고 일: 2012. 11. 22
심 사 일: 2012. 12. 21
게재확정일: 2012. 12. 21

外國判例 및 外國法制 硏究

最近 美國 聯邦大法院의 移民關聯判例에서 司法審査의 基準

金 聲 培*

Ⅰ. 서 론

미국 연방대법원의 회기는 매년 1월1일에 시작하는 것이 아니라 매년 10월부터 그 다음 년 9월말까지를 의미한다.[1] 그러므로 2012년 말을 기준으로 하면 최근 미국 행정판례의 동향분석의 대상이 되는 판례는 2011년 10월(October term 2011)부터의 판례를 대상으로 하게 되는데[2] 2011년 10월부터 2012년 9월말까지 연방대법원은 78건의 사건을 다루었다.[3] 예년과 달리 가장 마지막에 판결한 사건은 2012년 9월 25

* 국민대학교 법과대학 조교수

1) 하지만 실질적으로 미국연방대법원은 7월부터 9월까지 재판이 없는 휴식기간을 가지기에, 회기를 6월까지로 보기도 한다. 정하명, 최근 미국 행정판례의 동향 및 분석 연구, 행정판례연구 XV-2, 박영사, 2010, 392면 참조; 금태환, 최근 미국 행정판례의 동향 및 분석 연구, 행정판례연구 XVI-2, 박영사, 2011, 235면.

2) 2011년 미국연방대법원의 회기는 10월 3일부터 시작하여 2012년 9월 30일 공식적으로 종료되었다.

3) 미국 대법원판례의 전반에 대한 분석을 다룬 논문은 The Supreme Court 2011

일에 판결한 Tennant v. Jefferson County사건으로 선거구획정에 대한 주정부의 정책적 결단에 대한 사법부의 존중을 다룬 사건 있었다. 2011/2012회기의 마지막 사건인 본 사건은 특정 대법관이 작성한 것이 아니라 전체법원의 입장(per curiam)[4]에서 작성된 13개의 사건중 하나였다. 미국 연방대법원 전체 사건의 동향을 보면 2009년 회기에는 87건을 처리하였고, 2010년 회기에는 90건의 사건을 처리한 것에 비하면, 사건처리 건수가 약간 줄었다는 것을 알 수 있다.[5] 2011년 회기중에

Term, 126 Harv. L. Rev. 216 (2012)

4) 미국 연방대법원은 소부로 나누어서 재판을 하는 것이 아니라 항상 9명이 재판에 참여하고, 판결문을 작성할 대법관을 정하여 판결문을 작성하며 별개의견이나 반대의견이 있다면 따라 이름을 밝히고 의견을 작성하는 것이 일반적이다. 그래서 per curiam은 우리식의 전원합의체판결이 아니라, 연방대법원이 특정대법관의 이름으로 판결을 작성하는 것이 아니라, 작성주체인 대법관을 밝히지 않고, 대법원 전체의 이름으로 판결문을 작성하는 것이다. 모든 대법원이 일치된 의견을 보인 판결 모두가 per curiam으로 작성되는 것도 아니며, per curiam판결이라도 소수의견 혹은 별개의견이 있는 경우도 있다.

5) 2011년은 대법원장인 로버츠(John G. Roberts)가 취임한지 7년째 되는 회기로서, 가장 최근에 연방대법원에 합류한 대법관은 2010 8월 7일 대법관임명이 확정된 캐이건(Elena Kagan)대법관이 있다. 2011년 회기에 다루어진 78건의 사건중 주문을 작성한 대법관별 사건수를 살펴보면 로버츠대법원장이 7건, 스칼리아(Antonin Scalia) 대법관이 8건, 캐네디(Anthony Kennedy) 대법관이 9건, 토마스(Clarence Thomas) 대법관이 6건, 긴스버그(Ruth Bader Ginsburg) 대법관이 7건, 브라이어(Stephen Breyer) 대법관이 7건, 알리토(Samuel Alito) 대법관이 7건, 소토마이어(Sonia Sotomayor) 대법관이 6건, 케이건(Elena Kagan) 대법관이 7건의 주문을 작성하였다. 미국연방대법원에서 주문작성을 살펴보는 의미는 단순히 대법관의 활동을 살펴보는 것만 아니라 재판의 관여정도와 재판부의 역학관계를 파악할 수 있는 자료로도 활용되는데, 올해의 경우에는 특별히 큰 편차가 있지 않았다. 주문작성건수와 함께 살펴보아야 할 다수의견과 소수의견의 관계를 살펴보면, 로버츠대법관은 4건의 소수의견을 작성하여 90.9% 다수의견찬성률을 보였으며, 스칼리아 대법관은 80.8% 다수의견찬성률을 보였지만 9건의 반대의견을 작성하였고, 케네디 대법관은 93.5%의 다수의견찬성률을 보였으며 2건의 반대의견을 작성하였고, 토마스 대법관은 84.6%의 다수의견찬성률을 기록하였으며 3건의 반대의견을 작성하였고 긴스버그 대법관은 67.9%의 다수의견찬성률을 기록하였으며 6건의 반대의견을 작성하였고, 브레이어 대법권은 76.%의 다수의견찬성률을 기록하였지만 10건의 반대의견을 작성하였고, 알리토 대법관은 82.1%의 다수의견찬성률을 기록하였으며 5건의 반대의견을 작성하였고, 소토마이어 대법관은 79.2%의 다수의견찬성률을 기록하였고 5건의 반대의견을 작성하였으며, 케이건 대법관은 81.1%의 다수의견찬성

미국 연방대법원이 처리한 78건의 사건중 우리나라의 행정법영역에 해당하는 사건은 10건 내외가 존재하는데[6], 본 논문은 모든 사건을 분석하기 보다는 2가지 사건을 집중하여 소개하고자 한다. 본 논문이 대상으로 하는 사건은 이민관련 행정사건으로써 두 가지 사건은 모두 케이건 대법관이 의견을 작성하였고 9대0의 사건이라는 점, 제9연방고등법원을 통해서 대법원이 상소를 허가했다는 점의 공통점은 있지만 첫 번째 사건에서는 이민행정심판위원회(the Board of Immigration Appeals: BIA)의 판단을 존중하였지만 두 번째 사건에서는 이민행정심판위원회의 판단을 재량권남용으로 판단하였다는 다른 점이 존재한다. 우리의 경우는 국민과 외국이이 우리영토에 대해 출입국하고 외국인이 체류하는 것을 규제하는 법은 출입국관리법이 존재하며 국적에 관해서는 국적법이 규율하고 있다. 미국의 경우는 국민과 외국인으로 구분하기 보다는 시민(citizen)과 비시민(non-citizen)으로 구분하고 있으며, 시민권의 취득과 시민권자와 비시민권자의 출입국관리등에 관하여 규율하는 법은 이민법(Immigration and Nationality Act)가 존재한다. 즉 우리의 경우는

률을 기록하였으며 1건의 반대의견을 작성하였다. 이런 다수의견찬성률과 반대의견작성수치는 오바마대통령이 재선에 성공함으로써 임기중에 개혁성향의 대법관을 다시 임명할 수 있다는 정치적 상황과 결합하여 앞으로 미국 연방대법원의 성향을 예측하는데 사용될 수 있는 데이터로서 의미가 있다. 정치적 성향과 사법정책적 고려와 대법원판사의 성향에 대한 논문으로는 아래의 글 참조 Sidney A. Shapiro and Richard Murphy, Politicized Judicial Review in Administrative Law: Three Improbable Responses, 19 Geo. Mason L. Rev. 319 (2012); Ronald M. Levin, What Change Will Come: The Obama Administration and the Future of the Administrative State, 65 U. Miami L. Rev. 555 (2011). 사법판단에서 정치적 고려에 대한 강한 반대의 견해로는 다음 논문 참조 Mark Seidenfeld, The Irrelevance Of Politics For Arbitrary and Capricious Review, 90 Wash. U. L. Rev. 141 (2012).

6) 미국 대법원판례의 전반에 대한 분석을 다룬 논문은 The Supreme Court 2011 Term, 126 Harv. L. Rev. 216 (2012)이 있으며, 행정법분야의 분석을 한 논문은 Gillian E. Metzger, Annual Review of Administrative Law: Foreword, 80 Geo. Wash. L. Rev. 1293 이하 (2012)등 George Washington Law Review 7월호에 실린 "Annual Review of Administrative Law"시리즈가 있다.

국적법과 출입국관리법이 분리되어 있지만, 미국은 우리의 출입국관리법과 국적법이 합쳐져서 이민법으로 존재하고 있다.7) 또한 미국은 이민으로 형성된 국가로서 시민과 외국인사이에 영주지위를 가지는 외국인의 범위가 존재하며 영주권제도를 통하여 단계적으로 외국인을 미국시민으로 단계적으로 흡수하고 있다. 우리나라는 미국과 같이 이민국가는 아니지만, 초저출산으로 인한 고령화사회의 도래, 노동력부족, 미혼남녀의 불균형 등의 문제와 함께, 선진국문턱으로 진입한 경제력과 한류를 통해서 외국인에게 친근하고 매력적인 나라로 부상한 점으로 인하여 결혼이주 · 노동이주 등 빠르게 외국인의 유입이 늘어나고 있으므로 기존의 국적 · 이민정책을 재검토하고 입법을 해야 할 시점에 와 있기에 이민정책수립의 기초를 제공함과 함께 일반행정법이론에서 중요한 판단부분인 행정처분에 대한 사법심사의 강도와 재량권심사의 기준에 대한 미국의 판례를 검토하고자 2개의 사건을 집중해서 검토하고자 한다.

Ⅱ. Holder v. Martinez Gutierrez

본 사건8)은 2012년 1월 18일 변론이 시작되어서, 2012년 5월 21일날 판결이 선고된 사건으로써 Kagan대법관이 판결문을 작성하였으며, 모든 나머지 대법관이 Kagan의견에 동조한 9대0의 사건이었다. 본 사건은 연방이민법(the Immigration and Nationality Act)의 추방면제조항의 요건충족해석에 대해서 연방고등법원판결과 연방이민행정심판위원회(the Board of Immigration Appeals: BIA)의 결정이 서로 상반되는 것을 해

7) 이희정 · 김성배 · 윤혜선, 다문화사회의 통합증진방안으로서의 영주권제도, 법무부 출입국 · 외국인정책본부, 2009, 1-2면.

8) Holder v. Martinez Gutierrez, 132 S.Ct. 2011

결하기 위한 사건이었지만, 행정기관의 법령해석권의 범위와 사법심사의 강도에 관한 사건으로 볼 수 있다. 본 사건은 미국의 연방사법체계가 하나의 대법원을 정점으로 구성 되어 있지만, 연방고등법원의 경우는 13개가 존재하며, 각각의 연방고등법원이 독립된 사법관할을 가지고 있으며, 개별 연방고등법원의 판결은 다른 연방고등법원의 판결을 구속하지 않고 다만 참고용으로 사용될 뿐이기에 생긴 현상이기도 하지만, 사법부의 판결에 대해서 행정기관이 그 해석을 축소하거나 받아들이지 않아서 생긴 문제이기도 하다.

1. 사건의 쟁점

본 사건은 이민법 조항의 해석에 있어서 이민행정심판위원회의 권한과 사법심사의 범위에 관한 사건이다. 당 대법원사건에서는 두 개의 사건이 병합 심리되었는데, 두 사건 모두 추방취소를 규정한 연방이민법(the Immigration and Nationality Act) § 1229b(a)[9]의 해석에 관한 사건이었다. 연방이민법 § 1229b(a)는 법무부장관(the Attorney General)에게 입국불허 혹은 추방될 외국인의 추방에 대한 취소권한을 부여하고 있다. 법무부장관은 ①외국인이 5년 이상 영주권자로서 합법적으로 인정되어져 온 경우, ②외국인이 어떤 신분(자격)이던지 승인된 후에 7년 동안 지속해서 미국에서 거주해 온 경우, 그리고 ③외국인이 가중중범죄(aggravated felony) 유죄판결을 받지 않은 경우의 3가지 조건을 충족한

9) "(a) Cancellation of removal for certain permanent residents
"The Attorney General may cancel removal in the case of an alien who is inadmissible or deportable from the United States if the alien—
"(1) has been an alien lawfully admitted for permanent <u>residence</u> for not less than 5 years,
"(2) has <u>resided</u> in the United States continuously for 7 years after having been admitted in any status, and
"(3) has not been convicted of any aggravated felony."

경우 당해 외국인에 대한 추방절차를 취소할 수 있다. 법무부장관이 고려하는 기준들중 기간과 관련된 기준들은 먼저 외국인이 미국에서 합법적으로 거주했던 기간과 관련이 있고 또 다른 기준은 미국에서 영주권자의 지위를 가지고 있던 기간과 관련이 있다.[10] 그런데, 미성년자의 경우에는 그 기간을 계산함에 있어서 부모의 이민신분이나 부모의 거주년수를 포함해서 계산해야 하는지 아니면, 미성년자라고 하더라도 부모와 독립하여 미성년자만을 기준으로 그 기간을 계산하여야 하는지가 쟁점이었다. 즉, 이민행정심판위원회(BIA)가 법에 명시된 조항을 적용함에 있어서 부모의 영주권자의 지위나 또는 그 부모의 지속적인 거주 년수를 그의 자녀에게 산입시켜야 하는지 여부가 쟁점 있었는데, 일반적으로 미성년자는 독립적으로 주소지를 가지지 않고, 법적으로 보호자에 의존하고 있으며, 이민관련사건에서 부모와 미성년자를 각각 분리하여 그 기간을 계산하게 되면 부모와 미성년자의 자녀가 다른 이민판정을 받게 되어 가족이 해체될 수도 있다는 문제점이 있다. 그런데 문제는 부모중 한명이 먼저 합법적으로 입국하고 뒤를 이어 자녀가 합법적으로 입국하였거나 영주권(lawfully permitted resident: LPR)을 얻게 되면 이민관계의 확정을 위한 기간계산에 대한 해석상의 문제를 야기한다. 즉, 자녀가 독립적으로 간주되는 동안 부모중의 한명이 제1229조b(a)(1) 그리고 (2)의 요건을 충족시킨다면 이런 경우에 비록 그 미성년자인 자녀는 자신을 기준으로 해서는 추방취소를 청구할 요건을 충족하지 못하였지만 부모를 기준으로 추방취소를 신청할 수 있는 권한을 가지는지 문제가 된다.

10) 132 S.Ct. 2011, 2015.

2. 사건의 배경

(1) Martinez Guierrez 사건

1989년에 5살인 Martinez Gutierrez는 그의 가족과 함께 불법적으로 미국에 들어왔지만 Martinez Gutierrez의 아버지는 2년 후인 1991년에 영주권자로서 합법적으로 승인되었다. 그러나 Martinez Gutierrez는 1991년에 합법적으로 승인된(입국) 것도 아니었고 2003년이 되어서야 영주권자격을 받게 된다. 그런데 2005년 Gutierrez는 국경을 넘어 불법밀입국자들을 미국으로 입국시키려다가 체포되었다. 그는 법위반을 인정하면서 추방에 대한 취소를 요청하였다. 이민행정심판관(immigration judge)은 Martinez가 제1229조b(a)(1) 또는 제1229조b(a)(2)를 충족하지 못하였다 할지라도 그의 아버지의 이민이력 때문에 구제될 자격이 있다고 판단하였다.[11] 그러나, 이민행정심판위원회(BIA)는 이민행정심판관의 결정을 뒤집었고 그리고 Gutierrez에 대한 추방절차를 시작하라고 결정하였다. 이민행정심판위원회는 본 결정에 있어서 Escobar사건[12]을 인용하였다.[13] 이에 대해서 Gutierrez는 소송을 제기하였고 제9연방고등법원은 Martinez Gutierrez의 소송을 인용하면서 이민행정심판위원회가 제9연방고등법원의 판결의 취지에 따라 재결정하도록 사건을 돌려보냈다.[14] 이에 대해 정부는 연방대법원에 상소하였다.

(2) Damien Atonio Swayers 사건

Damien Sawyers는 1995년 10월 그가 15살이었을 때 영주권자로서

11) 참조 App. to Pet. for Cert. in No. 10-1542, pp. 20a-22a (*Cuevas-Gaspar*, 430 F. 3d 1013)

12) Escobar사건은 연방제9고등법원의 삽입결정에도 불구하고 이민행정심판위원회는 이전의 이민정책과 다른 판례를 근거로 이민사건에서 부모의 기간계산을 미성년자의 기간계산에 산입하지 않기로 한 이민행정심판위원회의 사건이었다.

13) 참조 App. to Pet. for Cert. in No. 10-1542, at 5a-6a.

14) 참조 411 Fed.Appx. 121 (2011).

합법적인 승인을 받았다. 그 당시에 그의 어머니는 합법적인 입국 이후 미국에서 이미 6년을 연속하여 거주하고 있었다. 2002년 8월에 Sawyers가 마약 범죄로 유죄 판결을 받은 후에 정부는 추방 절차를 밟기 시작하였다. 이민행정심판관(immigration judge)은 Sawyers가 제1229조b(a)(2)에서 요구되는 7년 동안 지속해서 거주해야 하는 점에 있어서 몇 개월이 부족하기 때문에 추방에 대한 취소권을 주장할 수 없다고 판결하였다.[15] Sawyers가 제1229조b(a)(1)에서 요구되는 5년의 영주권 지위(LPR)를 가지고 있었음에는 다툼이 없었다. 이민행정위원회는 Escobar결정에 근거하여 이민행정심판관의 결정을 재확인[16]하였으나. Sawyers는 제1229조b(a)(2)의 7년의 지속적인 거주 요건에 대하여 그가 미성년자였었던 동안을 고려하여 위원회가 그의 어머니의 거주 년수를 포함시켰어야 한다고 주장하면서 제9연방고등법원에 소송을 제기하였다. Gutierrez의 경우와 마찬가지로 고등법원은 Sawyers의 주장을 인용하였고 그 사건을 이민행정심판위원회로 반송하였다.[17] 이에 대해, 정부는 연방대법원에 상고하였다.

3. 쟁점에 대한 제9연방고등법원의 판단 그리고 충돌 및 연방고등법원의 분열

앞에서 본 것처럼 부모중의 한명이 제1229조b(a)(1) 그리고 (2)의 요건을 충족시킨다면 이런 경우에 비록 그 미성년자인 자녀는 자신을 기준으로 해서는 추방취소를 청구할 요건을 충족하지 못하였지만 부모를 기준으로 추방에 대한 취소를 신청할 수 있는 권한을 가지는지 문제가 되었다. 제9연방고등법원은 이 쟁점을 다룬 첫 번째 연방고등법

15) App. to Pet. for Cert. in No. 10-1543, p. 13a

16) In re Sawyers, No. A44 852 478, 2007 WL 4711443 (Dec. 26, 2007)

17) 399 Fed. Appx. 313 (2010)

원이었는데, 제9연방고등법원은 이러한 외국인의 경우에도 구제를 받을 수 있다고 판결하였다.[18] Cuevas-Gaspar사건에서 Enrique Cuevas-Gaspar은 한 살이었던 1985년에 부모들과 함께 불법적으로 미국에 왔다. Cuevas-Gaspar의 어머니는 1990년에 영주권 (LPR)을 정부로부터 합법적으로 부여을 받았으나 Cuevas-Gaspar는 1997년에 합법적으로 승인되었고 영주권(LPR)을 받았다. 그 후 Cuevas-Gaspar는 2002년에 추방당할 수 있는 범죄를 저질렀는 데, 2002년은 그가 합법적인 입국 후에 제1229조b(a)(2)의 7년 동안의 연속된 거주의 요건을 독립적으로 충족시킬 수 없음을 의미하였다.[19] 이민행정심판위원회(BIA)는 Cuevas-Gaspar가 이런 이유 때문에 추방취소청구요건을 결여하고 있다고 판단하였다. 그러나 제9연방고등법원은 위원회의 태도가 불합리(unreasonable)하다고 판단하였다. 고등법원에 따르면 위원회는 Cuevas-Gaspar가 "독립되지 않은 미성년자(unemancipated minor)"로써 그가 어머니와 함께 살았던 기간 동안 그 어머니의 지속된 거주년수를 Cuevas-Gaspar에게 "산입(imputed)"해야만 한다고 판단하였다.[20] 제9연방고등법원이 이런 판단을 한 이유는 미국이민법의 많은 영역에서 가족관계를 우선하고 있으며 위원회가 일관(consistent willingness)되게 산입했던 관례를 따랐기 때문이라고 판단하였다.[21]

그러나 제9연방고등법원의 결정에도 불구하고 이민행정위원회는 관련사건에서 제1229조b(a)의 모두 관련된 문단해석을 하면서 산입에

18) Cuevas-Gaspar v. Gonzales, 430 F. 3d 1013 (2005)

19) 7년 연속거주 요건은 이민법상의 스톱룰에 의해 그가 범죄를 저지른 때 계산이 정지된다. 참조 § 1229b(d)(1) ("For purposes of this section, any period of continuous residence … in the United States shall be deemed to end … when the alien is served a notice to appear … or … when the alien has committed an offense … that renders the alien … removable from the United States …, whichever is earliest").

20) Cuevas-Gaspar v. Gonzales, 430 F.3d 1013, 1029. (2005).

21) Id., at 1026.

대해 반대하는 결정을 반복하게 된다. 특히 Escobar사건[22]에서 위원회는 자녀가 제1229조b(a)(1)의 5년의 기간을 충족시키기 위하여 부모의 영주권(LPR)의 기간에 의존 할 수 있는지 여부를 심사하였는데, 당 위원회는 제9연방고등법원의 법령해석과 연방고등법원이 이해한 이민행정심판위원회의 이민정책을 모두 배척하면서 Cuevas-Gaspar판결 이유에 대한 반대(disagreed with the reasoning)"를 명확히 하였다.[23] 따라서 위원회는 제1229조b(a)(1)에 해당하는 어떠한 경우에도 Cuevas-Gaspar사건을 적용하는 것을 거부(산입을 포함해서 연장하는 것) 할 것이고, 제9연방고등법원의 관할지역외에서는 이민행정위원회는 제1229조b(a)(2)에 관해서 제9연방법원의 판결을 받아들이지 않을 것이라고 단언하였다.[24] 그후 이민행정심판위원회는 한 발 더 나아가서 2008년 Ramirez-Vargas사건[25]에서 이민행정심판위원회는 최후의 조치를 취하였다: 위원회는 제9연방고등법원이 Cuevas-Gaspar판결의 이유를 포기해야만 하고 Escobar에서 내린 위원회의 합당한 이유와 그 결정을 존중(defer)해야 한다고 주장하면서 제9연방고등법원관할에서 발생한 사안에서 제1229조b(a)(2)에 대한 산입을 거부하였다.[26]

기간계산에 있어서 제9연방고등법원의 판결에도 불구하고 산입하지 않는다는 이민행정심판위원회의 태도는 연방고등법원들간의 판결의 저촉을 가져오게 되었다. 제3연방고등법원과 제5연방고등법원 모두 제1229조b(a)의 합당한 해석으로써 이민행정심판위원회의 접근방식을 따랐다.[27] Mercado-Zazueta v. Holder사건[28]에서 제9연방고등법원은 이

22) 24 I. & N. Dec. 231 (2007)

23) 24 I. & N. Dec., at 233-234, and n. 4.

24) 24 I. & N. Dec., at 235.

25) 24 I. & N. Dec. 599 (2008)

26) Ramirez-Vargas, 24 I. & N. Dec., at 600-601 또한 National Cable & Telecommunications Assn. v. Brand X Internet Services, 545 U.S. 967, 125 S.Ct. 2688, 162 L.Ed.2d 820 (2005)을 인용하였다.

27) 참조 Augustin v. Attorney Gen., 520 F. 3d 264 ((CA3 2008); Deus v. Holder,

민행정심판 위원회의 태도가 부당하고 제1229조b(a)(1) 그리고(a)(2) 모두 산입을 요구한다고 선언하면서 두 개의 조문에 대해서 이민행정심판위원회와 상반된 판결을 하였다.[29)]

4. 판결이유

(1) Chevron존중주의

연방대법원은 연방고등법원간의 판결저촉을 해결하기 위해, 정부의 상고를 받아 들였다. 먼저 이민행정심판위원회는 추방에 대한 취소를 구하는 각 외국인은 부모의 영주권(LPR)나 부모의 지속된 거주 년수에 의존함 없이 그 스스로 제1229조b(a)의 요건을 충족시킬 것을 요구해 왔다고 인정하면서, 이런 이민행정심판위원회의 해석이 법률에 대한 합리적인 해석이면 받아들여지는지 아니면, 그런 해석이 유일한 해석이어야 하는지, 어떤 법원은 가장 최선의 방안이 따로 있다고 판단하고 있는 경우에는 다른 판단을 해야 하는지 문제된다고 하면서 이런 경우는 Chevron사건[30)]에서 다룬 행정기관에 대한 존중의 문제로서 법률해석에서 있어서 합리적 해석인 경우(a reasonable construction of the statute)에는 행정청의 해석은 존중되어야 할 것이라고 판단하였다.[31)]. 또한 *INS v. Aguirre-Aguirre*사건[32)]에서 이민법해석에 있어서 이민행정

591 F. 3d 807 (CA5 2009)

28) 580 F. 3d 1102 (2009)

29) id., at 1103 ("Cuevas-Gaspar의 판결과 근거는 제1229조b(a)의 요건인 5년간 영주권 그리고 7년간 지속된 거주에 동일하게 적용된다.")

30) 국내에도 이미 chevron사건의 의미를 자세히 소개한 여러 논문이 존재하므로 상세한 설명은 생략하고자 한다. 이광윤, Chevron 판결의 파장과 행정국가, 미국헌법연구 제6호, 1995.; 정하명, 미국 행정법상 행정부의 법률해석에 관한 사법심사의 범위, 공법학여구 제8권 제2호, 2007.

31) *Chevron U. S. A. Inc. v. Natural Resources Defense Council, Inc*, 467 U. S. 837, 843-844, and n. 11.

32) 526 U. S. 415, 424-425 (1999)

심판위원회의 해석에 대한 존중을 이미 판단하였다고 판결하였다. 그래서 연방대법원은 산입여부판단에 있어서 이민행정심판위원회의 해석은 Chevron판결의 그 기준을 충족시키고 있으므로, 이민법이 다른 해석을 허용할 것인지의 여부를 결정할 필요가 없다고 판단하였다. 즉, 이민행정심판위원회의 해석이 유일한 해석일 필요가 없으며, 가능한 해석들 중 하나면 된다는 판단이었다.

(2) 문리해석

위원회의 접근방식은 법률의 본문과 일치하고, 이는 피상소인들조차 인정하고 있다. 즉, 제1229조b(a)항은 부모의 기간을 산입하는 것을 언급하지 않고, 더구나 산입을 요구하는 것도 아니었다. 본 조항은 추방에 대한 취소를 주장함에 있어 3가지 전제조건을 충족시키기 위해서 “외국인 또는 그 부모중의 하나”라고 규정하지 “외국인”(추방에 대한 취소를 주장하는 해당 외국인)이 그러할 것을 필요로 한다고 규정하고 있다. 마찬가지로 제1229조b(a)의 몇몇 다른 용어들은 각 각의 개인별로 해석해야 하는 용어들이다. 예를 들어 제1101조(a)(13)(A)는 외국인에 대하여 ‘admission’(입국)과 ‘admitted’(승인된), 그 용어들은 외국인의 미국으로의 합법적인 입국을 의미하며; 제1101조(a)(33)의 거주지(‘residence’)는 일반적인 abode(거주지)의 장소를 의미하고, 사람의 일반적인 거주의 장소는 그 사람의 주된, 실제적인 거주(dwelling)를 의미한다. 피상소인들은 이 표현중의 어느 것도 산입을 배제하는 것”은 아니라고 주장하면서 위원회가 산입을 인정한다면, 취소를 구하는 “외국인”은 다른 계산규칙에 의하여 “여전히 그 조항의 지속적인 요건을 충족해야만 할 것”이라고 주장한다.[33] 그리고 피상고인들은 마찬가지로 명시적이지는 않지만(silent) 법률조항 해석에 있어서 이민행정심판위원회가 산입을 허용하였던 역사적 이력은 이런 해석을 뒷받침한다고 주장

33) No. 10-1542, p. 16; No. 10-1543, pp. 11, 15

하였다.[34] 그러나 대법원은 위원회가 법률의 본문과 일치하는 산입규칙을 채택할 수 있었다고 할지라도 그것은 피상고인들에게 소용없을 것이라고 판단하였다.

(3) 조문의 변천역사(Domicile과 Residence)와 판례변천

피상소인들은 제1229조b(a)의 변천역사와 특히 이민법의 이전 조항인 제212조(c)의 관련조항과 그와 관련된 산입 규칙에 초점을 맞추어야 한다고 주장하였다.[35] 제212조(c)-제1229조b(a) 조항에서 예전 법률들은 법무장관이 미국에서 7년간의 지속적인 합법적 거주지(domicile)를 유지했었던 합법적인 영주권 자격을 가진 외국인[36]에 대하여 추방을 막을 수 있도록 허용하였다.[37] 제1229조b(a)와 마찬가지로 제212조(c)는 산입에 대하여 규정하지 않았다. 그러나 제2, 3 그리고 제9연방고등법원(그 문제를 다룬 모든 고등법원들임)들은 제212조(c)에서의 구제청구적격을 결정함에 있어서 위원회가 부모의 거주지의 년수를 그의 자녀에게 산입해야만 한다고 결론을 내렸다.[38] 당해 법원들은 판례법상 "대부분의 어린이들이 자신의 소재지를 설립하기위해 필요한 의도를 형성하는 하는 것이 법적으로 가능하지 않다고 추정되기 때문에, 미성년자의 주거지(domicile)[39]는 그 부모의 주거지(domicile)와 같다"

34) Martinez Gutierrez Brief 16; see Sawyers Brief 15-16; infra, at 2019 - 2020

35) 변경이전에는 Domicile이라는 용어를 사용하지만, 변경 후에는 Residence라는 용어를 사용하는데, 피상고인은 이런 법조문의 변경의 차이에 초점을 맞추는 것이 아니라, 이전의 행정기관과 법원의 판단에 초점을 맞추고 있다.

36) "lawful unrelinquished domicile of seven consecutive years" 여기서 핵심은 거주지(domicile)의 법률적 의미로써, 법원은 domicile의 경우에는 법적인 심리상태가 요구된다고 보기에, 미성년자의 domicile의 경우 부모의 domicle과 같다고 추정한다.

37) 8 U. S. C. 제1182조(c) (1994년 개정)

38) ***Rosario v. INS***, 962 F. 2d 220 (CA2 1992); ***Lepe-Guitron v. INS***, 16 F. 3d 1021, 1024-1026 (CA9 1994); ***Morel v. INS***, 90 F. 3d 833, 840-842 (CA3 1996)

39) 거주지(domicile)는 그 장소에 남으려하는 의도에 관한 특정한 심리상태와 관련하여 그 장소에서 물리적으로 머물러 있는 것으로 정의된다. 변경된 법률은 residence라고 표현하고 있다.

고 판단하였다.[40] 그래서 의회가 제212조(c)를 제1229b(a)로 교체할 때까지, 이민행정심판위원회는 추방에 대한 취소권의 적격을 결정함에 있어서 종종 부모의 거주지의 년수를 자녀에게 산입하였다.

(4) 입법역사와 의회의 의도

Sawyers는 이런 역사적 배경을 바탕으로 의회가 "제1229조b(a)를 입법할 당시에 이런 사정을 알았으며, 또한 예전의 해석을 받아들였다고 주장하면서 그렇지 않았다면 의회가 분명히 예전의 해석과 판단을 배격하는 표현을 하였을 것이라고 주장하였다.[41]

이에 대해서 연방법원은 의회가 제1229조b(a) 통과시켰을 때 의회가 산입을 승인했다고 결론내릴 수 없다고 판단하였다. 그 이유는 모든 당사자들이 동의하는 바[42]와 같이, 애초 의회는 제212조(c)의 거주기간 해석과 관련없는 문제[43]를 해결하기 위하여 제1229조b(a)(1)그리고 (a)(2)를 개정하였다고 판단하였다.[44] 개정이유는 법원들이 제212조(c)에 따라 외국인의 거주지에 대한 "지속적인 7년"이 외국인의 영주권지위(LPR)를 취득 후에 발생해야만 하는가에 대해서 각기 다른 판단을 하였고[45] 의회는 두 개의 별개의 지속적인 조건들을 만들어냄으로써 판결의 저촉을 해결하고자 하였던 것이다. 세부항목(a)(1)의 5년 자격요건은 외국인이 영주권지위(LPR)를 가지는 그 순간부터 진행된다, 그리고 세부항목(a)(2)의 7년 지속 거주 요건은 영주권지위(LPR)의 습득

40) *Rosario,* 962 F. 2d, at 224; *Mississippi Band of Choctaw Indians v. Holyfield*, 490 U. S. 30, 48 (1989)

41) 132 S.Ct. 2011, 2019 n3.

42) 참조 Sawyers Brief, at 17; Martinez Gutierrez Brief 28; Brief for Petitioner 25.

43) 동 조문이 변경된 이유는 가중중범죄(aggravated felony)를 저지를 영주권자에게도 추방취소신청의 혜택을 누리게 해주기 위한 것이라는 것은 이미 확인된 해석이다. While it is well-established, from both the plain language of the statute and legislative history, 참조 St. Cyr, 533 U.S. at 297, 121 S.Ct. 227

44) 132 S.Ct. 2011, 2019.

45) *Cuevas-Gaspar,* 430 F. 3d, at 1027-1028

이전의 기간들도 포함할 수 있다. 그렇게 함으로써, 의회는 고등법원들이 그들의 산입 결정을 내렸던 근거가 된 용어인 “domicile(거주지)”를 삭제하였다.[46] 의회의 승인원칙(the doctrine of congressional ratification)은 의회가 법령을 다시 제정할 때에 그 법률에 관련된 변화가 없을 때에만 적용되기 때문에 변경이 있었던 것(domicile이 삭제된 것)은 피상소인들의 주장을 받아들일 수 없게 한다고 판단하였다.[47] 그러므로 대법원은 입법사를 고려할 때도 이민행정심판위원회가 산입금지의 원칙을 채택함에 있어서 의회의 명령을 무시하였다고 볼 수 없다고 판단하였다.

(5) 이민법의 목적과 산입여부

피상소인들은 삽입여부를 결정할 때 이민법의 목적을 고려해서 해석해야 한다고 주장하였다. 하지만 연방대법원은 이민법의 목적을 고려해도 부모의 기간을 삽입하는 것을 반드시 포함해야 하는 것은 아니라고 판단하였다. Martinez Gutierrez는 위원회의 해석방식은 “미국에 강한 유대 관계를 가진 외국인에 대해 구제를 제공”하는 법률의 목적과 “가족의 화합 촉진”이라는 이민법의 목적과 모순된다고 주장하였다.[48] 이에 대해서 연방대법원은 피상고인의 주장에 일부 동의는 하였다. 연방대법원은 피상소인이 제시한 것처럼 가족간의 유대와 미국에 우호적인 외국인의 유입 이라는 목표들이 이민법의 많은 조항들에 영향을 미치거나 기저를 이룬다는 것을 언급해왔다.[49] 그러나 그것들이 이민법의 유일한 목표들은 아니었고, 의회는 이런 목표들만을 최우선으로 추구하지 않았다고 판단하였다. 예를 들어 제1229조b(a)의 세 번째 단락은 가중중범죄로 유죄 판결을 받은 외국인은 가족의 유대관계

---

46) Cuevas-Gaspar, 430 F.3d, at 2018.

47) *Jama v. Immigration and Customs Enforcement,* 543 U. S. 335, 349 (2005).

48) Martinez Gutierrez Brief 40, 44; see Sawyers Brief 37

49) 참조 Fiallo v. Bell,, 430 U. S. 787, 795, n. 6 (1977); INS v. Errico, 385 U. S. 214, 220 (1966)

의 영향력과 관계없이 추방에 대한 취소를 주장할 수 없으며[50] 많은 사례들이 보여주듯이 합법적인 영주권자의 자격을 가진 모든 외국인들이 즉시 그의 배우자나 미성년자 자녀에 대하여 동일한 지위를 가질 수 있게 하는 것은 아니라고 하였다. 즉 연방대법원은 단지 부모의 기간을 산입하는 것이 가정 친화적이라는 이유 때문에 법률에 명시적으로 산입을 허용하거나 산입할 것을 규정하지 않았음에도 불구하고 법률이 산입을 요구하는 것이라 해석할 수는 없다고 판단하였다..

(6) 재량권의 일탈남용과 재량의 불행사문제

피상소인들은 의회가 산입의 여부를 의회가 결정하도록 하였다고 하더라도 법원은 위원회의 결정을 존중해서는 안 된다고 주장하였다. 피상소인들은 두 가지의 주요한 근거들을 제시한다. 첫째, 제1229조 b(a)에 대한 위원회의 접근방식이 다른 유사한 법률의 조항에서 산입을 허용하는 것과 일치될 수 없다고 주장하였다. Sawyers는 "이런 제멋대로이고 설명될 수 없는 불일치"가 자의적인 행정기관의 행위(arbitrary agency action)의 전형적인 예라고 주장하였다.[51] 둘째, 위원회가 산입을 허용여부를 판단함에 있어 의회가 위원회에게 재량권을 부여한 것을 이해하지 못했다고 주장하였다. 즉 피상고인들의 주장에 의하면 위원회는 의회가 산입을 금지해 왔다고 믿었기 때문에 산입여부 판단을 하면서 위원회의 "경험과 전문지식"을 이용하지도 않았다고 주장하였다.[52] 연방대법원은 이런 주장들은 실체가 없는 것은 아니지만, 결국 이 주장들이 행정기관의 해석에 부여하는 일반적인 존중을 부인할만한 것은 아니라고 판단하였다.

행정기관의 일관성 없는 판단은 재량권의 일탈남용에 해당한다는

---

50) § 1229b(a)(3).

51) Sawyers Brief 13, 41

52) 참조, Martinez Gutierrez Brief 31. *PDK Labs. Inc. v. DEA*, 362 F. 3d 786, 797 (CADC 2004)를 인용함.

피상고인의 주장을 검토하면서, 연방대법원은 이민행정심판위원회가 산입여부를 언급하지 않는 다른 이민법의 조항들에서는 부모의 속성을 자녀에게 산입해 왔다는 것을 인정하였다. 예를 들어 제1182조(k)[53]는 입국불승인이 출발 전에 이민자에게 알려지지 않았고, 당해 이민자가 합당한 주의를 행사하였더라도 확인할 수 없었다고 법무장관이 인정한다면, 법무장관은 입국비자를 가지고 있지만 입국불허가대상인 외국인들을 미국에 체류하게 할 수 있다. 제1229조b(a)처럼, 본 조항은 이민자 개인(the immigrant")을 언급하는 것이고 산입에 대해서 언급하지 않고 있다. 그러나 이민행정심위원회는 본 조항을 해석하면서 일관되게[54] 미성년자녀에 대한 입국불허가에 대해 판단할 때는 부모의 인식(knowledge)여부를 가지고 판단하였다.[55]

마찬가지로, 위원회는 자녀가 제1181조(b)에 따라 "재거주이민자(returning resident immigrant)로 미국에 재입국할 수 있는지 여부를 결정할 때 부모의 영주권지위(LPR)에 대한 포기(또는 포기하지 않음)를 그 자녀에게 적용하였다.[56] 즉 이민행정위원회는 제1181조(b)나 다른 법률

---

53) (k) Attorney General's discretion to admit otherwise inadmissible aliens who possess immigrant visas Any alien, inadmissible from the United States under paragraph (5)(A) or (7)(A)(i) of subsection (a) of this section, who is in possession of an immigrant visa may, if otherwise admissible, be admitted in the discretion of the Attorney General if the Attorney General is satisfied that inadmissibility was not known to, and could not have been ascertained by the exercise of reasonable diligence by, the immigrant before the time of departure of the vessel or aircraft from the last port outside the United States and outside foreign contiguous territory or, in the case of an immigrant coming from foreign contiguous territory, before the time of the immigrant's application for admission.

54) In re Mushtaq, No. A43 968 082, 2007 WL 4707539 (BIA, Dec. 10, 2007) (per curiam); In re Ahmed, No. A41 982 631, 2006 WL 448156 (BIA, Jan. 17, 2006) (per curiam).

55) ***Senica v. INS,*** 16 F. 3d 1013, 1015 (CA9 1994) 본 사건에서는 "그러므로, 이민심판위원회는 [그들의 어머니의] 인식이 자녀들에게 이전되기 때문에 제1182조(k)에 따라 자녀들은 구제받을 자격이 주어지지 않았다"고 판단하였다

56) ***Matter of Zamora,*** 17 I. & N. Dec. 395, 396 (1980)("어머니에 의하여 자발적이고 의도된 포기"는 제1181조(b)를 적용할 목적으로 독립되지 않은 미성년자 자녀

규정이 산입여부를 언급하지 않고 있었지만 위 사례에서는 자녀의 재입국에 대한 적격을 평가함에 있어 부모의 심리상태 등을 기준으로 판단하였던 것이다.

연방대법원은 일견 일관성이 없는 것처럼 보이는 사례이지만, *Escobar*사건은 이러한 상반된 결과들에 대한 합리적인 설명을 제공하고 있다고 보았다. 연방대법원의 판시이유에서 보면, 위원회는 객관적인 상황이나 특성들을 산입하는 것은 거부하는 반면, 외국인의 정신적인 상태(an alien's state of mind)와 관련된 문제들에서는 부모의 심리상태를 미성년자의 심리상태로 추정[57]한다는 것이다. 피상고인이 언급한 사례중에서 부모의 상태가 미성년자의 상태로 추정된 경우 모두 정신상태[58]에 관한 것이다.[59]

그런데 연방대법원은 제1229조b(a)의 5년 그리고 7년 기록은 그것들이 어떤 정신적인 상태에 전적으로 달려있는 것이 아니라 거주 장소와 이민자 지위의 객관적인 사실[60]에 기초한 것이기 때문에 이민행정심판위원회는 다른 취급을 한 것으로 판단하였다.[61]

연방대법원은 이민행정심판위원회가 의회의 의도를 오해하여 자신에게 부여된 재량권을 행사하지도 않았다는 주장에 대해서 판단하면서, 확실히 행정심판위원회는 구법과 신법의 차이나 모호성을 강조하지 않았고, 오히려 1229b(a)조는 개개의 외국인이 각각 그 조항의 기간

(unemancipated)에게 전가된다고 한 판결); ***Matter of Huang***, 19 I. & N. Dec. 749, 755.756 (1988)(오로지 어머니의 의도에 기초하여 어머니 그리고 그 자녀들이 그들의 영주권 지위(LPR)를 포기하였다는 결론); ***In re Ali***, No. A44 143 723, 2006 WL 3088820 (BIA, Sept. 11, 2006) (부모가 자기 자신의 영주권지위를 포기하지 않았다면 그 자녀도 영주권지위를 포기할 수 없다고 한 판결)

57) 24 I. & N. Dec., at 233. 234, and n. 4

58) ***Senica***, 16 F. 3d, at 1015; ***In re Ahmed,*** 2006 WL 448156

59) 132 S.Ct. 2011, 2021.

60) ***Escobar***, 24 I. & N. Dec., at 233 (우리는 거소지(residence)가 주관적인 의도의 요소를 포함하지 않기 때문에 domicile(주소지)와 다르다는 것을 확인한다)

61) 132 S.Ct. 2011, 2021.

요건을 만족시켜야 하는 것으로 해석하였다고 판단하였다.[62] 또한 이민행정심판위원회는 거주지(domicile)와 영주권포기사례와 달리 지위를 승계하거나 기간을 승계하는 사례에 대한 위원회의 선례는 없다고 설명하고 있었다.[63] *Escobar*사건에서 이민행정심판위원회는 이민법의 개정으로 인하여 제1229조b(a)에서 산입을 허용하는 것은 영주권 지위를 가지지 않았던 그런 외국인들과 또는 추방에 대한 취소를 주장하기에 범죄이력 때문에 그럴 수 없었던 외국인들에게도 산입을 허용하게 됨으로써 법의 체계적 집행에 있어서 불합리를 만들 것이라고 주장하였다.[64] 그러므로 위원회는 산입의 방침을 채택하기 위한 근거를 논리적이라고 보지도 않았고 합법적이라고 보지도 않았다.[65] 이민행정심판위원회가 여러 가지 고려를 한 것을 기반으로 해서 연방대법원은 이민행정심판위원회 스스로가 재량권이 부여되지 않았다고 여겨서 재량권을 행사할 수 없었고 만약 재량권이 있다는 것을 이민행정심판위원회가 다른 판단을 했을 것이라는 피상고인의 주장을 배척하였다.[66]

5. 판　결

연방대법원은 행정심판위원회의 결정을 검토하면서 이민법(INA)을 시행하는 위원회의 경험, 법률의 본문, 행정관행 그리고 규제정책 등 모든 요소들을 볼 때 부모의 거주기간등을 미성년자의 자녀에게 산입하지 않는 것을 뒷받침한다고 판단하였다. 연방대법원은 위 사례를 판단하면서 "행정심판위원회의 결정은 우리 그리고 그 밖의 법원들이 관례대로 따라왔던 가장 완벽한 예는 아니지만 그렇다고 가장 최악도 아

62) 참조 24 I. & N. Dec., at 235.
63) Id., at 234; see id., at 233-234, and n. 4.
64) 24 I. & N. Dec., at 234-235, and n. 5.
65) *Id.*, at 233.
66) 132 S.Ct. 2011, 2022.

닌, 다수의 기관의 해석들인 것 같다"고 판단하면서, 그렇다면 연방대법원이 행정심판위원회의 판단을 존중하지 않을 이유가 없다고 판단하였다. 즉 판결의 이유는 제1229조b(a)를 해석하면서 위원회가 산입을 거절한 것은 당 법률의 허용 가능한 해석에 기초하기 때문이라고 한다.[67] 결국 본 사건에서 연방대법원은 제9연방고등법원의 판결을 파기·환송하였다.

Ⅲ. Judulang v. Holder

본 건[68]은 2011년 10월 12일 변론이 시작되었고, 2011년 12월 12일 판결이 선고되었다. 본 사건도 앞의 Gutierrez사건과 동일하게 Kagan대법관이 판결문을 작성하고 8명의 대법관이 Kagan의 의견에 동조하면서 9 대 0의 사건이 되었다. 동 사건도 연방이민법사건이다. 연방이민법은 미국으로 이민하려는 외국인뿐만 아니라 이미 이민해온 외국인의 추방을 모두 다루고 있는데, 본 사건은 연방이민법이 법무부장관에게 추방취소의 권한을 부여한 것과 관련하여 추방취소를 청구할 수 있는 외국인의 범위를 확정하는 이민행정심판위원회(the Board of Immigration Appeals)의 정책과 관련된 사건이다. 본 사건은 앞의 사건과 달리 이민행정심판원의 접근방법이 임의적이고 자의적이므로 재량권범위를 일탈하였다고 판단하였다.

1. 사건의 쟁점

본 사건은 추방사유에 해당하는 범죄를 범한 이민자에 대해 입

67) *Chevron*, 467 U. S., at 843

68) Judulang v. Holder, 132 S.Ct. 476 (2011).

국거부면제를 규정한 이민법 212조 적용여부에 대한 이민행정심판위원회의 해석에 관한 것이다. 근거비교(comparable grounds)규칙으로 알려진 이민행정심판위원회의 접근방식은 그 부과된 추방근거가 입국불허근거를 규정한 법률조문과 유사성을 가지는 지를 평가한다. 만약 추방근거가 입국불허근거와 상당히 동일한(substantially equivalent) 범죄를 구성한다면 그 외국인은 212조에 근거하여 추방면제의 구제를 청구할 수 있다는 것이다. 그러나 그 추방근거사유가 입국불허사유와 다르거나, 더 많거나 적은 범죄에 해당한다면 비록 외국인의 특정한 범죄행위가 추방사유에 해당한다고 하더라도 그 외국인은 추방면제를 청구할 자격이 없다는 것이다. 본 사건의 쟁점은 이 추방사례에 212조(입국거부면제청구)를 적용하는 이민행정심판위원회의 정책이 행정절차법[69]이 금지하고 있는 재량권남용에 해당하는지 여부이다.

2. 사건의 개요

원고인 Joel Judulang은 필리핀인으로 1974년에 8살의 나이로 합법적인 영주권자로 미국에 입국하게 되었다. 그 이후로 그는 미국에서 합법적 영주권자로서 계속하여 미국에 거주하였다. 그런데 1988년에, Judulang은 자신이 총기를 발사한 것은 아니지만, 같이 있던 일행이 다른 사람을 살해한 싸움에 가담하게 되었다. Judulang은 범죄의 공범(an accessory)으로서 기소되었고 그는 고의적 살인에 대해 공범으로써 유죄를 인정였다. 유죄를 인정한 그는 재판에서 집행유예 6년을 선고받았고 곧장 집행유예로 풀려났다. 그 후 2005년 Judulang은 또다시 범죄를 저질렀는데 이번에는 절도죄에 대해 유죄를 인정하였다. 이런 사실을 기초로 해서 국토안전부(Department of Home land Security: DHS)는 예전에 그가 저지른 살인죄에 기초하여 폭력성범죄(a crime of

69) 5 U. S. C. §706(2)(A)

violence)[70]와 관련된 가중중범죄(aggravated felony)[71]를 저질렀다고 기소하였다. 이민심판관(immigration judge)는 Judulang의 추방을 결정했고 이 결정에 대해서 이민행정심판위원회는 이민 심판관의 결정을 승인했다. 이민행정심판위원회는 추방결정을 하면서 Judulang이 §212(c)의 구제청구를 할 수 있는지 검토하였지만, Judulang의 추방사유인 폭력성범죄(crime of violence)는 도덕적 타락(moral turpitude)을 포함한 어떠한 입국불허근거와도 비교가 되지 않았기 때문에 구제를 청구할 자격이 없다고 판단하였다.[72] 제9연방고등법원은 당해 법원에서 이미 이민행정심판위원회가 사용하는 근거비교규칙을 인정한 선례[73]를 이유로 Judulang의 소송을 기각하였다.[74] 제9연방고등법원의 판단에 대해 Judulang이 상소하였으며, 연방대법원이 연방고등법원판결의 저촉을 해결하기 위해서 본 사건을 심리하게 되었다.

---

70) 8 U. S. C. §§1101(a)(43)(F) a crime of violence (as defined in section 16 of Title 18, but not including a purely political offense) for which the term of imprisonment at [FN3] least one year; section 16 of Title 18 The term "crime of violence" means--

(a) an offense that has as an element the use, attempted use, or threatened use of physical force against the person or property of another, or

(b) any other offense that is a felony and that, by its nature, involves a substantial risk that physical force against the person or property of another may be used in the course of committing the offense.

71) § 1227 (a)(2)(A)(iii). Deportable aliens

(iii) Aggravated felony

Any alien who is convicted of an aggravated felony at any time after admission is deportable.

72) App. to Pet. for Cert. 8a.

73) Abebe v. Gonzales, 493 F. 3d 1092 (2007)

74) Judulang v. Gonzales, 249 Fed. Appx. 499, 502 (2007)

3. 이민법의 변천과 관련조문

(1) 미국의 입국불허와 추방에 대한 이민법변천

연방이민법은 미국이 외국인에 대한 입국불허에 관한 것과 입국허가 되었던 외국인에 대한 추방을 모두 관할하고 있다. 그런데, 1996년 이전의 연방 이민법은 이러한 두 가지 종류의 행위에 대해 각각 다른 절차를 가지고 있었다. 즉, 최초의 미국에 입국하던지 아니면 재입국절차에 임하는 외국인이든지 상관없이 입국불허의 경우와 일단 입국해서 미국내 거주하는 외국인에 대한 추방은 다른 절차를 거쳐서 다른 형태로 이루어졌다.[75] 1996년 이후에는 연방정부는 입국불허와 추방을 비슷하게 보는 강제출국절차(removal proceeding)라고 알려진, 통일된 절차를 사용해왔다.[76] 그러나 외국인을 입국불허하고 추방하기 위한 법률적 근거는 항상 다양했다. 현행 이민법은 입국불허와 추방사유에 해당하는 범죄류에 대해 개별적 사유와 근거를 각각의 분리된 목록으로 규정하고 있어서, 입국불허(inadmissible)에 해당[77]하는 범죄목록을 규정하고 있고 따로 추방(deportable)사유가 되는 범죄가 어떤 것이지 다른 목록에 규정하고 있다.[78] 그래서 어떤 경우에는 추방사유와 입국불허사유가 서로 겹치기도 하지만 서로 상이한 경우도 있다. 또한 입국불허(법률규정)와 추방사유(해석상)에 해당하는 외국인을 재량적으로 구제할 수 있는 권한을 법무부장관에게 부여하였지만 입국불허면제와 추방면제의 사유는 달랐다. 1996년 구)이민법(the Immigration and Nationality Act) §212(c)가 개정되기 전까지[79] 동조는 입국불허사유에 해당하는 외국인에 대한 입국허가권한을 법무부장관에게 부여 하

75) 참조 Landon v. Plasencia, 459 U. S. 21, 25-26 (1982)

76) 참조 8 U. S. C. §§1229, 1229a.

77) 참조 §1182(a) (2006 ed., Supp. IV)

78) 참조 §1227(a).

79) 66 Stat. 187, 8 U. S. C. §1182(c) (1994 ed.)

였다.[80] 법무부 장관은 외국인이 명시된 근거중 하나에 의해서 입국불허가 되지 않는다면, 그가 나라를 일시적으로 떠나기 이전에 적어도 7년 동안 미국에 합법적으로 거주했을 때 이러한 구제를 허용할 수 있었다.[81] 그러나 §212는 외국인이 추방될 때는 적용되지 않았다.

(2) 발생한 불합리에 대한 대응

1) 추방사유와 입국불허사유의 상이함으로 인한 불합리한 사례

이러한 불일치는 추방사건(deportation case)에서 재량적 구제를 최초이자 마지막으로 부여한 Matter of L-사건[82]에서 보듯이 이상한 결과를 발생시켰다. 본 사건에서 L은 절도의 죄를 선고 받은 영주권자(permanent resident)였다. 비록 이민법상으로는 L은 범죄로 인하여 미국에 재입국할 수 없었던 상태였지만, 그는 여행을 갔고 이후 입국에 어떠한 공식적 재제 없이 미국으로 들어오게 되었다. 입국 후 몇 달이 지나고, 정부는 L을 체포하고, 절도죄를 기초로 하여 추방절차를 개시했다. 그런데 만약 정부가 재입국하려던 L을 국경에서 체포하였다면, 그는 재량적 구제를 신청할 수 있는 지위에 있었다. 그러나 미국내에 아무런 재제를 받지 않고 입국하였기 때문에, 추방절차를 시작하였는데 L은 본 추방절차에 대해서는 재량적 면제를 신청할 수 없는 상태였다. 이런 불합리한 상황에 직면한 것을 안 당시 법무부장관인 Robert Jackson은 L이 최근의 단기해외여행에서 돌아 올 때 입국불허를 받았

80) 참조 also §136(p) (1926 ed.) (predecessor provision to§212(c))

81) See §1182(c) (1994 ed.)
본 사건과 관련된 구법의 § 212(c)는 아래와 같다.
"Aliens lawfully admitted for permanent residence who temporarily proceeded abroad voluntarily and not under an order of deportation, and who are returning to a lawful unrelinquished domicile of seven consecutive years, may be admitted in the discretion of the Attorney General without regard to the provisions of subsection (a) of this section (other than paragraphs (3) and (9)(C))." 8 U.S.C. § 1182(c) (1994 ed.).

82) Matter of L——, 1 I. & N. Dec. 1 (1940),

다면 이용가능했던 재량적 구제신청을 입국 후 동일한 사유로 추방될 때 사용할 수 있도록 해야만 한다고 밝히면서 제량적 구제를 받을 수 있다고 결정하였다.[83]

2) 또 다른 불합리와 평등권침해

법무부장관의 결정에 따라, 이민행정심판위원회는 외국인에게 추방사유가 발생한 이후, 당해 외국인이 미국을 떠났다가 재입국하려 할 때는 §212(c)에 의한 재량적 구제신청을 할 수 있도록 허용하는 정책을 수립하였다.[84] 그러나 이러한 정책은 또 다른 불균형을 초래했다. 외국으로 여행을 가고 돌아온 추방사유가 발생한 외국인(deportable aliens)들은 §212 구제를 받을 수 있었지만 미국을 떠나지 않은 외국인들은 구제를 받을 수 없었다. Francis v. INS사건에서[85], 이런 불합리를 인정한 연방제2고등법원(the Court of Appeals for the Second Circuit)은 이런 차등은 헌법상의 평등권을 침해한다고 결정하였다.[86] 이민행정심판위원회는 연방제2고등법원의 판결을 수용하여, 출입국기록을 고려하지 않고 모든 외국인의 추방절차에 있어서 §212(c)를 적용하기 시작하였다.

3) 입법적 대처와 대법원의 판결

1996년 연방의회는 §212(c)를 개정하여 출국조치중지(cancellation of removal)로 불리는 새로운 재량적 구제방법으로 대처하였다. 출국조치중지는 입국거부사유와 추방사유에 적용되지만 예전에 비하여 더 좁은 경우에 이용 가능하도록 하였다.[87] 그런데 INS v. St. Cyr사건[88]에서 연방대법원은 구법인 §212의 개정 이전에 일어난 유죄인정을 기초로

83) Id., at 6.

84) 참조 Matter of S-, 6 I. & N. Dec. 392, 394-396 (1954).

85) Francis v. INS, 532 F. 2d 268

86) Id., at 273 ("미국과의 유대감이 강해서 미국을 한 번도 떠나지 않았던 외국인의 경우에도 적어도 수시로 미국을 떠났다가 돌아오는 외국인과 같은 수준의 보호를 받아야 한다.").

87) 8 U.S.C. § 1229b

88) INS v. St. Cyr, 533 U. S. 289, 326

하는 입국거부 혹은 추방의 경우에는 그 외국인이 개정 이전의 §212에 바탕을 둔 더 넓은 구제를 이용할 수 있도록 하여야 한다고 판결하였다. 대법원이 이런 입장을 취한 이유는 외국인이 유죄인정을 할 당시에는 재량적 구제를 신청할 수 있다는 것을 고려했기 때문에 이런 가능성을 사후에 제거하는 것은 적정한 고지(fair notice), 합리적 신뢰(reasonable reliance) 그리고 확정된 기대(settled expectations)에 반하는 것이라고 판단하였기 때문이다.[89] 대법원의 판결에 따라, 비록 §212(c)는 대체되었지만 법개정 이전에 유죄판결을 받은 외국인에 대해서는 여전히 적용되게 되었다.

4) 개정법률과 대법원 판결에 따른 실무

가. 입국불허에 대한 면제

이민행정심판위원회가 외국인에 대해 입국불허여부를 결정할 때에는, §212를 적용하는 것은 추방면제에 비하여 비교적 쉬운 문제이다. 위원회는 DHS가 입국불허의 사유로써 확정했던 법률적 근거를 먼저 살펴본다. 예를 들어 위원회는 DHS가 도덕적 타락과 관련된 범죄를 이전에 범한 외국인을 대상으로 하는지 살펴보는 것이다.[90] 만약에 입국거부사유등이 부과된 근거가 §212(c)에서 정한 사유이외의 것이 아니라면, 그 당해 외국인은 재량적 면제를 청구할 권한이 있다. 그 후, 이민행정심판위원회는 입국거부면제를 허용할 것이지 여부를 결정하는데, 이 때는 위반의 중대함, 갱생 또는 재범의 증거, 외국인의 거주의 지속성, 가족에게 미칠 추방의 영향, 가족 중 시민권자의 수, 미군복무여부 등의 사실들을 기초로 하여 구제를 부여할 지를 위원회가 결정한다.[91]

나. 추방면제에 대한 결정

법문상 §212(c)는 입국불허에만 적용되기에 입국불허면제에 비하

89) Id., at 323 (quoting Landgraf v. USI Film Products, 511 U. S. 244, 270 (1994))
90) 참조 8 U. S. C. §1182(a)(2)(A)(i)(I).
91) St. Cyr, 533 U. S., at 296, n. 5.

여, 외국인을 추방할지를 결정할 때 §212를 적용하는 것은 조금 까다로운 일이 된다. 법조문 때문에 언제 이민행정심판위원회가 추방사유에 해당하는 외국인에게 면제를 허가할 수 있는지 어떻게 그 결정을 할 수 있는지가 문제가 된다. 이에 대해서 두 가지 접근방법이 이용되었다.

① 상이한 접근방법

한가지는 이민행정심판위원회가 예전에 사용하였던 방식으로서, 이민행정심판위원회는 입국불허절차에서 그 외국인이 어떻게 다루어지고 있는지 살펴보는 것이다. 이러한 분석을 행하기 위해, 위원회는 먼저 입국불허의 법률적 근거 안에서 외국인을 추방하게 만드는 범죄의 유죄판결이 포함되는 지를 결정해야 한다. 도덕적 타락을 포함하는 범죄 근거는 많은 위반을 내포하고 있기 때문에 거의 모든 유죄판결은 대부분이 입국불허사유에 해당하게 된다. 만약에 경계조사(threshold inquire)를 통과하면 입국불허사유에 적용되는 방식을 추방면제사유에도 적용하는 것이다.[92)]

두 번째 방식은 본 사건에서 문제된 방식으로 소위 근거비교방식(comparable-grounds)이다. 본 접근법은 추방의 근거를 법률규정의 입국거부사유목록과 비교하는 방식이다.[93)] 만약 추방근거가 입국불허근거를 구성하는 위반사유와 "상당히 동일한" 범죄사유를 구성한다면, 그 외국인은 §212의 구제를 받을 수 있다는 것이다. 그러므로 추방근거가 입국불허사유와 다른, 혹은 더 많거나 더 적은 위반이라면 그 외국인은 그 면제의 자격이 없다는 것이다.[94)]

---

92) Matter of Tanori, 15 I. & N. Dec. 566, 567-568 (1976); In re Manzueta, No. A93 022 672, 2003 WL 23269892 (BIA, Dec. 1, 2003).

93) 참조 In re Blake, 23 I. & N. Dec. 722, 728 (2005); In re Brieva-Perez, 23 I. & N. Dec. 766, 772-773 (2005).

94) 132 S.Ct. 476, 482.

② 두 가지 방식의 적용

위에서 언급된 방식을 이해하기 위해, 사례를 통해서 두가지 방식의 차이를 살펴보면 아래와 같다. 만약 코카인을 밀수하는데 공모하였기에 유죄판결을 받은 외국인이 있다고 가정하면, 첫 번째 방식을 적용하면 DHS는 마약류에 대한 불법운송(illicit trafficking in a controlled substance)으로 인하여 가중중죄(aggravated felony)를 범하였기에 추방사유에 해당한다고 판단하게 된다.[95] 근거비교방식을 적용하면, 이민심판관(immigration judge)은 추방의 근거가 입국거부사유와 상당히 동일한 범죄인지 여부를 살펴볼 것이다. Matter of Mezat사건에 대한 이민행정심판위원회결정에 비추어 보면[96], 이민심판관은 본 사례에서는 입국거부사유중 마약류범죄(relating to a controlled substance)와 상당히 유사한 추방근거사유라는 것을 발견하게 된다.[97] 앞의 사례에서는 동일한 결론에 이르게 되지만, 미성년자에 대한 고의적 성범죄에 대한 유죄판결을 받은 외국인의 경우는 다른 결론에 이르게 된다. 미성년자에 대한 성폭력으로 가중중범죄를 범한 외국인에 대해 DHS가 추방절차[98]를 시작하면, 그 외국인은 추방면제를 신청할 수 있는지가 문제된다. 이민행정심판위원회에 따르면, 그 외국인이 범한 범죄가 중대한 범죄이기 때문에 추방면제를 청구할 수 없는 것이 아니라 입국거부면제사유에 동일한 범죄가 없기 때문에 면제신청을 할 수 없다고 판단하고 있다. 물론, 생각해보면, 미성년자에 대한 성범죄도 도덕적으로 타락한 범죄(crime involving moral turpitude)이며[99] 도덕적으로 타락한 범죄를 범한 것은 입국거부사유에 해당하게 된다. 이런 접근은 대부분의 추방사유가 도덕적으로 타락한 범죄에 해당한다는 결론에 이르게 된다. 그러나

95) 8 U. S. C. §§1101(a)(43)(B), 1227(a)(2)(A)(iii)
96) 20 I. & N. Dec. 257 (1991)
97) 8 U. S. C. §§1182(a)(2)(A)(i)(II) and (a)(2)(C).
98) §§1101(a)(43)(A), 1227(a)(2)(A)(iii).
99) 8 U. S. C. §1182(a)(2)(A)(i)(I)

이민행정심판위원회의 견해에 따르면 도덕적으로 타락한 범죄를 근거로 하는 입국거부사유는 미성년자에 대한 성범죄로 인한 가중적중범죄보다 더 포괄적 범죄를 의미할 뿐만 아니라 다른 차원의 범죄를 의미한다고 해석한다.[100] 그래서 추방사유에 해당하지만 면제를 신청하려는 외국인은 포괄적인 입국거부사유규정을 이용할 수 없다고 판단하고 있다.

5) 본 사건에 문제된 비교근거법

비교근거법은 교집합이 되는 부분에 대해서만 면제사유를 적용하는 방식이다. 즉, A라는 집합은 추방의 근거가 되는 모든 범죄를 의미하고, B라는 집합은 입국거부사유에 해당하는 범죄를 의미한다고 하면, A이면서 B에 해당하는 범죄를 범한 경우에만 § 212(c)의 면제청구를 할 수 있는 것이다. 또한 추방사유에 해당하지만 면제를 신청하려는 외국인은 포괄적인 입국거부사유규정인 도덕적으로 타락한 범죄조항은 이용할 수 없다고 판단하고 있다.

4. 판결의 이유

(1) 심사범위 - 명백한 오류여부 및 처분의 합리적 근거

대법원은 "이민행정심판위원회의 정책이 행정절차법위반인지 판단하는데 사용하는 심사범위는 이미 다른 판결에서 확정된 것이다. 그 심사범위는 법원이 행정청의 판단을 대처하여 법원의 판단으로 대신하는 것은 아니라"고 하였으며[101] "이민행정심판위원회는 행정기관중의 하나이며 법원이 무시할 수 없는 전문성을 가지고 이민사례에 대해 풍

100) Blake, 23 I. & N. Dec., at 728.

101) Motor Vehicle Mfrs. Assn. of United States, Inc. v. State Farm Mut. Automobile Ins. Co., 463 U. S. 29, 43 (1983); see Citizens to Preserve Overton Park, Inc. v. Volpe, 401 U. S. 402, 416 (1971).

부한 경험을 가지고 있다. 하지만 행정기관의 이런 전문성과 경험성에도 불구하고, 사법부는 중요한 역할을 여전히 가지고 있는데 그것은 당해 행정기관이 합리적인 결정을 하였는지 검증(ensuring)하는 것"이라고 판시하고 있다.[102] 또한 법원이 행정처분(an agency action)을 심사할 때는 다른 고려사항도 있지만, 그 결정과 관련된 요소를 고려했는지, 그 결정에 분명한 잘못이 있는지를 심사하여야 한다고 하였다.[103] 행정청의 처분에 대한 근거를 검토 하였는지를 검토하면서 대법원은 처분의 근거가 박약한지를 검토하여야 한다는 선례를[104] 인용하였다.

(2) 합리적 기준의 부재의 판단

그런데 본 사건에서 이민행정심판위원회는 그 기준(명백한 오류여부, 행정청의 결정에 근거가 있는지 여부)을 통과하지 못했다고 대법원은 판단하였다. 그 이유는 재량적 구제를 청구할 수 있는 추방위기에 처한 외국인을 결정하면서, 입국거부사유와 동일한 사유인지 판단하는 것은 미국에 거주하기 적합한 외국인인지 여부를 결정하는 것과 관련없는 것이 때문이라고 판시하였다.[105] 즉 이민행정심판위원회는 재량을 행사하면서 합리적 방식과 기준(a reasoned manner)을 가지고 재량을 행사하지 못하였다고 판단하였다.

본 사례를 살펴보면, Judulang이 유죄인정을 한 살인의 경우는 도덕적 타락범죄에 해당하고 도덕적 타락범죄는 입국거부면제 사유중에 하나이므로, Judulang이 입국하려고 했을 때 입국이 거부되었다면, 그는 §212(c) 입국거부면제청구를 할 수 있었다. 그런데, 입국한 후 폭력

102) 132 S.Ct. 476, 485.

103) State Farm, 463 U. S., at 43 (quoting Bowman Transp., Inc. v. Arkansas-Best Freight System, Inc., 419 U. S. 281, 285 (1974))

104) 참조 FCC v. Fox Television Stations, Inc., 556 U. S. 502, 515 (2009) (noting "the requirement that an agency provide reasoned explanation for its action").

105) 132 S.Ct. 476, 485.

범죄(crime of violence)를 이유로 추방위기에 처한 Judulang은 입국거부사유목록과 일치하지 않으므로 면제청구를 할 수 없게 된다. 그래서 대법원은 국외추방사례에서 이민행정심판위원회는 §212(c) 구제의 범위를 제한할 적법한 이유를 가지고 있다는 것은 인정하였지만 그 범위제한방식은 좀 더 합리적인 방향에서 이루어져야 한다고 판단하였다. 만약 위원회가 추방될 외국인의 §212(c) 구제활용여부를 동전 던지기로 판단한다면, 그 정책을 당장 중지되어야 한다고 판시하면서 행정기관의 판단은 독단적이지 않으며(non-arbitrary), 관련한 요소들(relevant factors)에 기초해야 한다고 하였다.[106] 즉, 이민행정심판위원회의 접근법은 아무리 느슨해지더라도 출입국관리법이나 적절한 출입국관리시스템에 의존해야 하는 것을 의미한다. 그러므로 추방상태 외국인에 대해 면제여부를 결정하면서 그 외국인이 미국에 거주하는 것이 적합하지 여부에 초점을 두지 않지도 않고 전혀 관련 없는 기준을 가지고 판단하는 것은 독단적이며 변덕스러운 방식으로 재량권을 일탈한 것이라고 판단하였다.[107] 즉, 대법원은 근거비교방식은 적절한 합리적 방식으로 면제사유를 제한하는 것이 아니라고 판단하였다. Judulang의 국외 추방 과정이 시작될 때, 정부는 예전에 그가 유죄인정한 살인죄에 대해 폭력범죄(crime of violence)로 인한 가중중범죄("aggravated felony)로 그를 기소하였다. 그 때문에 "폭행범죄"에 의한 국외 추방형이 대부분의 입국거부사유인 "도덕의 타락과 관련된 범죄"와 적절히 겹치지 못하기 때문에, 그는 §212(c) 구제를 신청할 수 없게 되었다. 이민행정심판위원회에 따르면, 폭행범죄에 해당하는 단순한 폭행, 경미한 절도죄, 무단차량사용 등과 같은 범죄는 "도덕적 타락"에 포함되지 않기 때문에 문제가 시작된 것이다. 하지만 이런 법률의 차이가 발생한 근거는 Judulang이나 여타 "폭행범죄"를 범한 다른 대부분의 외국인과 주관적

106) State Farm, 463 U. S., at 43 (quoting Bowman Transp., 419 U. S., at 285)

107) 132 S.Ct. 476, 485.

인 관련성은 없다고 대법원은 보았다. Judulang과 이런 경우에 해당하는 외국인들은 §212(c) 구제를 청구할 자격에 있었음에도 불구하고 청구할 수 없게 될 수도 있다고 보았다. 또한 단순한 폭행이나 경미한 절도(minor burglary)의 경우는 입국거부면제를 청구할 수 없도록 한 것은 그 경계를 적절히 마련한 것이라고 볼 수 없다고 판단하였다.

(3) 비교분석법의 자의성판단

대법원은 위원회의 근거비교분석이 이민행정공무원(immigration official)의 우연한 결정에 의존하고 있기 때문에 비교분석방식을 사용한 결정은 재량권남용이라고 판단하였다. 이 문제는 외국인의 예전 유죄판결이 수많은 추방근거에 해당하는 경우에 더욱 명확하게 된다고 설시하고 있다. 예를 들어 1984년에 입국한 외국인이 1988년에 살인을 범한 상황을 고려해보자. 그 사람은 Judulang이 그랬듯 "폭력범죄"와 연관된 "가중중범죄"를 이유로 추방절차가 시작될 수 있다.[108] 만약 그렇다면, 외국인은 이와 동일한 입국거부사유가 없기 때문에 추방면제를 청구할 수 없다. 하지만 같은 범죄에 대해서 외국인은 "…입국을 허용한 지 5년 내에 도덕적 타락에 연관된 범죄를 저질렀다"는 결정을 받을 수도 있다.[109] 이 경우에 국외추방결정을 받는다면, 외국인은 입국거부면제의 경우 사용되는 "도덕적 타락"과 동일한 근거에 의해서 추방을 당하기 때문에 면제신청을 할 수 있다.[110] 결국, 같은 범죄를 범한 외국인이라도 추방면제신청가능성은 이민행정공무원이 어떤 근거를 가지고 추방사유로 삼았는지 여부에 전적으로 달려 있게 된다. 그런데 정부는 왜 이런 경우가 발생하고 있으며 이민행정공무원이 관련 사건을 다룰 때 §212(c)를 염두에 두고 재량을 행사해야 하거나 기소범죄를 결정하

---

108) 8 U. S. C. §§1101(a)(43)(F), 1227(a)(2)(A)(iii)

109) §1227(a)(2)(A)(i)(I)

110) 참조 In re Salmon, 16 I. & N. Dec. 734(1978)

는 기준을 반드시 일정하게 유지해야 한다는 준칙 등을 제시하고 있지 못하였다.[111] 결국, 개별사례에서 여러 가지 가능한 추방사유를 특정하는 이민공무원의 재량에 따라 결과가 극명히 달라지므로 비교근거법은 재량권남용에 해당한다는 것이 대법원의 판단이다.[112]

(4) 행정판단의 경제성문제

근거비교법을 옹호하던 정부는 근거비교방식이 시간과 금전을 절약할 수 있다고 주장하였다.[113] Judulang이 주장하는 접근방식은 유죄판결의 각각의 죄가 입국거부근거에 포함되는지 모든 죄가 입국거부근거에 포함되는지에 대한 결정을 강요하게 만든다고 정부는 주장하면서 더 많은 시간과 금전이 사용된다고 하였다. 더욱이, Judulang의 접근방식은 추방면제를 신청할 수 있는 외국인을 아주 많이 양산하게 되고 결국 정부는 이런 외국인에 대해 면제를 허가 할지를 심사하게 된다고 정부는 주장했다. 대법원은 많은 경우에서 비용문제는 행정기관이 어떤 행위를 하기 전에 고려해야 할 중요한 요소들 중에 하나임은 인정하였지만 이런 정부의 주장도 대법원은 받아들이지 않았다. 즉, 비용절감이라는 이유만으로는 재량권남용을 한 행정처분이 정당화되는 것은 아니라고 판시하였다. 만약 비용절감이라는 이유로 근거비교방식이 인정된다고 한다면, 비용절감을 위해 단순히 동전던지기 방식을 허용하는 것과 같다고 판시하고 있다.[114]

5. 판　　결

연방대법원은 "행정기관이 정책을 설정할 때, 행정기관은 그 결정

111) See Tr. of Oral Arg. 34-36.
112) 132 S.Ct. 476, 487.
113) See Brief for Respondent 46 See Brief for Respondent 46
114) 132 S.Ct. 476, 490

의 적절한 설명(reasoned explanation)을 제공해야 한다. 그것은 높은 기준은 아니지만 확고한 기준이다."고 판시하면서 본 사건에서 이민행정심판위원회는 그 기준을 충족하는데 실패했다고 판단하였다.115) 합법적으로 미국에 입국하여 다년간 미국에 거주한 외국인이 미국에 계속 거주할 수 있는지를 결정하는 아주 중요한 사항에 있어서 근거비교방식은 이런 경우와 관련 없이 단순히 법조문의 비교를 통해서만 추방면제신청인정여부를 인정하고 있으므로 관련성 없는 비교를 허용하는 것이라고 판단하였다. 더 나가서 대법원은 정부의 주장에도 불구하고 비교근거법은 법조문, 실무관행, 비용면에서도 근거가 박약하다고 보았다. 그래서 이민행정심판위원회의 근거비교방식은 행정법의 일반원칙심사(ordinary principles)를 통과하지 못하였다고 판단하였다. 그래서 대법원은 연방제9고등법원의 판결을 파기하고 대법원의 판시사상에 따라 재판할 것을 결정하면서 사건을 연방고등법원으로 환송하였다.

Ⅳ. 결　　론

앞에서 살펴본 미국 연방대법원의 판결은 모두 이민법해석에 관한 사건으로서 두 사건의 공통점은 합법적으로 체류가 허용된 영주권자의 강제출국조치에 관한 법률해석의 문제였으며, 공교롭게도 두 사건 모두 제9연방고등법원을 거친 사건으로서 대법원은 연방고등법원간의 판결저촉을 해결하기 위해서 상고를 허용한 사건이다. 일반적으로 행정기관의 정책과 결정 중에서 이민관련 정책수립 및 결정은 가장 재량권이 넓은 영역으로 알려지고 있지만, 본 사건들에서 연방대법원은 이민행정심판위원회도 여러 행정기관중의 하나라는 점을 분명히 하면서, 행정기관의 판단을 심사하는 대법원의 일반기준을 적용하였다. 제9연

115) 132 S.Ct. 476, 479.

방고등법원과 이민행정심판위원회의 법률해석이 달랐던 Guierrez사건에서는 행정기관의 법률해석이 최선의 해석이거나 유일한 해석일 필요는 없으며 가능한 합리적 해석중에 하나이면 된다는 점을 분명히 하면서 Chevron존중주의를 따른 판결이다. 물론 Chevron존중주의를 따르더라도 의회의 의지인 법률이 우선하기에 동 판결에서는 법률해석에 있어서 문리해석 등을 통해서 이민행정심판위원회의 해석이 허용가능한 해석인지 여부를 심사하였다. 또한 이민법 조문의 변천과 이에 따른 판례를 통해서, 개정된 이민법의 의미와 해석방향에 대한 심사도 하였다. 행정기관의 처분이나 법률해석이 자의적이 것이 아니기 위해서는 관련 법률의 조문과 입법목적을 고려해야 하지만, 이민법상의 목적중의 하나인 가족의 유대관계고려가 유일한 목적이 아니라는 점을 분명이 하였다. 또한 미성년인 자녀에 대한 이민관련 결정을 내릴 때 부모의 주관적 상태를 고려한 경우와 고려하지 않았던 경우가 발생한 것에 대해서는 이런 결과가 있다는 사실만으로는 행정기관의 자의성이 인정되는 것이 아니라고 보았다. 즉, 행정기관이 다른 결과가 도출된 상황에 대한 일관된 기준을 제시할 수 있고 합리적 설명이 가능하다면 자의적이거나 독단적인 결정이 아니라고 보았다. Guierrez사건에서는 제9연방고등법원의 판결에 반하는 이민행정심판위원회의 법률해석을 인정하고, 그러한 법률해석과 정책결정은 행정기관의 정당한 재량행사의 범위에 있다고 판단하였기에 제9연방고등법원의 판결을 파기한 사건이다. 본 사례만 본다면, 일반적으로 받아들여지는 이민행정기관의 폭넓은 재량권을 인정한 사례로 볼 수도 있지만 두 번째 사건은 Judulang사건과 비교해 보면 이민행정기관이라고 특별한 취급을 받은 것이 아님을 알 수 있다. Judulang사건은 이민법의 개정전의 조문을 대법원의 판결에 의해서 법률개정전에 유죄인정을 한 이민자에게는 개정전의 법률을 기준으로 입국불허면제청구권을 인정하도록 조치함에 따라서 발생한 사건이다. 개정전 이민법은 명시적으로 입국불허의 경우에만 면제청구권을 인정하였지만, 입국불허시에는 면제청구를 할 수 있었음에도 불구하고 행정기관의 부주의로 일단 합법적으로 입국하게 되고 나중에 추방되는 경우에는 면제청구조항을 적용할 수 없다는 불합리를 시정하기 위해서 일정한 경우 추방의 경우에도 강제출국조치면제신청권을 인정하게 되었기에 발생한 사건이었다. 이민행정기관에서 사용한 기준은 이른바 근거비교법이었는데, 대법원은 근거비교법은 이민법의 목적과 이민법체계와 관련없는 기준으로써 행정공무원의 결정에 의해서 상반된 결과가 발생하므로 자의적이고 독단적 기준으로써 재량권을 일탈남용하였다고 판단하였다. 본 사건도 앞의 사건과 같이 명백한 오류가 있었는지, 처분기준이 합리적 근거를 가지고 있는지를 심사하였지만 대법원은 근거비교법은 이런 기준을 만족시키지 못한다고 판단하였다. 가장 중요한 이유는 동일한 사안이 여러 개의 근거를 만족시키는 경우, 이민공무원이 그 중 특정의 근거를 이유로 추방조치를 시작하면 면제신청권이 없게 되고, 다른 근거를 이유로 추방조치를 시작하면 면제신청이 가능하게 되는 것은 마치 동전던지기에 의해서 추방면제신청이 가능하게 되는 것과 동일하기에 합리적 기준이 될 수 없다고 판단하였다. 종합해 보면, 행정기관이 정책을 설정하거나 처분기준을 설정할 때 최선의 정책판단일 필요성과 같은 높은 기준을 가지고 사법심사를 하는 것은 아니며, 행정기관의 판단이 가능한 여러 합리적 정책판단중의 하나이면 되는 것이고, 비록 특정 법원에서 최선의 정책 혹은 기준이라고 판단한 것이 존재하더라도 법원은 행정기관의 합리적 판단을 대체해서 자신이 결정한 최선의 판단을 강제해서는 안 된다는 것이다. 위의 판결이 시작된 근본이유는 이민법의 개정에 있어서 그 동안 문제된 판례의 주요한 검토 없이 미성년자와 부모를 어떤 경우에 확정적으로 동일한 기준에 의해서 취급할 것인지 아니면 독립적으로 취급할 것인지 명확히 하지 않은 것과 추방과 입국거부사유를 불리하고, 또한 이에 대한 면제신청을 각각 분리하면서 발생할 수 있는 문제에 대해 면밀한 검토를 하지 못한 것으로 볼 수 있다. 이런 점은 우리 행정법학계에 이민관련행정기관에 대한 사법심사의 강도와 심사범위 문제뿐만 아니라, 국적법등 이민관련 법제를 정비할 때 고려해야 할 여러 요소와 발생가능한 사례에 대한 대응정책을 제공한다는 시사점이 있다.

참고문헌

금태환, 최근 미국 행정판례의 동향 및 분석 연구, 행정판례연구 XVI-2, 박영사, 2011.

신경섭, 미국이민법, 새로운 사람들, 2008.

이관윤, Chevron 판결의 파장과 행정국가, 미국헌법연구 제6호, 1995.

이희정 · 김성배 · 윤혜선, 다문화사회의 통합증진방안으로서의 영주권제도, 법무부출입국 · 외국인정책본부, 2009.

정하명, 미국 행정법상 행정부의 법률해석에 관한 사법심사의 범위, 공법학여구 제8권 제2호, 2007.

정하명, 최근 미국 행정판례의 동향 및 분석 연구, 행정판례연구 XV-2, 박영사, 2010.

Benjamin Kapnik, Affirming the Stutus Quo?: The FCC, ALJS, and Agency Adjudications, 80 Geo. Wash. L. Rev. 1527 (2012).

Gillian E. Metzger, Annual Review of Administrative Law: Foreword Embracing Administrative Common Law, 80 Geo. Wash. L. Rev. 1293 (2012).

Mark Seidenfeld, The Irrelevance Of Politics For Arbitrary and Capricious Review, 90 Wash. U. L. Rev. 141 (2012).

Ronald M. Levin, What Change Will Come: The Obama Administration and the Future of the Administrative State, 65 U. Miami L. Rev. 555 (2011).

Sidney A. Shapiro and Richard Murphy, Politicized Judicial Review in Administrative Law: Three Improbable Responses, 19 Geo. Mason L. Rev. 319 (2012).

The Supreme Court 2011 Term, 126 Harv. L. Rev. 216 (2012)

Wendy Wagner, Revisiting the Impact of Judicial Review on Agency Rulemaking: An Empirical Investigation,53 Wm. & Mary L. Rev. 1717 (2012).

국문초록

일반적으로 행정기관의 정책과 결정 중에서 이민관련 정책과 결정은 가장 재량권이 넓은 영역으로 알려지고 있지만, 검토대상 사건들에서 연방대법원은 이민행정심판위원회도 여러 행정기관중의 하나이며, 행정기관의 판단을 심사하는 대법원의 일반기준을 적용하였다. 제9연방고등법원과 이민행정심판위원회의 법률해석이 달랐던 Guierrez사건에서는 행정기관의 법률해석이 최선의 해석이거나 유일한 해석일 필요는 없으며 가능한 합리적 해석중에 하나이면 된다는 점을 분명히 하면서 Chevron존중주의를 따른 판결이다. 물론 Chevron존중주의를 따르더라도 의회의 의지인 법률이 우선하기에 동 판결에서는 법률해석에 있어서 문리해석 등을 통해서 이민행정심판위원회의 해석이 허용가능한 해석인지 여부를 심사하였다. 또한 이민법 조문의 변천과 이에 따른 판례를 통해서, 개정된 이민법의 의미와 해석방향에 대한 심사도 하였다. 행정기관의 처분이나 법률해석이 자의적이 것이 아니기 위해서는 관련 법률의 조문과 입법목적을 고려해야 하지만, 이민법상의 목적중의 하나인 가족의 유대관계고려가 유일한 목적이 아니라는 점을 분명이 하였다. 또한 미성년인 자녀에 대한 이민관련 결정을 내릴 때 부모의 주관적 상태를 고려한 경우와 고려하지 않았던 경우가 발생한 것에 대해서는 이런 결과가 있다는 사실만으로는 행정기관의 자의성이 인정되는 것이 아니라고 보았다. 두 번째 사건은 Judulang사건과 비교해 보면 이민행정기관이라고 특별한 취급을 받은 것이 아님을 알 수 있다. Judulang사건은 이민법의 개정전의 조문을 대법원의 판결에 의해서 법률개정전에 유죄인정을 한 이민자에게는 개정전의 법률을 기준으로 입국불허면제청구권을 인정하도록 조치함에 따라서 발생한 사건이다. 개정전 이민법은 명시적으로 입국불허의 경우에만 면제청구권을 인정하였지만, 입국불허시에는 면제청구를 할 수 있었음에도 불구하고 행정기관의 부주의로 일단 합법적으로 입국하게 되고 나중에 추방조치되는 경우에는 적용할 수 없다는 불합리를 시정하기 위해서 일정한 경우 추방의 경우에도 강제출국조치면제신청권을 인정하게 되었기에 발생한 사건이었다. 이민행정기관에서 사용한 기준은 이른바 근거비교법이었는데, 대법원은 근거비교법은 이민법의 목적과 이민법체계와 관련없는 기준으로써 행정공무원의 결정에 의해서 상반된 결과가 발생하므로 자의적이고 독단적 기준으로써 재량권을 일탈·남용하였다고 판단하였다. 본 사건도 앞의 사건과 같이 명백한 오류가 있었는지, 처분기준이 합리적 근거를 가지고 있는지를 심사하였지만 대법원은 근거비교법은 이런 기준을 만족시키지 못한다고 판단하였다. 가장 중요한 이유는 동일한 사안이 여러 개의 근거를 만족시키는 경우, 이민공무원이 그 중 특정의 근거를 이유로 추방조치를 시작하면 면제신청권이 없게 되고, 다른 근거를 이유로 추방조치를 시작하면 면제신청이 가능하게 되는 것은 마치 동전던지기에 의해서 추방면제신청이 가능하게 되는 것과 동일하기에 합리적 기준이 될 수 없다고 판단하였다. 종합해 보면, 행정기관이 정책을 설정하거나 처분기준을 설정할 때 최선의 정책판단일 필요성과 같은 높은 기준을 가지고 사법심사를 하는 것은 아니며, 행정기관의 판단의 가능한 여러 합리적 정책판단중의 하나라면 되는 것이고, 비록 특정 법원에서 최선의 정책 혹은 기준이라고 판단한 것이 존재하더라도 법원은 행정기관의 합리적 판단을 대체해서 자신이 결정한 최선의 판단을 강제해서는 안 된다는 것이다.

주제어: 연방대법원, 사법존중, 행정재량, 이민행정심판위원회, 법률해석, 쉐브론, 이민법, 국적법

Abstract

The Scope of Judicial Review of Recent Immigration Cases in the U.S Supreme Court

Sung-Bae Kim(Kookmin University College of Law)

This article analyzes recent immigration cases in the 2011 term of the U.S. Supreme Court. Those are chosen because Korea has changed as a multi-cultural society due to lowest birth rate and importing foreign labors. In Martinez Gutierrez, Guiterez petitioned for review of order of the Board of Immigration Appeals (BIA) reversing Immigration Judge's determination that alien was eligible for cancellation of removal. The United States Court of Appeals for the Ninth Circuit granted the petition and remanded for reconsideration. In Sawyers, Sawyers petitioned for review of order of the Board of Immigration Appeals determination that alien was ineligible for cancellation of removal. The United States Court of Appeals for the Ninth Circuit granted the petition and remanded. Government's petitions for certiorari in each case were granted, and cases were consolidated. The Supreme Court held that BIA reasonably construed the statute addressing eligibility for cancellation of removal, by requiring each alien to satisfy on his own, without imputing a parent's years of lawful permanent resident (LPR) status or years of continuous residence, the statutory requirements of having not less than five years of LPR status and of having seven years of continuous residence in United States after having been admitted in any status, abrogating Cuevas-Gaspar v. Gonzales and Mercado-Zazueta v. Holder. In Judulang, Judulang petitioned for review of decision of BIA ordering his deportation to the Philippines. The Ninth Circuit Court of Appeals entered an order denying petition, and certiorari was granted. The Supreme Court held that BIA's comparable-grounds approach for determining whether alien was eligible for discretionary relief from deportation was arbitrary and capricious. Two cases are based on Chevron deference doctrine, the agency could claim deference of its interpretation when the Congress delegated authority to the agency to make rules carrying the force of law. According to the doctrine, the statute's ambiguity should be resolved by the agency not the court.

Keyword: Supreme Court, Deference, discretion, BIA, Administrative Agency, construction of statue, Chevron, Immigration, Nationalization

투 고 일: 2012. 11. 30
심 사 일: 2012. 12. 21
게재확정일: 2012. 12. 21

最近(2011) 프랑스 行政判例의 動向과 檢討

田　　勳*

* 경북대학교 행정학부 부교수.

Ⅰ. 시작하면서

1. 법제업무

꽁세이데타가 수행하는 법제사무는 2008년 7월 23일 헌법 개정에 따라 더욱 더 확대되었다. 2008년 개정된 헌법 제39조에 따라 의원발의 법률안(la proposition de loi)에 대해서도 의회 위원회 심사에 앞서 꽁세이데타에 대하여 법제자문이 가능하게 되었다.[1)]

꽁세이데타는 2011년에 5건[2)]의 의회발의법안(2009년 1건, 2010년 2건)에 대한 검토를 하였는데, 처음으로 상원(上院)발의 법안이 1건이 있었다. 2011년 한 해 동안 꽁세이데타 행정국은 181건의 정부제출 법률안(le projet de loi) 181건, 의원발의 법률안 5건, 법규명령인 데크레 813건, 처분적 데크레 · 아레테 · 결정 · 사면 등 202건, 의견서(avis) 19건 등 합 1,220건을 처리하였다. 행정국의 법안심사에 소요된 기간은 전체 80%가 최소 2개월이며, 전체회의가 34회 소집되어 55건의 법안심의가 있었고, 상임위원회에서 11회 회의에서 12건의 법안이 심의되었다.

2. 소송업무

2011년 한 해 동안 꽁세이데타에 접수 중인 사건은 9,963건(신규 접수는 9,346건)으로 미소한 감소 추세를 보였다[3)]. 긴급가처분(le reféré)

---

1) 제39조 제5항은 "각 원의 의장은 법률이 정한 조건에 따라 각원의 구성원 중 하나에 의해 제출된 의원발의 법률안을 위원회 검토에 앞서 각원이 반대하지 않는 한 꽁세이데타에 제출하여 의견(자문)을 구할 수 있다"고 규정하고 있다.

2) 지방자치단체에 적용되는 규정의 간소화법안; 행정과정과 간소화법에 관한 법률안; 데파트망의 소방과 재난구조기관의 화재구조활동 비용의 보전을 위한 법률안; Guadeloupe(프랑스 해외영토임)의 특수상황과 제한에 관한 지방자치단체개혁법의 적응조치에 관한 법률안; 의용소방대의 지원과 지위에 관한 법률안.

3) 2010년에는 10,628건, 2009년에는 11,361건이었다.

신청사건이 줄었고, 2010년 2월 22일 데크레의 영향으로 꽁세이데타가 1심 전속관할인 사건의 접수 순 건수는 25% 정도 감소하였기 때문이다. 하지만 꽁세이데타의 상고심(37%나 증가한 난민법원 사건이나 특별법원의 판결에 대한 상고를 포함) 사건의 접수는 오히려 증가하였다. 후기하는 우선적 위헌심사(QPC)제청신청의 경우 77건(시행 첫해인 2010년에는 98건)의 하급법원의 제청이 있었다. 그리고 접수통계 사건에는 포함되지 않았지만 135건의 소장(mémoires)이 꽁세이데타에 직접 제출되었다. 반면에 2011년의 꽁세이데타 내린 판결은 전년도(9,942건)에 비해 약간 감소한 9,801건이지만 재판부에 따라 대비가 된다. 긴급가처분법관과 재판부장(le président de la section contentieuse)의 결정 건수는 감소한 반면 합의부 선고사건 수는 27%나 증가하였다. 판결에 소요되는 예상평균재판기간[4]은 예전에 비해 놀랄 정도로 단축되어 8개월 12일로 줄었다.

한편, 하급심인 1심 행정법원의 경우 175,377건의 새로운 사건들이 접수되어 전년에 비해 4.3%증가하였다. 사건유형별로 보면 조세소송과 공무원징계소송 및 경찰관련 소송은 감소한 반면에 공공임대주택소송과 외국인의 난민소송은 큰 폭으로 증가하였다. 그에 비해 처리사건 수는 2010년에 비해 안정적이라 할 수 있는데, 순사건접수건수 대비 판결건수인 처리율(le taux de couverture)은 미세하게 감소하였다. 예상평균재판기간은 10개월 27일로(2009년 1년, 2010년 11개월에 비해) 매우 개선되었다.

2심인 행정항소법원의 경우 28,279건의 순접수건수(전년 대비 3.2% 증가)와 29,314건의 사건처리로 전년에 비해 5.5%정도 증가하였다. 접수건수 대비 처리건수 비율은 103.7%로서 2009년(100.5%)이나 전년도

---

4) Le délai prévisible moyen de jugement, 미선고사건의 적체제거기간(le délai d'élimination du stock)이라고도 불리는데 2010년에는 9개월, 2009년에는 9개월 15일이었다.

(101.4%)에 비해 개선되었다. 예상평균재판기간은 전년의 1년 14일에 비해 11개월 16일로 단축되었다.

[표 1] 꽁세이데타 분야별 접수사건 및 판결건수[5)]

분 야	접수건수		판결건수	
	2010	2011	2010	2011
농 업	127	173	189	197
사회복지	133	149	163	179
군 사	113	136	98	125
지방자치	150	172	151	177
공공회계	7	29	3	29
조 세	1,505	1,380	1,261	1,685
문 화	12	13	15	22
장 식	3	3	2	3
행정재산-도로	125	112	160	97
기본권(자유권)	217	216	264	204
경 제	155	105	94	196
교육-연구	58	68	97	64
선 거	117	112	154	90
환 경	90	124	70	129
영조물법인	6	12	15	8
외 국 인	1,442	1,301	1,923	1,477
수 용	53	36	63	41
공 무 원	1174	1,239	1,907	1,361
사법(司法)	106	89	362	91
주 거	90	97	69	84
공공계약	275	267	383	332
연 금	736	609	709	926
경 찰	246	255	268	245

5) Conseil d'Etat, Rapport public 2012, p.27.

분 야	접수건수		판결건수	
	2010	2011	2010	2011
우편 및 통신	11	14	22	17
직 업	347	288	363	356
방 송	57	70	61	67
재외거류	41	15	27	34
공공위생	148	172	145	166
공공/민간보험	69	77	51	100
스 포 츠	29	25	23	29
운 송	25	30	56	38
노 동	216	291	218	214
공공공사	77	75	75	71
도시계획	656	877	570	733
기 타	10	11	11	15

2011년도 꽁세이데타의 행정판례의 구체적 분석에 앞서 소송국의 행정재판 활동을 통해 알 수 있는 몇 가지 특기사항을 언급하면 다음과 같다.

(1) 우선적 위헌심사(QPC)[6)]

아래 [그림 1]에서 보는 바와 같이 1심행정법원(459건)과 행정항소법원(134건)에서는 593건의 QPC신청이 접수되었고(700건 처리), 꽁세이데타에 212건이 송부되었다. 꽁세이데타는 2011년 한 해 동안 201건을 처리하였는데, 이중 헌법위원회에 위헌제청된 것은 51건이다. 1심 행정법원은 554건을 처리하였고 95건이 아직 계류중이며, 이 가운데 50건

6) 재판 중인 일반법원에서 재판 당사자가 위헌심판제청 신청을 하고(우리의 위헌법률심판제청신청의 예에서 인정되는 법원의 직권신청은 불가능하다) 최고행정법원인 꽁세이데타가 위헌소지가 있다고 판단하는 경우에 이를 헌법위원회에 제청하는 여과장치 시스템과 단기간에 우선적으로 위헌성 여부에 관한 판단을 하여야 한다는 특징이 있다.

을 꽁세이데타에 제청하였다(QPC송부인용률 9%). 이에 비해 행정항소법원은 146건을 처리하였고, 14건은 계류중인데, 20건을 꽁세이데타에 이송하였다(QPC송부율은 13.7%로 1심행정법원보다 높다). 특수법원에서 QPC 송부한 건수도 7건이 된다. 한편 꽁세이데타는 QPC심리를 통해 헌법위원회에 51건을 위헌제청함으로써 약 25%의 제청율을 나타내고 있다.

[그림 1] 행정법원에서 제기한 우선적 위헌심사(QPC)[7)]

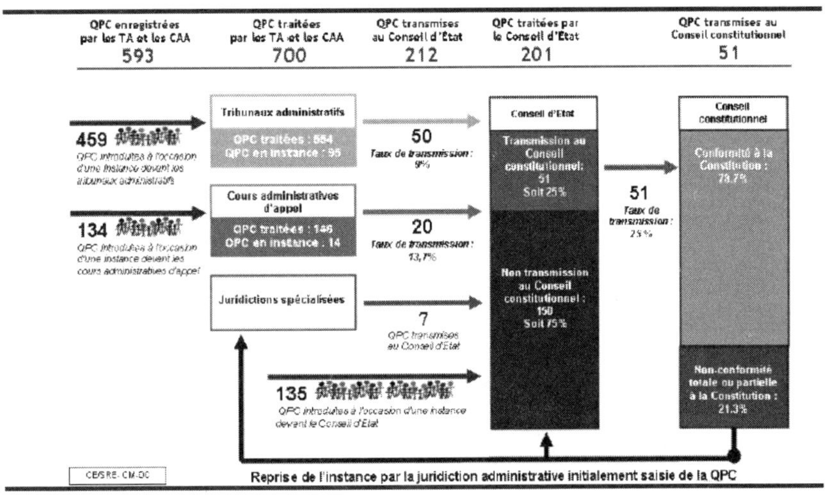

(2) 망명심사법원(Cour nationale du droit d' asile)

망명심사법원은 꽁세이데타 소속하에 있는 특별행정법원으로서 2009년 1월 1일부터 활동을 개시하였다. 2011년의 경우 '난민보호청[8)]'의 난민지위판정 거부결정에 대한 불복하는 소송이 16.5%나 증가하였다.[9)] 2010년 27,500건이던 난민판정거부결정 취소소송이 2011년에는

7) Cosneil d'Etat, Dossier de presse(2012.5.13), p.8.

8) Office de protection des réfugiés et apartides(OFPRA).

9) CNDA에 신청한 난민심사소송 신청인은 107개국이며 이중 10.8%를 차지하는 방

31,983건이나 접수되었다. 망명심사법원이 처리한 사건은 2010년 23,934건에 비해 44.6%나 증가한 34,595건이다.

전년도에 비해 처리 건수가 대폭 상승한 것은 37명이 늘어난 망명심사법원의 132명의 심판관(les rapporteurs)과 재판기간의 단축을 위해 추진한 실행계획을 통해 심사의 집중도를 높였기 때문으로 평가된다. 따라서 심리기간은 9개월 5일로 전년의 14개월 28일에 비추어 괄목할 만하게 단축되었다. 한편 '난민보호청'의 난민지위 인정거부나 보충적 지원거부처분에 대하여 민원인의 85%가 망명심사법원에 제소하였고, 이 가운데 17.7%가 인용되었다.

(3) 라이시테(la laïcité)와 사법심사

꽁세이데타는 2011년 7월 19일 일련의 5개 판결을 통해 '종교적 중립성(라이시테, la laïcité)'에 관한 1905년 12월 9일 법률[10]에 대한 중요한 판단을 하고 있다. 이들 판결 중 네 건은 지방자치단체가 지역의 공익(l'intérêt public local)을 이유로 종교시설에 대하여 행한 재정지원 조치의 위법성 여부에 관한 것이고, 마지막 한 건은 이슬람사원의 건축을 위해 지방자치단체가 거의 무상의 장기임대계약을 체결할 수 있도록 다른 법률규정을 적용할 것인가에 관한 것이었다(Ⅱ-1.부분의 5개 판례의 사실개요 부분에서 상론함).

국내에서는 프랑스의 라이시테에 관해 국가의 종교적 중립성의 테마로 주로 헌법학자들이 논의를 해왔었고, 프랑스 행정법상 기본원칙인 공공서비스 중립성의 관점에서 선행연구가 있었다.[11] 프랑스 헌법

그라데시가 1위이고, 코소보(9.9%), 스리랑카(8.4%),러시아(7.5%), 중국(6.4%) 등의 순이다.

10) 법률 제2조 제1문을 통해 본 법의 취지를 잘 이해할 수 있다: "국가는 어떤 종교에 대해서도 급여를 인정하지 않으며 보조를 하지 않는다(la République ne reconnaît, ne salarie, ni ne subventionne aucune culte)."

11) 지규철, 프랑스 헌법에서의 라이시테(laïcité, 비종교성)원칙에 관한 고찰, 공법학연구 제10권 제3호, 한국비교공법학회, 2009; 최윤철 종교의 자유와 국가의 종교적

제1조[12]는 공화국이 종교로부터 중립적이라는 점을 선언하고 있고, 국가와 종교의 분리에 관한 1905년 법률은 다른 법률상의 예외적 규율에도 불구하고 종교의 자유와 관련한 중요한 논쟁거리가 되었다. 하지만 종교적 중립성의 예외 역시 분석사례와 같이 공익을 이유로 최고행정법원의 판결에서 인용되고 있다.[13] 다만 공공단체의 종교시설에 대한 지원이 문제되어 행정소송으로 발전된 경우의 많은 예가 무슬림과 관련된다는 점은 해석의 여지가 다양할 것으로 본다.

Ⅱ. 개별 사건의 분석

1. 꽁세이데타, 전원합의체판결, 2011년 7월 11일 선고, 사건번호 제308544호, [꼬뮌 뜨라레즈(Trélazé)사건]; 제308817호, [론지역자유사상과사회행동연합(Fédération de la libre pensée et de l' action sociale du Rhône)사건]; 제309161호, [망스도시공동체(la communauté urbaine du Mans-Mans metropole)사건]; 제313518호, [꼬뮌 몽뻴리에(Montpellier)사건]; 제320796호, [마담 배이시에르(Vayssiere)사건]

(1) 제308544호 사건

1) 사건의 개요

2002년 10월 15일 꼬뮌 뜨라레즈(이하 피고라 한다) 의회는 3개의

중립성, 공법연구 제32집 제3호, 한국공법학회, 2004; 전훈, 공공서비스 활동에서의 중립성원칙, 공법학연구 제8권 제2호, 한국비교공법학회, 2007.

12) 프랑스는 불가분의 정교분리의 사회민주공화국이다(La France est une République indivisible, laïque, démocratique et sociale).

13) 프랑스 본토가 아닌 해외영토에서의 종교건물에 대한 재정지원에 관한 사례에 대한 판례평석은 행정판례연구 XIV(2009), 507면 이하를 참조하시오.

의결을 통해 원고 꼬뮌에 소재하는 생-피에르 성당에 설치하기 위한 파이프오르간의 구입과 수선절차를 진행하였다.

피고의 주민이자 납세자인 고디쇼(Godicheau)씨는 피고 의회의 의결을 취소해 줄 것을 낭뜨(Nante)행정법원에 제소하였고, 1심법원은 2005년 10월 7일 청구인용판결을 하였다. 피고는 1심 판결에 대해 항소하였고, 항소심 법원(낭뜨 행정항소법원)도 2007년 4월 24일 항소를 기각하였다. 이에 피고는 꽁세이데타에 상고하였다.

2) 판결의 의의

꽁세이데타는 대상판결에서 라이시테에 관한 1905년 법이 지방자치단체의 종교장소에 설치되는 행정재산에 대한 재정지출의 장애요소가 되지 않는다고 구체적으로 밝히고 있다.

일반적으로 지방의 꼬뮌에 소재한 교회 건물은 음악 콘서트나 음악수업 등과 지역의 공익(l'intérêt public local)과 관련되므로 사건과 같이 코뮌 소유의 파이프오르간 구입계약에서 동 오르간을 교회건물에 설치하는 것은 교회와 국가의 분리에 관한 1905년 12월 9일 법률과 저촉하지 않는다고 명시적으로 확인하고 있다.

(2) 제308817호 사건

1) 사건의 개요

리용시의 대표적 건축물이자 관광명소인 푸르비에르 대성당(la basillique de Fourvière)[14]은 동 명칭의 푸르비에르 재단에서 관리·운영하고 있다. 위 성당은 1998년 10월 15일 데크레에 의해 공익시설(établissement d'utilité publique)로 지정되었다. 리용시(법적 지위는 코뮌이다)의회(Conseil municipal)는 2000년 4월 25일에 당시 150만 프랑(22만

14) 리용(Lyon)의 대표적 관광명소인 대성당으로서 푸르비에르 언덕위에 자리하고 있다. 19세기 말에 시민들의 모금으로 지어진 바실릭 양식의 성당이며 리용시의 상징적 건축물로 알려져 있다. 대성당 내부는 모자이크 벽화로 리용의 역사를 표현하고 있다.

8673.53유로)의 보조금을 푸르비에르 재단에 지원하는 것을 내용으로 하는 의결을 하였다. 보조금은, 후에 총 공사비가 3백3십만 프랑이 들어간, 승강기 설치 공사를 통해 보행이 불편한 장애인들이 계단 대신에 성당건물에 용이하게 접근하는 것을 목적으로 하였다. 사적결사인 '론(리용시는 론(Rhône)데파트망에 속한다)자유사상과사회행동연합'과 삐꾸이에르(M.Picqouier)씨(이하 원고라 한다)는 이러한 시의회의 의결을 취소해 줄 것을 리용 행정법원(1심)에 신청하였다. 1심 행정법원은 2002년 11월 5일 원고의 청구를 기각하였다. 원고는 항소하였으나, 리용 행정항소법원(2심)은 2007년 6월 26일 항소를 기각하였고, 이에 원고는 꽁세이데타에 상고하였다.

2) 판결의 의의

전기한 1905년 법에서도 문화적 건축물의 문화나 관광의 진흥수단으로서의 공공단체의 예외적인 지원행위를 인정하고 있다. 꽁세이데타는 사건에서 리용시 구(舊)도심지 언덕에 위치한 푸르비에르 대성당에 대한 관광객들의 이용접근성을 높이기 위한 승강기를 설치하기 위해 리용시가 보조금을 지원하는 것은 예배 시설에 대한 지원금지에 반하는 것이 아니라고 판시하였다.

꽁세이데타는 승강기 설치는 대상 건축물의 중요성과 지역의 관광촉진을 통한 지역경제의 활성이라는 지역의 공익이라는 성질을 나타내고 있으며, 리용시의 재정지원의 정당성과 밀접한 관련성을 가진다고 평가하였다.

(3) 제309161호사건

1) 사건의 개요

모로코의 전통 명절인 '애드 엘-케비르'는 3일 동안 전통적인 방식으로 양을 도축하고 명절 음식을 즐겨 먹는 축제로 모로코에서는 각 가정에서 이 축제를 위해 많은 비용을 지출하는 것으로 알려져 있다.

현재 프랑스에는 이슬람 문화를 향유하는 모로코 등 구 식민지계 이주민들이 전체 인구의 10% 이상을 차지하고 있다.

사건에서, 우리의 지방자치단체조합과 유사한 망스(Mans)도시공동체운영위원회(le conseil communautaire)[15](이하 피고라 한다)는 2003년 10월 21일 전기한 '애드 엘-케비르' 축제 기간에 쓸 양의 도축을 위한 임시도축장을 건설을 위한 38만 유로를 예산에 계상하는 의결을 하였다. 이에 A는 1905년 법 위반을 이유로 동 의결을 취소하라는 소송을 낭뜨 행정법원에 제기하였고, 1심 행정법원은 A의 주장을 인용하는 판결을 하였다. 이에 피고는 항소하였고, 낭뜨 행정항소법원(2심)은 2007년 6월 5일 항소를 기각하였다. 피고는 상고하였다.

2) 판결의 의의

꽁세이데타는 피고 운영위원회의 의결이 전례(典禮)적인 도축시설 건축이라도 공익적 요청이 이를 정당화하는 경우에는 1905년 법상의 규정에 반하지 않는다고 판시하였다. 특히, 사안과 같이 공동체 구성원의 전례행사가 전통적 방식에 의한 양의 도축이 가져올 수 있는 경찰상 위험(청결성이나 공중위생 등)에 대한 규제와 같은 공공질서(l'ordre public)에 부합하기 위한 조치의 필요성(임시 도축장 건설)이 요청되고, 인근에 도축장 시설이 없는 경우에는 공공단체의 상기 시설의 건설은 공익적 성격을 가지는 것이라고 보았다. 꽁세이데타는 임시 도축장 시설의 이용 조건은 종교시설에 대한 중립성과 평등원칙을 준수하여야 하고 어떤 자의성도 배제되어야 한다는 점을 강조하고 있다.

(4) 제313518호사건

1) 사건의 개요

몽뻴리에(Montpellier)시(코뮌)의회는 2002년 1월28일 다목적강당의

15) 도시공동체는 지방자치단체가 아니므로 이를 지방의회라 할 수는 없다. 따라서 위원회로 번역하기로 한다.

신축을 의결하였다. 동 의결은 신축건물의 운영에 드는 비용을 예산에 산입하고 시장에게 건축허가 신청서 제출과 필요한 조달계약을 체결할 것을 내용으로 하였다. 위 다목적강당은 프랑스-모로코 우호협회에서 2004년 7월 2일 채결한 협약을 통해 연장이 가능한 1년 기간 동안 관리를 일임하도록 하였다.

마담A 외 원고들은 이러한 몽뻴리에시(이하 피고라 한다)의회의 결정을 취소해 줄 것은 몽뻴리에 행정법원(1심)에 제소하였고, 1심법원은 피고가 1905년법 제2조에 위반하여 예배행위의 실행에 관한 재정지출을 하였다는 이유로 2006년 6월 30일 원고의 청구를 인용하였다. 피고는 마르세이유 행정항소법원(2심)에 항소하였으나, 후자는 2007년 12월 21일 이를 기각하였다. 이에 피고는 꽁세이데타에 상고하였다.

2) 판결의 의의

지방자치단체가 관내의 각종 사회단체들의 지원을 위해 다목적공간(회관)을 신축하면서 이슬람 이주자들의 친선협회에게 일정기간 갱신이 가능하도록 하면서 관리를 맡겼다면 이를 종교와 국가의 분리에 관한 법에서 목표로 하는 종교적 중립성과 정면으로 배치하는 것인가 하는 점이 이 판결의 핵심 쟁점이라 할 것이다.

꽁세이데타는 2심 법원의 판결을 취소하고 항소법원으로 사건을 환송하였다. 최고 행정법원은 피고 지방자치단체가 중립성과 평등원칙을 준수하는 범위에서 완전 무상제공의 재정적 조건을 배제하고 따라서 문제가 된 예배에 대한 어떤 지원도 없는 경우라면 피고 소유의 공간의 사용허가를 할 수 있는 것이라고 보았다. 반면에 관리를 맡은 사회단체가 종교행사를 위해 영속적이고 배타적으로 공간을 사용하는 것은 동 건축물에 대해 종교적 색채를 부여하는 것으로 볼 수 있고 이는 1905년 법률 규정에 위반되는 것이라고 보았다.

(5) 제320796호사건

1) 사건의 개요

꼬뮌 몽트뢔이-수-브와(Montreuil-sous-Bois)(이하 피고라 한다)의회는 2003년 9월 25일 당해 꼬뮌이 관내 사회단체인 무슬림단체문화연합과 Rosny가(街) 212-221번 구획지 1,693㎡ 에 대한 장기 임대차계약 체결(임대료는 상징적으로 1유로로 하였다)에 관한 안건을 승인하는 의결을 하였다. 마담 빠뜨리시아 배이시에르(Mme. Vayssiere)(이하 원고라 한다)는 전기한 임대차계약은 동 구획지에서 이슬람사원을 건축하기 위한 것으로서 피고 의회의 의결을 취소해 줄 것을 세르지-뽕뜨와즈(Cergy-Pontoise) 행정법원(1심)에 청구하였다. 1심 법원은 원고의 청구를 인용하였다. 피고는 항소하였고, 항소법원인 베르사이유(Versailles)행정항소법원은(2심) 피고의 항소를 인용하였다. 이에 원고는 꽁세이데타에 상고하였다.

2) 판결의 의의

꽁세이데타는 지방자치단체가 종교시설의 건축을 위한 임대차계약 체결을 하면서 매우 저렴한 사용료 지급을 조건으로 자신이 소유하고 있는 부지를 처분하는 것은 1905년 법률에 위반하는 것이 아니라고 판시하였다. 프랑스 지방자치법(CGCT)[16) L.1311-2조 및 L.1311-3조를 통해 입법자는 지방자치단체에 대하여 "종교에 관한 중립성원칙과 평등원칙을 준수하는 한 공중에 개방된 종교 건축물을 건설하는 기관(단체)에 대하여 행정상 장기임대차 계약으로 명명된 장기계약을 제1311-3조(법률규정 부분)에서 정하는 특별한 요건에 따라 체결할 수 있다"고 1905년 법의 예외를 인정하고 있다.

위 사건의 경우 지방자치단체가 특정한 시설의 건축을 용이하게 할 수 있도록 1905년 12월 9일 법률에 의해 부과된 신규 종교 건물의

16) Code général des collectivités territoriales.

건축에 대한 모든 재정지원의 금지의 예외를 인정하는 경우라 할 수 있다.

2. 꽁세이데타, 제2 및 제7 sous-section 합의판결, 2011년 2월 24일 선고, 사건번호 제340122호, [축구클럽연맹(Union nationale des clubs de football et autres)사건]; 제4 및 제5 sous-section 합의판결, 제326768호, [Le Ralse씨 전보조치사건(M. Le Ralse사건]; 제4 및 제5 sous-section 합의판결, 제334289호, [(TF1(Société Télévision française Ⅰ)사건)]

상기 3건의 꽁세이데타 판결은 모두 '유럽인권과기본권보장협약(Convention européenne de sauvegarde des droits de l'homme et des libertés fondamentales, CEDH)'이 보호하는 기본적 인권의 내용과 합치 하지 않는 국내 법령조항과 행정청의 인사처분 및 독립행정청(방송위원회)의 방송제한 조치의 위법여부에 관한 것이다.

유럽인권과 기본권보장협약(이하 유럽인권협약)제6조는 공평한 절차에 대한 권리(le droit à un process équitable)를 선언하고 있고, 제8조에서는 사생활과 가족의 존중에 관한 권리(le droit au respect de la vie privée et familiale)를 규정하고 있다. 유럽인권협약[17]은 프랑스 행정소송의 주요한 법원(法源)이라 할 수 있으며, 행정기관의 결정이 유럽인권협약을 위반하였다는 위법성을 주장하는 행정소송은 꽁세이데타의 주요 판결을 한 부분을 차지하고 있다

17) 지역적 인권보장 시스템 가운데 가장 효율적으로 활동하고 있다 할 수 있다. 1950년 11월 4일 유럽평의회가 채택하고, 1953년부터 효력이 발생하였다. 1994년 제11차 의정서에 따라 협약 체약국의 개인들도 협약위반을 이유로 유럽인권법원(www.echr.coe.int/echr)에 직접 제소할 수 있다.

(1) 제340122호사건

1) 사건의 개요

병원, 환자와 건강분야의 개혁에 관한 2009년 7월 21일 법률[18]제85조는 도핑방지와 스포츠 선수의 건강의 보호에 관한 스포츠 법전의 규정의 효율성을 강화하기 위하여 정부가 헌법 제38조에 규정된 오르도낭스를 제정하도록 규정하였다. 따라서 이를 위해 제정된 운동선수의 건강과 국제도핑데스트 규정원칙과의 정합성에 관한 2010년 4월 14일 오르도낭스 제2010-379호에 대하여 도핑대상이 된 각종 스포츠단체는 상기 오르도낭스의 위법성을 주장하는 월권소송을 제기하였다.

2) 판결의 내용

꽁세이데타는 본 판결에서 도핑테스트에 관한 스포츠법전(Code des sports) 규정의 조약합치성에 관해 판단하고 있다. 스포츠법전 법률조항 제232-5조 제1항 제3호와 제232-15조가 된 위의 오르도낭스 제3조와 제7조는 '도핑방지청(Agence française de lutte contre le dopage)'에서 매년 지정하는 장소에서 대상 종목단체의 선수에 대한 도핑테스트가 신속하게 이루어져야 한다고 규정하고 있다. 원고가 주장하는 것처럼 상기 조항이 도핑테스트 대상 선수의 왕래의 자유, 사생활과 가족의 자유에 대한 제한하고 있는가에 대해 꽁세이데타는 도핑방지가 추구하는 선수의 건강의 보호와 스포츠 경기(쟁)의 형평성과 윤리의 보장이라는 공익목적을 위해 비례성 원칙을 갖춘 필요한 개인의 자유의 제한에 해당한다고 보았다.

18) La loi n°2009-879 du 21 juillet 2009 portant réforme de l'hôpital et relative aux patients, à la santé et au territoires(HPST).

(2) 제340122호사건

1) 사건의 개요

크리스토프 르 라슬르(C. Le Rasle)(원고)씨는 경찰공무원(수사요원)으로서 2004년 7월 29일 프랑스 해외영토인 카리브해 인근 생마르탱(Saint-Martin)지방수사국 포앵트-아-삐트르(Pointe-à-Pitre)수사대에서 경위(lieutenant)로 2004년 9월 1일부터 4년간 근무하도록 발령받았다. 원고는 2008년 4월 22일에 내무 · 해외영토 · 지방자치부 아레떼에 따라 위 기간 종료와 함께 경감(le grade de capitane)으로 승진하면서, 2008년 9월 1일부로 프랑스 본토의 니스(Nice)지방수사국 산하의 Marseille수사대에서 근무하라는 전보명령을 받았다. 원고는 소청(le recours gracieux)심사를 청구하였고, 2008년 5월 22일 청구는 기각되었다. 원고는 니스 행정법원에 제소하였고, 2009년 1월 23일 1심 행정법원은 원고의 청구를 인용하였다. 내무부장관은 2009년 4월 3일 꽁세이데타에 상고하였다.

2) 판결의 내용

꽁세이데타는 원고의 소청신청을 기각한 내무부장관의 결정(l'arrêté ministriel)이 유럽인권협약 제8조에 규정된 사생활과 가정에 대한 권리를 과도하게 침해한다고 하여 원고의 청구를 기각한 원심판결을 취소하였다.

꽁세이데타는 판시 사항에서 원심법원이 원고에 대한 전보명령이 사생활과 가정에 대한 권리부분에 대해서만 판단하였고, 국가수사경찰요원(des personnels actifs de la police nationale)의 직무수행에 대한 고유한 근무요건에 관한 부분을 판단하지 않은 점에 대한 법적 판단 오류를 지적하고 있다.

꽁세이데타는 본 판결에서 행정법원법 제821-2조[19)]에 따라 사안에

19) "최종심으로 행정재판에 관한 취소를 선고하는 경우, 꽁세이데타는, 법원의 심급상 당해 사건을 판결할 수 없는 경우가 아니면, 선고법원의 다른 부에 이를 환송하거

관해 판단하였다. 사안과 관련해 1995년 1월 21일 법률 제19조는 국가수사경찰요원은 그 임무와 예외적인 책임의 특수성으로 인해 특별직 공무원으로 분류하고 있다. 따라서 이들의 지위는 일반 공무원의 경우에 비해 예외를 둘 수 있는데, 1995년 5월 9일 데크레 제25조는 이들 수사경찰요원에 관해 적용되는 공통규정을 두고 있는데, 전보명령의 경우 사전에 공무원에 통지되어야 하고 마찬가지로 당해 서류에 관한 정보공개를 청구할 수 있다고 규정하고 있다. 동 데크레 제28조는 해외영토에 근무의 경우 최장근무기간이 내무부, 예산처, 지방자치부의 공동훈령으로 명해지며, 관련 당사자의 신청이 있는 경우 1년으로 정해진 연장근무를 할 권리를 규정하고 있다. 그리고 이러한 신청은 근무체류기간 만료 최대 6개월 이전에 있어야 한다. 그리고 1995년 10월 20일자 부처합동훈령(l'arrêté interministériel)은 생-마르탱에서의 최대근무기간을 4년으로 하고, 노사공동위원회(la commission administrative paritaire)의 의견에 따라 해외영토 근무 공무원의 예외적 근무연장을 인정하고 있다. 꽁세이데타는 사안에 있어 상기한 1995년 5월 9일 데크레 제28조에 의한 국가수사경찰공무원의 근무기간 만료에 따른 전보결정은 징계처분이 아니므로 징계처분에 관한 절차가 적용되지 않는다고 하였다.

사실기록에 따르면, 원고는 2004년 7월 29일 상기한 부처합동훈령에 따라 자신의 근무기간과 함께 근무기간 종료 후 전보조치 통지를 받았다. 한편, 원고는 2007년 9월 11일과 2008년 1월 23일에 최소 1년 동안의 근무지연장신청을 하였으나, 1995년 10월 20일 데크레가 규정

나, 같은 심급의 다른 법원에 환송하거나, 만일 원활한 재판사무의 이익이 있는 경우에는 꽁세이데타가 사실에 관하여 판단한다(S'il prononce l'annulation d'une décision d'une juridiction administrative statuant en dernier ressort, le Conseil d'Etat peut soit renvoyer l'affaire devant la même juridiction statuant, sauf impossibilité tenant à la nature de la juridiction, dans une autre formation, soit renvoyer l'affaire devant une autre juridiction de même nature, soit régler l'affaire au fond si l'intérêt d'une bonne administration de la justice le justifie)"

한 예외적 연장사유 요건의 불비를 이유로 내무부장관으로부터 반려처분을 받게 되었다. 상기 전보조치에 따라 원고 가족은 해외영토에 거주하고, 원고 본인만 프랑스 본토에 근무하게 됨으로써 원고의 가족과 사생활의 권리가 침해되는지 여부에 대해 꽁세이데타는 이를 인정하지 않았다. 꽁세이데타는 이에 대해 국가수사경찰요원과 같은 특수직 공무원의 직무가 가지는 특성상 내무부장관이 상기 데크레의 연장신청 사유인 중대하거나 예외적인 상황이라 할 수 없다고 본 것은 정당하며, 전기한 바와 같이 위 전보결정은 징계처분도 아니라고 판시하였다.[20]

(3) 제334289호사건

1) 사건의 개요

프랑스 제1TV방송(TF1)은 2008년 5월 18일 'Sept à Huit' 프로그램에서 "방황하는 아이들"이란 제목의 리포트 방송에서 법적 위탁조치의 대상이 된 모자이크 처리된 미성년자에 대한 인터뷰 장면이 대상 아동의 어머니의 서면상 거부에도 불구하고 방송을 하였다.

프랑스의 대표적인 독립행정청인 방송위원회(Conseil supérieur de l'audiovisuel)는, 2009년 6월 16일, TF1사에 대하여 보호권을 행사하는 부모의 명시적 동의 없이 프로그램의 증언자 아동을 방송한 것에 대해 아동과 청소년의 보호와 방송프로그램의 인물의 존엄성 존중에 관한 CSA의 2007년 4월 17일 결정과 CSA와 TF1방송사간 체결된 2001년 10월 8일 협약 제13조의 내용을 준수하도록 하는 지시를 명하였다. TF1방송사는 CSA결정에 대해 이의신청을 하였고, CSA는 2009년 9월 29일

20) 국내에서도 전보처분에 대한 소청심사의 사례는 나타날 수 있다고 본다. 전보처분도 소청대상이 되는 '기타 그 의사에 반하는 처분'이 될 가능성이 있고, 인사권자의 재량권 행사의 하자를 이유로 행정소송의 대상이 될 수 있을 것이다. 다만 살펴본 프랑스 판례(하급심 행정법원의 판례는 입수하지 못하였다)에서는 이에 관한 언급은 나타나 있지 않다.

이를 기각하였다. 원고 방송사는 CSA 결정의 취소를 주장하며 꽁세이데타에 제소하였다.

2) 판결의 내용

1986년 9월 30일 법률 제1조는 방송의 자유의 수행은 특히 인간의 존엄성 존중이나 아동이나 청소년의 보호 및 공서양속의 보호가 필요한 경우에는 제한될 수 있다고 규정하고 있다. 동 법률 제3-1조에 따라 CSA는 방송사의 편집과 배포자에 대해 상기 법률 제15조에 규정하고 있는 원칙의 준수에 관하여 권고조치(des reommandation)를 발할 수 있다. 따라서 CSA는 방송서비스를 통해 대중에게 방영되는 프로그램 상에서 아동과 청소년 보호와 인격의 존중에 관한 사항을 감시하는 업무를 수행한다.

프랑스 행정법에서 독립행정청(AAI)[21]은 준사법적 성격을 갖는 제재적 결정을 할 수 있다. 그리고 독립행정청의 결정에 대한 항고소송의 관할권은 행정법원에 있다. 상기 사안에서 원고는 CSA의 결정이 유럽인권협약 제10조가 규정하고 있는 보도의 자유에 관한 권리를 침해한다고 주장하였다. 꽁세이데타는 유럽인권협약 제10조 §1에서 모든 사람이 자유롭게 표현할 수 있는 권리를 가진다고 확인하고 있으며, 동조 §2에서 이러한 표현의 자유의 실행은 특히 타인의 권리의 보호와 같이 법률이 정하는 정당한 요건에 해당하는 경우에만 제약될 수 있다고 하였다.

---

21) Autorité administrative indépandant, 국내에서는 독립행정청 보다는 미국의 독립규제위원회(Independent regulatory agency)나 영국의 비정부자율조직(Quasi autonomous non governmental organisation)에 대한 연구가 더 축적된 것으로 보인다. 프랑스 독립행정청의 경우 그 권한에 있어 규율적 작용(법규명령의 제정)과 조사와 시정권고 및 제재권으로 대변되는 규제권의 발동을 특징으로 들 수 있다(전훈, 독립행정청에 관한 소고, 토지공법연구 제49집, 한국토지공법학회, 2010.5., 426-430면)

3. 꽁세이데타, 부(Section)판결, 2011년 11월 16일 선고, 사건번호 제353172호, 제353173호, [포룸데알지구재개발공사중지긴급가처분(le référé d' urgence sur les travaux de Forum des Halles)사건]

(1) 사건의 개요

파리의 옛 공설 시장(市場) 자리에 건설되었던 레알지구(Les Halles) 상업센터인 포룸데알(Forum des Halles)재개발 공사와 관련해 2010년 7월 27일자 철거허가에 따라 시행청인 파리시(Ville de Paris)와 대리인인 파리도시공사(Société d'économie mixte parisienne, SEM)는 les pavillons de Willerval의 기초구조물의 철거와 상업쇼핑센터 지붕의 콘크리트 구조물 수선공사를 진행하였다.

2011년 9월 20일 철거작업 중인 수압절단기 기사의 과실로 쇼핑센터 지붕 상단의 3.5m 크기의 수 톤의 콘크리트 구조물이 유명 의류 유통업체인 H&M(Henne et Mauritz) 매장 입구 주변에 추락하여 동 업체의 유아복 구역과 직원전용 공간에 떨어지는 사고가 발생하였다. 따라서 공사는 시행청과 대행기관의 재개 결정이 있을 때까지 중지되었다. 관련 업체와 시행기관 등의 수차례 회의와 1차례 협의를 거쳐 10월 3일 공사를 재개하기로 하였으나, 긴급가처분 신청인(H&M)은 이러한 시공 관계자의 후속조치에 대한 불만과 고객과 직원에 대한 안전에 대한 불안감을 주장하면서, 2011년 10월 1일에 위 공사의 중지를 요청하는 긴급가처분 신청을 파리행정법원에 하였다. 긴급가처분 법관은 2011년 10월 4일, 72시간 이내에 철거공사의 중지와 즉각적인 보수조치 그리고 신청인의 매장 출입구 바로 위 천장부위의 콘크리트 구조물 철거공사의 상시진단조치를 명하는 가처분조치를 결정하였다. 2011년 10월 5일 시행기관(제353172호)과 대리인(제353173호)은 상기 긴급가처분결정에 대해 꽁세이데타에 항고하였다. 꽁세이데타는 2011년 11월 6일 항고신청인의 주장을 인용하여 원심 가처분결정을 취소하였다.

(2) 기본권 보장형 긴급가처분(le référé-liberté)과 보전형 긴급가처분(le référé conservatoire)

대상 판결에서는 긴급가처분 신청인(H&M회사)의 기본권보장 긴급가처분 요건의 충족여부에 관한 검토가 쟁점이 된다. 행정법원법(Code de justice administrative)의 규정은 다음과 같다.

행정법원법(CJA) 법률편(Partie législative)
제511-1조: 긴급가처분 법관은 임시적 성격의 조치를 결정한다.
제521-1조: 행정결정이나 거부결정이 취소송이나 변경소송의 대상이 되는 경우, 이를 이유로 한 신청이 있으면, 가처분 법관은 그 결정이나 결정의 효력중의 일부의 집행정지를 명할 수 있는 바, 이를 위해서는 긴급성이 인정되고 심리 단계에서 당해 결정의 적법성에 대한 중대한 의심을 불러 일으킬 정도의 이유가 제시되어야 한다.
제521-2조: 긴급성이 정당화되는 신청에 의해, 공법인 또는 공공서비스를 수탁 받은 사법상 기관이 자신의 권한을 행사하는 과정에서 사인의 기본적 자유에 중대하고 명백한 침해를 가한 경우에, 가처분법관은 기본적 자유를 보호하기 위해 필요한 모든 조치를 명할 수 있다. 기본권보장 긴급가처분법관은 48시간 이내에 선고를 내려야 한다.
제521-3조: 긴급한 경우에 선행 행정결정이 없이도 받아들여질 수 있는 신청만 있는 경우라 하더라도, 가처분법관은 어떤 행정결정의 집행에도 방해받지 않는 범위 안에서 유용한 다른 모든 조치를 명할 수 있다.

상기 법문의 밑줄 친 부분에서 보는 바와 같이 프랑스 행정법원법은 본안소송에 앞서 잠정적인 임시구제의 긴급성이 인정되는 경우에 헤페레(le référé)라 불리는 긴급가처분절차를 인정하고 있다. 이러한 긴급가처분 제도는 종래 프랑스 행정소송상 인정되고 있는 '집행부정지원칙(le principe de l'effet non suspensif)'의 예외로서 2000년 6월 30일 법률에 의해 현재와 같이 긴급가처분(le référé d'urgence)과 일반가처분과 특별한 사항에 관한 가처분절차로 유형화되었다.[22] 긴급가처분제도는 종전의 집행정지에 해당하는 보전형 긴급가처분, 기본권보장형 긴급가처분, 기타가처분으로 구분된다.

(3) 판결 내용

상기 사안에서 신청인(H&M회사)은 파리 도심의 상업 및 관광지구인 포룸데알 지구의 재개발 공사와 관련하여 문제가 된 곳의 지붕 부위의 콘크리트물의 절단작업과정에서 낙하물이 떨어지는 등 안전과 자신의 영업에 대한 위험에 대한 예방과 기타 필요한 조치의 긴급성을 주장하였다. 위 신청인은 파리시와 파리도시공사 측의 안전보호 조치와 손해배상책임 약속에도 불구하고 상기 행정법원법 제521-2조에 근거하여 영업(상행위)의 자유와 공공안전에 대한 권리에 대한 보호의 긴급성을 주장하였다.

유럽인권협약 제2조 제1문은 모든 사람은 생명존중에 대한 권리를 법률로 보장받는다고 규정하고 있고, 유럽인권법원은 동 권리는 소극적 자유권인 동시에 지방자치단체를 포함한 모든 공권력에 대하여 생명의 침해에 대한 위험을 예방하도록 구속하는 것이라고 판시한 바 있다.[23]

---

22) 박현정, 프랑스 행정소송법상 긴급소송제도, 행정법연구 제13호, 행정법이론실무학회, 2005.5., 54-55면.

23) 위 사건과 같이 건물철거와 관련한 사건으로 CEDH 9 mai 2006, Pereira Henrique c. Luxembourg, n°60255/00, §63; D. Botteghi, Référé-liberté et le référé

사안의 경우, 원심 긴급처분법관은 당해 장소에서의 공공의 안전(la sécurité publique)의 위협을 인정하였다. 하지만 꽁세이데타는 사고 발생 후 9월 27일에 시공사측의 건축기술자이 방문하여 점검한 결과 신청인의 점포 주변에 떨어진 콘크리트는 어떤 다른 위험이 있다고 보기 어렵고, 파리행정법원이 지명한 감정인의 보고에 의하면 당시 시행된 새로운 철거공법은 기술적으로 문제가 없다고 한 점, 사고 후 9월 20-23일간 열린 대책회의에 신청인도 참가하였고 10월 4일과 10월 26일에 감정인은 새로운 철거공법의 유효성을 인정한 점에 비추어 사건의 전체 상황이 사람의 생명에 대한 즉각적이고 분명한 위험을 발생하는 것이라 볼 수 없다고 판단하였다.

따라서 꽁세이데타는 가처분법관이 전기한 결정과 같은 짧은 기간에 유용한 모든 조치를 강구하도록 할 수는 없는 것이라고 보았다.

4. 꽁세이데타, 제9 및 제10 sous-sections 합의판결, 2011년 12월 23일 선고, 사건번호 제323309호, [시장영업시간규칙(L' arrêté du maire d' ouverture d' un marché le samedi)사건]

이 사건은 주말, 특히 토요일에, 종일 문을 열도록 한 지방자치단체장의 시장영업에 관한 규칙이 원고가 주장하는 종교의 자유를 제약한다는 점에서 본다면 1. 이하에서 검토했던 중립성원칙과도 관련이 있을 수 있으나, 주요 쟁점은 시장운영방식에 관한 지방자치단체의 규칙제정과 상공업 자유원칙과의 갈등이라 할 것이다.

(1) 사건의 개요

파리(Ville de Paris)시 제19구(arrondissement) Riquet로 42번가에 위

---

conservatoire en cas de menace pour la sécurité, RFDA, 2011, p.270.

치한 '리꿰시장(le marché Riquet)' 상인들인 원고는 2005년 1월과 2월 사이에 시장 한가운데 광장을 상품판매구역에 대한 특허(la concession)를 받는 대신에 파리시의 시장영업에 관한 날짜와 시간에 관한 규칙을 준수하는 것을 내용으로 하는 점용계약(la convention d'occupation)을 파리시와 체결하였다. M. Halfon씨 등 원고는 파리시청에 2005년 12월 28일자 서신을 통해 토요일 하루 내내 영업을 하는 것은 불가능하며, 리꿰시장의 경우 예외를 인정해 줄 것을 요청하였다. 한편, 2006년 3월 24일 파리 부시장은 관내의 시장의 영업시간과 일자를 정하는 파리시장 규칙을 제정하였다. 위 규칙 제11조에 따르면 리꿰시장은 화-토요일은 08:30-19:30, 일요일은 08:30-13:30 동안 문을 열도록 하였다. 2006년 6월 2일자 공문을 통해 원고들이 상기한 영업시간을 준수할 것과 불이행시 행정상 제재가 있음을 최고하였다. 이에 원고는 파리시장의 시장영업에 관한 규칙과 2005년 12월 28일 서신을 통한 영업시간의 예외조치 신청에 대한 묵시적 거부처분의 취소를 구하는 행정소송을 파리행정법원에 제기하였다.

파리행정법원은 2007년 2월 8일 원고의 청구를 기각하였고, 원고는 항소하였다. 파리 행정항소법원은 2008년 10월 16일 제1심 판결을 취소하였다. 하지만 원고가 신청한 예외조치 신청 부분의 항소는 기각하였다. 원고는 이 부분에 대하여 상고하였다.

상고심법원은 원고의 시장규칙의 예외조치 관련 청구를 인정한 원심법원의 판결을 취소하였다.

(2) 판결의 내용

꽁세이데타가 먼저 원고가 주장하는 피고 행정청(파리시청)의 최고행위가 취소소송의 대상이 되는가하는 점에 대해 판단하고 있다.

파리시가 2006년 6월 2일자 공문으로 발송한 최고의 내용은 파리시와 원고를 포함한 리케시장 상인이 서명한 상기 협약 제6.1호 내용을 환기하고, 협약상의 의무 이행이 이루어지지 않을 경우 협약의 해지를 포함한 행정상 제재를 통보하는 것이다. 이러한 최고의 범위와 관련해 계약상 최고행위는 체약일방 당사자인 원고가 제기한 취소소송의 대상이 될 수 없다. 따라서 꽁세이데타는 파리항소법원이 원고가 1심 행정법원에 제출했던 피고의 최고의 취소를 구한 원고의 주장 부분을 각하한 것은 법률상 위반이 아니라고 판시하였다.

다음으로 파리시장의 영업일시에 관한 규칙이 (원고의) 종교의 자유를 제한하는가에 대해 검토할 필요가 있다. 1789년 인권선언 제10조, 유럽인권보장협약 제9조, 종교적 중립성에 관한 1905년 12월 9일 법률 제1조 모두 종교의 자유를 규정하고 있다. 비록 문제가 된 명령적 성질을 갖는 파리시장의 규칙에서 명시적으로 토요일 개설에 대한 예외조치 가능성에 대한 내용을 규정하지 않고 종일 시장 문을 열도록 규정하고 있긴 하나, 시장 기능의 계속성의 목적에 비추어 볼 때 이러한 예외를 두는 것도 시장의 적절한 운영과 부합할 수 있다면 가능하다고 할 수 있으므로, 꽁세이데타는 토요일 영업시간을 오전 8시 30분부터 저녁 7시 30분까지로 규정한 상기 파리시장 규칙은 종교의 자유원칙과 상공업자유원칙에 대한 침해가 아니라고 한 원심법원의 판단은 정당하다고 보았다. 이점은 관내 시장 영업의 일시를 규정한 명령적 성격의 행정결정[24]은 절대적 요구(금지)를 부가하는 것으로 볼 수 없다는 취지로 해석될 수 있을 것이다.[25]

하지만 행정청이 이와 같은 예외조치 신청을 받은 경우에는 시장의 원활한 운영, 특히 시장기능의 계속성, 다시 말해 그 구역에서 요청되는 당해 시장의 계속적인 재화의 거래요청과의 부합성이 고려되어야 하고, 이에 대한 판단은 폭 넓은 사법적 심사(le contrôle maximum)의

24) 프랑스 행정소송의 대상인 행정결정은 개별적(우리의 행정처분에 비교된다)인 경우 뿐 아니라 명령적(réglementaire)인 경우도 포함한다.

25) H. Pauliat, Chronique de jurisprudence administrative 2011, RDP, 2012 N°2, p.506.

대상이 된다. 꽁세이데타는 사건에서 위 시장은 그 지역에 유일한 시장이라는 점과 종교상 이유로 원고에 대한 토요일 영업 제외조치를 인정할 경우 파리시와 체결한 협약상의 점용구역의 1/3정도나 되는 점 등을 고려할 때 상기한 시장운영의 계속성에 대한 요청을 만족하기에는 문제가 있다고 판시하고 있다.

어떻거나 이 사안은 라이시테에 관한 전기한 사건과 더불어 프랑스 사회에 고민을 던져준 종교적 중립성에 대한 행정의 태도의 한 부분을 보여주고 있음은 분명한 것 같다.

Ⅲ. 마치면서

2011년에도 전년의 경우와 마찬가지로 프랑스 행정재판의 현대화 작업은 지속되고 있다. 우선적 위헌심사나 난민법원에 대한 제소사건 수의 증가에도 불구하고 재판소요 기간이 2010년에 비해 단축되었다는 것은 접수된 사건 수 보다 더 많은 판결을 하였음을 뜻한다. 행정소송 사건수가 많다고 해서 꼭 법치행정이 잘 되고 있다는 의미로 볼 수만은 없을 것이다. 하지만 다양한 행정작용에 대한 시비를 제대로 가릴 수만 있다면 행정의 상대방 입장에서 다양한 소송제도가 마련되는 것도 '괜찮은 행정'과 '시민의 권리의 확장'이라는 점에서 바람직하다 할 것이다. 그러한 점에서 금년 상반기에 활성화 되었던 행정소송법 개정 논의나 프랑스 행정판례 연구는 행정법의 지속가능한 발전을 위한 전제조건이 될 것이다.

구체적 사례분석에서 본 바와 같이 프랑스 행정법원은 새롭고 어려운 그리고 사회적으로 민감한 주제에 대해 공익의 수호(la défense d'intérêt général)와 기본권 보장에 관한 의미 있는 판결을 통해 그 내용과 한계에 대한 구체적 요건을 제시하였다.

그리고 기술한 바와 같이 꽁세이데타는 우선적 위헌심판제도의 여과장치 기능을 통해 사전적 위헌심판기관의 역할을 수행하고 있다. 꽁세이데타는 하급심 행정법원인 QPC신청법원(le juge *a quo*)이 송부한 행정재판에 적용되는 법률 규정에 대한 제청요건의 심사를 하고 있다. 이는 꽁세이데타가 행정소송과 헌법소송의 경계선에서 법치주의의 실질적 파수꾼의 자리에 있음을 반증하는 것일 수 있다.[26)]

그리고 연례보고서(Rapport public)를 작성하는 꽁세이데타는 단순한 활동보고에 그치지 않고 새로운 테마를 설정하고, 인터넷 환경을 개선하면서 정보의 제공자 기능을 강화하고 있다. 이러한 노력은 우리 법원에게 여러 시사점을 제공할 것으로 본다.

---

26) 그러한 관심은 특히 앞에서 본 긴급가처분(le référé d'urgence)에서의 긴급성과 QPC의 '우선적'심사의 관계가 어떻게 되는가 하는 점에서 나타날 수 있다. 이와 관련해 꽁세이데타는 긴급성 요건에 대한 선(先)심사 원칙을 입장을 보여준다. 따라서 기본권보장 긴급가처분(행정법원법 제521-2조)을 신청하면서 우선적 위헌심사를 청구하였다면 가처분법관은 먼저 긴급가처분요건인 긴급성 여부의 요건충족 여부를 먼저 하고, 이를 갖추지 않은 경우에 QPC제청신청을 기각할 수 있다(C.E., ord. 16 juin 2010, Mme. Diakité, req. n°340250).

참고문헌

박현정, 프랑스 행정소송법상 긴급소송제도, 행정법연구 제13호, 행정법이론실무학회, 2005.5.

전 훈, 독립행정청에 관한 소고, 토지공법연구 제49집, 한국토지공법학회, 2010.5.

Conseil d'Etat, Rapport public 2011, La documentation française, Paris, 2012.

D. Botteghi, Référé-liberté et le référé conservatoire en cas de menace pour la sécurité, RFDA, 2011, pp.269-278.

R. Rouquette, Petit traité du Procès administratif, 2e édition, Dalloz, 2006.

R. Chapus, Droit du contentieux administratif, 13e édition, Montchrestien, 2008.

M. Guyomar · B. Seoller, Contentieux administratif, Dalloz, 2010.

H. Pauliat, Chronique de jurisprudence administrative 2011, RDP, 2012 N°2, pp.499-507.

http://www.conseil-etat.fr/fr/base-de-jurisprudence (행정판례 검색)

http://www.conseil-constitutionnel.fr (헌법위원회 판례검색)

http://www.legifrance.com (법령검색)

국문초록

2011년 프랑스 행정법원의 활동은 괄목할만한 성과로 표현될 수 있다. 순 통계치로 9,963건의 사건이 꽁세이데타에 접수된 반면에 꽁세이데타 소송국은 10,827건의 판결을 함으로써 사상 처음으로 예상평균재판소요기간의 문턱이었던 1년을 더 끌어 내렸다. 이는 그동안 프랑스 행정법원-1심 행정법원. 행정항소법원과 꽁세이데타-이 일관되게 추진해 왔던 재판행정의 현대화와 판결의 집중도 제고와 시민의 권리확대를 위한 노력의 결실로 평가되고 있다.

특히 2011년 행정판례 가운데 특징으로 들 수 있는 것은 새롭고 골치아픈 문제에 대한 판결을 통해 행정사건에 나타난 여러 사회적 고민에 대한 해결의 계속성을 보여준다는 점인데, 특히 2011년 7월 19일 전원재판부의 5개의 판결은 이른바 라이시테에 관한 공익을 위한 법원의 우선적 지위부여의 입장을 잘 나타낸다고 할 수 있다(Ⅱ-1부분). 위 판결에서 꽁세이데타는 종교건물이나 문화(종교적 색채를 배제하기 어렵다)활동에 관한 지방자치단체의 재정지원이 공익적(공공위생, 교육 등) 성격을 가지는 경우에는 종교와 국가의 분리에 관한 1905년 12월 9일의 법률위반이 아니라고 판시하였다. 아울러 꽁세이데타는 Ⅱ-2에서 검토한 일련의 판결에서 유럽인권협약의 기본권의 내용을 확인하면서도 도핑테스트를 규정한 스포츠법전의 규정은 상기 협약 제6조의 공평한 절차에 관한 권리를 침해하지 않는다고 보았다. 마찬가지로 해외영토에 근무했던 국가수사경찰요원에 대한 전보명령은 유럽인권협약 제8조의 사생활과 가족의 권리에 대한 위반이 아니고, 상기 명령은 소청의 대상이 되는 징계적 성격의 불이익처분에 해당하지 않는다고 판시하였다

한편 프랑스 행정소송법상의 긴급가처분에 관한 판례에서 행정법원법 제521-1조 내지 제521-3조에서 규정하고 있는 기본권보장 긴급가처분과 보전형 긴급가처분의 요건을 살펴보았다. 꽁세이데타는 재개발공사 과정에서 발

생한 구조물 추락사고에서 원고 의류회사(H&M)의 유럽인권법원 제2조상의 생명존중에 관한 권리를 이유로 주장한 기본권보장 긴급가처분 신청을 인용한 1심 행정법원의 판결을 취소하였다(Ⅱ-3).

마지막으로 파리시와 토요일 개장을 조건으로 시장판매대의 점용허가를 받은 상인들이 종교의 자유를 이유로 동 시장의 영업일시를 규정한 파리시장의 규칙이 상공업자유원칙에 대한 위반인가에 대해 꽁세이데타는 이를 인정하지 않았다. 꽁세이데타는 동 판결에서 시장의 원활한 운영(특히 지역적 상황 등)과 계속성이라는 공익적 요청이 예외적인 상인들의 토요일 영업원칙에 대한 예외조치에 반드시 고려되어야 한다는 점을 강조하고 있다(Ⅱ-4).

주제어: 긴급가처분, 우선적위헌심사, 유럽인권기본권보장협약, 중립성 원칙, 꽁세이데타

Résumé

Le bilan et l'analyse des jurisprudences administratives françaises en 2011.

Hoon JEON(Kyungpook National University)

On peut dire que l'année 2011 s'est marquée un progrés d'amélioration des activités juridictionnelles. Par rapport aux affaires enregistrées(9,963 en donnée brutes), le Conseil d'Etat a rendu plus de décisions(10,827 en donnée brutes). Pour la première fois de leur histoire, les juridictions administratives y compris le tribunal administratif, la Cour d'appel et le Conseil d'Etat sont parvenus à contenir leur délai moyen prévisible de jugement sous le seuil de 1 an(10 moi et 27 jours/ 11 mois 16 jours/8 mois 12 jours).

La juridiction administrative française a continué à faire évoluer sa jurisprudence pour répondre à des question nouvelles et difficiles.

Par cinq arrêts rendus le 19 juillet 2011, l'assemblée du contentieux a précisé la portée des disposition de la loi du 9 décembre 1905 concernant la séparation des Églises et de l'Etat(dite la loi de laïcité). Dans notre étude(Ⅱ-1), nous avons examiné des conditions auxquelles les collectivités territoriales peuvent décider le financement pour les édifices ou les activités culturelles.

Ensuite, nous avons examiné la conventionalité de disposition du Code du sport relative au dopage concernant l'article 8 de la Convention européen de sauvegarde des droits de l'homme et des libertés fondamentales dans notre étude(Ⅱ-2).

Dans l'étude(Ⅱ-3), nous avons examiné le référé liberté et le référé de mesure d'utile dans les articles entre L.521-1 et L.521-3 du Code de justice administrative.

Enfin, nous avons vu l'arrêté du maire de la ville de Paris ne remet pas en cause le principe de la liberté du commerce et l'industrie car le bon fonctionnement du marché ainsi que la continuité de fonctiontionnement doit être pris en compte pour l'ouverture d'un marché le samedi(Ⅱ-4).

Mots Clés: le référé d'urgence, la question prioritaire de constitutionnalité, la convention européenne de sauvegarde des droits de l'home et des libertés fondamentales, le principe de laïcité, Conseil d'Etat

투 고 일: 2012. 11. 28
심 사 일: 2012. 12. 21
게재확정일: 2012. 12. 21

最近(2011) 日本 行政判例의 動向 및 分析 研究

金 致 煥*

Ⅰ. 처 음 에

일본 최고법원 통계자료에 의하면 2011년도에 최고법원이 처리한 행정사건 수는 970건, 새로이 접수된 사건수는 1,031건으로 집계되었다.[1] 2010년도에 각각 1,026건, 1,112건이었던 것에 비하여 소폭 감소했다. 행정분야별로 집계된 자료는 발견하지 못하였으나 일본의 문헌들에서 주요한 행정판례로 소개된 것들 중에는 지방자치단체의 주민소송 관련판례가 다수 눈에 띈다. 2010년도에도 비슷한 경향을 볼 수 있

* 영산대학교 법과대학 부교수.

1) http://www.courts.go.jp/sihotokei/nenpo/pdf/B23DMIN2~3.pdf

었는데 이들 지방자치법관련 사건 판결들은 여러 언론에 보도될 정도로 사회적 주목을 받기도 하였다. 그 외에도 하급심 단계의 판결로는 국가배상에 관한 사건도 여러 건 발견된다.

그러나 이곳에서는 다수 발생한 주민소송 관련사건에 치우지지 않고 다양한 행정분야의 사건들을 좀 더 고르게 소개하고자 하였다. 또한 하급심의 판결보다는 최고법원의 판결을 중심으로 판례를 선정하고자 하였다. 그 결과 아래의 6건의 사건판결을 추려보았다. 불이익처분의 이유부기 문제, 정보공개에 관한 문제, 통지의 처분성 문제, 음주운전교사방조자의 책임, 항고소송수행에 대한 지방자치단체의 장과 지방의회의 관계 그리고 주민소송이 그것이다.

이하 각 사건에 대하여 살펴본다. 기초가 된 사실관계를 떠나 단지 법리논쟁만을 다루어서는 사건의 전모를 이해하지 못하고 무미한 논의에 그칠 우려가 있다고 생각하여 가급적 사실관계와 각 심급의 입장도 상세하게 소개한다.

Ⅱ. 주요 행정판례의 분석

1. 1급건축사에 대한 면허취소처분에서의 이유제시의 정도 [2011.6.7. 최고법원 제3소법정판결, 平21(行ヒ)91号]

(1) 사실의 개요

X1(원고, 항소인, 상고인)은 1981년에 1급 건축사면허를 취득하고, X2(원고, 항소회사, 상고회사)가 개설하는 건축사사무소의 관리건축사로 근무하고 있었는데 2급건축사 A를 보조자로 하여 구조계산을 하게 하여 12건의 건축물에 대하여 설계를 하였다(이하 '본건 설계행위'라 한다.). 그런데 본건 설계행위에 의한 건축물의 설계 중 7건은 건축기준법에서

정하는 기준에 적합하지 않아, 동법 제20조에서 규정하는 내진성에 위반하는 건축물이 건축되었고, 나머지 5건의 건축물의 설계는 구조계산서에서 거짓이 발견되었다.

이로 인하여 건축사법(2006년 법률 제92호로 개정 전의 건축사법) 제10조 제1항[2]에 따른 징계처분의 일환으로 2006.6.22. 국토교통성 홋까이도(北海道)개발국장에 의하여 X1에 대한 청문이 실시되고, 국토교통대신은 중앙건축사심사회에 의한 동의를 얻어 2006.9.1.부로 1급건축사면허취소처분(이하 '본건 면허취소처분'이라 한다.)을 행하였다. 그 통지서에는 처분이유에 대하여 단순히 동항 제2호 및 제3호 등에 해당하는 사실만 기재되어 있었다.[3]

한편, 북해도지사는 본건 면허취소처분이 X2에 대한 건축사법 제26조 제2항 제4호[4]에서 규정하는 감독처분사유에 해당한다고 하여,

---

2) 건축사법 제10조(징계) ① 1급건축사, 2급건축사 또는 목조건축사가 다음 각 호의 1에 해당하는 경우에는 면허를 부여한 국토교통대신 또는 도도부현지사는 계고를 하거나, 1년 이내의 기간을 정하여 업무의 정지를 명하거나 또는 면허를 취소할 수 있다.

1. 금고 이상의 형에 처해진 때
2. 이 법률 혹은 건축물의 건축에 관한 다른 법률 또는 이에 기초한 명령 혹은 조례의 규정에 위반한 때
3. 업무에 관하여 불성실한 행위를 한 때

② 국토교통대신 또는 도도부현지사는 전항의 규정에 의하여 업무의 정지를 명하고자 하는 때에는 행정절차법 제13조 제1항의 규정에 의하여 의견진술을 위한 절차의 구분에 관계없이 청문을 실시하여야 한다.

③~⑤ 생략.

3) 통지서의 내용은 다음과 같다. "귀하는 … (문제가 된 7건의 건축물을 열거) … 건축물의 설계자로서 건축기준법령이 정하는 구조기준에 적합하지 않게 설계를 행하고, 그로 인하여 내진성 등이 부족한 구조상 위험한 건축물을 발생시켰다. 또한 … (문제가 된 5건의 건축물을 열거) … 건축물의 설계자로서 구조계산서에 허위가 있는 부적절한 설계를 행하였다. 이러한 사실은 건축사법 제10조 제1항 제2호 및 제3호에 해당하여 1급건축사에 대하여 사회가 기대하고 있는 품위 및 신용을 현저하게 손상시키는 것이다."

4) 건축사법 제26조(감독처분) ① 생략.

② 도도부현지사는 다음의 각호의 1에 해당하는 사실이 있는 경우에는 당해 건축사사무소의 개설자에 대하여 계고를 하거나, 1년 이내의 기간을 정하여 당해 건축

2006.9.14.에 X2 대표자에 대한 청문을 실시하고, 같은 달 25일에 북해도건축심사회에 의한 동의를 거쳐 같은 달 26일부로 건축사사무소에 대하여도 등록취소처분을 하였다.

본건 면허취소처분이 행해진 당시 건축사에 대한 징계처분은 의견제출절차를 거쳐 수립된 '건축사의 처분 등에 대하여'라는 제목의 통지(2007.6.20. 폐지전의 1999.12.28. 建設省住指発 第784号, 도도부현지사 앞으로 건설성주택국장 통지)[5]에서 처분기준(이하 '본건 처분기준'이라 한다.)이 설정 공표되어 있었다.

그에 의하면 별표 제1에 따라 처분내용의 결정을 하게 되어 있으며, 별표 제1(2)에서 건축사가 건축사법 제10조 제1항 제2호 또는 제3호에 해당하는 경우, "표2의 징계사유에 기재한 행위에 대응하는 처분등급을 기본으로 하여, 표3에서 규정하는 정상참작에 대응한 가감을 하여 등급을 결정하고, 표4에 따라 처분내용을 결정한다."고 규정하고, 표2에서는 징계사유의 유형별로 처분등급이, 표3에서는 정상참작 등에 따른 처분등급의 가감방법이, 표4에서는 처분등급에 대응하는 처분 등(문서주의를 포함한다.)의 내용이 각각 규정되어 있었다.

그런데 별표 제1의(2)는 위의 본문규정에 이어서 다음과 같은 단서규정도 두고 있었다. "다만, 당해 행위가 고의에 의한 것이고, 그로 인하여 건축물의 도괴, 파손 등이 발생한 때 또는 사람의 사상이 발생한 때(이하 '결과가 중대한 때'라 한다.)에는 업무정지 6월 이상 또는 면허취소의 처분으로 하고, 당해행위가 과실에 의한 것이고 결과가 중대한 경우에는 업무정지 3월 이상 또는 면허취소의 처분으로 한다."

사사무소의 폐쇄를 명하거나 또는 당해 건축사사무소의 등록을 취소할 수 있다.

1~3. 생략

4. 건축사사무소를 관리하는 건축사가 제10조 제1항의 규정에 따라 징계처분을 받은 때

5호 이하 생략.

5) 여기서의 통지는 '통달'이라고도 하며 우리의 훈령과 유사하다고 할 수 있다.

여기서 X1은 본건 면허취소처분, X2는 본건 등록면허취소처분의 각 취소를 구하였다. 다툼의 대상은 X1에 대한 본건 면허취소처분과 X2에 대한 등록면허취소처분의 두 가지이지만 후자는 전자의 결과에 좌우되는 구조여서 기본적으로 전자의 법적 쟁점에 관하여 다투어졌다.

X1은 제1심[6]에서 (i) 징계처분권을 행사함에 있어서 처분권자에게 재량권의 범위를 일탈한 위법과 (ii) 행정절차법상의 이유불비의 위법의 두 가지를 주장하였다. 본건 처분기준에 따르면 면허취소처분이 가능하기 위해서는 '건축물의 도괴나 파손' 또는 '사람의 사상' 등에 비견되는 정도의 중대한 결과가 초래되어야 하는데 본건 설계행위에 의해서는 비록 위법한 설계행위가 있기는 했지만 처분기준이 정하는 중대한 결과는 발생한 사실이 없고, 또한 본건 설계행위로 인한 법위반사실을 본건 처분기준에 따라 등급점수화 하여도 면허취소기준으로 정한 등급점수에 미치지 못한다는 취지로 본건 면허취소처분의 위법을 주장하였다. 또한 징계처분의 재량권을 공정하고 합리적으로 행사하기 위하여 본건 처분기준을 설정하여 점수제를 도입한 경우 피처분자에게 해당하는 징계사유를 지적한 다음 처분등급(점수)을 처분의 이유로서 부기할 의무가 있는데 이를 이행하지 아니한 위법이 있다고 주장하였다.

항소심[7]에서도 본건 처분기준의 어느 기준에 따라 본건 면허취소처분이 내려진 것인지를 주로 본건 처분기준 별표 1의(2) 본문규정과 단서규정간의 관계 속에서 주장하며 그에 대하여 처분권자가 처분이유 속에서 아무런 명시를 하지 아니한 이유불비의 위법을 재차 강조하였다. 그러나 X1의 주장은 모두 배척되었고 이에 상고하였다.

참고로 X1은 본건 면허취소처분에 앞서 청문이 이루어졌을 때 처분청에 대하여 본건 처분기준의 어느 부분이 어떻게 적용되어 처분을 받게 되는지 그 적용관계에 관하여 질문하였으나 아무런 구체적인 응

6) 平20.2.29. 札幌地裁 判決 平18(行ウ)27号.
7) 平20.11.13. 札幌高裁 判決 平20(行コ)9号.

답이 없었다.

(2) 판결의 요지(파기자판)

행정절차법 제14조 제1항 본문이 불이익처분을 하는 경우에 동시에 그 이유를 각 상대방에게 표시하여야 한다고 하고 있는 이유는 각 상대방에게 직접적으로 의무를 부과하거나 그 권리를 제한한다고 하는 불이익처분의 성질에 비추어 행정청의 판단의 신중성과 합리성을 담보하여 그 자의를 억제함과 동시에 처분의 이유를 상대방에게 알려 불복신청에 있어 편의를 주는 취지로 해석된다. 그리고 동항 본문에 기초하여 어느 정도의 이유를 제시할 것인지는 위와 같은 동항 본문의 취지에 비추어 당해 처분의 근거법령의 규정내용, 당해 처분에 관한 처분기준의 존부 및 내용과 공표의 유무, 당해 처분의 성질 및 내용, 당해 처분의 원인이 되는 사실관계의 내용 등을 종합적으로 고려하여 이를 결정하여야 한다.

건축사법 제10조 제1항 제2호 및 제3호가 규정하는 처분요건은 모두 추상적이므로 이들에 해당하는 경우에 동항 소정의 계고, 1년 이내의 업무정지 또는 면허취소 중 어느 처분을 선택할 것인지도 처분행정청의 재량에 맡겨져 있다. 그리고 건축사에 대한 상기 징계처분에 대해서는 처분내용의 결정에 관하여 본건 처분기준이 정해져 있는 바, 본건 처분기준은 의견제출절차를 거치는 등 적정을 담보하기 위하여 엄격한 절차를 거친 후에 규정되어 공표되어 있으며 더욱이 그 내용은 다양한 사례에 대응하도록 상당히 복잡하게 되어 있다.

그렇다면 건축사에 대한 상기 징계처분시에 동시에 표시되어야 할 이유로서는 처분의 원인이 되는 사실 및 처분의 근거법조문에 더하여 본건 처분기준의 적용관계가 표시되지 아니하면 어떠한 이유에 기초하여 어떠한 처분기준의 적용에 의하여 당해 처분이 선택되었는지를 아는 것은 곤란하다는 것이 통례이다.

본건 면허취소처분은 상고인 X1의 1급건축사로서의 자격을 직접적으로는 박탈하는 중대한 불이익처분이므로, 그 처분의 이유로서 본건 처분기준의 적용관계가 전혀 표시되어 있지 않고 그 복잡한 기준하에서는 상고인 X1의 경우에 어떠한 이유에 기초하여 어떠한 처분기준의 적용에 의하여 면허취소처분이 선택되었는지를 아는 것은 불가능하다고 하지 않을 수 없다. 이러한 본건의 사정 하에서는 동항 본문이 요구하는 이유제시로서는 충분하지 않다고 하지 않을 수 없으며 본건 면허취소처분은 동항 본문이 정하는 이유제시의 요건을 결한 위법한 처분이라고 할 것이며 취소를 면할 수 없다.[8)]

(3) 검 토

이 사건에서는 실체법적인 면에서 처분청이 징계권을 행사함에 있어서 재량권의 일탈 남용이 있었는가 하는 점과 절차법적인 면에서 징계처분의 이유를 충분히 제시한 것으로 볼 수 있는가의 두 가지 점이 다투어졌다. 이 가운데 후자의 쟁점에 대하여 본판결에서 집중적으로 검토되었으며 결론은 불이익처분의 이유제시가 충분히 이루어지지 않았음을 인정하여 본건 면허취소처분이 결국에 취소되었다.[9)]

이 사건은 우선 법 소정의 내진기준 등을 준수하지 않은 건축설계로 지진발생시 큰 피해가 발생할 수 있다는 점에서 그 법 위반의 정도가 매우 중하고, 더욱이 지진과 결부된 안전성의 문제와 관련되는 관계로 위반행위에 대한 사회적 비난이 강하였다. 또한 위반에 관련된 건축물이 한 두 건도 아니고 12건에 이르므로 위반자에 대하여 건축사

8) 이 판결에는 재판관 田原睦夫의 보충의견과 재판관 那須弘平, 岡部喜代子의 반대의견이 있다.

9) 이 사건에 대하여는 다수의 평석이 있다. 古田孝夫, ジュリ 1436号97頁; 本多滝夫, ジュリ臨増 1440号, 34頁(平23重判解); 藤原静雄, 論究ジュリ 3号, 67頁; 高木光, 判評 639号, 2頁(判時2142号148頁); 友岡史仁, 法セ増 (新判例解説Watch) 10号, 39頁; 羽根一成, 地方自治職員研修 44巻10号, 70頁 등.

면허의 취소는 당연한 것으로 인식되었고 1심과 2심에서도 그와 같은 판결이 내려졌다. 그러나 상고인 X1은 1심에서부터 줄곧 공표된 구체적인 처분기준이 있음에도 불구하고 그러한 구체적인 처분기준의 어디에 어떻게 해당하는지에 관하여는 아무런 언급이 없이 단순히 매우 추상적으로 규정된 건축법의 처분요건에 관한 조항을 인용하는 것만으로 처분이유를 제시하는 것은 행정절차법상의 처분이유의 제시의무에 반하는 것이라고 하여 절차상의 하자를 주장했고 본판결은 이를 수용하였다.[10)]

이 사건에서는 불이익처분의 이유제시와 관련하여 크게 두 가지의 특징이 존재하였다. (i) 하나는 건축법상의 징계처분의 요건과는 별도로 기본적으로 행정내부에서만 효력을 갖는 이른바 통달이라는 형식으로 징계처분의 기준이 설정되어 공표되어 있은 점이다. 그리고 이때의 처분기준이 오로지 행정내부에서 독자적으로 제정한 것이 아니고 외부의 이해관계인의 의견제출절차를 거쳐 제정된 점도 경시하기 어려운 면이 있다. (ii) 다른 하나는 이 사건에서와 같은 불이익처분에 대한 처분의 기준에 대하여는 행정절차법상 이를 설정하여 공표하는 것이 권장되고 있었지만(이른바 노력의무. 행정절차법 제12조) 법적 의무로는 되어 있지 않은 것이라는 점이다. 이것은 신청에 대한 처분의 경우에는 그 처분기준(심사기준)의 설정과 공표가 법상 의무로 되어 있는 것(행정절차법 제5조)과 대조되는 것이다.

첫 번째의 특징과 관련해서는 법상의 징계처분의 요건이 매우 추상적이어서 그것만으로는 상고인이 왜 면허취소처분을 받게 되었는지에 대한 충분한 이유제시가 되지 못하고, 처분기준이 설정 공표되어 있는 것이라면 해당 처분기준 가운데 어느 것에 해당하여 면허취소처분을 받아야 했는지를 구체적으로 제시하여야 한다고 본 것이다. 더욱

10) 일반인의 법감정과 배치되는 이러한 최고법원의 판결은 당시 다수의 언론매체를 통하여 보도되고 사회적 반향을 일으켰다.

이 본건 면허취소처분은 개인에게 있어 매우 중대한 권익침해를 초래하는 것이고, 뿐만 아니라 이로 인하여 상고인이 소속된 건축사사무소까지 그 등록면허가 취소되는 결과에 이르게 되는 것이므로 불이익처분의 상대방으로서는 좀더 구체적으로 본건 면허취소에 이르게 된 처분이유를 제시받아야 할 권리가 있고 처분청으로서는 처분이유를 보다 상세하게 제시할 것이 요구된다고 판단하였다. 무엇보다도 처분기준의 내용이 법상 정성적으로 이루어져 있는 매우 추상적인 징계처분의 요건을 정량화하는 등으로 보다 공정하고 합리적으로 행사하게 하기 위하여 위반사유별로 점수화하고 또한 정상참작 등에 따른 가감도 규정하는 등 매우 복잡하게 설정된 것이어서 그와 같이 세부화된 처분기준의 어디에 어느 정도로 위반된 것인지에 대하여 아무런 설명 없다면 불이익처분에 대한, 특히 가장 중한 징계처분인 면허취소처분을 발함에 있어 처분이유에 대한 제시가 있다고 볼 수 없다.

두 번째의 특징과 관련해서는, 불이익처분의 처분기준은 신청에 대한 처분의 경우에서와 달리 그 설정과 공표가 노력의무에 불과하고 법상 의무지워져 있지 않으므로 그와 같이 반드시 제정해야 할 필요가 없는 처분기준을 이유제시에서 명시해야 할 의미가 있는가 하는 점이 문제된다. 만일 노력의무에 불과한 이러한 처분기준을 처분청이 애초부터 제정하지 않았더라면 법상의 처분요건 조항을 명시하는 것만으로 불이익처분의 이유제시의무는 충분히 이행한 것이 되었을 것이고 본건 면허취소처분의 위법문제도 제기되지 않았을 것이기 때문이다. 그러나 처분기준을 스스로 제정한 이상 그것에 구속되게 된다는 점과 더욱이 본건 처분기준은 이해관계인의 의견제출절차를 거쳐 제정되고 공표된 것이라는 점에서 그의 법적인 지위가 가볍지 않다고 이해되었다고 생각된다.

본 판결에서와 마찬가지로 행정절차법 제14조의 불이익처분의 이유제시에 있어서 처분기준의 적용관계에 대해서까지 명시하여야 한다는 판결은 하급심에서는 이미 존재하였지만[11] 최고법원 차원에서는 본 판결이 최초인 것으로 평가된다.[12] 또한 행정절차법 제14조 제1항의 취지를 자의억제 및 불복신청편의의 각 기능을 지니는 것으로 해석한 다음 이러한 취지에 비추어 이유제시의 정도를 "당해 처분의 근거법령의 규정내용, 당해 처분에 관한 처분기준의 존부 및 내용과 공표의 유무, 당해 처분의 성질 및 내용, 당해 처분의 원인이 되는 사실관계의 내용 등을 종합적으로 고려하여 이를 결정할 것"이라고 설시하는데, 이유제시의 정도를 판단함에 있어서 '처분기준의 존부 및 내용과 공표의 유무'도 고려하고 있는 점이 기존의 학설·판례에서는 볼 수 없었던 최고법원차원의 새로운 판단부분이라 평가되고 있다.

2. 비공개대상정보의 판단기준 [2011.10.14. 최고법원 제2소법정 판결, 平20(行ヒ)67号]

(1) 사실의 개요

2003년 법률 제93호로 개정되기 전의 에너지사용의 합리화에 관한 법률(이하 '에너지합리화법'이라 한다.[13])의 규정에 따라 동법 시행령으로 정하는 일정 규모이상의 연료 등 및 전기를 사용하는 공장인 제1종 열관리지정공장 및 제1종 전기관리지정공장을 관리하는 제1종 특정사업자는 매년 경제산업대신 등의 주무대신에 대하여 연료 등의 사용량과 전기의 사용량 등을 정리한 정기보고서를 제출하지 않으면 아니된다.

X들(원고, 피항소인, 피상고인)은 '행정기관이 보유하는 정보의 공개

11) 大阪地判 平19.2.13, 判タ 1253号, 122頁.

12) 신청에 대한 거부처분의 경우에 심사기준의 적용관계까지 제시하여야 한다는 판결도 있으나(東京高判 平13.6.14, 判タ 1121号, 118頁; 判時 1757号, 51頁) 이것도 어디까지나 하급심의 판결에 머무는 것이다.

13) 일본에서는 이 법을 '省에너지법'이라 약칭한다.

에 관한 법률'(이하 '정보공개법'이라 한다.) 제4조 제1항에 기초하여 중부경제산업국장(이하 '처분청'이라 한다)에 대하여 처분청이 보유하는 위의 정기보고서의 공개를 청구하였는데 처분청은 정보공개법 제13조 제1항에 기초하여 정기보고서를 제출한 각 사업자에게 의견을 들은 후에 공개에 반대하지 아니한 사업자 등의 정기보고서를 작성자와 책임자 등의 개인정보를 제거하여 공개하고, 공개에 반대한 사업자의 정기보고서에 대하여는 위의 개인정보부분 외에 연료 등의 사용량과 전기의 사용량 등의 기재부분(본건 수치정보)을 비공개로 하고, 그 나머지의 부분을 공개하였다. X들은 이러한 일부 비공개결정에 불복하여 그 취소를 구하는 소송[14]을 제기하고 비공개부분의 개시의무를 구하는 청구를 행정사건소송법 제19조 제1항에 기초하여 추가하였다.

처분청은 본건 소송계속 중에 위의 각 청구에 관련된 정기보고서를 제출한 각 사업자에 대하여 재차 의견청취를 한 다음 일부 사업자가 제출한 정기보고서의 비공개부분(다만 법인정보부분 한정)에 대하여 공개하는 결정(변경결정)을 하자 X들에게 그 부분을 공개하였다.

제1심은 변경결정에 따라 소송계속 중에 공개된 정기보고서에 관련된 취소 및 의무이행의 소는 소익을 결함을 이유로 각하하되 그 나머지의 청구에 대하여는 X들의 청구를 인용하였다. 제1심의 논리는 다음과 같다.

정보공개법 제5조 제2호 イ목 소정의 '법인의 권리, 경쟁상의 지위 그 밖에 정당한 이익'에는 법적으로 보호할 가치 있는 권리 일체, 공정한 경쟁관계에 있어서의 지위, 노하우, 신용 등 법인의 운영상의 지위가 널리 포함되어 그 공개에 의하여 정당한 이익이 저해될 개연성이 있는 경우에 비로소 동호 イ목상의 비공개정보에 해당한다. 그런데 본건 수치정보는 ① 가령 공개되었다고 해도 본건 수치정보를 이용함에 의한 제조원가의 추계의 정밀도는 그다지 높지 않아 경업관계에 있

14) 名古屋地判 平18.10.5. 判タ 1266号, 207頁.

는 회사나 판매처와의 관계에서 불이익이 발생할 가능성이 적고, 에너지효율화기술의 수준이 누설될 가능성도 낮은 점, ② 당해사업자의 연료 등의 조달처가 본건 수치정보를 안 경우 연료가격교섭에 영향이 발생할 가능성이 전혀 없지는 않지만 현실의 연료 등의 조달에 지장이 발생할지에 대해서는 연료 등의 종별, 양, 종전의 경위 등의 여러 요인에 의하여 좌우되므로 연료 등의 조달에 관한 불이익이 발생할 개연성이 있다고까지는 할 수 없는 점, ③ 다른 회사와의 비밀유지계약상 연료 등의 종류에 대하여 비밀유지가 요구되는 경우가 있다고 해도 법령에 따라 보고한 정보가 정보공개법에 기초하여 공개된다고 하여도 당해 사업자에게 채무불이행책임이 발생하는 것은 일반적으로 생각될 수 없으므로 비밀유지계약위반으로 다투어질 가능성이 낮은 점, ④ 일반적으로 제조기술이 추측될 가능성이 있다 생각되지 않는 점에서 공개되어도 사업자의 정당한 이익을 저해할 개연성이 있다고 보지 않았다.

피고는 과거 에너지합리화법의 개정당시에 국회심의과정에서 정기보고서의 내용은 공개하지 않을 것을 전제로 하는 취지의 담당관의 설명이 있었다는 점을 비공개의 이유로 추가했지만 정기보고서의 기재사항에는 본건 수치정보 외에도 여러 항목이 포함되어 있는데, 그들을 공개함으로서 사업자의 이익에 미칠 영향의 정도와 내용은 정보별로 다양하고, 기업비밀로 평가하는 것이 명백한 것도 있는 반면 본인의 수치정보와 같이 공개해도 법인 등의 정당한 이익을 저해하지 않는다고 해석되는 것도 혼재되어 있으므로 법개정과정에서의 경위가 본건 수치정보의 비공개이유로 되지는 않는다고 배척되었다.

한편 위의 일반론과는 별도로 정기보고서를 제출한 3개 사업자의 개별사정에 대하여도 검토를 하였지만 본건 수치정보의 공개로 그들 사업자의 정당한 이익이 저해될 개연성을 인정하지 않았다.

항소심[15]에서는 추가로 ① 본건 수치정보가 이미 공개되어 있는

15) 平19.11.15. 名古屋高法 判決, 판례집미등재.

다른 정보들과 결합하여 좀 더 정밀도 높은 추계를 가능하게 하고 그로 인하여 사업자의 경쟁상의 지위나 정당한 이익을 해할 개연성이 있다고 주장하거나, ② 본건 수치정보의 공개와 관련하여 대상사업자 총수 5,033사 중 당초부터 공개에 응한 사업자수는 4,280사이고, 당초 공개에 반대했다가 최종적으로 공개에 반대하지 아니한 사업자수는 340사여서 결국에는 4,620사(약 92%)가 공개에 반대하지 않는 태도를 취하기는 했지만 그들 중에는 공개하지 않음으로써 환경을 배려하지 않는 기업이라는 기업이미지의 손상을 피하기 위하여 공개로 인한 정당한 이익의 침해를 감수하며 행한 공개에 대한 동의였지 정당한 이익의 침해가 없어서 동의한 것은 아니라는 주장도 하였지만 모두 받아들여지지 않았다.

이와 같이 제1심과 항소심이 본건 비공개결정을 취소하고 본건 의무이행을 인용하자 국가(피고, 항소인, 상고인)가 상고하였다.

(2) 판결의 요지(파기자판)

(i) 본건 수치정보는 본건 각 공장에서 특정 연도에 사용된 각종 에너지의 종별 및 사용량과 전년도비율 등의 각 수치를 표시하는 정보이며, 본건 각 사업자의 내부에서 관리되는 정보로서의 성질이 있으므로 제조업자로서의 사업활동에 관한 기술상 또는 영업상의 사항 등과 밀접하게 관계되는 것이라고 할 수 있다.

(ii) 지구온난화대책추진법의 개정에 의하여 정하여진 온실효과 가스산정배출량의 공표 및 공개에 관한 제도에 있어서는 사업소단위의 에너지기원 이산화탄소[16]의 온실효과 가스산정배출량을 산정하는 기초가 되는 본건 수치정보에 상당하는 정보가 보고 및 공개의 대상에서 제외되고 있으며, 또한 이 정보가 정보공개법 제5조 제2호 イ목과 동

16) 에너지기원(起源) 이산화탄소란 에너지를 만들어내는 과정에서 발생하는 이산화탄소를 말한다.

일한 요건을 충족한 경우에는 각 사업자의 권리, 경쟁상의 지위 그 밖의 정당한 이익(이하 '권리이익'이라 한다.)을 배려하여 사업소단위 각 물질배출량에 갈음하여 이를 일정한 방법으로 합계한 양으로써 환경대신 및 경제산업대신에게 통지하여 공표 및 공개의 대상으로 하는 제도가 아울러 규정되어 있다. 이와 같은 관계법령의 제도에 의하면 본건 수치정보에 상당하는 정보보다도 추상도가 높은 사업소단위의 에너지기원 이산화탄소의 온실효과가스산정배출량에서조차 사업자의 권리이익을 배려하여 공개범위를 제한할 것이 특히 규정되어 있는 것인데 이 점에서도 본건 수치정보가 사업자의 권리이익과 밀접하게 관련되는 정보라는 점은 의심의 여지가 없다.

(iii) 에너지합리화법에서 소정의 수치에 관한 정보를 기재한 정기보고서의 제출이 의무화된 취지는 각 사업자에게 있어서 스스로 에너지의 사용상황 등을 상세하게 파악하여 정리 분석할 것을 촉구하고 국가가 적절한 지시 등을 행하기 위하여 각 사업자에게 있어서의 에너지 사용상황 등에 대하여 각 연도별로 구체적인 수치를 포함하여 상세하게 파악함에 있는 것으로 해석된다. 이와 같은 에너지합리화법이 규정한 보고제도의 취지에 비추어 보면 정보공개법에 의한 정기보고서의 공개범위를 검토함에 있어서는 위와 같은 당해 정보의 성질과 당해 제도와의 정합성을 고려한 판단이 요구된다.

(iv) 본건 수치정보는 공장단위의 정보라는 점에서 개별성이 높고, 그 내용도 법령에서 정해진 사항과 세목에 대하여 개별적인 수치에 아무런 가공도 가해지지 않은 상세한 기초데이터를 표시한 것이며, 본건 각 공장에서의 에너지사용합리화의 기술실적으로서의 성질도 지니는 것이다. 게다가 정기보고서는 매년 정기적으로 제출되는 것으로 전년도대비(전년도비율)의 수치도 그 기재사항에 포함되므로 이를 종합적으로 분석함으로써 본건 각 공장에서의 에너지비용, 제조원가 및 에너지사용합리화의 기술수준과 이들의 경년적 추이 등에 대하여 보다 정밀

도가 높은 추계를 행하는 것이 가능하다.

(v) 본건 각 사업자는 그 내용이 법령에서 사항 및 세목이 규정되어 있으므로 본건 각 사업자로서는 정기보고서를 제출할 때에 그것이 장래 공개될 수 있는 가능성을 고려하여 표현에 배려하는 등의 여지가 없고, 보고에 대해서도 벌칙으로 강제되고 있는 점에서 만일 본건 수치정보가 공개되면 불리한 상황에 놓일 것을 회피하는 것은 지극히 곤란하다고 하지 않을 수 없다.

(vi) 본건 수치정보의 내용, 성질 및 그 법제도상의 의의, 본건 수치정보를 둘러싼 경업자, 수요자 및 공급자와 본건 각 사업자와의 이해상황 등의 여러 사정을 종합적으로 감안하면 본건 수치정보는 경업자에게 있어서 본건 각 사업자의 공장단위의 에너지에 관한 비용과 기술수준 등에 관한 각종의 분석 및 이에 기초한 설비와 기술의 개선계획 등에 기여하는 유익한 정보이며, 또한 수요자와 공급자에게 있어서도 본건 각 사업자와의 제품과 연료 등의 가격교섭 등에서 유의미한 사항에 관한 객관적인 뒷받침이 있는 교섭재료 등이 되는 유익한 정보라고 할 수 있고, 본건 수치정보가 공개된 경우에는 이것이 공개되지 않은 경우와 비교하여 이들은 사업상의 경쟁과 가격교섭 등에 있어서 보다 유리한 지위에 설 수 있는 반면, 본건 각 사업자는 보다 불리한 조건하에서 사업상의 경쟁과 가격교섭 등을 강요당하여 이러한 불리한 상황에 놓이게 됨으로써 본건 각 사업자의 경쟁상의 지위 그 밖에 정당한 이익이 저해될 개연성이 객관적으로 인정되는 것이라고 할 것이다.

(vii) 본건 수치정보에 의한 추계의 정확도의 정도를 주된 이유로 하여 본건 수치정보는 정보공개법 제5조 제2호 イ목 소정의 비공개정보에 해당하지 않는다고 하지만 상기의 여러 사정에 비추어 보면, 그 정확도의 정도 등을 가지고, 본건 수치정보의 공개에 의하여 본건 각 사업자가 상기와 같은 사업상의 경쟁과 가격교섭 등에서 불리한 상황

에 놓일 개연성의 유무의 판단이 좌우되는 것은 아니다.[17)]

(3) 검　　토

이 사건은 벌칙에 의하여 사업자에게 강제되어 있는 보고에 의하여 국가가 보유하게 된 이 사건 사업자들의 (자체 공장들의 연료사용과 관련한) 정기보고서 중 본건 수치정보 부분에 대하여 그것이 정보공개법 제5조 제2호 イ목이 규정하는 '공개함에 의하여 당해 법인 등 또는 당해 개인의 권리, 경쟁상의 지위 그 밖에 정당한 이익을 해할 우려가 있는' 정보에 해당하는가의 판단에 관한 문제이다.[18)]

하급심은 본건 수치정보의 공개에 의하여 당해 법인의 권리이익이 침해될 우려가 있기 위해서는 당해 법인과 거래관계 또는 경쟁관계에 있는 이해당사자들이 당해 수치정보를 통하여 자신들의 이익에 부합하는 당해 법인의 중요한 정보를 상당한 정도 정확하게 추계해낼 수 있는지에 초점을 맞추었다. 그리고 이 사건에서 본건 수치자료를 통한 추계로 역산해내는 해당 기업들의 제조원가 등의 정확도가 높지 않기 때문에 경업관계에 있는 회사나 판매처와의 관계에서 불이익이 발생할 가능성이 적다고 보았다.

이에 대하여 본건 판결도 추계의 정확도의 문제를 전혀 배제하지는 않았다. 그러나 단순히 공개되는 정보를 통한 추계의 정확도만을 판단할 것이 아니라 (i) 당해 보고제도를 규정한 근거법의 규정취지(이 사건의 경우 에너지합리화법의 보고제도의 취지), (ii) 관계되는 다른 보고제도를 규정한 법률과의 정합성(이 사건의 경우 지구온난화대책추진법상의 보고규정과의 관계) (iii) 법령이 정한 보고의 방식(이 사건의 경우 보고사항 및 세목이 법에 정해져 있고 또한 보고가 강제되어 있어 자신이 제출한 정

17) 裁時 1541号, 4頁; 判タ 1376号, 116頁; 判時 2159号, 53頁 등

18) 이 판결에 대하여도 다수의 평석이 있다. 高橋滋, ジュリ臨増 1440号, 40頁 (平23重判解) ; 黒坂則子, 環境法研究 37号, 203頁; 宇賀克也, 自治実務セミナー 51巻9号, 36頁, 同10号36頁; 友岡史仁, 法セミナー 684号127頁 등.

보가 장차 공개될 것에 대비한 정보의 가공기회가 주어져 있지 않은 점)[19] 등을 종합적으로 고려하여 정보제공자의 권리이익의 침해여부를 판단하여야 한다고 본 점에 특징이 있다.

또한 추계의 정확도를 판단함에 있어서도 단순히 공개되는 수치의 정확성이라고 하는 수치 그 자체에만 착안하지 않고, (i) 그 수치가 공장단위의 개별정보라는 점, (ii) 법령이 정한 다양한 세목에 대한 가공되지 않은 상세한 기초데이터라는 점, (iii) 각 공장에서의 에너지 사용합리화의 기술실적으로서의 평가기준도 되는 점, (iv) 매년 정기적으로 제출되는데 따른 전년도비율도 공개되는 점 등 당해 수치가 지닌 성질과 특징, 그리고 이미 공개된 정보와의 관계 등을 다각도로 검토한 점도 또 하나의 특징이라 할 수 있다. 결과적으로 하급심과 달리 본건 수치정보를 통해서 정밀도 높은 추계도 불가능한 것이 아니라고 인정하였다.

본건 판결은 본건 수치정보가 비공개정보에 해당한다는 점을 처음으로 명확히 한 의의가 인정되고 있다. 기존의 대부분의 하급심판례들[20]은 본건과 같은 수치정보가 '권리이익을 해할 우려가 있는지', 바꾸어 말하면 '정보제공자의 정당한 이익을 침해할 개연성이 객관적으로 존재하는지'를 판단함에 있어서 본건 수치정보를 입수한 자가 이에 기초하여 각 공장에서의 제품 당 에너지비용, 제품원가와 에너지사용합리화, 기술수준 등을 추계하는 경우에 있어서 그 정확도의 높고낮음으로써 권리이익을 '해할 우려가 있는 것'에 해당하는지 여부를 판단해왔다. 본건 제1심판결과 원심도 이와 마찬가지의 판단의 틀을 이용하여 비공개결정의 취소청구를 인용해왔다. 학설도 이러한 판단기준을

19) 본건 판결이 이유에서 설시한 지구온난화대책추진법은 정보제공자의 예기치 않은 권리이익의 침해를 방지하기 위하여 공표나 공개시에 몇 가지의 항목의 수치의 합계를 공표하게 하여 관계자들에 의한 추계의 가능성을 배제하려는 궁리가 이루어지고 있는 것이다.

20) 平19.9.28. 東京地裁 判決; 平21.9.30. 東京高裁 判決 등

지지해왔다.[21] 반면에 소수이기는 하지만 추계의 정확도와는 다른 논리로 본건 수치정보의 비공개결정의 취소청구를 기각하는 판결[22]도 있었기에 본건 최고법원의 판결결과가 주목되고 있었다고 한다.

3. 노인복지시설의 민간이관에 관련된 수탁사업자 불선정 통지의 처분성 [2011.6.14. 최고법원 제3소법정 판결, 平22(行ヒ)124号)]

(1) 사실의 개요

Y시(피고, 피항소인, 상고인)는 2008.2.8. 스스로 설치·관리하는 노인복지시설 A원을 민간사업자에게 이관하기로 하고(이하 '본건 민간이관'이라 한다.), 그 방법으로서 동일사업자가 장기적으로 경영할 수 있도록 하기 위하여 지정관리자방식이 아니라 사업자에게 시설 등을 양도하는 시설양도방식을 채택하고 사업자를 공모로 선정하기로 하였다.

이에 Y시는 'Y시립 A원 민간이관에 관련된 수탁사업후보자 모집요강'을 제정하여 수탁사업자에 대하여 시설의 건물 및 비품(이하 '본건 건물 등'이라 한다.)의 무상양도, 건물부지(이하 '본건 토지'라 한다.)의 한시적인 무상대여 등을 규정하였다.

Y시는 2008.2.25.부터 같은 해 3.24.까지 수탁사업자를 모집하였는데 (이하 '본건 모집'이라 한다.) 응모한 것은 사회복지법인으로서 설립준비중인 B회뿐이었다. 그러자 Y시는 모집기간이 짧고 1개 법인만의 응모에 그친 점, B회의 이사에는 Y시의 전 시장 X1(원고, 항소인, 피상고인)이 취임예정인 점 등을 종합적으로 판단하여 같은 해 5.2. B회의 이사장 취임예정자인 X2(원고, 항소인, 피상고인)에 대하여 "시의 설명책임

---

21) 佐伯彰洋´『環境法判例百選』(第2版)(2011)´ 236頁 등. 山田健吾´ 法セ增(新判例解說Watch)11号, 63頁에서 재인용.

22) 平19.10.19. 大阪高裁 判決.

과 이후의 행정개혁추진의 관점에서" 이대로 B회를 상대로 하여 민간이관절차를 진행하는 것은 "바람직하지 않다"고 판단하였으므로 "(시설 등 양도)결정에 이르지 않았다"고 통지하였다(이하 '본건 통지'라 한다.).

이에 X1 및 X2는 Y시에 대하여 본건 통지의 취소 및 수탁사업자로서 결정한다는 취지의 통지를 Y시장에게 의무지울 것을 구하는 소 등을 제기하였다. 제1심[23]은 이 사건 통지에 처분성을 부정하며 원고의 청구를 각하하였으나 항소심[24]은 이 사건 통지의 처분성을 인정한 후에 본안의 판단을 하고 Y의 통지처분에 있어서 재량권의 일탈남용을 인정하여 취소판결을 내렸다. 이에 Y가 상고하였다.

(2) 판결의 요지(파기자판)

본건 민간이관은 Y시와 수탁사업자의 사이에서 Y시가 수탁사업자에 대하여 본건 건물 등을 무상으로 양도하고 본건 토지 등을 대여하며, 수탁사업자가 이관조건에 따라 당해 시설을 노인복지시설로서 경영할 것을 약속하는 취지의 계약(이하 '본건 계약'이라 한다.)을 체결함으로써 행할 것이 예정되어 있었다고 할 것이다. 본건 계약에는 계약상 및 지방자치법상 해제권이 유보되어 있는데 "본건 계약을 체결할 것인지는 상대방의 의사에 맡겨져 있으므로 그러한 유보에 따라 본건 계약의 계약으로서의 성격에 본질적인 변화가 발생하는 것은 아니다.

또한 Y시 공공의 시설에 관한 지정관리자의 지정절차에 관한 조례 및 동 조례시행규칙은 지정관리자의 지정절차에 대하여 정한 것으로서 본건 계약의 체결 및 그 절차에 대하여 적용되는 것은 아니다. 그렇다면 본건 모집은 법령의 규정에 기초하여 이루어진 것은 아니고, Y시가 본건 민간이관에 적합한 사업자를 계약의 상대방으로서 선발하기 위한 방법으로서 행한 것이다.

23) 2009.6.9. 旭川地裁 判決

24) 2009.11.27. 札幌高裁 判決

이상에 의하면 Y시장이 한 본건 통지는 Y시가 계약의 상대방이 될 사업자를 선발하기 위한 방법으로서 법령의 규정에 의거하지 않고 행한 사업자의 모집에 응한 자에 대하여 그 자를 상대방으로 하여 당해 계약을 체결하지 않기로 한 사실을 고지한 것에 지나지 않고, 공권력의 행사에 해당하는 행위로서의 성질을 가지는 것이 아니라고 해석하는 것이 상당하다. 따라서 본건 통지는 항고소송의 대상이 되는 행정처분에는 해당하지 아니한다.[25)]

(3) 검 토

이 사건은 시가 유지 · 운영하던 사회복지시설의 운영을 민간사업자로 하여금 운영하게 하기로 하고 한 달의 기간을 두고 그 사업자를 모집하였으나 단지 1개의 사업자만 지원한데다가 해당 지원 사업체의 이사에 당해 지방자치단체의 전직 시장이 취임하기로 예정되어 있자 이를 바람직하지 않다고 판단한 시가 민간사업자 선정을 하지 않기로 결정하고 그 사실을 신청한 민간사업자에게 통지한 것이 다투어진 사안이다.[26)] 문제는 민간사업자가 그 불선정통지에 불복한 방법이 통지의 취소를 구하는 행정소송을 제기한 데에 있다.[27)] 여기서 당해 불선정 통지(본건 통지)가 취소소송의 대상이 되는 처분에 해당하는가가 법적으로 다투어진 것이다. 1심은 본건 통지의 처분성을 부정하였으나

25) 裁判所時報 533号 24頁; 裁判集民 237号21頁 등.

26) 일본에서는 재정사정으로 인해 지방자치단체가 그가 설치운영하던 공공의 시설을 민영화하는 경향이 두드러지고 있다. 이 때 '공공의 시설'의 설치주체를 지방자치단체로 둔 채로 지정관리자제도 등을 활용함으로써 관리 · 운영만을 민간사업자에게 위탁하는 방식(공설민영방식)과 '공공의 시설'을 폐지한 다음 당해 시설과 토지를 민간사업자에게 유상 또는 무상으로 대여하고, 민간사업자에게 시설의 설치 · 관리 및 운영을 위탁하는 방식(민설민영방식)이 활용되고 있다. 본문에서 다투어지고 있는 '시설양도방식'은 후자의 유형에 속한다.

27) 이 사건 판결에 대한 평석으로 交告尚史, ジュリ臨増 1440号(平23重判解), 44頁; 石井昇, 民商 145巻3号, 396頁; 戸部真澄, 法セ増(新判例解説Watch)10号, 35頁; 宇賀克也, 自治実務セミナー 50巻12号, 42頁; 石井昇, 法セ 683号, 123頁 등이 있다.

놀랍게도 항소심은 이를 긍정하였다.

항소심판결이 본건 통지의 처분성을 긍정한 논리는 다음과 같다. 우선 민영화의 방식으로서 지정관리자방식과 시설양도방식의 두 경우를 비교하여 전자의 경우에는 지정관리자를 선정함에 있어서 공모를 원칙으로 하는 명시적인 법령의 근거[28]가 있음에 반하여 후자의 경우에는 명문의 근거가 없다. 그러나 오히려 후자가 전자보다 사업기간이 길고, 이권과 책임이 크다는 점을 고려하면 후자의 방식에 의한 수탁사업자의 선정을 보다 신중하게 할 것이 요구되고 따라서 전자의 경우에 법상 공모에 의할 것을 규정하고 있다고 한다면 후자의 경우에도 공모에 의할 것이 지방자치법의 해석상 요구되고 있다고 전제한다. 그렇다면 본건 모집은 피항소인이 사인과 동일한 입장에서 본건 이관계약의 상대방을 선정하기 위하여 임의로 행한 것이 아니라 법령의 규정에 입각하여 행하여진 것이며 본건 모집에 응모한 자에 대해서는 본건 모집요강 등에 따라 적정하게 수탁사업자의 선정을 받을 법적 이익이 존재한다. 본건 통지는 이러한 법적 이익을 제한하는 것이므로 처분성이 있다.

이상과 같은 항소심의 논리는 법상 명문의 규정이 없지만 시설양도방식의 중요성에 비추어 시설양도방식에도 지정관리자방식에 관하여 규정한 지방자치법 및 관련법령의 규정이 미친다는 전제가 핵심이다.

그러나 지정관리자방식과 시설양도방식은 행정재산과 보통재산이라고 하는 각기 상이한 재산관리법제상에 위치 지워져 있어 상호 병렬적이고 독립한 관계에 있으므로 전자에 관한 규정이 후자의 성질을 규정하는 것은 있을 수 없다는 논리[29]에 항소심이 통지의 처분성을 인정한 대전제는 무너지고 만다. 지정관리자방식은 공공의 시설에 대한 권

28) 지정관리자방식에 대하여는 지방자치법 제244조부터 제244조의4까지의 규정이 있고, 그 위임을 받아 해당 지방자치단체의 공공의 시설에 관한 지정관리자의 지정절차에 관한 조례 및 조례시행규칙이 제정되어 있다.

29) 戸部真澄´ 前掲書, 37頁.

원은 전혀 바뀌지 않으므로 행정재산의 성질을 유지하고 있음에 반하여 시설양도방식은 기존의 공공의 시설로서의 지위를 폐지하고 수탁사업자에게 그 법적 권원을 유상 또는 무상으로 양도하는 것이므로 보통재산의 관리의 문제가 된다는 것이다. 그리고 보통재산의 매매 등은 사법상의 행위로 보는데 이견이 없으므로[30] 이 사건에서 통지에 권력성을 찾을 수 없다는 것이다.

이 사건 시설양도방식의 절차는 공모를 통하여 우선 계약체결의 후보자로서 수탁사업자를 선정하고 나서 그 사실을 선정후보자에게 통지하고 이어서 이관계약을 체결하는 형태로 진행된다. 여기서 수탁사업자로 선정되면 그것은 계약후보자로서의 지위를 가지게 되는 것이지만 이는 계약체결을 사실상 기대할 수 있는 지위에 불과하고 Y시와 확실하게 계약할 수 있는 지위는 아니어서 본건 통지가 어떠한 법적 지위를 침해한다고 구성할 수도 없다. 따라서 이 사건에서의 통지는 사실상의 통지에 불과하다. 이러한 태도는 기존의 판례의 태도와 크게 다르지 않으므로 이 판결의 의의가 크지는 않으나 민영화가 다수 추진되고 있는 현상 속에서 동종의 분쟁에 대한 법률관계를 명확히 해준 점에서 약간의 의의를 찾을 수 있을 것으로 생각된다.

본건 항소심판결이 무리하게 처분성을 인정한 배경에는 처분성을 인정하지 않을 경우의 구제상의 곤란과 시설양도방식에서는 탈법적으로 계약이 체결될지도 모른다고 하는 염려가 존재했을 것이라는 지적이 있다.[31]

---

30) 昭35.7.12. 最高裁第三小法廷 判決, 民集14巻9号´ 1744頁 등.

31) 戸部真澄´ 前掲書, 38頁.

4. 음주운전자의 차량에 동승한 자의 운전면허의 취소 [2011.7.25. 토쿄고법 판결, 平23年(行コ)99号]

(1) 사실의 개요

X는 근무처의 동료 A와 파칭코점에서 우연히 만난 후 자신의 차량은 파칭코점에 주차해 둔 채로 A가 운전하는 차에 타고 오후 10시 15분경부터 다음날 오전 4시30분경까지 두 곳의 가게에서 함께 음주하였다. 둘은 A의 차 안에서 가면을 취한 후 A는 오전 8시50분경 취기가 있는 상태로 X를 동승시켜 자동차의 운전을 개시하였는데 그 때 A는 X에 대하여 "그럼, 갈까요?"라고 말한 데 대하여 X 역시 취기가 있는 상태로 "으-응"이라고 고개를 끄덕이며 동의했다. A는 X의 동의를 받아 X가 차를 주차해 둔 파칭코 주차장까지 배웅하려는 마음을 강하게 가지게 되었다. A는 자신의 차를 운전 중 중앙차선을 넘는 바람에 마주오던 차와 충돌사고를 일으켰다.

이에 Y(시가현〈茨城縣〉) 공안위원회는 본건 음주운전행위가 도로교통법 시행령 별표 제2의1 소정의 위반행위에 부과하는 기초점수 25점에 해당하는 행위(음주운전)이며, X의 행위는 별표 제4의2 소정의 '중대위반교사 등'에 해당한다고 하여 도로교통법 제103조 제1항 제6호, 시행령 제38조 제5항 제1호 ㅁ목에 따라 X에 대하여 제1종 운전면허(중형자동차면허)를 취소하고, 도로교통법 제103조 제7항, 시행령 제38조 제6항 제4호 ㅁ목에 의하여 X의 면허취득 유예기간을 2년으로 하는 처분을 하였다.

이에 대하여 X는 A의 운전개시 시에 자고 있었으며 A가 사고를 일으켜서 처음으로 A의 차에 동승해 있은 점을 인식했으며 그 때까지의 기억은 없었으므로 음주운전이라고 하는 중대위반교사 등을 했다는 인식도 없다는 취지의 주장을 하여 Y에 대하여 본건 처분의 취소를 구하였다.

제1심판결은 도로교통법 제103조 제1항 제6호에서 말하는 '중대위반교사 등'은 자동차 등의 운전자가 중대한 위반을 한 경우에 당해 중대위반을 도와주는 행위를 의미하고, 본건 음주운전행위는 동법 시행령 제33조의2의3 제4항이 규정하는 중대위반행위에 해당한다고 해석하여야 하는 바, X는 A에 대하여 자기 차를 주차하고 있는 주차장으로 배웅해달라고 하는 요청은 없었지만 A는 X가 끄덕인 것을 보고 본건 음주운전을 개시한 것이며, X는 A가 본건 음주운전을 개시한 사실을 인식하고 있었다고 인정하고, 이는 '중대위반교사 등'에 해당하여 본건 운전면허취소처분은 상당하다고 판단하여 X의 청구를 기각하였다. 이에 X가 항소하였다.

(2) 판결요지(항소기각, 확정)

본판결은 1심판결의 인정을 시인하고 X의 항소심에서의 주장에 대하여 다음과 같이 판시하며 X의 항소를 기각하였다.

X는 A가 음주운전을 개시하는 것을 인식하고 있지 않고 이를 인정하는 내용으로 되어 있는 수사단계에서의 공술조서 등은 경찰관의 유도를 받아 서명날인한 것으로 신빙성이 없다고 주장하는데 20년 가까이 시청에 근무하는 X는 당연히 공문서 및 서명날인의 중요성을 이해하고 있다고 이해되어 공술조서에는 X가 근무처에 의한 처분을 염려하고 있는 취지의 기재가 있는데 경찰관이 시청의 처분을 조용히 처리한다는 것은 생각하기 어려우므로 X의 주장을 채용할 수 없다.

운전면허의 취소사유인 '중대위반교사 등'이라 함은 자동차 등의 운전자를 교사하여 동법의 규정에 위반하는 행위로서 중대한 것으로 시행령(도로교통법시행령 제33조의2의3 등)에 규정된 '중대위반'(음주운전은 이에 해당)을 하게 하거나 자동차 등의 운전자가 중대위반을 한 경우에 당해 중대위반을 돕는 행위를 말한다(동법 제90조 제1항 제5호). 따라서 중대위반교사 등에 해당함에는 음주운전의 의사가 없는 자를 꾀어 그 의사를 발생시킬 필요는 없고 이미 그 의사가 있는 자에 의한 음주운전행위를 물리적, 심리적으로 용이하게 하는 행위도 이에 포함되지만 단순히 음주운전인 사실을 알면서 자동차 등에 동승할 뿐이고 운전자에 의한 행위를 달리 돕는 것이 아닌 때에는 중대위반교사 등에 해당하지 않는다고 해석하는 것이 상당하다.

본건에서는 X는 자신의 차를 파칭코점의 주차장에 두고 A차에 동승하여 술집으로 이동하고 다음날 아침까지 함께 음주한 후 A차의 조수석에서 쉬고 있었는데 A는 X를 주차장까지 배웅할 목적으로 X에게 말을 꺼내자 X는 이를 승낙하고 A가 음주운전을 하고 있다고 인식하면서 5km이상 운전할 때까지 A차에 동승해 있었다. A는 X를 주차장까지 배웅하기 위하여 음주운전할 의사를 이미 형성해 있은 것이지만 X는 A의 제의를 승낙함으로써 A가 음주운전을 하는 것을 심리적으로 용이하게 한 것으로 볼 수 있고, X는 그 한도에서 A가 음주운전이라고 하는 중대위반을 하는 것을 방조한 것으로 평가하는 것이 상당하다.[32]

(3) 검 토

이 사건은 우선 사례 자체로도 매우 흥미로운 사건이 아닐 수 없다. 도로교통상의 안전을 담보하기 위하여 도로교통상의 중대위반행위를 직접 행한 자 뿐만 아니라 그 행위를 교사 또는 방조한 자에 대하여도 위반행위자와 동일하게 운전면허를 취소하도록 규정하고 있는 법규정을 철저하게 적용한 사건이다.

교사는 적극적으로 범죄실행의 의사를 발생시키는 것, 방조는 이미 형성된 범의의 실행을 용이하게 하는 것이라고 할 때, 동승자가 운전자의 음주상태에서의 운전행위를 적극 요청하지 않았다 하더라도 "운전할까"라는 물음에 긍정의 답을 하는 행위는 음주운전의 범의의

32) 判タ 1368号, 87頁.

실행을 심리적으로 용이하게 하는 방조에 해당한다고 판단한 것이다.

다만, 사안에 있어서는 두 가지의 점이 검토될 수 있다고 본다. 한 가지는 "그럼, 갈까요?"라는 음주운전자의 질문에 대하여 X가 "으응"이라고 답하고 고개를 끄덕였지만 X 역시 음주상태여서 그러한 음주로 인한 심신미약상태에서의 답변에 법적 의미를 부여할 수 있는가 하는 점이고, 다른 한 가지는 음주운전의 교사 방조에 대하여 실제 운전하지 아니한 자에 대하여도 운전면허를 취소하는 것이 혹여 부당결부금지의 원칙에 반하는 문제는 없는가 하는 생각이다.

전자와 관련해서 보면, 본 판결은 만일 음주운전자의 운전개시 질문에 X가 아무런 답을 하지 않은 채로 졸고 있었다고 하면 중대위반방조가 될 가능성은 없다. 판결의 해석이 지나치게 확장되지 않도록 "음주운전인 사실을 알면서 자동차 등에 동승하는 것만으로는 운전자에 의한 행위를 방조하는 것이라고는 할 수 없다"고 하고 있기 때문이다. 그러나 정신이 말짱한 채로라면 운전자가 음주운전인 사실을 알고도 그것에 동승하는 행위만으로도 운전자의 음주운전행위를 심리적으로 용이하게 하는 경우를 인정할 수 있지 않을까 생각된다. 또한 A의 물음에 대하여 음주상태로 여전히 정신이 혼미하던 X가 A의 질문하는 소리를 잘 알아듣지도 못한 채 그저 무슨 소리가 들려 고개를 잠시 들었다가 그냥 떨군 경우에도 과연 음주운전방조가 성립할 것인지도 역시 의문이다. 외관상으로는 고개를 들었다 내렸으므로 끄덕이는 긍정의 표시로 이해될 수도 있고 그로 인하여 판례가 설시하는 것처럼 A의 운전개시를 심리적으로 용이하게 한다고 볼 수 있기 때문이다.

후자의 문제와 관련해서는, 교사와 방조를 한 자는 스스로 운전자로서 위반행위를 한 것은 아닌데도 운전면허취소사유로 하는 것은 이들의 준법의식의 결여가 운전에 필요한 적성을 결한다고 평가되어 그 위험성에 있어서 당해 운전자와 차이가 없다고 생각하는 때문이다.[33)]

33) 道路交通法研究会編,『最新註解道路交通法(全訂版)』, 562頁.

5. 항고소송에서의 지방자치단체의 상소와 의회의 방침결정 [2011.7.27. 최고법원 제3소법정 결정, 平23(行フ)1号]

(1) 사실의 개요

산업폐기물처분장의 주변지역에 거주하는 X(원고, 항소인, 피항고인)들은 동 처분장에서 폐기물의 처리 및 청소에 관한 법률이 규정하는 처리기준에 적합하지 아니한 산업폐기물의 처분이 이루어져 생활환경의 보전상 지장이 발생하거나 발생할 우려가 있다고 하여 2005.12.1.에 주위적으로는 생활환경의 보전상 발생하는 지장의 제거(대집행의 의무이행), 예비적으로는 산업폐기물처분장의 사업자에 대하여 생활환경보전상 발생하는 지장을 제거하도록 하는 조치명령(조치명령의 의무이행)을 발할 것을 후쿠오카현(福岡県)지사에게 의무지울 것을 구하는 비신청형 의무이행소송[34]을 후쿠오카현지사가 소속하는 Y(후쿠오카현: 피고, 피항소인, 항고인)에 대하여 제기하였다.

제1심[35]은 X들의 청구에 대하여 원고의 일부에 대해서는 원고적격이 인정되지 않음을 이유로, 그리고 원고적격이 인정되는 자들에 대해서는 비신청형 의무이행소송의 한 요건인 중대한 손해가 발생할 우려가 있다고는 아직 인정하기 어렵다는 이유로 X들의 청구를 각하하였다.

34) 일본의 행정사건소송법은 의무이행소송에 대하여 신청형과 비신청형의 두 가지를 인정하고 있다. 신청형 의무이행소송이란 행정청에 대하여 일정한 처분 또는 재결을 구하는 신청이나 심사청구를 구하였는데 당해 행정청이 이에 대하여 거부처분이나 부작위로 나아가는 경우 당해 처분이나 부작위 등에 대하여 취소소송이나 무효 또는 부작위위법확인소송을 제기하면서 동시에 그와 병합하여 제기하는 의무이행소송을 말한다. 비신청형은 그러한 행정청의 처분 등의 신청을 전제로 하지 않고 제기하는 의무이행소송이다(행정사건소송법 제3조 제6항). 비신청형 의무이행소송은 일정한 처분이 행하여지지 않음으로써 중대한 손해가 발생할 우려가 있고, 그 손해를 피하기 위하여 달리 적당한 방법이 없는 경우(행정사건소송법 제37조의2 제1항)와 같이 한정적으로 허용된다. 대개 제3자에 대한 규제권의 발동 등의 경우에 활용되는데 요건이 까다로우므로 부적법 각하되는 경우가 적지 않다고 한다. 비신청형 의무이행소송은 2004년도에 도입되었다.

35) 福岡地判 平20.2.25. 判時 2122号, 50頁.

이에 대하여 항소심[36]은 주위적 청구는 기각하였지만[37] 예비적 청구인 조치명령에 관한 청구에 대하여는 산업폐기물의 방치로 인하여 생활보전상의 중대한 손해가 발생할 우려가 있음을 인정하여 X들의 청구를 인용하였다. 여기에 승복하지 못한 Y는 2011.2.21. 상고(이하 '본건 상고'라 한다.) 및 상고수리신청(이하 '본건 상고수리신청'이라 한다.)을 하였는데 그 다음날인 22일에 후쿠오카현 의회는 본건 상고 및 본건 상고수리신청의 취하를 구하는 취지의 결의(이하 '본건 결의'라 한다)를 하였다.

항소심법원은 본건 상고와 상고수리신청은 지방자치법 제96조 제1항 제12호에 따른 Y의회의 의결을 결하고, 또한 Y의회가 본건 결의를 하고 있는 점에서 본건 상고 및 본건 상고수리신청은 모두 부적법하고 그 불비를 보정할 수 없다고 하여 결정으로 상고를 각하하였다.[38] Y는 상고각하결정에 불복하여 2011.3.7. 최고법원에 특별항고 및 항고허가신청을 하였다.

(2) 결정의 요지(원결정 파기)

지방자치법 제96조 제1항 제12호[39]는 '보통지방자치단체가 그 당

36) 福岡高判 平23.2.7. 判時 2122号, 45頁. 상고 또는 상고수리신청은 상고장 또는 상고수리신청서를 그 판결을 내린 고등법원에 제출하여 하게 되는데 이 사건에서는 그 판결법원인 후쿠오까고법이 상고 및 상고수리신청에 대하여 부적법 각하결정을 내린 것이다.

37) 이 사건에서 주위적 청구는 폐기물의 처리 및 청소에 관한 법률 제19조의8 제1항에 따라 도도부현지사가 스스로 지장의 제거조치를 취하도록 의무지워 달라는 청구이다. 동조항은 배출사업자 등에게 지장의 제거조치를 취하도록 명할 시간적 여유가 없는 긴급한 필요가 있을 경우나 배출사업자 등에게 발한 조치명령을 그들이 제대로 이행하지 아니할 때 비로소 도도부현지사가 직접 지장의 제거를 위해 나서도록 하는 규정이다. 그런데 당시의 상황은 아직 그러한 긴급한 필요가 있다고까지는 인정되지 않고, 또한 조치명령도 발해진 것이 없는 상태이어서 도도부현지사에 대하여 직접 지장의 제거를 강구하도록 의무지울 수는 없다는 이유로 주위적 청구가 기각되었다.

38) 平23.2.28. 福岡高裁 決定, 平23(行サ)5号 공간물 미등재.

39) 지방자치법 제96조
① 보통지방자치단체의 의회는 다음의 사항을 의결하여야 한다.

사자인 … 소의 제기'에 대하여 그 의회의 의결을 요하는 사항으로 규정하고 있으며 이 '소의 제기'에는 항소 또는 상고의 제기 또는 상고수리신청이 포함된다고 해석된다. 반면에 동호는 이 '소의 제기' 가운데 보통지방자치단체의 행정청의 처분 또는 재결에 관한 당해 보통지방자치단체를 피고로 하는 항고소송에 관한 것에 대해서는 취소소송의 피고적격을 정하는 행정사건소송법 제11조 제1항[40]의 규정이 동법 제38조 제1항에 의하여 취소소송 이외의 항고소송에 준용되는 경우를 포함하여 항고소송의 유형의 종별을 묻지 않고 그 의회의 의결을 요하는 사항에서 제외하고 있다. 따라서 보통지방자치단체의 행정청의 처분 또는 재결에 관한 당해 보통지방자치단체를 피고로 하는 항고소송에 대하여 당해 보통지방자치단체가 항소 혹은 상고의 제기 또는 상고수리신청을 함에는 의회의 의결을 요하는 것이 아니다.

본건의 본안 소송은 행정사건소송법 제3조 제6항 제1호 소정의

1~11. 생략

12. 보통지방자치단체가 그 당사자인 심사청구 그 밖의 불복신청, 소의 제기(보통지방자치단체의 행정청의 처분 또는 재결〈행정사건소송법 제3조 제2항에서 규정하는 처분 또는 동조 제3항에서 규정하는 재결을 말한다. 이하 이 호, 제105조의2, 제192조의3 제3항에서도 같다.〉에 관한 동법 제11조 제1항〈동법 제38조 제1항(동법 제43조 제2항에서 준용하는 경우를 포함한다.) 또는 동법 제43조 제1항에서 준용하는 경우를 포함한다.〉의 규정에 의한 보통지방자치단체를 피고로 하는 소송〈이하 이 호, 제105조의2, 제192조 및 제199조의3 제3항에서 '보통지방자치단체를 피고로 하는 소송'을 말한다.〉에 관한 것을 제외한다.), 화해(보통지방자치단체의 행정청의 처분 또는 재결에 관한 보통지방자치단체를 피고로 하는 소송에 관한 것을 제외한다.), 알선, 조정 및 중재에 관한 사항

13. 이하 생략

40) 행정사건소송법 제11조(피고적격 등)

① 처분 또는 재결을 한 행정청(처분 또는 재결이 있은 후에 당해 행정청의 권한이 다른 행정청에게 승계된 때에는 당해 다른 행정청. 이하 같다.)이 국가 또는 공공단체에 소속하는 경우에는 취소소송은 다음의 각호에서 규정하는 소의 구분에 따라 각각 당해 각호에서 정하는 자를 피고로 하여 제기하여야 한다.

1. 처분의 취소의 소 - 당해 처분을 한 행정청이 소속하는 국가 또는 공공단체
2. 재결의 취소의 소 - 당해 재결을 한 행정청이 소속하는 국가 또는 공공단체

② 이하 생략.

의무이행소송에 관한 소송이며 상기 항고소송의 한 유형이므로 Y가 본건 상고 및 본건 상고수리신청을 함에는 그 의회의 의결을 필요로 하지 않는다.

한편 상기 항고소송에 대하여 당해 보통지방자치단체가 적법한 항소 혹은 상고의 제기 또는 상고수리신청을 한 경우에는 의회가 그 취하를 구하는 취지의 의결을 했다고 하여도 이들 효력이 좌우되는 것은 아니다.[41)]

(3) 검 토

가. 지방자치법 제96조 제1항 제12호의 의미

지방자치법 제96조 제1항 제12호는 지방자치단체가 소송의 당사자가 되어 소를 제기하거나 수행하는 경우를 비롯하여 알선, 조정, 중재의 방식을 통하여 해결을 도모하려는 경우, 그리고 심사청구나 그 밖의 불복신청 등의 당사자가 되어 다투고자 하는 경우에는 지방의회의 의결을 거쳐야 함을 규정하고 있다. 이 규정에서 '소의 제기'는 응소는 포함되지 않는다고 해석되고 있다. 그러나 '소의 제기'는 제1심의 제기에 한하지 않고 상소의 제기를 포함한다고 해석되고 있으며 소송을 제기 당한 경우에 판결에 불복이 있어 상소를 행하는 경우에는 의회의 의결을 받아야 한다고 해석되고 있다.[42)]

동조항 제12호는 원칙과 예외의 두 구조로 되어있다. 본문은 의회의 의결대상이 되는 분쟁처리활동을 명시하고 괄호규정에서는 예외사항을 적시하였다. 이 괄호규정은 2004년의 행정사건소송법 제11조의 개정시에 추가된 것이다. 그 취지는 종래의 항고소송의 취급을 유지하기 위한 것이라고 해석되고 있다. 종래에는 항고소송의 피고는 행정청이었기 때문에 지방자치단체가 그 당사자가 아니어서 지방자치법 제96

41) 判例地方自治 359号, 70頁; 裁時 1537号, 1頁 등.

42) 松本英昭´『新版逐条地方自治法(第6次改訂版)』(学用書房´ 2011)´ 354頁.

조 제1항 제12호가 적용되는 일은 없었다. 따라서 소송의 방침결정이나 그 수행에 대해서도 의회의 통제 없이 행정청이 독자적으로 행하고 있었다. 그러나 항고소송의 피고를 행정청에서 행정주체로 변경하는 행정사건소송법 제11조의 개정이 이루어지면서 항고소송도 형식적으로는 지방자치단체가 당사자로 되는 소송이 되었다. 여기서 항고소송에 대해서는 지방의회의 의결사항이 되지 않도록, 즉 종전과 같이 행정청에 의한 독자적인 소송수행이 가능하도록 괄호규정에 의한 제외가 부가되었다고 이해되고 있다.[43)]

지방자치단체의 쟁송과 관련한 사항을 지방의회의 통제 하에 두는 것은 그 분쟁처리의 결과여하에 따라 해당 지방자치단체에게 재정부담을 초래하거나 권리이익을 제한하는 등 중대한 영향을 미칠 수 있기 때문이다.[44)] 그 결과 지방자치단체가 지방의회의 의결을 거치지 아니한 채 분쟁해결을 위한 당사자로 활동하면 그 행위는 무효라고 해석되고 있다.

나. 지방자치단체의 소송수행과 의회의 의결

이 사건에서 쟁점은 Y(피고, 피항소인, 항고인)가 항소심에서의 판결에 불복하여 상고 및 상고수리신청을 하기 위해서는 위의 지방자치법상의 필요적 의결전치의 규정에 따라 사전에 해당 지방의회의 의결을 거쳐야만 했는지 하는 점이다. Y가 다른 본안사건에서의 항소심에서 패소하자 최고법원에 상고 및 상고수리신청을 하기 위하여 상고장 및 상고수리신청서를 항소심 고등법원에 제출하였는데 동법원이 필요적 의결전치의 요건을 갖추지 못하였음을 이유로 이를 각하하자 그 각하결정에 불복하여 최고법원에 특별항고 및 항고허가신청을 제기한 것이 이 사건이다.[45)] 그런데 최고법원은 항소심 고등법원의 각하결정과는

43) 小林久起´ 『行政事件訴訟法』(商事法務´ 2004)´ 25頁.

44) 室井力/兼子仁編, 『基本法コンメンタール 地方自治法(第4版)(別册法セ)』(日本評論社´ 2001)´ 105-106頁; 阿部泰隆,「訴えの提起と地方議会の議決」法セ 406号´ 120頁.

45) 본 결정에 대한 평석으로는 駒林良則, 民商 145巻6号, 606頁; 北見宏介, 法セ増(新

반대로 이 사건의 경우에는 지방의회의 의결을 거칠 필요가 없다고 판시하였다. 동일한 법조항의 규정의미를 놓고 항소심 법원과 최고법원의 해석이 정반대로 이루어진 것이다.

최고법원이 이 사건에서 지방의회의 의결을 필요적 전치로 하지 않는다고 해석한 것은 제12호의 괄호규정(예외규정) 때문이다. 동 괄호규정에 의하면 지방자치단체를 피고로 하는 항고소송의 경우에는 지방의회의 의결을 거치지 않아도 되는 것으로 해석된다. 이 사건은 다른 본안사건에서 지방자치단체의 장에 대한 의무이행소송이 문제된 것인데[46] 의무이행소송은 항고소송에 해당하므로 괄호규정의 예외적용을 받는 것이고 지방의회의 의결을 거칠 필요가 없다고 보았다.

12호의 문언이 크게 까다로운 것이 아니어서 항소심 법원에서 이 사안이 필요적 전치에 해당하지 않는다는 사실을 제대로 해석하지 못한 것은 의아스럽다. 그것은 아마도 상고 및 상고수리신청이 제기된 직후에 해당 지방의회가 그 취하를 의결했다고 하는 사실을 고려한 때문으로 추측된다. 그러나 이 사건 최고법원의 결정에 의하면 설령 사후에 지방의회의 취하의결이 있다고 하여도 이미 적법하게 제기된 소송의 수행에는 아무런 지장이 없다. 다만 그렇다고 하여도 의회가 소송수행을 바라지 않는 방침을 가지고 있는 경우에 이를 무시하고 (항고소송에서의) 행정청이 소송활동으로 나아가는 것이 과연 가능할까라는 어려운 문제도 존재한다. 나아가 의회의 의결을 필수로 하는 경계를 항고소송인지 아닌지 그 소송유형을 기준으로 결정하는 관점에 대해서 집행기관과 의회간의 권한분배의 본질과 관련하여 학계에서는 논란이 존재하며[47] 본 결정은 그러한 논란들에 대하여 좀더 고민하게 하는 소재로 작용할 것으로 생각된다.

判例解説Watch)10号, 47頁; 羽根一成, 地方自治職員研修 44巻12号, 58頁 등이 있다.

46) 세간에서는 이 사건이 더욱 주목받았다.

47) 단순히 항고소송인지 여부를 기준으로 의회통제의 원칙과 예외를 가르는 현행 제도에 대하여 비판적인 시각으로서 北見宏介, 前揭書, 49頁이 있다.

다. 이 사건 최고법원결정과 항소심의 본안판결의 의의

본건 최고법원의 결정만 보는 한 이 사건은 그다지 복잡하지는 않다. 왜냐하면 이상에서 보는 것처럼 사안은 단순히 지방자치법 제96조 제1항 제12호의 해석의 문제일 뿐이기 때문이다. 오히려 이 사건 결정과 관련된 본안 사건이 환경분쟁사건으로서 더 세간의 주목을 받았다. 본안 사건은 산업폐기물로 인한 생활환경상의 피해를 방지하기 위하여 인근 주민에 의하여 관할 지방자치단체의 장에게 환경보전상의 지장을 제거하도록 대집행이나 조치명령의 의무이행소송이 제기되어 비신청형의 의무이행소송의 요건과 관련한 검토가 이루어졌다. 그리고 무엇보다도 1심에서 패한 주민측이 항소심에서 승소하여 피해의 방지를 위한 지방자치단체의 적극적인 조치를 요구할 수 있게 된 점에서 크게 환영받았다. 사회적 이슈가 된 사건이고 지방자치단체의 분쟁처리활동과 지방의회의 관계에 관해 참고할 가치가 있다고 생각된다.

6. 행정위원회 위원에 대한 월급보수의 위법성 [2011.12.15. 최고법원 제1소법정판결, 平22年(行ツ)300号, 301号, 平22(行ヒ)308号]

(1) 사실의 개요

시가현(滋賀県) 특별직의 급여 등에 관한 조례(이하 '본건 조례')는 시가현의 노동위원회, 수용위원회 및 선거관리위원회의 각 위원에 대하여 월급여를 지급한다고 규정하고 실제 지급해왔다(제4조 및 별표2. 이하 '본건 규정'). 시가현의 주민인 원고는 상시적으로 근무하지도 않는 이들 위원들에 대하여 월급여를 지급하는 것은 부당하다고 판단하고 주민감사를 청구하였으나 기각되었다. 이에 본건 규정이 지방자치법(이하 '법') 제203조의2 제2항[48]에 반하여 위법·무효라고 하여 피고 시가 현지사를 상대로 법 제242조의2 제1항 제1호에 기초하여 상기 급여에 관한 공금지출의 중지를 구하는 주민소송을 제기하였다.

제1심[49]은 법 제203조의2 제2항 본문의 예외로서 동항 단서에 기초하여 조례로 비상근직원에게 월급여를 지급할 수 있는 것은 "그 근무실태가 상근직원과 다르지 않다고 할 수 있는 경우"에 한정되는데 위의 각 위원들의 근무실태는 도저히 그러하다고 볼 수 없다는 이유로 원고의 청구를 인용하였다.

원심[50]은 1956년 법 개정에 의하여 동항 단서가 부가된 취지와 현재의 지방자치단체에서의 재정적 곤란, 보다 적정·공정·투명하고, 설명가능한 행정운영이 강하게 요구되는 사회상황을 고려하여, 본건 위원의 월급형식 보수에 대하여 그 직무의 내용, 성질과 근무태양, 지방의 실정 등에 비추어 법 제203조의2 제2항 본문의 일급제의 원칙에 의하지 아니하고 월급제를 채택할 것을 상당하게 하는 특별한 사정이 있어야 하는데 본건 위원의 평균근무일수는 1.89일이고, 이것에 기초한 1일 보수는 국가에서의 비상근 직원에 지급되는 보수상한의 3.02배가 되며, 실제 등청한 근무 이외에도 실질적으로 근무를 필요로 하는 경우가 있을 수 있다는 점을 고려해도, 본건 위원에 대하여 월급제를 취하는 것을 상당하게 하는 특별한 사정이 있다고 인정하는 것은 곤란하다고 보았다.

48) 지방자치법 제203조의2
① 보통지방자치단체는 그 위원회의 위원, 비상근의 감사위원 그 밖의 위원, 자치분쟁처리위원, 심사회, 심의회 및 조사회 등의 위원, 그 밖의 구성원, 전문위원, 투표관리자, 개표관리자, 선거장, 투표입회인, 개표입회인 및 선거입회인 그 밖에 보통지방자치단체의 비상근의 직원(단시간 근로직원을 제외한다.)에 대하여 보수를 지급하여야 한다.
② 전항의 직원에 대한 보수는 그 근무일수에 따라 이를 지급한다. 다만 조례로 특별히 정한 경우에는 그러하지 아니한다.
③~④ 생략.

49) 大津地判, 平21.1.22. 判時 2051号, 40頁.

50) 大阪高判, 平22.4.27. 判タ 1362号, 111頁.

따라서 본건 규정은 법 제203조의2 제2항 본문의 원칙에 모순 저촉되어 현저하게 타당성을 상실하고, 그러한 상태가 2003년도 이후 계속되어 이미 시정에 필요한 상당한 기간이 경과되어 있다고 인정하는 것이 상당하여 의회의 재량권의 범위를 일탈한 위법 무효라고 판시하였다.

다만, 시가현 선거관리위원회 위원장만큼은 1개월의 평균근무일수가 4.70일로 다른 위원들의 2배를 넘고 있는 점을 감안해, 그에 대한 월급제는 위법하지 않다고 보았다(일부인용). 이에 시가현지사가 상고하고 원고인 주민이 부대상고하였다.

(2) 판결의 요지(파기자판(일부청구각하, 일부청구기각), 부대상고 기각)

법 제203조의2 제2항 단서에 실체적 요건의 규정은 없고, 또한 인재확보의 필요성 등을 포함한 보통지방자치단체의 실정 등에 상기 각 위원을 포함한 비상근직원의 보수제도가 적합한지는 당해 보통지방자치단체 별로 재정규모, 상황 등과의 균형의 관점을 고려하여 당해 비상근직원의 직무성질, 내용, 직책과 근무태양, 부담 등의 제반사정의 종합고려에 의한 정책적, 기술적인 관점에서의 판단을 요한다. 그리고 1956년 법개정의 경위도 고려하면 동항은 보통지방자치단체의 위원회의 위원 등의 비상근직원에 대하여 그 보수를 원칙적으로 근무일수에 따라 일급으로 지급한다고 하는 한편, 조례로 정하는 바에 따라 그 이외의 방법도 취할 수 있다고 하고, 그 방법 및 금액을 포함한 내용에 관해서는 상기와 같은 사항에 대하여 가장 잘 알 수 있는 입장에 있는 당해 보통지방자치단체의 의결기관인 의회에서 결정하는 것으로 하여 그 결정을 이러한 의회에 의한 상기 제반사정을 고려한 정책적, 기술적인 관점에서의 재량권에 기초한 판단에 맡긴 것으로 해석하는 것이 상당하다.

따라서 법 제203조의2 제2항에 위반하는지 여부는 '의회의 재량권의 성질'에 비추어 ① '당해 비상근직원의 직무의 성질, 내용, 직책'과 ② '근무의 태양, 부담' 등의 제반 사정을 종합 고려하여 당해 규정의 내용이 동항의 취지에 비춘 합리성의 관점에서 상기 재량권의 범위를 넘거나 이를 남용하는 것인지 여부에 따라 판단하여야 하는 것으로 해석하는 것이 상당하다.

위의 ①에 대하여는 이른바 행정위원회는 집행기관이고, 중립·공정성 및 전문성의 요청에서 보통지방자치단체의 장으로부터 독립하여 사무를 '스스로의 판단과 책임' 하에 '성실하게 관리하고 집행하는 입장'에 있으며 '보통지방자치단체를 대표하여 소송수행을 하는 권한'도 가지는 등 그 사무에 대해서 최종적인 책임을 지는 입장에 있다. 위원자격도 일정한 수준의 지식경험과 자질 등을 확보하기 위한 법정기준·절차의 존재와 직책의 중요성에 비추어보면 그 업무를 감당할 수 있는 일정수준의 적성을 구비한 인재의 일정수의 확보가 필요한데 보수제도의 내용여하에 따라서는 그 확보에 곤란이 발생하는 경우도 부정하기 어렵다. 선거관리위원회의 업무도, 광범위하며 다기에 이르고 중립·공정·전문성이 필요하다.

②에 대하여는 위원장을 제외한 선거관리위원(이하 '본건 위원')의 1개월 당 평균근무일수(등청일수)는 1.89일이지만 그 이외에 서류나 자료의 검토, 준비, 사무국 등과의 조정회의 등을 위하여 하는 실질적인 근무와 업무에 필요한 전문지식의 습득, 정보수집 등도 실질적 평가에는 필요하며, 형식적인 근무일수(등청일수)만을 가지고 그 근무의 실질이 완전히 평가되는 것이라고는 할 수 없다.

이상의 사정들을 종합적으로 고려하면 본건 위원에 대하여 월급제를 채택한 본건 규정은 그 내용이 법 제203조의2 제2항의 취지에 비추어 특히 불합리하다고는 할 수 없으며 의회의 재량권의 범위를 넘거나 이를 남용한 것이라고는 할 수 없다.[51]

51) 이 판결에는 요꼬다(横田尤孝) 재판관의 보충의견이 있다. 民集 65卷9号, 3393頁;

(3) 검　토

가. 이 사건 전후의 배경

일본에 있어서 지방자치단체가 비상근직인 행정위원회의 위원들에 대하여 월급제와 일급제 가운데 어느 형태를 취하는 것이 타당한지에 관한 다툼은 1956년의 지방자치법의 개정시까지 거슬러 올라가는 것으로 보인다. 당시의 지방자치법의 개정에서 제203조의2 제2항의 단서조항이 비로소 규정되게 된 것인데 이 단서조항은 내각제출법안에는 존재하지 않았고, 국회의 심의과정에서 의원수정안으로 중의원에서 추가되었던 내용이다.

당시에 대부분의 지방자치단체는 그 소속 행정위원회의 위원에 대하여 비상근직이었음에도 불구하고 월급제의 보수규정을 채용하고 있었다. 그런데 위의 1956년 지방자치법 개정으로 인하여 비상근직의 경우에는 원칙적으로 일급제에 의하게 되자 행정위원회의 위원들의 경우에도 그에 대한 보수가 종전의 월급제에서 일급제로 변경될 것을 예상하여 당시의 자치청은 '지방자치법의 일부를 개정하는 법률 및 지방자치법의 일부를 개정하는 법률의 시행에 따른 관계 법률의 정리에 관한 법률의 시행에 관한 건'(1956.8.18.)이라는 통달을 발하여 도도부현지사에 대하여 위 개정법 단서조항(지방자치법 제203조의2 제2항 단서)의 취지에 대하여 "비상근직원의 근무의 태양은 다기에 걸치므로 특별한 사정이 있는 자에 대하여는 이 원칙의 예외를 정할 수 있다"는 통지를 하였다. 여기서 특별한 사정이란 "비상근직원 가운데 근무의 실태가 거의 상근직원과 다르지 않고, 상근직원과 마찬가지로 월급으로 지급하는 것이 합리적인 자와 근무일수의 실태를 파악하기 곤란하고 월급 등에 의한 이외에는 지급방법이 없는 자 등의 특수한 경우"로 이해되고 있었다.[52] 따라서 이러한 당초의 입법취지대로라면 비상근직인 행정위

判時 2162号, 45頁; 判例地方自治 360号, 53頁. 自治体法務研究 29号, 112頁.

52) 降矢敬義ほか, 『改正地方自治法詳解』, 131頁. 松本英昭, 『新版逐条地方自治法(第2

원회의 위원들의 경우에는 월급제가 아닌 일급제의 보수가 지급될 것이 기대되었던 것으로 보인다. 그럼에도 불구하고 실제에 있어서는 다수의 지방자치단체에서 월급제를 변경하지 아니한 채 오랫동안 유지해왔고 이 사건에서 처음으로 그에 대한 문제제기가 이루어진 것이다. 그리고 1심판결이 본건 조항의 당초의 입법취지에 철저한 입장을 취하여 행정위원회의 위원들에 대하여 월급제를 취한 조례의 규정을 위법무효로 판결하자 적지 않은 지방자치단체에서 월급제를 일급제로 변경하는 조례개정이 이루어지면서 그 사회적 파장은 매우 컸다. 시가현지사는 1심 판결에 불복하여 항소하였지만 시가현도 1심판결에 자극되어 노동위원회와 수용위원회의 각 위원들에 대한 보수를 일급제로 변경하는 조례개정을 추진하였고 상고심인 본판결이 진행 중인 때에는 이미 개정조례가 발효되었다. 이에 따라 해당 위원들에 대하여는 더 이상 월급에 의한 보수가 지급되지 않게 되어 그 부분에 대한 상고인의 지급중지청구는 부적법 각하되었다.[53]

나. 이 사건에서의 법리

이 사건에서의 쟁점은 지방자치법 제203조의2 제2항의 규정의 해석에 맞추어져 있다.[54] 동조항은 "전항의 직원[55]에 대한 보수는 그 근무일수에 따라 이를 지급한다. 다만 조례로 특별한 규정을 한 경우에

次改訂版)』, 623頁도 "비상근직원에 대한 보수가 상근직원에 대한 급료와 달리 이른바 생활급으로서의 의미는 전혀 없고, 순수하게 근무에 대한 반대급부로서의 성격을 가지는 것이며, 따라서 그것은 근무량, 즉 구체적으로는 근무일수에 따라 지급되어야 하는 것이라는 원칙을 명확히 한 것이다. 그러나 실제로는 비상근직원 중에도 근무실태가 상근직원과 거의 동일하게 취급하지 않으면 아니되는 경우가 있고, 그 보수도 월급 또는 연급으로 지급하는 것이 적당한 경우도 적지 않아 항상 이 원칙을 관철하기 곤란한 경우도 예상되므로 단서를 두어 조례로 특별히 정하면 근무일수에 의하지 않을 수 있다"고 설명한다.

53) 유사한 내용의 사건이 아직도 일본 각지에서 다투어지고 있다. 平24.6.26. 仙台地裁 判決 平21(行ウ)16号.

54) 이 사건에 대한 평석으로, 吉原稔, 法と民集主義 465号, 52頁; 羽根一成, 地方自治職員研修 45巻3号, 52頁; 下山憲治, 法セ増 (新判例解說Watch) 11号, 65頁가 있다.

55) 행정위원회의 위원 등 보통지방자치단체의 비상근의 직원(단시간 근로직원을 제외)을 말한다.

는 그러하지 아니한다"로 규정하고 있다. 동조항의 제1문은 비상근직원에 대한 일급제의 원칙을 선언하고 있고, 제2문은 그에 대한 예외가능성을 열어놓고 있다. 그런데 그 예외가 될 수 있는 경우, 즉 일급제 대신에 월급제 또는 연급제(연봉제)를 채택할 수 있는 경우에 대하여는 법은 아무런 요건이나 기준을 제시하고 있지 않다. 그 점에서 해당 조례를 제정하는 지방의회에 재량에 맡겨져 있는 것이고 재량권의 일탈 남용의 법리가 적용된다.

그런데 제1심은 제2문의 입법재량은 일급제 이외의 어떤 내용이든 조례로 제정하기만 하면 허용되는 것을 의미한다고 해석하는 한 제1문의 일급제원칙은 존재의의를 상실하게 되므로 제2문은 제1문과의 관계에서 그 재량의 범위를 한정하지 않을 수 없고 그 경우에 일급제원칙의 예외로서 생활급의 성질을 가지는 월급제에 의해 보수를 지급할 수 있기 위해서는 월급여의 보수를 받는 상근직에 비견되는 정도의 근무량이 인정되어야 한다고 본 것이다. 따라서 각 위원회의 회의소집일수 등을 조사한 자료에 근거하여 상근직에 비견되는 정도의 근무를 하고 있지 않다고 판단하여 이들에 대해 월급제의 보수지급을 규정한 조례의 규정을 위법 무효라 판시하였다.

이에 대하여 항소심은 1심에서 살핀 동조 단서의 입법취지와 입법경위 등을 비롯하여 위원 등의 비상근직원으로서의 특질이나 타 직원과의 관계 등을 종합적으로 고려할 뿐만 아니라 나아가 오늘날 다수의 지방자치단체가 안고 있는 재정곤란상황, 행정운영의 적정, 공정, 투명을 요구하는 사회상황 등을 고려하여 월급제를 상당하게 하는 특별한 사정이 있어야 한다고 전제하고 이를 의회의 일급제 예외조례제정에 있어서의 재량권의 일탈남용 여부의 판단기준으로 삼았다. 1심보다는 좀더 종합적이고 세부적인 심리가 이루어진 것이다. 이에 따라 각 위원들의 평균근무일수(등청일수)를 조사하고 이를 상근직원들과 비교한 결과 선거관리위원회의 위원장 외에는 다른 상근직원들과 평균근무일수에 있어서 현저하게 차이가 있고 실제 등청일수 이외의 위원으로서의 활동상황을 고려하여도 상근직원에 비견된다고는 볼 수 없다고 하여 선거관리위원회 위원장에 대한 경우를 제외하고는 본건 조례의 월급제 규정은 위법 무효라고 판시하였다.

이상에 대하여 최고법원은 지방자치단체의 재정상황 등도 고려하는 항소심의 판단의 전제를 기본적으로 존중하되, 일급제의 예외를 규정하는 의회의 입법재량은 광범위하다고 한 뒤에 단순한 형식상의 근무일수(등청일수)만을 기준으로 할 것이 아니라 적격인 위원을 선임하는데 있어서의 곤란이나 당해 직책의 전문성, 난이도 내지 중요성도 고려하여 월급여의 형태로 보수를 지급하는 것이 적절한지 여부를 판단해야 한다고 보았다. 그 경우 이 사건에서 월급제를 규정한 조례는 의회의 재량권을 벗어나지 않았다고 판시하였다.

이 사건에서 하급심의 판단과 상고심의 판단의 차이는 비상근직에 대한 일급제의 예외를 근무량만을 기준으로 볼 것인지 아니면 해당 직책의 중요도와 난이도, 전문성 등과 같은 직무의 질과 적격위원의 선임의 어려움도 함께 고려해야 하는지에 따른 것이라 할 수 있다.

이 사건 1심 판결을 도화선으로 행정위원회 위원의 보수의 지출 중지와 그 반환을 구하는 주민소송이 전국적으로 제기되었다. 그들 가운데 월급제를 정하는 조례의 규정을 위법·무효로 판단한 것에는 이 사건 제1심 및 원심 외에 센다이시 행정위원회보수지출 중지청구사건[56]이 있고, 적법하다고 한 판례에는 아이치현의 노동위원회 등 위원 월급여 중지청구사건[57], 토치기현 공금지출 중지청구사건[58], 미야기현 공금지출 중지청구사건[59], 도쿄도 공금지출중지청구사건[60] 등이 있다.

56) 仙台地判 平23.9.15. 판례집미등재.

57) 名古屋地判 平22.7.15. 判タ 1362号, 102頁.

58) 宇都宮地判 平22.12.16, 判例自治 349号, 60頁; 東京高判 平23.10.12. 判時 2137号, 37頁.

59) 仙台地判 平24.6.26. 裁判所Website.

60) 東京地判 平24.2.29. Westlaw Japan

위법하다는 판결보다는 적법하다는 판결이 더욱 많으며 이 사건 최고법원의 판결이 내려진 이후에는 적법하다는 판결만이 보인다. 다만, 지방자치단체마다 재정상황을 고려하여 일부 월급제를 고수하는 경우에도 그 액수를 줄이는 경향이 엿보인다.

Ⅲ. 맺 으 며

이상 6개의 판례에 대하여 살펴본 것에 불과하지만 여기에는 여론이나 기존의 관념 등에 좌우되지 않고 오로지 법리에 충실하려는 일본 최고법원의 태도가 잘 드러난다. 그 대표적인 것이 1번 사례이다. 본문에서 보았듯이 이 사안은 법이 정하는 내진성에 미달하는 건축설계가 수개의 건축물에 대하여 이루어져 실제로 건축이 된 사건인데 이 사건이 발표되면서 해당 건축설계자는 여론의 강한 비판을 받는다. 그동안 대규모의 지진으로 인하여 갖은 피해를 경험해 온 국민들로서는 지진으로부터의 안전 문제에 대하여 민감할 수밖에 없고 법정의 내진성을 위반하여 안전문제를 소홀히 한 건축설계자는 용서될 수 없는 것이었기 때문이다. 따라서 해당 위반자에 대하여 가장 중한 징계처분인 1급 건축사면허 취소처분이 내려져도 그것은 당연한 결과이고 이는 아무리 다투어 보아야 양보될 수 없다고 보았다. 1심과 2심에서 위반자가 그의 1급건축사면허 취소처분의 취소를 주장하여도 그것이 인용될 수 없는 것은 당연한 것이었다. 그러나 최고법원은 이러한 당연한 법감정을 뒤로하고 절차상의 위법을 중시한 판단으로 원심을 파기한다. 구체적인 징계처분의 기준이 행정내부적으로 설정되었지만 공표되어 있는 이상 단순히 법률상의 추상적인 위반항목을 적시하는 것으로는 부족하고 내부적인 징계처분의 기준의 어디에 해당하여 건축사면허를 취소하는 것인지를 보다 명확히 밝혀야 행정절차법상의 이유제시의무를 이행하는 것이라 판단한 것이다. 사안에서 해당 건축물은 법정의 내진설계에 조금 못 미치는 것이었고 전혀 내진성을 결한 것은 아니었다. 해당 판결에는 일부 재판관의 반대의견이 있었던 것을 보아도 최고법원이 절차상의 위법을 중시한 판단을 내린 것은 소신 있는 태도였다고 생각된다. 한편으로는 원고의 끈기있는 주장이 결실을 본 것이기도 하다.

2번과 6번 사례에서도 최고법원의 진중함은 계속된다. 이들 사건은 모두 원심판결에서의 판단이 파기된 사건이다. 그 점에서 원심판단과 최고법원의 판단 어느 쪽으로도 판단될 수 있는 매우 난해한 사안이었다. 그러나 이들 사건에서 최고법원이 원심의 판단을 배척하는 결론에 이른 것은 모두 사안에 대한 종합적인 검토의 결과물이었다. 원심의 판단에서는 간과했던 부분들에 대하여도 종합적인 심리가 이루어졌고 그 결과로서 사안의 실질적인 모습 내지는 실체에 보다 접근한 타당한 결론에 이르고 있다고 생각된다.

3번의 사례도 원심이 파기된 사건이지만 법리적으로는 기존의 입장과 크게 다른 것이 아니어서 특기할 만한 부분은 적다. 다만 지방자치단체에서 부는 민영화의 바람 속에서 유사한 분쟁이 다발하고 있어 최고법원의 판결이 하나의 구심점을 제공해줄 것으로 기대되는 사안이다.

5번의 사례는 본문에서도 언급한 것처럼 해당 최고법원의 결정내용보다도 그와 관련된 다른 본안사건이 더 사회적 주목을 받아 알려진 사건이다. 산업폐기물사업자의 사업악화로 산업폐기물이 제대로 처리되지 못하여 방치되고 그로 인하여 큰 피해를 입고 있는 주민이 지방자치단체의 장에게 그에 대한 적극적인 처리를 요구한 환경분쟁사건이다. 이 사건은 그러한 적극적인 처리의무를 일부 긍정한 항소심사건이 중심에 있고 지방자치단체는 이를 상고심에서 다투고자 하였지만 지방의회가 제동을 거는 바람에 이 본안사건에 대한 최고법원의 판단기회는 주어지지 않았다. 그러나 소송수행과 관련하여 지방자치단체의 장과 지방의회간의 역학관계에 관하여 다소 고민하게 하는 쟁점을 여전히 남겨두고 있다고 생각된다. 또한 신청형과 비신청형의 의무이행소송이라고 하는 우리에게는 다소 생소한 소송유형을 일부 엿볼 수 있는 점은 흥미롭다 할 것이다.

4번 사례는 매우 단순한 사실관계인데다가 하급심판결에 불과하지만 그 내용이 주는 독특함에 소개하였다. 다소 지나친 것은 아닌가라는 의문도 있으나 그것이 일본의 모습인지도 모른다.

이상에서 다룬 것 외에도 시에게 불리하게 약정한 임대계약인데도 위법하지 않다고 본 주민소송사건[61], 주민소송의 변호사보수를 산출함에 있어서 국세환급금을 공제하는가의 문제에 관한 사건[62], 부정한 수단으로 사회복지사업자 지정을 받았지만 그가 시로부터 받은 지원금을 반환할 의무가 없다고 한 주민소송사건[63] 등도 주목되는 사건이지만 지면관계상 다루지 못한 아쉬움이 있다.

위에서 다룬 판례들은 그 낱개로도 보다 깊이 있게 고찰해야 할 쟁점들을 많이 담고 있어 위에서 언급한 정도의 검토로 충분하지 않음은 당연하다. 다만 지난 한 해 동안 일본에서 이슈가 된 사례들을 통하여 그들의 시대흐름을 느낄 뿐이다. 우리에게 보다 참고될 만한 판결들에 대하여는 별도의 깊이 있는 연구가 요구될 것이다.

61) 平23.12.2. 最高裁第二小法廷 判決 平22(行ヒ)175号, 判時 2140号, 14頁.
62) 平23.9.8. 最高裁第一小法廷 判決 平21(受)1408号, 判時 2134号, 52頁.
63) 平23.7.14. 最高裁第一小法廷 判決 平21(行ヒ)401号, 判時 2129号, 31頁.

참고문헌

降矢敬義ほか,『改正地方自治法詳解』東京法令出版, 1957
高橋滋, ジュリ臨増 1440号, 40頁 (平23重判解)
高木光, 判評 639号, 2頁(判時2142号, 148頁
古田孝夫, ジュリ 1436号, 97頁
交告尚史, ジュリ臨増 1440号 (平23重判解), 44頁
駒林良則, 民商 145巻6号, 606頁
吉原稔, 法と民集主義 465号, 52頁
道路交通法研究会編,『最新註解道路交通法(全訂版)』 立花書房, 2010
藤原静雄, 論究ジュリ 3号, 67頁
本多滝夫, ジュリ臨増 1440号, 34頁(平23重判解)
北見宏介, 法セ増 (新判例解説Watch) 10号, 47頁
山田健吾,法セ増 (新判例解説Watch) 11号, 63頁
石井昇, 民商 145巻3号, 396頁
石井昇, 法セ 683号, 123頁
小林久起,『行政事件訴訟法』商事法務, 2004
松本英昭,『新版逐条地方自治法(第6次改訂版)』学用書房, 2011
松本英昭,『新版逐条地方自治法(第2次改訂版)』学用書房, 2004
室井力/兼子仁編,『基本法コンメンタール 地方自治法(第4版)(別冊法セ)』日本評論社, 2001
阿部泰隆,「訴えの提起と地方議会の議決」法セ 406号, 120頁.
友岡史仁, 法セ増 (新判例解説Watch) 10号, 39頁
友岡史仁, 法セミナー 684号127頁
羽根一成, 地方自治職員研修 44巻10号, 70頁
羽根一成, 地方自治職員研修 44巻12号, 58頁

羽根一成, 地方自治職員研修 45巻3号, 52頁
宇賀克也, 自治実務セミナー 50巻12号, 42頁
宇賀克也, 自治実務セミナー 51巻9号, 36頁
宇賀克也, 自治実務セミナー 51巻10号, 36頁
佐伯彰洋,『環境法判例百選』(第2版)(2011), 236頁
下山憲治, 法セ増（新判例解説Watch）11号, 65頁
戸部真澄, 法セ増（新判例解説Watch）10号, 35頁
黒坂則子, 環境法研究 37号, 203頁

국문초록

주지하듯이 판례는 당대의 시대상을 보여준다. 2011년도의 일본은 유독 주민소송에 관한 판례가 많다. 2010년도의 경우에도 주민소송사건이 적은 것은 아니었는데 이와 같이 주민소송 사건이 많다는 사실은 자치행정에 대한 민주적 통제가 중시되고 있음을 의미하며 높은 주민의식을 엿볼 수 있다. 자치단체에 불리하게 체결된 임대계약의 취소를 구하는 주민소송, 부정한 수단으로 사회복지사업자 지정을 받은 자에게 지급된 지원금의 반환을 구하는 주민소송 등 자치행정에 대한 주민들의 감시는 집요하다. 그러나 본문에서는 주민소송에 관하여 행정위원회 위원에 대한 월급보수의 위법문제만을 다룬다. 특정 분야에 치우치지 않고 행정법의 전분야에서 고르게 판례의 동향을 살피기 위한 것이다.

주민소송에 관한 사건 외에는 행정절차법상의 이유부기에 관한 사건, 정보공개법상의 비공개대상정보의 판단에 관한 사건, 지방자치단체가 수행하던 노인복지시설의 민영화와 관련하여 통지의 처분성이 다투어진 사건, 지방자치단체가 소송을 수행함에 있어서 지방의회가 동의하지 않는 경우의 법률문제들을 다룬다. 또한 하급심이기는 하지만 음주운전 동승자의 책임에 관하여 내려진 흥미로운 판결도 소개한다.

사실관계와 판결이유를 정확히 전달하기 위하여 가급적 상세한 소개를 염두에 두다보니 지면관계상 다룰 수 있는 판례가 한정적일 수밖에 없었다. 그러나 이상의 6건의 판례를 통하여 일본의 최고법원이 여론에 흔들리지 않고 법리에 충실한 소신 있는 판단을 내리고 있음을 엿볼 수 있었으며 우리의 사법부에게도 시사하는 점이 있다고 생각된다. 특히 이유부기사건의 경우에는 누구라도 면허취소가 당연한 것이라고 생각되는 와중에도 이유부기가 충분하지 않음을 이유로 원고의 청구를 받아들인 최고법원의 태도는 행정절차의 중요성을 새삼 강조한 주목할 만한 판례라 생각된다.

키워드: 이유부기, 비공개대상정보, 통지의 처분성, 음주운전방조죄, 행정위원회

Abstract

An analytic study on the recent (2011) trend of the administrative law cases in Japan

Chi Hwan Kim (Youngsan University)

The precedents show us the phases of the times, as we know. There were many precedents on the residents lawsuit in Japan last year. The fact that a large number of residents lawsuits are filed means the strong democratic control on the local government. We can see higher interest of Japanese citizens in their local autonomy. Autonomous administration monitoring by citizens is tenacious. This paper, however, deals with the case of illegality of monthly pay to the members of administrative commission among lots of cases on the residents lawsuits. It is because that the paper tries to oversee the trend of the judicial precedents without leaning to certain fields of administrative law.

In addition to the residents lawsuit case above, cases such as the obligation to adduce reasons in the Administrative Procedures Act, decision of the exemption to disclosure in the Public Information Act, the possibility to revoke administrative notification related to privatization of welfare facility for the elderly carried out by municipality, the possibility for local government to carry out litigations in spite of the opposition of the local council, the responsibility of the passenger who are not driver but only riding in the car being driven under the influence of alcohol, are introduced and analyzed a little. The case on the responsibility of the passenger is very interesting albeit lower court ruling.

For lack of space, only 6 precedents could be dealt with in this paper. Although the small number of cases are introduced, we can understand through these several cases that Japanese Supreme Court reach a verdict faithful to the legal principles without swaying by public opinion. It is suggestive in our judiciary. The case on the obligation to give reasons for the unfavorable disposition, in particular, is notable precedent which emphasized anew the importance of administrative procedure.

Keywords: obligation to adduce reasons for unfavorable disposition, exemption to disclosure, revocation of notification, administrative offence to aid drunk driving, administrative commission

투 고 일: 2012. 12. 14
심 사 일: 2012. 12. 21
게재확정일: 2012. 12. 21

最近(2011/2012) 美國 行政判例의 動向 및 分析 研究

琴 泰 煥*

Ⅰ. 최근(2011/2012) 미국 행정판례의 동향

1. 통 계

여기에서 최근(2011/2012)이라고 함은 미국 연방대법원의 2011 회기연도(2011 term)를 말하며 2011년 10월부터 2012년 6월까지를 말한다. 이 연구에서 다루고 있는 행정판례는 위 기간 중 미국 연방대법원 및 연방항소법원의 행정판례 중 중요하다고 생각되는 것 들이다.[1]2011 개정기간 중 연방 대법원의 사건이송명령(writ of certiorari)으로 처리된 사건 중 판결문이 작성된(full opinion) 사건은 74건, 약식 판결이 된(memorandum order) 사건은 117건이며[2] 판결문이 작성된 사건 중 행정

* 영남대학교 법학전문대학원 원장

1) 2010 회기 사건 중 국내에서 분석되지 않은 중요 사건도 일부 포함한다.

2) The Supreme Court 2011 term, the statistics Table II (D), 126 Harv. L. Rev. 338

작용의 심사를 다룬 것이 8건, 연방정부나 공무원이 당사자가 된 사건이 11건이다.[3] 이 논문에서 행정판례라고 하는 것은 행정작용의 심사를 다룬 사건으로 한정하며, 각종 논문이나 잡지[4]에서 중요한 사건으로 취급되고 있는 사건을 분석 대상으로 한다.

2. 행정판례의 동향

가. Chevron 존중 법리의 변화 지속

1984년 선고된 Chevron 판결은 의회의 뜻이 분명하지 않은 경우 행정부의 허용할 만한 해석은 법원이 존중한다는 취지인데, 이후 이러한 Chevron 존중이 어느 경우에 적용되고 어떠한 의미를 가지는가 하는 것이 미국 행정법의 핵심 과제가 되어 왔다. Chevron 존중이 적용되는 경우 법원과 일반국민이 이에 구속된다. 따라서 Chevron 존중은 법원과 행정부의 권한 분배의 문제이기도 하다. 이러한 Chevron 존중은 2001년의 Mead 판결[5]로서 중대한 고비를 맞게 된다. Mead 판결은 법률문언의 명료/불명료성에 존중의 근거를 둘 것이 아니라 명시적이든 묵시적이든 의회가 행정부에 해석권한을 위임하였다고 볼 수 있을 경우에[6] 그 해석이 존중된다고 한다. "법규정의 명료 여부"에서 "해

(2012)

3) *Id.* Table III

4) 연방대법원의 2011 회기연도 사건을 직접적으로 소개하고 있는 것은 Harvard Law Review 2012년 판 11월호에 게재된 "The Supreme Court 2011 Term-Leading Cases"이며, 그 밖의 문헌으로는 미국법조협회(American Bar Association)에서 2012. 출간한 "Jeffery s. Lubbers, Development in Administrative Law and Regulatory Practice 2011", George Washington Law Review 2012년판 7월호에 게재된 "Annual Review of Administrative Law", Chicago 대학이 2012.에 발간한 "Supreme Court Review 2011" 등이 있다. 또한 미국법조협회에서 매년 4번에 걸쳐 발간하는 Administrative & Regulatory Law News는 그때그때의 연방대법원과 연방항소법원의 사건을 소개하고 있는데 판례를 고르는데 많은 도움이 된다.

5) United States v. Mead Corp., 533 U. S. 218 (2001)

6) 그 전형적인 경우가 고지의견제출절차로 진행된 행정입법이다.

석권한의 위임여부에로"의 방향전환은 계속되어 왔고, 뒤에서 살펴보는 Home Concrete 판결[7)]은 이러한 경향의 판결이다.

나. 판사의 정치적 소신에 따른 판결 경향의 지속

2011 회기연도에도 예년과 마찬가지로 판사의 정치적 소신에 따른 판결이 계속되고 있고,[8)] 이러한 경향은 연방대법원의 판결 통계를 집계하는 Harvard Law Review에서 대법관들이 누구의 판결에 동조하는가를 해마다 통계를 잡고 있는 사실로도 이해가 된다. 보수주의적 판사와 자유주의적 판사들의 판결경향은 달라지지 않고 있으며, 이러한 경향은 특히 원고적격에서 두드러진다. 뒤에서 살펴보는 Winn 판결[9)]은 대표적 예이다.

다. 법원의 심사요소에 "정치적 영향(political influence)"을 추가하자는 견해의 등장

이러한 견해는 특히 행정입법의 심사에서의 전단 자의 금지 원칙과 관련되어 논의된다.[10)] 전단 자의 금지원칙은 현재 엄격심사 원칙으로 발전하였고 그 요체는 행정청에게 "이성적인 결정"을 요구하는 것이며, 이러한 이성적인 결정은 전문기술관료적인(technocratic), 제정법적인(statutory), 과학적인 요소들에 의해 결정되고, 정치적인 요소에 의해 결정되지 않지만,[11)] 행정입법 중 일부는 정치적인 결정인 만큼[12)] 정치

---

7) United States v. Home Concrete & Supply, LLC, 132 S. Ct. 1836(2012)

8) 이에 관한 최신논문으로는 Sidney A. Shapiro; Richard Murphy, Politicized Judicial Review in Administrative Law: Three Improbable Response, 19 Geo. Mason L. Rev. 319(2012)(이들 교수는 정치화된 사법에 대하여 법관의 재량을 없애는 것, 법관의 정치적 선호를 사건에서 공개하도록 하는 것, 패널의 수를 5인으로 하는 것 등을 생각할 수 있는데 마지막 수단이 가장 가능성있는 방법이라고 한다)

9) Arizona Christian School Tuition Organization v. Winn, 131 S. Ct. 1436(2011)

10) Kathryn A. Watts, Proposing A Place For Politics in Arbitrary And Capricious Review, 119 Yale L. J. 2(2009)

11) *Id.* 5

적 영향을 고려요소로 삼지 않은 전단 자의 금지 원칙은 심사원칙으로 완전한 것이 아니라는 것이다. 이러한 논의의 발단은 레이건 행정부의 규제완화 정책의 일부로 채택된 자동안전조치규칙 폐지를 다룬 State Farm 판결[13]이다.

이 판결은 레이건 행정부의 규제완화 정책을 다룬 것인데, 규제완화에 대한 정치적 필요성은 심사대상으로 하지 않고, 그 정책이 오로지 과학과 경제적 자료에 의한 이성적 결정이었느냐를 심사대상으로 하였다. 이 사건에 대한 연방대법원 판결이 있기 전, 현재의 연방대법원 판사인 Scalia가 "법원의 판단이 기술적, 경제적 자료 만에 근거하고 있는데, 정치적 판단도 고려요소가 되어야 한다"라고 주장하였으나[14] 당시 연방대법원의 다수의견은 이를 받아들여지지 않았다. 1984년의 Chevron 판결[15]은 법규정이 모호한 경우에 행정부의 해석을 존중한다고 하였으니 이성적 판단과 정치적 판단이 적대적이지는 않다.[16]

2001년 들어 현재의 연방대법원 판사인 Elena Kagan은 "대통령에 의한 행정(presidential administration)"이란 논문에서 "엄격심사원칙이 변형된다면, 대통령의 정치적 리더십 속에 나타난 비전도 고려되어야 한다"[17]라고 하며 Scalia 판사의 논조에 동의하였다. 여기서의 "정치적 영향", "정치적 판단", "정치적 리더쉽" 등은 현실 정치에서 나타난 주장(raw politics)이나 당파적 주장(partisan politics)이 아닌 정책적 고려나 공공의 가치를 증진시키는 정치적 입장을 말한다.[18]

---

12) Anton Scalia, Rulemaking as Politics, 34 Admin. L. Rev.[xxv]1982.

13) Motor Vehicle Mfrs. Ass'n v. State Farm Mut. Auto. Ins. Co., 463 U.S. 29(1983)

14) Anton Scalia, Rulemaking as Politics, 34 Admin. L. Rev.[xxxi]1982.

15) Chevron U.S.A. Ins. v. Natural Res. Def. Council, Inc., 467 U.S. 837(1984)

16) Jody Freeman; Adrian Vermule, Massachusetts v. EPA: From Politics to Expertise, 2007 Sup. Ct.Rev. 51, 52(2007)

17) Elena Kagan, Presidential Administration, 114 Harv. L. Rev. 2245, 2380(2001)

18) Kathryn A. Watts, Proposing A Place For Politics in Arbitrary And Capricious Review, 119 Yale L. J. 2, 8(2009)

그런데 2007년의 MA v. EPA[19] 판결은 Chevron 판결의 기조와는 달리, 다시 법원이 전문 기술적이고, 이성적인 판단을 강제하는 것(expertise-forcing)으로 이해될 수 있다.[20] 이 판결은 부시행정부의 대기오염 방지 규칙 제정 청원 거부를 다루고 있는데, 다수의견은 부시행정부 하에서 행정적 전문성이 정치화되는 것을 우려하면서, 과학에 근거한 이성적인 판단을 하고 있다.[21]

2009년의 Fox Television 판결[22]은 이러한 논의를 더욱 촉발시켰다. 이 사건은 연방 통신위원회의, 부시 2기 정부의 강력한 의지와 상원의 압력 하에 이루어진 "저속 표현 금지 규칙 변경"을 다룬 것인데, 연방대법원은 전단 자의 금지 원칙에 근거하면서도 "백악관이나 상원의 변경된 정책적 선호"도 규칙변경 정당화의 근거가 될 수 있음을 묵시적으로나마 보여주었다.[23] State Farm 판결과는 사뭇 다른 입장이다. Fox판결은 행정부의 정책변경능력을 증가시켰다고 하며,[24] 연방법원이 행정결정이 이성적이어야 한다는 원칙을 후퇴시키고, 정책변경에 있어 정치적 정당성을 받아들이는 신호라고 한다.[25] 또한 미국행정법도 행정결정에 있어 정치적 이유가 들어설 충분한 공간을 마련해야 한다는 주장도 있다.[26] 전단 자의 금지 원칙에 정치적 요소를 판단요소로 하자는 견해는 연방대법원 판사나 저명한 학자에 의해 주장되어 최근 상

19) 127 S. Ct.1438(2007)

20) *Id.*

21) Jody Freeman; Adrian Vermule, Massachusetts v. EPA: From Politics to Expertise, 2007 Sup. Ct.Rev. 51, 52(2007)

22) FCC v. Fox Television Stations, 556 U.S. 502(2009)

23) Michael Herz, Chair's Message, Administrative & Regulatory Law News, Spring 2012. p.2

24) Ronald M. Levin, Hard Look Review, Policy Change, and Fox Television, 65 U. Miami L. Rev. 555(2011)

25) Jodi L. Short, The Political Turn in American Administrative Law: Power, Rationality, and Reasons, 61 Duke L. J. 1811(2012)

26) Glen Staszewski, Political Reasons, Deliberative Democracy, and Administrative Law, 97 Iowa L. Rev. 849, 906(2012)

당한 반향을 일으키고 있다고 볼 수 있다.

강력한 반대 견해도 있다. Fox Television 판결에서 반대의견을 개진한 Breyer판사는 "정치란 판사에게 있어서 잠시라도 입 밖으로 내어서는 안 되는 더러운 단어"[27]라고 한다. 또한 Mark Seidenfeld 교수는 이러한 정치적 견해가 행정작용의 동기(motivation)로서 당연히 판단될 뿐이고 정당화(justification)의 근거는 될 수 없다고 한다.[28]

Ⅱ. 주요 판례분석

1. 처분과 적법절차

가. Nnebe v. Daus, 644 F. 3d 147(2d Cir.2011)

사건의 개요

원고들은 택시 근로자 연합과 택시 운전자들이다. 뉴욕시의 택시기사가 일정한 범죄로 인해 체포되면 약식으로 면허가 정지된다. 그런데 이러한 범죄 중에는 면허를 정지해도 괜찮을 정도의 중죄가 있는 반면, 그렇지 않은 사소한 비행, 예를 들면 복지금 부당수령, 기록의 허위 작성 같은 것도 있다. 뉴욕시는 택시기사의 범죄혐의가 중죄 혹은 리스트에 열거된 비행(misdemeaner)에 해당하는 경우 청문없이 즉각적으로 면허를 정지하고 이후 면허정지에 대한 청문을 실시하게 하는 정책을 실시하고 있다. 면허정지 후 청문에서는 문제된 혐의가 있느냐 그러하지 않느냐는 심리 되지 아니하고, "체포여부, 면허정지 사유가 중죄나 리스트에 있는 비행이 아닌지 여부, 그러한 혐의가 사실이지만

27) Michael Herz, 전게서, p.1

28) Mark Seidenfeld, The Irrelevance Of Politics For Arbitrary and Capricious Review, 90 Wash. U. L. Rev. 141, 148(2012)

혐의자가 운전을 계속할 때 공공의 건강이나 안전에 영향을 위협을 줄 것인지 여부"만이 심리된다. 원고들은 사전 청문없이 면허를 정지하거나 또는 면허 정지 후 청문에서 혐의의 사실여부가 심리대상이 되지 아니하는 위와 같은 뉴욕시의 정책이 수정헌법 제14조(적법절차)에 어긋난다고 하면서 42 U.S.C.§ 1983[29]에 따른 소송을 제기하였다.

판 지

적법절차는 "개인의 이익이 최종적으로 박탈되기 전 까지 어떤 형태의 청문(some form of hearing)이 주어진다면", 정부가 개인의 이익에 관여하기(interfere)전에 반드시 청문을 거치게 하는 것은 아니다.[30] 일반적으로는 개인의 이익이 박탈되기 전에 청문이 실시되어야 하지만, 언제 어떠한 청문이 실시되어야 하는가는 Mathews 판결[31]에 따라야 한다. 면허 정지 전 청문에 관하여 보면, Mathews 판결의 첫 번째 요소인 청문이 실시되지 아니함으로 인한 개인의 이익침해는 크고, 세 번째 요소인 급하게 면허를 정지해야 할 공익상의 필요도 크다.[32] 그러나 개인의 이익이 위법하게 박탈될 가능성이라는 두 번째 요소에 관해서는 면허정지후 바로 청문절차가 예정되어 있으므로 그 가능성이 매우 낮다.[33] 이점을 종합하면 면허정지후의 청문이 인정되는 한에 있어서는 면허 정지 전 청문이 없다 하더라도 적법절차의 위배가 없다.[34] 면허정지후의 청문에 관하여는 일반적으로 볼 때, 적법절차의

---

29) 헌법상의 권리침해를 이유로 하는 소송이며, "주 및 연방불법행위 청구권법"에 따른 소송과는 관할, 원고, 청구내용 등에서 차이가 난다.

30) 644 F. 3d 147, 157

31) Mathews v. Eldridge, 424 U.S. 319(1976). 이 판결은 적당한 적법절차인지를 결정하는 요소는 ①공적 작용에 의하여 침해받는 개인의 이익, ②사용된 절차에 의하여 그러한 이익이 불법적으로 침해될 가능성과, 추가적 혹은 대체적 절차의 가능한 가치, ③추가 내지 대체 절차가 가져올 기능이나, 예산상 또는 행정적 부담을 포함한 정부의 이익의 3가지라고 한다.

32) 644 F. 3d 147, 158-159

33) *Id.* 159

34) *Id.*

구체적 내용은 규정할 수 없지만 최소한 청구인에게 면허정지가 계속되어야 하는 가능한 타당성(probable validity)을 심사받을 기회를 제공하여야 한다.[35] 그 절차는 형사절차의 시사회(preview)로서 기능하는 청문을 가지라고 강요할 수 없고, 면허정지절차와 형사절차와는 관계가 없기 때문에 수사기관이 청문에 참가하라고 할 수도 없다.[36] 그러나 "그러한 혐의가 사실이지만 혐의자가 운전을 계속할 때 공공의 건강이나 안전에 영향을 위협을 줄 것인지 여부"라는 기준은 지금까지의 증거와 증언에 비추어 볼 때 한번도 적용되지 않았으며, 그러하다면 그 기준은 무의미한(nullity) 것이다.[37] 적법절차라는 것은 그러한 기준이 적용될 수 있는 자료를 제공할 수 있는 진정한 기회를 제공하여야 한다.[38] 면허 정지 후 청문에서 행정법 판사가 청구인의 사실적 주장을 가장 적은 범위에서(at minimal cost) 심사할 수 있도록 하는 것도 한 방법일 것이다.[39] 지방법원에 사건을 환송하여 위 기준이 실제로 적용될 수 있는 기회가 제공되고 있는지를 심사하게 한다.[40]

분 석

짧은 기간동안 청문없이 면허가 정지된다고 하더라도 즉각적인 면허정지 후 청문이 있으면, 당사자가 입는 손해는 금전적 손실인데 비해 정부는 즉각적인 조치를 취할 수 있어 후자의 장점이 더 크기 때문에 적법절차의 위배는 아니라는 것이다. 이 판결은 적법절차 여부를 판정하는데 있어 개인의 이익과 공익을 비교 형량하는 Mathews 판결의 법리에 따른 것이다. 이는 Association for Los Angeles Deputy Sheriffs v. County of Los Angeles 판결[41]에서 "경찰공무원과 같이 높

35) *Id.*
36) *Id.* 161
37) *Id.*
38) *Id.*
39) *Id.* 163
40) *Id.*
41) 648 F. 3d 986(9th Cir.2011)

은 공적 신뢰(public trust)와 대중 접촉(public visibility)을 가진 고용인은 중죄혐의로 기소되면 사전 직위해제 청문절차 없이 잠정적으로 직위해제될 수 있으며, 그러한 절차의 적법성은 사후 청문의 존재여부에 달려 있다"고 한 것과 괘를 같이 한다.

그러나 면허 정지후의 청문절차에 대해서는 "지금까지 한번도", "혐의가 사실이지만 혐의자가 운전을 계속할 때 공공의 건강이나 안전에 영향을 위협을 주지 않을 것"이라는 판단이 없었던 사실에 비추어 본다면 면허 정지후의 청문절차 기준이 무의미하다 할 수 있고, 그러하다면 그것은 적법절차 위배일 것인데, 이러한 점에 관해 심리를 더하기 위해 사건을 지방법원에 반송한다는 것이다. 이 판결은 면허 정지후의 청문절차가 의례적인 절차에 그칠 뿐 적절한 자료를 제공할 기회를 부여하지 못하였기 때문에 적법절차 위배라는 것을 강력하게 암시하고 있다.

2. 원고적격

가. Arizona Christian School Tuition Organization v. Winn, 131 S. Ct. 1436(2011)

사건의 개요

Arizona 주는 다양한 학교 등록금 단체(school tuition organization)에 대하여 기부하는 사람은 500 달러까지 기부액에 해당하는 만큼 세금공제를 받을 수 있게 하고 있다. 학교 등록금 단체는 기부금을 받는 사설 비영리 단체로서 자신이 받은 기금을 사립학교에 다니는 학생에게 장학금으로 지급하며 그 학교 중 상당수는 종교단체가 세운 것도 있다. 원고는 Arizona 주 납세자로서 이러한 세금공제가 수정헌법 제1조 및 제14조에 근거한 국교제정금지조항(establishment clause)[42]에 위배된

42) Amendment 1 : Religion. Speech, Press, Assembly, Petition (1791). "Congress shall

다는 이유로 Arizona 재무장관을 피고로 하여 세금공제에 대하여 금지영장(injunction)을 구하는 소송을 제기하였다. 원고는 세금공제가 종교적 교육에 대한 지원이며, 종교를 이유로 입학을 차별하는 학교에 대한 지원이라고 하면서, Flast v. Cohen 판결[43]에 따라 자신에게 원고적격이 있다고 주장하였다. 지방법원은 원고적격을 부인하였고, 항소법원은 원고적격을 인정하였다.

판 지

다수의견(Kennedy, Roberts, Scalia, Thomas, Alito)

헌법 제3조는 "사법권은 사건성(cases and controversy)이 있는 사건에 미친다"고 규정한다. 연방법원은 단순한 헌법에 관한 일반적인 이익을 가지는 사람은 원고적격이 없다고 하여왔다.

사건성의 유지는 선출되지 않은, 그러나 자제된 연방사법권에 대한 공공의 신뢰를 유지시켜왔고, 사건성을 벗어난 연방사법권의 행사는 헌법의 민주적 성격에 반할 것이다.[44] 헌법이 정한 사건성을 가지기 위해서 원고는 원고적격을 가져야 하고 원고적격은 ⅰ)구체적이고 특정된, 그리고 임박한 사실상의 손해, ⅱ)손해와 다투어지고 있는 행위와의 인과관계, ⅲ)손해가 법원의 조치에 의해 구제될 가능성이 있을 때 인정된다. 특정된 손해를 인정하기 위해서는 손해가 개인적이고도 개별적(personal and individual)이어야 한다.

특별한 사정이 없으면 납세자라는 이유만으로 원고적격이 인정될 수 없다. 그들은 일반적이고(generalized) 이념적인(ideological) 손해를 입는다고 볼 수 있기 때문이다. 납세자는 그러한 기금이 정부에 의해서

make no law respecting an establishment of religion, or prohibiting the free exercise thereof ……"

43) 392 U.S. 83(1968). 이는 연방 세금 납세자가 연방기금이 교구에서 운영하는 학교의 교재대금으로 사용되는 것을 금지하도록 요구하는 소송이었는데 연방대법원은 납세자의 원고적격을 인정하였다.

44) 131 S. Ct. 1436, 1442

헌법을 위반하는 방법으로 사용되지 아니하도록 하는 점에 관해서 계속적이고 법적으로 인정되는 이익을 가지고 있지 않다.[45)]

Flast 판결에서 납세자가 예외적으로 원고적격을 가지는 경우는 다음의 경우라고 하였다. 첫째 납세자는 자신이 주장하는 지위(status)와 다투고자 하는 입법의 형태(type of legislative enactment) 간에 타당한 연결고리(link)를 보여주어야 한다.[46)] 둘째는 자신의 지위와 헌법위반 행위의 성질 간의 관계(nexus)를 보여주어야 한다.[47)] 그러나 이 사건에서는 이러한 예외를 인정할 수도 없다. Flast v. Cohen 사건에서 원고는 그들의 세금이 강제적으로 징수되고 입법에 의하여 헌법위반의 방법으로 사용되는 것을 다투었지만 이 사건에서는 "징수와 소비"가 아닌, 세금공제가 문제이다.[48)] Flast 판결에서는 자신의 세금이 양심에 반해 종교단체에 기부된다는 것을 알 수 있었지만, 이 사건에서의 세금공제는 "세금 부과를 거부하는" 결정에 불과하다. 원고가 기부할 때 쓰이는 돈은 자신의 돈이며, 세금으로 모아진 돈이 아니고, 자신이 세금을 낼지 혹은 기부할 지는 자신의 뜻에 따르게 된다. 따라서 원고에게 Flast 판결에서 말하는 손해가 발생한 것은 아니다.[49)] 세금공제는 개인의 행동에 의해 실행되며 주정부가 관여하는 것이 아니다. 이러한 세금공제에 대한 금지영장을 발부한다고 할지라도 그것은 기부를 줄일 뿐이며 기부를 하지 않는 납세자에 대하여나 그들의 세금지불에 어떠한 영향을

---

45) *Id.* (Hein v. Freedom From Religion Foundation, Inc., 551 U.S. 587, 599를 인용하면서. Hein 판결은 행정부의 재량에 따른 예산배정에 관해서는 납세자의 원고적격을 인정하지 않았다)

46) 이렇게 보면 납세자는 헌법 제1조 s 1의 세금조항에 따른 의회의 권한 행사의 위헌성을 다툴 수 있지만, 본질적으로 규제적인 법률의 집행과정에서의 세금기금의 부수적인 지출을 다툴 수 없을 것이다(392 U.S. 83, 102).

47) 이 경우 납세자가 원고적격을 가지기 위해서는 입법이 특정한 헌법적 제한을 벗어났다는 것을 보여주어야 하고, 일반적으로 위임권한을 벗어났다고 해서는 안된다(392 U.S. 83, 103).

48) 131 S. Ct. 1436, 1446-1447

49) *Id.* 1447

미치지 않는다. 그러므로 손해가 정부의 귀책사유에 기인한다거나, 법원의 조치에 의해 구제가능하다고 볼 수도 없다.[50]

Flast 판결이래 여러 건의 판결이 세금면제, 세금공제, 세금 감액을 주장하는 원고들에 대하여 원고적격을 인정하긴 하였지만 이들 사건에서는 원고적격이 바로 쟁점이 되지 않았기 때문에 선례로서의 효력이 없다.[51]

Scalia, Thomas 별개의견

Flast 판결은 애시 당초 헌법 제3조와 합치할 수 없는 것으로서 납세자라는 이유만으로 세금공제를 다툴 원고적격이 없다.

Kagan, Ginsberg, Breyer, Sotomayor 반대의견

Flast 판결 이래 이 사건에서와 같은 세금공제, 세금면제 사건 판결에서 납세자가 원고적격을 인정받아왔다. 기금의 할당의 문제나 세금공제는 모두 종교단체가 운영하는 학교에 보조금을 주는 점에서는 동일하다.[52] 이 판결은 세금공제를 통하여 위헌적인 방법으로 종교단체에 지원하는 것을 견제할 수단을 없게 만든다.[53]

분 석

이 판결은 세금공제제도가 국교제정을 금지하고 있는 헌법에 위반되는 방법으로 운용될 때 일반 납세자가 그 금지를 구하는 원고적격을 가지는가 하는 점에 관하여 이를 부정하는 것으로 매우 중요한 의미를 갖는 판결이다. 다수의견은 일반 납세자는 세금공제제도가 헌법에 위반되는 방법으로 운용된다고 할지라도 이를 다툴 개별적이고 구체화된 특정한 이익의 침해가 없다는 것이다. 그런데 문제는 1968년의 Flast v. Cohen 판결이 헌법상의 국교제정 금지 조항에 위반되는 방법으로 운용되는 "예산의 배정"에 관해서는 일반 납세자에게 원고적격을 인정

50) *Id.*1448

51) *Id.* 1449

52) *Id.* 1450

53) *Id.* 1462

하였고 그에 따른 판례도 많이 있다는 데에 있다. 다수의견은 예산의 배정과 세금공제는 다르며, 세금공제는 개인의 자유의지가 개입되어 있어 원고적격에 요구되는 인과관계나 구제가능성도 없다는 것이며, 반대의견은 예산의 배정이나 세금공제 모두 헌법에 위반되는 보조금을 지불하는 점에 있어서는 동일하기 때문에 Flast v. Cohen 판결의 법리가 그대로 적용되어야 한다고 한다.

이 판결은 Flast 판결을 뒤집은 것은 아니지만 거의 죽음에 이르게 한 것이고,[54] 납세자의 원고적격을 엄격하게 한정하려는 방향 속에 있다고 할 수 있다.[55] 이 판결로 인하여 Flast 판결은 "고개를 끄덕이고 눈짓은 하고 있지만, 그 내용물은 모두 빠져나가 버린 것"[56]이라고 할 수 있다.

또한 이 판결은 보수파와 자유주의파 판사의 성향이 그대로 들어나 있다. 다수의견을 쓴 Kennedy, Roberts, Scalia, Thomas, Alito는 보수적 판사로, 반대의견을 쓴 Kagan, Ginsberg, Breyer, Sotomayor는 자유주의적인 판사로 알려져 있다. 보수적 판사들은 원고적격이, '법원이 정치적 결정을 하는 기관을 대신하여 공익을 결정하려는 노력'을 막는 것으로 이해하고 있고, 자유주의적 판사들은 원고적격의 핵심이 '원고가 소송에서 정당한 이해관계를 갖고 있다'는 것을 확인하는 것이라고 이해하고 있다.[57]

원고적격이 일관되지 않는 것은 원고적격이 목표 지향적으로 운용(result-oriented manipulation)되는 점도 한 원인이다.[58] 1992년에서 1998년에 걸쳐 D.C.항소법원의 원고적격에 대한 판결결과는 이를 여실하게

54) Jeffrey, 전게서, p 65

55) William P. Marshall, Gene R. Nichol, Not a Winn-Win: Misconstruing Standing and the Establishment Clause, The Supreme Court Review 2011, University of Chicago Press, p. 216

56) *Id.* 225

57) Jeffrey, 전게서, pp 68-69

58) William F. Funk, Administrative Procedure and Practice, Fourth Edition. p. 414

보여준다. 동 기간 중 공화당 정부에서 임명된 판사들은 환경단체가 제기한 소송중의 79.2%에 대하여 원고적격이 없다고 판단한 반면, 민주당 정부에 의하여 임명된 판사는 18.2%에 대하여 원고적격이 없다고 판단하였으며, 동 기간 중 전체 항소법원을 보면 공화당 정부 임명 판사들은 43.5%, 민주당 정부 임명판사들은 11.1%에 대하여 원고적격이 없다고 하였다.[59)]

나. Thompson v. North American Stainless, LP, 131 S. Ct. 863(2011)

사건의 개요

2003년 까지 Thompson과 그의 약혼자인 Regalado는 North American Stainless에 함께 근무하고 있었다. 2013. 2. 고용평등위원회가 위 회사에, Regalado가 제기한, 성차별을 이유로 하는 진정을 받았다는 것을 알리자, 위 회사는 Thompson을 해고하였다. Thompson은 자신에 대한 해고는 Regalado에 대한 보복이라고 하면서 1964년의 인권법 제 7절에 따른 소송을 제기하였다. 인권법 제 7절은 "사용자가 피용자의 인권법 제 7절에 따른 진정을 제기하였다는 이유로 피용자를 차별하는 것은 부당노동행위이다"라고 규정하고 있다. 또한 이법은 "진정을 제기하였다는 이유로 불이익을 받은 사람은 소송을 제기할 수 있다"라고 규정한다.[60)] 지방법원은 "인권법 제 7절이 제3자에 대한 보복을 이유로 하는 청구는 허용하지 않는다"는 이유로 원고의 소송을 각하하였으며, 항소법원도 "Thompson이 그를 위해서나 약혼자를 위해서 '법적으로 보호되는 활동'에 종사하지 아니하였기 때문에, 의회가 보복을 청구원인으로 하여 보호하고자 하는 사람에 속하지 아니 한다"는 이유로 지방법원의 판결을 인용하였다.

---

59) *Id.*

60) 42 U.S.C.§ 2000e-5(B), (f)(1).

판 지

인권법 제 7절은 "침해를 받았다고 주장하는 사람(a person claiming to be aggrieved)은 고용평등위원회에 진정할 수 있고, 고용평등위원회가 사용자에 대하여 책임을 추궁하지 아니하면, 침해를 받았다고 주장하는 사람이 민사소송을 제기할 수 있다"라고 규정한다. 이 문제는 두 가지 문제를 제기하는데, 첫째는 Thompson에 대한 해고가 부당노동행위를 구성하는가 하는 것, 두 번째는 전자가 인정된다면 인권법 제 7절이 Thompson에게 원고적격(혹은 소의 원인 cause of action[61])을 인정하는가 하는 문제이다. 첫째 문제에 관해서 보면 제3자의 범위에 관해서 다툼이 있을 수 있지만 제3자에 대한 보복이 인권법 제 7절을 침해하지 않는다고 볼 수는 없다.[62] 두 번째 문제가 훨씬 어려운 문제이다. 지금까지 우리는 인권법 제 7절의 원고적격은 헌법 제3조의 원고적격 요건[63]을 갖추고 있으면 가능하다고 하였으나 이번에 견해를 바꾸고자 하며, 인권법 제 7절의 "침해"는 헌법 제3조의 요건보다 더 좁아야 한다고 생각한다.[64] 또한 다른 극단의 입장에 서서 인권법 제7절이 보호하는 활동에 관여하는 사람만이 원고가 될 수 있다고 하는 것도 틀린 것이다.[65] 이 조항이 '차별받는 사람이 소송을 할 수 있다'고 하는 것이 아니라 '침해받은 사람이 소송을 제기할 수 있다'고 규정하

61) 이 판결은 원고적격(standing)과 소의 원인(cause of action)을 구별하고 있다. standing은 원고가 헌법 제3조가 정하는 사건성을 충족할 정도로 피고에 대하여 맞서고 있는가 하는 문제이며, cause of action은 특정한 원고가 법의 문제로서 입법에 따른 권리와 의무를 이행할 법원의 권한을 발동시킬 수 있는가의 문제이다.(Davis v. Passman 442 U.S. 228, 239.n.18)

62) 131 S.Ct. 863, 868

63) 이는 소위 case and controversy에 관한 것으로서 일반적으로 사실상의 침해, 행정작용과 침해와의 인과관계, 법원의 조치에 의해 구제될 수 있는지(구제가능성)를 그 요소로 한다.(William F. Funk, Administrative Procedure and Practice, 4 ed. p.400)

64) *Id.* 869

65) *Id.*

기 때문이다. 행정절차법, 5 U.S.C.§ 702는 "관계법의 의미 내에서 손해를 보거나 침해받은 사람"에게 원고적격을 인정하고 있다. 이 규정은 "원고가 법규정이 보호하고자 하는 이익의 범위(zone of interest) 내에 있고, 그 소송의 법적 근거(legal basis)가 그 법 규정의 위반이 아니면, 원고적격이 인정되지 아니하는 것"으로 해석하여 왔다. 이익의 범위는 "원고의 이익이 법규에 내재하고 있는 목적과 관계가 없거나 일치하지 않기 때문에 의회가 소송을 인정하지 않았을 경우"에는 소송제기권을 부인하는 것이다.[66] 인권법 제 7절의 소송도 이러한 기준을 내포하고 있으며, "원고가 법에 의해 보호되고 있는 이익을 주장하는 것이 일리 있으면(arguably sought to be protected by the statues) 원고적격이 인정된다.[67] Thompson은 위 회사의 피용자이고, 인권법 제 7절의 목적은 사용자의 불법적인 행동으로부터 피용자를 보호하는 것이다.[68] 따라서 Thompson은 인권법 제7절이 보호하고자 하는 이익범위 내에 있고, 원고 적격이 인정된다.

분 석

1964년의 인권법 제 7절은 고용에 있어서 차별을 금지하기 위한 규정이며, 사용자로부터 차별에 관한 진정을 하였다는 이유로 불이익을 당한 사람은 소송을 제기할 수 있게 한다. 이 경우 차별에 관한 진정을 한 근로자의 약혼자가 불이익을 당하였다면 인권법 제 7절에 따른 소송을 제기할 수 있을 것인가. 항소법원은 그 근로자의 약혼자는 헌법 제3조가 요구하는 원고적격의 요건은 갖추었으나 인권법 제 7절이 보호하는 활동에 종사하지 않았기 때문에 인권법 제 7절에 따른 소송의 원고적격이 없다고 판단하였다. 항소법원은 인권법 제 7절이 보호하는 활동을 하는 사람과 밀접하게 연결되어 있거나 관련되어 있는

66) *Id.*870
67) *Id.*
68) *Id.*

(closely related to or associated with) 사람에게 원고적격이 인정되어야 한다는 원고의 주장도 받아들이지 않았다.

그러나 연방대법원은 그렇게 보는 것은 너무 좁고, 또한 헌법 제3조의 요건만 갖춘다고 보면 너무 넓기 때문에 행정절차법이 정하는 이익의 범위 심사기준에 따라야 한다고 하면서 약혼자에게 원고적격을 인정하였다.

다. American Bottom Conservancy v. U. S. Army Corps of Engineers, 650 F. 3d 652(7th Cir. 2011)

사건의 개요

American Bottom은 미시시피 강의 일리노이 주에 있는 하천부지로서 여러 곳의 습지가 있다. Waste Management는 American Bottom에서 쓰레기 매립장을 운영하고 있으며 추가매립지를 위하여 미군 공병단으로부터 습지 매립허가를 받았다. 이 허가는 "습지를 매립할 때 근처에 두 배의 습지를 완충지로 만들 것"을 조건으로 하였다. American Bottom Conser -vancy는 위 습지를 보존하려는 환경단체이며, 그 회원들은 새보기를 좋아하는 사람(bird watcher)과 야생상태에서의 야생동물 보기를 좋아하는 사람들이다. American Bottom Conservancy가 미군 공병단의 습지매립허가의 취소를 구하는 소송을 제기하였는데 지방법원은 헌법 제3조가 정하는 원고적격이 없다는 이유로 소를 각하하였다.

판 지

헌법상의 원고적격 원칙은 다음과 같은 논거가 제시된다. 첫째는 연방법원의 권한을 사건성(Cases and Controversies)으로 한정하는 헌법 제3조에서 유래하였다는 것, 둘째는 영국 왕실법원의 관행으로부터 나왔다는 것, 셋째는 손에 잡히는 이해관계가 없으면 소송에 필요한 대립관계가 없어 소송의 활기가 없을 것이라는 것 등이다. 그러나 이러한 논거는 모두 미약하다(tenuous).[69] 원고적격이 헌법 제3조에서 유래하였다는 이론에 대하여 많은 비판이 있다.[70] 영국 왕실 법원은 1807년까지 원고적격이 문제된 적이 없다.[71] 민사소송과 공법 소송(public law litigation)은 다르며, 후자의 경우에는 사실상의 침해를 입은 사람은 명목상의 원고이고 원고가 아닌 공익단체가 소송을 수행한다.[72] 이러한 점을 고려하면 원고적격의 문제는 실제적으로(practically) 풀어야 한다.[73] 원고적격은 법원이 입법부에 성급하게 간섭하는 것을 방지하고, 사건의 폭주를 방지하며, '주된 피해자에 대한 구제가 피해가 적거나 혹은 피해를 전혀 입지 않은 사람들에 의해 방해되지 않도록 하는 견지'에서 정립되어야 한다.[74]

American Bottom Conservancy는 자신의 회원이 습지 옆 공원을 자주 이용하고 습지에서 사는 야생동물을 본다고 주장하고 피고도 이를 부인하지 않는다. 습지 주변에 사는 사람과 다른 주에 사는 사람은 원고적격 판단에 있어서 다르며, 이 건 소송으로 원고의 회원들이 잃게 되는 이익을 구제받을 수 있다.[75] American Bottom Conservancy의

69) 650 F. 3d 652, 655

70) 이 판결이 예로 들고 있는 논문은 Robert J. Pushaw, Jr., "Article III's Case/Controversy Distinction and Dual Functions of Federal Courts," 69 Notre Dame L. Rev. 447(1994) 등이다. Pushaw는 Case와 Controversy는 구별되며, 역사적으로 볼 때 Case는 대립된 당사자의 분쟁을 전제로 하지 않으며, 일정한 형식과 절차에 따라 당사자가 그의 권리를 주장하면 성립하며, 법원의 견해표명(exposition)을 통하여 법원에 의하여 해결되어야 하는 법적 문제(legal question)라고 한다.(동 논문, pp 472-474) 그는 case와 controversy의 구별이 공법분야에서 의미를 가진다고 한다.(동 논문, p 530)

71) 650 F. 3d 652, 655(Louis, L. Jaffe, Standing to Secure Judicial Review: Public Actions, 74 Harv. L. Rev. 1265, 1270을 인용하면서)

72) *Id.* (Abram Chayes, Public Litigation and The Burger Court, 96 Harv. L. Rev. 4, 24-26를 인용하면서)

73) *Id.* 656

74) *Id.*

75) *Id.* 657

원고적격을 부인할 근거가 없다.

분 석

이 판결이 원고적격의 가장 확실한 논거가 실제적이라고 하면서 주로 법원에 의해 인정된 논리를 내세우는 점에 있어서 이 판결 뒤에 숨은 내심은 진실로 헌법상의 원고적격과 같은 것은 없어야 한다는 것을 암시한다 할 수 있다.[76] 원고 적격이 실제로 판례법이 만든 것이라 할 수 있다는 것이다.

또한 이 판결은 원고적격의 요건인 "발생가능한 손해(probabilistic injury)를 분명히 한 점에 의의가 있다.[77] 이 사건에서 Waste Management가 습지를 매립하기 위해서는 다시 주정부의 허가를 받아야 하지만, 이 단계에서도 Waste Management가 습지를 매립한다는 것은 확실하기 때문에 손해의 발생이 목전에 있는 것이 아니라고 하더라도 손해발생의 가능성이 있고, 그 가능성은 이 건 소송으로 줄여질 수 있으므로 원고적격의 요건이 갖추어 졌다는 것이다.

3. 사법심사의 범위

가. Judulang v. Holder, 132 S. Ct. 476(2011)

사건의 개요

1996년 이전의 이민 및 국적법은 영주권자의 입국거부(exclusion)와 추방(deportation)을 각기 다른 절차로 처리하고 있다. 양자는 모두 일정 범죄 등이 요건이 되는데 입국거부의 요건이 되는 범죄는 부도덕한 범죄(crime involving moral turpitude)와 마약관련범죄[78] 등이며, 추방의 요건이 되는 범죄는 중죄(aggravated felony)[79] 등이다. 위 법은 입국거부

76) Jeffrey, 전게서, p 73

77) *Id.* 74

78) 8 U.S.C. § 1182(a)(2)(A)

79) 8 U.S.C.A. § 1227(a)(2)(A)(iii)

에 관해서는 일정한 경우 법무부장관 재량에 의한 예외를 규정하고 있지만, 추방에 관해서는 그러한 재량에 관한 예외 규정을 두고 있지 않다. 이러한 차이는 입국거부 대상자가 우연히 입국해 버린 경우 입국시에 적발되었으면 예외를 인정받을 수 있는데, 추방절차에서는 예외를 인정받을 수 없는 불합리한 점을 발생시킨다. 그리하여 이민 재심위원회(Board of Immigration Appeals': BIA)는 두 가지 정책을 취하였는데 첫째는 추방에 해당하는 범죄가 입국거부의 법규 근거에 해당하면(fell within a statutory ground) 예외를 인정하거나, 둘째는 추방에 해당하는 범죄의 근거가 입국거부에 해당하는 범죄의 근거와 실질적으로 동등하면(substantially equivalent) 예외를 인정한다는 것이다. 후자를 따를 경우 양 죄의 근거가 동등할 것을 요구하므로 그 근거가 다르거나 그 범위가 다르면 예외를 인정받을 수 없게 된다. 예를 들어 추방 대상자가 아이 학대죄의 중죄를 범하였다고 하는 경우에도, 입국거부 대상이 되는 부도덕한 범죄의 근거가 어린아이 학대죄의 근거보다 그 외연이 더 넓게 되므로 실질적으로 동등하다고 볼 수 없게 된다.

원고 Judulang은 살인에 관여되었는데 추방요건인 "폭력에 기한 중죄"에 해당되었다. 이민 재심위원회는 후자의 정책을 취하면서, 폭력에 기한 중죄의 근거가 부도덕한 중죄의 근거보다 그 범위가 좁기 때문에 양 죄가 실질적으로 동등하지 아니하다고 하면서 Judulang에게 추방에 관한 예외를 인정하지 아니하였고, Judulang이 이에 불복하였다.

판　지

이 사건에서 적용할 심사기준은 Chevron 판결[80]의 2단계 심사 기준인 "행정부의 해석[81]이 허용할만한 것인가"라는 것이 아닌 "전단 자

80) Chevron, U.S.A., Inc. v. Natural Resources Defense Council, Inc., 467 U.S. 837

81) 행정부의 해석은 "입법적 규칙, 재결에서의 의견, 매뉴얼, 법원에 제출하는 서면, 해석적 규칙, 정책선언, 지시, 의견서, 검사서, 서신, 비공식적인 충고, 안내서, 보도자료, 의회에서의 증언, 내부메모, 연설, 관보에서의 설명 등으로 나타난다.(Robert A Anthony, Which Agency Interpretations Should Bind Citizens and the

의 기준"이다.[82] Chevron 판결의 2단계 심사 기준에 따른다 하더라도 전단 자의 기준에 따른 분석과 다르지 않으나 이 사건에서 이민 재심 위원회의 정책은 법규의 해석이라고 볼 수는 없기 때문에 전단 자의 기준에 의한 심사가 더 적절하다.[83] 입국거부가 추방에 비하여 더 많은 예외를 인정하여야 할 것인가는 여기서의 판단대상이 아니며, 문제는 정책이 얼마나 이성적으로 결정되었느냐 하는 것이다.[84] 이민 재심 위원회의 위와 같은 정책은 "법 규정의 우연한 동등성"에 추방예외를 근거지우고 어떠한 사람을 계속 거주시켜야 하느냐 하는 이민법의 목적을 전혀 고려하지 않고 있으며, 중요한 요소를 고려하지 않은 정책은 이성적인 것이라 할 수 없다.[85] 추방의 근거되는 범죄가 여럿 있는 경우 공무원의 선택에 따라 입국거부의 요건되는 범죄와 동일할 가능성이 있게 되고 그렇다면 공무원의 선택에 따라 추방예외가 인정될 수 있다.[86] 정부는 추방예외를 인정하면서 입국거부 법규 문언에 보다 충실하여야 한다고 주장하나 추방예외에 관한 규정이 없을 때는 입국거부 법규 문언에 충실할 필요가 없다.[87]

분 석

Chevron 판결은 행정부의 법률해석이 유효한지에 관하여 2단계 심사를 하고 있다. 먼저 법률에서 쟁점부분에 관한 의회의 의사가 명료한지를 검토하고 그 뜻이 분명하면 법원이든 행정부이든 그 의사에 반해서는 안 된다. 2단계는 의회의 의사가 명료하지 않은 경우로서 행정부의 해석이 허용할 만한 것인지를 검토한다. Chevron 판결은, 첫 번째는 행정부의 해석이 의회의 의사에 반하는 것과 행정부의

Court?, 7 Yale J. on Reg. 1, 2(1990)

82) 132 S. Ct. 476, 483(1984)

83) *Id.* Fn. 7

84) 132 S. Ct. 476, 484

85) *Id.* 485

86) *Id.* 486

87) *Id.* 488

해석이 허용할 만한 것인가 하는 것이 차이가 있는가의 문제, 즉 1단계와 2단계 심사의 구별이 가능한가 하는 문제와, 두 번째, 2단계 심사와 재량통제 기준인 전단 자의 금지 심사와 무엇이 다른가 하는 문제가 있다.

Judlang 판결은 Chevron 판결의 2단계 심사기준인 "법규의 취지가 명확하지 않은 경우 행정부의 해석이 허용할만한 것인가"라고 하는 것이 결국 "전단 자의 기준"의 분석과 다르지 않다는 것을 명시적으로 선언한데서 의의가 있다.[88] Chevron 판결의 2단계 심사기준은 법규의 해석에 관한 것이고, 전단자의기준은 재량의 통제에 관한 것인데 양자의 관계에 대해서 논란이 되었다.[89] 정부로서는 Chevron의 2단계 심사가 더 유리하다고 하여 이의 적용을 주장하였는데 Kagan 판사는 이를 받아 들이지 않았다. 그는 Chevron의 2단계 심사인 "허용할 만한 것인가" 라는 것과 "전단 자의" 기준의 분석은 동일한 것이라는 것을 인정하면서도 전자는 법규의 해석, 후자는 재량행위에 적용되며, 이 사건에서는 이민 재심위원회의 정책이 문제이기 때문에 전단 자의기준이 적용되는 것이 타당하다고 하였다. Kagan 판사는 양자의 분석이 같다고 하면서도 그 적용범위는 다를 수 있다고 하여 과연 그 차이가 무엇인지는 앞으로도 해결해 나가야 할 과제라고 한다.[90]

---

88) Jeffrey, 전게서, pp 54-55

89) 예를 들어 Laurence H. Silberman, Chevron-The Intersection of Law & Policy, 58 Geo. Wash. L. Rev.821(1990)(Chevron 판결의 Step 2 분석과 전단자의 심사가 크게 다르지 않다 Id.827). Ronald M. Levin, The Anatomy of Chevron: Step Two Reconsidered, 72 Chi.-Kent L. Rev.1253(1997)(Chevron 공식에 의하면 법원은 법률이 행정부의 해석을 지지하지 않거나, 모호하지 않다면 2단계 심사에 나아갈 수 없는데 그것은 1단계 심사에서 합리적인지 여부를 심사하는 것이 되어 2단계 심사는 과잉이라고 한다. *Id.* 1261)

90) Jeffrey, 전게서, p.55

나. United States v. Home Concrete & Supply, LLC, 132 S. Ct. 1836(2012)

사건의 개요

정부는 소득세에 대한 환급청구가 이루어진 3년 내에 신고누락(deficiency)을 평가하여야 하는데, 이러한 3년의 기간은 납세자가 총수익에서 25%의 금액을 탈루(omit)하였을 때 6년으로 연장된다.[91] 이 사건에서의 문제는 납세자가 재고를 과대평가하고(overstate his basis) 그리하여 판매소득을 줄였을 때 탈루가 인정될 수 있느냐 하는 것이다. 재무성 규정은 판매액을 줄였을 때뿐만 아니라 재고를 과대평가하였을 때에도 탈루하였다고 보고 있다. 그런데 법원은 이전 Colony 판결[92]에서 이와 반대로 해석하였다. 즉 법원이 재고 과대평가에 대하여 탈루가 아니라고 한 재무성의 이전 해석을 Chevron 존중 법리를 적용하여 허용할 만 하다고 보았는데, 이후 재무성이 견해를 바꾸어 그러한 행위를 탈루라고 볼 수 있느냐 하는 문제가 이 사건의 쟁점이다.

판 지

다수의견

Colony 판결에서 이 법원은 1939년 내국세 법의, 현재 조항과 같은 한 조항을 해석하였는데, 재고를 과대평가하는 것이 탈루는 아니고, 입법역사도 그러하고, 내국세 법의 관계 조항이 명료하다고 할 수 없지만, 1954년 내국세법 조항에 비추어 분명하다고 하였다. 법원은 선결례구속의 원칙에 따라 위 결론을 따라야 한다.[93]

정부는 2010년 재무성 규정으로 Colony 판결의 해석을 바꾸었고, Brand X 판결[94]에 따라 재무성 규정 즉 행정부의 해석이 우선한다고

91) 26 U.S.C.§ 6501(e)(1)(A)

92) Colony, Inc, v. Commissioner, 357 U.S. 28.(1958)

93) 132 S. Ct. 1836, 1841

94) National Cable &Telecommunications Association v. Brand X Internet Services, 545

주장한다. 이 판결에서 말하는 명료성은 의회가 행정부에 제정법의 간극을 채울(gap-filling) 권한을 위임하였는가 하는 점에 핵심이 있다.[95] 법문언이 명료하다면 그러한 권한을 위임하지 않은 것이다. 정부는 1939년 법이 명료하지 않다고 하면서 정부가 간극을 채울 권한을 가졌다고 하지만 Chevron 판결이 있기 30년 전의 Colony 판결이 Chevron 판결의 권한 위임에 관한 쟁점까지 반영하고 있다고 보기 어렵다.[96]

Scalia 판사의 동조의견

Brand-X 판결이 있기 전까지만 해도 법원은 행정부의 권한을 넓히거나 줄이기 위하여 "마술적 단어(magic words)"라고 할 수 있는 명료/불명료를 말해야 한다는 느낌을 가지고 있지 않았다. Chevron 판결이 전까지만 해도 명료/불명료 결정을 해야 할 효용성(필요성은 아니라 할지라도)을 가지고 있지 않았다.[97] 소수설이 말하는 의회, 행정부, 법원 간의 계속적인 대화, 건설적인 의견(con -structive discourse), 교훈적인 교환(instructive exchange) 등은 낭만적이고 신기루에 유사하다.[98]

반대의견

1939년 법에 따라 Colony 판결이 있었는데, 이 법은 1954년 법으로 바뀌었고 후자는 행정부에 재량의 여지를 두고 있다. 다수설은 1954년 법의 변화된 내용에 큰 비중을 두고 있지 않으나 그렇지 않다.

U.S. 967: 법원의 이전 제정법 해석은 "그것이 분명한 문언(unambiguous term)을 따르고 행정재량의 여지를 전혀 남기지 않았을 때에만" Chevron 존중을 받는 행정부의 해석을 압도할 수 있다. 다시 말하면 법원의 제정법 해석은 "그것이 제정법의 분명한 의미를 결정하였을 때에만(only if the prior holding determined a statue's clear meaning)" 선결례 구속의 원칙에 따라 행정부의 해석을 압도할 수 있다. 쉽게 말하여 행정부는 제정법이 모호한 경우에만 이에 대한 이전의 해석이 Chevron의 2단계 심사에서 지지된 것이라 하더라도 제정법의 해석을 자유롭게 바꿀 수 있다는 판결이다.

95) 132 S. Ct. 1836, 1843

96) *Id.* 1844

97) *Id.* 1846

98) *Id.* 1847

우리의 법제도는 제정법의 해석과 적용에 관하여 의회 행정부 법원간의 끊임없는 대화(continuing dialogue)가 있을 것으로 추정하고 있다. 다수설은 관련법의 개정이 있었음에도 초기의 해석에 집착함으로써 이러한 교훈적인 교환을 배제시키고 있다.[99]

분 석

Home Concrete 판결은 Chevron 판결로 인해서 제정법의 해석을 제정법이 명료한지 그렇지 않은지에만 집착해 오던 것을 피하게 함으로써 Brand X 판결의 분석을 발전시켰다고 평가된다.[100] 이 판결은 지난 10여년 간 발전하여 온, 1984년의 Chevron 판결의 법리에 대한 변화를 강화시켰다.[101]

Home Concrete 판결은 1939년 법의 내용이 명료하지 않은 것을 인정하면서도 재무성 규정에 Chevron 존중을 부여하지 않았으니 "명료하지 않으면 행정부의 해석을 존중한다"는 Chevron 판결에 변화를 준 것이다. 이 판결이 "제정법에 있어서 침묵이나 불명료함은 의회가 행정부에 간극을 메울 권한을 부여하였다는 최소한의 추정적 표시(at least a presumptive indication)이기는 하지만 그 추정은 극복될 수 없는 것은 아니다"[102] 라고 하는 것은 Chevron 판결의 명료/ 불명료의 이분적 분류를 벗어난 것이라고 할 수 있다. 이 사건에서는 Chevron 판결이 있기 전에 법원이 법규에 불명료한 점이 있다고 인정하였더라도 이를 Chevron 판결 이후에도 그대로 인정할 수 없다는 논리이다. 이러한 점에서 이 판결은 Brand X 판결로 부터의 온건한 진전(modest improvement)이다.[103] Scalia 판사는 Brand X판결의 명료/불명료 구분을 반대하면서 이 사건에서도 단순히 행정부의 해석이 불합리하다고 얘기

99) *Id.* 1852

100) The Supreme Court-Leading Case, p 368(이하 The Supreme Court-Leading Case)

101) *Id.*

102) 132 S. Ct. 1836, 1843

103) The Supreme Court-Leading Case, p 373

하였어야 했다고 한다.

Home Concrete 판결은 Brand X 판결을 진전시킨 것이기도 하거니와 또한 제정법이 불명료한데도 Chevron 존중을 적용하지 않은 Mead 판결[104]의 선도를 따라 간 것이며, Chevron 법리의 변화(transformation)를 공고히 하고 확장한 것이라 할 수 있다.[105] Mead 판결은 "의회가 행정부에게 법규적 효력을 가지는 규칙을 제정할 권한을 위임하였을 때, 그리고 행정부의 해석이 그러한 권한의 행사로 선포되었을 때" Chevron 존중이 이루어진다고 하여, Chevron 존중이 "의회의 뜻의 명료성" 보다는 "권한의 위임여부"에 달려 있다고 한다. 그 동안 Chevron 판결의 2단계 심사에 의하면, 1단계 의회의 뜻이 명료할 때는 의회의 뜻, 2단계 의회의 뜻이 명료하지 않을 때는 행정부의 합리적인 해석이 법원의 존중을 받게 되는데 이러한 1단계와 2단계의 구별이 가능한가 하는 점에 관하여 의문이 제기되어 왔다.[106] Mead 판결은 권한의 위임이 있을 때 Chevron 존중이 가능하다고 하여 "권한의 위임이 없을 때"의 문제인 Step Zero의 문제를 야기시켰다. Home Concrete 판결은 Mead 판결의 핵심요소인 "불명료성이 반드시 위임을 인정하려는 의회의 의도를 의미하는 것이 아니며, 사법적 존중은 의회의 위와 같은 의도에 달려 있을 뿐 불명료성으로부터 오는 것이 아니다"라는 것을 받아들이고 있다.[107]

다. Christopher v. Smithkline Beecham Corporation, 132 S.Ct. 2156(2012)

사건의 개요

104) United States v. Mead Corp.,533 U.S. 218(2001)

105) The Supreme Court-Leading Case, p 373

106) Matthew C. Stephenson & Adrian Vermeule, Essay, Chevron Has Only One Step, 95 Va. L. Rev. 597(2000) 참조

107) The Supreme Court-Leading Case, p377

공정노동기준법(Fair Labor Standard Act)상 사용자가 피용자에게 지급해야 하는 시간외 수당의 예외는 "외부 판매원 자격(in the capacity of outside salesman)"으로 일할 때이다. 의회는 외부판매원의 정의를 규정하지 않고, 그 권한을 노동부(Department of Labor)에 위임하였다. 이와 관련한 노동부의 규정은 3가지이다. 첫째는 29 C.F.R.§ 541.500으로서 외부판매원은 "그의 주된 일이 29 U.S.C.§ 203(k) 의미에서의 판매를 하는 사람"이라 규정하는데 29 U.S.C.§ 203(k)는 "판매는 매매, 교환, 판매계약, 판매를 위한 위탁, 판매를 위한 선적, 기타 처분을 말한다"고 규정한다. 둘째는 29 U.S.C.§ 541.501로서 "203(k) 의미에서의 판매는 유형재산의 소유권이전을 포함한다"고 한다. 셋째는 29 U.S.C.§ 541.503으로서 "근로자 자신의 외부판매 또는 권유와 부수하거나 관련하여 하는 홍보는 시간외 수당으로부터 면제되는 일이며, 다른 사람의 판매에 부수하여 행해지는 홍보는 면제되는 일이 아니다"라고 규정한다. 노동부는 지침서(guidance)에서 판매라는 요건에 대해서 어떤 의미에서든(in some sense) 판매이면 된다고 하였다.

Michael Christopher은 SmithKline이라는 제약회사의 판매 대리인(sales represent-ative)으로 일하고 있었는데 맡은 일은 의사를 방문해서 당사의 약품에 대하여 미래, 이익 등을 의논하고 그 약을 처방하게 하는 것이었다. 이러한 방문은 일주일에 대강 40시간이 걸렸고, 매주 생산정보를 조사하던가, 회의에 참석하던가, 잡다한 행정적인 일로 추가로 10시간에서 20시간 정도 소비하였다. 그러나 이러한 추가시간에 대해서는 시간외 수당을 받지 못하였다. 그는 기본급 외에 판매실적이나 시장점유율에 따른 장려금(incentive pay)을 받았다. 문제는 이러한 판매대리인이 외부판매원이냐 하는 것이며, 노동부는 자체 규정을 해석하여 외부판매원이 아니라고 하였다.

Auer 존중[108]은 법원이 행정부의 자체규정 해석에 대해서는 그것

108) Auer v. Robbins, 519 U.S. 452(1997)

이 명백히 잘못되었거나 규정과 모순되는 경우를 제외하고는 "지배적인 무게(controlling weight)"를 두어야 한다는 것인데 위 사건에서 노동부의 자체규정 해석이 이러한 Auer 존중을 받는 것인지가 쟁점이다.

판 지

노동부 규정이 Chevron 존중을 받는 것이 맞는데 노동부 규정의 해석이 Auer 존중을 받는 것이 맞는지가 문제된다. 노동부는 다른 사건에서의 법정의견서(amicus brief)에서 외부판매에서의 판매는 면제 대상자가 관계되는 완성된 거래(consummated transaction)를 요구한다고 하였다. 그런데 현재 이 사건에서는 그것이 소유권의 이전을 의미한다고 한다. 노동자와 노동부는 이러한 해석에 지배적인 무게가 주어져야 한다고 한다. 이 사건에서 Auer 존중이 주저되는 몇가지 이유가 있다.[109] 이 사건에서 Auer 존중이 이루어지면 행정부가 규정이 금지 혹은 허용하는 것이 무엇인지 사전에 충분한 경고(fair warning)를 해주어야 한다는 원칙을 심각하게 훼손하는 것이 된다.[110] 이 사건에서 제약회사는 2009년까지 판매대리인에게 시간외 수당을 지급하지 않아도 된다고 생각하였고 노동부 규정 어디에서도 반대근거를 발견할 수 없었다.

더욱 중요한 것은 노동부가 어떠한 제재를 하거나 불법을 행한다고 지적한 적도 없었다.[111] Auer 존중은 행정부가 요건 공백의 규정을 만들고 그에 대한 행정부의 해석을 존중하게 만들 위험성이 있다.[112] 그렇기 때문에 이 사건에서의 노동부 해석은 모든 사정을 고려하여 "설득력이 있는지(power to persuade)를 평가하는 Skidmore 존중이 이루어져야 한다.[113] 노동부의 해석이 Auer 존중을 받지 못하거나 설득력이 없을 경우 전통적인 해석방법(traditional tools of interpretation)을 사용

109) 132 S.Ct. 2156, 2167
110) *Id.*
111) *Id.* 2168
112) *Id.*
113) *Id.* 2169

해야 한다.[114)]

분 석

이 판결은 Auer 존중의 적용범위를 제한하려고 하는 점에 의의가 있다. 이 판결은 Auer 존중이 행정부의 해석을 소급적용하는 경우에는 적용될 수 없다는 것을 분명히 한 것이다. 행정부의 해석이 Auer 존중을 받기 위해서는 규율 받는 사람에 대하여 그러한 해석이 시행되기 이전에 사전에 고지되어야 한다는 것이다. 이것은 Mead 판결이 Chevron 존중을 "행정부의 해석이 충분한 위임 하에(sufficiently formal) 이루어 졌을 때로" 그 범위를 제한하고 있는 것과 같은 방향에 있다.[115)] Auer 존중은 행정부가 입법적 기능과 해석적 기능을 결합시키고 있다는 점에 문제가 있다 할 수 있는데 이 판결은 Auer 존중의 적용범위를 제한함으로써 그러한 문제점을 해결하고 있다.[116)]

4. 행정입법

가. Electronic Privacy Information Center v. U.S. Department of Home Land Securities, 653 F. 3d 1(D.C.Cir.2011)

사건의 개요

전자사생활정보센타와 개인이 원고가 되어 비행기 승객에 대하여 자석식 기계대신 영상기계로서 검색하기로 한 수송안전청(Transportation Security Administration)의 결정 취소를 구하였다. 원고들은 영상기계의 사용이 연방법이나 수정헌법 제4조(부당한 압수 수색금지)를 위반하였으며, 또한 고지의견제출절차에 따른 행정입법이 이루어졌어야 하였다고 주장하였다. 법률은 수송안전청에게 비금속, 생화학적, 방사능무기나

114) *Id.* 2170
115) The Supreme Court-Leading Case, 362
116) *Id.* 365

폭발물을 감지하는 새로운 기술을 개발하는 것에 우선순위를 두도록 지시하고 있다. 수송안전청은 영상 스캐너를 도입하였고, 이것은 옷을 입지 않은 상태의 신체를 영상으로 보여준다. 승객이 영상스캐너를 통과하도록 강요되는 것은 아니었지만 검색대 앞에 신체 접촉에 의한 검색대로 향하도록 하는 안내판만이 있을 뿐이다. 영상 스캐너에 의한 사생활 침해를 방지하기 위하여 얼굴영상을 흐리게 하고 영상을 볼 수 있는 사람은 제한되어 있다.

원고들은 영상 스캐너가 사생활과 건강을 해친다고 하면서 수송안전청에 정식의 행정입법절차를 진행하고 그 때까지 영상기계의 사용을 중지 할 것을 요청하였으나 그러한 요청은 무시되었다. 2010년 4월에 원고들은 다시 행정입법을 하여 줄 것을 청원하였고, 수송안전청은 검색절차를 바꿀 때마다 행정입법절차를 취할 수 없다는 이유로 이를 거부하였다. 이 사건의 주요쟁점은 수송안전청이 고지의견제출절차에 따른 행정입법을 하여야 하느냐 하는 점에 있다.

판 지

행정입법 제정청원을 거부하는 것은 재량이며 재량 일탈 남용의 경우에만 취소할 수 있으나 그 재량은 가장 존중되어야(at the high end of the range of deference)한다.[117] 수송안전청은 검색절차에 관한 규정은 행정절차법 제553(b)가 정하는 “해석적 규칙, 정책의 일반적 표명, 절차적 규칙”에 해당하여 고지의견 제출이 필요하지 않다고 한다. 실체적 규칙과 절차적 규칙의 구별은 “실절적 효과가 행정절차법이 정하고 있는 정책을 담보하기 위하여 고지의견제출절차를 거쳐야 할 정도로 중요한가 그렇지 않은가 하는 정도(one of degree)”에 달려 있다.[118] 이 사건에서 검색절차에 있어서 중요한 변화는 사생활 보호와 밀접한 관련이 있고 고지의견제출절차에 따른 행정입법을 촉발시키기

117) 653 F. 3d 1, 5

118) *Id.*.

에 충분하다.[119] 또한 수송안전청은 이 건 규칙이 단순히 자신에게 부여된 법적인 책임을 공중에게 알려주는 "해석적 규칙"에 불과하다고 한다. 실체적 규칙과 해석적 규칙의 구별은 새로운 규칙이 법규나 규제 제도에 실질적인 변화를 주는가에 달려있다. 수송안전청의 "불명확한 법규정을 분명히 하였다"는 주장에 일리 없는 것은 아니지만, 불명확한 규정에 대하여 불명확한 행정입법을 만들고 다시 엄격한 해석적 규칙을 만드는 것을 허용하면 고지의견제출절차를 거치게 하는 행정절차법의 목적이 손상될 것이다.[120] 마지막으로 수송안전청은 이 건 규칙이 일반적인 정책표명이라고 한다. 그러나 행정기관의 정책표명이 그 자체로 구속적이거나, 구속적인 방법으로 적용될 때는 구속적인 것으로 보아 고지의견제출절차가 적용되어야 한다.[121] 행정기관의 정책표명이 의무적인 표현으로 되어 있고, 관계된 사람이 그것을 따르지 않으면 불리한 결과가 따를 것이라고 믿는 것이 합리적인 경우에 그 정책표명은 구속적이다.[122]

이 건 규칙은 고지의견제출절차에 따르지 않을 예외적인 사유에 해당하지 않으므로 이러한 절차에 따르도록 하기 위하여 행정기관에 반송(remand)하지만, 이 건 규칙을 무효화하는 경우 보안활동을 심각하게 해칠 것이고 다른 점에 있어서는 적법하므로 이 건 규칙을 무효화(vacate)하지는 않는다.[123]

분 석

수송안전청이 공항 검색방법으로서 자석식 기계 대신 영상기계를 사용하게 한 것이 승객을 검색하는 방법을 변경한 것에 불과한 것인지(이 경우 절차적 규칙에 해당하여 고지의견제출절차의 예외를 인정받을 수 있

119) *Id.* 6
120) *Id.* 7
121) *Id.*
122) *Id.*
123) *Id.*

다), 신체를 스캔하는 심각한 사생활 침해에 해당하는지(이 경우 실체적 규칙에 해당하여 고지의견제출절차를 거쳐야 한다)에 관하여 D.C. 항소법원은 후자라고 판단하였다. 어떠한 규칙이 구속적 효력(legal effect)를 갖느냐에 관하여 American Mining Congress 판결[124)]은 ⅰ)그 규칙이 없는 경우 집행이나 혜택부여, 의무이행을 확보하는 입법적 근거가 없는지, ⅱ) 그 규칙이 관보에 게재되었는지, ⅲ)행정기관이 일반적인 법적 권원을 명시하고 있는지, ⅳ) 그 규칙이 이전의 실체적 규칙을 효과적으로 변경하고 있는지에 따라 결정된다고 한다.[125)] Electronic Privacy 판결에서는 위 기준을 적용하였는지는 명시하고 있지 않지만 법적 혹은 구속적 효과의 변경에 주안점을 두고 있는 네 번째 기준을 적용하고 있다고 볼 수 있다.

Electronic Privacy 판결에서 또 하나 주목할 점은 반송제도의 활용이다. 절차만이 위법하다고 판단할 때 기왕의 규칙의 유효성은 그대로 인정하면서도 행정청으로 하여금 그 절차에 따라 새로이 규칙을 제정하게 하는, 헌법재판소의 한정합헌 결정을 연상하게 하는 결정이다.

Ⅲ. 결 론

미국 연방대법원의 2011 회기 행정판례는 사법의 정치화의 파고 위에서 Chevron 존중 법리의 바다를 건너고 있다고 할 수 있다. 사법의 정치화는 두 가지 측면을 가진다. 하나는 판사의 개인적 소신과 정치적 성향에서 판결이 이에 영향을 받는다는 것, 다른 하나는 행정결정의 논리 안에 정치적 입장이 공개적인 근거로 제시될 가능성이 있다

124) American Mining Congress v. Mine Safety & Health Administration,995 F.2d 1106 (D.C.Cir.1993)

125) *Id.* 1112

는 것이다. 전자는 행정판결 뿐 아니라 미국 법원의 전반적이고 고질적인 문제이며, 후자는 유력한 학자들에 의해 강력하게 제기되어 점차 설득력을 얻어가고 있는 듯하다.

미국 연방대법원의 2011 회기 행정판례 중 의미 있는 판결은 납세자의 원고적격을 다룬 Winn 사건, Chevron 존중을 받고 있는 행정부의 해석을 행정부가 다시 바꿀 수 있느냐 하는 문제를 다룬 Home Concrete 판결, 행정부의 규정해석이 높은 수준의 존중을 받는다고 하더라도 그것이 사전에 공포되어 일반국민이 그에 관한 적절한 경고를 받지 못하였다면 그러한 수준의 존중을 받지 못한다는 Christopher 판결 등이라 할 수 있다. 또한 국민의 신체, 자유, 재산을 침해할 때는 적법한 절차에 의해야 한다는 적법절차의 원칙, 국민의 권리 의무에 영향을 미치는 규칙을 제정하기 위해서는 고지의견제출절차가 필요하다는 행정입법절차에 관한 문제도 여전히 같은 회기에서 상당한 쟁점이 되었다.

2011 회기기간 중 미국 행정판례는 여느 때와 마찬가지로 “이론보다는 실제”에 근거하여 문제를 해결하고 있다고 보인다. 사법의 정치화도 시대와 상황에 맞는 문제해결 방식의 하나로도 볼 수 있다. Nnebe 사건에서 다루고 있는 적법절차의 원칙은, 언제 어떻게 하는 것이 적법절차라고 분명히 정하고 있지 않다.[126] 원고적격의 문제도 American Bottom Conservancy 판결에서 보는 것과 같이 실제에 입각한 해결방식이 좀 더 유연성을 가질 수 있다. 한국의 행정법도 미국 행정법이 가지는 이 유연성을 어떻게 획득할 수 있는가를 깊이 고민해 보아야 할 것이다.

126) Funk, 전게서, pp 257-258

참고문헌

단 행 본

William F. Funk, Administrative Procedure and Practice, Fourth Edition.

ABA, Development in Administrative Law and Regulatory Practice 2011.

논 문

The Supreme Court-Leading Case, Harvard Law Review, Volume 126 · November 2012.

ABA, Administrative & Regulatory Law News, Winter and Spring, 2012.

Sidney A. Shapiro; Richard Murphy, Politicized Judicial Review in Administrative Law: Three Improbable Response, 19 Geo. Mason L. Rev. 319(2012).

Jodi L. Short, The Political Turn in American Administrative Law: Power, Rationality, and Reasons, 61 Duke L. J. 1811(2012).

Glen Staszewski, Political Reasons, Deliberative Democracy, and Administrative Law, 97 Iowa. L. Rev. 849, 906(2012).

Mark Seidenfeld, The Irrelevance of Politics for Arbitrary and Capricious Review, 90 Wash. U. L. Rev. 141, 148(2012).

Ronald M. Levin, Hard Look Review, Policy Change, and Fox Television, 65 U. Miami L. Rev. 555(2011).

William P. Marshall; Gene R. Nichol, Not a Winn-Win: Misconstruing Standing and the Establishment Clause, The Supreme Court Review 2011.

Kathryn A. Watts, Proposing A Place For Politics in Arbitrary And Capricious Review, 119 Yale L. J. 2(2009).

Jody Freeman; Adrian Vermule, Massachusetts v. EPA: From Politics to Expertise, 2007 Sup. Ct. Rev. 51(2007).

Elena Kagan, Presidential Administration, 114 Harv. L. Rev. 2245(2001).

Matthew C. Stephenson & Adrian Vermeule, Essay, Chevron Has Only One Step, 95 Va. L. Rev. 597(2000).

Ronald m. Levin, The Anatomy of Chevron: Step Two Reconsidered, 72 Chi.-Kent L.Rev.1253(1997).

Robert J. Pushaw, Jr., "Article III's Case/Controversy Distinction and Dual Functions of Federal Courts," 69 Notre Dame L. Rev. 447(1994).

Robert A Anthony, Which Agency Interpretations Should Bind Citizens and the Court?, 7 Yale J. on Reg. 1, 2(1990).

Anton Scalia, Rulemaking as Politics, 34 Admin. L. Rev.[xxv]1982.

국문초록

이 논문은 미국 연방대법원의 2011 회기 기간 중 행정판례의 동향을 살펴보고 중요판례를 분석하고 있다. 행정판례는 법원이 행정작용을 심사한 경우를 말한다. 기간 중 행정판례의 동향을 살펴보면, i)Chevron 존중 법리가 지속적으로 변화하고 있으며, ii) 판사의 정치적 소신에 따른 판결 경향도 지속되고 있고, iii) 전단 자의 금지 원칙에 의한 심사 내지 엄격심사에 있어서 정치적 영향도 심사대상으로 하자는 견해가 등장하고 있다. 이러한 견해는 연방대법원 대법관이나 유력학자에 의해 주장되는 것으로서, 종전의 전단 자의 금지 원칙 심사가 이성에 근거한 전문가의 기술적 판단이었는데 비해, 정치적 요소가 심사대상으로 된다면 정치적 판단으로 바뀔 수 있다는 점에서 매우 주목할 만한 견해로 보인다.

Nnebe 판결은 택시면허에 대한 약식 면허 정지 처분 전에 청문이 없다고 하더라도 사후 청문이 예정되어 있으면 적법절차 위배가 아니라고 하였다. 그리고 사후 청문도 의례적인 기각 방식으로 진행된다면 적법절차 위배가 될 가능성이 있다고 하였다. Winn 판결은 종교재단 설립학교에 기부한 납세자가 그만큼 세금공제를 받는 것이 국교제정금지조항에 어긋난다고 주장하는 소송에서 일반 납세자의 원고적격을 부인한 것이다. 이는 Flast 판결이 종교재단 지원 예산지출에 대하여 일반 납세자의 원고적격을 인정한 것과 대비되는 것으로, Flast 판결의 원고적격 법리를 형해화하였다고 평가받는다. Thompson 판결은 원고적격을 인정 기준으로 헌법 제3조 상의 사실상의 침해요건과 법률이 보호하는 이익의 중간인, 이익의 범위 기준을 취하고 있다. American Bottom Conservancy 판결은 단체의 원고적격에 관한 것으로서 이론보다는 실제적으로 원고적격을 결정한다.

사법심사범위에 관한 Judlang 판결은 Chevron 존중의 2단계 심사가 전단자의 금지 심사와 실질적으로 동일하다는 결론을 내린다. Home Concrete 판결은 이전의 법원에서 Chevron 존중을 받은 해석을 행정부가 바꿀 수 있는가 하는 문제를 다룬 것으로서, 종전의 해석이 모호한 법률조항을 대상으로 하였을 때만 그러하다는 Brand-X 판결을 변용시켰다. Home Concrete 판결은 법률조항이 모호하더라도, 그 해석이 Chevron 판결 이전에 있었다면 법률조항의 명료/불명료로써 그 변경가능성을 기준할 수 없다고 하여, Chevron존중 법리를 변화시켰다. Christopher 판결은 행정부가 자신의 규정을 해석하면 특별한 잘못이 없는 경우 존중한다는 Auer 존중을 다룬 것으로서, 이 경우에도 사전에 경고되지 않으면 그러하지 않다고 판단하였다.

Electronic Privacy Information Center 판결은 항공기 탑승을 위한 검색을 자석식에서 영상식으로 바꾸는 규칙에 대하여 사생활을 침해하는 것이므로 절차적 규칙이 아니라 실체적 규칙이며 고지의견제출절차가 필요하다고 하였다.

이상의 판례는 원고적격이나 사법심사의 범위를 좀 더 실제적으로 구체적이고 타당성있게 풀어나가는 노력으로 보이며, 이러한 유연성이 한국 행정법에도 도입될 필요가 있다고 보인다.

키워드: 적법절차, Chevron 존중, Auer 존중, 납세자 원고적격, 이익의 범위, 고지의견제출절차

Abstract

The Trend and Review of Administrative Law Cases in 2011 Term of the U.S, Supreme Court.

Taehwan Kum(Dean of Yeungnam University School of Law.)

This article analyzes the most important administrative law cases during the 2011 term of U.S. Supreme Court(here the cases). They are selected on the base of citation number of law review and westlaw.

It argues that Chevron deference has continued to transform from the analysis of statutory ambiguity into more emphasizing of delegation, that there have been many politicized cases which were decided upon judge's political beliefs, and that the contention that there should be a place for politics in arbitrary and capricious review has gained strength recently.

Then, it reviews the cases. ***Nnebe*** held that due process clause did not require pre-suspension hearing, if post-hearing is provided, while the post-suspension hearing with 100 % dismissal might not be adequate to provide due process. ***Winn*** held that the tax payer does not have standing for Arizona's tax credit scheme for funding private schools, concluding that an injury is "generalized" rather than "particularized", since granting a tax credit to X does not extract anything at all from Y. ***Thompson*** held that an "aggrieved" person under Title VII includes any person with an interest arguably sought to be protected. ***American Bottom Conservancy*** held that the organization alleged sufficient injury to establish standing to sue, which should be determined according to the practical basis.

Judlang recognized that the analysis according to the "impermissible" standard under second step of Chevron deference would be the same as that according to the "arbitrary and capricious" standard. ***Home Concrete*** held that the Treasury Department regulations that ran contrary to earlier Supreme Court precedent in Colony can not be deferred, despite of that the earlier court had found the relevant language unambiguous. ***Home Concrete*** limits and betters the ***Brand-X*** analysis by eschewing rigid adherence to previous assessment of statutory ambiguity. ***Christopher*** endorsed much of recent criticism of Auer deference by refusing to defer to an agency's interpretation of a regulation when it is not committed to fair notice for regulated entities. *Electronic Privacy Information Center* found that the severity of the body scan intrusion on privacy was sufficient to preclude reliance on the procedural exception.

All these cases show that the scope of judicial review or standing is solved practically, rather than ideologically, and therefore flexible. This article argues that the Korean Administrative Law also has to be more practical and flexible than ever.

Keywords: due process, Chevron deference, Auer deference, tax payer standing, zone of interest, notice and comment procedure

투 고 일: 2012. 12. 16
심 사 일: 2012. 12. 21
게재확정일: 2012. 12. 21

最近(2011) 獨逸 行政判例의 動向 및 分析 硏究

李 殷 相*

Ⅰ. 들어가는 말

행정판례연구회는 지난 2008년도부터 매년 최근 외국 행정판례의 동향을 살펴보고 주요 행정판례를 선정하여 분석하는 연구를 수행해왔다. 올해는 5번째 후속연구로서, 본 연구는 독일의 행정소송사건에 관한 최고법원인 독일연방행정법원(Bundesverwaltungsgericht)에서 2011. 1. 1.부터 2011. 12. 31.까지 선고했던 판례를 중심으로 2011년도 독일 행정판례의 동향과 주요 행정판례를 살펴보고자 한다.

* 대전지방법원 홍성지원 판사

독일 행정판례에 관한 정보를 얻을 수 있는 일반적인 방법은 크게 문헌 검토[1], 인터넷 사이트 검색[2] 등이 있겠으나, 본 연구는 독일 연방행정법원에서 매년 지난 해의 사건상황과 주요판례의 개관 및 당해 연도 주요 선고예정사건 등에 관한 정보를 제공하기 위해 발행하는 연례언론회견자료(Jahrespressegespräch)[3] 중 2011년도 자료[4]에 기초하여 2011년도 독일 행정판례의 동향과 주요 판례의 분석을 시도해 보고자

---

1) 독일 행정판례와 관련된 문헌으로는 ①주요 법률잡지["Die öffentliche Verwaltung (DöV)", "Deutsches Verwaltungsblatt(DVBl)", "Neue Zeitschrift für Verwaltungsrecht (NVwZ)", "Archive des öffentlichen Rechts(AöR)", "Neue Juristische Wochenschrift (NJW)" 등], ②독일연방행정법원 판례집[Entscheidungen des Bundesverwaltungsgerichts(BVerwGE)], ③독일연방 공법 법령집(Sartorius Ⅰ, Verfassungs-und Verwaltungsgesetze der Bundesrepublik) 등이 있다.

2) 참조할 만한 주요 인터넷 사이트로는 ①독일연방행정법원 사이트(http://www.bverwg.de), ②독일연방법률 사이트(http://bundesrecht.juris.de), ③독일 현행법령 사이트(http://www.rechtliches.de), ④EU 법률정보 사이트(http://eur-lex.europa.eu), ④전문 법률정보검색 사이트로 대표적인 것으로 JURIS(http://www.juris.de), Beck-Online(http://beck-aktuell.beck.de/) 등이 있다. 특히 독일연방행정법원 사이트(http://www.bverwg.de)에서 중앙 상단의 "Entscheidungen" 메뉴로 들어가면 왼쪽 상단에 ① "Entscheidungssuche"라는 메뉴가 뜨고, "Suchbegriff"라는 메뉴바에 선고일자나, 판결번호, 표제어 등을 입력하면 해당 판결례를 검색하고 요지 및 전문을 볼 수 있으며 PDF 파일 형태로 다운로드를 받을 수 있고, ②"Entscheidungsarchiv"라는 메뉴가 뜨고, 그곳으로 가면 2002년도부터 당해연도까지 선고 월별로 주요 판례의 요지 및 전문이 수록되어 있고, PDF 파일 형태로도 다운로드를 받을 수 있다.

3) 위 연례언론회견자료(Jahrespressegespräch)는 크게 ①독일연방행정법원장의 담화문, ②전년도의 독일연방행정법원의 사건상황, ③전년도의 판례개관, ④당해 연도의 중요 선고예정 사건 등으로 구성되어 있다. 위 ①, ②의 내용을 통하여 독일 행정판례의 동향을 알 수 있고, ③의 내용을 통하여 주요 행정판례의 내용을 파악할 수 있다. ③ 부분에서는 각 재판부별 주요 판결례의 색인과 주제별 판결례 색인을 동시에 제공하고 있는데, 주제는 크게 ⅰ) 계획(Planung)과 환경(Umwelt), ⅱ) 국토정비(Raumordnung)와 도시건설(Städtebau), ⅲ) 경제(Wirtschaft), ⅳ) 교통(Verkehr), ⅴ) 건강(Gesundheit)과 사회(Soziales), ⅵ) 교육(Bildung), 문화(Kultur) 및 정보공개(Informationsfreiheit), ⅶ) 이민(Migration), 난민(Asyl) 및 국적(Staatsangehörigkeit), ⅷ) 공무원 복무관계(öffentlicher Dienst) 등으로 나뉘어 있다.

4) 위 자료는 독일연방행정법원 인터넷 사이트(http://www.bverwg.de)의 'Presse' 메뉴 안의 'Jahrespressegespräch 2012' 중 'Pressmappe' 부분을 클릭하면 PDF파일 형태로 다운로드받을 수 있다.

한다.

종래 2008년부터 2010년까지 사이에 행정판례연구회에서 3차례에 걸쳐 이루어졌던 독일 행정판례에 관한 연구는 해당년도 판례 중 소수의 주요 행정판례를 중심으로 보다 심도있는 분석을 시도하는 것에 목적을 두었다면, 본 연구는 방향을 조금 달리하여 작년과 마찬가지 방식으로 —소수의 판례를 대상으로 한 깊이 있는 분석과 이해에 초점을 맞추기 보다는— 종전보다 많은 수의 최근 독일 행정판례를 소개하고 간략하면서도 유의미한 정보를 제공하는 것에 집중하고자 한다.

Ⅱ. 최근(2011) 독일 행정판례의 동향

1. 개　　관

2011년도 독일연방행정법원에 접수된 사건 수는 전년도(2010년)에 비하여 증가하였다. 이는 2010년 접수건수에 비하여 3.4% 증가한 것인데, 2010년도의 현저한 접수건수 감소추세가 계속되지는 않았다.

2011년도 말일을 기준으로는 전년도(2010년)의 761건의 미제가 올해는 745건으로 약간 감소되었다.

최근 5년간 독일연방행정법원에서의 총 접수 및 처리 사건수의 현황은 아래의 표와 같다.

연도	접수건수	처리건수	연말 소송계속 중인 사건 수
2007	2,102	2,097	870
2008	1,752	1,848	773
2009	1,698	1,709	761
2010	1,600	1,600	761
2011	1,655	1,672	745

2. 절차 처리기간

(1) 상고절차(Revisionsverfahren)

상고사건의 처리기간은 전년도(2010년)에 비하여 줄어들었다. 즉, 판결을 통하여 종국된 상고사건 절차는, 전년도에는 12개월 26일이 소요되었던 반면, 2011년에는 평균 12개월 22일이 소요되었다. 전체 상고사건의 처리절차는 평균적으로 총 11개월 14일이 소요되었는데, 전년도인 2010년도는 평균 11개월 29일이 소요되어서 역시 감소추세에 있다.

최근 5년간 독일연방행정법원에서 판결을 통해 종국된 상고사건의 평균적인 총 처리기간은 아래의 표와 같다.

연 도	판결을 통해 종국된 상고사건의 처리기간
2007	10개월 27일
2008	10개월 10일
2009	13개월 8일
2010	12개월 26일
2011	12개월 22일

(2) 재항고절차(Beschwerdeverfahren)

재항고사건의 처리기간은 전년도(2010년)에 비하여 줄어들었다. 즉, 평균적으로 4개월 1일만에 종국처리가 되었다(전년도는 4개월 17일). 재항고사건의 45%는 독일연방행정법원에 접수된 때로부터 3개월 안에 종결되었고, 69.5%는 6개월 내에 종국처리가 되었다.

3. 계획절차(Planungsverfahren)

독일연방행정법원이 최초 심급으로서 관할을 가지는 계획절차는 교통로계획촉진법(VerkPBG)[5], 인프라시설 계획절차의 촉진에 관한 법률(IPBeschlG)[6], 에너지설비구축법(EnLAG)[7]에 규정되어 있고, 그 계획확정결정(Planfeststellungsbeschluss) 및 계획허가(Plangenehmigung) 등에 대한 소송사건 수도 증가추세에 있다.

독일연방행정법원이 시심(始審)으로 관할을 가지는 인프라시설 프로젝트에 관한 소송사건의 평균적인 처리기간은 아래의 표와 같다.

연 도	판결 또는 결정을 통해 해결된 인프라시설 프로젝트 관련 사건의 처리기간
2007	6개월 15일
2008	10개월 29일
2009	14개월 18일
2010	9개월 11일
2011	11개월 7일

Ⅲ. 주요 행정판례의 분석

1. 계획과 환경 분야

(1) 베를린-브란덴부르크 공항의 야간비행규정 [BVerwG, Urteile vom 13. Oktober 2011 – 4 A 4000.09, 4000.10 und 4001.10][8]

5) 정식 명칭은 "Verkehrswegeplanungsbeschleunigungsgesetz"이다.

6) 정식 명칭은 "Gesetz zur Beschleunigung von Planungsverfahren für Infrastrukturvorhaben"이다.

7) 원래 정식 명칭은 "Gesetz zum Ausbau von Energieleitungen"이고, "Energieleitungsausbaugesetz"로 약칭되기도 한다.

8) 독일행정판례의 표기방법은 예를 들어 "BVerwG, Urteil vom 9. Juni 2010 - 9 A 20.08"로 기재되는데, 그 경우 순서는 ①선고법원(BVerwG), ②재판의 형태(Urteil: 판결, Beschluss: 결정), ③선고일(vom 9. Juni 2010: 일, 월, 연도의 순으로 기재한다), ④재판부번호(9 A), 사건번호(20.), 사건접수년도(08)이다. 이에 더하여 판결집의 페이지를 인용하는 경우에는 판결집명칭(BVerwGE: 독일연방행정법원판결집), 권수, 페이지번호 등으로 기재된다.

1) 사실관계 및 소송경과

가. 브란덴부르크 주(州)의 인프라시설 및 농업 위원회는 원래 베를린 브란덴부르크 공항에 대하여 시간적인 제한을 두지 않고 야간비행(운항)을 허용했었다.

나. 이러한 무제한적 야간운항에 대하여 연방행정법원은 2006년도에 이미 00:00부터 05:00까지의 항공기 운항은 원칙적으로 중지되어야 하고, 22:00부터 24:00까지 그리고 05:00부터 06:00까지의 항공기 운항에 대해서는 그와 같은 야간운항이 낮시간 동안의 운항만으로는 충족될 수 없는 이유에 대해서 납득할 만한 해명이 있어야만 한다고 결정하였다.

다. 이에 따라 새로운 운항규정은, 수도(首都)인 베를린과 대도시인 베를린-브란덴부르크 지역의 유일한 항공교통을 담당하는 공항이라는 점을 내세워 22:00부터 23:30까지 및 05:30부터 06:00까지의 야간비행을 정당화하였다.

라. 베를린 브란덴부르크 공항의 인근주민들과 게마인데(Gemeinde)인 원고들은 22:00부터 23:30까지 및 05:30부터 06:00까지의 야간비행을 원칙적으로 허용한 행정청의 계획보충결정(Planergänzungsbeschluss)에 대해 취소소송을 제기하였다.

마. 연방행정법원은 아래와 같이 판시하면서 원고들의 청구를 기각하였다.

2) 판결요지

가. 운항규정에 있어서의 소음기준적합성(Lärmbetroffenheit)은, 소음방지구역(Schutzgebiet)이나 배상구역(Entschädigungsgebiet)을 확정하는 경우와는 달리, 병행하는 이륙경로에 터잡아 조사되어야 한다.

나. 교통상의 이익과 인근주민의 이해관계 사이의 조정에 관해서는 원칙적으로 집행부에게 형성의 여지(Gestaltungsspielraum)가 부여된다.

다. 초저녁과 새벽에 소음을 방지해야 한다는 목적은 교통상의 이익을 고려할 때 23:30부터 05:30까지 사이에 밤의 평온을 보호하는 것만으로도 달성될 수 있다. 다만, 23:30에 가까워질수록 항공소음이 점차 약해져야 하고, 05:30이 지나면 항공소음이 점차 커질 수 있는 방식의 소음방지 관념은 관철되어야만 한다.

3) 분 석

야간운항을 통한 교통상의 이익과 인근주민의 밤의 평온 확보라는 이해관계 사이의 조정에 대해 연방행정법원은 원칙적으로 행정청에게 '형성의 여지'가 부여되어 있다고 판시하고 있다. 우리나라에서도 항공소음의 규제와 관련하여 각종 분쟁이 적지 않다는 점에서 야간운항 시간 규제에 관한 위 판결례는 일정 부분 시사하는 바가 있다고 생각된다.

(2) 그린피스의 "Steine vor Sylt" 활동 [BVerwG, Urteil vom 28. Juli 2011 - 7 C 7.10]

1) 사실관계 및 소송경과

가. 원고 그린피스(Greenpeace)[9]는 해양환경을 보호하고 특히 트롤어선조업를 방지하기 위하여 동식물서식지 보호구역(FFH-Schutzgebiet)[10]으로 지정된 질트(Sylt)섬 외암초(Auβenriff)에서 최소 $1m^3$ 크기의 거대한 자연석 300개를 물속으로 가라앉히는 활동을 하였다.

나. 피고 북부 해양 및 항해청(Wasser-und Schifffahrtsdirektion Nord)은 이러한 그린피스의 자연석 반입 행위가 물질에 의한 해양환경변경을 광범위하게 금지하는 「심해저 폐기물 등 투기금지법(Hohe-See-

---

9) 그린피스(Green Peace)는 1971년 설립된 국제 환경보호 단체로서, 핵실험 반대와 자연보호 운동 등을 통하여 지구의 환경을 보존하고 평화를 증진시키기 위한 활동을 펼치고 있다. 40여 개국에 지부를 두고 있으며, 본부는 네덜란드 암스테르담에 있다(출처: 두산백과사전, http://terms.naver.com/entry.nhn?cid=200000000&docId=1164789&mobile&categoryId=200000549)

10) 원어는 'Fauna-Flora-Habitat Schutzgebiet'이다.

Einbringungsgesetz)」[11)]에 위반된다는 이유로 이를 금지하는 처분을 발령하였다.

다. 이에 대하여 원고는 관할 행정법원에 피고의 위 금지처분의 취소를 구하는 행정소송을 제기하였다.

라. 원심인 슐레스비히 행정법원은, 「해양임무법(Seeaufgabengesetz)」[12)] 제3조 제1항 제2문[13)] 관련 제1조 제3호 b[14)]는 「심해저 폐기물 등 투기금지법」상의 금지를 실현하기 위한 어떠한 침해처분을 할 수 있는 권한을 규정하고 있지 않아서 피고에게 위와 같은 금지처분을 할 권한이 없고, 실제로 원고가 가라앉힌 돌이 항해지역에 위험을 초래한다고 볼 수 없다는 등의 이유로 위 금지처분을 취소하고 원고 승소판결을 하였다.

마. 연방행정법원은 원심과는 달리, 아래 판시와 같이 연방 해양행정 및 항해행정청의 권한을 인정하였고, 위와 같이 가라앉힌 돌로 그물이 걸린다거나 선박이 전복될 수 있다는 등 피고에 의해 주장된

---

11) 원래 정식 명칭은 "심해저에 폐기물과 다른 물질 및 물건의 투기 금지 법률[Gesetz über das Verbot der Einbringung von Abfällen und anderen Stoffen und Gegenständen in die Hohe See(Artikel 1 des Gesetzes zur Ausführung des Protokolls vom 7. November 1996 zum Übereinkommen über die Verhütung der Meeresverschmutzung durch das Einbringen von Abfällen und anderen Stoffen von 1972)]"이고, "HoheSeeEinbrG"으로 약칭되기도 한다.

12) 원래 정식 명칭은 "항해 구역에 대한 연방의 임무에 관한 법률(Gesetz über die Aufgaben des Bundes auf dem Gebiet der Seeschifffahrt)"이고, "SeeAufgG"으로 약칭되기도 한다.

13) 해양임무법 제3조

(1) 연방 해양행정 및 항해행정청은 제1조 제2호에 의해 의무에 합당한 재량에 따라, 제9조 제1호에서 정한 경계획정된 내부수로와 인접한 연방 고유 항구에서의 위험의 방지 및 유해한 환경영향을 제거하고 해양항로의 교통의 안정과 원활에 대한 방해를 제거하기 위해서 필요한 조치를 할 수 있다.

14) 해양임무법 제1조

3. 영해 경계에서 바깥쪽으로도, 국제법이 다음과 같은 것을 허용하거나 요청하는 경우에는 연방은 항해 구역에서 이를 이행할 의무가 있다.

b) 그밖의 사안에 있어서 위험의 방지와 공공의 안녕 또는 질서에 대한 장해의 제거

어업상의 위험성에 관하여 사실관계를 더 심리해야 한다는 이유로 사건을 파기환송하였다.

2) 판결요지

가. 연방의 해양행정과 항해행정 관청은, 직접 항행과 관련된 임박하거나 실현된 법위반 또는 법익의 위협이나 침해가 있는 경우, 다시 말해서 배에서 위험이나 장해가 발생하거나 또는 선박의 안전에 관련되는 경우에는, 「해양임무법」 제3조 제1항 제2문 관련 제1조 제3호 b에 따라 심해저에서의 위험방지를 위한 권한이 있다.

나. 비록 의도를 가지고 물권을 종국적으로 포기하는 것이라고 하더라도 그 물건을 "놓아버리는" 것과는 다른 목적이 그 중심이 되고, 그 물건을 가라앉히는 행위가 「심해저 폐기물 등 투기금지법」의 보호목적에 위배되지 않는 경우에는 「심해저 폐기물 등 투기금지법」 제3조 제1항 제1호[15)]에 규정된 '제거'는 인정되지 않는다.

3) 분　　석

이 판결로 독일연방행정법원은 위험방지, 특히 심해저[16)]와 독일연방공화국의 영해 바깥쪽에 있는 배타적 경제수역에서의 어업과 관련해

---

15) 심해저 폐기물 등 투기금지법 제3조 (개념규정)

(1) 이 법률에서의 '투기(Einbringung)'는 다음을 의미한다.

1. 선박, 비행기, 플렛폼 또는 그밖의 해양에 설치된 시설로부터 나온 폐기물이나 그밖의 물질을 심해저에서 제거하는 모든 행위

16) 전통적인 해양법에서는 영해제도와 공해제도의 이원적 구조에 입각하고 있었으나, 해양법에 관한 국제연합 협약('유엔해양법협약'이라고도 한다. Seerechtsübereinkommen von 1982: SRÜ)에 의하면 ①모든 국가는 기선에서 12해리를 초과하지 않는 범위 내에서 자유로이 영해(Hoheitsgewässer)의 폭을 결정할 수 있게 되었고, ②영해 바깥의 기선에서 200해리에 이르는 배타적 경제수역(ausschlieβliche Wirtschaftzone)을 설정할 수 있도록 하였으며, ③대륙붕(Festlandsockel) 바깥쪽의 해저에 새로운 심해저(Hohe See) 제도를 설정하여 국제해저기구의 관리하에 자원개발을 행하고 그 개발이익을 국제사회에 형평하게 분배한다는 국제제도를 도입하였다(출처: 두산백과사전http://terms.naver.com/entry.nhn?cid=200000000&docId=1132633&mobile&categoryId=200000237). 우리나라의 경우 위 해양법에 관한 국제연합 협약을 받아들여 영해에 관해서는 '영해 및 접속수역법'으로, 배타적 경제수역에 관해서는 '배타적 경제수역법'으로 규율하고 있다.

서 연방의 해양행정(Wasserverwaltung)과 항해행정(Schifffahrtsverwaltung) 담당 관청에 위험방지 조치를 할 권한이 있음을 선언함으로써, 그간 행정청 내부의 곤란한 문제로 여겨졌던 부분에 대해 판시를 하였다. 이에 따라 지금까지 의문이 제기되었던 해양영역에 있어서도 경찰 권한의 분리가 더 이상은 발생하지 않게 되었다. 또한 독일연방행정법원이 최초로 「심해저 폐기물 등 투기금지법」과 「해양임무법」의 관계를 다루었다는 점에서도 위 판결은 의미가 있다.

2. 국토정비와 도시건설 분야

국토계획(Raumplanung)을 통한 소매업의 조종(Einzelhandelssteuerung) [BVerwG, Urteil vom 22. Juli 2011 - 4 CN 4.10]

(1) 사실관계 및 소송경과

1) 피신청인인 크라머호프(Kramerhof) 게마인데는 대규모의 소매업을 허용하고, '스트렐라파크(Strelapark)'라는 기존의 쇼핑센터를 확장하는 내용의 지구상세계획(Bebauungsplan)[17] 수립을 결정하였다.

2) 피신청인 게마인데는 메클렌부르크-포어포메른(Mecklenburg-Vorpommern)주 소속으로서 한자도시인 쉬트랄준트(Stralsund)와 직접 경계를 맞닿고 있었고, 메클렌부르크-포어포메른 주의 국토발전 프로그램[Landesraumentwicklungsprogramm, 이하 '주 국토발전 프로그램(LEP)'로 약칭함]상 중심지(zentraler Ort)에 해당되지 않았고, 위 주 국토발전 프로그램(LEP)에는 소규모 지역에서의 소매업 발전 구상(Einzelhandelsentwicklungskonzept)은 포함되어 있지 않았다.

3) 위 지구상세계획 수립 절차 중에, 대규모 소매업의 허용과 기존 쇼핑센터 확장에 의해 도시내 상업에 부정적 영향을 받게 되는 인

17) 또는 '건설계획'으로 번역되기도 한다.

근 한자도시 쉬트랄준트는 위 계획을 거부하였고, 이에 주 국토계획(Landesplanung) 담당 위원회인 신청인은 피신청인의 위 지구상세계획에 대하여 규범통제소송(Normenkontrolle)을 제기하였다.

4) 원심인 그라입스발트(Greifswald) 고등행정법원은, 중심지가 아닌 소규모의 게마인데인 피신청인이 당해 지구상세계획에서 소규모 지역에서 대규모의 소매업 발전 구상을 제시하고 입지를 결정할 경우에는 위 주 국토발전 프로그램(LEP)에 따라 인근 지방자치단체와 사이에 동의(Abstimmung)를 해야 함에도 이러한 절차가 없었고, 위 주 국토발전 프로그램(LEP)에서 정한 소위 '집중화명령(Konzentrationsgebot)'[18]에도 위반된다는 이유로 위 지구상세계획의 효력이 없다고 판단하였다.

5) 독일연방행정법원도 원심과 마찬가지 이유에서, 아래의 판결요지와 같이 신청인의 주장을 받아들여 위 지구상세계획의 효력 없음을 선언하였다.

(2) 판결요지

원칙과 예외의 구조(Regel-Ausnahme-Struktur)를 가진 계획의 목적가치(Zielqualität)는, 계획입안자가 오직 실체법적인 준거를 통해서만 어떠한 요건 하에서 예외를 인정할 것인지를 결정해야 한다는 점을 전제로 하지는 않는다. 게마인데가 「연방건설법전(BauGB)」 제1조 제4항에 따라 국토정비상의 목표확정(Zielfestlegung)을 해야만 하는 것에 대한 예외는, 어떠한 절차의 요건과 효과가 충분히 특정되었거나 적어도 특정될 수 있는 경우에는, 그 절차를 실행하였는지 여부에 따라서도 부가적으

18) 집중화명령(Konzentrationsgebot)이란, 연방건설법전 제1조 제4항에서 규정한 목적가치인 소위 '합치명령(Kongruenzgebot)'에서 도출되는 것으로서, 중심지를 상위중심(Oberzentrum), 중위중심(Mittelzentrum), 하위중심(Unterzentrum)으로 단계화하여 게마인데가 소매업시설을 정해진 중심단계에 따라 배분해야만 하고, 이를 위반할 수는 없다는 내용의 명령을 말한다. Tomke Frauke Weers-Hermanns, Planerische Steuerung des Einzelhandels aus kommunaler und regionaler Sicht, Planungsrecht 12, Universitätsverlag Osnabrück, 2007, S. 114.

로 인정될 수 있다.

(3) 분 석

독일연방행정법원은 위 판결을 통해 일정 지역의 소매상업을 조종(Steuerung)하려는 주 국토계획 지침의 목적가치(Zielqualität)인 '집중화명령(Konzentrationsgebot)'에 대해 판시를 하였다. 「연방건설법전(BauGB)」 제1조 제4항[19]에 의하면 국토정비(Raumordnung)[20]의 목표는 지방자치단체인 게마인데(Gemeinde)를 구속하므로, 게마인데는 지구상세계획의 수립에 있어서 이를 준수해야만 한다는 점을 다시금 확인해 준 판결이다.

3. 경제 분야

(1) 주유소에서의 야간 주류판매의 허용요건 [BVerwG, Urteil vom 23. Februar 2011 – 8 C 50.09 und 51.09]

1) 사실관계 및 소송경과

가. 라인란트-팔츠(Rheinland-Pfalz)주의 「상점개점법률(Ladenöffnungsgesetz: LadöffG)」 제3조는 원칙적인 상점폐점시간으로 일요일 및 공휴일, 월요일부터 토요일까지는 22시부터 익일 6시까지 등(이하 '통상의 상점폐점시간'이라 한다)을 규정하고 있으나, 제6조는 주유소(Tankstellen)에 대해서는 평일에도 시간의 제한 없이 개점이 가능하다고 규정하고 있으며, 다만 통상의 상점폐점시간 동안에는 주유소에서 자동차 부품, 운행준비용품 및 여행용품의 판매가 가능하다고 규정하고 있다. 그리고 동법 제2조 제2항은 여행용품(Reisebedarf) 중 하나로 '소량의 기호식품(Genussmittel in kleineren Mengen)'을 규정하고 있다.

---

19) 연방건설법전 제1조 (건설기본계획의 임무, 개념 및 원칙)
(4) 건설기본계획은 국토정비의 목표에 부합되어야 한다.

20) 또는 '공간정서'로 번역되기도 한다.

나. 피고 프란켄탈(Frankenthal) 시(市)는 도시지역 내에 있는 주유소운영자 전체에 대하여 22시부터 익일 6시까지 사이에 알코올음료의 판매를 금지하되, 일정한 소량의 판매만을 예외로 하는 처분(이하 '종전 판매금지처분'이라 한다)을 하였고, 도시지역 내 주유소운영자인 원고는 종전 판매금지처분에 대하여 행정심판을 제기하였다.

다. 종전 판매금지처분에 대한 행정심판 도중에 피고 시(市)는 금지 예외사유를 새로이 정하여 알코올 8%까지의 알코올음료는 1인당 2리터까지, 알코올 8% 초과 14% 이하까지의 알코올음료는 1인당 1리터까지, 알코올 14% 초과의 알코올음료는 1인당 0.1리터까지를 여행용품으로서 '여행자'에게만 판매가 가능한 것으로 종전 판매금지처분의 일부를 변경하였다(이하 '변경된 판매금지처분'이라 한다).

라. 위 변경된 판매금지처분에 대한 행정심판은 기각결정을 받았고, 이에 원고는 행정소송을 제기하였으나 제1심 행정법원은 원고의 청구를 기각하였으며, 다시 원고가 항소를 하였다.

마. 항소심 진행 중 피고 시(市)는 다시 금지 예외사유의 일부를 수정하여, 예외적 판매가능 대상자를 '여행자'에서 '운전자와 그 동승자'로 구체화하였고(이와 같이 최종 변경된 판매금지처분을 이하 '이 사건 판매금지처분'이라 한다), 항소심도 역시 이 사건 판매금지처분의 취소를 구하는 원고의 항소를 기각하였다.

바. 독일연방행정법원은 아래와 같이 판시하면서 원고의 상고를 기각하였다.

2) 판결요지

주유소의 개점시간을 규율하는 주법상의 규정에서 야간에 여행용품으로서 "소량의" 기호식품을 판매하는 것을 허용한다면, 알코올음료의 판매를 양적으로 제한하고 운전자와 그 동승자로 고객의 범위를 제한하여 허용하는 것은 「독일기본법(GG)」 제12조 제1항[21]의 직업활동의

21) 독일기본법 제12조 (1) 모든 독일국민은 직업, 직장 및 직업교육의 장소를 자유롭

자유와 제3조 제1항[22]의 평등원칙에 합치된다.

3) 분　석

독일연방행정법원은, 이 사건 판매금지처분이 허용되는 판매물품과 그 대상자를 '운전자와 그 동승자'로 각각 제한하는 것은 ―원칙적으로 통상의 상점폐점시간에 물품판매를 할 수 없는 다른 상점을 고려할 때― 경쟁중립성(Wettbewerbsneutralität)에도 유용하고 비례원칙에 위배되지 않는다고 판단하였다. 또한 해당 도시지역 내의 모든 주유소에 대하여 이 사건 판매금지처분을 일률적으로 발령하였다는 점에서, 그리고 금지 예외대상인 고객을 '운전자와 그 동승자'로 제한한 것은 야간에 안전운전을 할 수 있는 자동차운전자의 활동성의 유지에 기여할 수 있으므로 알코올음료의 판매 허용에 합리적인 이유가 있다는 점에서 역시 평등원칙에 위반되지 않는다고 판시하였다. 특히 알코올음료의 판매를 양적으로 제한하는 이 사건 판매금지처분 중 예외 부분은, "소량"이라고 하는 「상점개점법률(LadöffnG)」상의 불확정 법개념(unbestimmter Rechtsbegriff)을 구체화하는 것으로서 허용되며 헌법에도 합치된다고 판시함으로써, 피고 행정청이 법률상의 불확정 개념을 처분을 통해 구체화하는 것이 법률 유보(Vorbehalt des Gesetzes)에 위반되지 않는다고 본 데에서 의미가 있다.

(2) UMTS[23]-이동통신 인가에 대한 경매 [BVerwG, Urteile vom 17. August 2011 - 6 C 9.10]

게 결정할 권리가 있다. 직업활동은 법률과 법률에 근거한 규정에 의하여 규율될 수 있다.

22) 독일기본법 제3조 (1) 모든 인간은 법 앞에서 평등하다.

23) 'Universal Mobile Telecommunications System'의 약어로서, 셀룰러폰, 무선전화, 무선가입자망, 무선랜 등을 하나로 통합해 어디에서나 일정한 서비스를 받을 수 있도록 하는 차세대 개인이동통신 서비스로, 유럽의 IMT-2000의 명칭이고, 유럽식 이동전화(GSM)망에 기반을 두고 있다.

1) 사실관계 및 소송경과

가. 이동통신회사인 원고는 2000년도의 UMTS 통신 주파수 경매에서 약 840억 유로[24]의 경락대금으로 2020. 12. 31.까지 전(全) 연방에 유효한 이동통신인가(Mobilfunklizenz)와 두 개의 주파수 블록(Frequenzblock) 시설에 대해 경락을 받았다.

나. 원고는 이동통신인가서의 내용에 따라 2003. 12. 31.까지 최소 25%, 2005. 12. 31.까지 최소 50%의 인구에 대해 공급률을 달성해야 할 의무가 있었다.

다. 하지만 그 뒤 원고는 이동통신서비스 공급자로서의 활동을 중단하고, 전체종업원 중 대부분을 해고하였으며, 원고에게 할당된 주파수에서 송신능력(Sendetätigkeit)을 향상시키지 않았다.

라. 피고 연방네트워크청(Bundesnetzagentur)는 위의 사유로 원고의 인가권과 그에 따라 발령된 주파수분배결정(Frequenzzuteilungsbescheid)을 철회하였다.

마. 원고는 위 인가권 및 주파수분배결정의 철회에 대하여 이의취소를 구하는 행정소송을 제기하였고, 피고 독일연방공화국에게 경락대금의 반환을 청구하였다.

바. 원심은 원고의 청구를 모두 기각하였고, 독일연방행정법원 역시 아래와 같이 판시하면서 원고의 청구를 받아들이지 않았다.

2) 판결요지

가. 이동통신주파수의 경매에 의한 주파수이용권(Frequenznutzungsrecht)은 「독일기본법(GG)」 제14조 제1항[25]에서 말하는 재산권에 해당된다. 이 주파수이용권은 주파수이용조건, 특히 부과된 공급의무에 의하여 구체화되고 제한된다.

---

24) 선고 당시 환율로 환산할 경우, 한화로는 약 118조 원이 넘는 금액이다.

25) 독일기본법 제14조 (1) 소유권과 상속권은 보장된다. 그 내용과 한계는 법률로써 정한다.

나. 경매대금은 주파수 배분에 의하여 허용되는, 다시 말해서 의무에 합당한 활동을 하여 달성할 수 있는 주파수 이용가능성을 기준으로 형성된다. 주파수이용권의 보유자에게 부과된 공급의무를 이행하지 않았음을 이유로 그 주파수이용권을 철회하는 것은 정당하기 때문에, 원칙적으로 그 철회 이후에 이동통신인가 경락인이 경매대금의 전부 또는 일부의 반환을 요구하는 것도 정당하지 않다.

3) 분 석

이 사건 판결은 독일연방행정법원이 한 원거리 통신 절차 관련 사안 중 가장 높은 금액(약 840억 유로)에 관한 사건이었다. 독일연방행정법원은 사용되지 않은 주파수 영역(Frequenzspektrum)을 시장에서 새롭게 이용될 수 있도록 하기 위하여 이를 회수해야 하는 중대한 공익이 인정된다는 점도 판시하였다. 특히 주파수이용권의 (의무에 합당한 이용을 전제로 하는 제한된) 재산권성을 확인하였다는 점에서도 의미가 있다.

(3) 수공업에서의 "장인 자격 강제(Meisterzwang)"의 정당성 [BVerwG, Urteile vom 31. August 2011 – 8 C 8.10 und 9.10]

1) 쟁 점

기와장이(Dachdecker)나 미용사(Frisuer) 직종에 있어서, 장인(匠人)시험(Meisterprüfung) 합격 없이, 기능사시험(Gesellenprüfung) 합격 후 일정 기간의 공인(公認) 직업경험 요건[소위 "숙련기능공 규정(Altgesellenregelung)"] 없이 또는 수공업자 명단(Handwerksrolle)에 등록을 하지 않고 독자적이고 상시로 영업을 할 수 있는지 여부가 문제되었다.

2) 판결요지 및 분석

가. 기와장이 사안

독일연방행정법원은, 기와장이 직종의 독자적이고 상시적인 영위는 영업자가 장인(匠人)시험(Meisterprüfung) 또는 그와 동격의 시험에 합격을 하거나, 기능사시험(Gesellenprüfung)의 합격 후 6년의 유자격 직업경험이 인정되는 경우에만 허용된다는 내용의 「수공업법(Handwerksordnung)」[26]의 정당성을 확인하였다. 이러한 직업자유(Berufsfreiheit)의 제한은 비례원칙에 부합된다고 설시하면서, 위와 같은 자격요건은 특히 무자격인 기와장이의 영업활동과 관련된 고객에 대한 위험을 방지하기 위하여 적합성과 필요성이 인정된다고 보았다. 이와 같은 직업상의 진입제한(Zugangsbeschränkung)은 관련자들에게 상당성이 없는 부담을 초래하는 것은 아니라고 하면서, 직업실무상의 자격요건인 소위 "숙련기능공 규정"은 장인시험 합격요건과 비교하여 위와 같은 직업을 영위하려는 사람들에게 통상 부담이 덜한 것이고, 유럽연합의 다른 외국에서 직업교육을 받은 수공업자가 독일 국내에서 체제자격을 받기 위해 요구되는 수준에도 본질적으로 부합한다고 판시하였다. 따라서 이러한 진입규정을 통해 내국인이 부당하게 차별을 받는 것은 아니라고 보았다.

위 판결은 직업의 자유 제한 중 일정한 자격요건을 요구하는 직업상의 진입제한에 관한 사안으로서 우리나라의 유사 사안 분쟁에서 참조할 만하다고 생각한다.

나. 미용사 사안

독일연방행정법원은, 장인시험 합격 없이 또는 소위 '숙련기능공 규정'상의 요건 없이 그리고 피고 수공업회의소(Handwerkskammer)가 관리하는 수공업자 명단의 등록 없이 독자적이고 상시적인 미용사 영업활동을 하는 것이 인정되는지 여부에 대한 분쟁은 원칙적으로 관할권이 있는 수공업 감독행정청을 피고로 삼아야 한다고 판시하였다. 이와 반대로, 수공업자 명단의 등록 및 그 변경이나 말소에 관한 소는 수공

26) 원래 정식 명칭은 "Gesetz zur Ordnung des Handwerks"이고, "HwO"로 약칭되기도 한다.

업회의소를 피고로 삼아 제기해야 하는 것으로 보았다.

위와 같은 자격요건이나 등록 없는 영업활동에 대한 제재처분에 대해서는 해당 감독 행정청을 피고로 삼아 그 제재처분의 취소를 구해야 할 것이고, 수공업자 명단 등록 거부 또는 변경 · 말소의 취소를 구하는 소는 공무를 위탁받아 수행한다고 볼 수 있는 수공업회의소를 피고로 삼아야 한다는 취지로 이해된다.

4. 교통 분야

- 다른 유럽연합 회원국에서 발급받은 운전면허증의 효력이 없다고 본 사안 [BVerwG, Urteile vom 25. August 2011 - 3 C 25.10, 28.10 und 9.11]

(1) 사실관계 및 소송경과

1) 독일 운전면허가 음주운전(Trunkheitsfahrt)에 따른 형사재판에 의하여 수차례에 걸쳐 취소되었던 원고 A, B는 독일에서 더 이상 운전면허증 취득이 어렵게 되자 체코에서 운전면허를 획득했다. 특히 원고 B는 2년의 독일 운전면허 취득 금지기간 중에 체코에서 운전면허를 취득하였다.

2) 피고 독일 운전면허청은, 원고 A의 경우 위 체코 운전면허증은 정식의 주소가 기재되지 않은 하자가 있음을 이유로, 원고 B의 경우 확정판결로 운전면허 발급이 금지되어 있었다는 이유로, 원고들이 위 각 체코 운전면허증을 독일 내에서 사용할 권한이 없다고 보았고, 이에 따라 피고는 원고 A에 대해서는 운전면허증에 면허정지의 표시(Sperrvermerk)를 기입하였고, 원고 B에 대해서는 체코 운전면허증을 독일에서 사용하는 자격을 박탈하는 명령을 하였다.

3) 원고 B는 위 명령에 대해 이의신청을 하였으나 결정이 내려지지 않았다.

4) 원고 A는 체코에서 취득한 운전면허를 독일에서도 사용할 권리가 있다는 점에 대한 확인의 소를, 원고 B는 위 이의신청에 대한 응답이 없다는 이유에서 부작위위법확인의 소(Untätigkeitsklage)를 각 제기하였고, 이에 제1, 2심 행정법원은 원고들의 청구를 모두 기각하였다.

5) 독일연방행정법원은 아래와 같이 판시하면서, 원고 A가 체코 운전면허증을 발급받으면서 체코의 정식 주소가 아닌 독일의 주소를 기재하였고 이는 독일법뿐만 아니라 유럽공동체법에도 위반되는 것임을 이유로 원고 A에게 위 체코 운전면허증을 독일 내에서 사용할 권한이 없음을 분명히 하였다.

(2) **판결요지**

다른 유럽연합 또는 유럽경제공동체 회원국에서 발급된 운전면허는, ① 해당 운전자가 그 운전면허의 발급시 운전면허 교부 회원국에 정식의 주소를 가지고 있지 않았거나, ② 그 운전면허가 독일의 면허정지 기간 중에 발급된 경우에는 처음부터 독일 내에서는 효력이 없다. 이러한 법효과는 「운전면허규정(FeV)」[27] 제28조 제4항 제2호 제1문[28] 또는 제4호[29]로부터 직접 발생하는 것이다. 따라서 독일 운전면

---

27) 원래 정식 명칭은 "Verordnung über die Zulassung von Personen zum Straβenverkehr"이고, "Fahrerlaubnis-Verordnung"으로 약칭되기도 한다.

28) 운전면허규정 제28조 (유럽연합의 회원국이나 유럽경제공동체에 관한 협약의 체약국의 운전면허 승인)

(4) 다음 각호의 경우에는 제1항에 의한 자격은 유럽연합 또는 유럽경제공동체의 운전면허에 대해서는 효력이 없다.

2. 운전면허증 또는 교부회원국에 의하여 야기된 이론의 여지가 없는 정보에 의하여 그 운전면허증의 발급 시점에 국내에 정식의 주소가 있지 아니한 경우

29) 운전면허규정 제28조 (유럽연합의 회원국이나 유럽경제공동체에 관한 협약의 체약국의 운전면허 승인)

(4) 다음 각호의 경우에는 제1항에 의한 자격은 유럽연합 또는 유럽경제공동체의 운전면허에 대해서는 효력이 없다.

허청의 부가적인 개별결정은 필요하지 않다.

(3) 분 석

유럽연합이나 유럽경제공동체 회원국에서 발급받은 운전면허가 독일 국내에서 어느 범위에서 유효한 것인지에 대하여 판시한 사안이다. 독일에서 다시 운전면허를 발급받기 어려운 사람이 회원국 내의 운전면허 승인의 효력을 악용하여 타국에서 운전면허를 발급받아 독일 내에서 이용하는 것을 통제한 판결 취지로 이해된다.

5. 건강과 사회 분야

- 약국 본점과 지점의 대기근무 사안 [BVerwG, Urteile vom 26. Mai 2011 - 3 C 21.10 und 22.10]

(1) 사실관계 및 소송경과

1) 원고는 각각 약국 본점과 여러 개의 약국 지점을 운영하였고, 교대로 통상 개점시간 외에 지정된 대기근무(Notdienst)에 참여하여 왔다.

2) 원고는 자신의 약국에 부과된 대기근무를 전적으로 약국 지점에서만 수행하고자 신청을 하였으나, 피고 주(州)약사협의회(Landesapothekerkammer)는 위 신청을 거부하였다.

3) 원고는 위 거부처분에 대하여 의무이행소송을 제기하였고, 제1심 및 제2심 행정법원은 원고의 청구를 기각하였다.

4) 독일연방행정법원은 아래와 같이 판시하면서 원고의 청구를 기각하였다.

4. 기판력 있는 판결에 근거하여 운전면허증의 발급이 금지되어 있는 경우

(2) 판결요지

여러 약국을 운영하는 약사는 자신에게 부여되어 순번대로 시행하는 대기근무를 '영업상의 이익'을 이유로 장기간 동안 하나의 약국으로 몰아서 실시할 수 있도록 요청할 수 없다.

(3) 분　　석

독일연방행정법원은, 피고는 재량행사(Ermessensausübung)를 사전에 구조화해놓은, 비상대기(Dienstbereitschaft) 면제에 관한 지침(Richtlinie)에 근거하여 사리에 맞는 형량을 한 것이라고 판단하였다. 교대로 운영하는 대기근무에 있어서 게마인데의 모든 약국을 관여시키는 것은 약국과 그 종사자에게 평등한 부담을 지우는 것이고, 각 게마인데 영역 내에 골고루 대기근무 약국을 배치하는 것이 되며, 이는 특히 각각의 약국에서 대기근무에 필수적인 의약품과 시설을 갖출 것을 요청하는 「약국운영규정(Apothekenbetriebsordnung)」[30]의 규정취지에 부합한다고 판시하였다. 따라서 피고가 단지 특별한 이유에서만 단기간의 예외를 허용하되, 원칙적으로 약국 본점과 지점 사이에 대기근무를 이전하여 어느 한쪽에 장기간 대기근무를 면제받도록 하는 것을 불허하는 것은 정당하다고 보았다. 또한 그러한 재량실무(Ermessenspraxis)는 「독일기본법」 제12조 제1항의 직업행사의 자유를 침해하지 않는다고 판단하였다.

30) 원래 정식 명칭은 "Verordnung über den Betrieb von Apotheken"이고, "ApBetrO"로 약칭되기도 한다.

6. 교육, 문화 및 정보공개 분야

(1) 학교에서의 기도(祈禱) 의식의 허용성 여부 [BVerwG, Urteil vom 30. November 2011 – 6 C 20.10]

1) 사실관계

가. 1993년생인 원고는 무슬림 신앙을 가지고 있었고, 베를린에 있는 인문계 고등학교를 다니는 학생이었다.

나. 원고는 2007. 11.경 수업시간 사이의 쉬는 시간에 동급생들과 함께 학교건물의 마루바닥에서 이슬람 의식에 따라 기도를 하였다. 원고를 포함한 학생들은 자신의 상의 위에 무릎을 꿇고, 이슬람 의식에 따라 요구되는 머리 움직임을 수행하였으며 경전을 암송하였다. 그러한 기도 의식은 10분 정도가 소요되었고, 다른 학생들도 이를 목격할 수 있었다.

다. 그 다음날 그 학교의 여교장은 기도 의식에 참가했던 학생들을 불러서, 학교 건물에서 기도 의식을 행하는 것은 허용되지 않는다고 지적하였다. 여교장은 같은 날 원고의 학부모에게 학교에서 종교를 표현하는 행위, 특히 기도는 허용되지 않는다는 서신을 발송하였다.

라. 이에 원고는 피고 주(州)를 상대로 자신이 다니는 인문계 고등학교에서 수업시간 외에 매일 1회 이슬람식 기도 의식을 거행할 권리의 존재 확인을 구하는 소를 제기하였다.

마. 제1심 행정법원은 기본법에 의하여 보장되는 신앙의 자유를 근거로 원고 승소판결을 하였다. 이에 피고는 항소를 제기하였다.

바. 원심(제2심)은, 원고의 기도 의식 거행은 「독일기본법」이 보장하는 종교행사의 자유에 해당하지만, 그 기본권은 제3자의 기본권과 헌법적 위상을 가진 공동체가치의 보호를 위해 제한될 수 있다는 이유로, 이와 같은 학교 건물 안에서의 기도 의식의 거행은 동료 학생들의

소극적 신앙의 자유를 침해한다고 보아 원고의 청구를 기각하였다.

사. 독일연방행정법원은 아래와 같이 판시하면서 원심을 수긍하고, 원고의 상고를 배척하였다.

2) 판결요지

「독일기본법」 제4조 제1항과 제2항[31]에 의한 학생의 신앙의 자유(Glaubenfreiheit)에 근거하여 학생은 원칙적으로 자신이 다니는 학교에서 수업시간 외에 기도 의식을 수행할 수 있는 권리가 있다. 그러나 이러한 권리는 '학교의 평화(Schulfrieden)의 수호'를 위하여 제한될 수 있다.

3) 분 석

독일연방행정법원은, 헌법상 명령인 국가의 종교적 중립성(verfassungsrechtliches Gebot religiöser Neutralität des Staates)은 학교에서 모든 종교적 연관성을 없애야 한다는 것을 의미하지는 않는다고 판시하면서, 국가의 종교 중립명령을 통해서 원고의 신앙의 자유가 제한되는 것은 아니라고 판단하였다. 그러나 사실관계상 학교 건물 안에서 종교의식의 실행을 허용할 경우 학교 내의 기존의 종교 등으로 인한 갈등상태가 더 강화될 수 있다는 점을 들어 결국 원고의 청구를 배척하였다. '학교의 평화의 수호'라는 질서유지적 측면 내지 공공복리 요소를 학교 내 종교의식 행사의 자유에 대한 제한사유로 명시하였다는 점에서 의미가 있는 판결례로 보인다.

(2) 문화재보호와 재산의 원상회복 [BVerwG, Urteil vom 24. November 2011 - 7 C 12.10]

1) 사실관계 및 소송경과

가. 원고는 '페터스 음악도서관(Musikbibliothek Peters)'의 공동소유권

31) 독일기본법 제4조
(1) 신앙과 양심의 자유, 종교적 그리고 세계관의 고백의 자유는 불가침이다.
(2) 평온한 종교적 행사는 보장된다.

자이다.

나. 페터스 음악도서관은 학술적으로 특별한 도서관으로서, 음악적으로 권위있는 작품뿐만 아니라 저명한 작곡가와 음악가의 진귀한 필적과 초판본, 거장의 친필 메모가 있는 악보 등을 보유하고 있었다.

다. 위 음악도서관은 1938년부터 1939년 사이에 국가사회주의 정권에 의해 수용(收用)된 이후에, 아우슈비츠 수용소에서 사망한 구 소유자의 상속인에게 1993년에 반환되었고, 일단은 계약을 통해 라이프치히 국립도서관과 라이프치히 바하(Bach) 기록보관소에 남겨졌다.

라. 원고가 위 음악도서관에 대한 장기임대계약을 해지한 후에, 작센 주(州) 학술문화 위원회는 2004년경 위 음악도서관에 대하여 이를 국가 중요문화재 목록에 등록하기 위한 절차를 개시하였다. 「문화재보호법(Kulturschutzgesetz)」[32]에 의하면, 국가문화재 등록절차가 개시되면 등록결정이 취소되지 않는 한 반출금지의 효력이 지속되도록 되어 있다.

마. 원고는 위 음악도서관에 관한 국가 중요문화재 목록 등록절차 개시에 대하여 행정법원에 취소소송을 제기하였으나, 제1, 2심 행정법원 모두 원고의 소를 각하하였다.

바. 독일연방행정법원 역시 아래와 같이 판시하면서 원고의 청구를 배척하였다.

2) 판결요지

가. 「문화재보호법」에 의한 등록절차의 개시(Einleitung eines Verfahrens zur Eintragung)에 관한 통지는 「행정절차법(VwVfG)」 제35조 제1문[33]에

---

32) 원래 정식 명칭은 "독일 문화재 반출 방지 법률(Gesetz zum Schutz deutschen Kulturgutes gegen Abwanderung)"이고, "KultgSchG"으로 약칭되기도 한다.

33) 독일연방행정절차법 제35조 (행정행위의 개념)
행정행위라 함은 행정청이 공법의 영역에서 개별적인 사항을 규율하기 위하여 행하는 모든 처분, 결정 또는 기타 고권적 조치이며 직접적인 법적 효과를 가진다. 일반처분이라 함은, 일반적인 특성에 따라 정하여지거나 또는 특정가능한 인적 범위를 대상으로 하거나 또는 어떤 사물의 공법적인 특성 또는 그의 일반인에 의한 이용에 관련된 행정행위를 말한다.

서 정한 행정행위가 아니다.

나. 「문화재보호법」은 1933. 1. 30.부터 1945. 5. 8.까지 국가사회주의의 불법조치를 통해 그 유대인 소유권자로부터 박탈되었다가 통일 이후 「미해결 재산문제의 규율에 관한 법률(Vermögensgesetz)」[34] 제1조 제6항[35]에 의해 회복된 재산권의 대상에 대해서도 적용된다.

3) 분　석

독일연방행정법원은, 독일 문화재보호법이 국가사회주의의 불법조치에 의해 유대인 소유권자에 대한 권리가 박탈되었다가 통일 이후에 회복되었던 재산상의 가치(Vermögenswert)에도 적용된다고 보면서, 재산법적으로 회복된 예술작품에 대한 「문화재보호법」의 적용은 재산법에 의해서도, 그리고 국제법, 유럽연합법 또는 헌법에 의해서도 배제될 수 없다고 판시하였다. 위 음악도서관은 등록가치가 있는 문화재에서 애초부터 배제된 것은 아니기 때문에, 그에 대한 '등록절차의 개시' 자체에 대해서는 다툴 수 없다고 본 것이다.

(3) 연방정부의 부(部)에 대한 정보공개청구의 거부사유로서 '통치작용'의 인정 여부 [BVerwG, Urteile vom 3. November 2011 – 7 C 3.11 und 4.11]

1) 사실관계 및 소송경과

가. 변호사인 원고는 연방법무부가 두 번의 청원절차에서 연방의회 청원위원회에 제출한 의견서와 입법과정에 관한 내부문서의 정보공개를 청구하였다.

34) 원래 정식 명칭은 "Gesetz zur Regelung offener Vermögensfragen"이고, "VermG"으로 약칭되기도 한다.

35) 미해결 재산문제의 규율에 관한 법률 제1조 (적용범위)
(6) 이 법률은, 1933. 1. 30.부터 1945. 5. 8.까지 사이에 인종적, 정치적, 종교적 또는 세계관적인 이유로 추방을 당하고 그로 인해 그 재산을 강제매각, 수용 또는 기타 방법으로 상실했던 국민 또는 단체의 재산법적인 청구에 관하여도 적용될 수 있다.

나. 연방법무부는 청원절차에서의 의견제출은 공행정의 임무가 아니므로 「정보공개법(Informationsfreiheitsgesetz)」[36] 제1조 제1항 제1문[37]에서 규정한 행정청으로서가 아니라 통치작용(Regierungstätigkeit)을 행사한 것이라는 이유로 위 정보공개청구를 거부하였다.

다. 원고는 위 정보공개거부에 대해 독일연방공화국을 피고로 삼아 의무이행소송을 제기하였고, 제1, 2심 행정법원은 모두 원고의 청구를 인용하여 피고에게 계쟁대상이 된 정보의 사본을 교부할 의무가 있다고 판단하였다.

라. 독일연방행정법원은 원고의 청구를 인용한 원심을 유지하고, 아래와 같이 판시하면서 피고 독일연방공화국의 상고를 기각하였다.

2) 판결요지

가. 연방정부의 부(部)는 그 활동이 통치작용에 속한다고 하더라도 「정보공개법」 제1조 제1항 제1문에서 규정한 정보공개의무가 있는 행정청에 해당된다.

나. 헌법상 요구되는 통치행위의 핵심영역의 보호를 위해서는 우선적으로 법률상 규범화된 정보공개거부사유가 고려되어야 한다. 그와 같은 보호에 흠결이 있는 경우에는, 헌법상 직접 인정되는 정보공개청구의 한계에 근거해야만 한다.

다. 「정보공개법」은, 행정소송에서 규정된 기록열람권(Akteneinsi-

36) 원래 정식 명칭은 "연방 정보 접근의 규율에 관한 법률(Gesetz zur Regelung des Zugangs zu Informationen des Bundes)"이고, "Informationsfreiheitsgesetz"로 불리우며, "IFG"로 약칭되기도 한다. 원래 '정보의 자유(Informationsfreiheit)'란 정보의 입수와 접근에 대한 자유를 의미하고, 이는 우리나라의 '공공기관의 정보공개에 관한 법률'(통상 '정보공개법'으로 약칭된다)의 명칭과 비교하여 볼 때, 정보를 획득하고자 하는 주체의 측면을 더 강조한 용어로 보이는바, 그 입법목적이나 내용 등에 비추어 이해의 편의를 위해 'Informationsfreiheitsgesetz'를 그냥 '정보공개법'으로 명명해도 큰 문제는 없을 것으로 보인다.

37) 독일 정보공개법 제1조 (원칙)

(1) 누구든지 이 법률에 의해서 연방의 행정청에 대하여 공적인 정보의 공개를 청구할 권리를 가진다.

chtsrecht)과는 구별되는, 정보접근에 관한 독자적인 실체법적 청구권을 보장한다.

3) 분 석

독일연방행정법원은, 피고 독일연방공화국이 주장한 연방법무부의 행정작용과 통치작용의 구별은 원칙적으로 모든 사람에게 연방 행정청에 대하여 공적인 정보에 대한 접근을 허용하는 「정보공개법」의 취지에 비추어 볼 때 인정되지 않는다고 보았다. 다만, 독일연방행정법원은 피고가 제시한 거부사유가 애초에 정보공개거부사유가 될 수조차 없다고 곧바로 선언한 것은 아니고, 독일 「정보공개법」 제3조에 명문으로 규정된 정보공개거부사유에 해당하는지에 대한 분명한 설명이 없이 단순히 "통치작용과 관련된다"는 정도로 정보공개를 거부한 피고의 처분이 잘못되었다는 취지로 보인다[38]. 정보공개거부사유를 너무 쉽게 인정하게 되면 「정보공개법」의 입법취지는 대부분 몰각될 수 있다고 본 것이다.

7. 이민, 난민 및 국적 분야

(1) 귀화신청의 취하에 의한 외국인의 종전 체재권의 부활 여부 [BVerwG, Urteile vom 19. April 2011 – 1 C 2.10 und 16.10]

1) 사실관계 및 소송경과

가. 원고는 외국인으로서 기한 없는 영주권(Aufenthaltsberechtigung)을 취득하였다.

나. 원고는 그 후 귀화신청을 하여 독일 국적을 취득하였으나, 추후 기망에 의하여 발급받은 귀화라는 이유로 독일 국적이 소급하여 박

38) 이는 해당 판결에서 독일 「정보공개법」 제3조의 각각의 정보공개거부사유에 해당되는지 여부에 대해 검토를 하는 설시를 하고 있다는 점에서도 분명하다.

탈되었다.

다. 원고는 종전에 발급받았던 영주허가(Niederlassungserlaubnis)로서의 영주권(Aufenthaltsberechtigung)은 영주허가를 발급해야 할 행정청의 의무로 인해 그 효력이 지속됨의 확인을 구하는 확인의 소를 제기하였다.

라. 원심은 원고의 청구를 기각하였고, 독일연방행정법원도 아래와 같이 판시하면서 원고의 청구를 배척하였다.

2) 판결요지

귀화(Einbürgerung)를 통한 독일 국적을 취득함으로써 종전에 외국인에게 우선적으로 부여되었던 기한 없는 체류자격(Aufenthaltstitel)[여기서는 1990년의 「구 외국인법(AuslG)」 제27조에 의한 영주권(Aufenthaltsberechtigung)을 말한다]은 「행정절차법(VwVfG)」 제43조 제2항[39]에 따른 그밖의 방법으로 실효되는 것이고, 또한 위의 기한 없는 체류자격은 귀화신청의 취하를 통해 소급하여 다시 부활하지 아니한다.

3) 분　　석

독일연방행정법원은, 구법에 의해 기한 없는 체류자격을 가졌던 외국인이 더 장기간의 체류를 위하여 귀화신청을 하였다가 이를 취하한 것이 어떠한 효과가 있는지에 대해 위의 판결요지와 같이 판단을 하였다. 체류자격과 관련하여 동일 내지 유사한 목적과 내용을 가진 후행처분이 선행처분의 효력 자체에 미치는 영향과, 후행처분이 사후에 소멸될 경우 선행처분이 부활하는지에 관해서 판시한 흥미로운 사안이라고 생각한다.

---

39) 독일연방행정절차법 제43조 (행정행위의 효력)
(2) 행정행위는 취소되거나, 철회되거나, 다른 방법으로 폐지되거나 또는 기간 만료나 그 밖의 방법으로 실효되지 아니하는 한 효력을 지속한다.

(2) 테러리즘의 후원을 이유로 한 추방의 정당성 여부 [BVerwG, Urteil vom 25. Oktober 2011 - 1 C 13.10]

1) 사실관계 및 소송경과

가. 보스니아-헤르체고비나 출신의 원고는 이슬람 단체인 "Tablighi Jamaat"에 소속되었는데, 그 단체가 테러리즘을 후원하는 단체라는 이유로 추방명령(Ausweisung)을 받았다.

나. 위 단체는 1926년에 당시의 영국령 인도(Britisch-Indien)에서 이슬람의 계몽과 소명운동의 일환으로서 설립되었고 전세계적으로 1,000~2,000만 명의 추종자를 가지고 있다.

다. 원고는 위 추방명령에 대해 취소소송을 제기하였으나, 제1심 행정법원은 원고의 청구를 기각하였다.

라. 그러나 제2심 바이에른 고등행정법원은, 위 "Tablighi Jamaat"의 목적과 활동이 테러리즘을 지원한다는 점이 제대로 확인되지 않는다는 이유로 제1심 판결을 취소하고, 위 추방명령을 취소하였다.

마. 독일연방행정법원은 아래와 같이 판시하면서 원심을 유지하고, 원고의 청구를 받아들였다.

2) 판결요지

가. 독일 「외국인체류법(Aufenthaltsgesetz)」[40] 제54조 제5호[41]의 추방(Ausweisung)이라는 요건은, 그 단체가 테러리즘을 후원한다는 점에

40) 원래 정식 명칭은 "외국인의 독일 내에서의 체류, 영리행위 및 동화에 관한 법률(Gesetz über den Aufenthalt, die Erwerbstätigkeit und die Integration von Ausländern im Bundesgebiet)"이고 "AufenthG"로 약칭되기도 한다.

41) 외국인체류법 제54조 (통상적인 경우의 추방) 외국인은 다음 각호의 경우에는 일반적으로 추방이 된다.

5. 해당 외국인이 테러리즘을 후원하는 단체 소속이거나 소속이었던 점이나, 또는 그러한 단체를 후원하거나 후원하였다는 점이 사실관계상 정당하게 추론되는 경우. 과거의 소속관계나 후원행위에 대해서는 그것이 현재의 위험성의 근거가 되는 경우에만 추방의 이유로 삼을 수 있다.

관한 법원의 전적인 확신(volle Überzeugung)이 있는 경우에만 인정될 수 있다. 테러리즘을 후원하는 단체에 대한 외국인 개인의 개별적인 후원이라는 요건에 대해서는 그와 반대로 사실관계상 그에 상응하는 정당한 추론이 가능한 경우라면 그 요건은 인정될 수 있다.

나. 어떤 단체가 독일 「외국인체류법」 제54조 제5호에서 규정한 바와 같이 테러리즘을 후원하는지 여부는, 독일 「형법전」 제129a조[42]의 형사법적인 해석과는 무관하다. 후원(Unterstützung)이라는 개념은 또한 공감을 얻으려는 행위(Sympathiewerbung)도 포함한다. 단체에 의한 테러리즘의 후원은 그 단체의 목적 또는 활동이 테러리즘을 후원한다는 점에 방향성이 있어야 함을 요건으로 한다. 제3자에 의해서 개별사안에서 그 단체의 조직을 단순히 이용 또는 악용하는 것만으로는 위 후원의 개념으로서는 충분하지 않다.

3) 분 석

독일연방행정법원은, 추방규정은 두 개의 후원자 개념(Unterstützerbegriff), 즉 '단체에 의한 테러리즘의 후원'과 이러한 '단체에 대한 당해 외국인의 개별적인 후원'을 포함하는데, 양자는 서로 구별된다고 전제하였고, 테러리즘을 후원하는 단체가 문제된 경우에는 법원은 그에 대해 '전적인 확신'이 있어야 하지만, 그와 반대로 해당 외국인이 그러한 단체에 소속되었거나 그 단체를 후원한다는 요건의 심사에 있어서는 사실관계상 그러한 상황이 존재한다는 추론이 가능하면 충분하다고 판시함으로써, 양자의 구성요건 해석에 있어서 심증의 정도와 판단기준을 다소 달리 하였다. 특히 '테러리즘의 후원'이라는 개념에 대해서는 엄격하게 해석하는 태도를 보임으로써, 불확실한 사안에서 외국인을 배척하거나 추방하는 수단으로 추방명령이 악용되지 않도록 그 기준을 제시하였다는 점에서 위 판결은 의미가 있다고 생각한다.

42) 독일 「형법전」 제129a조는 '테러단체의 구성'에 관해 규정하고 있다.

(3) 개인식별이 불분명한 경우 귀화를 불허한 사안 [BVerwG, Urteil vom 1. September 2011 – 5 C 27.10]

1) 사실관계 및 소송경과

가. 원고는 예지드파(Yezidi)[43] 신앙을 가진 쿠르드족의 일원이다. 원고의 부모와 형제자매는 어떠한 터키의 문서나 증명서를 제시하지 않은 채 독일로 입국했고, 1999. 5.경 터키에서의 예지드파 단체추방을 근거로 난민(Asyl)으로 인정되었다.

나. 원고는 망명자(Flüchtling)용 여행증명서를 가지고 있었는데, 2004. 7.경에 발급된 증명서에는 "(개인의) 동일성이 입증되지 않음(Identität nicht nachgewiesen)"이라고 기재가 되었다.

다. 원고는 1999. 6.경 기한 없는 체류허가(unbefristete Aufenthaltserlaubnis)[이후 2005. 1.부터는 영주허가(Niederlassungserlaubnis)로 효력이 지속되었다]를 받았고, 기타 귀화요건에서는 결격사유는 없었다.

라. 원고는 2004. 9.경 귀화(Einbürgerung)를 신청하였고, 귀화담당 행정청인 피고는 개인식별을 할 수 있는 공적인 증서를 제출하는 등으로 동일성이 해명되어야 함을 지적하면서 자료를 요구하였으나, 원고는 이에 응하지 않았다. 이에 따라 피고는 2007. 1. 22. 개인식별이 불가능하다는 이유로 귀화신청을 거부하는 결정을 하였다.

마. 원고는 피고를 상대로 귀화신청 거부에 대하여 의무이행소송을 제기하였고, 제1심 행정법원은 개인식별을 할 수 없다는 이유 등을 들어 원고의 청구를 기각하였다.

바. 반면 원심인 제2심 법원은, 2005년의 「국적법(StAG)」[44] 제10조

---

43) 예지드파(Yezidi)는 이슬람교와 조로아스터교에 뿌리를 두고 있는 쿠르드족 전통 종교의 하나이다(출처: 두산백과, http://terms.naver.com/entry.nhn?cid=200000000&docId=1250988&mobile&categoryId=200000125).

44) 정식 명칭은 "Staatsangehörigkeitsgesetz"이다.

제1항은 「외국인체류법(AufenthG)」 제5조 제1항 제1a호와는 달리 개인식별을 요건으로 하고 있지 않고, 다른 귀화요건은 모두 충족되었음을 이유로 원고 승소 판결을 하였다.

사. 피고는 ①개인식별의 심사는 법률 전체의 체계상 외국인청(Ausländerbehörde)에게만 맡겨져 있는 것이 아니고, ②하노버 주재 터키영사관은 원고의 가족이 터키에 (주소)등록된 적이 없었다고 통보하였으며, ③예지드파는 (난민이 인정된) 터키 남동쪽 지역뿐만 아니라 시리아 북동쪽과 이라크 북부 지역에도 거주하고 있어 원고가 터키로부터의 단체추방을 당한 경우에 해당하지 않을 가능성도 존재한다는 등의 사유를 들어 상고를 제기하였다.

아. 독일연방행정법원은 아래와 같이 판시하면서 원심판결을 취소하고 파기환송하였다.

2) 판결요지

미해결 상태의 개인식별 문제를 해명하는 것은 「국적법(StAG)」 제10조에서 규정한 귀화요건 및 제11조에서 규정한 귀화제외사유의 심사에 있어서 필수불가결한 요건이고 포기될 수 없는 근본요소이다.

3) 분　석

독일연방행정법원은, 귀화신청자의 개인식별(Identität)이 불분명한 경우에는 귀화(Einbürgung)를 배제할 수 있다고 판단하였다. 개인의 동일성심사(Identitätsprüfung)는 귀화요건 심사에 있어서 핵심적인 요건이라고 보았고, 귀화담당 행정청으로서는 이러한 동일성 심사의 권한이 있을 뿐만 아니라, 그 심사는 의무에 해당한다고 판시하였다. 특히 귀화신청자가 개인식별이 되는 특정인이라는 점이 확인되어야지만, 종전의 국적이 어디인지, 외국 및 독일 국내에서 유죄판결을 받은바 있는지, 귀화의 근거가 어떤 것인지 등에 관한 필수적인 귀화요건의 심사 자체가 가능하다고 보았고, 따라서 개인식별 요건은 불문(不文)의 필수적인 심사요건임을 분명히 하였다.

8. 공무원 복무관계 분야

(1) 중증장애인에 대한 임용지원절차에서의 차별취급을 이유로 한 손해배상 [BVerwG, Urteile vom 3. M rz 2011 - 5 C 15.10 und 16.10]

1) 사실관계 및 소송경과

가. 손의 부상으로 인한 장애 1급의 여성 중증장애인인 원고는 법학을 전공하였고 제1, 2차 사법시험을 "우수(befriedigend)"의 성적으로 합격하였으며, 이에 법관임용지원을 하였다. 원고는 법학과목 이수 요건도 충족하였고, 대학 교육과정 중에 선택과목을 노동법으로 하여 노동법원(Arbeitsgericht)에서 명예법관(ehrenamtliche Richterin)으로 활동하였으며, 노동법 박사학위를 취득한 경력도 있었다.

나. 법관임용절차를 담당하는 주(州)법무부는 원고의 시험성적(Examensnote)이 임용요구조건을 충족시키지 못한다는 이유로 원고에게 면접시험 기회를 부여하지 않았다.

다. 원고는 「동등처우법(Allgemeines Gleichbehandlungsgesetz)」[45] 제15조 제2항[46]에 의거하여 피고 주(州)를 상대로 이에 대해 손해배상을 청구하였다.

라. 제1, 2심 행정법원은, 원고가 명백히 전문성 면에서 부적합하다는 피고의 주장을 받아들여 원고의 청구를 기각하였다.

마. 그러나 독일연방행정법원은 아래와 같이 판시하면서 원고의 청구를 인용하였다.

---

45) "AGG"로 약칭된다.

46) 동등처우법 제15조 (손해전보와 손해배상)

(2) 재산상 손해가 아닌 손해를 이유로 피고용인은 적절한 금전배상을 요구할 수 있다. 고용하지 않는 행위로 인한 손해의 경우에는, 비록 피고용인이 불이익처우를 받지 않고 선발절차를 거쳤어도 고용되지 않았을 사정이 인정된다고 하더라도 손해전보는 인정되지만, 그 액수는 3개월의 임금을 초과하지 않아야 한다.

2) 판결요지

가. 공적인 사용자(öffentlicher Arbeitsgeber)는 공석(空席)인 직위에 지원을 한 중증장애인에게 면접시험을 볼 수 있는 기회를 부여해야만 한다. 그 중증장애인 지원자의 전문성이 명백히 부족한 것이 아닌 한, 별도의 법률의 근거가 있는 경우에만 면접기회가 제한될 수 있다.

나. 임용권자는 사전에 명시적으로 임용요구조건으로 특정한 시험성적을 공고하였던 것이 아니라면 통상 직업적으로 요구되는 수준 외에 시험성적을 요구해서는 아니 된다.

다. 이와 같이 임용절차상 금지된 차별취급이 있는 경우 피고 주(州)에게는 손해배상의무가 있다. 다만 적정한 배상액은 법률에 의하여 가장 높은 3개월의 월급보다는 적은 액수로 제한된다.

3) 분 석

독일연방행정법원은 중증 장애인의 임용지원절차에 있어서 공적인 사용자의 의무와 이러한 의무의 위반에 따른 손해배상법상의 법률효과를 상세하게 설시하였다. 특히 이 사안은 중증장애인이 법관임용신청을 한 경우의 차별취급을 다룬 것이어서 흥미로운데, 우리나라도 얼마 전 최초로 시각장애인 법관이 임용된 사례가 있었는바, 앞으로 예상되는 장애인의 법관임용 지원상 차별취급 관련 분쟁에 있어서 선례적인 의미가 있다고 생각된다.

(2) 소위 '직위 묶음(geb ndelte Dienstposten)' 방식의 공무원 승진서열목록의 위헌성 [BVerwG, Urteil vom 30. Juni 2011 – 2 C 19.10]

1) 사실관계 및 소송경과

가. 원고는 고등관세감독관(Zolloberinspektor)으로서 급료등급(Besoldungsgruppe) A10에 속하였다. 원고와 같이 다름슈타트(Darmstadt) 관세본

청에서 심사업무를 담당하는 고등관세감독관의 직위(Dienstposten)는 급료등급 A9부터 A11까지가 배정되었다.

나. 연방관세행정청인 피고는 2009년 말경에 세관원(Zollamtmann)(급료등급 A11)까지를 대상으로 전(全) 연방에 유효하게 작성된 각각의 급료등급별 서열목록에서 정한 공무원 자리수에 따라, 모집공고 없이 관세행정직 승진을 단행하였다. 피고는 상위직을 그 목록의 최상위 자리에 있는 공무원에게 부여하였다. 승진이 고려되지 않은 공무원에 대해서는 이러한 승진에 관해서 알리지 않았다.

다. 피고는 2007년경 각각의 기본평정을 단위로 하여 승진서열목록을 작성하였다. 이전의 기본평정보다는 최근의 종합평정이 그 서열을 정함에 있어서 중요하였다. 종합평정이 동일한 경우에는 그 그룹 안에서 우선적으로 ①장애가 있는 여성, ②그 밖의 여성, ③장애가 있는 남성, ④그 밖의 남성 순으로 서열이 배치되었다. 다시 형성된 하부그룹 안에서 피고는 근무경력(Dienstalter)과 실제 연령(Lebensalter)별로 구분을 하였다. 그 목록은 차회 승진을 할 사람과 그 시점을 규정하고 있었다.

라. 원고는 2007년도 서열목록 중 864번째 자리에 있었다. 이 목록에 의하면 2009. 12. 1.에는 514번까지가 승진이 되도록 되어 있었다.

마. 원고는 원고를 서열목록에 새로이 배열하여 달라는 취지의 의무이행심판에서는 패했지만, 같은 내용의 의무이행소송에서는 제1심에서 승소하였다.

바. 원심인 제2심은 ①피고의 이와 같은 방식의 승진단행은 「독일기본법(GG)」 제33조 제2항[47]에 의한 능력원칙(Leistungsgrundsatz)에 부합하지 않고, ②공적 고용주(Dienstherr)는 종합평정의 비교에 국한해서는

47) 독일기본법 제33조
(2) 모든 독일인은 그의 적성, 능력, 전문적 기량에 따라서 동등하게 모든 공적에 취임할 수 있다.

안 되고, 내용적으로 모든 면에서 평가를 해야 하며, ③동일한 종합평정에 있어서 장애인과 여성을 우대하는 것은 허용되지 않고, ④고려되지 않은 공무원에게는 적시에 승진탈락에 대한 권리구제가 어려울 수도 있다는 이유로, 역시 원고의 청구를 인용하였다.

사. 이에 피고가 항소를 제기하는 한편, 피고는 소위 '직위 묶음' 방식의 인력관리(소위 'Topfwirtschaft'[48]라고 한다) 체계를 고수하면서 승진과 평정에 관한 새로운 규정을 공포함으로써, 소송의 전제가 된 2007년도 승진서열목록을 원용하지 않게 되었고, 이에 따라 원고의 당초 청구는 해소된(erledigt) 셈이 되었다. 그러나 원고는 이러한 승진서열목록에 배열하는 방식의 인사조치의 위법성 확인을 구하는 것으로 소를 변경하였고, 이는 상고심에 의해 권리보호목적(Rechtsschutzziel)과 소송물이 변경되지 않았기 때문에 허용되는 소변경으로 인정되었다[독일 「행정법원법(VwGO)」 제113조 제1항 제4문에 의한 '계속확인소송'으로 허용되었다].

아. 독일연방행정법원은 아래와 같이 판시하면서 원고의 청구를 받아들였다.

2) 판결요지

가. 직무상 평가에 따른 최종적인 종합평정에 근거해서만 그룹을 구성하고 그 그룹 안에서 장애인이라는 특성(Behinderteneigenschaft)과 성(性)에 따라 구분을 두는 승진서열목록시스템(Beförderungsranglistensystem)은 「독일기본법(GG)」 제33조 제2항에 위반된다.

---

48) 'Topfwirschaft'란 전(全) 업무영역에 대한 전체 인사계획(Gesamtstellenplan)에서 행정청이 배치가능한 정규직(Planstelle)을 활용하여 특정한 직위(Dienstposten)에 배분함이 없이 승진인사(Beförderung)를 단행하는 인력관리방식을 말하는데(OVG Koblenz vom 19.12.2002, PersR 2003, 206; PersV 2003, 228), 배치가능한 정규직의 범위(이를 '냄비'를 의미하는 'Topf'로 표현한 것으로 이해된다)를 설정해 두고 그 안에서 특별한 직위 관련 심사 없이 일률적으로 취급하여 직위를 부여하지 않은 채 일단 승진을 시킨다는 의미에서 소위 '냄비식 인력관리(Topfwirschaft)'라는 용어가 유래한 것으로 보인다.

나. 승진서열목록시스템은, 직무평가(Ämterbewertung)가 이루어지지 않은 채 소위 '직위 묶음(gebündelten Dienstposten)' 방식에 근거한 경우에는 「독일연방공무원급료법(BBesG)」[49] 제18조[50]에 위반된다.

다. 여러 급료등급(Besoldungsgruppe)에 직위(Dienstposten)를 배분하는 소위 '직위 묶음(gebündelten Dienstposten)' 방식은 개별 행정의 특수성에서 연유하는 본질적인 정당성이 있을 경우에만 유효하다.

3) 분 석

독일연방행정법원은, 연방관세행정(Bundeszollverwaltung) 분야에서 특정한 급료등급의 공무원을 전(全) 연방에 유효한 승진서열목록에 배열하는 것은 위법하다고 선언하였다. 고위 신분직 공무원은 원칙적으로 임무영역의 변경 없이는 승진이 될 수 없기 때문에 소위 'Topfwirschaft' 방식의 선발절차는 그 목적을 그르친 것이라고 보았다. 즉, 객관적인 근거 없이 직위를 여러 급료등급에 배분시켜서는 안 된다고 판단하였다. 독일연방행정법원은 「독일연방공무원급료법」 제18조 제1문으로부터 직무평가(Ämterbewertung)의 의무를 도출한 것이다.

Ⅳ. 맺 음 말

지금까지 2011년도에 선고된 독일연방행정법원의 행정판례 동향과 주요 행정판례의 내용을 간략히 살펴보았다.

이와 같이 독일의 최근 행정판례를 선정하고 분석하는 작업은 우

49) 정식 명칭은 "Bundesbesoldungsgesetz"이다.

50) 독일연방공무원급료법 제18조 (기능에 합당한 급료의 원칙)
공무원, 법관 및 군인의 기능은 그들에게 부여된 요청에 따라 정당하게 평가되어야 하고 직무가 부여되어야 한다. 직무(Amt)는 평가(Wertigkeit)에 의해 모든 공공사용자(Diestherr)의 일반적인 이해관계를 고려하여 급료등급(Besoldungsgruppe)에 편입되어야 한다.

리나라의 행정판례연구를 위한 시야를 넓히고, 관련 분야에서 시사점을 제공받기 위한 것이라고 생각한다.

해당 판례들의 내용을 종합하여 살펴보면 다음과 같은 점을 새겨 볼 수 있을 것이다.

1. 계획과 환경 분야

①야간운항을 통한 교통상의 이익과 인근주민의 밤의 평온 확보라는 이해관계 사이의 형량을 다룬 사안과 ②환경단체인 그린피스의 환경보호 활동으로서의 자연석 투척행위의 정당성에 관한 사안을 살펴보았다. 환경분쟁 사안에서 행정의 형성의 자유의 의미와 그 한계로서의 국민의 이해관계 사이의 조정에 대해 다시금 생각해 볼만한 시사점이 있는 사례들로 생각된다.

2. 국토정비와 도시건설 분야

특정한 소매상업의 발전과 조종(Steuerung)을 의도하는 게마인데의 지구상세계획의 수립에 있어서 지방자치 영역에서의 자율성과, 이에 대립되는 연방을 아우르는 국토정비의 공익성 사이의 충돌사안을 다루어 보았다. 향후 우리나리에서도 지방자치의 발전과 더불어 지역개발의 수요가 전국의 국토계획과 상충되는 분쟁유형도 자주 등장할 수 있을 것으로 예상되므로, 위 사안은 여러 가지 점에서 참고할 만하다고 생각한다.

3. 경제 분야

①주유소에서의 야간 주류판매 요건에 관한 불확정 법개념의 해

석, ②공적 의무를 전제로 한 재산권으로서의 주파수이용권의 의미, ③장인(匠人)자격을 요구하는 수공업법 규정상의 진입제한의 정당성을 다룬 사안을 살펴보았다. 경제영역에서의 규제법의 의미와 중요성을 부각시켜주는 한편, 경제 분야의 행정분쟁에 있어서 헌법상 직업의 자유와 그 한계 및 재산권의 의미를 되새겨볼 수 있는 좋은 사례들로 사료된다.

4. 교통 분야

유럽연합 회원국 사이의 운전면허증의 효력에 대해 판단한 사례를 다루었다. 기망의 방법으로 타국에서 받은 운전면허증에 대한 규제 방향에 대해 시사점을 제공하는 판결례이다.

5. 건강과 사회 분야

운영자가 동일한 약국 본점과 지점 사이의 주말 등 대기근무를 영업상 이익을 이유로 임의로 조정하는 것이 가능한지를 다룬 사안이었다. 특히 대기근무 배정을 규정한 지침이 행정청의 재량행사를 사전에 구조화한 것으로 파악하여 그 재량행사를 존중하는 판시 내용은 주목할 만하다.

6. 교육, 문화 및 정보공개 분야

먼저, 학교에서의 이슬람교식 기도 의식의 허용성과 한계를 살펴보았다. 종교를 외적으로 표현하는 종교행사의 자유의 한계점과 학교의 평화 수호라는 반대가치의 의미를 상세히 판시하였다는 점에서 의미가 있다.

다음으로, 독일 「문화재보호법」에 의한 국가문화재 등록절차의 개시가 독자적인 행정행위에 해당하는지 여부에 관한 사안을 분석하였다. 나치 정부에 의한 불법 강탈 문화재의 재산권성과 그 원상회복에 관한 설시를 통해, 추후 우리나라의 통일 이후 재산관계의 정리에 관해서도 어느 정도 시사점을 제공해 주는 사안으로 보인다.

마지막으로, 연방법무부에 대한 내부문서 정보공개청구의 거부사유로서의 통치작용의 인정 여부에 관한 사례를 검토해 보았다. 법률에 명문으로 규정된 거부사유이거나 예외적으로 헌법원리로부터 도출되는 정보공개청구의 한계가 인정되지 않는 경우에는 원칙적으로 연방정부의 부(部)에 대한 정보는 공개되어야 한다는 취지를 분명히 하였다. 특히 기록열람권과 구별되는 정보공개청구권을 분명히 설시했다는 점에서 의미가 있다.

7. 이민, 난민 및 국적 분야

먼저 귀화신청의 취하에 따라 종전의 구법상의 체재권이 부활하는지를 다룬 사안을 살펴보았다. 목적과 효과가 유사한 새로운 행정행위에 의해 종전의 행정행위의 효력이 어느 범위에서까지 변경·상실되는지의 관계를 구체적으로 판시한 흥미로운 사례로 생각된다.

다음으로 테러리즘의 후원을 이유로 한 추방의 정당성 여부를 다룬 사안을 검토해 보았다. 테러단체의 '후원'이라는 추상적인 요건의 해석에 있어서 단체의 성격 판단에는 법관의 전적인 확신을 요구한 반면, 단체의 성격이 규명된 이상 그에 대한 외국인 개인의 후원행위는 넓게 해석함으로써 국내 체류 외국인의 인도적 보호와 테러로부터의 국가수호라는 양자의 법익의 균형을 꾀하고 있는 좋은 판결례로 생각된다.

마지막으로 개인식별이 불분명한 경우 귀화를 불허한 사안을 분석해 보았다. 비록 귀화의 요건을 정하는 국적법에는 개인의 동일성 심사요건을 명문으로 규정하고 있지 않다고 하더라도, 다른 귀화요건 심사의 기초적 전제가 된다는 점에서 법률의 체계적 해석을 통해 개인식별심사를 불문(不文)의 귀화요건으로 판시한 점에 주목할 만하다.

8. 공무원 복무관계 분야

먼저 중증장애인인 법관임용신청자에 대해 단순히 성적요건 미비를 이유로 면접의 기회조차 박탈한 것은 손해배상책임을 구성한다는 사안을 다루었다. 소수자의 차별취급을 금지하는 최근의 현대사회의 추세에 비추어 우리에게도 향후 시사점을 제공하는 사례로 생각된다.

다음으로 종합평정만을 기초로 실질적인 적합성 심사 없이 사전에 정해 놓은 승진서열목록에 따라 직위를 여러 급료등급의 공무원에게 배분하는 방식의 승진인사는 위법하다고 판시한 사안을 살펴보았다. 이와 같은 방식의 조치는 직위서열제에 기초한 최근의 공무원인사방식으로 보여 인사적체 등을 고려한 현실적인 측면에서 일부 타당해 보이는 면은 있지만, 공무원인사권자의 실질적 심사의무를 위반한 것으로서 허용되지 않는다는 취지로 보인다. 향후 유사 사안 발생시 참고할 만한 시사점을 가진 사안으로 보인다.

독일 행정판례의 연구에 있어서 우리나라 행정법과의 공통점과 차이점을 이해하는 것, 즉 비교법적 연구를 하는 것은 흥미로운 정보를 취득한다는 의미에서 뿐만 아니라, 전세계에서 우리 행정법의 위치를 확인하고 이해할 수 있는 계기를 제공한다는 데에서도 의미가 있다. 본 연구가 이러한 비교법적인 방법론의 발전을 위해 조금이나마 보탬이 되었으면 하는 바램이다.

참고판례일람(Rechtsprechungen)

1. Planung und Umwelt
   BVerwG, Urteile vom 13. Oktober 2011 - 4 A 4000.09, 4000.10 und 4001.10
   BVerwG, Urteil vom 28. Juli 2011 - 7 C 7.10
2. Raumordnung und Städtebau
   BVerwG, Urteil vom 22. Juli 2011 - 4 CN 4.10
3. Wirtschaft
   BVerwG, Urteil vom 23. Februar 2011 - 8 C 50.09 und 51.09
   BVerwG, Urteile vom 17. August 2011 - 6 C 9.10
   BVerwG, Urteile vom 31. August 2011 - 8 C 8.10 und 9.10
4. Verkehr
   BVerwG, Urteile vom 25. August 2011 - 3 C 25.10, 28.10 und 9.11
5. Gesundheit und Soziales
   BVerwG, Urteile vom 26. Mai 2011 - 3 C 21.10 und 22.10
6. Bildung, Kultur und Informationsfreiheit
   BVerwG, Urteil vom 30. November 2011 - 6 C 20.10
   BVerwG, Urteil vom 24. November 2011 - 7 C 12.10
   BVerwG, Urteile vom 3. November 2011 - 7 C 3.11 und 4.11
7. Migration, Asyl und Staatsangehörigkeit
   BVerwG, Urteile vom 19. April 2011 - 1 C 2.10 und 16.10
   BVerwG, Urteil vom 25. Oktober 2011 - 1 C 13.10
   BVerwG, Urteil vom 1. September 2011 - 5 C 27.10
8. Öffentlicher Dienst
   BVerwG, Urteile vom 3. März 2011 - 5 C 15.10 und 16.10
   BVerwG, Urteil vom 30. Juni 2011 - 2 C 19.10
   OVG Koblenz vom 19.12.2002, PersR 2003, 206; PersV 2003, 228

참고문헌

1. 국내문헌

(1) 국문 단행본

김철용 · 최광률 편집대표, 주석 행정소송법, 박영사, 2004

박정훈, 행정법의 체계와 방법론(행정법연구 1), 박영사, 2005

박정훈, 행정소송의 구조와 기능(행정법연구 2), 박영사, 2006

사단법인 행정법이론실무학회, 선진 각국의 행정소송법 체계 및 내용—프랑스 · 독일, 2006. 5.

사법연수원, 독일법, 2009

(2) 국문 논문

김종보, 도시계획과 취소소송의 처분성, 행정작용법(중범 김동희 교수 정년기념 논문집), 박영사, 2005

김해룡, 행정계획의 법리와 문제점—법적 성질, 수립절차 및 그에 대한 권리구제를 중심으로, 행정작용법(중범 김동희 교수 정년기념 논문집), 박영사, 2005

황해봉, 독일 연방건설법전상 건설기본계획의 일반원칙과 수립절차, 법제(제574호), 2005

김남철, 개편된 계획법제에 따른 공간계획의 체계와 법적 문제점 -독일 법제와의 비교를 중심으로-, 공법연구 제30집 제4호, 한국공법학회(2002. 6.)

2. 외국문헌

Tomke Frauke Weers-Hermanns, Planerische Steuerung des Einzelhandels aus kommunaler und regionaler Sicht, Planungsrecht 12, Universitätsverlag Osnabrück, 2007, S. 114

Maximilian Baβlsperger, Topfwirtschaft: Leistungsprinzip versus Praktikabilität, ZBR Heft 4/2012, S.109

Torsten von Roetteken, Auswahlentscheidungen nach dem Ende der Topfwirtschaft, ZBR Heft 1-2/2012, S. 25

Eyermann, Verwaltungsgerichtsordnung(Kommentar), C.H. Beck, 11. Aufl., 2000

Fehling/Kastner/Wahrendorf, Verwaltungsrecht VwVfG · VwGO(Kommentar), Nomos, 1. Aufl., 2006

Kopp/Schenke, Verwaltungsgerichtsordnung(VwGO): Kommentar, C.H Beck, München, 2009

Model/Creifelds, Staatsbürger-Taschenbuch, C.H. Beck, 32.Aufl., 2007

3. 웹사이트

독일연방행정법원 사이트	http://www.bverwg.de
독일연방헌법재판소 사이트	http://www.bundesverfassungsgericht.de
독일연방법률 사이트	http://bundesrecht.juris.de
독일 현행법령 사이트	http://www.rechtliches.de
EU 법률정보 사이트	http://eur-lex.europa.eu
전문 법률정보검색 사이트	http://www.juris.de
	http://beck-aktuell.beck.de
대한민국법령 사이트	http://www.law.go.kr

국문초록

독일의 행정법 체계와 우리나라의 행정법체계 사이에는 많은 공통점이 있다. 이는 독일법 체계의 계수 등 여러 가지 이유에서 우리나라 행정법에 대한 독일 행정법의 영향이 적지 않았기 때문이다.

본 연구는 2011년도에 선고된 독일연방행정법원의 행정판례 동향과 주요 행정판례의 내용을 간략히 살펴봄으로써, 우리나라의 행정판례연구를 위한 시야를 넓히고, 관련분야에서 시사점을 제공받고자 한다.

독일 행정판례에 관한 정보를 얻을 수 있는 방법은 여러 가지가 있겠지만, 본 연구는 독일연방행정법원에서 매년 지난 해의 사건상황과 주요판례의 개관 및 당해 연도 주요 선고예정 사건 등에 관한 정보를 종합적으로 제공하기 위해 발행하는 연례언론회견자료(Jahrespressegespräch) 중 2012년도 자료에 기초하여 2011년도 독일 행정판례의 동향과 주요 판례의 분석을 시도해 보고자 한다.

먼저 독일 행정판례의 동향으로, 접수건수의 증가에도 불구하고, 전체 사건수와 상고사건의 처리기간 및 재항고사건의 처리기간은 모두 전년도인 2010년도에 비해 줄어들었다.

다음으로 본 연구에서 2011년도 독일 주요 행정판례는 주제별로 분류를 해 보았다. 그 주제 및 주요 판례의 핵심 논점은 아래와 같다.

1. 계획과 환경 분야: 형성의 여지, 심해저 및 배타적 경제수역, 경찰권
2. 국토정비와 도시건설 분야: 국토계획, 조종, 규범통제소송, 원칙과 예외의 구조, 집중화명령
3. 경제 분야: 불확정 법개념, 경쟁중립성, 주파수분배결정, 주파수이용권, 장인자격강제, 진입제한
4. 교통 분야: 음주운전, 외국운전면허의 승인
5. 건강과 사회 분야: 대기근무, 비상대기, 재량행사 지침
6. 교육, 문화 및 정보공개 분야: 신앙의 자유, 학교의 평화, 헌법상 국

가의 종교적 중립 명령, 문화재보호, 정보공개청구, 통치작용

7. 이민, 난민 및 국적 분야: 영주권, 영주허가, 귀화, 테러리즘의 후원, 개인동일성 심사
8. 공무원 복무관계 분야: 동등처우, 중증 장애인, 손해배상, 승진서열목록, 능력원칙, 직위 묶음

독일 행정판례의 연구에 있어서 우리나라 행정법과의 공통점과 차이점을 이해하는 것, 즉 비교법적 연구를 하는 것은 흥미로운 정보를 취득한다는 의미에서 뿐만 아니라, 전세계에서 우리 행정법의 위치를 확인하고 이해할 수 있는 계기를 제공한다는 데에서도 의미가 있다. 본 연구가 이러한 비교법적인 방법론의 발전을 위해 조금이나마 보탬이 되었으면 하는 바램이다.

주제어: 독일행정판례, 형성의 여지, 조종, 주파수이용권, 재량행사 지침, 귀화, 동등처우

Zusammenfassung

Einführung in die Verwaltungsrechtsprechungen 2011 in Deutschland

Richter Rhee, Eun-Sang
(Hongseong Zweigstelle des Daejeon Landgerichts)

Zwischen dem deutschen Verwaltungsrechtssystem und dem südkoreanischen Verwaltungsrechtssystem gibt es viele Gemeinsamkeiten. Das ergibt aus der Rezeption des japanischen Rechts, das durch das deutsche Recht beeinflusst wurde. Südkorea konnte davon entwickelte einige Theorie und Praxis lernen. Aber das koreanische Rechtssystem hat auch Besonderheiten. Also in diesem Punkt kann man einen Ansatz einer vergleichenden Untersuchung finden. In diesen Sinne werden in diesem Beitrag die einigen neuen Verwaltungsrechtsprechungen im Jahr 2011 in Deutschland eingeführt.

Man kann Auskünfte über die deutschen Verwaltungsrechtsprechungen dadurch, Bücher oder Beiträge zu lesen oder Internetseite zu recherchieren usw. Aber ich wähle das "Jahrespressegespräch 2012" Material aus die Internetseite des Bundesverwaltungsgerichts(www.bverwg.de) aus. Das järliche Jahrespressegespräch liefert Informationen über das Bundesvewaltungsgericht im Jahr 2011, nicht nur einschlieβlich dem Überblick über die aktuelle Geschäftslage des Gerichts, sondern auch einschlieβlich Rechtsprechungsübersicht 2011.

Erstens in Bezug auf Geschäftslage des Bundesverwaltungsgerichts im Jahr 2011 sind die Zahl der am Jahresende noch anhängigen Verfahren beim BVerwG und die Dauer der Revisionsverfahren und der Beschwerdeverfahren gegenüber dem Vorjahr(2010) leicht zurückgegangen, obwohl die Zahl der Verfahrenseingänge beim BVerwG im Jahr 2011 gegenüber 2010 angestiegen ist.

Zweitens bezüglich der Zusammenstellung der Entscheidungen im Jahr 2011 werden die Urteile nach Sachgebieten gegliedert. Die Sachgebiete sind wie folgt.

1. Planung und Umwelt: Gestaltungsspielraum, FFH-Schutzgebiet, Greenpeace Aktion "Steine vor Sylt" usw.
2. Raumordnung und Städtebau: Raumplanung, Einzelhandelssteuerung, Normkontrolle, Regel-Ausnahme-Struktur, Konzentrationsgebot usw.
3. Wirtschaft: Wettbewerbsneutralität, unbestimmter Rechtsbegriff, Mobilfunklizenz, Frequenzzuteilungsbescheid, Frequenznutzungsrecht, Meisterzwang, Zugangsbeschränkung usw.
4. Verkehr: Trunkheitsfahrt, Anerkennung der ausländische Fahrerlaubnis usw.
5. Gesundheit und Soziales: Notdienst, Dienstbereitschaft, Ermessensausübung, Richtlinie usw.
6. Bildung, Kultur und Informationsfreiheit: Glaubenfreiheit, Schulfrieden, verfassungsrechtliches Gebot religiöser Neutralität des Staates, Kulturschutz, Informationsfreiheit, Regierungstätigkeit usw.
7. Migration, Asyl und Staatsangehörigkeit: Aufenthaltsberechtigung, Niederlassungserlaubnis, Einbürgerung, Unterstützung des Terrorismus, Identitätsprüfung usw.
8. Öffentlicher Dienst: Gleichbehandlung, schwerbehinderter Menschen, Entschädigung, Beförderungsranglist, Leistungsgrundsatz, gebündelte Dienstposten usw.

In der Untersuchung der deutschen Verwaltungsrechtsprechungen Gemeinsamkeiten und Unterschiede zu verstehen, das heiβt, die vergleichende Untersuchung kann uns nicht nur interessanten Informationen geben, sondern auch uns unsere Stellung in den weltweiten Verwaltungsrechtswissenschaft und Verwaltungspraxis genau fassen lassen. Für diese vergleichenden Methoden wäre dieser Beitrag ein bisschen hilfreich.

Schlüsselwörter: Verwaltungsrechtsprechung(BVerwG), Gestaltungsspielraum, Einzelhandelssteuerung, Frequenznutzungsrecht, Ermessensausübung, Einbürgerung, Gleichbehandlung

투 고 일: 2012. 12. 17
심 사 일: 2012. 12. 21
게재확정일: 2012. 12. 21

附　　錄

韓國行政判例研究會 研究倫理委員會 規程

제1장 총 칙

제 1 조 (목적)

이 규정은 사단법인 한국행정판례연구회(이하 "학회"라 한다) 정관 제26조에 의하여 연구의 진실성을 확보하기 위하여 설치하는 연구윤리위원회(이하 "위원회"라 한다)의 구성 및 운영에 관한 기본적인 사항을 정함을 목적으로 한다.

제 2 조 (적용대상)

이 규정은 학회의 정회원·준회원 및 특별회원(이하 "회원"이라 한다)에 대하여 적용한다.

제 3 조 (적용범위)

연구윤리의 확립 및 연구진실성의 검증과 관련하여 다른 특별한 규정이 없는 한 이 규정에 따른다.

제 4 조 (용어의 정의)

이 규정에서 사용하는 용어의 정의는 다음과 같다.

1. "연구부정행위"는 연구를 제안, 수행, 발표하는 과정에서 연구목적과 무관하게 고의 또는 중대한 과실로 행하여진 위조·변조·표절·부당한 저자표시 등 연구의 진실성을 심각하게 해치는 행위를 말한다.
2. "위조"는 존재하지 않는 자료나 연구결과를 허위로 만들고 이를 기록하거나 보고하는 행위를 말한다.
3. "변조"는 연구와 관련된 자료, 과정, 결과를 사실과 다르게

변경하거나 누락시켜 연구가 진실에 부합하지 않도록 하는 행위를 말한다.

4. "표절"은 타인의 아이디어, 연구 과정 및 연구결과 등을 정당한 승인 또는 적절한 인용표시 없이 연구에 사용하는 행위를 말한다.
5. "부당한 저자 표시"는 연구내용 또는 결과에 대하여 학술적 공헌 또는 기여를 한 자에게 정당한 이유 없이 저자 자격을 부여하지 않거나, 학술적 공헌 또는 기여를 하지 않은 자에게 감사의 표시 또는 예우 등을 이유로 저자 자격을 부여하는 행위를 말한다.

제 2 장 연구윤리위원회의 구성 및 운영

제 5 조 (기능)

위원회는 학회 회원의 연구윤리와 관련된 다음 각 호의 사항을 심의 · 의결한다.

1. 연구윤리 · 진실성 관련 제도의 수립 및 운영 등 연구윤리확립에 관한 사항
2. 연구윤리 · 진실성 관련 규정의 제 · 개정에 관한 사항
3. 연구부정행위의 예방 · 조사에 관한 사항
4. 제보자 및 피조사자 보호에 관한 사항
5. 연구진실성의 검증 · 결과처리 및 후속조치에 관한 사항
6. 기타 위원장이 부의하는 사항

제 6 조 (구성)

① 위원회는 위원장과 부위원장 각 1인을 포함하여 7인 이내의 위원으로 구성한다.

② 위원장은 부회장 중에서, 부위원장은 위원 중에서 회장이 지명

한다.

③ 부위원장은 위원장을 보좌하고 위원장의 유고시에 위원장의 직무를 대행한다.

④ 위원은 정회원 중에서 회장이 위촉한다.

⑤ 위원장과 부위원장 및 위원의 임기는 1년으로 하되 연임할 수 있다.

⑥ 위원회의 제반업무를 처리하기 위해 위원장이 위원 중에서 지명하는 간사 1인을 둘 수 있다.

⑦ 위원장은 위원회의 의견을 들어 전문위원을 위촉할 수 있다.

제 7 조 (회의)

① 위원장은 필요한 경우 위원회의 회의를 소집하고 그 의장이 된다.

② 회의는 재적위원 과반수 출석과 출석위원 과반수 찬성으로 의결한다. 단 위임장은 위원회의 성립에 있어 출석으로 인정하되 의결권은 부여하지 않는다.

③ 회의는 비공개를 원칙으로 하되, 필요한 경우에는 위원이 아닌 자를 참석시켜 의견을 진술하게 할 수 있다.

제 3 장 연구진실성의 검증

제 8 조 (연구부정행위의 조사)

① 위원회는 구체적인 제보가 있거나 상당한 의혹이 있는 경우에는 연구부정행위의 존재 여부를 조사하여야 한다.

② 위원회는 조사과정에서 제보자 · 피조사자 · 증인 및 참고인에 대하여 진술을 위한 출석과 자료의 제출을 요구할 수 있다.

③ 위원회는 연구기록이나 증거의 멸실, 파손, 은닉 또는 변조 등을 방지하기 위하여 상당한 조치를 취할 수 있다.

제 9 조 (제보자와 피조사자의 권리 보호)

① 위원회는 어떠한 경우에도 제보자의 신원을 직·간접적으로 노출시켜서는 안 된다. 다만, 제보 내용이 허위인 줄 알았거나 알 수 있었음에도 불구하고 이를 신고한 경우에는 보호 대상에 포함되지 않는다.

② 위원회는 연구부정행위 여부에 대한 검증과정이 종료될 때까지 피조사자의 명예나 권리가 침해되지 않도록 노력하여야 한다.

제10조 (비밀엄수)

① 위원회의 위원은 연구부정행위의 조사, 판정 및 제재조치의 건의 등과 관련한 일체의 사항을 비밀로 하며, 검증과정에 직·간접적으로 참여한 자는 검증과정에서 취득한 정보를 누설하여서는 아니 된다.

② 위원장은 제 1 항에 규정된 사항으로서 합당한 공개의 필요성이 있는 때에는 위원회의 의결을 거쳐 공개할 수 있다. 다만, 제보자·조사위원·증인·참고인·자문에 참여한 자의 명단 등 신원과 관련된 정보가 당사자에게 부당한 불이익을 줄 가능성이 있는 때에는 공개하지 아니한다.

제11조 (제척·기피·회피)

① 위원은 검증사건과 직접적인 이해관계가 있는 때에는 당해 사건의 조사·심의 및 의결에 관여하지 못한다. ② 제보자 또는 피조사자는 위원에게 공정성을 기대하기 어려운 사정이 있는 때에는 그 이유를 밝혀 당해 위원의 기피를 신청할 수 있다. 위원회에서 기피신청이 인용된 때에는 기피 신청된 위원은 당해 사건의 조사·심의 및 의결에 관여하지 못한다.

③ 위원은 제 1 항 또는 제 2 항의 사유가 있다고 판단하는 때에는 회피하여야 한다.

④ 위원장은 위원이 검증사건과 직접적인 이해관계가 있다고 인정하는 때에는 당해 검증사건과 관련하여 위원의 자격을 정지할 수 있다.

제12조 (의견진술, 이의제기 및 변론기회의 보장)

위원회는 제보자와 피조사자에게 관련 절차를 사전에 알려주어야 하며, 의견진술, 이의제기 및 변론의 기회를 동등하게 보장하여야 한다.

제13조 (판정)

① 위원회는 위원들의 조사와 심의 결과, 제보자와 피조사자의 의견진술, 이의제기 및 변론의 내용을 토대로 검증대상행위의 연구부정행위 해당 여부를 판정한다.

② 위원회가 검증대상행위의 연구부정행위 해당을 확인하는 판정을 하는 경우에는 재적위원 과반수 출석과 출석위원 3분의 2 이상의 찬성으로 한다.

제4장 검증에 따른 조치

제14조 (판정에 따른 조치)

① 위원장은 제13조 제1항의 규정에 의한 판정결과를 회장에게 통보하고, 검증대상행위가 연구부정행위에 해당한다고 판정된 경우에는 위원회의 심의를 거쳐 그 판정결과에 따라 필요한 조치를 건의할 수 있다.

② 회장은 제1항의 건의가 있는 경우에는 다음 각 호 중 어느 하나의 제재조치를 하거나 이를 병과할 수 있다.

1. 연구부정논문의 게재취소
2. 연구부정논문의 게재취소사실의 공지
3. 회원의 제명절차에의 회부

4. 관계 기관에의 통보

5. 기타 적절한 조치

③ 전항 제2호의 공지는 저자명, 논문명, 논문의 수록 권·호수, 취소일자, 취소이유 등이 포함되어야 한다.

④ 회장은 학회의 연구윤리와 관련하여 고의 또는 중대한 과실로 진실과 다른 제보를 하거나 허위의 사실을 유포한 자가 회원인 경우 이를 제명절차에 회부할 수 있다.

제15조 (조사결과 및 제재조치의 통지)

회장은 위원회의 조사결과 및 제재조치에 대하여 제보자 및 피조사자 등에게 지체없이 서면으로 통지한다.

제16조 (재심의)

피조사자 또는 제보자가 판정결과 및 제재조치에 대해 불복할 경우 제15조의 통지를 받은 날부터 20일 이내에 이유를 기재한 서면으로 재심의를 요청할 수 있다.

제17조 (명예회복 등 후속조치)

검증대상행위가 연구부정행위에 해당하지 아니한다고 판정된 경우에는 학회 및 위원회는 피조사자의 명예회복을 위해 노력하여야 하며 적절한 후속조치를 취하여야한다.

제18조 (기록의 보관) ① 학회는 조사와 관련된 기록은 조사 종료 시점을 기준으로 5년간 보관하여야 한다.

부 칙

제1조 (시행일) 이 규정은 2007년 11월 29일부터 시행한다.

韓國行政判例研究會 研究論集 刊行 및 編輯規則

제정: 1999. 08. 20.
제 1 차 개정: 2003. 08. 22.
제 2 차 개정: 2004. 04. 16.
제 3 차 개정: 2005. 03. 18.
전문개정: 2008. 05. 26.
제 5 차 개정: 2009. 12. 18.

제1장 총 칙

제 1 조 (目的)

이 규칙은 사단법인 한국행정판례연구회(이하 "학회"라 한다)의 정관 제27조의 규정에 따라 연구논집(이하 '논집'이라 한다)을 간행 및 편집함에 있어서 필요한 사항을 정함을 목적으로 한다.

제 2 조 (題號)

논집의 제호는 '行政判例研究'(Studies on Public Administration Cases)라 한다.

제 3 조 (刊行週期)

① 논집은 연 2회 정기적으로 매년 6월 30일, 12월 31일에 간행함을 원칙으로 한다.

② 전항의 정기간행 이외에 필요한 경우는 특별호를 간행할 수 있다.

제 4 조 (刊行形式)

논집의 간행형식은 다음 각 호의 어느 하나에 의한다.

1. 등록된 출판사와의 출판권 설정의 형식
2. 자비출판의 형식

제 5 조 (收錄對象)

① 논집에 수록할 논문은 다음과 같다.

1. 발표논문: 학회의 연구발표회에서 발표하고 제출한 논문으로서 편집위원회의 심사절차를 거쳐 게재확정된 논문
2. 제출논문: 회원 또는 비회원이 논집게재를 위하여 따로 제출한 논문으로서 편집위원회의 심사절차를 거쳐 게재확정된 논문
3. 그 밖에 편집위원회의 심사절차와 간행위원회의 의결을 거쳐 수록하기로 한 논문 등

② 논집에는 부록으로서 다음의 문건을 수록할 수 있다.

1. 학회의 정관, 회칙 및 각종 규칙
2. 학회의 역사 또는 활동상황
3. 학회의 각종 통계

③ 논집에는 간행비용의 조달을 위하여 광고를 게재할 수 있다.

제 6 조 (收錄論文要件)

논집에 수록할 논문은 다음 각호의 요건을 갖춘 것이어야 한다.

1. 행정판례의 평석 또는 연구에 관한 논문일 것
2. 다른 학술지 등에 발표한 일이 없는 논문일 것
3. 이 규정 또는 별도의 공고에 의한 원고작성요령 및 심사기준에 부합하는 학술연구로서의 형식과 품격을 갖춘 논문일 것

제 7 조 (著作權)

① 논집의 편자는 학회의 명의로 하고, 논집의 개별 논문에는 집필자(저작자)를 명기한다.

② 학회는 논집의 편집저작권을 보유한다.

제 2 장 刊行委員會와 編輯委員會

제 8 조 (刊行 및 編輯主管)

① 논집의 간행 및 편집에 관한 업무를 관장하기 위하여 학회에 간행위원회와 편집위원회를 둔다.

② 간행위원회는 논집의 간행에 관한 중요한 사항을 심의 · 의결한다.

③ 편집위원회는 간행위원회의 결정에 따라 논집의 편집에 관한 업무를 행한다.

제 9 조 (刊行委員會의 構成과 職務 등)

① 간행위원회는 편집위원을 포함하여 회장이 위촉하는 적정한 수의 위원으로 구성하고 임기는 1년으로 하되 연임할 수 있다.

② 간행위원회는 위원장, 부위원장 및 간사 각 1인을 둔다.

③ 간행위원장은 위원 중에서 호선하고, 부위원장은 학회의 출판담당 상임이사로 하고, 간사는 위원 중에서 위원장이 위촉한다.

④ 간행위원회는 다음의 사항을 심의 · 의결한다.

1. 논집의 간행계획에 관한 사항
2. 논집의 특별호의 기획 등에 관한 사항
3. 이 규칙의 개정에 관한 사항
4. 출판권을 설정할 출판사의 선정에 관한 사항
5. 그 밖에 논집의 간행과 관련된 중요한 사항

⑤ 간행위원회는 다음 각 호의 경우에 위원장이 소집하고, 간행위

원회는 위원 과반수의 출석과 출석위원 과반수의 찬성으로 의결한다.

1. 회장 또는 위원장이 필요하다고 판단하는 경우
2. 위원 과반수의 요구가 있는 경우

제10조 (編輯委員會의 構成과 職務 등)

① 편집위원회는 학회의 출판담당 상임이사를 포함하여 회장이 이사회의 승인을 얻어 선임하는 10인 내외의 위원으로 구성하고 임기는 3년으로 한다.

② 편집위원회는 위원장, 부위원장 및 간사 각 1인을 둔다.

③ 편집위원장은 위원 중에서 호선하고, 부위원장은 학회의 출판담당 상임이사로 하고, 간사는 위원 중에서 위원장이 위촉한다.

④ 편집위원회는 다음의 사항을 행한다.

1. 이 규칙에 의하는 외에 논집에 수록할 논문의 원고작성요령 및 심사기준에 관한 세칙의 제정 및 개정
2. 논문심사위원의 위촉
3. 논문심사의 의뢰 및 취합, 종합판정, 수정요청 및 수정후재심사, 논집에의 게재확정 또는 거부 등 논문심사절차의 진행
4. 논집의 편집 및 교정
5. 그 밖에 논집의 편집과 관련된 사항

⑤ 편집위원회는 다음 각 호의 경우에 위원장이 소집하고, 위원 과반수의 출석과 출석위원 과반수의 찬성으로 의결한다.

1. 회장 또는 위원장이 필요하다고 판단하는 경우
2. 위원 과반수의 요구가 있는 경우

제3장 論文의 提出과 審査節次 등

제11조 (論文提出의 基準)

① 논문원고의 분량은 A4용지 20매(200자 원고지 150매) 내외로 한다.

② 논문의 원고는 (주)한글과 컴퓨터의 "문서파일(HWP)"로 작성하고 한글사용을 원칙으로 하되, 필요한 경우 국한문혼용 또는 외국어를 사용할 수 있다.

③ 논문원고의 구성은 다음 각 호의 순서에 의한다.

1. 제목
2. 목차
3. 본문
4. 한글초록 · 주제어
5. 외국어초록 · 주제어
6. 참고문헌
7. 부록(필요한 경우)

④ 논문은 제1항 내지 제3항 이외에 편집위원회가 따로 정하는 원고작성요령 또는 심사기준에 관한 세칙을 준수하고, 원고는 편집위원회가 정하여 공고하는 기한 내에 출판간사를 통하여 출판담당 상임이사에게 제출하여야 한다.

제12조 (論文審査節次의 開始)

① 논문접수가 완료되면 출판담당 상임이사는 심사절차에 필요한 서류를 작성하여 편집위원장에게 보고하여야 한다.

② 편집위원장은 전항의 보고를 받으면 편집위원회를 소집하여 논문심사절차를 진행하여야 한다.

제13조 (論文審査委員의 委囑과 審査 依賴 등)

① 편집위원회는 간행위원, 편집위원 기타 해당 분야의 전문가 중

에서 심사대상 논문 한 편당 3인의 논문심사위원을 위촉하여 심사를 의뢰한다.

② 제1항의 규정에 의하여 위촉되어 심사를 의뢰받는 논문심사위원이 심사대상 논문 또는 그 제출자와 특별한 관계가 명백하게 있어 논문심사의 공정성을 해할 우려가 있는 사람이어서는 안 된다.

第14조 (秘密維持) ① 편집위원장은 논문심사위원의 선정 및 심사의 진행에 관한 사항이 외부로 누설되지 않도록 필요한 조치를 취하여야 한다.

② 편집위원 및 논문심사위원은 논문심사에 관한 사항을 외부로 누설해서는 안 된다.

第15조 (論文審査의 基準) 논문심사위원이 논집에 수록할 논문을 심사함에 있어서는 다음 각 호의 기준을 종합적으로 고려하여 심사의견을 제출하여야 한다.

1. 제6조에 정한 수록요건
2. 제11조에 정한 논문제출기준
3. 연구내용의 전문성과 창의성 및 논리적 체계성
4. 연구내용의 근거제시의 적절성 및 객관성

第16조 (論文審査委員別 論文審査의 判定) ① 논문심사위원은 제15조의 논문심사기준에 따라 [별표 1]의 [논문심사서](서식)에 심사의견을 기술하여 제출하여야 한다.

② 논문심사위원은 심사대상 논문에 대하여 다음 각호에 따라 '판정의견'을 제출한다.

1. '게재적합': 논집에의 게재가 적합하다고 판단하는 경우
2. '게재부적합': 논집에의 게재가 부적합하다고 판단하는 경우
3. '수정후게재': 논문내용의 수정·보완 후 논집에의 게재가 적합하다고 판단하는 경우

③ 전항 제 1 호에 의한 '게재적합' 판정의 경우에도 논문심사위원은 수정·보완이 필요한 경미한 사항을 기술할 수 있다.

④ 제 2 항 제 2 호에 의한 '게재부적합' 판정 및 제 3 호에 의한 '수정후게재' 판정의 경우에는 각각 부적합사유와 논문내용의 수정·보완할 점을 구체적으로 명기하여야 한다.

第17조 (編輯委員會의 綜合判定 및 再審査) ① 편집위원회는 논문심사위원 3인의 논문심사서가 접수되면 [별표 2]의 종합판정기준에 의하여 '게재확정', '수정후게재', '수정후재심사' 또는 '불게재'로 종합판정을 하고, 그 결과 및 논문심사위원의 심사의견을 논문제출자에게 통보한다.

② 편집위원회의 종합판정 결과, '수정후재심사'로 판정된 논문에 대하여는 재심사절차를 진행한다. 이때 최초심사에서 '게재적합' 또는 '수정후게재' 판정을 한 심사위원은 교체하지 아니하고, '게재부적합' 판정을 한 논문심사위원은 다른 사람으로 교체하여 심사를 의뢰한다.

③ 전항의 논문을 재심사하는 논문심사위원은 '게재적합' 또는 '게재부적합'으로만 판정하며, 편집위원회는 재심사의 결과 '게재적합'이 둘 이상이면 '게재확정'으로 최종 판정한다.

第18조 (修正要請 등)

① 편집위원장은 제17조의 규정에 의해 '수정후게재/ 또는 '수정후재심사' 판정을 받은 논문에 대하여 수정을 요청하여야 한다.

② 편집위원장은 제17조의 규정에 의해 '게재확정'으로 판정된 논문에 대하여도 편집위원회의 판단에 따라 수정이 필요하다고 인정하는 때에는 내용상 수정을 요청할 수 있다.

③ 편집위원회는 집필자가 전항의 수정요청에 따르지 않거나 재심사를 위해 고지된 기한 내에 수정된 논문을 제출하지 않을 때에는

처음 제출된 논문을 '불게재'로 최종 판정한다.

제4장 기　　타

제19조 (審査謝禮費의 支給) 논문심사위원에게 논집의 간행·편집을 위한 예산의 범위 안에서 심사사례비를 지급할 수 있다.

제20조(輔助要員) 학회는 논집의 간행·편집을 위하여 필요하다고 인정하는 때에는 원고의 편집, 인쇄본의 교정, 부록의 작성 등에 관한 보조요원을 고용할 수 있다.

제21조 (刊行·編輯財源) ① 논집의 간행·편집에 필요한 재원은 다음 각호에 의한다.

1. 출판수입
2. 광고수입
3. 판매수입
4. 논문게재료
5. 외부 지원금
6. 기타 학회의 재원

② 논문 집필자에 대한 원고료는 따로 지급하지 아니한다.

제22조 (論集의 配布) ① 간행된 논집은 회원에게 배포한다.

② 논문의 집필자에게는 전항의 배포본 외에 일정한 부수의 증정본을 교부할 수 있다.

附　　則 (1999. 8. 20. 제정)

이 규칙은 1999년 8 월 20일부터 시행한다.

附 則

이 규칙은 2003년 8 월 22일부터 시행한다.

附 則

이 규칙은 2004년 4 월 17일부터 시행한다.

附 則

이 규칙은 2005년 3 월 19일부터 시행한다.

附 則

이 규칙은 2008년 5 월 26일부터 시행한다.

附 則

이 규칙은 2009년 12월 18일부터 시행한다.

[별표 1 : 논문심사서(서식)]

『行政判例硏究』 게재신청논문 심사서

社團法人 韓國行政判例硏究會

<table>
<tr><td>게재논집</td><td colspan="2">行政判例研究 제15-2집</td><td>심사일</td><td>2010. . .</td></tr>
<tr><td rowspan="2">심사위원</td><td rowspan="2">소속</td><td rowspan="2"></td><td>직위</td><td></td></tr>
<tr><td>성명</td><td>(인)</td></tr>
<tr><td>게재신청논문
[심사대상논문]</td><td colspan="4"></td></tr>
<tr><td>판정의견</td><td colspan="4">1. 게재적합 ( ): 논집의 게재가 가능하다고 판단하는 경우
2. 게재부적합 ( ): 논집의 게재가 불가능하다고 판단하는 경우
3. 수정후게재 ( ): 논문내용의 수정·보완 후 논집의 게재가 가능하다고 판단하는 경우</td></tr>
<tr><td>심사의견</td><td colspan="4"></td></tr>
<tr><td>심사기준</td><td colspan="4">• 행정판례의 평석 또는 연구에 관한 논문일 것
• 다른 학술지 등에 발표한 일이 없는 논문일 것
• 연구내용의 전문성과 창의성 및 논리적 체계성이 인정되는 논문일 것
• 연구내용의 근거제시가 적절성과 객관성을 갖춘 논문일 것</td></tr>
</table>

※ 심사의견 작성시 유의사항 ※

▷ '게재적합' 판정의 경우에도 수정 · 보완이 필요한 사항을 기술할 수 있습니다.

▷ '게재부적합' 및 '수정후 게재' 판정의 경우에는 각각 부적합사유와 논문내용의 수정 · 보완할 점을 구체적으로 명기하여 주십시오.

▷ 표 안의 공간이 부족하면 별지를 이용해 주십시오.

[별표 2: 종합판정기준]

	심사위원의 판정	편집위원회 종합판정
1	○ ○ ○	게재확정
2	○ ○ △	
3	○ △ △	수정후게재
4	△ △ △	
5	○ ○ ×	
6	○ △ ×	수정후재심사
7	△ △ ×	
8	○ × ×	
9	△ × ×	불게재
10	× × ×	

○ = "게재적합" △ = "수정후게재" × = "게재부적합"

歷代 任員 名單

■ 초대(1984. 10. 29.)

회　　장　金道昶

부 회 장　徐元宇·崔光律(1987. 11. 27.부터)

■ 제 2 대(1988. 12. 9.)

회　　장　金道昶

부 회 장　徐元宇·崔光律

감　　사　李尙圭

상임이사　李鴻薰(총무), 金南辰(연구), 朴鈗炘(출판), 梁承斗(섭외)

이　　사　金東熙, 金斗千, 金英勳, 金元主, 金伊烈, 金鐵容, 石琮顯, 芮鍾德, 李康爀, 李升煥, 趙慶根, 崔松和, 韓昌奎, 黃祐呂

■ 제 3 대(1990. 2. 23.)

회　　장　金道昶

부 회 장　徐元宇·崔光律

감　　사　金鐵容

상임이사　李鴻薰(총무), 黃祐呂(총무), 金南辰(연구), 朴鈗炘(출판), 梁承斗(섭외)

이　　사　金東熙, 金斗千, 金英勳, 金元主, 金伊烈, 石琮顯, 芮鍾德,

李康爀, 李升煥, 李鴻薰
(1991. 1. 25.부터) 趙慶根, 崔松和, 韓昌奎, 黃祐呂

■ 제 4 대(1993. 2. 23.)

회　　장 金道昶
부 회 장 徐元宇·崔光律
감　　사 金鐵容
상임이사 李鴻薰(총무), 金南辰(연구), 朴鈗炘(출판), 梁承斗(섭외)
이　　사 金東熙, 金英勳, 金元主, 朴松圭, 卞在玉, 石琮顯, 孫智烈, 芮鍾德, 李康國, 李康爀, 李京運, 李淳容, 李重光, 李鴻薰, 趙慶根, 趙憲銖, 千柄泰, 崔松和, 韓昌奎, 黃祐呂

■ 제 5 대(1996. 2. 23.)

명예회장 金道昶
고　　문 徐元宇·金鐵容
회　　장 崔光律
부 회 장 金南辰·徐廷友
감　　사 韓昌奎
상임이사 金東熙(총무), 金元主(연구), 李康國(출판), 梁承斗(섭외)
이　　사 金英勳, 朴松圭, 朴鈗炘, 卞在玉, 石琮顯, 李康爀, 李京運, 李淳容, 李升煥, 李重光, 李鴻薰, 趙慶根, 趙憲銖, 千柄泰, 崔松和, 黃祐呂

■ 제 6 대(1999. 2. 19.)

명예회장 金道昶
고　　문 徐元宇, 金鐵容, 金南辰, 徐廷友, 韓昌奎

회　　장　崔光律
부 회 장　梁承斗, 李康國
감　　사　金元主
상임이사　李鴻薰(총무), 金東熙(연구), 崔松和(출판), 金善旭(섭외)
이　　사　金東建, 金英勳, 南勝吉, 朴松圭, 朴鈗炘, 白潤基, 卞海喆, 石琮顯, 李京運, 李光潤, 李升煥, 李重光, 鄭然彧, 趙憲銖, 洪準亨, 黃祐呂

■ 제 7 대(2002. 2. 15.)

명예회장　金道昶
고　　문　金南辰, 金元主, 徐元宇, 徐廷友, 梁承斗, 李康國, 崔光律, 韓昌奎
회　　장　金鐵容
부 회 장　金東建, 崔松和
감　　사　金東熙
상임이사　金善旭(총무), 朴正勳(연구), 李光潤(출판), 李京運(섭외)
이　　사　金英勳, 金海龍, 南勝吉, 朴均省, 朴鈗炘, 白潤基, 卞海喆, 石琮顯, 李東洽, 李範柱, 李重光, 李鴻薰, 鄭夏重, 趙憲銖, 洪準亨, 黃祐呂

■ 제 8 대(2005. 2. 21. / 2008. 2. 20.) *

명예회장　金道昶(2005. 7. 17. 별세)
고　　문　金南辰, 金元主, 徐元宇(2005. 10. 16. 별세), 徐廷友, 梁承斗, 李康國, 崔光律, 韓昌奎, 金鐵容, 金英勳, 朴鈗炘, 金東熙
회　　장　崔松和
부 회 장　李鴻薰, 鄭夏重

감　　사 金東建, 李京運,

상임이사 李光潤(총무), 安哲相(기획), 洪準亨/吳峻根(연구), 金性洙(출판), 徐基錫(섭외)

이　　사 金善旭, 金海龍, 南勝吉, 朴均省, 朴秀赫, 朴正勳, 白潤基, 卞海喆, 石琮顯, 石鎬哲, 蘇淳茂, 柳至泰, 尹炯漢, 李東洽, 李範柱, 李殷祈, 李重光, 趙龍鎬, 趙憲銖, 崔正一, 黃祐呂, 金香基, 裵柄皓, 劉南碩

간　　사 李元雨 / 金鐘甫(총무), 李賢修(연구), 金重權(재무), 宣正源 / 李熙貞(출판), 권은민(섭외)

* 위 '회장', '부회장', '상임이사', '이사'는 2007. 4. 20. 제정된 사단법인 한국행정판례연구회 정관 제13조, 제14조, 제15조의 '이사장 겸 회장', '이사 겸 부회장', '이사 겸 상임이사', '운영이사'임.

■제 9 대(2008. 2. 15. / 2011. 2. 14.)

고　　문 金南辰, 金東熙, 金英勳, 金元主, 金鐵容, 朴鈗炘, 徐廷友, 梁承斗, 李康國, 李鴻薰, 鄭夏重, 崔光律, 韓昌奎

회　　장 崔松和

부 회 장 李京運, 徐基錫

감　　사 金東建, 金善旭

이사 겸 상임이사 慶　健(총무), 安哲相(기획), 朴均省(연구), 韓堅愚(출판), 權純一(섭외/연구)

운영이사 具旭書, 권은민, 金光洙, 金性洙, 金連泰, 金容燮, 金容贊, 金裕煥, 金義煥, 金重權, 金敞祚, 金海龍, 金香基, 金鉉峻, 朴正勳, 朴海植, 裵柄皓, 白潤基, 卞海喆, 石琮顯, 石鎬哲, 成百玹, 蘇淳茂, 申東昇, 辛奉起, 吳峻根, 劉南碩, 兪珍式, 尹炯漢, 李光潤, 李承寧, 李元雨, 李殷祈, 李重光, 鄭鍾錧,

鄭準鉉, 趙龍鎬, 曺海鉉, 趙憲銖, 崔正一, 洪準亨

간　　사 張暻源·李殷相·安東寅(총무), 鄭亨植·장상균(기획), 金泰昊(기획/연구), 金聖泰·崔善雄·鄭南哲(연구), 李熙貞·河明鎬·崔桂暎(출판), 林聖勳(섭외), 박재윤(총무)

■제 10 대(2011. 2. 15./ 2014. 2. 14)

명예회장 金鐵容, 崔光律

고　　문 金南辰, 金東建, 金東熙, 金英勳, 金元主, 朴鈗炘, 徐廷友, 梁承斗, 李康國, 李京運, 鄭夏重, 崔松和, 韓昌奎

회　　장 李鴻薰

부 회 장 徐基錫, 李光潤

감　　사 金善旭, 蘇淳茂

이사 겸 상임이사 金重權(총무), 安哲相(기획), 劉南碩, 金容燮(연구), 金鐘甫(출판), 金敞祚, 金義煥(섭외/연구)

운영이사 姜錫勳, 慶　健, 具旭書, 權純一, 權殷旼, 琴泰煥, 金光洙, 金性洙, 金連泰, 金容燮, 金容贊, 金海龍, 金香基, 金鉉峻, 朴均省, 朴正勳, 朴海植, 裵柄皓, 白潤基, 卞海喆, 石琮顯, 石鎬哲, 宣正源, 成百玹, 申東昇, 辛奉起, 呂相薰, 吳峻根, 兪珍式, 尹炯漢, 李承寧, 李元雨, 李殷祈, 李重光, 李賢修, 李熙貞, 林永浩, 鄭南哲, 鄭鍾錧, 鄭準鉉, 鄭亨植, 趙龍鎬, 曺海鉉, 趙憲銖, 崔正一, 洪準亨, 韓堅愚, 河明鎬

간　　사 安東寅, 李羲俊(총무), 蔣尙均(기획), 金泰昊, 朴在胤(연구), 朴玄廷, 姜知恩(출판), 李殷相(섭외)

月例 集會 記錄

〈2012. 12. 현재〉

순번	연월일	발표자	발 표 제 목
1-1	84.12.11.	金南辰	聽問을 결한 行政處分의 違法性
-2		李鴻薰	都市計劃과 行政拒否處分
2-1	85. 2.22.	崔世英	行政規則의 法規性 認定 與否
-2		崔光律	實地讓渡價額을 넘는 讓渡差益의 인정여부
3-1	3.29.	石琮顯	都市計劃決定의 法的 性質
-2		金東建	違法한 旅館建物의 건축과 營業許可의 취소
4-1	4.26.	徐元宇	當然無效의 行政訴訟과 事情判決
-2		黃祐呂	아파트地區내의 土地와 空閑地稅
5-1	5.31.	朴鈗炘	林產物團束에관한法律 제7조에 대한 違法性 認定의 與否
-2		姜求哲	行政訴訟에 있어서의 立證責任의 문제
6-1	6.28.	金鐵容	酒類販賣業 免許處分 撤回의 근거와 撤回權 留保의 한계
-2		盧瑩保	國稅基本法 제42조 소정의 讓渡擔保財產의 의미
7-1	9.27.	金道昶	信賴保護에 관한 行政判例의 최근 동향
-2		金東熙	自動車運輸事業法 제31조 등에 관한 處分要領의 성질
8-1	10.25.	李尙圭	入札參加資格 制限行爲의 법적 성질

순번	연월일	발표자	발 표 제 목
-2		李相敦	公有水面埋立에 따른 不動産所有權 國家歸屬의 무효확인
9-1	11.22.	梁承斗	抗告訴訟의 提起要件
-2		韓昌奎	地目變更 拒否의 성질
10	86. 1.31.	李相赫	行政訴訟에 있어서의 訴의 利益의 문제
11	2.28	崔松和	運轉免許 缺格者에 대한 면허의 효력
12	3.28	金道昶	憲法上의 違憲審査權의 所在
13	4.25.	趙慶根	美聯邦情報公開法에 대한 약간의 고찰
14	5.30.	張台柱	西獨에 있어서 隣人保護에 관한 判例의 최근동향
15	6.27.	金斗千	僞裝事業者와 買入稅額 控除
外1	9.30.	藤田宙靖	日本의 最近行政判例 동향
16	10.31.	金英勳	注油所 許可와 瑕疵의 承繼
17	11.28.	芮鍾德	漁業免許의 취소와 裁量權의 濫用
外2	87. 3.21.	鹽野宏	日本 行政法學界의 現況
		園部逸夫	새 行政訴訟法 시행 1년을 보고
18	4.25.	金道昶	知的財産權의 문제들
19-1	4.22.	李升煥	商標法에 관한 최근판례의 동향
-2			工場登錄 拒否處分과 소의 이익
20	5.29.	金南辰	執行停止의 요건과 本案理由와의 관계
21	9.25.	崔光律	日本公法學會 總會參觀 등에 관한 보고
22-1	10.30.	金道昶	地方自治權의 강화와 行政權限의 위임에 관한 문제
-2			
23	11.27.	金鐵容	不作爲를 구하는 訴의 가부
24	88. 2.26.	金時秀	租稅賦課處分에 있어서의 當初處分과 更正拒否處分의 법률관계
25-1	3.25.	徐元宇	최근 日本公法學界의 동향
-2		朴鈗炘	平澤港 漁業補償 문제
外3	4.29.	成田賴明	日本 行政法學과 行政判例의 최근 동향

순번	연월일	발표자	발표제목
26	5.27.	李尙圭	防衛稅 過誤納 還給拒否處分의 취소
27	6.24.	徐元宇	運輸事業計劃 변경인가처분의 취소
28	8.26.	金完燮	처분후의 事情變更과 소의 이익
29	10.7.	石琮顯	行政處分(訓令)의 법적 성질
30	10.28.	李鴻薰	土地收用裁決處分의 취소
31	11.17.	朴鈗炘	行政計劃의 법적 성질
32	89. 1.27.	金東熙	載量行爲에 대한 司法的統制의 한계
33	2.24.	李碩祐	國稅還給申請權의 인정 여부
34	3.24.	朴松圭	國產新技術製品 保護決定處分의 일부취소
35-1	4.28.	金鐵容	독일 行政法學界의 최근동향
-2		千柄泰	제 3 자의 行政審判前置節次 이행 여부
36	5.26.	金善旭	公務員의 團體行動의 違法性
37	6.30.	金元主	租稅行政과 信義誠實의 원칙
38	8.25.	趙憲銖	國稅還給拒否處分의 법적 성질
39	9.29.	鄭準鉉	刑事訴追와 行政處分의 효력
40	10.27.	韓堅愚	行政規則(訓令)의 성질
41	11.24.	金斗千	相續稅法 제32조의2의 違憲 여부
外4	12.27.	小早川光朗	日本 行政法學界의 최근 동향
42	90. 1.19.	金鐵容	豫防的 不作爲訴訟의 許容 여부
43	2.23.	李光潤	營造物行爲의 법적 성질
44	3.30.	南勝吉	行政刑罰의 범위
45	4.27.	黃祐呂	法律의 遡及效
46	5.25.	朴均省	行政訴訟과 訴의 이익
47	6.29.	卞在玉	軍檢察官의 公訴權行使에 관한 憲法訴願
48	8.31.	成樂寅	結社의 自由의 事前制限
49	9.28.	辛奉起	憲法訴願과 辯護士 强制主義
50	10.26.	朴圭河	行政官廳의 權限의 委任·再委任
51	11.30.	朴國洙	行政行爲의 公定力과 國家賠償責任
52	91. 1.25.	梁承斗	土地去來許可의 법적 성질

순번	연월일	발표자	발 표 제 목
53	2.22.	徐元宇	建築許可 保留의 위법성 문제
外5-1	3.29.	南博方	處分取消訴訟과 裁決取消訴訟
-2		藤田宙靖	日本 土地法制의 현황과 課題
54	4.26.	吳峻根	遺傳子工學的 施設 設置許可와 法律留保
55	5.31.	金南辰	拒否行爲의 行政處分性과 "법률상 이익 있는 자"의 의미
56	6.28.	鄭然彧	無效確認訴訟과 訴의 이익
57	8.30.	金性洙	主觀的公權과 基本權
58	9.27.	金英勳	運轉免許 取消處分의 취소
59	10.25.	石琮顯	基準地價告示地域 내의 收用補償額 算定基準에 관한 판례동향
60	11.29.	朴鈗炘	工事中止處分의 취소
61	92. 1.31.	卞海喆	公物에 대한 强制執行
62	2.28.	李康國	違憲法律의 효력－그 遡及效의 범위와 관련하여
63	3.27	金善旭	公勤務에 관한 女性支援指針과 憲法上의 平等原則
64	4.24.	全光錫	不合致決定의 허용 여부
65	5.29.	崔正一	行政規則의 법적성질 및 효력
66	6.26.	李琦雨	獨逸 Műnster 高等行政裁判所 1964.1.8. 판결
67	8.28.	朴鈗炘	地方自治團體의 자주적인 條例制定權과 規律문제
68	9.18.	金元主	讓渡所得稅 등 賦課處分의 취소
69	10.16.	洪準亨	結果除去請求權과 行政介入請求權
70	11.20.	金時秀	土地收用裁決處分의 취소
71	93. 1.15.	金海龍	環境技術관계 行政決定에 대한 司法的 統制의 범위
72	2.19.	李重光	租稅法上 不當利得 返還請求權
73	3.19.	高永訓	行政規則에 의한 行政府의 立法行爲外
外6	4.16.	J.Anouil	EC法의 現在와 將來

순번	연월일	발표자	발 표 제 목
74	5.21.	柳至泰	行政訴訟에서의 行政行爲 根據變更에 관한 판례분석
75	6.18.	徐元宇	原處分主義와 被告適格
76	8.20.	朴均省	國家의 公務員에 대한 求償權
77	9.17.	金東熙	敎員任用義務不履行 違法確認訴訟
78	10.15.	盧永錄	建設業免許 取消處分의 취소
79	94. 1.21.	徐廷友	無效確認을 구하는 의미의 租稅取消訴訟과 租稅還給金 消滅時效의 起算點
80	2.18.	洪準亨	判斷餘地의 한계
81	3.18.	裵輔允	憲法訴願 審判請求 却下決定에 대한 헌법소원
82	4.15.	金善旭	舊東獨判事의 獨逸判事任用에 관한 決定과 그 不服에 대한 管轄權
83	5.20.	李京運	學則의 법적 성질
84	6.17.	朴松圭	任用行爲取消處分의 취소
85	8.19.	金鐵容	公務員 個人의 不法行爲責任
86	9.30.	卞在玉	日本 家永敎科書檢定 第一次訴訟 上告審 判決의 評釋
87	10.21.	金香基	無名抗告訴訟의 可否
88	11.18.	李康國	行政行爲의 瑕疵의 治癒
89	95. 1.20.	趙憲銖	取消判決의 遡及效
90	2.17.	朴秀赫	獨逸 統一條約과 補償法上의 原狀回復 排除規定의 合憲 여부
外7	3.17.	小高剛	損失補償에 관한 日本 最高裁判所 判決의 분석
91	4.21.	崔松和	行政處分의 理由明示義務에 관한 판례
92	5.19.	崔正一	石油販賣業의 양도와 歸責事由의 승계
93	6.16.	鄭夏重	國家賠償法 제5조에 의한 배상책임의 성격
94	8.18.	吳振煥	無效인 條例에 근거한 行政處分의 효력
95	9.15.	金敞祚	日本 長良川 安八水害 賠償判決
96	10.20.	黃祐呂	非常高等軍法會議 判決의 破棄와 還送法院

순번	연월일	발표자	발 표 제 목
97	11.17.	白潤基	地方自治法 제98조 및 제159조에 의한 訴訟
98	96. 1.19.	徐元宇	營業停止期間徒過後의 取消訴訟과 訴의 이익
99	2.23.	金海龍	計劃變更 내지 保障請求權의 성립요건
外8	3.19.	鹽野宏	日本 行政法 判例의 近年動向 - 行政訴訟을 중심으로
100	4.19.	金東熙	國家賠償과 公務員에 대한 求償
101	5.17.	梁承斗	教員懲戒와 그 救濟制度
102	6.28.	金容燮	運轉免許取消·停止處分의 法的 性質 및 그 한계
103	8.16.	李京運	轉補發令의 處分性
104	9.20.	盧永錄	申告納稅方式의 租稅와 그 瑕疵의 판단기준
105	10.18.	金敞祚	道路公害와 道路設置·管理者의 賠償責任
106	11.15.	金裕煥	形式的 拒否處分에 대한 取消訴訟의 審理범위
107	97. 1.17.	裵柄皓	北韓國籍住民에 대한 强制退去命令의 적법성
108	2.21.	趙龍鎬	公衆保健醫師 採用契約解止에 대한 爭訟
109	3.21.	金鐵容	行政節次法의 내용
110	4.18.	趙憲銖	建築物臺帳 職權訂正行爲의 처분성
111	5.16.	鄭夏重	交通標識板의 법적성격
112	6.20.	裵輔允	違憲決定과 行政處分의 효력
113	8.22.	吳峻根	聽聞의 실시요건
114	9.19.	金善旭	옴부즈만條例案 再議決 無效確認判決의 문제점
115	10.17.	李光潤	機關訴訟의 성질
116	11.21.	朴正勳	教授再任用拒否의 처분성
117	98. 1.16.	白潤基	當事者訴訟의 대상
118	2.20.	辛奉起	機關訴訟 주문의 형식
119	3.20.	洪準亨	行政法院 出帆의 意義와 행정법원의 課題
120	4.17.	宣正源	오스트리아와 독일의 不作爲訴訟에 관한 고찰
121	5.16.	李東洽	刑事記錄 열람·등사 거부처분

순번	연월일	발표자	발 표 제 목
122	6.19.	金東建	環境行政訴訟과 地域住民의 原告適格
123	98. 8.21.	金南辰	法規命令과 行政規則의 구별
124	9.18.	金敞祚	河川 管理 責任
125	10.16.	金容燮	行政審判의 裁決에 대한 取消訴訟
126	11.20.	徐廷友	垈地造成事業計劃 승인처분의 재량행위
127	99. 1.15.	南勝吉	處分의 기준을 규정한 施行規則(部令)의 성격
128	2.19.	金裕煥	違憲法律에 根據한 行政處分의 效力
129	3.19.	鄭夏重	多段階行政節次에 있어서 事前決定과 部分許可의 意味
130	4.16.	裵輔允	南北交流協力 등 統一에 관한 법적 문제
131	5.21.	康鉉浩	計劃承認과 司法的 統制
132	6.18.	兪珍式	行政指導와 違法性阻却事由
133	8.20.	朴正勳	侵益的 行政行爲의 公定力과 刑事裁判
134	9.17.	金東熙	建築許可신청서 返戾처분취소
		金南澈	行政審判法 제37조 제2항에 의한 自治權侵害의 가능성
135	10.15.	金炳圻	條例에 대한 再議要求事由와 大法院提訴
		權殷玟	公賣決定·通知의 처분성 및 소송상 문제점
136	11.19.	石鎬哲	羈束力의 범위로서의 처분사유의 동일
		金珉昊	직무와 관련된 不法行爲에 있어 공무원 개인의 책임
137	00. 1.21.	尹炯漢	任用缺格과 退職給與
		裵柄皓	還買權소송의 管轄문제
138	2.18.	趙憲銖	個人事業의 法人轉換과 租稅減免
		金連泰	조세행정에 있어서 경정처분의 효력
139	3.17.	兪珍式	自動車運輸事業 면허처분에 있어서 競業, 競願의 범위
		慶 健	情報公開請求權의 憲法的 根據와 그 制限
140	4.21.	朴正勳	拒否處分 取消訴訟에 있어 違法判斷의 基準時

순번	연월일	발표자	발 표 제 목
			와 訴의 利益
		金柄圻	行政訴訟上 執行停止의 要件으로서의 '回復하기 어려운 損害'와 그 立證責任
141	5.19.	洪準亨	不可變力, 信賴保護, 그리고 行政上 二重危險의 禁止
		康鉉浩	建築變更許可와 附款
142	6.16.	趙龍鎬	寄附金品募集許可의 法的性質
		金容燮	行政上 公表
143	8.18.	朴松圭	盜難당한 自動車에 대한 自動車稅와 免許稅
		權殷玟	廢棄物處理業 許可權者가 한 '不適正通報' 의 法的性質
144	9.22.	石鎬哲	公法的 側面에서 본 日照權 保護
145	10.20.	蘇淳茂	後發的 事由에 의한 更正請求權을 條理上 인정할 수 있는지 與否
		金光洙	土地形質變更許可와 信賴保護原則
146	11.17.	朴鈗炘	慣行漁業權
		宣正源	複合民願과 認·許可擬制
147	01. 1.19.	崔松和	판례에 있어서 공익
		李光潤	도로가 행정재산이 되기 위한 요건 및 잡종재산에 대한 시효취득
148	2.16.	金鐵容	개발제한 구역의 시정과 손실 보상
		鄭夏重	부관에 대한 행정소송
149	3. 8.	金性洙	독일연방헌재의 폐기물법에 대한 결정과 환경법상 협력의 원칙
		李東植	중소기업에 대한 조세 특례와 종업원의 전출. 파견
150	4.20.	李京運	주택건설사업계획 사전결정의 구속력
		裵輔允	2000년 미국대통령 선거 소송 사건
151	5. 9.	李東洽	위헌법률에 근거한 처분에 대한 집행력 허용

순번	연월일	발표자	발 표 제 목
			여부
		金珉昊	상속세 및 증여세법상 증여의 의미
152	6.15.	李元雨	정부투자기관의 부정당업자 제재조치의 법적 성질
		朴榮萬	군사시설보호법상의 협의와 항고소송
153	8.17.	崔正一	법규명령형식의 재량준칙의 법적성질 및 효력
		趙憲銖	유적발굴허가와 행정청의 재량
154	9.21.	金東熙	국가배상법 제5조상의 영조물의 설치·관리상 하자의 관념
		金東建	대법원 판례상의 재량행위
155	10.10.	吳峻根	행정절차법 시행이후의 행정절차 관련 주요 행정판례 동향분석
		柳至泰	공물법의 체계에 관한 판례 검토
156	11. 7.	白潤基	행정소송에 있어서 건축주와 인근주민의 이익의 충돌과 그 조화
		徐廷範	국가배상에 있어서 위법성과 과실의 일원화에 관하여
157	02. 1.18.	金善旭	독일헌법상의 직업공무원제도와 시간제공무원
		朴正勳	처분사유의 추가·변경－제재철회와 공익상 철회
158	2.15.	辛奉起	일본의 기관소송 법제와 판례
		權殷玟	원천징수행위의 처분성과 원천징수의무자의 불복방법
159	3.15.	朴均省	환경영향평가의 하자와 사업계획승인처분의 효력
		金鐘甫	관리처분계획의 처분성과 그 공정력의 범위
160	4.19.	崔光律	농지전용에 관한 위임명령의 한계
		兪珍式	건축법상 일조보호규정의 私法上의 의미
161	5.17.	朴鈗炘	국가배상법 제2조 제1항 단서에 대한 헌법재

순번	연월일	발표자	발 표 제 목
			판소의 한정위헌결정 및 관련 대법원판례에 대한 평석
		宣正源	행정의 공증에 대한 사법적 통제의 의미와 기능의 명확화
162	6.21.	金元主	도로배연에 의한 대기오염과 인과관계
		康鉉浩	재량준칙의 법적 성격
163	7.19.	裵柄皓	회의록과 정보공개법상 비공개대상정보
		慶 健	공문서관리의 잘못과 국가배상책임
164	8.16.	金容燮	거부처분취소판결의 기속력
		金炳圻	보완요구의 '부작위'성과 재결의 기속력
165	9.13.	尹炯漢	기납부 택지초과소유부담금 환급청구권의 성질과 환급가산금의 이자율
		鄭夏明	미국연방대법원의 이른바 임시규제적 수용에 관한 새로운 판결례
166	10.18.	李鴻薰	공용지하사용과 간접손실보상
		金光洙	국가배상소송과 헌법소원심판의 관계
167	11.15.	徐元宇	행정법규위반행위의 사법적 효력
		李康國	조세채무의 성립과 확정
168	12.20.	蘇淳茂	인텔리전트빌딩에 대한 재산세중과시행규칙의 유효성 여부
169	03. 1.17.	金敞祚	정보공개제도상의 비공개사유와 본인개시청구
		金聖泰	운전면허수시적성검사와 개인 정보보호
170	2.21.	金東熙	기속재량행위와 관련된 몇 가지 논점 또는 의문점
		曺海鉉	행정처분의 근거 및 이유제시의 정도
171	3.21.	白潤基	불합격처분에 대한 효력정지결정에 대한 고찰
		宣正源	행정입법에 대한 부수적 통제
172	5.16.	李元雨	한국증권업협회의 협회등록최소결정의 법적 성질

순번	연월일	발표자	발 표 제 목
		金容贊	정보공개청구사건에서의 몇 가지 쟁점
173	6.20.	金重權	이른바 "수리를 요하는 신고"의 문제점에 관한 소고
		洪準亨	평생교육시설 설치자 지위승계와 설치자 변경 신청서 반려처분의 적법 여부
174	7.18.	金鐵容	학교법인임원취임승인취소처분과 행정절차법
		金秀珍	성별에 따른 상이한 창업지원금신청기간설정과 국가의 평등보장의무
175	8.22.	鄭夏重	법관의 재판작용에 대한 국가배상책임
		金鐘甫	정비조합(재건축, 재개발조합) 인가의 법적 성격
176	9.19.	金炳圻	수익적 행정행위의 철회의 법적 성질과 철회사유
		朴榮萬	군사시설보호구역설정행위의 법적 성격
177	10. 9	朴正勳	취소판결의 기판력과 기속력
		李東植	구 소득세법 제101조 제2항에 따른 양도소득세부과와 이중과세 문제
178	11.21.	李東洽	최근 행정소송의 주요사례
		慶 健	하천구역으로 편입된 토지에 대한 손실보상
179	12.19.	朴均省	거부처분취소판결의 기속력과 간접강제
180	04. 1.16.	李光潤	광역지방자치단체와 기초지방자치단체의 성격
		朴海植	행정소송법상 간접강제결정에 기한 배상금의 성질
181	2.20.	金海龍	행정계획에 대한 사법심사에 있어서 법원의 석명권행사 한계와 입증책임
		李賢修	영업양도와 공법상 지위의 승계
182	3.19.	兪珍式	기부채납부관을 둘러싼 법률문제
		鄭泰學	매입세액의 공제와 세금계산서의 작성·교부시기
183	4.16.	柳至泰	행정행위의 취소의 취소

순번	연월일	발표자	발 표 제 목
		金致煥	통지의 법적 성질
184	5.21.	鄭準鉉	단순하자 있는 행정명령을 위반한 행위의 가벌성
		權殷玟	압류처분취소소송에서 부과처분의 근거법률이 위헌이라는 주장이 허용되는지 여부
185	6.18.	趙憲銖	사업양도와 제2차 납세의무
		金連泰	과징금 부과처분에 대한 집행정지결정의 효력
186	7.16.	金容燮	보조금 교부결정을 둘러싼 법적 문제
		林聖勳	영내 구타·가혹 행위로 인한 자살에 대한 배상과 보상
187	8.20.	李京運	교수재임용거부처분취소
		曺媛卿	국가공무원법 제69조 위헌제청
188	9.17.	鄭成太	법규명령의 처분성
		金敞祚	원자로 설치허가 무효확인소송
189	04.10.15.	崔正一	법령보충적행정규칙의 법적 성질 및 효력
		李湖暎	독점규제법상 특수관계인에 대한 부당지원행위의 규제
190	11.19.	金香基	재결에 대한 취소소송
		劉南碩	집행정지의 요건으로서 "회복하기 어려운 손해를 예방하기 위한 긴급한 필요"와 그 고려사항으로서의 '승소가능성'
191	12.17.	尹炯漢	사전통지의 대상과 흠결의 효과
192	05. 1.31.	鄭鎬慶	행정소송의 협의의 소의 이익과 헌법소원의 보충성
		金重權	국토이용계획변경신청권의 예외적 인정의 문제점에 관한 소고
193	2.18.	宣正源	하자승계론에 몇 가지 쟁점에 관한 검토
		李熙貞	공법상 계약의 해지와 의견청취절차
194	3.18.	安哲相	취소소송 사이의 소의 변경과 새로운 소의 제

순번	연월일	발표자	발 표 제 목
			소기간
		康鉉浩	민간투자법제에 따른 우선협상대상자지정의 법적 제문제
195	4.15.	吳峻根	재량행위의 판단기준과 재량행위 투명화를 위한 법제정비
		李根壽	대집행의 법적 성격
196	5.20.	河宗大	금산법에 기한 계약이전결정 등의 처분과 주주의 원고적격
		金鐘甫	토지형질변경의 법적 성격
197	6.17.	朴海植	제재적 행정처분의 효력기간 경과와 법률상 이익
		李桂洙	공무원의 정치적 자유와 정치운동금지의무
198	8.19.	金容燮	재결의 기속력의 주관적 범위를 둘러싼 논의
		徐正旭	공시지가와 하자의 승계
199	9.16.	金鉉峻	용도지역 지정·변경행위의 법적 성질과 그에 대한 사법심사
		趙成奎	직접민주주의와 조례제정권의 한계
200	10.21.	金光洙	공직선거법과 행정형벌
		崔桂暎	용도폐지된 공공시설에 대한 무상양도신청거부의 처분성
201	11.12.	鄭夏重	행정판례의 발전과 전망
		朴正勳	행정판례의 발전과 전망
		尹炯漢	행정재판제도의 발전과 행정판례
		朴海植	행정재판제도의 발전과 행정판례
202	12.16.	鄭泰容	행정심판청구인적격에 관한 몇 가지 사례
203	06. 1.20	朴均省	행정상 즉시강제의 통제 — 비례원칙, 영장주의, 적법절차의 원칙과 관련하여 —
		權殷玟	기본행위인 영업권 양도계약이 무효라고 주장하는 경우에 행정청이 한 변경신고수리처분에

순번	연월일	발표자	발 표 제 목
			대한 불복방법 등
204	2.17.	曺海鉉	민주화운동관련자명예회복및보상등에관한법률에 기한 행정소송의 형태
		金重權	사권형성적 행정행위와 그 폐지의 문제점에 관한 소고
205	06. 3.17.	朴正勳	불확정개념과 재량 — 법규의 적용에 관한 행정의 우선권
		李相悳	한국지역난방공사 공급규정 변경신고를 산업자원부장관이 수리한 행위의 법적 성질
206	4.21.	兪珍式	공유수면매립법상 사정변경에 의한 매립면허의 취소신청
		林永浩	채석허가기간의 만료와 채석허가취소처분에 대한 소의 이익
207	5.19	嚴基燮	공정거래법상 사업자단체의 부당제한행위의 성립요건
		李賢修	납입고지에 의한 변상금부과처분의 취소와 소멸시효의 중단
208	6.16.	金鐘甫	재건축 창립총회의 이중기능
		鄭夏明	미국 연방대법원의 행정입법재량통제
209	8.17.	裵柄皓	개정 하천법 부칙 제2조의 손실보상과 당사자소송
		金裕煥	공공갈등의 사법적 해결 — 의미와 한계
210	9.15.	金容燮	텔레비전 수신료와 관련된 행정법적 쟁점
		崔桂暎	행정처분과 형벌
211	10.20.	金海龍	처분기간이 경과된 행정처분을 다툴 법률상 이익(행정소송법 제12조 후문 관련)과 제재적
		石鎬哲	처분기준을 정한 부령의 법규성 인정 문제
212	11.17.	宣正源	입헌주의적 지방자치와 조직고권
		李熙貞	주민투표권 침해에 대한 사법심사

순번	연월일	발표자	발 표 제 목
213	06.12. 8.- 9.		법제처 · 한국행정판례연구회 공동주관 관학협동워크샵
		朴 仁	법령보충적 성격의 행정규칙의 현황과 문제점
		林永浩	법령보충적 성격의 행정규칙에 대한 판례분석
		鄭南哲	법령보충적 성격의 행정규칙의 정비방향과 위임사항의 한계
		金重權	민주적 법치국가에서 의회와 행정의 공관적 법정립에 따른 법제처의 역할에 관한 소고
		金海龍	국토계획 관련법제의 문제점과 개선방안
214	07. 1.19.	張暻源	독일 맥주순수령 판결을 통해 본 유럽과 독일의 경제행정법
		權純一	재정경제부령에 의한 덤핑방지관세부과조치의 처분성 재론－기능적 관점에서－
215	2.23.	鄭準鉉	소위 '공익사업법'상 협의취득의 법적 성질
		裵輔允	구 농어촌정비법 제93조 제1항의 국공유지 양증여의 창설환지 등의 문제점
216	3.16.	朴榮萬	법령의 개정과 신뢰보호의 원칙
		金重權	행정입법적 고시의 처분성인정과 관련한 문제점에 관한 소고
217	4.20.	金容贇	국가지정문화재현상변경허가처분의 재량행위성
		李湖暎	합의추정된 가격담합의 과징금산정
218	5.18	金敞祚	공인중개사시험불합격처분 취소소송
		李宣憙	행정청의 고시와 원고적격
219	6.15.	李光潤	제재적 처분기준의 성격과 제재기간 경과후의 소익
		金暎賢	행정소송의 피고적격
220	07. 8.17.	金義煥	정보공개법상의 공공기관 및 정보공개청구와 권리남용

순번	연월일	발표자	발 표 제 목
		金秀珍	행정서류의 외국으로의 송달
221	9.21.	蘇淳茂	명의신탁 주식에 대한 증여의제에 있어서 조세회피목적의 해석
		慶 健	관계기관과의 협의를 거치지 아니한 조례의 효력
222	10.19.	成百玹	공특법상 '이주대책'과 공급규칙상 '특별공급'과의 관계
		金南澈	건축허가의 법적 성질에 대한 판례의 검토
223	11.16.	金性洙	민간투자사업의 성격과 사업자 선정의 법적 과제
		趙憲銖	병역의무 이행과 불이익 처우 금지의 관계
224	12.21.	金南辰	국가의 경찰법, 질서법상의 책임
225	08. 1.18.	李殷祈	폐기물관리법제와 폐기물처리조치명령취소처분
		鄭成太	대형국책사업에 대한 사법심사(일명 새만금사건을 중심으로)
226	2.15.	辛奉起	한국 행정판례에 있어서 형량하자론의 도입과 평가
		鄭鍾錧	하천법상의 손실보상
227	3.21.	鄭夏重	사립학교법상의 임시이사의 이사선임권한
		林聖勳	행정입법 부작위에 관한 몇가지 문제점
228	4.18.	金光洙	자치사무에 대한 국가감독의 한계
		金熙喆	토지수용으로 인한 손실보상금 산정
229	5.16.	申東昇	행정행위 하자승계와 선결문제
		趙成奎	과징금의 법적 성질과 부과기준
230	6.20.	姜錫勳	위임입법의 방식 및 해석론에 관한 고찰
		鄭南哲	명확성원칙의 판단기준과 사법심사의 한계
231	8.22.	鄭泰學	조세통칙과 신의성실의 원칙
		李京運	부관으로서의 기한
232	9.19.	朴尙勳	시간강사의 근로자성

순번	연월일	발표자	발 표 제 목
		金善旭	지방자치단체장의 소속공무원에 대한 징계권과 직무유기
233	10.17.	趙允熙	정보통신부 장관의 위성망국제등록신청과 항고소송의 대상
		金鉉峻	환경사법 액세스권 보장을 위한 "법률상 이익"의 해석
234	11.21.	裵輔允	권한쟁의심판의 제3자 소송담당
		李賢修	공물의 성립요건
235	12.19.	金鐵容	행정청의 처분근거·이유제시의무와 처분근거·이유제시의 정도
236	09.1.16.	金炳圻	행정법상 신뢰보호원칙
		劉慶才	원인자부담금
237	2.20.	金聖泰	도로교통법 제58조 위헌확인
		林永浩	공매 통지의 법적 성격
238	3.20.	崔桂暎	위헌결정의 효력과 취소소송의 제소기간
		金尙煥	법규명령에 대한 헌법소원의 적법요건
239	4.17.	朴均省	직무상 의무위반으로 인한 국가배상책임
		金國鉉	사망자의 법규위반으로 인한 제재사유의 승계
240	5.15.	金容燮	택지개발업무처리지침 위반과 영업소 폐쇄
		金炅蘭	개발제한구역의 해제와 원고적격
241	6.19.	朴正勳	무효확인소송의 보충성
		曺海鉉	민주화운동관련자 명예회복 및 보상 등에 관한 법률에 의한 보상금의 지급을 구하는 소송의 형태
242	8.21.	鄭泰容	행정심판 재결 확정력의 의미
		安哲相	지방계약직 공무원의 징계
243	9.18.	金鐘甫	「도시 및 주거환경정비법」상 정비기반시설의 귀속 관계
		徐基錫	국회의 입법행위 또는 입법부작위로 인한 국

순번	연월일	발표자	발표제목
			가배상책임
244	10.16.	河明鎬	법인에 대한 양벌규정의 위헌여부
		趙龍鎬	표준지공시지가 하자의 승계
245	11.20.	金連泰	한국마사회의 조교사 및 기수의 면허부여 또는 취소의 처분성
		金義煥	행정상 법률관계에 있어서의 소멸시효의 원용과 신의성실의 원칙
246	12.18.	朴鈗炘	주거이전비 보상의 법적 절차, 성격 및 소송법적 쟁점
247	10.1.15	林宰洪	출입국관리법상 난민인정행위의 법적 성격과 난민인정요건
		金泰昊	하자있는 수익적 행정처분의 직권취소
248	2.19	金南澈	국가기관의 지방자치단체에 대한 감독·감사권한
		權殷玟	미국산 쇠고기 수입 고시의 법적 문제
249	3.19	金聲培	수용재결과 헌법상 정교분리원칙
		姜相旭	건축물대장 용도변경신청 거부의 처분성
250	4.16	李宣憙	공정거래법상 시정조치로서 정보교환 금지명령
		金鍾泌	이주대책대상자제외처분 취소소송의 쟁점
251	5.14	鄭夏重	공법상 부당이득반환청구권의 독자성
		魯坰泌	관리처분계획안에 대한 총회결의 무효확인을 다투는 소송방법
252	6.18	金秀珍	합의제 행정기관의 설치에 관한 조례 제정의 허용 여부
		白濟欽	과세처분에 대한 증액경정처분과 행정소송
253	8.20	崔正一	경원자 소송에서의 원고적격과 사정판결제도의 위헌 여부
		蔣尙均	승진임용신청에 대한 부작위위법확인소송
254	9.17	金敞祚	강의전담교원제와 해직처분
		河宗大	행정처분으로서의 통보 및 신고의 수리

순번	연월일	발표자	발 표 제 목
255	10.15	최진수	징발매수재산의 환매권
		朴海植	주민등록전입신고 수리 여부에 대한 심사범위와 대상
256	11.12	金容燮	부당결부금지원칙과 부관
		朴尙勳	공무원에 대한 불이익한 전보인사 조치와 손해배상
257	12.10	金東熙	제재적 재량처분의 기준을 정한 부령
258	11.1.14	成智鏞	위임입법의 한계와 행정입법에 대한 사법심사
		安東寅	법령의 개정과 신뢰보호원칙 — 신뢰보호원칙의 적극적 활용에 대한 관견 —
259	2.18	崔桂暎	민간기업에 의한 수용
		金泰昊	사전환경성검토와 사법심사
260	3.18	金鉉峻	규제권한 불행사에 의한 국가배상책임의 구조와 위법성 판단기준
		朴在胤	지방자치단체 자치감사의 범위와 한계
261	4.15	金重權	민간투자사업의 법적 절차와 처분하자
		徐輔國	행정입법의 부작위에 대한 헌법소원과 행정소송
262	5.20	李熙貞	귀화허가의 법적 성질
		尹仁聖	독점규제 및 공정거래에 관한 법률 제3조의2 제1항 제5호 후단에 규정된 "부당하게 소비자의 이익을 현저히 저해할 우려가 있는 행위"에 관한 소고
263	6.17	朴均省	납골당설치신고 수리거부의 법적 성질 및 적법성 판단
		姜錫勳	재조사결정의 법적 성격과 제소기간의 기산점
264	8.19	金光洙	임시이사의법적 지원
		趙允熙	불복절차 도중의 과세처분 취소와 재처분금지
265	9.16	鄭準鉉	개인택시사업면허 양도시 하자의 승계
		김용하	잔여지 수용청구권의 행사방법 및 불복수단
266	10.21	崔峰碩	과징금 부과처분의 재량권 일탈·남용
		朴榮萬	군인공무원관계와 기본권 보장

순번	연월일	발표자	발 표 제 목
267	11.11	兪珍式	정보공개법상 비공개사유
		주한길	행정소송법상 집행정지의 요건
268	12.16	琴泰煥	최근 외국 행정판례의 동향 및 분석
		金致煥	미국, 일본, 프랑스, 독일
		田勳	
		李殷相	
		李鴻薰	사회발전과 행정판결
269	12.1.27	裵炳皓	재개발조합설립인가 등에 관한 소송의 방법
		河明鎬	사회보장행정에서 권리의 체계와 구제
270	2.17	朴玄廷	건축법 위반과 이행강제금
		金善娥	출퇴근 재해의 인정범위
271	3.16	金重權	국가배상법상 중과실의 의미
		徐泰煥	행정소송법상 직권심리주의의 의미와 범위
272	4.20	李湖暎	시장지배적사업자의 기술적 보호조치와 공정거래법
		李玩憙	공정거래법상 신고자 감면제도
273	5.18	李東植	세무조사 결정통지의 처분성
		鄭基相	조세소송에서 실의성실원칙
274	6.15	許康茂	생활대책대상자선정거부의 처분성과 신청권의 존부
		朴貞杹	기대권의 법리와 교원재임용거부 및 부당한 근로계약 갱신 거절의 효력
275	8.17	金敞祚	정보공개법상 비공개사유로서 법인 등의 경영·영업상 비밀에 관한 사항
		成承桓	경찰권 발동의 한계와 기본권
276	9.21	金宣希	도시정비법상 조합설립인가처분과 변경인가처분
		李相憙	국가와 지방자치단체의 보조금 지원과 지원거부의 처분성
277	10.19	康鉉浩	건축법상 인허가의제의 효과를 수반하는 신고
		尹景雅	결손처분과 그 취소 및 공매통지의 처분성
278	11.16	金容燮	원격평생교육시설 신고 및 그 수리거부
		李義俊	사업시행자의 생활기본시설 설치 의무

순번	연월일	발표자	발 표 제 목
279	12.21	琴泰煥 金致煥 田 勳 李殷相	미국, 일본, 프랑스, 독일의 최근 행정판례동향
		崔松和	행정판례의 회고와 전망

行政判例研究 I~ XVII-2 總目次

行政判例硏究 Ⅰ ~ ⅩⅦ-2 總目次

[第 II 卷]

[第 Ⅲ 卷]

Ⅸ. 秩序行政法

[第 V 卷]

Ⅰ. 行政立法

Ⅱ. 行政行爲

Ⅲ. 行政計劃

Ⅳ. 行政節次

Ⅴ. 行政訴訟

Ⅵ. 損害塡補

Ⅶ. 公務員法

Ⅷ. 地方自治法

Ⅸ. 秩序行政法

Ⅹ. 租 稅

[第 Ⅵ 卷]

Ⅰ. 行政法의 基本槪念

Ⅱ. 行政行爲

Ⅷ. 文化行政法

Ⅸ. 外國行政法判例研究

[第 Ⅷ 卷]

Ⅰ. 行政立法

Ⅱ. 行政行爲

Ⅲ. 情報公開

Ⅳ. 行政의 實效性確保手段

Ⅴ. 行政上 損害塡補

[第 Ⅸ 卷]

[第 XIII 卷]

[第ⅩⅣ卷]

[第 XIV-2 卷]

[第XV-1卷]

[第XV-2卷]

[第 XVI-1卷]

[第 XVI-2 卷]

[第 XVII -1卷]

[第XVII－2卷]

Ⅳ. 秩序行政法

Ⅴ. 經濟行政法

Ⅵ. 勞動行政法

Ⅶ. 外國判例 및 外國法制 硏究

主題別 總目次(行政判例研究 Ⅰ~ⅩⅦ-2)

行政行爲의 槪念과 種類

行政行爲의 附款

行政行爲의 效力

行政行爲의 瑕疵

行政行爲의 職權取消 · 撤回

行政計劃

行政節次 및 情報公開

行政의 實效性確保手段

行政爭訟一般

取消訴訟의 對象

行政訴訟에 있어서의 訴의 利益

行政訴訟의 審理

行政訴訟과 假救濟

行政訴訟의 類型

損害塡補

行政組織法

公務員法

地方自治法

秩序行政法

公物·營造物法

環境行政法

助成行政法

經濟行政法

租稅行政法

建築行政法

土地行政法

敎育行政法

文化行政法

勞動行政法

憲法裁判

外國判例 및 外國法制 研究

行政訴訟判決의 主要動向

紀念論文

研究判例 總目次

(行政判例硏究 Ⅰ~XⅦ- 2)

〔대 법 원〕

〔서울고등법원〕

〔광주고등법원〕

〔수원지방법원〕

〔서울행정법원〕

〔헌법재판소〕

〔EU판례〕

〔독일판례〕

〔프랑스판례〕

〔미국판례〕

〔일본판례〕

行政判例研究 XVII-2

2012년 12월 26일 초판인쇄
2012년 12월 31일 초판발행

편저자 사단법인 한국행정판례연구회
대 표 이 홍 훈

편저자와 협의하여 인지를 생략함

발행인 안 종 만
발행처 (주)박영사
서울특별시 종로구 평동 13-31번지
전화 (733) 6771 FAX (736) 4818
등록 1959. 3. 11. 제300-1959-1호(倫)

www.pybook.co.kr e-mail: pys@pybook.co.kr

정 가 40,000원

ISBN 978-89-6454-384-9
ISBN 978-89-6454-600-0(세트)
ISSN 1599-7413 20